钱曾怡文集

山东大学中文专刊

第七卷

社会科学出版社
SOCIAL SCIENCES ACADEMIC PRESS (CHINA)

本卷目录

诸城方言志

长岛方言志

即墨县志·第三十三篇　方言

肥城县志·第三十五编　方言

莒南县志·第二十六编　方言

平度市志·第二十篇第五章 方言

诸城方言志

出 版 说 明

山东方言具有丰富的特色，在汉语发展中影响深广，历来受到相关学者的注意。改革开放以来，山东方言研究有了更大的发展，取得了显著的成果。除去相继出版了济南、曲阜、长岛、临清、莒县等多个县市的方言志和《山东省志·方言志》、《山东方言研究》、多种方言词典以及针对当地方言指导各地人民学习普通话的教材以外，还发表了各种各样的调查报告和研究性论文。

本丛书是上述成果的重要组成部分，出版以来，受到同行学者的高度重视，国内外已有多篇文章专题评介，至于被列为参考书目、被引用的内容更是不计其数。这套丛书规定有大体统一的编写体例，要求在有限的字数内最大限度地记录方言事实、突出方言特点。在布点上，力求能照顾到山东方言各区片的平衡，能够全面反映山东方言的整体面貌。

面对学术著作出版难，方言学著作由于排版难度大、读者面窄等多种原因出版更难，本丛书出版所经历的坎坷自不待言，但是我们还是受到了有识之士从多方面的关心和支持。由衷感谢曾经给予我们无私帮助的同志！感谢语文出版社、齐鲁书社、中国文史出版社、吉林人民出版社！

本丛书由著名语言学家李荣先生写序，谢谢李老师！

本书由于红娟同志电脑输入。

惟有继续坚持求实探新的精神，争取达到更高的质量要求，才是对上述支持者们最好的回报，我们将尽力。

钱曾怡

2002 年 12 月 4 日

序

　　山东的方言研究工作，从 50 年代的方言普查起，一直做得不错。1982 年，山东方言研究会成立。1984 年 9 月，《山东省方言调查提纲》出版。这几年的工作进展顺利，已写成三十五种方言志和一部《山东人学习普通话指南》。

　　《山东人学习普通话指南》已由山东大学出版社出版[1]，颇受读者欢迎。书中罗列山东话语音、词汇、语法的特点，指出山东人学习普通话的要点，叙事详明，切合实际，充分反映出山东方言研究的水平。这里就字音和句法选些例子来说。

　　一般的说，山东话和北京话声韵调的对应关系相当整齐。可是有些地方有些字音对应关系与众不同，学习时要个别记忆。书中（110～113 面）《山东人容易读错的字》举出一百五十一个字，现在转录十九个字：

	山东有些方言	北京话
猫	阳平	阴平
他	上声	阴平
放假的"假"	上声	去声
泥腻鸟	m-	n-
忘望	m-	w-

---

① 钱曾怡主编，曹志耘、罗福腾、武传涛编著，1988 年 9 月第 1 版第 1 次印刷。

族	c-	z.-
缩所森	sh-	s-
蛇	-a	-e
做	-u, -ou	-uo
农	-u	-ong
龙耷	-iong	-ong
倾	-iong	-ing
横	-un, -ong	-eng

　　刚才说的一百五十一个字是就全省方言立论，要个别记忆的字各地多寡不同。山东各地教学普通话，不妨把那一百五十一个字检查一遍，把本地要注意的字都摘出来，分别造成句子反复练习，预计会有效果。

　　平常都说汉语方言之间，尤其是官话方言之间，语法的差别不大。其实就山东方言而言，句法颇有特色，《山东人学习普通话指南》（196～210 面）一共举了五项，现在只转录一项比较句的例子。青岛、烟台、威海、潍坊、淄博、新泰等大片地区最常见的比较句用"起"字，跟北京话对比如下：

青岛等地方言	北京话
一天强起一天	一天比一天好
一天热起一天	一天比一天热
他长得不高起我	他长得不比我高
	他长得没我高
这本书不好看起那本	这本书不比那本好看
	这本书没那本好看
论手艺他不差起你	论手艺他不比你差
全班儿没聪明起他	全班没有比他再聪明的了
我不知道起你？（反问）	我不比你知道吗？

这种成套格式的对比，对语言教学（包括推广普通话）很有参考价值。

近年来，全国各地都在编地方志，语言调查为国情调查的重要内容之一，方言志为地方志不可缺少的部分。山东已写成的方言志可分为两类，一类十万字左右，可以作为单行本出版；一类字数在两万到五万之间，可以作为方志的一部分或单独出版。我只看过其中两部的稿本。总的印象是体例符合方言志以记录事实为主的原则，并且报告了一些新鲜的事实，水平跟《山东人学习普通话指南》差不多。各地发行的方言志日渐增加，方言志的出版还是不容易。好在山东省各地区、市、县已经筹措了一些出版费，《山东方言志丛书》即将陆续问世，令人欣慰。是为序。

李　荣

1989 年春

目　录

第一章　绪　言

一　地理与人口

诸城位于山东省东部略偏南，潍河上游，泰沂山脉与胶潍平原交界处，分别跟高密、胶州、胶南、五莲、莒县、沂水、安丘等县为邻。地理坐标为北纬 35°42′—36°21′，东经 119°—119°43′总面积 2183 平方公里。

总人口 104 万，有汉、满、回、藏、壮、瑶、朝鲜、蒙古、锡伯等 9 个民族，汉族占总人口的 99.99%。

全县通用汉语进行交际。

二　历史沿革

夏、商属介、莱活动区。周属莒子国封地。春秋时期南部属鲁、北部门齐。战国皆为齐地。秦属琅琊郡。初置县于西汉初年，名东武，属琅琊郡。三国为魏地，属城阳郡。隋开皇十八年（公元 598 年）改名为诸城。唐、宋、金、元属密州。明、清属青州府。民国初年属胶东道，1925 年改属莱胶道。建国后先属胶州专署，1956 年改属昌潍专署，后改属潍坊行署。现属潍坊市。

三　方言概况

（一）诸城方言的区属及主要特点

诸城方言属于汉语官话方言的胶辽官话，在山东方言的分区中是属于东区东潍片。诸城方言除了具有东潍方言的一般性特点之外，另有独特之处。其中有的情况，即使在所有的汉语方言中也是不多见的。由于政治文化等原因，这个县的方言在临近各县有一定代表性，它的某些特征向东、向南延伸到胶南、五莲的部分地方。

诸城音系的特点主要在声母方面，●用当地人叙述自己方言特点的话说，就是有"咬舌音"和"吐舌音"，前者指"鸡知、欺痴、喜失"等字读 tʃ、tʃ'、ʃ 声母，后者指"资、刺、四"等字读为 tθ、tθ'、θ 声母。此外，诸城方言还把"店贱、田钱"等字统一读为ȶ、ȶ'声母，把"儿、二"等字读为 ɻ 声母。上述声母的特点，主要属于发音部位和古今音类的变化两个方面。

在韵母和声调方面，四呼因声母的关系在分合上跟其它方言有些不同，至于鼻化元音韵母的存在、部分复合元音韵母转向单元音、四个声调的调类和调值等等，都跟山东其它一些地方的方言基本一致。

值得一提的是，韵母的儿化常常影响到某些部位的声母，使之在跟韵母相拼时带出一个或轻或重的滚音r，个别声母还存在发音部位后移的现象。

诸城方言的词汇、语法特点详见第三章"词汇"和第四章"语法"部分。

2

（二）诸城方音的内部差异

诸城方音的内部差异存在于地域、城乡、新老、年龄及文白等方面，本节着重介绍地域的语音差异。对于新老、文白的一些不同，只在最后列出少量比较明显的例子，不加说明。

从地域来看，本县中部、南部和东部的语音比较一致，也最有特点。跟中部特点存在一些差异的，主要是在边缘地区，象西北镇沂水、安邱一带，东部紧挨胶县的林家村镇，以及东南角与胶南交界的桃林乡、山东头乡。此外，县城里有的情况也跟周围乡下有所不同。

本县方言语音的地域差异主要是在声母方面，其次是韵母，共用五幅地图说明。图一表示见组细音(团音)跟照三组同音不同音(诸城照三组包括：古知组开口三等、章组止摄以外的开口三等、知章组合口遇、山、臻三摄及少数通摄字)；图二表示精组细音(尖音)跟端组细音同音不同音；图三表示精组洪音跟端组洪音同音不同音；图四表示深臻开口三等 i 介音的有无；图五与图四有关，表示深臻摄开口三等读 iə 或 ə 的不同地区，古精组字的今声母有 t tʰ θ，ȶ ȶʰ ɕ (韵母iə)或 tθ tθʰ θ，ts tsʻ s (韵母 ə)的不同。以上图一至图三是声母差异，图四是韵母差异，图五是音节差异。

图日所举的字都是类的代表，以下例举各图标日字所代表的部分常用字。

图一"鸡"：加结甲决基计居举句解界交叫揪九肩件捐倦金军江讲京镜。

"拳"：掐茄缺瘸欺奇起区去敲桥巧丘求牵欠权劝饮群腔强轻庆穷。

"香"：虾吓歇靴学希喜戏虚许蟹晓孝朽掀咸现玄欣熙训响向形雄。

"知"：遮者哲值治猪主住苦招朝照赵周肘昼沾展战专

传真准张丈蒸整郑。

"船"：车扯迟尺除处超朝朝代潮抽愁臭缠穿传宣～喘尘晨趁春唇吕厂唱成程逞。

"商"：傻蛇社说湿实世书竖烧少收手受膻闪善身婶肾顺商上升剩。

图二"精"：姐接借嚼集挤绩聚焦酒就尖剪箭晴尽进晋俊将炎匠精井静。

"齐"：切且鹊妻齐七蛆取瞧秋千前浅亲秦寝全泉枪墙抢呛青晴请。

"丁"：爹迭碟跌低敌底滴地弟习雕掉吊丢颠点电店殿丁顶鼎定订

"题"：贴铁帖梯提蹄体踢替剃挑条跳枭天添田甜舔听亭庭宁挺艇。

图三"走"：杂咱左作坐族祖组做灾在再贼嘴罪早造灶奏钻尊葬增宗总。

"脆"：擦搓错粗醋促猜才财菜催脆操曹草凑餐村存寸仓藏层葱聪。

"抖"：答得德多躲独赌肚度歹代带待袋对刀岛盗豆端蹲当灯等洞。

"退"：塔拖妥秃徒土吐胎台太推退掏套逃讨透贪谈毯炭汤唐疼同统。

图四"民"：宾殡拼贫聘敏抿悯林邻淋赁进晋亲秦薪信今紧勤琴欣岭（全部有辅音声母）。

"门"：本笨喷盆闷分坟粉真枕阵抻尘趁身神肾根肯垦恩很狠恨。

"音"：阴因姻殷银人仁引瘾饮忍印认任刃韧（全部都为零声母字）。

图五 "进"：尽浸暓。
　　　"亲"：侵秦岑寝。
　　　"心"：辛新薪寻信。

诸城方言地图（一）

"鸡拳香"、"知船商"声母

● tʃ tʃʻ ʃ = tʂ tʂʻ ʂ

○ tɕ tɕʻ ɕ ≠ tʂ tʂʻ ʂ

小梧村　本图行政区划资料截至2002年12月。

注："鸡拳香"等字也可读tɕ tɕʻ ɕ。

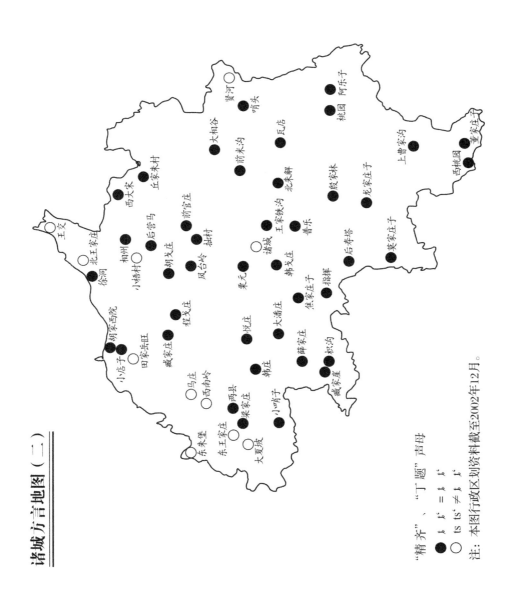

诸城方言地图（二）

"精齐"、"丁题"声母

● ʨ ʨʻ ＝ ʦ ʦʻ

○ ʦ ʦʻ ≠ ʨ ʨʻ

注：本图行政区划资料截至2002年12月。

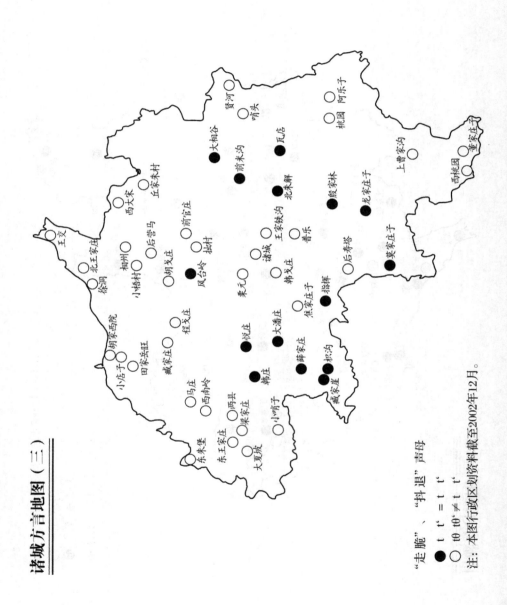

诸城方言地图（三）

"走脆"、"扫退"声母

● tʂ tʂʻ = t tʻ
○ tɕ tɕʻ ≠ t tʻ

注：本图行政区划资料截至2002年12月。

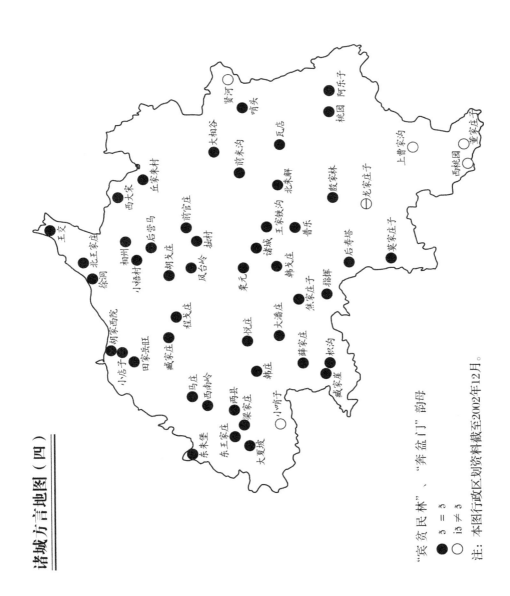

诸城方言地图（四）

"宾 贫 民 林"、"奔 盆 门" 韵母

● ꞔ = ꞔ
○ ꞔ ≠ ꞔ

注：本图行政区划资料截至2002年12月。

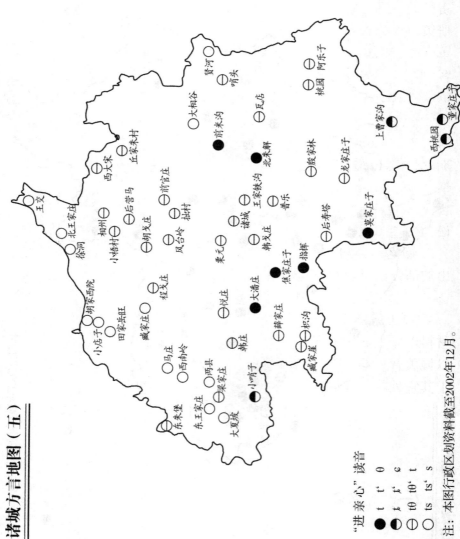

诸城方言地图（五）

"进亲心"读音

●	t	t'	θ
◐	ʈ	ʈ'	ɕ
⊖	tɕ	tɕ'	t
○	ts	ts'	s

注：本图行政区划资料截至2002年12月。

以下例举新老差异和文白异读：

字	新	老	字	文	白
特	꜀tʻə	꜀tei	给	꜀tʃʅ	꜀tʃʅ
贵	꜂tə	꜂tʂei	堤	꜀ti	꜀tʻi
册策	꜂tʂʻə	꜂tʂei	绿	ly꜄	lu꜄
革	꜆kə	꜆kei	摔	꜀ʂuɛ	꜀ʂuei
客	꜆kʻə	꜆kei	喊	꜆xã	꜆ʃã
歌	꜀kə	꜀kuə	捆	꜆kʻuə̃	꜆tʃuə̃
国	꜆kuə	꜆kuei	闻	꜁və̃	꜁yə̃
获	꜁xuə	꜁xuei	耕更	꜆kəŋ	꜆tʃəŋ
瑞	luei꜄	ʂuei꜄	凝	꜁niŋ	꜁iŋ
横	꜁xəŋ	꜁xuə̃			
仍	꜁ləŋ	꜁iŋ			
讼	θəŋ꜄	ɕiŋ꜄			

新老差异和文白异读关系密切，有的很难严格区别，以上例出的部分例子，也只是按发音人所提供的情况作一下大体的划分。

以上大体介绍了诸城方言的内部差异。需要说明的是：本志材料以城里、城关一带为准。在语音方面，如城里和城关不同，以城关音为准，因为城关音系在诸城全县方言中更有代表性。对于其它种种差异情况，分别于各部分或用专题加以说明。

四　标音符号

（一）　辅音表

方法 \ 部位		双唇	齿唇	齿间	舌尖前	舌尖后	舌叶	舌面前	舌根
塞音	清不送气	p			t			ȶ	k
	清送气	pʻ			tʻ			ȶʻ	kʻ
塞擦音	清不送气			tθ	ts	tʂ	tʃ	tɕ	
	清送气			tθʻ	tsʻ	tʂʻ	tʃʻ	tɕʻ	
鼻音	浊	m			n			ȵ	ŋ
滚音	浊				r				
边音	浊				l	ɭ			
擦音	清		f	θ	s	ʂ	ʃ	ɕ	x
	浊		v						

（二）元音表

	舌面						舌尖			卷舌
	前		央		后		前		后	央
	不圆	圆	不圆	圆	不圆	圆	不圆	圆	不圆	不圆
高	i	y				u	ɿ	ʮ	ʅ	
半高	e					o				ɚ
中			ə							
半低	ɛ					ɔ				
低	a				ɑ	ɒ				

五　发音人合作人

诸城方言调查发音合作人简表

12

乡镇	村名	姓名	性别	年龄	文化程度
城关	普乐	平金钟	男	26	中等师范
城关	王家铁沟	王立元	男	26	中等师范
城关	韩戈庄	唐明忠	男	24	中等师范
城关	栗元	冶风池	男	22	高中
	城里	逄汉亭	男	74	私塾6-7年
	城里	闵温甫	男	83	私塾3年
	城里	孙桂芳	女	75	无
	城里	徐松山	男	65	初中
	城里	孙煜文	男	52	初中
	城里	逄森	男	27	
凉台	北戈庄	胡廷政	男	19	中等师范
凉台	王交	郭文传	男	31	中等师范
相州	徐洞	王怀友	男	18	中等师范
相州	北王家庄	高维义	男	19	中等师范
相州	公社驻地	王洪生	男	19	中等师范
相州	小梧村	郑玉俊	女	38	中等师范
石桥子	小店子	李培顺	男	17	高中
石桥子	胡家西院	张金宝	男	16	中等师范
石桥子	田家岳旺	王瑞兰	女	32	中等师范
马庄	东朱堡	刘方庆	男	18	高中
马庄	马庄	必祥瑞	男	28	中等师范
马庄	西南岭	刘江照	男	16	中等师范
马庄	两县	王杞	男	17	高中

孟疃	东王家庄	王启顺	男	18	中等师范
孟疃	梁家庄	张家增	男	17	高中
孟疃	大夏坡	孙树森	男	17	高中
孟疃	小哨子	孟凡乍	男	17	高中
程戈庄	臧家庄	纪焕花	女	27	中等师范
程戈庄	程戈庄	何子辉	男	26	中等师范
解留	后营马	陆增光	男	18	中等师范
解留	胡戈庄	封运良	男	25	中等师范
解留	胡戈庄	隋金秀	女	17	高中
解留	凤台岭	中牛奇	男	18	高中
解留	掘村	潘熺琴	女	17	高中
吕城	西大宗	焦文华	男	29	中等师范
吕城	前官庄	隋金刚	男	22	中等师范
百尺河	邱家朱村	邱长江	男	17	中等师范
贾悦	韩戈庄	刘焕梅	男	26	中等师范
无忌	悦庄	臧传章	男	18	高中
无忌	大潘庄	张宗波	男	18	中等师范
栗行	北朱解	张心宽	男	16	中等师范
辛兴	大相谷	邱金堂	男	18	中等师范
辛兴	前米沟	杜金铿	男	30	中等师范
林家村	贤河	管淑娟	女	30	中等师范
林家村	哨头	戴宗章	男	28	中等师范
枳沟	薛家庄	张国华	男	18	中等师范
枳沟	臧家崖	臧巨庆	男	18	中等师范

积沟	积沟	张金莲	女	30	中等师范
吕标	焦家庄子	臧家思	男	17	高中
吕标	指挥二村	孙茂桂	女	32	中等师范
皇华	殷家林	李臣花	女	30	中等师范
皇华	龙家庄子	潘维彩	女	20	初中
石门	瓦店	吴继东	男	23	中等师范
桃园	桃园	耿子正	男	20	中等师范
桃园	阿乐子	王金荷	女	31	中等师范
郝戈庄	后寿塔	刘世华	女	32	中等师范
郝戈庄	莫家庄子	石洪法	男	26	中等师范
桃林	董家庄子	董增兵	男	18	中等师范
桃林	上曹家沟	陈文东	男	17	高中
桃林	西桃园	王审昌	男	17	高中

第二章　语　音

一　单字音系

(一)声母28个

p 帮	pʻ 旁	m 忙	f 方	v 王
tθ 早	tθʻ 粗		θ 三苏	
t 端	tʻ 汤	n 能奴		l 米
ȶ 店贱	ȶʻ 甜钱	ȵ 年女	ɕ 星雪	
tʃ 战见	tʃʻ 缠钳		ʃ 声兴	
tʂ 站择	tʂʻ 馋策		ʂ 生色	ɭ 儿
k 刚	kʻ 糠	ŋ 昂	x 杭	
ø 烟无冤日软				

说明：

1、诸城城里声母跟以上城关略有不同：城里比城关少 ȶ ȶʻ ɕ 三个声母，城关读 ȶ ȶʻ ɕ 的字，城里读 t tʻ 和 tθ tθʻ θ，比较如下：

诸城城关		诸城城里	
t 到都	ȶ 精绝	t 到都精绝	
tʻ 太秃	ȶʻ 听清取	tʻ 太秃听	
tθ 糟租	ɕ 星徐	tθ 糟租精绝	
tθʻ 操粗		tθʻ 操粗清取	

θ　三苏　　　　　　　　　　　θ　三苏星徐

但是诸城城里 tθ tθ' θ 在洪音前的情况比较复杂。老人基本上是舌尖前音，而青少年尤其是儿童则齿间音十分明显。在被调查的城里四个发音人中，只有最年轻的一位（五十三岁）有点接近 tθ tθ' θ，其余都是 ts ts' s。而正是这三位都发 ts ts' s 的老人，他们家里的几个儿孙（共了解八人，最大二十七岁，最小三岁）则都是十分明显的 tθ tθ' θ。另外，t t' 在细音前时，城里也有人发成舌面前塞音 ȶ ȶ' 的，但跟 tθ tθ' 在细音前时不同音。

2、诸城方言的零声母字没有以 u 为介音的，如"瓦"音 ᶜvɑ、"碗"音 ᶜvã，但是有单韵母 u，如"五"音 ᶜu，不是 ᶜɣ。

(二)韵母 34 个

ɑ	妈架傻挖	iɑ	牙	uɑ	瓜		
ə	波协车我	iə	夜热	uə	多河说确	yə	月弱
ɿ	资知鸡	i	衣日	u	乌猪居	y	鱼如
ʅ	支						
ɛ	耐街外	iɛ	矮	uɛ	怀		
ei	悲威泽			uei	对雷		
ɔ	包招交	iɔ	标扰				
ou	斗肘九	iou	丢柔				
ã	班沾兼完	iã	边然	uã	端拳船	yã	远软
ə̃	根针比金温	iə̃	音人	uə̃	顿军准	yə̃	云闰
ɑŋ	帮掌讲王	iɑŋ	良让	uɑŋ	庄		
əŋ	登东翁绳熊	iŋ	厂影勇荣				

说明：

1、ɑ iɑ uɑ 的 ɑ 是后低圆唇的 ɑ。

2、u 在 tʃ tʃ' ʃ 声母后面的实际音值是舌叶部位的圆唇元音，接近 ʮ。

17

3、əŋ iŋ的实际音值因人因时而异，əŋ iŋ或uŋ iʊŋ不一。

(三)声调 4 个

阴平	214	波听苏冤		
阳平	53	爬墙传全	麻犁无驴	杂敌学绝
上声	55	史比鬼选	藕永母吕	八接刮雪
去声	31	是象断聚	告笑布趣	岸叫怒院
		害地住洞	辣日落月	

(四)音节

　　诸城方言音节情况见下页声韵调配合表。表中韵母按四呼顺序排列。为避免重复，表内存在异读情况的一部分字及以"‖"表示的音节皆不作注解，可参阅本章二"同音字汇"夹注。

声韵调配合关系表

		p	pʻ	m	f	v	t	tʻ	n	l	tθ	tθʻ	θ	ʈ	ɻ	ȵ	tɕ	tɕʻ	ɕ	tʂ	tʂʻ	ʂ	ɭ	k	kʻ	ŋ	x	o
a	阴	疤	趴	妈		汪	耷	踏		拉			仨				加	掐	虾	渣	差	沙		口	掐	腌	哈	阿
	阳	拔	爬	麻	罚	娃	答	他	拿		杂	擦						恰	匣	铡	查			蛤	揩		蛤	
	上	把	口	马	发	瓦		他	哪	拉			撒				甲	卡	瞎	扎	插	杀		割	渴	腌	喝	
	去	罢	帕	骂		抹	大		纳	腊		擦					架	茄	舍	炸	岔	度						
e	阴	波	坡	磨		窝		特		勒	贼						遮	扯	舌				儿	革	客		和	额
	阳	钵	婆	抹	佛	鹅						刺					蜇	扯	设		助		耳	卓	口	额	喝	
	上	跛	泼	抹		我					资		思				折	起	扒				二	口	课			
	去	簸	破	摸		饿					白	雌					这	这	牺								嚇	
ɿ	阴										丁	刺	死				鸡	吃	食									
	阳										汀	刺	四				极	汽	卉									
	上																吉	纪	世									
	去																纪											

韵/调	p	pʰ	m	f	v	t	tʰ	n	l	tθ	tθʰ	θ	tɕ	tɕʰ	ɕ	tʃ	tʃʰ	ʃ	ts	tsʰ	s	k	kʰ	ŋ	x	o
ι 阴													义								师					
ι 阳																					时					
ι 上																			纸	齿	史					
ι 去																					是					
ε 阴				飞	歪		胎			哉		腮	街									该	开	哀		
ε 阳		排	埋	肥		呆					才				鞋											
ε 上	摆		买					奶			彩		解									改		矮	海	
ε 去	败	派	麦	废					赖		菜	塞	介		械							盖	慨	爱	害	
a 阴	北			罚	威					则		色														
a 阳																					谁					
a 上																										
a 去		配	妹			大	太						佩													
ɔ 阴	包					刀			捞	糟			交	敲		烧	抄		找			高			蒿	
ɔ 阳			毛						劳		曹					韶								熬		
ɔ 上	宝	跑	卯				讨	脑	老			草	绞	巧	晓		炒					搞	考		好	
ɔ 去	报	炮	冒			道							觉	窍	校	罩						告			号	

		p	pʰ	m	f	v	t	tʰ	n	l	tθ	θ	tɕ	tɕʰ	ȵ	tʂ	tʂʰ	ʂ	tsʰ	s	l	k	kʰ	kʼ	x	o
au	阴			猫				偷				搜				周	抽	休	邹			勾	抠	句		躬
	阳	剖				郡		头		楼							仇		愁						狐	
	上						抖			搂		叟					丑	丢	瞅			狗	扣	叫	狐	
	去						逗	透		漏							臭	寿		嗽		够		叫	后	
ã	阴	班	攀		帆	弯	单	滩			参	三	煎			毡			掺	山		甘	刊			
	阳	盘		馒	凡			潭	男	兰	馋					缠			馋							
	上	板	盼	瞒	反	完	胆	坛		懒	斩	伞			碾			陕				感				
	去	半		满	饭	碗	旦	探	难	烂	站	散				战		善				干	看		喊	
ɔ̃	阴	宾	喷	门	分	温				拎	珍	心				针		伸				跟	啃	庵		
	阳		贫	敏	坟	文			恁	林	哲					陈	神	神	岑						很	
	上	本	品	闷	粉	稳		探		凛	怎	信				诊	婶	肾	忖	渗		肯	恳	疤	恨	
	去	殡	聘		奋	问					寂	桑				振	趁					艮				
aŋ	阴	帮	旁	忙	方	汪	当	汤		狼	脏	嗓				张	肠	乡				刚	康	缸	行	
	阳			蟒	仿	王				朗							强	降								
	上	榜			访	往		躺			藏	嗓				长	唱	享				岗	亢			
	去	棒	胖		放	望		趟		浪		丧				丈		向					杭			

声母	əŋ 阴	əŋ 阳	əŋ 上	əŋ 去	iɑ 阴	iɑ 阳	iɑ 上	iɑ 去	eɪ 阴	eɪ 阳	eɪ 上	eɪ 去	i 阴	i 阳	i 上	i 去
p	崩		甏	迸					别				屄		比	庇
p'	烹	朋	捧	碰					鳖				批	跛		屁
m		盟	猛	梦				灭				咪	迷	米	密
f	风	冯		凤												
v	翁			瓮												
t	灯		董	邓					借							
t'	通	腾	统	痛					踢			七	替			
n		能											匿			
l	扔	龙	冷	棱					列				李	力		
tθ	宗		总	纵												
tθ'	聪	从														
θ	松	嵩	竦	宋												
tɕ					些								积		季	绩
tɕ'					邪											
ȵ													你			
ɕ												习	洗	细		
tʃ	征		整	证												
tʃ'	称	乘	顷	庆												
ʃ	兴	形		幸												
tʂ	忠		肿	众												
tʂ'	充	出		冲												
s	生		省													
k	工		巩	共												
k'	空		孔	控												
ŋ																
x	烘	红	哄													
o	鞥				牙				欸	夜			衣		乙	艺

韵	调	p	pʰ	m	f	v	t	tʰ	n	l	tθ	θ	tɕ	tɕʰ	ȵ	ɕ	tʃ	tʃʰ	ʂ	tʂʰ	tʂ	s	l	k	kʰ	ŋ	x	ø
iæ	阴																											挨
	阳																											涯
	上																											矮
	去																											
iɑ	阴	标	漂				刁	挑		撩				挑		消												妖
	阳		飘	苗				条		辽				条														扰
	上	表	漂	秒			屌	挑	鸟	了				挑	小													咬
	去	鳔	票	妙				俏	尿	料				俏	笑													要
iou	阴						揪	秋		溜				秋														忧
	阳							囚	牛	刘				囚														邮
	上						酒		扭	柳																		友
	去						就		谬	六					秀													肉
iɛn	阴	边	篇				尖	千						尖	先													淹
	阳		便	眠				田	黏	连				田														燃
	上	扁		免			点	舔	撵	脸				舔														眼
	去	变	骗	面			电	电	念	恋				电	线													厌

声母	ei 阴	ei 阳	ei 上	ei 去	iɑŋ 阴	iɑŋ 阳	iɑŋ 上	iɑŋ 去	iŋ 阴	iŋ 阳	iŋ 上	iŋ 去	uɑ 阴	uɑ 阳	uɑ 上	uɑ 去
o	阴	人	忍	印	央	羊	养	让				用				
x													花	华		话
ŋ																
k'													夸		垮	跨
k													瓜		刮	挂
s													刷		耍	
ʦ'																
ʦ													抓			
ʃ																
tɕ					将		奖	酱								
tɕ'					枪		抢	呛			请					
ɕ					相	详	想	像	星		醒	性				
ȵ						娘		酿		宁						
ʈ'																
ʈ																
θ																
tθ																
l					凉		两	亮		灵	领	另				
n																
t'									听	亭						
t									丁			定				
v																
f																
m										明	皿	命				
p'									乒	平						
p									冰		丙	病				

		p	pʻ	m	f	v	t	tʻ	n	l	tθ	tθʻ	θ	ȶ	ȶʻ	ȵ	ç	ʧ	ʧʻ	ʃ	tʂ	tʂʻ	ʂ	ɭ	k	kʻ	ŋ	x	ø
uə	阴						多	拖		啰		搓	梭					撅		靴					锅	科			
	阳						夺	驮	挪	罗	凿	锉						着	瘸	学	浊	戳			蛇			何	
	上						朵	脱	诺	裸	作	撮	索					决	确	说	桌		所		各	可		火	
	去						惰	唾	糯	落	左	错	口												过	课		贺	
u	阴		铺		夫		都				租	粗	苏					居	区	舒		初	梳		姑	枯		呼	乌
	阳	埻	脯	模	扶		独	徒	奴	庐	卒							局	除	熟	口	锄	赎					湖	无
	上	不	仆	母	福		读	土		鲁	祖	促	速					竹	出	叔	烛	触	数		估	哭		虎	五
	去	布	铺	木	妇		杜	兔	怒	绿	做	醋	素					住	去	树	祝	处	漱		故	库		户	勿
uɛ	阴									口											拽	揣	衰		乖				
	阳																											怀	
	上																								拐	擓			
	去																						帅		怪	快		坏	
uei	阴							推			堆	催	虽								追	吹			规	亏		挥	
	阳									雷			随									垂	谁			葵		回	
	上							腿		锐	嘴												水		鬼			悔	
	去						对	退	内	类	罪	脆	岁								赘		睡		桂	愧		汇	

	ø	x	ŋ	k	k		s	tʂʰ	tʂ	ʃ	tɕʰ	tɕ	ɕ	ɳ	ȵ	ʈ	θ	tθʰ	tθ	l	n	tʰ	t	v	f	m	pʰ	p
阴		欢		宽	观		门		撰	喧	川	专					酸	汆	钻				端					
阳		环			管					玄	传	转								卵	暖	团	短					
上		缓		款	贯		涮			楦	大	赚					算	攒	纂	乱	口	瞳	断					
uã 去		唤		昆						劝	劝	均					孙	村	钻			吞	致					
阴		昏			滚		拴		庄	荨	牟	准					旬	存	津	轮		屯	敦					
阳		魂		昆	棍		床		床	阻	绌						损	寸	论	论			盾					
上		浑		裁	光		闩	抢	闯	顺	顺						迅		俊									
uə 去		荒		因			涮	床	创	顺																		
阴		皇		筐			双	闯	壮		准												吨					
阳		谎		狂	广		双																盾					
上		晃		祈	逛										鹊	绝												
uəŋ 去		谎		况																								
阴		兄												罾														
阳															鹊													
上	右															绝				略								
yə 去	刀																											

韵	调	p	pʻ	m	f	v	t	tʻ	n	l	tɕ	tʃʻ	tʃ	ɕ	tɕʻ	tɕ	l	n	θ	tɕ	tɕʻ	ɲ	ɕ	ʃ	ts	tsʻ	s	l	kʻ	k	ŋ	x	o
y	阴															蛆								须										淤
y	阳									驴														徐										如
y	上									吕						取							女	宿										乳
y	去									律						趣	足							绪										玉
yɛ	阴																聚							宣										冤
yɛ	阳															全								旋										员
yɛ	上																							选										软
yɛ	去																																	院
yɤ	阴																																	晕
yɤ	阳																																	匀
yɤ	上																																	允
yɤ	去																																	润

二　　同音字汇

凡　例

1、本字汇收入方言常用字 3490 余个，按韵、声、调的顺序排列，具体顺序分别见本章单字音系韵母、声母、声调。

2、214、53、55、31 分别表示阴平、阳平、上声、去声，"·"表示轻声。

3、无适当字可写的，用"││"表示。

4、有歧义或其他需要解释的字加例词或简单释义，例词中用"～"代替本字。

5、义读、新老、文白等分别在字后用小号字标出"义"、"新"、"老"、"文"、"白"等。

ɑ

p [214] 巴~不得疤芭扒~拉 哇

[53] 拔

[55] 巴从八剥~皮把~住爸扒~傻话

[31] 霸把刀~坝罢雹(印)耙巴嘴~子

[·] 吧琶叭喇~

p' [214] 趴兵

[53] 爬耙

[55] 冂~古(窝窝头)

[31] 怕

m [214] 妈母亲冂~虎(狼)

[53] 麻痳

[55] 马妈~~(祖母)蚂码

[31] 骂抹~布子

[·] 蟆蛤~

f [53] 罚乏伐筏

[55] 发法

v [214] 洼~儿

[53] 蛙娃

[55] 挖瓦名词

[31] 袜洼~下去瓦动词

t [214] 耷

[55] 答达搭打

[31] 大~小瘩

[·] 嗒呱~板子

t' [53] 踏(新)

[55] 他它她塌塔褟

[·] 遢邋~

n [53] 拿

[55] 哪纳~鞋底

[31] 纳此~那远指捺

l [214] 拉~屎垃邋

[55] 拉~车喇

[31] 腊蜡辣垃(乂)

[·] 米十~个里河~了走~啦

tθ [53] 杂

[·] 攒腌~

tθ' [55] 擦礤

θ [214] 仨

[55] 撒洒

[·] 萨咨~

tʃ [214] 加家佳嘉枷

[55]　甲~子夹~住、~袄
　　　贾假真~、放~

[31]　嫁稼驾架价

tʃ [214]　掐卡~腰

[53]　掐(又)恰洽卡关~(又)
　　　夹~克衫

ʃ [214]　虾□~牛(母牛)

[53]　霞遐暇匣辖蛇狭
　　　峡

[55]　傻瞎

[31]　吓夏厦~门下~
　　　山，上~

tʂ [214]　查山~渣踏(老)拃

[53]　铡蚱

[55]　扎札闸眨栅

[31]　乍诈痄铡(又)炸用
　　　油~、~弹榨□麦~
　　　(麦茬子)□下~(下摆)

[·]　砟 (水饺)

tʂ' [214]　叉杈农具名差~

错、~别馇~小豆腐嚓

[53]　茶搽查茬

[55]　察插

[31]　岔碴杈树~儿

ʂ [214]　沙纱痧

[55]　杀霎没~儿煞

[31]　厦大~

k [214]　□~拉着(套拌)疙~瘩

[53]　蛤~拉(蛤蜊)

[55]　胳鸽割葛合~伙生
　　　夹~肘窝疙结~渣(结痂)

[31]　尬尴~

k' [55]　卡关~渴磕(老)坷

ŋ [55]　腌

x [214]　哈

[53]　蛤~蟆

[55]　喝~洒

[·]　卟嗽~

ø [214]　阿

iɑ

l [55]　俩

ø [214]　鸦亚丫

[53]　牙芽讶衙

[55]　鸭押哑□~子(男阴)
　　　压~水(倒水)

[31]　压~迫雅呀

ua

tʂ [214]	爪~子抓髢
tʂʻ [214]	欻~拉(象声词)
ʂ [55]	耍刷
k [214]	瓜呱~搭板儿刮耳~子
[55]	刮~风寡剐呱拉~
[31]	挂卦褂
[·]	口不拢~(没空儿)鸹老~(乌鸦)

kʻ [214]	夸
[55]	垮刮~脸、~胡子(又)
[31]	跨胯
x [214]	花
[53]	华中~、~山铧桦猾
[55]	滑喝哗~(又)
[31]	化话画划计~华姓

ə

p [214]	波玻菠播饽~铵
[53]	勃渤鹁脖薄
[55]	拨挑~剥~削博伯(又)簸动词驳膊播(又)
[31]	簸名词
[·]	卜萝~
pʻ [214]	坡颇
[53]	婆老娘~偕~箩
[55]	泼泊婆~儿~儿(二婚头)
[31]	破魄
m[53]	魔摩摹磨~刀磨馍

	模~范膜
[55]	抹~药
[31]	末茉沫莫寞摸磨石~
[·]	没差~点儿么
f [53]	佛
v [214]	俄窝鸟~阿~胶踒莴蜗
[53]	蛾鹅讹窝~~头
[55]	我握恶~劣、可~、~心
[31]	饿卧沃鄂
t [·]	得认~

tʻ [53]　特(新)

n [·]　呢

l [55]　勒(又)

　[·]　里屋~了走~

tθ[55]　赜(新)

tθʻ[31]　厕~所

tʃ [214]　遮

　[53]　撦哳海~蛰端

　[55]　折~断浙哲蛰~人者
　　　　杰结劫揭洁

　[31]　这

　[·]　秸麦~(又)蔗家白~(自
　　　己)

tʃʻ [214]　车趄

　[53]　茄

　[55]　扯怯

　[31]　彻撤

　[·]　壳屎~蜋

ʃ [214]　赊佘

　[53]　舌协胁挟涉折弄~
　　　了携

　[55]　舍~去设歇蝎血

[31]　赦社射舍宿~

tʂ [·]　着(义)

tʂʻ [55]　册(新)策(新)

　[·]　煞热~了(义)

ɭ [53]　儿而

　[55]　耳饵

　[31]　二

k [214]　哥(新)歌(新)

　[55]　革(新)

　[31]　冂仰~(仰卧)个(新)

　[·]　疙糊~渣(锅巴)嗝打食~
　　　得(打嗝儿)

kʻ[55]　客(新)磕(新)克(新)

　[31]　课(新)

ŋ [55]　额名~（白)

x [53]　利(新)

　[55]　喝(义)

　[31]　嚇(新)

　[·]　卟歇~

ø [55]　额名~

　[31]　欻

iə

p [53]　别

[55]　絷憋

32

p' [55]　撇

m [31]　灭篾

l [55]　劣裂

　[31]　列烈猎

ȶ [214]　爹

　[53]　蝶谍碟牒叠截|~溜(知了)

　[55]　跌姐接节褯捷疖

　[31]　借

ȶ' [55]　贴帖铁且切妾

　[·]　嚏阿~(义)

ȵ [55]　捏摄

　[31]　聂镊孽(义)乜中指示 代词

ɕ [214]　些楔

　[53]　邪斜

　[55]　写

　[31]　泻卸谢泄屑

ø [53]　爷（称父亲）

　[55]　也野惹噎掖腋液

　[31]　夜业叶热爷~(称祖父)额~米盖(额)孽(义)

uə

t [214]　多

　[53]　夺

　[55]　朵躲

　[31]　惰舵剁跺垛踱

t' [214]　拖

　[53]　驼驮砣陀椭

　[55]　托妥脱度

　[31]　唾

n [53]　挪

　[55]　诺

　[31]　糯

l [214]　啰~嗦

　[53]　罗锣箩萝骡摞螺

　[55]　裸

　[31]　洛骆络烙酪落掠乐快~

tθ [53]　渍

　[55]　昨作左~米瓜(左撇子)

　[31]　做(义)坐座左~右佐

　[·]　||熨~(舒服)

tθ' [214]　搓

　[53]　锉

　[55]　撮

　[31]　错措

θ [214]　梭唆蓑

　[55]　锁琐索嗽

　[31]　|| 顽皮

tʃ [214]　撅掘

　[53]　噘骂橛着~火

　[55]　角脚镢决诀觉感~
　　　　拙倔噘~嘴

tʃʻ [53]　瘸

　[55]　却确缺壳(又)趄

ʃ [214]　靴

　[53]　学穴勺~子芍

　[55]　说 || 调皮

tʂ [53]　浊镯着(又)卓啄琢

　[55]　桌捉

tʂʻ [55]　戳

ʂ [55]　所朔缩

l [31]　略

ȶ [53]　绝嚼

ȶʻ [55]　鹊雀

ɕ [55]　雪薛削

k [214]　锅哥(老)歌(老)戈

　[53]　虼 ||子(蝌蚪) ||~的
　　　　(很)

　[55]　果裹阁搁括各郭
　　　　国(新)虼~蚤(跳蚤) ||
　　　　鱼~鳁(鱼鳁) || 碾~(碾
　　　　柱)

　[31]　个(老)过

kʻ [214]　科棵颗苛

　[55]　可阔扩壳咳

　[31]　课(老)骒锞嗑廓

x [214]　河何荷合~并盒活
　　　　核和|~气获(新)

　[55]　火伙禾霍豁或(新)
　　　　鹤喝吆~

　[31]　货贺祸和|~灰赫

yə

yə [55]　若约

　[31]　虐疟悦阅越粤岳
　　　　乐音~月鈅药弱跃

l

tθ [214]	姿资咨兹滋嗞	

tθ [214] 姿资咨兹滋嗞
[53] 自(义)
[55] 紫姊了籽卜~拉(烧心)
[31] 字自(义)恣
tθʻ [214] 卜卜倒
[53] 此雌瓷糍慈磁辞词祠
[55] 刺动卜~刀子(匕首)
[31] 刺名词伺~侯
[•] 匙钥~
θ [214] 司斯撕丝私思厕茅~
[55] 死
[31] 四肆巳似祀寺饲赐(义)
[•] 斯小~(男孩儿)篤篤~
tʂ [214] 知蜘儿~乎饥讥机只亠基级鸡稽
[53] 直植值殖及极侄辑给供~、~你

[55] 儿~个虮已圾市激吉汁急棘织职执质
[31] 制智致置计继系~鞋带寄技妓纪记总既季治冀痔掷
[•] 叽卡~
tʃ [214] 欺期痴
[53] 池驰持奇骑其棋旗麒祁歧迟綦卜~子(一种甜面食)给(义)
[55] 吃耻赤尺企启起岂
[31] 契气汽齐器泣
[•] 箕簸~
ʃ [214] 希稀牺嘻溪吸呼~
[53] 十拾实食石蚀畦什家~
[55] 识室式适释喜失湿饰
[31] 世势逝誓戏系联~

ɿ

tʂ [214] 支枝肢脂之芝栀
[55] 纸旨指止址只~有

趾滞
[31] 至志痣稚秩卜一

~脚儿(搽)
[•]　眨眼~毛(睫毛)

tʂʻ[214]　哒眵
[55]　齿匙~子
[31]　翅
[•]　｜｜鸡口 ｓpu~(鸡胗)

ʂ[214]　师狮尸诗

[53]　时
[55]　史使驶矢屎虱始 施
[31]　是示视十仕柿事 试市恃侍氏嗜
[•]　煞闩~眼(义)豉豆~

i

p[214]　屄
[53]　逼鼻蓖
[55]　比秕毕必笔臂璧 壁
[31]　彼鄙敝蔽弊币避 陛毙箅笓备闭

pʻ[214]　批砒披匹
[53]　皮疲脾啤琵裴
[55]　劈僻庀痞
[31]　屁譬痹

m[214]　眯
[53]　迷泥谜(义)弥
[55]　米糜靡
[31]　密蜜觅泌秘篾(义)
[•]　沫唾~

l[53]　梨犁黎离篱厘狸勑

[55]　李礼里理鲤
[31]　力历历励例丽隶 利莉痢吏立粒栗 荔
[•]　笠节~藜菠~漓溷~娌妯 ~璃玻~

t[214]　低堤(义)嘀提~溜
[53]　敌狄笛集疾蒺籍
[55]　抵滴嫡底的~确迹 跡绩即脊挤积墼 鲫唶
[31]　帝弟递第地际剂 寂｜｜~子(一种骨子)｜｜ 老是｜｜蛏~(蚂蟥)
[•]　的网~

tʻ[214]　梯栖妻棲

[53]　堤(们)题提~高啼蹄
　　　踢齐脐砌
[55]　剔体七漆荠丨丨~刀
　　　子(匕肖)
[31]　替涕剃
[•]　嚏阿~戚亲~
n̩ [53]　尼呢
[55]　你
[31]　匿腻溺
ɕ [214]　西犀熙徙
[53]　习席袭
[55]　析息媳熄昔惜锡

　　　　　洗膝夕
[31]　细悉
ø [214]　医衣依伊拃一丨~
[53]　宜移夷姨胰饴怡
　　　沂疑遗仪倪拟
[55]　一~百乙以倚椅蚁
　　　尾~巴
[31]　艺义议易容~、交~
　　　意异谊肄毅抑益
　　　亦译疫役日亿忆
　　　缢逸逆翼

u

p [53]　醭面~垺门~脐(肚脐)
　　　丨丨鸡~丨tsʅ(鸡胗)
[55]　不补卜捕哺拨~拉
[31]　布怖步簿埠抱~孩
　　　子
pʻ [214]　铺~路
[53]　菩蒲脯胸~葡
[55]　仆扑朴普谱圃捕
　　　(又)
[31]　铺店~堡村名
m [53]　模~子没~落、~有

[55]　亩某母拇姆牡
[31]　木日苜牧陆墓慕募
　　　幕暮穆谋
[•]　莫估~
f [214]　大伏肤麸
[53]　服伏负浮俘扶符凫
　　　敷
[55]　父师~抚孵府腑甫
　　　脯辅斧腐辐福附
　　　复腹拂
[31]　父~母妇付傅富副

覆芙讣赴伏~台(烟囱)赋

[•] 发头~蝠咐吩~袱包~

t [214] 都~城嘟督

[53] 独莓

[55] 赌肚猪~堵读牍屡

[31] 度渡镀杜肚人~子炉

[•] 犊牛~子尜花骨~

tʻ [53] 徒涂途图屠

[55] 土吐~痰、呕~突秃

[31] 兔

n [53] 奴农

[55] 努怒

l [53] 庐炉芦蝼~蛄

[55] 卢虏鲁橹卤辘捋~袖子

[31] 路鹭露禄绿(白)录辱鹿辘陆赂

[•] 轳噜呼~

tθ [214] 租

[53] 族

[55] 组阻祖足(文)卒

[31] 做(白)

tθʻ [214] 粗

[55] 促

[31] 醋猝

θ [214] 苏酥

[55] 速眾

[31] 素嗉诉塑

tʃ [214] 诸猪朱蛛株珠诛拘驹居车~马炮

[53] 局轴(又)妯

[55] 竹主煮粥(白)橘菊举拄锔

[31] 筑苎箸住驻注柱蛀据剧锯巨拒距矩俱具惧句

[•] 碡碌~帚苣苣~

tʃʻ [214] 区驱

[53] 厨橱储殊除雏瞿渠

[55] 出屈曲麹蛐渠(又)瞿(又)

[31] 处柑~、~所去

ʃ [214] 书舒输虚樗枢

[53] 熟秫

[55] 叔黍鼠暑薯竖蓄吸~铁石(磁石)许蜀

[31] 术述树竖属恕

tʂ [53] ||乍~(安稳)

[55] 烛触嘱||瓶子~儿(瓶

塞儿)

	[31]	助祝筑
tʂʻ	[214]	初
	[53]	锄
	[55]	楚础畜~牲、~牧
	[31]	处~理、~所
ʂ	[214]	梳~子疏蔬
	[53]	赎
	[55]	缩数动词束
	[31]	漱数名词
	[·]	鏉鉎~(锈)
k	[214]	孤辜箍姑钴~饦 (水饺)
		∣∣~垛(垛墩子)
	[55]	古估轱股鼓骨谷
	[31]	故凅锢顾雇
	[·]	姑䃃~蛄蝼~咕
kʻ	[214]	枯

	[55]	苦哭窟酷
	[31]	库裤
x	[214]	呼乎互忽
	[53]	胡湖糊煳葫壶核杏~儿狐囫
	[55]	虎老~浒口灯~儿(灯谜)
	[31]	户护沪瓠~子
	[·]	乎嫌~
ø	[214]	乌污巫诬侮
	[53]	兀无吴梧蜈
	[55]	五伍捂吾午屋武舞戊
	[31]	机勿物务雾误悟瘟
	[·]	鹉鹦~

y

l	[53]	驴
	[55]	吕旅屦缕屡捋~胡子
	[31]	律率效~虑滤碌绿(文)
ȶ	[55]	足(文)
	[31]	铸聚
ȶʻ	[214]	蛆趋黢

	[55]	取娶
	[31]	趣
ɲ	[55]	女
ɕ	[214]	须需
	[53]	俗徐
	[53]	婿恤宿~舍戌

　　　　戍肃旭　　　　　　　　[53]　雨语宁羽愚禹虞乳
[31]　絮序叙绪续　　　　　　　　　汝儒
[·]　褚~　　　　　　　　[31]　欲裕浴域狱玉愈喻
ø [214]　淤迂　　　　　　　　　　愉寓遇预与誉育御
[53]　鱼渔榆丁盂余如　　　　　　　娱芋吁入郁褥豫

ε

p [55]　摆　　　　　　　　　[31]　奈耐鼐
[31]　败拜　　　　　　　l [53]　米
p' [53]　排牌　　　　　　　[55]　攋撕
[55]　||~上(吃上,象棋用语)　[31]　赖癞
[31]　派||~赖(脏)　　　　tθ [214]　灾栽再在(又)
m [53]　埋　　　　　　　　[55]　宰载 三年五~仔
[55]　买　　　　　　　　[31]　在(又)载~重
[31]　卖迈　　　　　　　tθ'[214]　猜
v [214]　歪斜　　　　　　　[53]　才材财裁
[53]　歪~子(青蛙)　　　　[55]　彩采睬
[55]　崴||脚扭伤　　　　　[31]　菜蔡
[31]　外　　　　　　　θ [214]　腮鳃
t [214]　呆(又)歹　　　　　[55]　洒
[31]　代袋贷带逮待殆怠戴　[31]　塞边~赛
　　　　呆(又)大~夫　　　tʃ [214]　皆阶街楷
t'[214]　胎态　　　　　　　[53]　解~放甲拆~||~锥(螺丝
[53]　台抬苔　　　　　　　　　　刀)
[31]　太泰　　　　　　　[31]　介阶芥界戒届
n [55]　乃奶　　　　　　　[·]　秸麦~

tʂ̩ [•]	｜｜门~儿(门坎)		[31]	盖溉丐
ʃ [214]	谐		kʻ [214]	开
[53]	鞋		[55]	慨凯
[55]	解~理		ŋ [214]	哀癌
[31]	械蟹懈懈解姓		[31]	艾爱碍
tʂ [214]	斋		x [53]	孩还~有
[31]	债寨｜~马掌		[55]	海
tʂʻ [214]	差~钗		[31]	害亥骇核
[53]	柴豺		[•]	颌卜~(卜巴)
ʂ [214]	筛		ø [214]	講埃(新)
[31]	晒		[55]	哎
k [214]	该概		[31]	隘欸叹词
[55]	改			

iɛ

iɛ [214]	挨~号埃(老)		[55]	矮
[53]	崖涯河~挨~打		[31]	｜｜割~(小孩吵架)

uɛ

l [214]	｜｜扔		[31]	帅率统~
tʂ [214]	拽		k [214]	乖掴碰蝈
tʂʻ [214]	揣踹		[55]	拐
ʂ [214]	衰摔		[31]	怪

k' [55]　搋
　[31]　块快筷会~计门歪~着
（侧卧）

ei

p [214]　杯卑碑悲背动词
　[53]　白
　[55]　百伯柏北掰贝
　[31]　辈背名词被倍
　[•]　臂胳~卜萝~
p' [214]　坯土~胚
　[53]　培陪赔
　[55]　迫拍
　[31]　配佩沛
m [53]　梅媒煤眉媚霉枚玫谜~儿(谜语)
　[55]　每美
　[31]　妹麦昧脉墨默陌
f [214]　非匪飞妃
　[53]　肥
　[31]　废肺费吠㵀
v [214]　威畏煨喂~肥微
　[53]　为作~伪桅惟维唯违围

x [35]　怀淮槐
　[31]　坏

　[55]　伟苇纬委菱尾扛~危慰
　[31]　谓猬卫为~什么未味喂~奶胃魏巍位
t [53]　特(老)
　[55]　德得~去,好~很
　[•]　得打食嗝~(打嗝儿)
t' [•]　台伏~(烟囱)
tθ [53]　贼
　[55]　则
θ [55]　塞~住
tʂ [53]　抒泽宅
　[55]　摘窄责(老)侧
tʂ' [55]　拆测策(老)册(老)
ʂ [53]　谁
　[55]　色涩瑟啬骰
k [55]　革(老)格隔
k' [55]　克(老)刻客(老)
x [55]　黑

uei

t [31]	对兑队	tʂ [214]	锥追
tʻ [214]	推	[31]	缀赘坠
[55]	腿	tʂʻ [214]	吹炊
[31]	退蜕	[53]	垂捶槌
[·]	台伏~(炯肉，义)	ʂ [53]	谁(义)
n [31]	内	[55]	水摔(们)
l [53]	雷擂蕾	[31]	睡税瑞(老)
[55]	垒儡累积~蕊锐	k [214]	规龟归轨闺
[31]	泪类瑞(新)累疲~肋勒	[55]	鬼癸国(老)诡
tθ [214]	堆	[31]	柜赀跪桂瑰刽
[55]	嘴	kʻ [214]	亏盔
[31]	最醉罪	[53]	奎逵葵魁傀
tθʻ [214]	崔催	[31]	愧溃崩~
[31]	脆翠粹	x [214]	挥辉灰徽溃~脓咴恢
θ [214]	虽	[53]	回茴或(老)获(老)
[53]	随隋遂	[55]	悔毁
[31]	岁穗碎馁隧	[31]	贿会开~绘汇惠慧讳秽彗烩惑
[·]	荽芫~		

ɔ

p [214]	包	[31]	报豹暴爆鲍炮~仗抱~
[53]	苞(文)		小鸡瀑刨~子
[55]	宝饱保堡碉~褒	pʻ [214]	抛泡不结实胞

[53]　袍刨~地

m [214]　毛~衣矛茅猫女~锚

　[55]　卯牦~钱

　[31]　冒帽貌茂贸

f [55]　否

t [214]　刀

　[55]　岛捣导裯倒打~悼

　[31]　到倒~水稻道盗

　[·]　掇拾~叨唠~

t' [214]　滔涛掏

　[53]　陶淘逃桃

　[55]　讨

　[55]　套

　[·]　萄俑~

n [53]　挠

　[55]　恼脑

　[31]　闹

l [214]　唠

　[53]　捞痨

　[55]　劳牢老姥

　[31]　涝

　[·]　螂刀~(螳螂)(义)

tθ [214]　遭糟

　[53]　凿

　[55]　早枣澡

　[55]　躁燥灶皂造糙粗~

　[·]　蚤虼~

tθ' [214]　操糙不~(不错)

　[53]　曹槽

　[55]　草

　[31]　肏

θ [214]　骚搔臊

　[55]　嫂扫~地

　[31]　扫~帚

tʃ [214]　朝~夕召招昭交郊胶
　　　　教~书骄娇浇

　[55]　绞狡铰饺搅缴矫川~
　　　　瓜(西葫芦)

　[31]　赵兆照叫教~育校~对
　　　　较觉睭~轿诏窖

tʃ [214]　超敲

　[53]　朝~代潮乔侨桥荞川~
　　　　巴(精神病者)

　[55]　巧

　[31]　窍翘

　[·]　跷尚~

ʃ [214]　烧嚣

　[53]　绍诏

　[55]　少多~晓

　[31]　邵少~年孝酵效校~学~

tʂ [55]　爪~牙找

　[31]　罩笊

tsʻ [214]　抄钞
　　[53]　巢剿
　　[55]　炒吵
ş [214]　梢捎艄
　　[53]　稍
　　[31]　潲
k [214]　高膏羔糕
　　[55]　稿搞镐
　　[31]　告
kʻ [55]　考烤

　　[31]　犒熇~油拷铐
ŋ [214]　熬~白菜
　　[53]　熬~油
　　[55]　袄懊
　　[31]　傲奥
x [214]　蒿薅
　　[53]　豪濠壕毫号~叫利介词
　　（乂）
　　[55]　好~坏郝
　　[31]　号口~耗浩好㐱~

ci

p [214]　标彪膘
　　[55]　表裱婊
　　[31]　鳔
pʻ [214]　漂~流飘
　　[53]　瓢嫖
　　[55]　漂~白粉
　　[31]　崇漂~亮
m [53]　苗描
　　[55]　秒鸟(老)
　　[31]　妙庙
l [214]　撩撂
　　[53]　辽疗聊燎缭
　　[55]　了~解

　　[31]　料镣廖
ȶ [214]　刁貂雕焦蕉椒
　　[55]　屌
　　[31]　钓吊掉调~动窎~远(偏远)
　　窅(乂)
ȶʻ [214]　挑~担锹悄缲
　　[53]　条调~和笤瞧
　　[55]　挑~开鹊野~(喜鹊)
　　[31]　跳俏樵瞧口~跳
ȵ [55]　鸟(新)
　　[31]　尿
ɕ [214]　肖消宵硝销萧箫枵
　　[55]　小

	[31]	笑		[55]	咬阋
ø	[214]	夭妖邀要~求腰么~~ ~吆~喝		[31]	耀要重~鹞
	[53]	肴淆摇谣遥窑姚扰 饶绕尧			

ou

p'	[55]	剖		[55]	叟溲
m	[214]	猫藏~儿(捉迷藏)	tʃ	[214]	周舟州洲粥(白)纠究
t	[214]	都~是兜		[55]	轴肘灸九久韭鸠
	[55]	斗升~抖陡		[31]	昼究臼舅旧救咒市
	[31]	斗战~豆逗痘窦头~枕		[·]	诏代~(理发师)鬏鬏~子帚 (又)
	[·]	朵耳~			
t'	[214]	偷	tʃ'	[214]	抽丘阄
	[53]	头~脑投		[53]	绸稠筹酬仇售求球
	[31]	透		[53]	丑糗
	[·]	斗抽~(抽屉)		[31]	臭
l	[53]	搂~草褛楼	ʃ	[214]	收休杅
	[55]	搂~抱篓		[53]	手守首
	[31]	漏陋		[31]	受授兽寿售(又)嗅
	[·]	炉香~子	tʂ	[214]	邹
tθ	[55]	走		[31]	皱绉骤
	[31]	奏做(白)	tʂ'	[53]	愁
tθ'	[31]	凑		[55]	瞅
θ	[214]	搜馊	ʂ	[55]	溲~面(揉面)

	[31]	瘦		[31]	叩扣寇
k	[214]	勾沟钩	ŋ	[214]	沤欧怄
	[55]	狗苟		[55]	呕偶藕
	[55]	构购够媾彀｜唤鸡声	x	[214]	齁
k'	[214]	抠		[53]	侯喉猴瘊吼
	[55]	口		[31]	后厚候

iou

l	[214]	溜~走 流二~ʃ		[55]	纽扭妞
	[53]	刘留榴流~水 硫琉		[31]	谬
	[55]	柳绺	ɕ	[214]	羞修
	[31]	六溜一~ 树馏馏~子(金戒		[31]	秀绣锈袖
		指)	ø	[214]	忧优悠幽
ʨ	[214]	丢揪		[53]	牛~马 由油邮蚰鱿尤
	[55]	酒			犹柔揉游
	[31]	就		[55]	有友莠西
ʨ'	[214]	秋		[31]	又诱右祐宥柚釉幼
	[53]	囚			肉
ɳ	[53]	牛			

ã

p	[214]	班斑颁扳般搬瘢	p'	[214]	潘攀
	[55]	板版		[53]	盘
	[31]	半伴拌绊扮办瓣		[31]	盼判叛口一~子(一会儿)

m [214]　　嫚

　　[53]　　蛮瞒馒蔓~菁｜从

　　[55]　　满

　　[31]　　漫幔蔓~延墁抹、涂

f [214]　　帆帣翻藩

　　[53]　　凡矾烦繁

　　[55]　　反

　　[31]　　贩饭犯范蟧~蛋(卜蛋)
　　　　　　泛

v [214]　　弯湾剜豌腕

　　[53]　　完玩顽丸

　　[55]　　碗晚挽宛皖

　　[31]　　万蔓~儿

t [214]　　丹单担~任耽

　　[55]　　胆

　　[55]　　口但担挑~弹子~蛋淡
　　　　　　诞

tʻ [214]　　滩摊贪

　　[53]　　潭谭谈痰弹~琴檀坛
　　　　　　团浦~

　　[55]　　毯坦坍

　　[53]　　叹探炭

n [53]　　男南难~易

　　[31]　　难患~

l [53]　　兰拦栏蓝篮阑

　　[55]　　懒漤婪览揽缆

　　[31]　　烂滥乱(义)

tθ [214]　　簪

　　[53]　　攒

　　[31]　　暂赞｜鬼头小~(鬼头鬼脑)

tθʻ [214]　　参餐

　　[53]　　惭蚕残整~磨｜~蒜(捣
　　　　　　蒜)

　　[55]　　惨刻

　　[31]　　惨灿

θ [214]　　三

　　[55]　　伞散鞋带~了

　　[31]　　散~会

tʃ [214]　　沾粘~贴髈毡监兼艰
　　　　　　奸坚间时~

　　[55]　　展碱减俭检简柬拣
　　　　　　茧趼

　　[31]　　占战涧件见剑建健
　　　　　　犍键腱鉴舰谏

tʃʻ [214]　　谦铅牵

　　[53]　　蝉缠钳虔乾~坤

　　[55]　　道

　　[31]　　颤欠歉芡嵌

ʃ [214]　　掀锨

　　[53]　　嫌闲贤衔咸弦

　　[55]　　搧癯闪陕喊~险显

　　[31]　　扇骟赡善鳝蟮膳陷

　　馅宪献现县限单(姓)　　　　kʻ [214] 刊堪勘看~守

tʂ [55] 盏斩||掂　　　　　　　　　[55] 坎砍
　 [31] 站栈蘸颤绽　　　　　　　 [31] 看~见
tʂʻ [214] 掺搀　　　　　　　　ŋ [214] 安鞍庵
　 [35] 馋鑱　　　　　　　　　　 [55] 俺埯
　 [55] 产铲　　　　　　　　　　 [31] 按案岸暗
ʂ [214] 山衫杉删　　　　　　　x [214] 憨酣鼾
　 [31] 疝　　　　　　　　　　　 [53] 寒韩含函
k [214] 干~湿肝竿甘柑敂尴　　　 [55] 喊(又)
　 [55] 感杆秆赶擀　　　　　　　 [31] 旱焊汗汉憾撼
　 [31] 干~活　　　　　　　　　 [·] 罕稀~

iã

p [214] 边编鞭||~扒(趴)　　　　 [31] 练炼恋敛殓楝链||金~(袋子)
　 [55] 贬扁匾蝙　　　　　　　ȶ [214] 掂颠癫尖歼(又)煎笺肩
　 [31] 变遍辨辩辫便方~　　　　 [55] 典点剪践
pʻ [214] 偏篇　　　　　　　　　 [31] 店屯殿奠佃垫渐箭溅钱荐间~苗贱||~眼(鸡眼)
　 [53] 便~宜缏
　 [55] 谝~拉(炫耀)
　 [31] 片骗　　　　　　　　　ȶʻ [214] 天添千迁签
m [53] 棉绵眠　　　　　　　　　 [53] 田甜填钱前溅
　 [55] 免勉娩　　　　　　　　　 [55] 舔觍浅
　 [31] 面　　　　　　　　　　ȵ [53] 年鲇粘~粥
l [53] 帘联连莲怜廉镰
　 [55] 脸

[55]　辇撵蹍捻埝

[31]　碾~米念

ɕ [214]　歼纤先仙鲜新~

[31]　线羡

ø [214]　烟胭淹醃阉焉蔫兖
渊(又)

[53]　岩盐檐阎颜研严延
沿~者炎言缘然燃芫~

[55]　　羨谚

[55]　眼演掩染

[31]　验宴晏堰咽燕雁砚
醼厌艳焰

[·]　蜒蚰~

uã

t [214]　端

[55]　短

[31]　断段缎锻

tʻ [53]　团~员

[55]　疃

n [55]　暖冷~

[31]　撖纂(如：~起拳头)

l [53]　卵

[31]　乱

tθ [214]　钻动

[55]　纂

[31]　钻名

tθʻ[214]　汆

[31]　窜

θ [214]　酸

[31]　算蒜

tʃ [214]　专砖捐鹃

[55]　转~眼卷~起卷~子门踹、
踹

[31]　赚篆绢转~圈传~记卷试
~倦圈猪~眷健

tʃʻ [214]　川钏串~起来圈囚~穿

[53]　传~达船椽拳颧权蜷

[55]　喘犬

[31]　串三~劝券国库~

ʃ [214]　暄

[53]　玄悬

[31]　楦券分~儿(分家书)

tʂ [31]　撰

tʂʻ[31]　纂

50

ʂ [214] 闩拴

[31] 涮

k [214] 观参~关官倌棺冠衣~鳏

[55] 管馆

[31] 贯惯灌罐观寺~冠~军

kʻ [214] 宽

[55] 款

x [214] 欢

[53] 还~原环桓

[55] 缓

[31] 唤焕换患宦幻

yã

tʂʻ [53] 全泉痊

ç [214] 宣喧轩口圌

[53] 旋

[55] 选癣

[214] 冤鸳渊

[53] 员圆原源袁辕元阮园鼋援

[55] 远软笕

[31] 院怨愿

ə̃

p [214] 奔~跑宾锛彬

[55] 本

[31] 笨嫔鼖奔~头儿

pʻ [214] 喷拼姘

[53] 盆贫频颦

[55] 品

[31] 聘

m [53] 门民

[55] 敏闽

[31] 闷焖

f [214] 分芬纷吩棼

[53] 坟

[55] 粉

[31] 愤粪奋份忿

v [214] 温瘟

[53] 文蚊纹闻(白)

[55] 稳

[31] 问璺

51

n [55]　恁你们

l [214]　拎

[53]　临林淋鄰鳞磷

[55]　凛檩

[31]　齐赁｜｜~网(撒网)

tθ [53]　咱

[55]　怎

[31]　尽进浸晋

tθʻ[214]　参~差傪亲

[53]　秦岑

[55]　寝

θ [214]　辛心新薪

[53]　寻

[31]　信

tʃ [214]　针斟珍胗真今金襟
巾斤筋

[55]　诊疹枕名仅紧禁~不住
锦谨

[31]　镇阵振震枕动劲近禁
~止妗

tʃʻ[214]　钦

[53]　陈尘晨辰臣沉琴鹈

擒芹勤

[55]　抻

[31]　趁称~心

ʃ [214]　身中伸深欣绊

[53]　神什

[55]　沈审婶

[31]　其葚肾慎娠

[·]　舍邻~家

tʂʻ [31]　衬

[·]　碜牙~

ʂ [214]　森参人~生~火

[31]　渗

k [214]　根跟

[55]　艮不脆

[31]　哏打~(说话不连贯)

kʻ[55]　垦恳肯啃

[31]　裉

ŋ [214]　恩

[31]　摁

x [55]　很狠痕

[31]　恨

iə̃

ø [214]　音阴荫因姻洇殷

[53]　仁人银纫壬

52

[55]　寅饮隐尹引忍　　　　　[31]　印认任妊刃韧

uə̃

t [214]　敦墩蹲　　　　　　　[31]　讯迅殉
　[55]　盹噋盹　　　　　tʃ [214]　均钧君军
　[31]　盾遁顿炖钝囤　　　　　[55]　准齔
　[·]　饨馄~　　　　　　tʃʻ [214]　春椿
tʻ [214]　吞　　　　　　　　　[53]　唇纯醇蠢群裙
　[53]　屯豚臀　　　　　　　　[55]　捆(白)
　[31]　褪　　　　　　　　　　[31]　顺孝~
l [53]　仑伦轮　　　　　　ʃ [214]　熏薰勋
　[31]　论嫩　　　　　　　　　[31]　舜顺~利训
　[·]　囵囫~　　　　　　　k [55]　滚
tθ [214]　尊遵津　　　　　　　[31]　棍
　[31]　俊　　　　　　　kʻ [214]　髡坤
tθʻ [214]　村皴　　　　　　　[55]　捆(文)
　[53]　存　　　　　　　　　　[31]　困睏
　[31]　寸　　　　　　　x [214]　昏婚荤
θ [214]　孙　　　　　　　　　[55]　馄魂横(老)
　[53]　旬循巡　　　　　　　　[31]　浑混
　[55]　髓损笋榫

yə̃

ø [214]　晕　　　　　　　　　[53]　匀云闻(白)

53

[55]　允　　　　　　　　　　(舒服)
[31]　运孕韵熨闰润□□~作

aŋ

p [214]　邦帮浜
　[55]　榜绑膀
　[31]　棒磅谤傍
pʻ [53]　旁螃庞耪
　[31]　胖
m [53]　忙芒~种茫盲
　[55]　莽蟒
　[31]　□一~儿(一边儿)
　[·]　氓流~
f [214]　方□~瓜(一种南瓜)芳坊纺
　[53]　防房肪
　[55]　仿访妨
　[31]　放
　[·]　缝裁~
v [214]　汪
　[53]　王亡芒麦~
　[55]　网往米~枉妄
　[31]　忘望旺往~东
t [214]　当~家裆
　[55]　党挡

[31]　荡当上~档□□多~(何时)□□
　　　虮虮~子(蝌蚪)
tʻ [214]　汤
　[53]　堂棠唐糖塘搪
　[55]　倘躺淌
　[31]　烫趟
　[·]　凳板~膛胸~
n [53]　囊□透湿
　[55]　暖~和攘
l [53]　朗廊狼螂
　[31]　浪朗
tθ [314]　臧赃脏弄~
　[31]　藏西~脏内~葬
tθʻ [214]　仓苍
　[53]　藏隐~
θ [214]　丧婚~桑
　[55]　嗓
　[31]　丧~失
tʃ [214]　张章樟璋偬姜江刚才~
　[55]　长生~涨~水掌讲耩

[31]　丈仗杖帐胀涨头昏脑~
　　　　障降卜~糨

tʂ [214]　吕畅腔

[53]　长~短肠场打~常尝偿

[55]　厂场~所强

[31]　唱倡羌

[·]　尚和~

ʃ [214]　商伤香乡裳

[55]　赏晌饷响享

[31]　上尚风~项巷向降投~

k [214]　冈刚~好纲钢缸肛缰~

[53]　|绳|很

[55]　港岗

[31]　杠|~豆(蚕豆)

k' [214]　康糠慷

[21]　扛炕抗

ŋ [214]　肮||焚烧

[53]　昂

x [53]　行航杭||和

[31]　上趄向动词，压~

iaŋ

l [53]　凉量~长短良粮粱梁

[55]　两

[31]　亮谅量度~辆

tɕ [214]　将~来浆

[55]　蒋炎桨

[31]　匠酱将~上相、大~虹(门)

tɕ' [214]　枪呛烟~人

[53]　墙

[55]　抢

[31]　象动词呛吃~了炝

ȵ [53]　娘棉~花(本市西南部读音)

[31]　酿

ɕ [214]　相~信箱厢湘襄镶

[53]　详祥翔

[55]　想

[31]　象对~像橡相~而

ø [214]　央秧殃恙壤嚷(义)酿

[53]　羊洋阳扬杨瓤

[55]　攘嚷仰养痒疡

[31]　样蚱蚁~(蚂蚁)让

[·]　蝇苍~莺萤~

uaŋ

tʂ [214] 庄装桩
[31] 状壮妆
tʂʻ[214] 疮窗
[53] 床
[55] 闯~出去
[31] 创撞闯~门子(串门儿)
ʂ [214] 霜孀双~鞋
[55] 爽|雪~子(雪珠儿)
[31] 双~棒儿(双胞胎)
k [214] 光咣

[55] 广
[31] 逛
kʻ[214] 筐诓
[53] 狂
[55] 夼用于地名
[31] 况矿旷框眶
x [214] 荒慌
[53] 黄簧皇凰蝗隍|和
[55] 晃谎幌
[31] 晃~动

əŋ

p [214] 崩绷
[31] 迸泵
pʻ[214] 烹
[53] 彭膨朋棚蓬篷
[55] 捧恐~怕(又)
[31] 碰
m [214] 蒙晴~
[53] 盟蒙~占萌
[55] 猛
[31] 孟梦
f [214] 风疯讽丰封峰锋蜂

[53] 冯奉逢缝~衣||~外(另外)
[31] 凤俸缝~条~
v [214] 翁
[31] 瓮
t [214] 登灯东冻~(冰)冬
[55] 等戥董懂
[31] 邓凳(□)瞪洞冻动
tʻ[214] 通熥
[53] 腾誊藤疼铜桐童瞳同||~蟹(大蟹子)

[55]	筒统捅桶	
[31]	痛	
[˙]	｜｜上~(上头、上面)	

n [53] 能脓浓

l [214] 扔
　　[53] 龙笼聋隆仍(新)
　　[55] 冷拢陇垄｜不~｜kuaˀ
　　　　(没空儿)
　　[31] 稜卉楞塄

tθ [214] 曾姓氏增憎宗棕踪
　　[55] 总怎~么
　　[31] 赠粽~猪粽纵

tθʻ [214] 聪囱怱葱
　　[53] 曾~经层从丛
　　[31] 蹭

θ [214] 僧嵩伀松放~
　　[53] 屃倯
　　[55] 笋
　　[31] 宋诵颂讼(新)送

tʃ [214] 贞侦正~月征更五~(白)耕(白)京惊鲸荆经蒸
　　[55] 整景警竞境颈睘
　　[31] 正~反证政症郑敬镜竞径茎

tʃʻ [214] 称~呼轻脚倾
　　[53] 橙澄乘承丞拯呈程

　　　逞惩成城盛~饭倾琼穷
　　[55] 顷尚
　　[31] 秤庆

ʃ [214] 兴~旺声升胸兄凶
　　[53] 绳行~为形刑型雄熊什(义)
　　[31] 剩胜圣盛兴~兴高~杏幸

tʂ [214] 争筝睁中当~忠钟鼋终
　　[55] 种~类肿
　　[31] 中考~仲重~量众种~树铛挣铮｜~起耳朵(文起耳朵)

tʂʻ [214] 撑充冲~锋春宠
　　[53] 虫崇重~复
　　[31] 冲~我来的劲

ʂ [214] 生牲甥笙鉎
　　[55] 省

k [214] 更~改更五~(文)羹耕(义)庚公蚣工功攻弓躬宫供~销粪
　　[55] 梗哽巩耿拱
　　[31] 更~加供~养共贡恭

kʻ [214] 坑空落~

[55]　　恐孔　　　　　　　　[53]　　恒衡横(新)弘宏洪鸿
[31]　　空~缺控　　　　　　　　　　　虹(文)红
x [214]　亨哼轰烘哄~动、起~　　[55]　　哄~小孩

iŋ

p [214]　兵冰　　　　　　　　ʈʂ [214]　厅听青清
[55]　　平评坪萍瓶屏凭　　　[53]　　亭停廷庭挺艇情晴
[53]　　丙饼乘禀　　　　　　[55]　　请
[31]　　病柄并　　　　　　　[•]　　梃麦~儿蜓蜻~
p' [55]　乒　　　　　　　　　ȵ [53]　宁凝(文)
m [55]　明鸣名铭　　　　　　[55]　　拧
[55]　　皿　　　　　　　　　ɕ [214]　星腥松~树嵩
[31]　　命　　　　　　　　　[55]　　醒省反~擤
l [53]　陵凌~空菱钤伶翎灵　　[31]　　性姓讼(老)
　　　　零龙(又)　　　　　　ø [214]　应~用、~声英婴鹦樱缨
[55]　　岭领凌冻冻~子(冰锥儿)　　　　蝇鹰莺拥臃
[31]　　令另　　　　　　　　[53]　　仍(老)盈赢萤茔迎营凝
ʈ [214]　丁疔钉~子叮盯晶旌　　　　　戎绒荣茸融容镕蓉冗
　　　　睛精　　　　　　　　[55]　　影颖映永泳咏勇蛹涌
[55]　　顶鼎井　　　　　　　　　　　惠雍
[31]　　钉~住订定腚净静　　　[31]　　硬用
[•]　　菁蝼~　　　　　　　　[•]　　壅耳~(耳屎)

三　语流音变

(一)变调

变调情况有一定的灵活性，读词和说话、快读和慢读、以及不同的人、不同的环境，常常有细微的差别，本志只介绍大致情况。

两字组变调表

后字＼前字	阴平　214	阳平　53	上声　55	去声　31
阴平 214	214+214 → 24+214 西关　蜂窝	53+214 (不变) 农村　床单儿	55+214 → 53+214 老师　火车	31+214 (不变) 电灯　旱烟
阳平 53	214+53 (不变) 丢人　猪食	53+53 (不变) 食堂　年头儿	55+53 → 435+53 作文　赶集	31+53 (不变) 大学　碾房
上声 55	214+55 (不变) 山顶儿　藓草	53+55 (不变) 堂屋　河底儿	55+55 → 53+55 小米儿　洗澡	31+55 (不变) 热水　傍黑
去声 31	214+31 → 24+31 耕地　家兔	53+31 (不变) 学校　门框	55+31 → 24+31 海带　打仗	31+31 (不变) 热炕　上冻
轻声 ·	214+· → 31+1 诸城　稀罕	53+· → 24+3 棉花　寻思 53+· → 53+2 头里　别人	55+· → 214+5 脊梁　小心	31+· → 55+3 外甥　帽子 31+· → 31+1 冻冻　汽灯

说明：

1、上表数码表示调值，箭头后的是变调值，没有箭头的说明不变。轻声音节用"·"表示，其调值"1、3、5、2"，说明诸城的轻声音节为短调，基本没有音高变化。有两类读法的，以列在上面的一类读法居多。

2、两字组变调以前字发生变化为主，变调调值有 24、435 两个。

3、阴平在阴平前变 24；慢着念，也可不变，或稍变，即开始略降，收尾不到 4。

阴平在上声前时，收尾往往不到 4，按不变处理。

4、阳平在阳平前，降度略减，按不变处理。

5、上声在阴平前变阳平，但有时降得不如阳平明显。

6、去声在第二音节时，读得比本调略为低弱，仍按不变处理。

7、一些特殊的或个别的现象未列入表内。例如：按义类音变的，像"爷爷"、"人人"(父亲)、"娘娘"，本调不同，但都读为 31+轻声 1；儿化的上声处于末尾一个音节时，常常读成 214，像"鼻子眼儿"、"蚊子鬼儿"、"黑板擦儿"等；一些两可的读法，象"后边儿"可读为 31+轻声 1，也可读为 31-53+轻声 3；个别现象如"头年"读为 53-55+轻声 3、"可怜"、"走走"读为 55+轻声 3 等等。

三字及三字以上词语的变调以两字组的变化为基础。三字组大致有两种基本类型，即 1+2 和 2+1，说明如下。

1+2 型　前字不变，后两字按两字组规则变，也就是变中字。例如：

阴阴阳	收音机	$\int ou^{214}$ $i\vartheta^{214-24}$ $t\int\mathfrak{1}^{214}$
阳上去	十里铺	$\int\mathfrak{1}^{53}$ li^{55-24} $p'u^{31}$
上上去	保险柜	po^{55} $\int a^{55-24}$ $kuei^{31}$

去上阳　　闹喜房　　　　　nɔ³¹ ʃʅ⁵⁵⁻⁴³⁵ faŋ⁵³

2+1 型　后字不变，前两字按两字组规则变，也就是变前字。例如：

阴去上　　花大姐　　　xua²¹⁴⁻²⁴ ta³¹ ʨiə⁵⁵

上阳阴　　五莲山　　　u⁵⁵⁻⁴³⁵liã⁵⁵ʂã²¹⁴

上去上　　九月九　　　tʃou⁵⁵⁻²⁴yə³¹tsou⁵⁵

上去阳　　贾悦河　　　tʃa²¹⁴⁻²⁴yə³¹xuə⁵³

此外，还有少数连续变的，也就是变前两个字。例如：

上上阳　　百尺河　　　pei⁵⁵⁻⁵³ tʃʅ⁵⁵⁻⁴³⁵ xuə⁵³

三字组共有二十六种结构不发生变调。这些结构无论从 1+2 型或 2+1 型来分析，其中的两字结构按两字组的变调规则也多是不变调的，例如"阴阳阴"，前两字"阴阳"或后两字"阳阴"皆不变调。当变不变的只有"阴阴阳"和"阴阴上"两组。

以上三字组的情况，包括带有轻声音节的三字结构在内。例如(以下只有一个数值的都是轻声)：

1+2 型

上阴轻　　雪瓜子　　çyə⁵⁵ kua²¹⁴⁻³¹ tθʅ¹

去阳轻　　闯门子　　tʂʽuan³¹ mã⁵³⁻²⁴ tθʅ³

去上轻　　月妈妈儿　yə³¹ ma⁵⁵⁻²¹⁴ mar⁵

上去轻　　摆架子　　pɛ⁵⁵ tʃa³¹⁻⁵⁵ tθʅ³

2+1 型

阴轻阳　　香椿芽　　ʃaŋ²¹⁴⁻³¹ tʃuə¹ ia⁵³

阳轻上　　连阴雨儿　liã⁵³⁻²⁴ iə³ yr⁵⁵⁻²¹⁴

上轻去　　割不断　　ka⁵⁵⁻²¹⁴ pu⁵ tuã³¹

去轻阳　　丈母娘　　tʃaŋ³¹⁻³⁵ mu³ n̠iaŋ⁵³

去轻阳　　二子爷　　lə³¹ tθʅ¹ iə⁵³

两个轻声相连，往往是后一音节更为轻弱。例如：

阴轻轻	锅腰子	kuə²¹⁴⁻³¹ iɔ¹ tθ͡ȵ¹
阳轻轻	拾起米	ʃ̩⁵³⁻²⁴ tʃ̩³ lɛ¹
上轻轻	酒窝罗	tɕiou⁵⁵⁻²¹⁴ və⁵ luə³
去轻轻	热疙瘩	iə³¹⁻⁵¹ kɑ³ ta¹
去轻轻	呛着了	tɕʻiaȵ³¹ tʂuə¹ la¹

四字相连，多数是 2+2 的结构，少数是 1+3 的结构(后两字读轻声)。例如：

上去阴上	五月端午	u⁵⁵⁻²⁴ yə³¹ tuã²¹⁴ u⁵⁵
阳阴上阳	长生果仁儿	tʂʻaŋ⁵³ ʂəŋ²¹⁴ kuə⁵⁵⁻⁴³⁵ iə̃r⁵³
去去上阳	冻冻棱子	təŋ³¹ təŋ³¹ liŋ⁵⁵⁻²¹⁴ tθŋ⁵
上上去轻	擦脸布子	tθʻɑ⁵⁵⁻⁵³ liã⁵⁵ pu³¹⁻⁵⁵ tθ͡ȵ⁵
去轻上轻	二拇指头	lə³¹⁻⁵⁵ mu³ tʂ̩⁵⁵⁻²¹⁴ tθou⁵
阳轻上轻	脖肋颈子	pə⁵³⁻²⁴ lə³ kəŋ⁵⁵⁻²¹⁴ tθ͡ȵ⁵
去上轻轻	做买卖的	tθuə³¹ mɛ⁵⁵⁻²¹⁴ mɛ⁵ ti³
去阴轻轻	下庄户的	ʃa³¹ tʂuaŋ²¹⁴⁻³¹ xu¹ ti¹
上阴轻轻	小闺女子儿	ɕiɔ⁵⁵ kuei²¹⁴⁻³¹ ȵy¹ tθ͡ȵ¹

（二）儿化

诸城方言儿化的作用跟普通话基本相同，但语音变化比较复杂，除了元音卷舌外，还牵涉到声韵调三个方面。

1、声母的变化及举例

诸城方言的声母在儿化时有三种情况：

(1) 声母带上一个滚音r，这个滚音的明显程度因该声母的发音部位而异，也因人而异。如在 t 组后面时往往比在 p 组后面时明显。例如(r在音节末尾时表示前面元音卷舌)：

p（拼细音）→pr　小鳖儿　ɕiɔ⁵⁵⁻⁵³ prər⁵⁵

p'（拼细音）→p'r　双眼皮儿　ʂuaŋ²¹⁴ iã⁵⁵⁻⁴³⁵ p'rər⁵³

m（拼细音）→mr　药面儿　yə³¹ mrer³¹

t →tr　名单儿　miŋ⁵³ trɛr²¹⁴　小刀儿　çiɔ⁵⁵⁻⁵³ trɔr²¹⁴

t' →t'r　小兔儿　çiɔ⁵⁵⁻²⁴ t'rur³¹　小桃儿　çiɔ⁵⁵⁻⁴³⁵ t'rɔr⁵³

n →nr　一捺儿　i⁵⁵⁻²⁴ nrɑr³¹

tθ →tθr　小组儿　çiɔ⁵⁵⁻⁵³ tθrur²¹⁴　鸡子儿　tʃʅ²¹⁴ tθrər⁵⁵

tθ'→tθ'r　村儿　tθ'uər²¹⁴　一小撮儿　i⁵⁵ çiɔ⁵⁵⁻⁵³ tθ'ruər⁵⁵

θ →θr　小锁儿　çiɔ⁵⁵⁻⁵³ θruər⁵⁵　小苏儿　çiɔ⁵⁵⁻⁵³ θrur²¹⁴

ȶ →ȶr　小刁儿　çiɔ⁵⁵⁻⁵³ ȶrɔr²¹⁴　小钉儿　çiɔ⁵⁵⁻⁵³ ȶrɑr²¹⁴

　　tθr　小焦儿　çiɔ⁵⁵⁻⁵³ tθrɔr²¹⁴　小蒋儿　çiɔ⁵⁵⁻⁵³ tθrɑ̃r⁵⁵

ȶ'→ȶ'r　小田儿　çiɔ⁵⁵⁻⁴³⁵ ȶ'rɛr⁵³　请帖儿　ȶʰiŋ⁵⁵⁻⁵³ ȶ'rər⁵⁵

　　tθ'r　小钱儿　çiɔ⁵⁵⁻⁴³⁵ tθ'ɛr⁵³　小枪儿　çiɔ⁵⁵⁻⁵³ tθ'rɑ̃r²¹⁴

ȵ →ȵr　小鸟儿　çiɔ⁵⁵⁻⁵³ ȵrɔr⁵⁵

ç →θr　小肖儿　çiɔ⁵⁵⁻⁵³ θrɔr²¹⁴　小徐儿　çiɔ⁵⁵⁻⁴³⁵ θrur⁵³

　　ȶ、ȶ'二母儿化时各分化为两类，如"刁、焦"二字单读都是ȶiɔ²¹⁴，但儿化后"刁儿"读 trɔr²¹⁴，"焦儿"读tθrɔr²¹⁴，不同音。这是因为在古代"刁"和"焦"是不同音的，后来在诸城方言里，单读时变为同音了，但在儿化音里仍保留了不同的读法。值得注意的是，现在这两类字的儿化音在青、中、老年人中虽然都能分开，但在少年儿童中已经混而不分了，都念成tr- t'r-，如：(小)刁儿=(小)焦儿　trɔr²¹⁴。

　　(2)　声母卷舌，l 变 ɭ、零声母拼细音时变卷舌半元音 ɻ，为印刷方便，现写作 ẓ。例如：

　　l →ɭ　小梨儿　çiɔ⁵⁵⁻⁴³⁵ ɭər⁵³　　小刘儿　çiɔ⁵⁵⁻⁴³⁵ ɭour⁵³

　　ø →ẓ　树叶儿　ʃu³¹ ẓər³¹　电影儿　ȶiɑ̃³¹ ẓə̃r⁵⁵

　　　　小鱼儿　çiɔ⁵⁵⁻⁴³⁵ ẓur⁵³　花园儿　xuɑ²¹⁴ ẓuer⁵³

　　(3)　原声母保持不变，有 p p'm (拼洪音)、f v、tʂ ʂ ɭ、tʃ tʃ'ʃ、k k'ŋ x、ø (拼洪音)，例子从略。

1、韵母的变化及举例

　　韵母的变化有以下四点：

　　(1)　原韵母末尾一律加上卷舌动作。

　　(2)　原韵母的主要元音趋向央化或后化。

　　(3)　儿化韵中只有洪音没有细音，齐齿呼和撮口呼儿化时变为相应的开口呼和合口呼，如韵母 i 和 y 的儿化韵是 ər 和 ur。

　　(4)　鼻化韵的鼻化成分丢失、鼻尾韵的鼻尾丢失变为鼻化韵。

　　经过变化，原 34 个韵母合并为 12 个。下面按原韵母次序逐个举例。

a → ar	小疤儿 ɕiɔ$^{55-53}$ par^{214}	小塔儿 ɕiɔ$^{55-53}$ tʻrar^{214}	
ia → ɑr	豆芽儿 tou^{31} zɑr^{53}	小鸭儿 ɕiɔ$^{55-53}$ zɑr^{55}	
ua → uar	小褂儿 ɕiɔ$^{55-24}$ kuar^{31}	小花儿 ɕiɔ$^{55-53}$ xuar^{214}	
ə → ər	老婆儿 lɔ$^{55-435}$ pʻər^{53}	沫儿 mər^{31}	
iə → ər	小碟儿 ɕiɔ$^{55-435}$ tər^{53}	小叶儿 ɕiɔ$^{55-24}$ z̧ər^{31}	
uə → uər	酒窝罗儿 ʨiou^{55} vər^{214} luər^{53}		
	大伙儿 ta^{31} xuər^{55}		
yə → uər	小雪儿 ɕiɔ$^{55-53}$ θruər^{55}	小月儿 ɕiɔ$^{55-24}$ zuər^{31}	
ɿ → ər	瓜子儿 kua^{214} tθrər^{55}	下棋儿 ʃa^{31} tʃˠər^{53}	
ʅ → ər	树枝儿 ʃu^{31} tʂər^{214}	事儿 ʂər^{31}	
i → ər	小米儿 ɕiɔ$^{55-53}$ mrər^{55}	小李儿 ɕiɔ$^{55-53}$ lər^{55}	
u → ur	小路儿 ɕiɔ$^{55-24}$ lur^{31}	小猪儿 ɕiɔ$^{55-53}$ tʃur^{214}	
y → ur	小驴儿 ɕiɔ$^{55-435}$ lur^{53}	小雨儿 ɕiɔ^{31} zur^{55}	
ɛ → ɜr	小菜儿 ɕiɔ$^{55-24}$ tθʻɜr^{31}	小孩儿 ɕiɔ$^{55-435}$ xɛr^{53}	
iɛ → ɜr	上涯儿 ʃaŋ^{31} zɛr^{31}		
uɛ → uɛr	一块儿 i$^{55-24}$ kʻuɛr^{31}		
ei → ər	姊妹儿 tθɿ$^{55-24}$ mər^{31}	味儿 vər^{31}	
uei → uər	一对儿 i$^{55-24}$ truər^{31}	胶水儿 tʃɔ^{214} ʃuər^{55}	

ɔ → ɔr　　手套儿 ʃou$^{55\text{-}24}$ tʼrɔr^{31}　　　小棉袄儿 ɕiɔ^{55} miã^{53} ŋɔr^{55}

iɔ → ɔr　　纸条儿 tʂʅ$^{55\text{-}435}$ tʼrɔr^{53}　　半山腰儿 pã^{31} ʂã$^{214\text{-}24}$ zɔr^{214}

ou → our　炕头儿 kaŋ^{31} tʼrour^{53}　　小楼儿 ɕiɔ$^{55\text{-}435}$ lour^{53}

iou → our　小袖儿 ɕiɔ$^{55\text{-}24}$ θrour^{31}　　小肉儿 ɕiɔ$^{55\text{-}24}$ zour^{31}

ã → ɛr　　小篮儿 ɕiɔ$^{55\text{-}435}$ lɛr^{53}　　小碗儿 ɕiɔ$^{55\text{-}53}$ vɛr^{55}

iã → ɛr　　药片儿 yə^{31} pʼrɛr^{31}　　　眼儿 zɛr^{55}

uã → uɛr　官儿 kuɛr^{214}　　　　　　花卷儿 xuɑ^{214} tʃuɛr^{55}

yã → uɛr　小院儿 ɕiɔ$^{55\text{-}24}$ zɛr^{31}　　跳远儿 tʼiɔ^{31} zuɛr^{55}

ə̃ → ər　　出门儿 tʃʰu$^{55\text{-}435}$ mər^{53}

　　　　　　白菜心儿 pei^{53} tθʼɛ^{214} θrər^{214}

iə̃ → ər　脚印儿 tʃuə$^{55\text{-}24}$ zər^{31}　　旁人儿 pʼaŋ^{53} zər^{53}

uə̃ → uər　花裙儿 xuɑ$^{214\text{-}24}$ tʃuər^{31}　　棍儿 kuər^{31}

yə̃ → uər　小云儿 ɕiɔ$^{55\text{-}435}$ zuər^{53}

ɑŋ → ãr　药方儿 yə^{31} fãr^{214}　　　小浪儿 ɕiɔ$^{55\text{-}24}$ lãr^{31}

iɑŋ → ãr　小箱儿 ɕiɔ$^{55\text{-}53}$ θrãr^{214}　　一样儿 i$^{55\text{-}24}$ zãr^{31}

uan → uãr　小筐儿 ɕiɔ$^{55\text{-}53}$ kʼuãr^{214}　　蛋黄儿 tã^{31} xuãr^{53}

əŋ → ə̃r　小葱儿 ɕiɔ$^{55\text{-}53}$ tθʼrə̃r^{214}　　小虫儿 ɕiɔ$^{55\text{-}435}$ tʂʼə̃r^{53}

iŋ → ə̃r　小名儿 ɕiɔ$^{55\text{-}435}$ mrə̃r^{53}　　小铃儿 ɕiɔ$^{55\text{-}435}$ lə̃r^{53}

3、　声调的变化及举例

　　儿化词的变调与一般的连读变调基本一致。但上声字儿化时，除了大部分仍读上声 55 之外，也有小部分是 55 与 214 自由变读，还有个别字总是读 214。例如：

　　　读 55 的：　　　枣儿 tθrər^{55}　山顶儿 ʂa^{214} trə̃r^{55}

　　　读 55~214 的：趁早儿 tʃə̃r^{31} tθrər$^{55\text{-}214}$

　　　　　　　　　　一小节儿 i^{55} ɕiɔ$^{55\text{-}53}$ tθrər$^{55\text{-}214}$

　　　读 214 的：　蚊子鬼儿 və̃$^{53\text{-}24}$ tθʅ kuər$^{55\text{-}214}$

　　　　　　　　　连阴雨儿 liã$^{53\text{-}24}$ iə̃ zʮr$^{55\text{-}214}$

四　诸城方言与普通话语音的比较

　　诸城方言与普通话之间在语音、词汇、语法各方面都有一些差异。但语音差异比较明显并有规律，学习普通话首先要注意学好普通话的语音。这里先对诸城方音与普通话的异同作一全面比较，然后谈谈诸城人在学习普通话语音时应该注意的问题。比较时诸城方言以城关为代表，其他地方与城关略有出入，参看上文"诸城方音的内部差异"。

（一）　声母、韵母、声调的比较

1、声母比较

　　诸城方言有 28 个声母，普通话 22 个。诸城有而普通话没有的声母共 v tθ tθ' θ ʈ ʐ ɳ tʃ tʃ' ʃ l ŋ 十二个，普通话有而诸城话没有的声母只有 ts ts' s tɕ tɕ' z̩ 六个。下面从诸城方言出发，列出二者的对应关系。（表中普通话栏内，括号里的是《汉语拼音方案》，下文韵母比较表同）

诸城方言	普通话	例字
p	p （b）	帮把比八
p'	p' （p）	旁怕普劈
m	m （m）	忙马米灭
f	f （f）	方浮飞法
v	ø	王威外完
tθ	ts （z）	早机走作
	tɕ （j）	进尽普
tθ'	tθ' （c）	粗错凑催

	tɕʻ （q）	亲侵秦寝
θ	s （s）	三送苏孙
	ɕ （x）	心辛新信
t	t （d）	端对到当
tʻ	tʻ （t）	汤逃十退
n	n （n）	能农奴暖
l	l （l）	来里鲁律
ȶ	t （d）	店地刁丢
	tɕ （j）	贱际焦洒
ȶʻ	tʻ （t）	甜题挑听
	tɕʻ （q）	钱齐锹清
ȵ	n （n）	年娘女泥
ɕ	x （x）	星席雪写
tʃ	tʂ （zh）	战招蒸诸
	tɕ （j）	见交京居
tʃʻ	tʃʻ （ch）	缠吃除潮
	tɕʻ （q）	乾起渠桥
ʃ	ʂ （sh）	声世书善
	x （x）	兴戏虚县
tʂ	tʂ （zh）	站支罩争
tʂʻ	tʂʻ （ch）	馋齿抄冲
ʂ	ʂ （sh）	生士稍省
ɭ	ø	儿耳而二
k	k （g）	刚高故该
kʻ	kʻ （k）	糠空苦亏
ŋ	ø	昂爱袄欧

x	x （ h ）	杭海好后
ø	ø	烟冤无言
	z̩ （ r ）	日然软荣

2、韵母比较

诸城方言有 34 个韵母，普通话 39 个。下面的比较只列出成系统的关系，个别字未计入。

诸城方言	普通话	例字
ɑ	a （ a ）	妈人沙拉
	ia （ ia ）	加恰卞霞
	ua （ ua ）	挖瓦袜注
	ɤ （ e ）	胳割渴喝
iɑ	ia （ ia ）	牙鸦鸭俩
uɑ	ua （ ua ）	瓜抓刷华
ə	o （ o ）	波破磨默
	ɤ （ e ）	车彻设射
	iɛ （ ie ）	协杰茄歇
	uo （ uo ）	我卧握窝
	ɚ （ er ）	儿而耳二
iə	iɛ （ ie ）	夜别裂写
	ɤ （ e ）	热惹
uə	uo （ uo ）	多罗说所
	ɤ （ e ）	河科可禾
	yɛ （ ye ）	确决靴学
yə	yɛ （ ye ）	月略绝雪
	uo （ uo ）	若弱
ɿ	ɿ （ i ）	资刺思死

	ʅ（i）	知迟衬识
	i（i）	鸡欺希戏
ʅ	ʅ（i）	支批低西
i	ʅ（i）	日
u	u（u）	猪赌怒主
	u（ü）	居区屈许
y	y（ü）	鱼驴取女
	u（u）	乳足铸如
ɛ	ai（ɑi）	耐摆态菜
	iɛ（ie）	街界鞋械
	uai（uai）	歪外
iɛ	ai（ɑi）	挨涯捱矮
uɛ	uai（uɑi）	怪帅块坏
ei	ei（ei）	悲妹飞黑
	o（o）	伯迫墨
	ai（ɑi）	白百拍麦
	uei（uei）	威违未位
	ɤ（e）	择册革客
uei	uei（uei）	对崔水同
ɔ	au（ao）	包招高袄
	iau（iao）	交敲乔晓
iɔ	iau（iao）	标苗条小
	au（ao）	扰饶绕
ou	ou（ou）	斗肘愁藕
	iou（iou）	九丘休救
iou	iou（iou）	丢柳牛义

	ou （ou）	柔揉肉
ã	an （an）	班单沾安
	ian （ian）	兼欠显限
	uan （uan）	弯完丸万
iã	ian （ian）	边面颠烟
	an （an）	然燃染
uã	uan （uan）	端船关还
	yan （üan）	拳劝悬犬
yã	yan （üan）	元全选愿
	uan （uan）	软
ə̃	ən （en）	根门针很
	in （in）	比拼今芹
	uən （uen）	温文稳问
iə̃	in （in）	音银引印
	ən （en）	人仁忍认
uə̃	uən （uen）	顿村准昏
	yən （üen）	军熏勋训
yə̃	yən （üen）	云允孕韵
	uən （uen）	闰润
ɑŋ	ɑŋ （ang）	帮当掌刚
	iɑŋ （iang）	讲腔香向
	uɑŋ （uang）	王网忘旺
iɑŋ	iɑŋ （iang）	良娘枪央
	ɑŋ （ang）	壤瓢嚷让
uɑŋ	uɑŋ （uang）	庄床光荒
əŋ	əŋ （eng）	登冷争庚

70

	uŋ （ong）	东拢中公
	uəŋ （ueng）	翁瓮
	iŋ （ing）	形经轻庆
	yŋ （iong）	熊窘穷胸
iŋ	iŋ （ing）	丁听灵影
	yŋ （iong）	勇永用蛹
	uŋ （oŋ）	戎荣容蓉

3、声调比较

诸城方言和普通话都是阴、阳、上、去四个调类。

诸城方言	普通话	例字
阴平214	阴平55	波听苏冤刀丢姑军
阳平53	阳平35	爬前团云麻犁敌读
上声55	上声214	史比鬼吕藕养雪尺
	阴平55	八接刮脱
	阳平35	劫节德级
	去声51	却克各速
去声31	去声51	是象布趣害叶落月

（二）　诸城人学习普通话语音应注意的问题

从以上比较可见，诸城方言声韵调跟普通话的关系，有的是一对一的，即诸城读同一类的字，在普通话里也读同一类，如诸城的p声母字，普通话也是p声母；有的是一对多的，即诸城读同一类的字，在普通话里分为好几类，如诸城的ʈ声母字，普通话分读t、tɕ两个声母。学习普通话的关键在于找出方言与普通话不同的地方，并加以纠正，一对多的关系是其中的难点。下面按声、韵、调的次序谈谈诸城人在学习普通话语音时应该注意的问题。

1、声母方面

　　诸城方言的声母在山东方言以至在整个汉语方言中都是比较特殊的，诸城人在学习普通话时，应该特别注意纠正方言的声母。

　　(1) 诸城方言的 ŋ 声母字，普通话都读零声母，诸城人只要把 ŋ 声母去掉就行了。例如：

诸城	普通话		诸城	普通话
爱 ŋɛ	ai	安	ŋã	an
袄 ŋɔ	ɑu	恩	ŋə̃	ən
欧 ŋou	ou	昂	ŋaŋ	aŋ

　　(2) 诸城方言的 ʐ 声母，只有"儿而耳二"等几个字，普通话都读零声母的 ər。

　　(3) 诸城方言的 v 声母字(韵母是开口呼)，普通话读合口呼的零声母，诸城人应该把声母 v 改为介音 u，读法是双唇拢圆，上齿不碰到下唇，发音时不带磨擦。常用字见下表：

诸城		普通话	常用字
声母	韵母		
v	ɑ	ua	瓦挖袜注娃注
	ə	uo	窝我握卧阿~胶踒沃
	ɛ	uai	歪丨脚扭伤外
	ei	uei	威畏煨为伪桅维违唯围伟苇委尾危微卫未味喂胃谓猬魏位
	ã	uan	弯湾剜顽玩完丸碗晚挽万
	ə̃	uən	温瘟文蚊纹闻稳问
	aŋ	uaŋ	汪亡芒妄~干网往枉旺忘望
	əŋ	uəŋ	翁瓮

　　在把 v 改为 u 的同时，也就纠正了诸城人把普通话的八个合口呼韵母读为开口呼的问题。

　　(4) 诸城方言的零声母字，普通话大部分也读零声母，小部

分读 ʐ 声母。ʐ 的发音与 tʂ tʂ' ʂ 同部位，是个浊擦音。

诸城零声母普通话读 ʐ 的常用字见下表：

诸城	普通话	常用字	诸城	普通话	常用字
iə	ʐɤ	惹热	iã	ʐan	然燃染
yə	ʐuo	若弱	yã	ʐuan	软
i	ʐʅ	日	iə̃	ʐən	仁人壬忍认任妊刃
y	ʐu	儒乳入褥	yə̃	ʐuən	闰润
iɔ	ʐau	扰饶绕	iɑŋ	ʐaŋ	壤瓤攘嚷让
iou	ʐou	揉柔肉	iŋ	ʐuŋ	绒荣融容熔蓉

在把零声母改为 ʐ 声母的同时，在韵母方面要注意把诸城的齐齿呼改为开口呼，把撮口呼改为合口呼。

(5)　诸城方言读 tθ tθ' θ 声母(即本地所谓的"吐舌音")的字，在普通话里绝大部分读 ts ts' s，只有少数字读 tɕ tɕ' ɕ。学习发 ts ts' s 时，注意别把舌头伸到上下齿之间甚至吐出来，而要把舌头抵到上齿背上。tɕ tɕ' ɕ 发音参见下条。

诸城读 tθ tθ' θ 而普通话读 tɕ tɕ' ɕ 的字有：

　　tθ→tɕ　进尽晋

　　tθ'→tɕ'　亲伲秦寝

　　θ →ɕ　心辛新薪信

诸城其他读 tθ tθ' θ 的字，普通话读 ts ts' s，例如"早、曹、扫"等。

(6)　诸城方言 ʈʂ ʈʂ' 二母字在普通话里各分二类，即 ʈʂ→tʂ、tɕ，ʈʂ'→tʂ'、tɕ'。tɕ tɕ' 的发音与 ʈʂ ʈʂ' 同部位，区别在 tɕ tɕ' 是塞擦音，发音时，气流冲破阻碍后要从窄缝里挤出来，形成磨擦。

诸城话 t t' 在普通话中读 tɕ tɕ' 声母的字也就是京剧里的所谓"尖音字"，常用字有：

诸普声 诸声 诸韵	ȶ tɕ	ȶʻ tɕʻ
iə	截姐接节捷裌借	且切妾
yə	绝嚼	鹊
i	集疾籍迹绩即脊挤济积 戳际剂	妻栖齐脐七漆砌
y	铸聚	蛆取娶趣
iɔ	焦椒僬	锹俏悄瞧
iou	揪酒就	秋囚
iã	尖煎剪箭践溅贱肩	千迁签钱前潜浅
yã		全痊泉
iɑŋ	将浆蒋奖匠酱虹	枪墙抢
iŋ	啨精井净静	青清情晴请

诸城其他读 ȶ ȶʻ 的常用字，普通话读 t tʻ，例如，"叠、铁"等。

另外，诸城话与 ȶ ȶʻ 同部位的鼻音 ȵ，普通话读为与 t tʻ 同部位的 n，例如："你"诸城 ȵi，普通话 ni。

(7) 诸城方言的 tʃ tʃʻ ʃ 三母字在普通话里也各分二类，即 ts→ tʂ、tɕ，tʃ→ tʂʻ、tɕʻ，ʃ→ ʂ、ɕ。

诸城话 tʃ 组普通话读 tɕ 组声母的字也就是京剧里的所谓"团音字"，常用字有：

诸普声 诸声 诸韵 普韵	tʃ tɕ	tʃʻ tɕʻ	ʃ ɕ

ɑ	iɑ	加家佳嘉甲夹贾假嫁驾价架	掐恰	虾霞匣狭辖暇吓卞夏
ə	iɛ	杰洁结劫竭揭	趄茄	协胁挟歇血携
eu	yɛ	嶥橛诀倔角脚镢决觉	瘸却确缺	靴学穴
ɿ	i	饥讥机基级鸡及极给棘儿激市吉己急计继寄技妓纪记忌既季冀	欺其棋期旗骑奇启起岂气汽弃器泣	希稀吸牺溪嘻喜戏系联~
u	y	拘居车~马炮局菊举据剧锯巨距矩俱具句	区渠瞿曲去	虚蓄许
ɜ	iɛ	阶街解介戒界屆		鞋谐械蟹懈解姓
ɔ	iɑu	交郊胶饺教娇浇绞搅缴叫较轿	敲乔侨桥巧窍	晓孝效校学~
ɒu	iou	纠救九久灸韭究旧	求球	休

ã	ian	监兼艰奸坚间碱减俭检简拣作见剑建健鉴	谦铅牵钳嵌欠歉	掀锨嫌闲贤咸险显陷馅宪献现县限
uã	yan	捐卷绢	圈圆~拳犬劝券	玄悬
ə̃	in	今金巾斤筋仪紧谨锦禁近劲	琴禽擒芹勤	欣
uə̃	yən	均军君菌	群裙	熏勋训
ɑŋ	iɑŋ	疆姜讲犟隆卜~	强	香乡响向项
əŋ	iŋ	京惊经景警竟敬境镜竞	轻卿倾庆	兴行~为形刑型杏幸
	yŋ		穷	胸兄凶雄熊

　　在把 tʃ tʃ' ʃ 改为 tɕ tɕ' ɕ 的同时，在韵母方面要注意把方言的开口呼改为齐齿呼、把方言的合口呼改为撮口呼。əŋ 韵则大部分读 iŋ，小部分读 yŋ。

　　诸城其他读 tʃ tʃ' ʃ 的常用字，普通话读 tʂ tʂ' ʂ 声母，例如"这、在、舌"等。

　　从以上两条可以看出，诸城方言的 ȶ ȶ'、tʃ tʃ' ʃ 两组声母跟普通话的 t t'、tɕ tɕ' ɕ、tʂ tʂ' ʂ 三组存在着复杂交错的对应关系，如下表：

诸城声母	普通话声母	例字
ȶ ȶ'	t t'	店天
	tɕ tɕ' ɕ	贱千
tʃ tʃ' ʃ		见钳县
	tʂ tʂ' ʂ	战缠扇

2、韵母方面

诸城方言的韵母与普通话的对应关系比较复杂。其中有许多出入是与声母密切相关的，例如：诸城 v 声母后的开口呼韵母，普通话是合口呼；诸城零声母的齐齿呼、撮口呼韵母，凡普通话读为 ʐ 声母的，韵母要分别读为开口呼和合口呼；诸城 tʃ tʃʻ ʃ 声母后的开口呼和合口呼韵母，凡普通话读为 tɕ tɕʻ ɕ 声母的，则韵母要分别读为齐齿呼和撮口呼，可看上文"声母方面"第3、4、7 条，这里不再赘述。下面说明诸城人学习普通话韵母时要注意的其他几个重要问题。

（1）发音上与普通话差别较大的有 ɑ、ɛ、ɔ、ã、ə̃ 五组韵母，它们基本上分别与普通话的 ɑ、ai、ɑu、an、ən 五组韵母相对应。

诸城方言 ɑ iɑ uɑ 三韵中的 ɑ 实际音值是后低圆唇元音 ɒ，而普通话的 ɑ 是央低不圆唇元音。诸城人学习这个音时，应注意把舌面隆起的部位往前移一点，嘴唇不要收拢，而是向两边自然展开。

ɛ、ɔ 两组韵母与普通话 ai、ɑu 二组相比，缺少韵尾 i、u，主要元音的舌位也比普通话高。学习普通话的 ai、ɑu 二组韵母时，应先把嘴张大，把舌头放低，然后下腭逐渐往上收，由 a 向 i，由 ɑ 向 u 滑动。

ã、ə̃ 两组韵母与普通话 an、ən 二组相比，诸城是鼻化元音，缺少韵尾 n。n 是舌尖中的鼻辅音，发音时舌尖要抵在上齿龈上。学习普通话的 an、ən 二组韵母时，应注意发元音 a、ə 时鼻腔不要出气，发完元音之后，再把舌尖抵到上齿龈，气流从鼻腔出来。

（2）诸城的 ə 韵母字，普通话分别读为 o、uo、ɚ、ɤ、iɛ 五个韵母。见下表：

声母条件		韵母		例字
诸城	普通话	诸城	普通话	
p pʻ m f	p pʻ m f	ə	o	波破摸佛
v	ø		uo	我窝卧握
ɭ	ø		ɚ	儿而耳二
tʃ tʃʻ ʃ	tɕ tɕʻ ɕ		iɛ	杰洁茄歇
	tʂ tʂʻ ʂ			这乍舌设
t tʻ n l	t tʻ n l		ɣ	得认~特呢勒
k kʻ ŋ x	k kʻ ø x			歌课额和

　　以上说明：诸城方言的 ə 韵母字，凡声母是 p pʻ m f 的，普通话读 o 韵母；声母是 v 的，普通话读零声母的 uo 韵母；声母是 ɭ 的，普通话读 ɚ；声母是 tʃ tʃʻ ʃ 而普通话读为 tɕ tɕʻ ɕ 声母的，普通话是 iɛ 韵母；其余声母的字，普通话都读 ɣ 韵母。

　　(3) 诸城的 uə 韵母字，普通话主要读 uo 韵母，另有少数字读 ɣ、yɛ 两韵。读 yɛ 韵的限于诸城声母是 tʃ tʃʻ ʃ 而普通话是 tɕ tɕʻ ɕ 的，如"决、却、靴"。读 ɣ 韵的常用字有：哥歌戈阁各蛇个科苛棵颗可壳课骒河何荷合盒核和禾贺。

　　(4) 诸城 iɛ 韵只有"挨~号捱~打矮"等几个字，普通话"涯"字读 iɑ，其余的都读 ai。

　　(5) 诸城的 ei 韵母字，普通话主要也读 ei 韵，少数读 uei、ai、ɣ 三韵。读 uei 韵的限于 v 声母字。读 ai、ɣ 二韵的常用字有：

　　　　ei → ai 白百伯拍麦脉宅摘窄拆

　　　　ei → ɣ 特德则塞~住择泽责侧测策册色涩瑟啬革格隔克刻客

　　(6)诸城 ə̃ 韵母字，普通话大部分读 ən 韵，小部分读 uən、in 二韵。读 uən 韵的限于 v 声母字。读 in 韵的常用字有：宾殡拼姘频贫品聘氏敏临林淋鄰鳞燐齐赁尽进侵亲秦寝辛心新薪信今金襟巾斤筋仅紧禁劲近琴禽擒芹勤欣。

(7)诸城方言的 əŋ、iŋ 二韵，与普通话的关系比较复杂，学习时应特别注意。

诸城的 əŋ 韵字，普通话分别读为 əŋ uŋ uəŋ iŋ yŋ 五韵。读 uəŋ 韵的限于 v 声母字，读 iŋ、yŋ 韵的限于诸城 tʃ tʃʰ ʃ 声母而普通话是 tɕ tɕʰ ɕ 声母的字，分别参看"声母方面"第4、7条。

诸城读 əŋ 普通话分读 əŋ uŋ 的字，对本地人来说难以区分，常用字见下表：

诸韵 普韵 诸声	əŋ	
	əŋ	uŋ
p pʰ m f	崩烹彭朋棚篷捧碰盟蒙猛孟梦风疯丰封峰锋蜂冯逢缝凤	
t tʰ n l	登灯等邓凳瞪腾藤疼能扔冷仍	东冬董懂洞冻动通铜桐童同筒统捅桶痛脓浓龙笼聋隆拢垅弄
tθ tθʰ θʰ	曾增赠层僧	棕鬃宗踪总粽纵聪囱怂葱从丛松攻~宋送颂
tʃ tʃʰ ʃ	贞侦正征更五~耕蒸整止症政证郑称乘承程成城盛惩秤声升绳剩胜圣	
tʂ tʂʰ ʂ	争睁峥撑	中忠钟盅终种肿重众充冲舂宠虫崇
ʂ	生牲甥省	

k kʻ x	更~改、~加 羹梗坑哼衡横	公工功攻弓宫供拱巩共贡恭空恐孔控宏洪红哄

从上表可以看出，诸城 əŋ 韵在 p、pʻ、m、t 声母后面时，普通话只读 əŋ 不读 uŋ。在 tʃ、tʃʻ、ʃ 声母后面时，普通话除了上文说到的读 iŋ、yŋ 外，也只读 əŋ 不读 uŋ。

诸城的 iŋ 韵字，在普通话里绝大部分也读 iŋ 韵，只有零声母中有少数读 uŋ、yŋ 二韵：

iŋ→uŋ　戎绒荣茸融容熔蓉

iŋ→yŋ　拥维永泳勇蛹涌用

3、声调方面

(1)　调类：诸城方言和普通话一样，都有阴平、阳平、上声、去声四类。诸城的阴平、阳平、去声字，在普通话里绝大部分也读阴平、阳平、去声。诸城的上声字在普通话里多数也读上声，小部分则分别读阴平、阳平、去声，这些字是古代的清声母入声字。

诸城读上声，普通话读阴平、阳平、去声的常用字如下：

诸城	普通话	常用字
上声 55	阴平 55	八发~财搭答~应塌扎~针插杀擦撒押鸭夹~住掐瞎挖刮刷搁胳割鸽磕瞌喝拨剥泼托脱郭桌捉说撮缩憋跌贴揭接切~开歇约缺薛屋督秃突窟哭出叔曲一劈滴激击迹绩积七漆吸膝息熄析昔惜锡织汁吃虱湿失黑拍摘拆塞瓶~
	阳平 35	答~复察砸夹~袄得德则责格阁革隔咳哲伯国洁劫节决觉福骨~头竹烛足菊桔吉急即脊~梁媳执职识

去声 51	发~~恰恶~~各克刻客这浙设侧测策册涩色迫魄握阔括作切~~窃却确鹊雀不腹祝触畜~~牲~~牧束促肃速宿住~~粟蓄旭壁必毕辟惕质斥赤室释适式

(2)调值：诸城方言的四个调值中，阴平和上声与普通话存在交义关系。

	诸城	普通话	例字
阴平	214	55	姑妈
上声	55	214	古马

诸城人学习普通话时要小注意拿方言的阴平调值来读上声字，拿方言的上声调值来读阴平字。

诸城的去声是低降调 31，而普通话去声是全降调 51，即从最高点降到最低点，诸城人应该把去声的开头再提高一些，例如"热爱、胜利、锻炼、建议"。

诸城的阳平是高降调 53，而普通话阳平则是高升调 35，即从中间的第 3 度升到最高的第 5 度，二者正好相反，学习起来难度要大些。练习时可以截取诸城方言阴平调 214 的后半部分即 14，体会了这个上升的调型以后再把起点和终点都往上提高一点就行了。例如"红旗、人民、团结、文学"。

第三章　词　汇

　　本章主要记录诸城方言词汇。在"分类词汇"之前,从六方面简略介绍诸城方言特殊词语的主要特色。

　　1、父辈称谓的特点

　　诸城方言用于父亲一辈的称谓比较复杂、严格,分三点说明。

　　(1)称父母:称父亲是"爷"或"大大",称母亲是"娘"、"娘娘"或"婶婶"。过去在对母亲的称呼上还可表示父母之间年龄上的差别:一般说,母亲比父亲大的只称"娘",比父亲小的则称"娘娘"或"婶婶"。

　　(2)称叔父母:叔叔也称"大大",但是前面必须加一个序数词"二、三、四、小"等,以别于称父亲,"二大大、三大大"是称二叔、三叔。婶婶相应地称为"二娘娘、三娘娘",如果关系稍微远一点,就称"婶子"。

　　(3)称伯父母:大伯父母称"大爷"、"大娘",二伯父母以下则称"二子爷、二子娘、三子爷、三子娘"等。

　　2、有特殊含义的普通词

　　有一些在汉语许多方言中比较普遍地通用的词,诸城方言也通用,但是使用范围有所扩大。也就是说,这些词在诸城方言中除了具有跟其他地方相同的意义以外,还有相关的特殊的意义。例如:

妈妈：借指奶水。如：吃妈妈。

中：好、行。如：中啊不—不中。

住卜：停卜。如：住卜歇一会儿。

厌：倒。如：厌垃圾｜厌上点水。

瞎了：丢了、坏了、完了。如：瞎了可惜。

杀：砍。用于砍树，如：杀树。

块：量词。如：一块秫秸｜一块戏。

汤：开水。如：烧汤｜喝汤。此说多通用于农村。

以上各例，仅释其特殊义。

3、反映社会生活及民俗民风的词语

这部分词语从内容看，有的是特定的社会历史时期的产物，有的是人们日常生活衣食住行的习惯用语，有的则是属于红白喜事等方面的。后两者数量都不少，但第二类是日常用语，使用频率高，第三类则限于婚丧期等特定的时间和环境，而且有的带有相当的迷信色彩，一部分正处于逐渐消亡的过程中。例如：

代诏：据说指清朝依照皇帝诏令给人剪辫者，后称理发员为"代诏"。"诏"音 $tʃɔ^{31}$，轻声弱化为 $tʃou$。

识字班：通常称未婚十四、五至十八、九的女孩、姑娘，也可以称幼女，城里现在已不用。由解放初期扫盲运动中的"识字班"得名。

干线子：土布

坎肩子：棉背心

煎饼：一种用鏊子烙成的薄饼

饸饹：饺子

面汤：面条

小豆腐：一种用菜加豆面做成的粥类食品

炕：用土坯或砖砌成的长方形台子，睡觉用，可以烧火取暖

当门：正房对着门的一间

闯外：外出谋生

上庙：赶庙会

磕头钱：压岁钱

贵客：女婿

喝合婚酒：旧时结婚仪式之一

坐床：旧时结婚仪式之一

活人人：一种丧用仪仗，纸人套在活人身上走动

三日圆坟：人死后三天时，亲人去坟地祭扫

舍林：义葬地

木头：棺材

4、带有修辞色彩的词语

在诸城方言的特殊词语中，有一部分是运用了比喻等手法而创造的，相当形象生动。例如：

大老鼠：流星

冻冻凌子：冰锥儿

雪瓜子：大雪花

玉豆：玉米

扁嘴：鸭子

刀螂：螳螂

后瓢儿：后脑勺儿

拐角：胳膊肘儿

干腿子：小腿

条绒：灯心绒

割不断：戏称连襟

一趟腿儿：顺便

5、通用于日常口语的古语词

诸城方言中保留着一部分古语词。例如：

妗子：舅母。妗，《集韵》沁韵：巨禁切，俗谓舅母曰妗。

娘娘：称母亲。娘，《玉篇》：女良切，母也。《广韵》阳韵：女良切，母称。

将：迎娶，如：将媳子、将填房。《广雅·释言》：将，请也。

媠蛋：下蛋。媠，《说文》：生子。

溲面：揉面。溲，《广韵》有韵：疎有切，溲面。

墁墙：刷墙。墁，《广韵》换韵：莫半切，所以涂饰墙也。

待：想要、将要。《说文》：竢也。

秫秫：高粱。《说文》：稷之粘者。

家鹈子：麻雀。　　，《字汇》：锄簪切，音岑，小鸟。

杌子：板凳。杌，《玉篇》：五骨切。杌子，《通鉴长编》：丁谓罢相，入对于承明殿，赐坐，左右欲设垫，谓顾曰，有旨复平章事，乃更以杌子进。

6、新旧交替的词语

诸城方言词汇中存在一部分新旧两种不同说法的词语，一般来说，新的一种说法比较接近普通话。在某些方面，像对不同行业的人的称呼等，可以看出新旧社会人与人之间的不同关系。例如：

新	旧
月明儿	月妈妈儿(多用于老年妇女)
妈(城里儿童用)	娘、娘娘
爸爸	爷、大人
围巾	围脖
松花	变蛋
烟卷儿	洋烟
鸡子儿	鸡蛋
花生米	长生果仁儿

手灯	屯棒子
脸盆	铜盆
店	铺子
旅馆	店
炊事员	伙夫、伙大蛋子(蔑称)
接生婆	老娘婆

另有一些词语已随着社会生活的变化而趋于消失，像旧时习价、首饰名称等，只有老年人才能说得出来了。例如：

洋戏：留声机

呱哒板儿：木拖鞋

跟婆子：旧时结婚时伴新娘去男方的妇女

守福：旧时结婚仪式之一

饭盒子：一种陪嫁的盛食物的木盒

圈子：耳环

镏子：金戒指

披头：妇女送丧时的一种发式，散开头发。

轧阴亲：给死了的男女结亲

分类词汇

凡　例

1、本词汇收入诸城城关通用词语 1400 多条。其中 392 条为中国科学院语言研究所编《方言调查词汇手册》所列条目，一概在第一字左上角打"*"号。

2、全部词语大体按意义分为十八类。意义相同的词条排在一起，常用者在前，其余缩一格列在后面。

3、各条内容顺序为：汉字、注音、释义、举例。后两项或取或舍视条目需要而定。

4、写不出的字一般用同音字代替；无同音字可代者用"□"表示。

5、音标后的阿拉伯数码表示声调调值，上面表示本调，下面表示变调。轻声音节只在后上角标"·"号。

6、儿化词的读音以在原声韵母后加卷舌动作 r 表示，实际读音参见第二章"(二)儿化"。

7、多义项的词义以①、②、③等为序列出不同义项，通用义在前。例句紧接在义项之后。两个以上的例句，中间用竖线"｜"分开。例句中的"~"代表本条目。排在一起的同义词可互作说明者，不另解释。

8、词条里括号中的字和音表示这个字和音可有可无。词条右下角加"(新)"、"(旧)"的，表示这个词是新词、新说法或旧词、旧说法。

一　天文

*日头　i³¹⁻⁵⁵ tʻouˑ　太阳

日头光　i³¹⁻⁵⁵ tʻouˑ kuaŋ²¹⁴　阳光

*月明　yə³¹⁻⁵⁵ miŋˑ　月亮

　*月妈妈儿　yə³¹ ma⁵⁵⁻²¹⁴ marˑ

日子食　i³¹⁻⁵⁵ tθʅˑ ʃʅ⁵³

　日食　i³¹ ʃʅ⁵³

月子食　yə³¹⁻⁵⁵ tθʅˑ ʃʅ⁵³

　月食ˑ　yə³¹ ʃʅ⁵³

扫帚星　sɔ³¹⁻⁵⁵ tʃuˑ ɕiŋ²¹⁴　彗星

天老鼠　tʻiã²¹⁴⁻³¹ lɔˑ ʃuˑ　流星

　贼星　tθei⁵³⁻²⁴ ɕiŋˑ

天河　tʻiã²¹⁴ xuə⁵³　银河

虹　ʈiɑŋ³¹

早照　tθɔ⁵⁵⁻²⁴ tʃɔ³¹　早霞

晚照　vã⁵⁵⁻²⁴ tʃɔ³¹　晚霞

*打雷　ta⁵⁵⁻⁴³⁵ luei⁵³

*打闪　ta⁵⁵⁻⁵³ ʃã⁵⁵

冻冻　təŋ²¹⁴⁻³¹ təŋˑ　冰。按：冻，《广韵》东韵：德红切，~凌

*上冻　ʃɑŋ³¹ tŋ³¹　结冰。按：冻，《广韵》送韵：多贡切，冰~

*下雨　ʃa³¹ y⁵⁵

毛毛雨　mɔ⁵³⁻⁵⁵ mɔˑ y⁵⁵

　干箩细　kã²¹⁴ luə⁵³ ɕi³¹

雾露毛　u³¹⁻⁵⁵ luˑmɔ⁵³　雾濛濛的细雨

*刮风　kua⁵⁵ fəŋ²¹⁴

冻冻凌子　təŋ²¹⁴⁻³¹ təŋˑ liŋ⁵⁵⁻²¹⁴ tθʐˑ　冰锥儿

*雹子　pa³¹⁻⁵⁵ tθʐˑ

*卜雪　ʃa³¹ ɕyə⁵⁵

雪爽子　ɕyə⁵⁵⁻⁵³ ʂuaŋ⁵⁵⁻²¹⁴ tθʐˑ　　霰

棉花瓜子　miã⁵³⁻⁵⁵ xuaˑ kua²¹⁴⁻³¹ tθʐˑ　鹅毛大雪

*雪化了　ɕyə⁵⁵ xua³¹⁻⁵⁵ lə·

雾露　u³¹⁻⁵⁵ luˑ　雾

露水珠儿　lu³¹ ʂuei⁵⁵ tʂur²¹⁴

树阴凉儿　ʃu³¹ iã²¹⁴ liaŋr⁵³　树阴地

二　地理　方位

地　ʈi³¹

闲地　ʃã⁵³ ʈi³¹　空地

荒地　xuaŋ²¹⁴⁻²⁴ ʈi³¹

泊　p'ə⁵⁵　田野

*泥　mi³¹

*灰　xuei²¹⁴　灰尘

土坷垃　t'u⁵⁵⁻⁵³ k'a⁵⁵⁻²¹⁴ la·　又读：t'u⁵⁵ k'a⁵⁵⁻²⁴ la³¹

土堆儿　t'u⁵⁵ tuei²¹⁴　土丘

山顶儿　ʂã²¹⁴ ʈiŋr⁵⁵

　山尖儿　ʂã²¹⁴⁻²⁴ʈiãr²¹⁴

(半)山腰儿　(pã³¹) ʂã²¹⁴⁻²⁴ iɔr²¹⁴　山腰

山根儿　ʂã²¹⁴⁻²⁴ kər²¹⁴

洼儿　var²¹⁴　这个地方有个~

岛子　tɔ⁵⁵⁻²¹⁴ tθʅ᷾　岛

河　xuə⁵³

河涯　xuə⁵³ iɛ³¹　河岸

河底儿　xuə⁵³ ȵir⁵⁵

发人水　fa⁵⁵ ta³¹ ʂuei⁵⁵

　发河水　fa⁵⁵⁻⁴³⁵ xuə⁵³⁻²⁴ ʂuei᷾

水湾儿　ʂuei⁵⁵ vãr²¹⁴　水坑

海　xɛ⁵⁵

海滩　xɛ⁵⁵⁻⁵³ t‘ã̃²¹⁴

井　ȵiŋ⁵⁵

*农村　nu⁵³ tθ‘uã̃²¹⁴

*集　ȵi⁵³

*赶集　kã̃⁵⁵⁻⁴³⁵ ȵi⁵³

*胡同　xu⁵³⁻²⁴ t‘əŋ᷾

*地场　ȵi³¹⁻⁵⁵ tʃ‘aŋ᷾　地方

　*地处　ȵi³¹⁻⁵⁵ tʃ‘u᷾

　*埝儿　ȵiãr⁵⁵

哪个埝儿　na⁵⁵ kə᷾ ȵiãr⁵⁵　什么地方

旮旯儿　ka⁵⁵⁻²¹⁴ lar᷾　角落

矿　k‘uaŋ⁵⁵　地名用字：黑土~村

*近便　tʃʅ³¹⁻⁵⁵piã᷾　①附近：在~ ②近：很~

*附近(新)　fu³¹tʃʅ³¹

*当央儿　taŋ³¹iaŋr²¹⁴　　中间

左右　tθuə³¹iou³¹　前后~

*左边儿　tθuə³¹piãr᷾

　*左一劈儿　tθuə³¹i᷾ p‘ir⁵⁵⁻²¹⁴

*左一劈子　tθuə³¹i˙ p'i⁵⁵⁻²¹⁴tθ∖˙

*右边儿　iou³¹piãr˙

　*右一劈儿　iou³¹⁻⁵⁵i˙ p'ir⁵⁵⁻²¹⁴

　*右一劈子　iou³¹⁻⁵⁵i˙ p'i⁵⁵⁻²¹⁴tθ∖˙

两边儿　liaŋ⁵⁵piãr²¹⁴

　两劈儿　liaŋ⁵⁵⁻⁵³p'ir⁵⁵

　两劈子　liaŋ⁵⁵⁻⁵³p'i⁵⁵⁻²¹⁴tθ∖˙

*一边儿　i⁵⁵piãr²¹⁴　　旁边

　*一劈儿　i⁵⁵p'ir²¹⁴

　*一劈子　i⁵⁵p'i⁵⁵⁻²¹⁴tθ∖˙

东边儿　təŋ²¹⁴⁻²⁴piãr²¹⁴　以东

东边子　təŋ²¹⁴⁻²⁴piã²¹⁴⁻³¹tθ∖˙　东面

南边儿　naθ⁵³ piãr²¹⁴　以南

南边子　nã⁵³ piã²¹⁴⁻³¹ tθ∖˙　南面

西边儿　çi²¹⁴⁻²⁴piãr²¹⁴　以西

西边子　çi²¹⁴⁻²⁴piã²¹⁴⁻³¹tθ∖˙　西面

北边儿　pei⁵⁵ piãr²¹⁴　以北

北边子　pei⁵⁵ piã²¹⁴⁻³¹tθ∖˙　北面

*前边儿　tɕ'iã⁵³piãr˙

　*前头　tɕ'iã⁵³⁻⁵⁵t'ou˙

　*头里　t'ou⁵³li˙

*后边儿　xou³¹piãr˙　又读：xou³¹⁻⁵⁵piãr˙

　*后头　xou³¹⁻⁵⁵t'ou˙

脊梁后里　tɕi⁵⁵⁻²¹⁴liaŋ˙xou³¹⁻⁵⁵li˙　　身后：我~跟着

*里边儿　li⁵⁵⁻²¹⁴piãr˙

*外边儿　vɛ³¹⁻⁵⁵piãr˙

*上边儿　ʃaŋ³¹piãr˙

*上｜｜　ʃaŋ³¹⁻⁵⁵t'əŋ·

　*上头　ʃaŋ³¹⁻⁵⁵t'ou·

*卜边儿　ʃa³¹·piãr·

　*卜头儿　ʃa³¹·t'ou·

旁边儿　p'aŋ⁵³ piãr²¹⁴

三　　时令

*今日　tʃɤ̃²¹⁴⁻³¹ i·

*明日　miŋ⁵³⁻²⁴ i·

*后日　xou³¹⁻⁵⁵ i·

*外后日　vɤ³¹⁻⁵⁵ xou· i·　大后天

*夜米　iə³¹⁻⁵⁵ xou· i· lɤ·　昨天

*前日　ȵiã⁵³⁻²⁴ i·

*大前日　ta³¹ ȵiã⁵³⁻²⁴ i·

*早晨　tθɔ⁵⁵⁻²¹⁴ tʃɤ̃·

*头午　t'ou⁵³ u⁵⁵　上午

　头晌　t'ou⁵³⁻²⁴ ʃaŋ·

*晌晚　ʃaŋ⁵⁵⁻²¹⁴ vã·　中午

*卜响　ʃa³¹⁻⁵⁵ ʃaŋ·　下午

　过晌　kua³¹⁻⁵⁵ ʃaŋ·

*傍黑　paŋ³¹ xei⁵⁵　傍晚

*白夜　pei⁵³⁻²⁴ iə·　白天

*后晌　xou³¹⁻⁵⁵ ʃaŋ·　晚上

*今年　tʃɤ̃²¹⁴ ȵiã⁵³

*上年　ʃaŋ³¹⁻⁵⁵ ȵiã·　去年

*头年　tʻou⁵³⁻⁵⁵ȵiã˙

前年　tɕʻiã⁵³ȵiã˙

人前年　ta³¹tɕʻiã⁵³ȵiã˙

*卜年　ʃɑ³¹ȵiã⁵³　明年

后年　xou³¹ȵiã˙

外后年　vɛ³¹⁻⁵⁵xou˙ȵiã⁵³　大后年

早日　tθɔ⁵⁵⁻²¹⁴i˙

　　早日了　tθɔ⁵⁵⁻²¹⁴i³¹⁻⁵⁵lə˙

　　早了　tθɔ⁵⁵⁻²¹⁴lə˙

　　在早　tɛ³¹tθɔ⁵⁵

以前　i⁵⁵⁻⁴³⁵tɕʻiã⁵³

*往年　vaŋ⁵⁵⁻²¹⁴ȵiã⁵³

*阳历年　iaŋ⁵³⁻²⁴li˙ȵiã⁵³　元旦

正月　tʃəŋ²¹⁴⁻³¹yə˙

正月十五　tʃəŋ²¹⁴⁻³¹yə³¹ʃ⁵³⁻²⁴u˙　元宵节

*五月端午　u⁵⁵⁻²⁴yə³¹tuã²¹⁴u⁵⁵　端午节

八月十五　pa⁵⁵⁻²⁴yə³¹ʃ⁵³⁻²⁴u˙　中秋节

九月九　tʃou⁵⁵⁻²⁴yə³¹tʃou⁵⁵　重阳节

冬至月　təŋ²¹⁴⁻³¹tʂʅ˙yə³¹　阴历十一月

腊八日　lɑ³¹pa⁵⁵⁻²⁴i³¹

*年除日　ȵiã⁵³tʃu⁵³⁻²⁴i˙　一年中最后一天

人年五更　ta³¹ȵiã⁵³u⁵⁵⁻²¹⁴tʃəŋ˙　除夕午夜

磕头　kʻɑ⁵⁵⁻⁴³⁵tʻou⁵³

磕头钱　kʻɑ⁵⁵⁻⁴³⁵tʻou⁵³⁻²⁴tɕʻiã˙　压岁钱

　　守岁钱　ʃou⁵⁵θuei³¹tɕʻiã˙

打春　ta⁵⁵⁻⁵³tʃʻuã²¹⁴　立春

寒食　xã⁵³⁻²⁴ʃʅ˙　①清明　②清明前一天

伏天　　fu⁵³t̠‘iã²¹⁴

大尽　　ta³¹⁻⁵⁵tθə̃˙　　大月

小尽　　ɕiɔ⁵⁵⁻²¹⁴tθə̃˙　　小月

月份牌儿　　yə³¹fə̃³¹p‘ɛr⁵³　　日历

　　皇历　　xuaŋ⁵³⁻²⁴li˙

*工夫　　kəŋ²¹⁴⁻³¹fu˙　　时间，时候

*时候　　ʂ1̩⁵³⁻²⁴xou˙

多会儿　　tuə²¹⁴⁻²⁴xueir³¹⁻⁵⁵　　多长时间

平常素日　　p‘iŋ⁵³tʃaŋ⁵³θu³¹i³¹　　平常时间

四　称谓　人品

*男人　　nã⁵³iə̃⁵³　　①泛称男子　②丈夫

　　外头　　vɛ³¹⁻⁵⁵t‘ou˙　　丈夫

*女人　　n̠y⁵⁵⁻⁴³⁵iə̃⁵³

*老汉儿　　lɔ⁵⁵⁻²⁴xãr³¹　　老头儿

老妈儿　　lɔ⁵⁵mar⁵⁵⁻²¹⁴　　老婆儿

*小孩儿　　ɕiɔ⁵⁵⁻⁴³⁵xɛr⁵³　　泛称男孩儿、女孩

*小厮　　ɕiɔ⁵⁵⁻²¹⁴θ1̩˙　　男孩儿

*小闺女子儿　　ɕiɔ⁵⁵kuei²¹⁴⁻³¹n̠y˙ tθ1̩r˙　　①女孩儿②女儿

　　嫚儿　　mãr²¹⁴

识字班　　ʂ1̩⁵⁵⁻²⁴tθ1̩˙ pã²¹⁴　　通常称未婚十四、五至十八、九岁的女孩、姑娘，也可戏称小女孩

*老姑娘　　lɔ⁵⁵⁻²¹⁴ku˙ n̠iaŋ⁵³　　老处女

*光棍子　　kuaŋ²¹⁴kuə̃³¹tθ1̩˙

*爷爷　　iə³¹iə˙　　祖父

*妈妈　ma⁵⁵⁻²¹⁴ma˙　祖母

*大大(旧)　ta³¹ta˙　父亲

　*爸爸(新)　pa³¹⁻⁵⁵pa˙

　*爷　iə⁵³

*娘　n̠iaŋ⁵³

　*娘娘(旧)　n̠iaŋ⁵³⁻³¹n̠iaŋ˙

　*妈(新)　ma²¹⁴

*老婆　lɔ⁵⁵⁻²¹⁴pʻə˙　妻子

　家里　tʃa²¹⁴⁻³¹li˙

*儿　lə⁵³　儿子

*儿媳子　lə⁵³ɕi⁵⁵⁻²¹⁴tθɹ˙　儿媳妇

*媳子　ɕi⁵⁵⁻²¹⁴tθɹ˙　长辈称晚辈的妻子(含尊敬义)：你~去啊不?

*闺女　kuei²¹⁴⁻³¹n̠y˙　女儿

*(闺女)女婿　(kuei²¹⁴⁻³¹n̠y˙) n̠y⁵⁵⁻²¹⁴ɕẏ

*大爷　ta³¹iə⁵³　大伯父

二子爷　lə³¹tθɹ˙ iə⁵³　二伯父(称二伯父以下在"子爷"前面加排行"二、三、四"等)

*大娘　ta³¹n̠iaŋ⁵³　大伯母

二子娘　lə³¹tθɹ˙n̠iaŋ⁵³　二伯母 (称二伯母以下，在"子娘"前面另排行"二、三、四"等)

*二大大　lə³¹ta³¹ta˙　二叔(称二叔以下，在"大大"前面加排行"二、三、四、小"等)

*娘娘　n̠iaŋ⁵³⁻³¹n̠iaŋ˙　婶母(用于关系较近的，可在前面加排行"二、三"等)

　婶子　ʃə⁵⁵⁻²¹⁴tθɹ˙　(用于关系稍远的，可在前加排行"二、三"等)

叔　ʃu⁵⁵　用于称非同祖父且年纪比父亲小的男子，同祖父的称"二大大"等，见上

*姑　ku²¹⁴　姑母

*哥哥　kuə²¹⁴⁻³¹kuə·

嫂子　θɔ⁵⁵⁻²¹⁴tθʅ·

大哥　ta³¹kuə²¹⁴

二哥　lə³¹kuə²¹⁴

*弟兄　tɕi³¹⁻⁵⁵ʃəŋ·　弟弟和哥哥：俺家~俩

*兄弟　ʃəŋ²¹⁴⁻³¹tɕi·　弟弟：我~比我小三岁

兄弟　ʃəŋ²¹⁴⁻²⁴tɕi³¹　哥哥和弟弟：小王小赵是好~

兄弟媳子　ʃəŋ²¹⁴⁻³¹tɕi· ɕi⁵⁵⁻²¹⁴tθʅ·　弟媳妇

大伯头子　ta³¹⁻⁵⁵pei· t'ou⁵³⁻²⁴tθʅ·　大伯(丈夫的哥哥，蔑称)

*姐姐　tɕiə⁵⁵⁻²¹⁴tɕiə·

姐夫　tɕiə⁵⁵⁻²¹⁴fu·

*妹妹　mei³¹⁻⁵⁵mei·

妹夫　mei³¹⁻⁵⁵fu·

姊妹儿　tθʅ⁵⁵⁻²¹⁴meir·　同辈妇女：他家~俩｜咱~她姓张，你姓王，我姓李，挺轧得米

孙女子　tθʅ⁵⁵n̠y· tθʅ·　孙女儿

孙(子)媳子　puə̃²¹⁴⁻³¹(tθʅ·) ɕi⁵⁵⁻²¹⁴tθʅ·　孙媳妇

外甥　vɛ³¹⁻⁵⁵ʂəŋ·　外孙 a外甥 b外孙女 c外甥女

重孙女子　tʂʰəŋ⁵³⁻²⁴θuə̃· n̠y· tθʅ·

叔伯兄弟　ʃu⁵⁵⁻²¹⁴pei· ʃəŋ²¹⁴⁻³¹tɕi·　堂兄弟

叔伯姊妹儿　ʃu⁵⁵⁻²¹⁴pei· tθʅ⁵⁵⁻²¹⁴meir·　堂姊妹

侄儿媳子　tʃʅr⁵³ɕi⁵⁵⁻²¹⁴tθʅ·　侄媳妇

侄妞子　tʃʅ⁵³⁻²⁴niou· tθʅ·

　侄女儿　tʃʅ⁵³⁻²⁴n̠yr·

*姥爷　lɔ⁵⁵⁻²¹⁴iə·　外祖父

*姥娘　lɔ⁵⁵⁻²¹⁴n̠iaŋ·　外祖母

*舅　tʃou³¹　　舅父

*妗子　tʃɜ³¹⁻⁵⁵tθʅ˙　舅母

*姨　i⁵³　姨母

丈母爷　tʃaŋ³¹⁻⁵⁵muˑiə⁵³　岳父(背称)

丈母娘　tʃaŋ³¹⁻⁵⁵muˑȵiaŋ⁵³　岳母(背称)

舅子　tʃou³¹⁻⁵⁵tθʅ˙　内兄或内弟(背称)

妻侄儿　tɕ'i²¹⁴tʃʅr⁵³　内侄

连襟　liã⁵³⁻²⁴tʃɜ˙

　割不断　kɑ⁵⁵⁻²¹⁴puˑtuã³¹

邻舍家　lɜ⁵³⁻²⁴ʃɜ˙tʃɑˑ　邻居

亲亲　tθ'ɜ̃²¹⁴⁻³¹tθ'ɜ̃˙　亲戚

主儿　tʃur⁵⁵　泛称一个人或一户人家：你闺女有~了没？

白家人儿　tθʅ³¹⁻⁵⁵tʃɑˑiə̃rˑˎ　白己人

*岁数　θuei³¹⁻⁵⁵ʂuˑ

　年纪　ȵiã⁵³⁻²⁴tʃʅˑ　(多用于老人)

排辈儿　p'ɛ⁵³peir³¹　辈分

一辈儿　i⁵⁵⁻²⁴peir³¹　同辈

上一辈儿　ʃaŋ³¹⁻⁵⁵iˑpeir³¹

下一辈儿　ʃaŋ³¹⁻⁵⁵iˑpeir³¹

庄户人　tʂuaŋ²¹⁴⁻³¹xuˑiə̃r⁵³　庄稼人

　下庄户的　ʃɑ³¹tʂuaŋ²¹⁴⁻³¹xuˑtɕi˙

*大夫　tɛ³¹⁻⁵⁵fuˑ

　医生　i²¹⁴⁻²⁴ʂəŋ²¹⁴

*做买卖的　tθuə³¹mɛ⁵⁵⁻²¹⁴mɛˑtɕi˙　商人

售货员　tʃou⁵³xuə³¹yã⁵³

　代销员　tɛ³¹ɕiɔ²¹⁴yã⁵³

货郎　xuə³¹⁻⁵⁵laŋˑ

裁缝　tθ‘ɛ⁵³⁻²⁴faŋ˙

窑匠　iɔ⁵³⁻²⁴ȵiaŋ˙　　特指瓦匠：叫个请~来垒墙

*伙大(旧)　xuə⁵⁵⁻⁵³fu²¹⁴

　　*炊事员(新)　tʂ‘uei²¹⁴⁻²⁴ʂʅ³¹yã⁵³

　　*伙大蛋子(旧)　xuə⁵⁵⁻²¹⁴fu˙tã³¹⁻⁵⁵tθʅ˙　　蔑称

邮差　iou⁵³tʂ‘ɛ²¹⁴

　　送信的　θəŋ³¹θə̃³¹⁻⁵⁵ȵi˙

　　跑信的　p‘ɔ⁵⁵⁻²⁴θə̃³¹⁻⁵⁵ȵi

代诏　tɛ³¹⁻⁵⁵tʃou˙　　理发员

　　剃头的　ȵ‘i³¹t‘ou⁵³⁻²⁴ȵi˙

锢露子　ku³¹⁻⁵⁵lu˙tθʅ˙　　锅匠

耍藏掖的　ʂua⁵⁵⁻⁴³⁵tθ‘aŋ⁵³iə⁵⁵⁻²¹⁴ȵi˙　　变戏法的

戏子　ʃʅ³¹tθʅ˙　　旧称演员

老娘婆　lɔ⁵⁵⁻⁴³⁵ȵiaŋ⁵³p‘ə⁵³　　旧时称接生的妇女

跟婆子　kə̃²¹⁴⁻³¹p‘ə˙tθʅ˙　　旧时结婚伴新娘去男方的妇女

和尚　xuə⁵³⁻²⁴tʃaŋ˙

道士　tɔ³¹⁻⁵⁵ʂʅ

姑子　ku²¹⁴⁻³¹tθʅ˙　　尼姑

回份　xuei⁵³ɕy⁵³

　　还份　xuã⁵³ɕy⁵³

*要饭的　iɔ³¹fã³¹⁻⁵⁵ȵi˙　　乞丐

外门汉　vɛ³¹mə̃⁵³xã³¹　　外行

二流子　ər³¹⁻⁵⁵liou˙tθʅ˙　　游手好闲不务正业的人

城猎子　tʃəŋ⁵³xua⁵³⁻²⁴tθʅ˙　　旧时乡下人蔑称城里人

庄户孙　tʂuaŋ²¹⁴⁻³¹xu˙θuə̃²¹⁴　　旧时城里人蔑称庄稼人

　　　　ka⁵⁵⁻²¹⁴ku˙tã³¹⁻⁵⁵tθʅ˙　　齐尚鬼

破鞋　p‘ə³¹ʃə⁵³　　作风不正乱搞男女关系的女人

破鞋客　pʻə³¹ʃəʻ⁵³kʻei⁵⁵　　作风不正的男人

五　人体　疾病　医疗

身子　ʃə̃²¹⁴⁻³¹tθɿˑ　　身体

皮　pʻi⁵³　皮肤

骨髓　ku⁵⁵⁻⁵³θuə̃⁵⁵

*头　tʻou⁵³

头囟子　tʻou⁵³θə̃³¹⁻⁵⁵tθɿ　　囟门儿

*额米盖　iə³¹⁻⁵⁵lɛ kɛ³¹　　额头

头发　tʻou⁵³⁻²⁴fuˑ又音tʻou⁵³⁻²⁴faˑ

纂　tθuə̃⁵⁵　　老年妇女挽在脑后的发髻

后瓢儿　xou³¹pʻiɔr⁵³　　后脑勺儿

*脖子　pə⁵³⁻²⁴tθɿˑ

脖罗梗子　pə⁵³⁻²⁴luəˑkən⁵⁵⁻²¹⁴tθɿˑ　　脖子后部

*貌相　mɔ³¹ɕiaŋˑ　　那个人的~长得挺俊

　模样儿　mu⁵³⁻²⁴iaŋr³¹

*脸　liã⁵⁵

酒窝罗儿　ʨiou⁵⁵⁻²¹⁴vəˑluər　　酒窝

*眼　iã⁵⁵　　眼睛

*眼珠子　iã⁵⁵tʃu²¹⁴⁻³¹tθɿˑ　　眼球

白眼珠　pei⁵³iã⁵⁵⁻⁵³tʃu²¹⁴

黑眼珠　xei⁵⁵⁻⁵³iã⁵⁵⁻⁵³tʃu²¹⁴

眼支毛　iã⁵⁵⁻²¹⁴tʂɿˑmɔ⁵³　　睫毛

眼眉　iã⁵⁵⁻⁴³⁵mei⁵³　　眉毛

*耳朵　lə⁵⁵⁻²¹⁴touˑ

耳朵垂子　lə⁵⁵⁻²¹⁴tou˙tʂʻuei⁵³tθ̩˙　　耳垂

耳塞　lə⁵⁵⁻⁵³θei⁵⁵

　耳蛹　lə⁵⁵⁻²¹⁴iŋ˙

＊鼻子　pi⁵³⁻²⁴tθ̩˙　　①鼻了　②鼻涕

鼻子眼儿　pi⁵³⁻²⁴tθ̩˙iãr⁵⁵　　鼻孔

＊舌头　ʃə⁵³⁻²⁴tʻou˙

唾沫　tʻuə³¹⁻⁵⁵mi˙

斜斜　ɕiə⁵³⁻²⁴ɕiə˙　　口水

牙根儿　ia⁵³kə̃r²¹⁴　　牙床

牙花子　ia⁵³⁻²⁴xua˙tθ̩˙　　牙龈

锥牙　tʂ̩uei²¹⁴⁻³¹ia˙　　犬牙

下颌　ʃa³¹⁻⁵⁵xɛ˙　　下巴

夹肘窝儿　ka⁵⁵⁻²¹⁴tʃou˙vər²¹⁴　　夹肢窝

膀子(头儿)　paŋ⁵⁵⁻²¹⁴tθ̩˙(tʻour⁵³)　　肩膀

＊胳臂　ka⁵⁵⁻²¹⁴pei˙

拐角子　kuɛ⁵⁵⁻²¹⁴tʃuə˙tθ̩˙　　胳膊肘儿

＊左手　tθuə³¹ʃou⁵⁵

＊右手　iou³¹ʃou⁵⁵

左米瓜　tθuə⁵⁵⁻²¹⁴lɛ˙kua²¹⁴　　左撇了

手掌子　sou⁵⁵⁻⁵³tʃaŋ⁵⁵⁻²¹⁴tθ̩˙　　手掌

　手巴掌　ʃou⁵⁵pa²¹⁴⁻³¹tʃaŋ˙

＊手指头　ʃou⁵⁵⁻⁵³pa²¹⁴⁻³¹tʻou˙

＊人拇指(头)　ta³¹mu˙tʂ̩⁵⁵⁻²¹⁴(tʻou˙)

＊二拇指(头)　lə³¹⁻⁵⁵mu˙tʂ̩⁵⁵⁻²¹⁴(tʻou˙)

　＊食指　ʃ̩⁵³tʂ̩⁵⁵

＊三拇指(头)　θã²¹⁴⁻³¹mu˙tʂ̩⁵⁵⁻²¹⁴(tʻou)

　＊中指　tʂəŋ²¹⁴tʂ̩⁵⁵

*四拇指（头）　$\theta_1^{31\text{-}55}$mu˙ $ts_1^{55\text{-}214}$(t'ou˙)

　*无名指　$u^{53\text{-}24}$min˙ ts_1^{55}

*小拇指（头）　$\varphi i\mathfrak{d}^{55\text{-}214}$mu˙ $ts_1^{55\text{-}214}$(t'ou˙)

指角盖儿　$ts_1^{55\text{-}53}$tʃuə^{55}kɛr^{31}　指甲

胸膛　ʃəŋ$^{214\text{-}31}$t'aŋ˙

心口窝儿　$\theta\tilde{\mathfrak{d}}^{214}$k'ou^{55}və^{214}　胸口

奶子　nɛ$^{55\text{-}214}$tθ$_1$˙　乳房

｜｜脐　pu$^{53\text{-}24}$t'i˙　肚脐

肋义骨　luei$^{31\text{-}55}$tʂ'ɑ˙ku^{55}　肋骨

腚　ȶiŋ^{31}　屁股

鹆子　tʃ$\tilde{\mathfrak{d}}^{53\text{-}24}$tθ$_1$˙　男孩阴

鸭子　ia$^{55\text{-}214}$tθ$_1$˙　男阴

屄　pi^{214}　女阴

*腿　t'uei^{55}

*腜罗盖　pə$^{55\text{-}214}$luə˙kɛ^{31}　膝盖

干腿子　kã$^{214\text{-}31}$t'uei˙tθ$_1$˙　小腿

脚腕子　tʃuə^{55}vã$^{214\text{-}31}$tθ$_1$˙　脚脖了

*长病　tʃaŋ$^{55\text{-}24}$piŋ^{31}　病了

细病　φi^{31}piŋ^{31}　泛称 肺病、肝炎等需要长期治疗保养的病

痨病　lɔ$^{53\text{-}24}$piŋ˙　结核病

发热　fa$^{55\text{-}24}$iə^{31}　发烧

热着了　iə$^{31\text{-}55}$tʂə˙lə˙　中暑

冻着了　təŋ$^{31\text{-}55}$tʂuə˙la˙　感冒，伤风

咳嗽　k'uə$^{55\text{-}214}$θuə˙

打阿嚏　ta$^{55\text{-}24}$a$^{214\text{-}31}$t'i˙　打喷嚏

伤寒　ʃaŋ$^{214\text{-}31}$xã˙　通称瘟疫

伤鸡　ʃaŋ$^{214\text{-}24}$tʃ$_1^{214}$　鸡瘟

伤猪　ʃaŋ²¹⁴⁻²⁴tʃu²¹⁴　　猪瘟

駒駒痨病　xou²¹⁴⁻³¹xouˑlɔ⁵³⁻²⁴piŋˑ　　哮喘病

*发脾汗　fa⁵⁵pʻi⁵³⁻²⁴xãˑ　　疟疾

羊癫风　iaŋ⁵³ȶiã²¹⁴⁻³¹fəŋˑ　　癫痫

　羊骨子风　iaŋ⁵³⁻²⁴kuˑtθ̩ fəŋ²¹⁴

痧子　ʂɑ²¹⁴⁻³¹tθ̩ˑ　　麻疹

痄腮　tʂa³¹⁻⁵⁵θɛˑ　　腮腺炎

*拉肚子　la²¹⁴tu³¹⁻⁵⁵tθ̩ˑ　　泻肚了

　淌肚子　tʻaŋ⁵⁵⁻²⁴tu³¹⁻⁵⁵tθ̩ˑ

压了食　ia³¹⁻⁵⁵ləˑʃɿ⁵³　　停食，不消化

紫拉　tθ̩⁵⁵⁻²¹⁴laˑ　　胃部烧灼等感觉

呕　ŋou⁵⁵　　呕吐

偏枯　pʻiã²¹⁴⁻²⁴kʻu²¹⁴　　半身不遂

　偏瘫　pʻiã²¹⁴⁻²⁴tʻã²¹⁴

长疔疮　tʃaŋ⁵⁵ȶiŋ²¹⁴⁻³¹tʂʻuaŋˑ

化脓　xua³¹nəŋ⁵³　　溃浓

结疙渣　tʃə⁵⁵ka²¹⁴⁻³¹tʂaˑ

垫眼　ȶiã³¹⁻⁵⁵iãˑ　　鸡眼

热疙瘩　iə³¹⁻⁵⁵kaˑtaˑ　　痱了

风刺　fəŋ²¹⁴⁻²⁴tθ̩ʻ³¹　　粉刺

痣子　tʂɿ³¹⁻⁵⁵tθ̩ˑ

雀子　tʻyə⁵⁵⁻²¹⁴tθ̩ˑ　小雀斑

地瓜疤　ȶi³¹⁻⁵⁵kuaˑpa²¹⁴　　大雀斑

狐臊　xu⁵³⁻²⁴θɔˑ　　狐臭

球蛋　tʃou⁵³tã³¹　　卫生球儿

*看病　kʻã³¹piŋ³¹　　诊病

*扎古病　tʂa⁵⁵⁻²¹⁴kuˑpiŋ³¹　　治病

呼脉　p'iŋ⁵³mei³¹　号脉

开药单　k'ɛ²¹⁴⁻²⁴yə²¹tɑ̃r²¹⁴

药方　yə³¹fɑŋr²¹⁴

对药　tuei³¹yə³¹　配药

药丸儿　yə³¹vɑ̃r⁵³　小药丸儿

药丸子　yə³¹vɑ̃⁵³⁻²⁴tθ̩˙　大药丸儿

打火　tɑ⁵⁵⁻⁵³xuə⁵⁵　去火

　　败火　pɛ³¹xuə⁵⁵

拔罐子　pɑ⁵³⁻²⁴kuɑ̃˙tθ̩˙

种痘子　tʂəŋ³¹tou³¹⁻⁵⁵tθ̩˙

　　种牛痘儿　tʂəŋ³¹n̠iou⁵³⁻²⁴tour˙

*好点儿　xɔ⁵⁵⁻⁵³ʑiɑ̃r⁵⁵　病轻了

秃斯　t'u⁵⁵⁻²¹⁴θ̩˙　秃了

*瞎汉　ʃɑ⁵⁵⁻²¹⁴xɑ̃˙　瞎了，不论男女

聋汉　ləŋ⁵³⁻²⁴xɑ̃˙　聋了，不论男女

豁唇子　xuə⁵³⁻²⁴tʃuə̃˙tθ̩˙　裂唇的人

斜眼子　ɕiə⁵³⁻²⁴iɑ̃˙tθ̩˙　斗鸡眼儿

*锅腰子　kuə²¹⁴⁻³¹iɔ˙tθ̩˙　驼背

*瘸腿　tʃuə⁵³⁻²⁴t'uei˙　瘸子

六指儿　tliou³¹⁻⁵⁵tʂɹr˙　一只手长有六个指头的人

疯汉　fəŋ²¹⁴⁻³¹xɑ̃˙　麻风病人

痴i巴　tʃɻ²¹⁴⁻³¹pɑ˙　缺心眼的人

潮巴　tʃɔ⁵³⁻²⁴pɑ˙　统称傻子、白痴、精神病患者

六　农事　商业　文化等

103

日落　$i^{31}lu\vartheta^{31}$　日子，家景：他家是什么~

不拢｜｜　$pu^{55-53}l\vartheta\eta^{55}ku\alpha\cdot$　　没空儿，没时间

*事儿　$\mathfrak{s}\mathfrak{l}r^{31}$

*营生　$i\eta^{53-24}\mathfrak{s}\vartheta\eta\cdot$　　事情，工作，活儿：这什么~?

做营生　$t\theta ou^{31}i\eta^{53-24}\mathfrak{s}\vartheta\eta\cdot$　　干事情，干工作

上泊　$\int a\eta^{31}p'\vartheta^{55}$　上地

　卜泊　$\int\alpha^{31}p'\vartheta^{55}$

年头儿　$\eta i\tilde{a}^{53}t'our^{53}$　　年成

耕地　$t\int\vartheta^{214-24}\mathfrak{t}i^{31}$

锄地　$t\mathfrak{s}'u^{53-24}\mathfrak{t}i^{31}$

　耪地　$p'a\eta^{55-24}\mathfrak{t}i^{31}$

锄草　$t\mathfrak{s}'u^{53}t\theta'\mathfrak{o}^{55}$

薅草　$x\vartheta^{214}t\theta'\mathfrak{o}^{55}$

场　$t\int a\eta^{53}$　特指用于翻晒、碾轧粮食的平坦而坚实的空地

打场　$ta^{55-435}t\int a\eta^{53}$

扬场　$ia\eta^{53}t\int a\eta^{53}$

碾砣子　$\eta i\tilde{a}^{31}t'\mathfrak{l}\vartheta^{55}t\theta\mathfrak{l}$

*碌碡　$ly^{31-55}t\int u\cdot$

打地轱辘子　$ta^{55}\mathfrak{t}i^{31}ku^{55-214}lu\cdot t\theta\mathfrak{l}$　　较大的碌碡，多用于轧地

垄儿　$l\vartheta\eta r^{55}$

畦子　$\int\mathfrak{l}^{53-24}t\theta\mathfrak{l}$

头麦里　$t'ou^{53}mei^{31-55}la\cdot$　　麦前

麦乍子　$mei^{31}t\mathfrak{s}a^{31-55}t\theta\mathfrak{l}$　麦茬

辘轳　$lu^{31-55}lu\cdot$

筲　$\mathfrak{s}\mathfrak{o}^{214}$　桶，包括铁制、木制的

倒罐　$t\mathfrak{o}^{55-214}ku\tilde{a}\cdot$　用于浇地的木制尖底汲水桶

　倒筲　$t\mathfrak{o}^{55-214}\mathfrak{s}\mathfrak{o}\cdot$

泡种子　pʻɔ³¹tʂəŋ⁵⁵⁻²¹⁴tθʅ˙　　浸种

抓　tʂua²¹⁴　　刨：~地瓜｜~地

攒粪　tθã⁵⁵⁻²⁴fə³¹

濠湾　n̩xɔ⁵³⁻²⁴vã˙

汹肥　ŋou²¹⁴fei⁵³

铡　tʂɑ⁵³

蓑衣　θuə²¹⁴⁻³¹i˙　　草编制的雨衣

苇笠　vei⁵⁵⁻²¹⁴li˙

买卖　mɛ⁵⁵mɛ³¹

做买卖　tθuə³¹mɛ⁵⁵mɛ³¹

　做生意　tθuə³¹ʂəŋ²¹⁴⁻²⁴i³¹

客栈　kʻei⁵⁵⁻²⁴tʂã³¹

店　ȵiã³¹　　旧称旅馆，现在多指一般的店

开店　kʻɛ²¹⁴⁻²⁴ȵiã³¹　　旧称开旅馆

铺子　pʻu³¹⁻⁵⁵tθʅ˙　　店：布~｜杂货~

门面　mə⁵⁵miã³¹

招牌　tʃɔ²¹⁴pʻɛ⁵³

　幌子　xuaŋ⁵⁵⁻²¹⁴tθʅ˙

开市　kʻɛ²¹⁴⁻²⁴ʂʅ³¹

　开业　kʻɛ²¹⁴⁻²⁴iə³¹

顾客　ku³¹kʻei⁵⁵

　主户儿　tʃu⁵⁵⁻²⁴xur³¹

包圆儿　pɔ²¹⁴yãr⁵³

裁纺铺　tθʻɛ⁵³⁻²⁴faŋ˙pʻu³¹　　成衣铺

澡堂子　tθɔ⁵⁵⁻²¹⁴tʻaŋ⁵³⁻²⁴tθʅ˙

　澡堂儿　tθɔ⁵⁵⁻⁴³⁵tʻaŋr⁵³⁻²⁴

赁　lã³¹

*赅 $kε^{214}$ 欠

赊 $ʃə^{214}$

挣钱 $tʂəŋ^{31}ʨʻiɑ̃^{53}$

　折本儿 $ʃə^{53}pə̃r^{55}$

分钱 $fə̃^{214}ʨʻiɑ̃^{53}$　　硬币

算盘子 $θuɑ̃^{31}θɑ̃^{53-24}tθʅ^{·}$

铺盖 $pʻu^{214-31}kε^{·}$

　行李 $ʃəŋ^{53-24}li^{·}$

盘缠 $pʻɑ̃^{53-24}tʃɑ̃^{·}$

　路费 $lu^{31}fei^{31}$

*脚踏车子 $tsuə^{55-53}tʂɑ^{214}tʃʻə^{214-31}tθʅ^{·}$

　*白行车子 $tθʅ^{31}ʃəŋ^{53}tʃʻə^{214-31}tθʅ^{·}$

大车 $tɑ^{31}tʃʻə^{214}$　　用牲口拉的胶轮车

小车 $ɕiɔ^{55}tʃʻə^{214}$　　泛指独轮手推车

小拥车 $ɕiɔ^{55}iŋ^{214-31}tʃʻə^{·}$　　一种木架独轮小推车

　拥车子 $iŋ^{214-31}tʃʻə^{·}tθʅ^{·}$

地排车 $ʨi^{31}pʻε^{53}tʃʻə^{214}$　　一种平板车

赶车 $kɑ̃^{55}tʃʻə^{214}$

车架子 $tʃʻə^{214}tʃɑ^{31-55}tθʅ^{·}$

车轴儿 $tʃʻə^{214}tʃour^{53}$

*轱轮儿 $ku^{55-214}luə̃r^{·}$　　车轮儿

笼嘴 $ləŋ^{53-24}tθuei^{·}$

马嚼子 $mɑ^{55}ʨyə^{53-24}tθʅ^{·}$

马鞭子 $mɑ^{55}piɑ̃^{214-31}tθʅ^{·}$

马掌子 $mɑ^{55}tʂaŋ^{55-214}tθʅ^{·}$

钉马掌 $ʨiŋ^{31}ma^{55-53}tʃaŋ^{55}$

　门马掌 $tʂε^{31}ma^{55-53}tʃaŋ^{55}$

上学 $\int a\eta^{31}\int u\partial^{53}$

洋学堂(旧) $ia\eta^{53}\int u\partial^{53}t'a\eta^{53}$ 学校

文盲 $v\tilde{\partial}^{53}ma\eta^{53}$

　睁眼瞎儿 $t\text{s}\partial\eta^{214}i\tilde{a}^{55}\int ar^{214}$

零蛋 $li\eta^{53}t\tilde{a}^{31}$ 零分

偏旁儿 $p'i\tilde{a}^{214}p'a\eta r^{53}$

捺之脚儿 $na^{31}t\text{s}\text{\textturnr}^{214}t\int u\partial r^{55}$ 捺

单人儿旁 $t\tilde{a}^{214}i\tilde{\partial}r^{53}p'a\eta^{53}$ 单立人儿

双立人儿 $\text{s}ua\eta^{214}li^{31}i\tilde{\partial}r^{53}$

宝盖儿 $p\partial^{55-24}k\varepsilon r^{31}$

　家字头儿 $t\int a^{214-31}t\theta\text{\textbarl}t'our^{53}$

穴字头儿 $\int u\partial^{53-24}t\theta\text{\textbarl}t'our^{53}$ 穴宝盖儿

犬犹儿 $t\int u\tilde{a}^{55-214}iour$ 反犬旁

双大耳 $\text{s}ua\eta^{214}ta^{31}l\partial^{55}$ 双耳旁

侧王儿 $t\text{s}ei^{53-24}va\eta r^{53}$ 斜王旁

乱丝旁 $lu\tilde{a}^{31}\theta\text{\textbarl}^{214}p'a\eta^{53}$ 绞丝旁

洋戏 $ia\eta^{53}\int\text{\textbarl}^{31}$ 留声机

胡琴儿 $xu^{53}t\int\tilde{\partial}r^{53}$

周姑子戏 $t\int ou^{214-24}ku^{214-31}t\theta\text{\textbarl}\cdot\int\text{\textbarl}^{31}$ 茂腔，流行于胶州湾畔的地方戏

煞戏了 $\text{s}a^{55}\int\text{\textbarl}^{53-55}l\partial\cdot$ 戏演完了

耍龙灯 $\text{s}ua^{55-435}li\eta^{53}t\partial\eta^{214}$

庙会 $mi\partial^{31}xuei^{31}$

谜儿 $meir^{53}$

灯虎儿 $t\partial\eta^{214}xur^{55}$ 灯谜儿

猜谜儿 $t\theta'\varepsilon^{214}meir^{53}$

　破谜儿 $p'\partial^{31}meir^{53}$

猜不方 $t\theta'\varepsilon^{214-31}pu\cdot fa\eta^{214}$ 猜不出来

划拳　xua⁵³tʃuã⁵³
　猜拳　tθʻɛ²¹⁴tʃuã⁵³
藏猫儿　tθʻaŋ⁵³mɔɻ²¹⁴　捉迷藏
凫水　fu⁵³ʂuei⁵⁵　游泳
擦滑　tθʻɑ⁵⁵xuɑ⁵³　滑冰
毽子　tʃuã³¹⁻⁵⁵tθ̩ʻ
打溜　tɑ⁵⁵⁻⁵³liou⁵⁵　打杂
扒不倒子　pɑ⁵⁵⁻²¹⁴puʻtɔ⁵⁵⁻²¹⁴tθ̩ʻ　不倒翁

七　红白事

喜公事　ʃ̩⁵⁵kəŋ²¹⁴⁻³¹ʂ̩ʻ　结婚等喜事
丧公事　θaŋ²¹⁴kəŋ²¹⁴⁻³¹ʂ̩ʻ　丧事
说媒　ʃuə⁵⁵⁻⁴³⁵mei⁵³　做媒
验亲　iã³¹tθʻɛ̃²¹⁴　相亲
定亲　ȵiŋ³¹tθʻɛ̃²¹⁴　订婚
喜日子　ʃ̩⁵⁵⁻²⁴ȵi³¹⁻⁵⁵tθ̩ʻ　婚期
*做媳子　tθou³¹ɕi⁵⁵⁻²¹⁴tθ̩ʻ　出嫁
*将媳子　ȶiaŋ²¹⁴ɕi⁵⁵⁻²¹⁴tθ̩ʻ　娶媳妇
新媳子　θɛ̃²¹⁴ɕi⁵⁵⁻²¹⁴tθ̩ʻ　新娘
坐床　tθuə³¹tʂʻuaŋ⁵³　结婚时的一种仪式：新媳了米了，坐了床了
看喜　kʻã³¹ʃ̩⁵⁵　看别人家举办婚事
喜房　ʃ̩⁵⁵⁻⁴³⁵faŋ⁵³　新房
闹喜房　nɔ³¹ʃ̩⁵⁵⁻⁴³⁵faŋ⁴²　闹洞房
喝合婚酒　xɑ⁵⁵xuə⁵³xuɛ̃²¹⁴ȶiou⁵⁵　结婚时的一种仪式
守福　ʃou⁵⁵⁻⁵³fu⁵⁵　结婚时的一种仪式

赏客　kuei³¹kʻei⁵⁵　特指女婿

休媳子(旧)　ʃou²¹⁴⁻²⁴ɕi⁵⁵⁻²¹⁴tθ˞ˌ˙　离婚

　打离婚(新)　ta⁵⁵⁻⁴³⁵li⁵³xuã²¹⁴

将填房　tiaŋ²¹⁴tʻiã⁵³faŋ⁵³　续弦

有喜　iou⁵⁵⁻⁵³ʃ˞ˌ⁵⁵　怀孕

　双身　ʂuaŋ²¹⁴⁻²⁴ʃã²¹⁴

小产　ɕiɔ⁵⁵⁻⁵³tʂʻã⁵⁵　流产

　掉了　tiɔ³¹⁻⁵⁵lə˙

衣胞儿　i²¹⁴⁻³¹pɔr˙

头拾子　tʻou⁵³⁻²⁴ʃ˞ˌ˙tθ˞ˌ˙　头胎

背父生　pei³¹⁻⁵⁵fu˙ʂəŋ²¹⁴　遗腹了

一对双儿　i⁵⁵⁻²⁴tuei³¹ʂuaŋr³¹　双胞胎

过白日　kuə³¹pei⁵⁵⁻²¹⁴i˞ˌ　庆祝初生儿满百天

一生日　i⁵⁵ʂəŋ²¹⁴⁻³¹i˞ˌ　周岁

抱奶　pɔ³¹nɛ⁵⁵　吃奶

把屎　pa⁵⁵⁻⁵³ʂ˞ˌ⁵⁵

把尿　pa⁵⁵⁻²¹⁴n̠iɔ³¹

摘奶　tʂei⁵⁵⁻⁵³nɛ⁵⁵　断奶

死了奶　θ˞ˌ⁵⁵⁻²¹⁴la˙nɛ⁵⁵　特指喂奶期又怀孕

上寿　ʃaŋ³¹ʃou³¹　做寿

*死了　θ˞ˌ⁵⁵⁻²¹⁴la˙

　*老了　lɔ⁵⁵⁻²¹⁴la˙

　*撂了　liɔ²¹⁴⁻³¹la˙　婉称小孩死了

*殡葬　pã³¹tθaŋ³¹

　*出殡　tʃu⁵⁵⁻²⁴pã³¹

　*殡了　pã³¹⁻⁵⁵la˙

　*卜葬　ʃa³¹tθaŋ³¹

送殡　　θuŋ³¹pã³¹　　送葬

穿白　　tʃuã²¹⁴pei⁵³　　带孝

哀杖　　ŋe²¹⁴⁻²⁴tʃaŋ³¹　　哭丧棒

圆坟　　yã⁵³fã⁵³

上百日　　ʃaŋ³¹pei⁵⁵⁻²¹⁴i˙　　为死去一百天的亲人所做的纪念活动

棺材　　kuã²¹⁴⁻³¹tθˤɛ˙

　材　　tθˤɛ⁵³

木头　　mu³¹⁻⁵⁵tˤou˙　　寿材

寿坟　　ʃou³¹fã⁵³　　死前做下的坟

上坟　　ʃaŋ³¹fã˙　　扫墓

香炉子　　ʃaŋ²¹⁴⁻³¹lou˙tθɻ˙

木拉鱼子　　mu³¹la˙y⁵³⁻²⁴tθɻ˙　　木鱼

阴亲　　iã²¹⁴⁻²⁴tθˤã²¹⁴　　旧时称死了的男女结亲：轧~

林地　　lin⁵³⁻²⁴ʨi³¹　　祖坟

　茔地　　iŋ⁵³⁻²⁴ʨi˙

舍林　　ʃə⁵⁵⁻⁴³⁵lã⁵³　　义葬地

八　房舍　器具

*东西儿　　təŋ²¹⁴⁻³¹ɕir˙

*宅子　　tʂei⁵³⁻⁵⁵tθɻ˙　　指全所房子

　*屋　　u⁵⁵

楼（房）　　lou⁵³（faŋ⁵³）

摞屋　　luə⁵³⁻²⁴u˙　　瓦店等东部一些地方的人称楼房

*堂屋　　tˤaŋ⁵³⁻²⁴u˙　　正房，也指一排正房当门的一间

当门　　taŋ²¹⁴mã⁵³　　正房当门的一间

外间　　vɛ³¹⁻⁵⁵tʃã·　　正房当门东边的一间

套房子　tʻɔ³¹⁻⁵⁵faŋ·tθ̩·　　正房外间向东的小间

*东屋　təŋ²¹⁴u⁵⁵

　*东厢　təŋ²¹⁴⁻³¹ɕiaŋ·

*西屋　ɕi²¹⁴u⁵⁵

　*西厢　ɕi²¹⁴⁻³¹ɕiaŋ·

天井　ȵiã²¹⁴⁻³¹ȵiŋ·　　院子

院落儿　yã³¹⁻⁵⁵luər·

*饭屋　fã³¹⁻⁵⁵u·　　厨房

*圈(旧)　tʃuã³¹　　厕所

　*茅子(新)　mɔ⁵³⁻²⁴tθ̩·

檩棒儿　lã⁵⁵⁻²¹⁴paŋr·　　檩条

椽子　tʃuã⁵³⁻²⁴tθ̩·

伏棚　fu⁵³⁻²⁴pʻəŋ·　　天花板

石鼓子　ʃ̩⁵³ku⁵⁵⁻²¹⁴tθ̩·　　柱石

*窗户　tʂʻuaŋ²¹⁴⁻³¹xu·

*伏台　fu⁵³⁻²⁴tʻei·　　灶的烟囱

炕　kʻaŋ³¹

炕头　kʻaŋ³¹tʻou⁵³

炕沿　kʻaŋ³¹iã⁵³

炕沿边儿　kʻaŋ³¹iɛ·piãr²¹⁴

热炕　iə³¹kʻaŋ³¹

凉席子　liaŋ⁵³ɕi⁵³⁻²⁴tθ̩·

墼　ȵi⁵⁵　　土坯

砖　tʃuã²¹⁴

水泥　ʂuei⁵⁵⁻⁴³⁵n̩ʑi⁵³

　洋灰　iaŋ⁵³xuei²¹⁴

*闩灰　ʃʅ⁵³⁻²⁴xuei˙

风门子　fəŋ²¹⁴⁻³¹mã˙tθʅ˙

*门撑儿　mə⁵³⁻²⁴tʂʻəŋɭ˙

*门坎儿　mã⁵³⁻²⁴tʃʻɛrˑ　门坎儿

门关子　mã⁵³kuã²¹⁴⁻³¹tθʅˑ　门栓儿

门挂子　mã⁵³kua³¹⁻⁵⁵tθʅˑ　　锁门的链子

障子　tʃaŋ³¹⁻⁵⁵tθʅˑ　篱笆

窨子　tʃɔ³¹⁻⁵⁵tθʅˑ　地窨

牛棚　iou⁵³pʻəŋ⁵³

马棚　ma⁵⁵⁻⁴³⁵pʻəŋ⁵³

羊栏　iaŋ⁵³lã⁵³

猪屋子　tʃu²¹⁴⁻³¹uˑtθʅˑ

　猪圈　tʃu²¹⁴⁻²⁴tʃuã³¹

　猪栏　tʃu²¹⁴lã⁵³

狗屋子　kou⁵⁵⁻²¹⁴uˑtθʅˑ　　狗窝

鸡屋子　tʃʅ²¹⁴⁻³¹uˑtθˑ　鸡窝

牛槽　iou⁵³tθʻɔ⁵³

猪食槽子　tʃu²¹⁴ʃʅ⁵³tθʻɔ⁵³⁻²⁴tθʅˑ

狗食盆子　kou⁵⁵⁻²¹⁴sʅˑpʻə̃⁵³⁻²⁴tθʅˑ

*桌子　tʂuə⁵⁵⁻²¹⁴tθʅˑ

*方桌　faŋ²¹⁴tʂuə⁵⁵

*抽斗　tʃʻou²¹⁴⁻³¹tʻouˑ　抽屉

*机子　u³¹⁻⁵⁵tθʅˑ　凳了，包括方形、圆形、长方形的

*板凳　pã⁵⁵⁻²¹⁴tʻaŋˑ　长条凳

风扇　fəŋ²¹⁴⁻³¹ʃãˑ　风箱

火棒　xuə⁵⁵⁻²⁴paŋ³¹　烧火棍

火箸　xuə⁵⁵⁻²¹⁴tʃuˑ　火钳

笼　ləŋ⁵³　笼屉

锅盖顶　kuə²¹⁴kɛ³¹⁻⁵⁵ȶiŋ˙　锅盖了

　　锅盖垫　kuə²¹⁴kɛ³¹⁻⁵⁵ȶiã˙

孤垛　ku²¹⁴⁻³¹tuə˙　垛墩了

燎壶　liɔ⁵³⁻²⁴xu˙　烧水用的壶

水瓮　ʂuei⁵⁵⁻²⁴vəŋ³¹　水缸

瓢　p'iɔ⁵³　水瓢

*筷子　k'uɛ³¹⁻⁵⁵tθʅ˙

箸笼　tʃu³¹luŋ⁵³　筷笼

*匙子　tʂʅ³¹⁻⁵⁵tθʅ˙　羹匙

手箱子　sou⁵⁵⁻²¹⁴ɕiaŋ˙tθʅ˙　结婚时女方陪送的盛点心用的四方盒子

铜盆(旧)　təŋ⁵³p'ɝ⁵³

　　脸盆(新)　liã⁵⁵⁻⁴³⁵p'ɝ⁵³

洗澡盆子　ɕi⁵⁵⁻⁵³t'ɔ⁵⁵p'ɝ⁵³⁻²⁴tθʅ˙

*洗脸水　ɕi⁵⁵liã⁵⁵⁻⁵³ʂuei⁵⁵

*擦脸布子　tθ'a⁵⁵⁻⁵³liã⁵⁵pu³¹⁻⁵⁵tθʅ˙　毛巾

暖壶　nuã⁵⁵⁻²¹⁴xu˙　热水瓶

漱口盂子　ʂu³¹k'ou⁵⁵y⁵³⁻²⁴tθʅ˙

牙刷子　ia⁵³ʂua⁵⁵⁻²¹⁴tθʅ˙

*胰子　i⁵³⁻²⁴tθʅ˙　肥皂

香胰子　ʃaŋ²¹⁴i⁵³⁻²⁴tθʅ˙

　　洗脸胰子　ɕi⁵⁵⁻⁵³liã⁵⁵i⁵³⁻²⁴tθʅ˙

草褥子　tθ'ɔ⁵⁵y³¹⁻⁵⁵tθʅ˙

被子　pei³¹⁻⁵⁵tθʅ˙

被窝　pei³¹⁻⁵⁵və˙　铺成长筒形准备睡觉盖的被子

棉单　miã⁵³⁻⁵⁵tã˙　被单

豆枕　tou³¹⁻⁵⁵tʃɝ˙　枕头

豆枕套儿　tou³¹⁻⁵⁵tʃɤ˙tʰɔr³¹

豆枕布　tou³¹⁻⁵⁵tʃɤ˙pu³¹　　枕巾

梳篦子　ʂu²¹⁴pi³¹⁻⁵⁵tθɻ˙

笸箩儿　pʻə⁵³⁻²⁴luər˙　　针线笸

　笸箩子　pʻə⁵³luə⁵³⁻²⁴tθɻ˙

顶针子　ȵiŋ⁵⁵⁻²¹⁴tʃɤ˙tθɻ˙

剪子　ȵiã⁵⁵⁻²¹⁴tθɻ˙

粉线布袋子　fɤ²¹⁴⁻²⁴ɕiã³¹pu³¹⁻⁵⁵tɛ˙tθɻ˙　　裁缝用具

针鼻子　tʃɤ²¹⁴pi⁵³⁻²⁴tθɻ˙

　针鼻儿　tʃɤ²¹⁴pir⁵³

纫针　iã⁵³tʃɤ²¹⁴　　穿针

鞋提拔子　ʃɛ⁵³⁻²⁴tʻiʔ˙pɑ⁵³⁻²⁴tθɻ˙　　鞋拔

鞋撑子　ʃɛ²¹⁴⁻²⁴tʂʻəŋ²¹⁴⁻³¹tθɻ˙　　鞋楦

*笤帚　tʻiɔ⁵³⁻²⁴tʃu˙　　用于扫炕的一种扫帚

*扫地笤帚　θɔ⁵⁵⁻²⁴ȵi³¹tʻiɔ⁵³⁻²⁴tʃu˙　　扫帚

*抹布子　mɑ⁵⁵⁻²¹⁴pu˙tθɻ˙

炊帚　tʂʻuei²¹⁴⁻³¹tʃou˙　　锅刷

鸡毛拂子　tʃɻ²¹⁴mɔ⁵³fu⁵⁵⁻²¹⁴tθɻ˙　　鸡毛掸子

(地板)擦子　(ȵi³¹pã⁵⁵)tθʻɑ⁵⁵⁻²¹⁴tθɻ˙　　墩布

*簸箕　pə³¹⁻⁵⁵tʃɻ˙

尿罐　ȵiɔ³¹⁻⁵⁵kuã˙

搓板(子)　tθʻuə²¹⁴⁻³¹pã˙(tθɻ˙)　　洗衣板

棒槌　pɑŋ³¹⁻⁵⁵tʂʻuei˙

　巴棍子　pɑ²¹⁴⁻³¹kuã˙tθɻ˙

蒜臼子　θuã³¹tʃou⁵³tθɻ˙　　捣蒜泥的小臼子

蒜锤子　θuã³¹tʂʻuei⁵³⁻²⁴tθɻ˙

*伞　θã⁵⁵

*旱伞　xã³¹θã⁵⁵　阳伞

纺线车子　fan²¹⁴⁻²⁴ɕiã³¹tʃʻə²¹⁴⁻³¹tθɿ·

拄棒　tʃu⁵⁵⁻²¹⁴paŋ·　手杖

*手戳　ʃou⁵⁵⁻⁵³tʂʻuə⁵⁵　图章

*糨子　tʃaŋ³¹⁻⁵⁵tθɿ·　浆糊

蒲扇　pʻu⁵³ʃã³¹

扇子　ʃã³¹⁻⁵⁵tθɿ·　特指用纸做的

蒲团　pʻu⁵³⁻²⁴tʻã　蒲草的圆形坐垫

*炭　tʻã³¹

　　*煤　mei³¹

烧草　ʃɔ²¹⁴tθʻɔ⁵⁵　柴草

麸炭　fu²¹⁴⁻³¹tʻã·　木炭

*锡　ɕi⁵⁵

*火柴　xuə⁵⁵⁻⁴³⁵tʂʻɜ⁵³

　　洋火　iaŋ⁵³xuə⁵⁵

*火油　xuə⁵⁵⁻⁴³⁵iou⁵³　煤油

火油灯　xuə⁵⁵⁻⁴³⁵iou⁵³təŋ²¹⁴

灯罩子　təŋ²¹⁴⁻²⁴tʂɔ³¹tθɿ·

屯棒子(旧)　ʈiã³¹paŋ³¹⁻⁵⁵tθɿ·

　　手灯(新)　ʃou⁵⁵⁻⁵³təŋ²¹⁴

洋蜡　iaŋ⁵³la³¹　蜡烛

油蜡　iou⁵³la³¹　特指过年点的较粗大的一种蜡烛

*吸铁石　ʃu⁵⁵⁻⁵³tʻiə⁵⁵ʃɿ⁵³　磁铁

碾郭　ȵiã³¹kuə⁵⁵　碾柱

磨拐子　mə³¹kuɛ⁵⁵⁻²¹⁴tθɿ·

布袋儿　pu³¹⁻⁵⁵tɛr·　衣服上的口袋

　布袋　pu³¹⁻⁵⁵tɛ·　专指装粮食的大袋子

115

*绳子　ʃəŋ$^{53-24}$tθɿ·

篊子　yã$^{55-214}$tθɿ·　一种荆条编制的用于盛粮食、干粮等的较大篮子

*锤　tʂʻuei^{53}　①铁锤 ②拳头

鉎鏉　ʂəŋ$^{214-31}$ʂu·　铁锈

砍刀　kʻã$^{55-214}$tɔ·　用于砍柴火的一种刀子

七刀子　ʨʻi$^{55-214}$tɔ· tθɿ·　匕首

　||刀子　tθʻɿ$^{55-214}$tɔ· tθɿ·

墁板子　mã$^{31-55}$pã· tθɿ·　抹墙用的板子

瓦刀　vɑ$^{31-55}$tɔ·

斧头　fu$^{55-214}$tʻou·

　斧子　fu$^{55-214}$tθɿ·

家什　tʃɑ^{214}ʃɿ^{53}　用具、器物：去喂肥都带什么~？

　家器儿　tʃɑ$^{214-24}$tʃʻɿr^{31}

九　饮食

粮食　liɑŋ$^{53-24}$ʃɿ·

口粮　kʻou$^{55-214}$liɑŋ·

*(白)面　(pei^{53})miã^{31}

做饭　tθou^{31}fã^{35}

*吃饭　tʃʻɿ^{55}fã^{31}

刀菜　tɔ$^{214-24}$tθʻɛ^{31}　搛菜

*早晨饭　tθɔ$^{55-435}$tʃʻə̃^{53}fã^{31}　早饭

*晌饭　ʃɑŋ^{55}fã·　午饭

　*晌晚饭　ʃɑŋ^{55}vɑ$^{55-24}$fã^{31}

*后晌饭　xou$^{31-55}$ʃɑŋ·fã^{31}　晚饭

搬干粮　pã²¹⁴⁻²⁴kã²¹⁴⁻³¹liɑŋ˙　吃零食：吃饭时不吃，过后就~

饥困　tʃ¹²¹⁴⁻³¹kʻuə˙　饿

害饥困　xɛ³¹tʃ¹²¹⁴⁻³¹kʻuə˙　饿

撑着了　tʂʻəŋ²¹⁴⁻³¹tʂuə˙ lɑ˙　吃得过饱

呛着了　tɕʻiaŋ³¹tʂuə˙ lɑ˙

*饽饽(旧)　pə²¹⁴⁻³¹pə˙　圆形馒头

　*馒头(新)　mã⁵³⁻²⁴tʻou˙

　馍馍　mə⁵³⁻²⁴mə˙

卷子　tʃuã⁵⁵⁻²¹⁴t͡ʃ̩˙　长方形馒头

*干饭　kã²¹⁴⁻³¹fã˙　米饭

擀饼　kã⁵⁵⁻⁵³piŋ⁵⁵　烙饼

单饼　tã²¹⁴⁻³¹piŋ˙　一种面制薄饼

煎饼　tɕiã²¹⁴⁻³¹piŋ˙

火子　xuə⁵⁵⁻²¹⁴t͡θ̩˙　一种干烙的较厚的饼

火烧　xuə⁵⁵⁻²¹⁴ʃɔ˙　油烙的带馅儿的饼

锅贴子　kuə²¹⁴tɕʻiə⁵⁵⁻²¹⁴t͡θ̩˙　贴在锅上蒸熟的没有馅儿的面食

饼子　piŋ⁵⁵⁻²¹⁴t͡θ̩˙　用玉米、小麦等面做成的干粮

扒古　pʻɑ⁵⁵⁻²¹⁴ku　窝窝头

　窝窝头　və⁵³⁻²⁴və˙ tʻou⁵³

池子　tʃ¹⁵³⁻²⁴t͡θ̩˙　一种菱形甜面食

馅子　ʃã³¹⁻⁵⁵t͡θ̩˙　馅儿

面口　miã³¹pu⁵³　擀面时用的干面粉

*钴𰍟　ku²¹⁴⁻³¹tʂɑ˙　饺子

*包子　pɔ²¹⁴⁻³¹t͡θ̩˙

*馄饨　xuã⁵³tuã˙

粽子　t͡θəŋ³¹⁻⁵⁵t͡θ̩˙

(汤)圆子　(tʻɑŋ²¹⁴)yã⁵³⁻²⁴t͡θ̩˙

香油果子　ʃaŋ²¹⁴⁻³¹iou˙ kuə⁵⁵⁻²¹⁴tθɻ˙　油条

豆汁儿　tou³¹tʃ₁r⁵⁵　豆浆

*面汤　miã³¹⁻⁵⁵tʻaŋ˙　指白己擀的面条，包括未煮的：擀~｜下~｜吃~

　　面条儿　miã³¹tʻiɔr⁵³

黏粥　n̠iã⁵³⁻²⁴tʃu˙　通称稀饭，包括米熬的、下米面做的

甜沫　tʻiã⁵³⁻²⁴mə˙　稀饭的一种，常用小米面或下米面加花生仁、豆腐、

　　　白菜、碎粉条等做成

饹饸汤　ku²¹⁴⁻³¹tʂatʻaŋ²¹⁴　血疙瘩

澥漓　ʃe³¹⁻⁵⁵li˙　澥

糊疙渣　xu⁵³⁻²⁴kə˙tʂa˙　锅巴

*菜　tθʻɛ³¹

卜水　ʃa³¹⁻⁵⁵ʂuei˙

*脂　tʂ₁²¹⁴　特指没炼的猪油

*大油　ta³¹iou⁵³　猪油

　　*猪油　tʃu²¹⁴iou⁵³

*香油　ʃaŋ²¹⁴iou⁵³

八角　pa⁵⁵⁻⁵³tʃuə⁵⁵　大料

茴香　xuei⁵³⁻²⁴ʃaŋ˙

*酱油　t̠iaŋ³¹iou⁵³

*总讳　tʃ₁³¹⁻⁵⁵xuei˙

　　*醋　tθʻu³¹

*盐　iã⁵³

水碱　ʂuei⁵⁵⁻²¹⁴tʃã˙　碱

鸡蛋(旧)　tʃ₁²¹⁴⁻²⁴tã³¹

　　鸡子儿(新)　tʃ₁²¹⁴tθɻr⁵⁵

变蛋(旧)　piã³¹tã³¹

　　松花(新)　θəŋ²¹⁴⁻²⁴xua²¹⁴

豆腐　tou³¹⁻⁵⁵fu˙

　人豆腐　ta³¹tou³¹⁻⁵⁵fu˙

小豆腐　ɕiɔ⁵⁵⁻²⁴tou³¹⁻⁵⁵fu˙　一种蔬菜加豆面渣做的咸味粥类食品

豆腐乳　tou³¹⁻⁵⁵fu˙y⁵⁵

干粉　kã²¹⁴fə̃⁵⁵　粉条

柿饼子　sʃ³¹piŋ⁵⁵⁻²¹⁴tθ˥˙

虾皮子　ʃɑ²¹⁴pʻi⁵³⁻²⁴tθ˥˙

长生果仁儿(旧)　tʃʻaŋ⁵³ʂəŋ²¹⁴kuə⁵⁵⁻⁴³⁵iə̃r⁵³

　花生米儿　xua²¹⁴⁻²⁴ʂəŋ²¹⁴mir⁵⁵

*开水　kʻɛ²¹⁴ʂuei⁵⁵

*喝水　xɑ⁵⁵⁻⁵³ʂuei⁵⁵　喝水，喝茶

　喝汤　xɑ⁵⁵⁻⁵³tʻaŋ²¹⁴　（流行于农村）

烧汤　ʃɔ²¹⁴⁻²⁴tʻaŋ²¹⁴　用锅烧开水

燎水　liɔ⁵⁵⁻⁵³ʂuei⁵⁵　用壶烧开水

冲水　tʂʻəŋ²¹⁴ʂuei⁵⁵　灌开水

卜茶　ʃɑ³¹tʂʻɑ⁵³　泡茶

*凉水　liaŋ⁵³ʂuei⁵⁵

*热水　iə³¹ʂuei⁵⁵

*赖水　lɛ³¹ʂuei⁵⁵　脏水，汏水

刷锅水　ʂua⁵⁵⁻⁵³kuə²¹⁴ʂuei⁵⁵

*黄酒　xuaŋ⁵³ʨiou⁵⁵

*烧酒　ʃɔ²¹⁴ʨiou⁵⁵　白酒

洋烟(旧)　iaŋ⁵³iã²¹⁴

　烟卷儿(新)　iã²¹⁴tʃuãr⁵⁵

烟叶子　iã²¹⁴iə³¹⁻⁵⁵tθ˥˙　烟叶

　旱烟　xã³¹iã²¹⁴

烟包子　iã²¹⁴⁻²⁴pɔ²¹⁴⁻³¹tθ˥˙　烟荷包

冰糕　piŋ²¹⁴⁻²⁴kɔ²¹⁴

　冰棍　piŋ²¹⁴⁻²⁴kuə̃³¹

*味儿　veir³¹　　①味道 ②气味

*色儿　ʂeir⁵⁵⁻²¹⁴

十　服饰

*衣裳　i²¹⁴⁻³¹ʃɑŋ˙

棉袄　miã⁵³ŋɔ⁵⁵

　袄　ŋɔ⁵⁵

坎肩子　kʰã⁵⁵⁻²¹⁴tʃã˙tθʅ˙　专指棉背心

背心儿　pei³¹θə̃r²¹⁴

干线子　kã²¹⁴⁻²⁴ɕiã³¹tθʅ˙　指土布

条绒　tʰiɔ⁵³iŋ⁵³　灯心绒

卫生衣　vei³¹ʂəŋ²¹⁴⁻²⁴i²¹⁴

　绒衣　iŋ⁵³i²¹⁴

风雪衣　fəŋ²¹⁴ɕyə⁵⁵i²¹⁴　风衣

(春)秋衣　(tʃʰuə²¹⁴)tʃʰiou²¹⁴⁻²⁴i²¹⁴

汗衫儿　xã³¹ʂãr²¹⁴　　①旧称家制短袖内衣 ②针织圆领衫；也指背心等

裉　kʰə̃³¹　指衣服腋下的缝接部分：煞煞~

卜爹　ʃa³¹tʂa³¹　下摆

布袋儿　pu³¹tɛr³¹　衣服上的口袋

围脖(旧)　vei⁵³pə⁵³

　围巾(新)　vei⁵³tʃə̃²¹⁴

*兜兜　tou²¹⁴⁻³¹tou˙　涎布

手套儿　sou⁵⁵⁻²⁴tʰɔr³¹

手套子 sou⁵⁵⁻²⁴t'ɔ³¹⁻⁵⁵tθ ʅ˙

小手巾儿 ɕiɔ⁵⁵ʃou⁵⁵⁻²¹⁴tʃɚ˙ 手绢

束腰带子 ʂu⁵⁵iɔ²¹⁴tɛ³¹⁻⁵⁵tθ ʅ˙ 腰带

包头(旧) pɔ²¹⁴⁻³¹t'ou˙

头巾 t'ou⁵³tʃɔ̃²¹⁴

*褯子 ʨiə⁵⁵tθ ʅ˙ 用旧布片做的尿布

*尿布 n̠iɔ³¹pu³¹ 用油布、塑料布等做的尿布

漆布 tθi⁵⁵⁻²⁴pu³¹ 铺在桌子上的用油漆过的布

水鞋 ʂuei⁵⁵⁻⁴³⁵ʃe⁵³ 专指橡制雨鞋

胶鞋 tʃɔ²¹⁴ʃɛ⁵³ 专指球鞋

呱嗒板子 kuɑ²¹⁴⁻³¹tɑ˙pɑ̃⁵⁵⁻²¹⁴tθ ʅ˙ 过去的木制拖鞋

呱嗒板儿 kuɑ²¹⁴⁻³¹tɑ˙pɑ̃r⁵⁵

白家锁 pei⁵⁵tʃʃɑ²¹⁴θuə⁵⁵

脖锁 pə⁵³θuə⁵⁵

圈子 tʃuɑ̃²¹⁴⁻³¹tθ ʅ˙ 耳环

耳坠儿 ʅə⁵⁵⁻²⁴tʂueir³¹ ·

戒指儿 tʃɛ³¹⁻⁵⁵tʂʅr˙

戒指子 tʃɛ³¹⁻⁵⁵tʂʅ˙tθ ʅ˙

镏子 liou³¹tθ ʅ˙ 金戒指

十一 动物

牲口 ʂəŋ²¹⁴⁻³¹k'ou˙

*公马 kəŋ²¹⁴mɑ⁵⁵

*骒马 k'uə³¹⁻⁵⁵mɑ˙ 母马

*犍子 tʃʃɑ̃³¹tθ ʅ˙ 公牛

*虾牛　　ʃa²¹⁴⁻³¹iou˙　　母牛

牛犊子　　iou⁵³tu˙tθ˺ʅ

牛角　　iou⁵³tʃuə⁵⁵

*叫驴˺　　tʃɔ³¹⁻⁵⁵ly˙　　公驴

*草驴˺　　tθˀɔ⁵⁵⁻²¹⁴ly˙　　母驴˺

驴˺驹子　　ly⁵³⁻²⁴tʃu˙tθ˺ʅ

*㺊猪　　tθəŋ³¹⁻⁵⁵tʃu˙　　公猪

*老母猪　　lɔ⁵⁵⁻²¹⁴mu˙tʃu˙

羊羔子　　iaŋ⁵³⁻²⁴kɔ˙tθ˺ʅ

*牙狗　　ia⁵³⁻²⁴kou˙　　公狗

*母狗　　mu⁵⁵⁻²¹⁴kou˙

巴儿狗儿　　par²¹⁴⁻³¹kour˙　　哈巴狗

*牙猫　　ia⁵³⁻²⁴mɔ˙　　公猫

*女猫　　ȵy⁵⁵⁻²¹⁴mɔ˙　　母猫

*公鸡　　kəŋ²¹⁴⁻³¹tʃʅ˙

*母鸡　　mu⁵⁵⁻²¹⁴tʃʅ˙

小雏鸡　　ɕiɔ⁵⁵tʃu⁵³⁻²⁴tʃʅ˙

鸡冠子　　tʃʅ²¹⁴⁻²⁴kuã²¹⁴⁻³¹tθ˺ʅ

鸡爪子　　tʃʅ²¹⁴⁻²⁴tʂua⁵⁵⁻²¹⁴tθ˺ʅ

鸡布口　　tʃʅ²¹⁴pu³¹⁻⁵⁵tʂʅ˺　　鸡胗

㜎蛋　　fã³¹tã³¹　　下蛋

抱小鸡　　pɔ³¹ɕiɔ⁵⁵tʃʅ²¹⁴　　孵小鸡

抱窝　　pɔ³¹və²¹⁴

扁嘴　　piã⁵⁵⁻²¹⁴tθuei˙　　鸭了

　老歪　　lɔ⁵⁵⁻⁵³vɛ²¹⁴

鸣鸭　　miŋ⁵³⁻²⁴ia˙　　公鸭

母鸭　　mu⁵⁵⁻²¹⁴ia˙

鹅　və⁵³

兔子　tʻu³¹⁻⁵⁵tθ̩ʴ˙

家兔　tʃɑ²¹⁴⁻²⁴tʻu³¹

坡兔　pʻə²¹⁴⁻²⁴tʻu³¹　野兔

檐蝙蝠子　iã⁵³piã˙fu˙tθ̩ʴ˙

*老虎　lɔ⁵⁵⁻⁵³xu⁵⁵

狗熊儿　kou⁵⁵⁻⁴³⁵ʃəŋʴ⁵³

　　人老黑　tɑ³¹lɔ⁵⁵xei²¹⁴

*妈虎　ma²¹⁴⁻³¹xu˙　狼

　　妈猴　ma²¹⁴⁻³¹xou˙

豹子　pɔ³¹⁻⁵⁵tθ̩ʴ˙　豹

黄鼬子　xuɑŋ⁵³⁻²⁴iɔ˙tθ̩ʴ˙　黄鼠狼

*猴子　xou⁵³⁻²⁴tθ̩ʴ˙

兔子　tʻu³¹⁻⁵⁵tθ̩ʴ˙

*(土)耗子　(tʻu⁵⁵)xɔ³¹⁻⁵⁵tθ̩ʴ˙　老鼠

地老鼠　ti³¹lɔ⁵⁵⁻²¹⁴ʂu˙　田鼠

*小燕儿　ɕiɔ⁵⁵iãr³¹

*家䴕子　tʃɑ²¹⁴⁻³¹tʃʻə̃˙tθ̩ʴ˙　麻雀

野鹊　iə⁵⁵⁻²⁴tʻiɔ˙　喜鹊

小燕儿　ɕiɔ⁵⁵⁻²⁴iãr³¹　燕子

大雁　tɑ³¹iã³¹

䴔鸽　pə⁵³⁻²⁴kɑ˙　鸽子

*老鸹　lɔ⁵⁵⁻²¹⁴kuɑ˙　乌鸦

夜猫子　iə³¹⁻⁵⁵mɔ˙tθ̩ʴ˙　猫头鹰

啄木鸟　tʂuə⁵⁵⁻²¹⁴mu˙niɔr⁵⁵

　　啄木虫　tʂuə⁵⁵⁻²¹⁴mu˙tʂʻə̃⁵³

翅子　tʂʻ̩³¹⁻⁵⁵tθ̩ʴ˙　翅膀

翅膀　tʂʻɿ³¹⁻⁵⁵paŋrˑ

尾巴　iˑ⁵⁵⁻²¹⁴paˑ

虾子　sa²¹⁴⁻³¹tθɿˑ　虾

虾籽　sa²¹⁴tθɿ⁵⁵

蟹子　ʃe³¹⁻⁵⁵tθɿˑ　螃蟹

同蟹　tʻəŋ⁵³⁻²⁴sɛˑ　　很人的蟹了

鳞刀鱼　lə̃⁵³⁻²⁴tɔ²¹⁴⁻³¹yˑ　带鱼

　刀鱼　tɔ²¹⁴⁻³¹uˑ

鱼郭鳃　y⁵³kuə⁵⁵⁻²¹⁴θɛˑ　鱼鳃

鳖　piə⁵⁵　甲鱼

　团鱼　tʻuã⁵³⁻²⁴yˑ

水莓八牛子　ʂuei⁵⁵tu⁵³pa⁵⁵iouˑtθɿˑ　　螺蛳

泥狗　mi⁵³⁻²⁴kouˑ　泥鳅

乌子　u²¹⁴⁻³¹tθɿˑ　乌贼

*长虫　tʃaβ⁵³⁻²⁴tʂʻəŋˑ　蛇

歪子　vɛ²¹⁴⁻³¹tθɿˑ　青蛙

蛤蟆　xa⁵³⁻²⁴maˑ　癞蛤蟆

虼蚪当子　kuə⁵³⁻²⁴kuəˑtaŋ³¹⁻⁵⁵tθɿˑ　　蝌蚪

蚕　tθã⁵³

家蚕　tʃa²¹⁴tθã⁵³

山蚕　ʂã²¹⁴tθã⁵³

蛾子　və⁵³⁻²⁴tθɿˑ　金蛾

蚕蛹子　tθã⁵³iŋ⁵⁵⁻²¹⁴tθɿˑ

蜜蜂　mi³¹⁻⁵⁵fəŋˑ

十蜂(子)　tʻu⁵⁵⁻²¹⁴fəŋˑ(tθɿˑ)　马蜂

蛾子　və⁵³⁻⁵⁵tθɿˑ　蝴蝶

*十蜂　tʻu⁵⁵⁻²¹⁴fəŋˑ　人马蜂

哳　tʃə⁵⁵　叫蟀了~了 一下

蜓蜓　t'iŋ²¹⁴⁻³¹t'iŋˑ

截溜　ȵiə⁵³liou·　蝉

*苍蝇　tθ'ɑŋ²¹⁴⁻³¹iaŋˑ　又音 tθ'ɑŋ²¹⁴⁻³¹iŋˑ

麻苍蝇　ma⁵³⁻²⁴tθ'ɑŋ·iaŋˑ　　比较人的苍蝇

绿豆蝇　ly³¹tou³¹iŋˑ¹⁴　绿头苍蝇

*蚊子　və̃⁵³⁻²⁴tθ১·

蚊子鬼儿　və̃⁵³⁻²⁴tθ১ kueir⁵⁵⁻²¹⁴　了又

虼蚤　kuə⁵⁵⁻²¹⁴tɕɔ·　跳蚤

虱子　ʂ১⁵⁵⁻²¹⁴tθ১·

虮子　tʃ১⁵⁵⁻²¹⁴tθ১·

*蛛蛛　tʃu²¹⁴⁻³¹tʃu·　蜘蛛

蝎子　ʃə⁵⁵⁻²¹⁴tθ১·

蝎虎子　ʃə⁵⁵⁻²¹⁴xu·tθ১·　壁虎

土折子　t'u⁵⁵⁻²¹⁴tʃ১tθ১·　蟋蟀

蚂蚱　ma⁵⁵⁻⁴³⁵tʂa·　蝗虫

刀螂　tɔ²¹⁴⁻³¹laŋ·又音 tɔ²¹⁴⁻³¹lɔ·　螳螂

蝈子　kuɛ²¹⁴⁻³¹tθ১·　蝈蝈

蝼蛄　lu⁵³⁻²⁴ku·

*蚰蟮　tʃ'u⁵⁵⁻²¹⁴ʃã·　蚯蚓

莓八牛子　tu⁵³⁻²⁴pɑ'iou⁵³⁻²⁴tθ১　蜗牛

屎壳螂　ʂ১⁵⁵⁻²¹⁴tʃ'ə·laŋ

*蚂蚁蚱　ma⁵⁵⁻²¹⁴i'iaŋ·　人的蚂蚁

*蚁蚱　i⁵⁵⁻²¹⁴iaŋ·　小的蚂蚁

水牛　ʂuei⁵⁵⁻²¹⁴ȵiou·　天牛，一种甲虫

水牛　ʂuei⁵⁵⁻²¹⁴iou·　一种比天牛略人的甲虫，褐色，可吃

哳唧　tʃə⁵⁵⁻²⁴ȵi·　蚂蟥

十二　植物

*小麦　$\varphi i \mathfrak{z}^{55\text{-}24} mei^{31}$

麦秸　$mei^{31\text{-}55} t\int \varepsilon^{\cdot}$

谷子　$ku^{55\text{-}214} t\theta \eta^{\cdot}$

*大米　$t\alpha^{31} mi^{55}$

*小米儿　$\varphi i \mathfrak{z}^{55\text{-}53} mir^{55}$

*玉豆　$y^{31} tou^{31}$　　玉米

　　棒子　$p\alpha\eta^{31\text{-}55} t\theta \eta^{\cdot}$

*秫秫　$\int u^{53\text{-}24} \int u^{\cdot}$　　高粱

秫秸　$\int u^{53\text{-}24} t\int \mathfrak{z}^{\cdot}$　　高粱秆

*豆子　$tou^{31\text{-}55} t\theta \eta^{\cdot}$

*<u>杠豆</u>　$k\alpha\eta^{31} tou^{31}$　　蚕豆

山药　$\mathfrak{s}\tilde{a}^{214\text{-}31} ya^{\cdot}$

*地蛋　$\mathfrak{t}i^{31\text{-}55} t\tilde{a}^{\cdot}$　　土豆

*地瓜　$\mathfrak{t}i^{31\text{-}55} ku\alpha^{\cdot}$　　白薯

蔓菁　$m\tilde{a}^{53\text{-}24} \mathfrak{t}i\eta^{\cdot}$

香椿　$\int a\eta^{214\text{-}31} ts'u\tilde{\mathfrak{z}}^{\cdot}$

香椿芽　$\int a\eta^{214\text{-}31} t\int'u\tilde{\mathfrak{z}}^{\cdot} ia^{53}$

*大头菜　$t\alpha^{31} t'ou^{53} t\theta'\varepsilon^{31}$　　卷心菜

*菠菜　$p\mathfrak{z}^{214\text{-}31} t\theta'\varepsilon^{\cdot}$

*辣椒　$la^{31} \mathfrak{t}i\mathfrak{z}^{214}$

　　椒子　$\mathfrak{t}i\mathfrak{z}^{214\text{-}31} t\theta \eta^{\cdot}$

柿子椒子　$s\mathfrak{l}^{31\text{-}55} t\theta \eta \mathfrak{t}i\mathfrak{z}^{214\text{-}31} t\theta \eta^{\cdot}$

　　菜椒子　$t\theta'\varepsilon^{31} \mathfrak{t}i\mathfrak{z}^{214\text{-}31} t\theta \eta^{\cdot}$

*茄子　tʃʅə⁵³⁻²⁴tθʅˑ

*洋柿子　iaŋ⁵³sʅ³¹⁻⁵⁵tθʅˑ　蕃茄

*洋葱　iaŋ⁵³tθˈəŋ²¹⁴

鬼子姜　kuei⁵⁵⁻²¹⁴tθʅˑtʃaŋ²¹⁴　洋姜

豆角子　tou³¹⁻⁵⁵tʃuəˑtθʅˑ

　豆角儿　tou³¹⁻⁵⁵tʃuərˑ

扁豆　piã⁵⁵⁻²⁴tou³¹　芸豆

墙扁豆　tˈiaŋ⁵³⁻²⁴piãˑtouˑ　扁豆

　家扁豆　tʃa²¹⁴⁻³¹piãˑtouˑ

豆秸　tou³¹⁻⁵⁵tʃɛ

烟秸子　iã²¹⁴⁻²⁴tʃɛ²¹⁴⁻³¹tθʅˑ

南瓜　nã⁵³⁻²⁴kuaˑ

方瓜　faŋ²¹⁴⁻³¹kuaˑ　南瓜的一种

丨丨瓜　tʃɔ⁵⁵⁻²¹⁴kuaˑ　西葫芦

纽子　ȵiou⁵⁵⁻²¹⁴tθʅˑ　葫芦科植物刚长出的小果实：黄瓜~｜茄了~

韭黄　tʃou⁵⁵⁻⁴³⁵xuɑŋ⁵³　在温室里种的黄的韭菜

韭青　tʃou⁵⁵tˈiŋ²¹⁴　青的韭菜

*蒜　θuã³¹

蒜苗子　θuã³¹miɔ⁵³⁻²⁴tθʅˑ　青蒜

　蒜苗儿　θuã³¹miɔr⁵³

萝卜　luə⁵³⁻²⁴peiˑ

萝卜缨子　luə⁵³⁻²⁴peiˑiŋ²¹⁴⁻³¹tθʅˑ

芫荽　iã⁵³⁻²⁴θueiˑ

苦菜子　kˈu⁵⁵⁻²⁴tθˈɛ³¹tθʅˑ　苣菜

区区菜　tʃu²¹⁴⁻²⁴tsˈu²¹⁴⁻²⁴tθˈɛ³¹　一种野菜

*栗子　li³¹⁻⁵⁵tθʅˑ

*核桃　xuə⁵³⁻²⁴tˈɔˑ

*朝阳花　tʃʅɔ⁵³iaŋ⁵³xua²¹⁴　向日葵

朝阳花瓜种儿　tʃʅɔ⁵³iaŋ⁵³xua²¹⁴kua²¹⁴⁻²⁴tʂəŋr²¹⁴　葵花子

长生果　tʃʅaŋ⁵³ʂəŋ²¹⁴kuə⁵⁵　花生

　果子　kuə⁵⁵⁻²¹⁴tθʅ·

蓖麻子　pi⁵⁵⁻⁴³⁵ma⁵³⁻²⁴tθʅ·

西瓜　ɕi²¹⁴⁻³¹kuɑ·

籽瓜　tθʅ⁵⁵⁻²¹⁴kuɑ·　西瓜的一种，个小籽多

面瓜　miã³¹⁻⁵⁵kuɑ·　一种甜瓜，很面

花红果子　xuɑ²¹⁴xəŋ⁵³kuə⁵⁵⁻²¹⁴tθʅ·　花红

蘋果　pʼə̃⁵³⁻²⁴kuə·

橘子　tʃu²¹⁴⁻⁵⁵tθʅ·

*地荸荠　ȵi³¹tɕʼi⁵⁵　荸荠

石榴　ʃʅ⁵³⁻²⁴liou·　山楂

人石榴　ta³¹⁻⁵⁵ʃʅ·liou·　石榴

*藕　ŋou⁵⁵

树本儿　ʃu³¹pə̃r⁵⁵　树身

树枝子　ʃu³¹tʂʅ²¹⁴⁻³¹tθʅ·

树叶子　xu³¹iə³¹⁻⁵⁵tθʅ·

榆钱子　y⁵³⁻²⁴tɕʼiã·tθʅ·

榆叶子　y⁵³⁻²⁴iə³¹tθʅ·

香椿芽　ʃaŋ²¹⁴⁻³¹tʃʼuə̃·ia·

桑叶子　θaŋ²¹⁴⁻²⁴iə³¹⁻⁵⁵tθʅ·

桑葚儿　θaŋ²¹⁴ʃʅr⁵³

花骨朵　xuɑ²¹⁴⁻²⁴ku⁵⁵⁻²¹⁴tu·

花心子　xuɑ²¹⁴⁻²⁴θə̃²¹⁴⁻³¹tθʅ·　花蕊

艾子　ŋɛ³¹⁻⁵⁵tθʅ·

苇子　vei⁵⁵⁻²¹⁴tθʅ·

地 f　$ti^{31-55}t\theta\gamma$　芍子的一种，比芍子细

蒺藜　$ti^{53}li$

布布 f　$pu^{31}pu^{31}\textphi in^{214}$　蒲公英

十三　动作　起居

睏觉　$k'u\tilde{\textschwa}^{31}t\textesh\textopeno$　睡觉

睏着了　$k'u\tilde{\textschwa}^{31-55}t\textrtails\textschwa l\textschwa$　睡着了

趄 f　$t\textesh\textschwa^{214-31}\textesh a$　躺下

乏了　$fa^{53-24}l\textschwa$　困了

*打盹儿　$ta^{55-53}tu\tilde{\textschwa}r^{55}$

打呼噜　$ta^{55}xu^{214-31}lu$　打呼

　打呼隆　$ta^{55}xu^{214-31}l\textschwa\eta$

打食嗝得　$ta^{55}\textesh\gamma^{53-24}k\textschwa tei$　打嗝儿

*歇 f　$\textesh\textschwa^{55-214}xa$　停下，休息

做梦　$t\theta ou^{31}m\textschwa\eta^{31}$

睡语　$\textrtails uei^{31-55}y$　梦话

风凉　$f\textschwa\eta^{214-31}lia\eta$　乘凉

　凉快　$lia\eta^{53-24}k'u\textepsilon$

拉屎　$la^{214}\textrtails\gamma^{55}$

尿尿　$\textnrl io^{31}\textnrl io^{31}$

吃烟　$t\textesh\gamma^{55-53}i\tilde{a}^{214}$　抽烟

喝酒　$xa^{55-53}\textphi iou^{55}$

*洗澡　$\textctc i^{55-53}t\theta\textopeno^{55}$

*洗脸　$\textctc i^{55-53}li\tilde{a}^{55}$

打扮　$ta^{55-24}p\tilde{a}^{31}$

129

扎裹 tʂɑ$^{55-214}$kuə˙
闯外 tʂʻuɑŋ^{31}vɛ^{31} 外出谋生
闯门子 tʂʻuɑŋ^{31}mə̃$^{53-24}$tθɿ˙ 串门儿
出门儿 tʃʻu$^{55-435}$mə̃r^{53} ①走亲戚②外出
步撵儿 pu^{31}ȵiɑ̃r$^{55-214}$ 步行
摔跌 ʂuɛ$^{55-53}$ȶiə^{55} 跌倒
轧 kɑ$^{55-53}$xuə^{55} 合，相处：我和他挺~得来
轧伙 lɑ$^{55-24}$tʃɿ$^{214-31}$xuɑŋ˙ 相处，合伙，联合：咱俩~去买吧
请客 ȶʻiŋ$^{55-53}$kʻei^{55}
办酒席 pɑ̃^{31}ȶiou$^{55-435}$ɕi^{53} 摆酒席
慢待 mɑ̃^{31}tɛ^{31} 怠慢
拉饥荒 lɑ$^{55-24}$tʃɿ$^{214-31}$xuɑŋ˙ 欠债
*要 ʂuɑ^{55} 玩儿
呱儿 kuɑr^{214} 故事：拉个~
*拉呱儿 lɑ$^{55-24}$kuɑr˙ 谈天，讲故事
傻话 ʃɑ$^{55-214}$xuɑ˙ 故事
剥傻话 pɑ^{55}ʃɑ$^{55-214}$xuɑ˙ 讲故事
打哏□儿 tɑ^{55}kə̃$^{31-55}$tər˙ 说话断断续续，不连贯
唠叨 lɔ$^{214-31}$tɔ˙
打喳喳 ta^{55}tʂʻa$^{214-31}$tʂʻa˙ 说悄悄话
吆喝 iɔ$^{214-31}$xuə˙ 招呼，唤
打仗 tɑ$^{55-24}$tʃɑŋ^{31} ①吵架②打架
噘 tʃuə^{53} 骂：~人
*原因 yɑ̃^{53}iə̃^{214}
*动静 təŋ$^{31-55}$ȶiŋ˙
动动 təŋ$^{31-55}$təŋ˙
□ tʂəŋ^{31} 支，竖：~起耳朵听

割丨　ka$^{55\text{-}24}$iɛ^{31}　　小孩之间打架：恁俩~了没？

勾肘　kou$^{214\text{-}31}$tʃou˙　　搔人腋下：~~他

*碰着　p'əŋ$^{31\text{-}55}$tʂə˙　　遇见

打姘头　ta^{55}p'ə̃$^{214\text{-}31}$t'ou˙　　非法同居

*知道　tʃʅ$^{214\text{-}31}$tɔ˙

*知不道　tʃʅ^{214}pu˙tɔ^{31}　　不知道

没看见　mu^{53}k'ã$^{31\text{-}55}$tʃã˙

*看不见　k'ã^{31}pu˙tʃã˙

　*看不着　k'ã^{31}pu.tʂə˙

*不作声　pu^{55}tθuə$^{55\text{-}214}$ʃəŋ˙

*挂挂着　kua$^{31\text{-}55}$kua˙tʂuə˙　　挂念着

寻思　θə̃$^{53\text{-}24}$θʅ˙　　思考，想

解　ʃɛ^{55}　　解释，理解：他~不开是什么意思

不烦思考　pu$^{55\text{-}435}$fã^{53}θʅ^{214}k'ɔ^{55}　　不用思考

想着　ɕiaŋ$^{55\text{-}214}$tʂuə˙　　记住

*懂了　təŋ$^{55\text{-}214}$lə˙

　*明白了　miŋ$^{53\text{-}24}$pei˙lə˙

*留神　liou^{53}ʃə̃^{53}

刺探　tθ'ʅ^{31}t'ã˙　　试探

骗人　p'iã^{31}iə̃^{53}

　诓人　k'uaŋ^{214}iə̃^{53}

谝拉　p'iã$^{55\text{-}214}$la˙　　炫耀

巴结　pa$^{214\text{-}31}$tʃʅ

　贴乎　t'iə$^{55\text{-}214}$xu˙

腌臜　ŋa$^{55\text{-}214}$tθa˙　　讨厌：我~他

嘟嘀　tu$^{214\text{-}31}$ʑi˙　　嘟囔

嫌乎　ʃã$^{53\text{-}24}$xu˙　　嫌

*没事儿　mei^{53}ʂʅr^{31}　没关系

寻无常　θə̃^{53}u^{53}tʃɑŋ^{53}　自杀

*拾掇　ʃʅ$^{53-24}$tɔ˙　收拾，整理

*拽了　tʂue$^{214-31}$lɑ˙　扔掉

　*撂了　liɔ$^{214-31}$lɑ˙

*撒手　θɑ$^{55-53}$ʃou^{55}

*称称　tʃəŋ^{214}tʃəŋ˙

约摸　yə$^{55-214}$mə˙　大体估计：我~着有十斤沉

厌　ia^{55}　倒：往锅里~上水

｜｜　tθ˙ʅ^{214}　倒掉，不要了：把水~掉｜~垃圾

掉了　tɕiɔ$^{31-55}$lə˙

*瞎了　ʃɑ$^{55-214}$lə˙　①遗失了，丢了　②浪费了

*找着了　tʂɔ$^{55-214}$tʂə˙lə˙

*提溜　tɕi$^{214-31}$liou˙　提：~起米

拽　tʂue^{214}　扔

拾起米　ʃʅ$^{53-24}$tʃʅ˙lɛ˙

不割舍　pu^{55}ka$^{55-214}$ʃə˙　舍不得

纳　nɑ^{55}　~鞋底

煞　ʂɑ^{55}　①勒紧：~腰带　②缝合：~裆

溲　ʂou^{55}　揉(面团)

撅　tʃuə^{214}　翘起

搉　kʰue^{55}

　挖　va^{55}

　挠　nɔ^{53}

踩　tʂʰɛ^{55}

编趴　piã$^{214-31}$pɑ˙　趴

卷　tʃuã^{55}　踢：~了一脚

蹍　n̠ia⁵⁵　用脚旋转踩

*磕倒了　kʻɑ⁵⁵⁻²¹⁴tɔˑlə　跌倒了

*抹了去　ma⁵⁵⁻²¹⁴laˑtʃu³¹　擦掉

墁　mã³¹　抹：~墙

劈　li⁵³　用刀子划破：~了一个口子

抻　tsʻə̃⁵⁵　往两端拉：~面条

*搁　kuə⁵⁵　放：~桌子上

透　tʻou³¹　用细长的东西来回窜动使这通畅：烟袋不透气了，~~它

攋　lɛ⁵⁵　撕

*剔　tʻi⁵⁵　挑选：三个杯子，我~这个

搂　lou⁵³　扒，聚集：~草

姆　xɔ²¹⁴　拔：~草｜~小麦

坩煞　mɛ⁵³⁻²⁴ʂɑˑ　埋上

摘　tʂei⁵⁵

殒　vã²¹⁴

*挑　tʻiɔ²¹⁴

　　*担　tã²¹⁴

｜｜　ŋaŋ²¹⁴　焚烧：把书都~了

闭死　pi³¹⁻⁵⁵θi̠ˑ　关上：~门

抠上眼儿　kʻou²¹⁴⁻³¹ʃaŋˑiãr⁵⁵　打上眼儿

*对水　tuei³¹ʂuei⁵⁵

　　*掺水　tʂʻã²¹⁴ʂuei⁵⁵

熇　kʻɔ³¹　炼，熬：~油

栽树　tθɛ²¹⁴⁻²⁴ʃu³¹　种树

杀树　ʂɑ⁵⁵⁻²⁴ʃu³¹　砍树

䁖磨　tθã⁵³mə³¹

濼　lã⁵⁵　去涩：~柿了

︱︱拉着　ka²¹⁴⁻³¹la˙tʂə˙　环形物套住脖子上

㧢拉　ta²¹⁴⁻³¹la˙

教训　tʃɔ³¹⁻⁵⁵ʃuə̃˙

使人　ʂ̩⁵⁵⁻²¹⁴iə̃˙　累人

住　tʃu³¹　①居住　②停：别十了，~下吧

待　tɛ˙又读 tei˙　想，想要：我~喝酒

十四　性质　状态

好　xɔ⁵⁵

　强　tʃɑŋ⁵³

中　tʂəŋ²¹⁴　行，可以：~啊不？（行不行）

坏　xuɛ³¹

糙　tθˤɔ²¹⁴

不糙　pu⁵⁵⁻⁵³tθˤɔ²¹⁴　不错

糙好　tθˤɔ²¹⁴xɔ⁵⁵　孬好

差　tʂˤɑ³¹　不好，次

　次（毛）　tθˤ̩³¹（mɔ⁵³）

要紧　iɔ³¹tʃə⁵⁵

热闹　iə³¹⁻⁵⁵nɔ˙

背静　pei³¹ȵiŋ³¹˙

窵远　ȵiɔ³¹⁻⁵⁵yã˙　偏远

铮新　tʂəŋ³¹θə²¹⁴　崭新

明　miŋ⁵³　天亮

铮明瓦亮　tʂəŋ³¹miŋ⁵³va⁵⁵⁻²¹⁴liɑŋ˙　形容明亮

*结实　tʃə⁵⁵⁻²¹⁴ʃ̩˙　①结实　②坚固

枵苗　$\varsigma io^{214\text{-}31}mio\cdot$　　单薄，不结实

钢巴硬　$kaŋ^{214\text{-}31}pa\cdot iŋ^{31}$　　铁硬

*派赖　$p\text{'}\varepsilon^{31\text{-}55}le\cdot$　　脏

饥困　$t\int\imath^{214\text{-}31}ku\tilde{a}$　　饿

*咸　$\int a^{34}$

鞠咸　$xou^{214}\int\tilde{a}^{53}$　　很咸

*淡　$t\tilde{a}^{31}$

艮　$k\tilde{a}^{55}$　　不脆

*稀　$\int\imath^{214}$

薄　$pə^{53}$　　①稀　②不厚

*干　$k\tilde{a}^{214}$　　①稠　②干，不湿

焦干　$\text{t}\varsigma io^{214\text{-}24}k\tilde{a}^{214}$　　很干

焦粘　$\text{t}\varsigma io^{214}ȵi\tilde{a}^{53}$　　很粘

铮凉　$t\text{ʂ}əŋ^{31}liaŋ^{53}$　　冰冷

铮绿　$t\text{ʂ}əŋ^{31}ly^{31}$

漆黑　$\text{t}\varsigma\text{'}i^{55\text{-}53}xei^{55}$

圆圆的　$y\tilde{a}^{53\text{-}24}y\tilde{a}\cdot\text{t}\varsigma i$

宽　$k\text{'}u\tilde{a}^{214}$

窄　$t\text{ʂ}ei^{55}$

*鼓　ku^{55}　　凸起：这个地方~出来一块儿

*洼　va^{31}　　凹下：~下去一块

瓢偏　$p\text{'}io^{53\text{-}24}p\text{'}i\tilde{a}$　　物体歪斜扭曲不平整

矮　ie^{55}　　~个儿 | ~墙

*晚　$v\tilde{a}^{55}$　　迟：来~了

*肥　fei^{31}

胖　$p\text{'}aŋ^{31}$

*瘦　$\text{ʂ}ou^{31}$

精瘦　$\textぃtin^{214-24}sou^{31}$

壮实　$tʂuaŋ^{31-55}sʅ\cdot$　　多指老人身体健壮

*俊　$tθuə̃^{31}$　漂亮

*丑　$tʃou^{55}$

*皮　$p'i^{53}$　调皮

唆　$θuə^{214}$

鬼　$kuei^{55}$　　多指小孩聪明、心眼多：这小厮鬼~

猾　xua^{53}

窝囊　$və^{214-31}naŋ\cdot$　　①受到委屈而心里烦闷②人懦弱无能

尿　$θəŋ^{53}$　怯懦无能

鬼头习习的　$kuei^{55-435}t'ou^{53}ɕiə^{214-24}tθã^{31-55}ʨi\cdot$　形容人鬼头鬼脑，不
　　　做好事，不说实话

乍↑　$ka^{55-214}ku\cdot$　齐崭：~蛋了

缺德　$tʃuə^{214}tei^{55}$

　　葬德　$tθaŋ^{31}tei^{55}$

拿捏　$na^{53-24}ȵiə\cdot$　　做作

*牢牢 习习的　$lɔ^{53}lɔ\cdot tʂu^{53}tʂu^{53-24}ʨi\cdot$　　形容人安静不乱动，乖

胡芝麻汤儿　$xu^{53}tʂʅ\cdot ma\cdot t'aŋr^{214}$　胡来：你别~!

翻翻蹬蹬　$fã^{214-31}fã\cdot təŋ^{214-31}təŋ\cdot$　　形容小孩不老实

狗鸡儿乱跳　$kou^{55-53}tʃʅr^{214}lã^{31}ʨiɔ^{31}$　形容小孩儿乱蹦乱跳，不安分

胀胀饱饱的　$tʃaŋ^{31-55}tʃaŋ\cdot pɔ^{55-214}pɔ\cdot ʨi\cdot$

愉作　$y^{31-55}tθuə\cdot$　舒服

恣儿　$tθʅr^{31}$　称心，高兴

慌慌　$xuaŋ^{214-31}xuaŋ\cdot$　慌张，惊慌

大出　$ta^{31-55}tʃu\cdot$　大出息

没事儿　$mei^{53}ʂʅr^{31}$

欻拉　$tʂ'ua^{214-31}la\cdot$　象声词：风把纸吹得~~响

十五　代词

*我　və⁵⁵

*俺　ŋã⁵⁵　　我，我们，我的

俺们亅　ŋã⁵⁵⁻²¹⁴mã˙　　我们(少)

*咱　tθɔ̃⁵³

咱们亅　tθɔ̃⁵³⁻²⁴mɔ̃˙　　(少)

*你　n̠i⁵⁵

你们亅　n̠i⁵⁵⁻²¹⁴mɔ̃˙　　(少)

*恁　nɔ̃⁵⁵　　①你 ②你们

*他　tʻɑ⁵⁵

他这些人　tʻɑ⁵⁵tʃə³¹ɕiə˙iɔ̃⁵³　　他们

　他那些人　tʻɑ⁵⁵nɑ³¹ɕiə˙iɔ̃⁵³

　他乜些人　tʻɑ⁵⁵n̠iə³¹ɕiə˙iɔ̃⁵³

　他们亅　tʻɑ⁵⁵⁻²¹⁴mɔ̃˙　　(少)

*人家　iɔ̃⁵³⁻²⁴tʃɑ˙　　他们，别人

旁人儿　pʻɑŋ⁵³iɔ̃r⁵³　　　别人

白家　tθʅ⁵³⁻²⁴tʃɑ˙　　白己

*人伙儿　ta³¹xuər⁵⁵　　人家

　人家伙儿　ta³¹⁻⁵⁵tʃɑ˙xuər⁵⁵

这˙　tʃə³¹　　~个丨~些丨~里

乜　n̠iə³¹　　~个丨~些丨~里

那　nɑ³¹　　~个丨~些丨~里

别的　piə⁵³⁻²⁴ʨi˙

　旁的　pʻɑŋ⁵³⁻²⁴ʨi˙

*谁 ʂei⁵³　　又读：ʂuei⁵³

哪 na⁵⁵　～个｜～些｜～卟

*什么 ʃæ̃⁵³⁻⁵⁵mə˙

*什么时候 sæ̃⁵³mə˙ʂʅ⁵³⁻²⁴xou˙

怎么 tθəŋ⁵⁵⁻²¹⁴mə˙

十六　数词　量词

俩儿 liar⁵⁵ 两个

仨 θɑ²¹⁴ 三个

十米个 ʃʅ⁵³lɑ˙ kuə˙

三十米个 θæ̃²¹⁴⁻³¹ʃʅ˙ lɛ˙ kuə˙

二三十个 lə³¹θæ̃²¹⁴ʃʅ⁵³kuə³¹

百十个 pei⁵⁵⁻²¹⁴ʃʅ˙kuə³¹ 一百米个

八九十米个 pɑ⁵⁵⁻⁵³tʃou⁵⁵ʃʅ⁵³lɛ⁵³kə³¹ 八九十个

千数个 t'iɑ̃²¹⁴⁻³¹ʂu˙kuə³¹ 一千米个

*三百上下 θæ̃²¹⁴⁻³¹pei˙ ʃaŋ³¹ʃɑ³¹

*一千左右 i⁵⁵t'iɑ̃²¹⁴tθuə³¹⁻⁵⁵iou˙

十儿个 ʃʅ⁵³⁻²⁴tʃʅ˙ kuə˙

一大些 i⁵⁵tɑ³¹ɕiə˙ 许多

若干 yə³¹kɑ̃²¹⁴

一点儿点儿 i⁵⁵ȶiɑ̃r⁵⁵⁻²¹⁴ȶiɑ̃r˙

八份儿 pɑ⁵⁵⁻²⁴fə̃r³¹ 八成儿：～他 (八成是他)

一个人 i⁵⁵⁻²⁴kuə³¹iæ̃⁵³

*一个客 i⁵⁵⁻²⁴kuə³¹k'ei⁵⁵

两口子 liaŋ⁵⁵⁻²¹⁴k'ou˙ tθʅ˙

一根头发　i^{55}kə̃^{214}tʼou$^{53\text{-}24}$fu·

一行皮　i$^{55\text{-}435}$ʃəŋ^{53}pʻi^{53}　　　　一层皮

一个手　i^{55}kə·ʃou^{55}

　一只手　i^{55}tʃ̩^{214}ʃou^{55}

两只手　liaŋ^{55}tʃ̩^{214}ʃou^{55}　　　一双于

一个褂子　i$^{55\text{-}24}$kuə^{31}kua$^{31\text{-}55}$tθ̩·

一条裤子　i$^{55\text{-}435}$tɕʻio^{53}kʻu$^{31\text{-}55}$tθ̩·

一个帽子　i$^{55\text{-}24}$kuə^{31}mɔ$^{31\text{-}55}$tθ̩·

一副手套子　i$^{55\text{-}24}$fu^{31}ʃou$^{55\text{-}24}$tʻɔ$^{31\text{-}55}$tθ̩·

*一双鞋　i^{55}ʂuaŋ^{214}ʃɛ^{53}

*一床被　i$^{55\text{-}435}$tʂʻuaŋ^{53}pei^{31}

一个米粒子　i$^{55\text{-}24}$kuə^{31}mi$^{55\text{-}214}$li·tθ̩·

一张桌子　i^{55}tʃʃaŋ^{214}tʂuə$^{55\text{-}214}$tθ̩·

一个镜子　i$^{55\text{-}24}$kuə^{31}tʃʃəŋ$^{31\text{-}55}$tθ̩·

*一辆车子　i$^{55\text{-}24}$liaŋ^{55}tʃʂə$^{214\text{-}31}$tθ̩·

*一领席　i$^{55\text{-}53}$liŋ^{55}ɕi^{53}

*一支笔　i^{55}tʂ̩^{214}pi^{55}

*一把刀　i$^{55\text{-}24}$pʻa^{31}tɔ^{214}

一封信　i^{55}fəŋ$^{214\text{-}24}$θə̃^{31}

一本书　i$^{55\text{-}53}$pə̃^{55}ʃu^{214}

*一块墨　i$^{55\text{-}24}$kʻuɛ·mei^{31}

一刀儿纸　i^{55}tɔr^{214}tʂ̩^{55}

一个机器　i$^{55\text{-}24}$kuə^{31}tʃ̩$^{214\text{-}24}$tʃ̩^{31}

一杆枪　i^{55}kã$^{214\text{-}24}$tɕʻiaŋ^{214}

一个炸弹　i$^{55\text{-}24}$kuə^{31}tʂa^{31}tã·

一毛钱　i$^{55\text{-}435}$mɔ^{53}tɕʻiã^{53}

一块钱　i$^{55\text{-}24}$kʻuɛ^{31}tɕʻiã^{53}

一块戏　i⁵⁵⁻²⁴kʻuɛ³¹ʃʅ³¹　　　一场戏

一块电池　i⁵⁵⁻²⁴kʻuɛ³¹ȶiã³¹tʃʅ⁵³　　一节电池

一根鱼　i⁵⁵kə̃²¹⁴y⁵³

　*一个鱼　i⁵⁵⁻²⁴kuə·y⁵³

*一只鸡　i⁵⁵tʃʅ²¹⁴⁻²⁴tʃʅ²¹⁴

*一个猪　i⁵⁵⁻²⁴kuə³¹tʂu²¹⁴

一匹马　i⁵⁵pʻi²¹⁴ma⁵⁵

*一个牛　i⁵⁵⁻²⁴kuə³¹iou⁵³

一阵儿雨　i⁵⁵⁻²⁴tʃʂə̃r³¹y⁵⁵

一道儿河　i⁵⁵⁻²⁴tɔr³¹xuə⁵³

一个桥　i⁵⁵⁻²⁴kuə³¹tʃɔ⁵³

一面井　i⁵⁵⁻²⁴miã³¹ȶiŋ⁵⁵　　一眼井

一溜树　i⁵⁵⁻²⁴liou³¹ʃu³¹　　一行树

*去一趟　tʃu³¹⁻⁵⁵i·tʻaŋ³¹

坐了一盼子　tʻuə³¹⁻⁵⁵la·i⁵⁵⁻²⁴pʻã³¹⁻⁵⁵tθʅ·　　坐了一会儿

耍了一盼子　ʂua⁵⁵⁻²¹⁴la·i⁵⁵⁻²⁴pʻã³¹⁻⁵⁵tθʅ·　　玩了一会儿

使了一问儿　ʂʅ⁵⁵⁻²¹⁴la·i⁵⁵⁻⁴³⁵xueir⁵³　　用了一次

*打了一卜子　ta⁵⁵⁻²¹⁴la·i⁵⁵⁻²⁴ʂa³¹⁻⁵⁵tθʅ·

嘛一顿　tʃuə⁵³⁻²⁴i·tuə̃³¹　　骂一顿

十七　副词

紫　tʃʅ⁵³　　很，非常：头~疼｜~头疼

　怪　kuɛ³¹

　｜｜　kaŋ⁵³

　｜｜着　kaŋ⁵³⁻²⁴tʂuə·

目的　kaŋ⁵³⁻²⁴ʨi˙

虼的　kuə⁵³⁻²⁴ʨi˙

*刚　kaŋ²¹⁴

　　正　tʃəŋ³¹

正好　tʃəŋ³¹xɔ⁵⁵　　刚好：～十块

正巧　tʃəŋ³¹tʃɔ⁵⁵

白　pei⁵³　　空：～走一趟

　　干　kã²¹⁴

*钢　kaŋ²¹⁴　净、光：～吃米，不吃面

单单　tã²¹⁴⁻²⁴tã²¹⁴　　偏偏

恐怕　pʻəŋ⁵⁵pʻa³¹

*亏着　kʻuei²¹⁴⁻³¹tʂə˙　　幸亏：～他把我救了

*处心　tʃʻu⁵⁵θɔ̃²¹⁴　存心、故意：你～使坏

巴不得已　pa²¹⁴puʻ⁵⁵tei⁵⁵⁻⁵³i⁵⁵　　巴不得

差不多　tʂʻa²¹⁴⁻³¹puʻtuə²¹⁴

　　差不离儿　tʂʻa²¹⁴⁻³¹puʻlir⁵³

差没点儿　tʂʻa²¹⁴⁻³¹mə˙tiãr⁵⁵　　差一点儿

　　一边儿　i⁵⁵⁻²⁴maŋr³¹　　一边儿：～走～说

　　一趟腿儿　i⁵⁵tʻaŋ³¹tʻueir⁵⁵　　顺便：你去赶集，～给我捎点东西

*才刚　tθʻɛ⁵³tʃaŋ²¹⁴　　刚才：他～来

　　*才儿刚儿　tθʻɛ⁵³⁻²⁴tʃʻ˙maŋr²¹⁴

头里　tʻou⁵³li⁵⁵　　先：你～走，我赶没去

赶没　kã⁵⁵⁻²¹⁴mu˙　　马上：我～就去

特意　tei⁵³⁻²⁴i˙　　特地

没娑儿　mu⁵³sar⁵⁵　　一会儿

不拢口　pu⁵⁵⁻⁵³ləŋ⁵⁵kua˙　　没空，没时间

成天价　tʃəŋ⁵³ʨʻiã²¹⁴⁻³¹tʃa˙　　整天

朝天价　tʂɔ⁵³t͡ɕ'iã²¹⁴⁻³¹tʂɑˑ

不能以　pu⁵⁵nəŋ⁵³i²¹⁴　　不行，不可以

别　piə⁵³

　不要　pu⁵⁵⁻²⁴iɔ³¹

偏　p'iã²¹⁴

　就　ʨiou³¹

逢外　fəŋ⁵³ve³¹　　另外

真果儿　kuər⁵⁵　　果真

总共　tθən⁵⁵⁻²⁴kəŋ³¹

　统共　t'əŋ⁵⁵⁻²⁴kəŋ³¹

　一共　i⁵⁵⁻²⁴kəŋ³¹

十八　介词　连词

*打　tɑ⁵⁵　从：~哪儿来

　*从　tθ'əŋ⁵³　~哪儿来？｜~今日起

　*巴　pɑ⁵⁵　你~这条路走

　｜｜　mã⁵³　鱼~水里进出来晒死了

*叫　tʂɔ³¹　①被：~他打了②依：~我说这事你别管

*给　tʂʅ⁵⁵　~我拿来了

　*替　t͡ɕ'i³¹

*用　iŋ³¹　~钢笔写字儿

　*使　ʂʅ⁵⁵

把　pɑ⁵⁵　将：~门关上

对　tuei³¹　对待：他~你不糙

待　在：~家写字

旅着　ly$^{55\text{-}214}$tʂuə˙　顺着

贴着　t'iə$^{55\text{-}214}$tʂuə˙　靠着，顺着

*和　xə^{53}　又读 xɔ^{53}　同，跟：我~你一块去

　杭　xaŋ^{53}

　茧　xuaŋ^{53}

向　ʃaŋ^{31}　表示动词方向，往：~北走

朝　tʃɔ^{53}　面对着：~南

到　dɔ^{31}

　上　ʃaŋ^{31}　你~哪里？

　往　vaŋ^{55}

第四章　语　法

一　词尾

(一) 名词后缀
1、丰富的"子"缀词

诸城方言的名词后缀主要有"子""儿""头"三个。其中"子"
tθๅ˙是最常用的名词后缀。除了与普通话共有的"子"缀词外，诸
城方言还有很多普通话所没有的"子"缀词，例如：

手掌子	干腿子小腿	奶子乳房	雀子小雀斑
牛犊子	檐蝙蝠子	鸡冠子	乌子乌贼
虾子虾	蝈子蝈蝈	夜猫子猫头鹰	树枝子
蒜苗子	榆钱子	苦菜子	柿饼子
虾皮子	香油果子油条	馅子	饭盒子
坎肩子	猪食槽子	屯棒子手电	牙刷子
抹布子	胰子肥皂	擦脸布子	针鼻子
灯罩子	门关子门栓	障子篱笆	鸡屋子
手套子	拐角子	闯门子串门儿	雨点子
香炉子	雪瓜子大雪花	木拉鱼子木鱼	东边子

以上例举的诸城方言子缀词，有部分是普通话的儿化词，例

如“馅子”、“雨点子，” 普通话是“馅儿”“雨点儿”。另有一些词在诸城方言中子缀、儿化两可，例如“一撇子”“药丸子”也可说“一撇儿”、“药丸儿”，“雨点子”也可说“雨点儿”等。当然，也有极少数普通话的子缀词而诸城方言不是。例如：

普通话：帐子 鸽子 左撇子 痱子

诸城：　蚊帐 鹁鸽 左来瓜 热疙瘩

2、用于构成人的称谓的后缀

诸城方言用以组成有关人的称谓的后缀仍以“子”居多。除此之外，还有“蛋子” tã$^{31-55}$ tθɿ^{55} “汉” xã^{31} “巴” pɑ˙ “的” ʈi˙ “斯” θɿ˙ “婆” p‘ə^{53} 等。其中，“汉”“巴”“斯”多用于指有生理缺陷的人，“子”有时也有类似的用法。除“的”外，其余后缀构成的人品称谓往往带贬义色彩。“婆”限于女性，其他一般不分性别。例如：

子：　媳子 媳妇　妗子 舅母　大伯头子 大伯子，贬称

　　侄妞子 侄女　姑子 尼姑　土包子 对乡下人的贬称

　　闺女子　孙女子　二杆子 很倔的人

　　窑包子 窑匠　锢露子 锔匠　锅腰子 驼背的人

　　斜眼子　豁唇子 兔唇　城滑子 对城里人的贬称

蛋子：伙大蛋子 伙夫

　　生古蛋子 小气鬼。俗语：~卖香油，一个大钱一滴答

汉：　瞎汉 瞎子　聋汉 聋子　疯汉 麻风病人　胖汉 胖子，指男性

　　外门汉 外行

巴：　痴巴 傻子　哑巴　潮巴子 统称傻子、白痴、精神病患者

的：　做买卖的　送信的　剃头的　绑票的 绑匪

　　要饭的

斯：　小斯 小男孩儿　秃斯 秃子

婆：　老娘婆 接生婆　老婆

（二）动词后缀

诸城方言的动词后缀主要有：巴 pɑ 齐tʂʻɑ 棱ləŋ 拉 dɑ 悠iou 索θuə 乎xu，均为轻声。它们具有使动词原义轻化、小化，动作随便、漫不经心的意思。例如：

巴： 捏巴 反复捏　　搓巴 反复搓　　拉巴 用手拉；辛勤抚养

悠： 转悠　　　　　　晃悠　　　　　搓悠 漫不经心地搓

齐： 扒齐 扒拉　　　抠齐 抠搜　　　刮齐 反复地刮；搜刮

　　 划齐 拨弄；涂抹

乎： 帖乎 巴结　　　惹乎 惹

棱： 扑棱　　　　　　斜棱 歪斜　　　侧棱 侧；歪斜　　泼棱 顺间拍打

索： 摸索 来回摸　　披索 随便地披

拉： 扒拉　　　　　　搅拉 搅拌　　　摆拉 随便地摆放

二　代词

（一）人称代词

诸城方言人称代词系统见下表。读音见词汇部分的注音。下角的小字表示该词使用人数的多少。

人称代词		单数	复数	
	第一人称	俺多 我少	排除式	俺多俺们少我们少
			包括式	咱多咱们少
	第二人称	恁多 你少	恁多　恁们少 你们少	
	第三人称	他	他这些人　他乜些人 他那些人　他们少	
指示	近指	这	这些	

代词	中指	乜	乜些
	远指	那	那些
疑问	问人	谁	谁　谁们
代词	问事物	什么　怎么　哪	

第一人称复数"咱""咱们"是包括式。"俺"兼用指单、复数。例如：

甲：恁俩上哪里去？

乙：俺(复数)去看屯影儿。恁去啊不？

甲：俺(单数)不去。

第二人称"恁"没有敬称义。兼用于第二人称的单、复数，可用上下语境作出判断，如上例"恁俩"的"恁"是复数。

第三人称复数缺乏相应的代词，口语中一般用"他这些人""他乜(中指，详下)些人""他那些人"等来表达。

(二) 指示代词

诸城方言的基本指示代词有"这"$tʂə^{31}$ "乜" $n_{i}iə^{31}$ "那" na^{31}三个。"这"为近指。"乜"和"那"都可作为远指，都可单独与"这"相对而言，但二者也有区别：一是"乜"显得较土，"那"显得较文；二是当需要区分三个位置时，用"这""乜""那"三者并举表示，"乜"所指的位置介乎"这"与"那"之间，相当于中指。例如：

俺不要这个，也不要乜个，俺要那个。

屋里这个是老大，天井院子里的乜个是老二，在街上耍玩儿的那个是老三。

三　量词

诸城方言量词"个"使用范围较广。"个"音kə³¹，又音kuə³¹。普通话不用"个"而诸城用"个"的量词如：

　　一个只手　　　一个座桥　　　一个面镜子　　　一个杌子·条凳子

　　一个台机器　　一个块手表　　一个件褂子　　　一个袄·件棉袄

　　一个头牛　　　一个口猪　　　一个粒黍子　　　一个米粒子·粒米

其他较特殊的常用量词有：

块kʰue³¹：一块节电池　　一块节秫秸　　一块节甘蔗　　一块出戏

　　　　　一块部电影儿

行ʃəŋ⁵³：一行层皮　　一行层灰

把pɑ⁵⁵：一把鸡蛋·十个鸡蛋，当地计数鸡蛋常以"把"为单位

　　　　两把鸡蛋·二十个鸡蛋

面miã³¹：一面眼井

溜liou³¹：一溜行树

根kə̃²¹⁴：一根条鱼

支tʂɿ²¹⁴：一支挂鞭

处tʂʰu³¹：一处座房子

盼子pʰã³¹⁻⁵⁵tθɿ　盼儿pʰɛr³¹：要了一盼子玩了一会儿　坐了一盼

儿·坐了一会儿

四　能愿动词"待"

"待"表示"想要"、"打算"，在诸城方言中十分常用。例如：

你待干什么？　　我待睏觉。

你待上哪去？　　我待去赶集。

五　程度表示法

诸城方言的程度表示法有以下几种：

(一)加程度副词"綦"tʃʅ⁵³、"囗"kaŋ⁵³、"囗的"kaŋ⁵³⁻²⁴tɕi、"囗着"kaŋ⁵³⁻²⁴tʂuə˙、"挺"tʰiŋ⁵⁵、"很"xə̃⁵⁵、"真"tʃə̃²¹⁴、"怪"kuɛ³¹等。例如：

　　綦好　綦坏　綦臭　綦黄　綦巧　　綦会辩
　　囗高　囗矮　囗笨　囗香　囗烫人　囗会说
　　挺甜　挺俊　很好　真快　怪热　　怪冷

这些副词的程度大致相当于普通话的"很"，各词所适用的被修饰词语有一定差别。其中"綦"tʃʅ⁵³、"囗"kaŋ⁵³最为常用。"囗的"kaŋ⁵³⁻²⁴tɕi、"囗着"kaŋ⁵³⁻²⁴tʂuə˙程度较深。

(二)重叠"BA"式形容词(其中"B"是修饰成分，"A"是意义主体)构成"BABA"式表示"非常"、"特别"等强调语气。这种形式后面都可接助词"的"。例如：

　　透肥透肥　　精瘦精瘦　　精密精密　　精窄精窄
　　焦酸焦酸　　焦干焦干　　焦粘焦粘　　甘甜甘甜
　　瓜苦瓜苦　　齁咸齁咸　　喷香喷香　　铮亮铮亮
　　铮新铮新　　铮凉铮凉　　溜光溜光　　通红通红
　　横黑横黑　　钢硬钢硬　　生疼生疼　　窎远窎远
　　精软儿精软儿

(三) 对称式"大 AA"、"精 BB"

诸城方言形容词的生动形式除了跟普通话相同的"AXX"式(如"傻乎乎""酸溜溜")、"AABB"式(如"干干净净")等外，还有一种具有对称特点的"大 AA"与"精 BB"。例如：

　　大 AA　　大长长　　大宽宽　　大高高　　大胖胖用于人
　　　　　　　大厚厚　　大粗粗　　大深深　　大肥肥用于动物
　　精 BB　　精短短　　精窄窄　　精矮矮　　精瘦瘦

精薄薄　　精细细　　精浅浅

一般地说，"大 AA"与"精 BB"这种两相对应的形式常用于由单音节的形容词积极意义 A 与消极意义 B 构成的反义词前。"精 BB"还可用儿化的形式，例如：精短儿短儿、精瘦儿瘦儿。

（四）　用副词"很"变调表示程度极高

表示最高程度时，诸城方言除常用"极"$t\int_1^{53}$以外，还有一种常见的形式是用"很"的特殊变调。"很"如果按照正常变调规律读单字调 55 或由 55 变为高降调 53 时，其意义跟普通话的"很"相同，如果不按这个规律而变为中升调 24，而且读音拉长时，其表义程度则与普通话的"极"、"非常"相当。比较如下：

很高	$x\tilde{ə}^{55-53}k\mathrm{ɔ}^{214}$很高	$x\tilde{ə}^{55-24}k\mathrm{ɔ}^{214}$非常高
很香	$x\tilde{ə}^{55-53}\int a\mathrm{ŋ}^{214}$很香	$x\tilde{ə}^{55-24}fa\mathrm{ŋ}^{214}$非常香
很甜	$x\tilde{ə}^{55}t\cdot i\tilde{a}^{53}$很甜	$x\tilde{ə}^{55-24}t\cdot i\tilde{a}^{53}$非常甜
很穷	$x\tilde{ə}^{55}t\int ə\mathrm{ŋ}^{53}$很穷	$x\tilde{ə}^{55-24}t\int ə\mathrm{ŋ}^{53}$非常穷
很好	$x\tilde{ə}^{55-53}x\mathrm{ɔ}^{55}$很好	$x\tilde{ə}^{55-24}x\mathrm{ɔ}^{55}$非常好
很不好	$x\tilde{ə}^{55-53}pu^{55-53}x\mathrm{ɔ}^{55}$很不好	$x\tilde{ə}^{55-35}pu^{55-53}x\mathrm{ɔ}^{55}$非常不好
很坏	$x\tilde{ə}^{55}xu\varepsilon^{31}$很坏	$x\tilde{ə}^{55-24}xu\varepsilon^{31}$非常坏
很贵	$x\tilde{ə}^{55}kuei^{31}$很贵	$x\tilde{ə}^{55-24}kuei^{31}$非常贵

六　补语

（一）可能补语

普通话常以"得"连接补语的形式表示动作的可能，否定式用"不"，如：拿得动、拿不动。诸城方言的否定式跟普通话相同，肯定式则有差异。诸城方言与普通话肯定式可能补语相应的说法有下面三种形式：

一式	二式	三式
动补结构+了lɔˀ	能+动补结构	能+动补结构+了lɔˀ
上去了。	能上去。	能上去了。
看见了。	能看见。	能看见了。
这活一天干完了。	这活一天能干完。	这活一天能干完了。
用着了。	能用着。	能用着了。
他买起彩电了。	他能买起。	他能买起彩电了。

普通话"吃了饭了"中的两个"了"在诸城方言中不同音，前者读轻声lɔˀ，后者读轻声lə。一式例子字面上与结果补语的结构一样，但可能补语后的"了"轻声lɔˀ，结果补语后的"了"读轻声lə，二者是有区分的。比较如下：

那个山恁你们都上不去，他上去了lɔˀ。_{表可能}

那个山我没上去，他上去了lə。_{表结果}

离得不远，他看见你了lɔˀ。_{表可能}

你看，他看见你了lə。_{表结果}

诸城方言的可能补语的疑问式用动补结构肯定加否定相叠的方式表示，例如：

搬动搬不动？_{搬得动搬不动？}

借到钱借不到钱？_{借得到钱借不到钱？}

（二）"动词+宾语+开+了"结构

普通话表示动作起始的补语"开"只能放在动词和宾词之间，构成"动词+开+宾语+了"的结构，如：下开雨了。诸城方言除了有同样的说法外，更经常地是把"开"放在宾语和助词"了"之间，构成"动词+宾语+开+了lə"结构。例如：

下雨开了。　　　　他又喝酒开了

大刮风开了。　　　你又埋怨人家开了。

（三）"动词+了+处所补语"结构

　　普通话的处所补语前面常用介词或趋向动词引导，如"放在床上"、"走到院子里"等。诸城方言则利用轻声音节"了lə"来联系动词和处所补语，构成"动词+了+处所补语"的结构，例如：

掉了地上。　　　　　　　　趄躺了炕上。

拽扔了院子里。　　　　　　放了锅底下。

你搁了哪里？　　　　　　　把糖搁了布袋里吧！

七　判断句

　　在诸城方言中，许多判断句可以不用判断动词"是"。例如：

八份儿他。(八成是他。)　　　　　这什么营生？(这是什么活儿？)

那他哥哥。(那是他哥哥。)　　　　他爷有财的。(他父亲是有财的。)

那你兄弟？(那是你弟弟吗？)　　　你这干什么？(你这是干什么？)

八　比较句

　　和山东的许多地方一样，诸城方言比较句的特点也是用"起"tʃ'i作介词引进比较的另一方，介词结构置于形容词之后，语序与普通话不同。例如：

肯定式的比较句：

日子一天长起一天。 日子一天比一天长

这本书好看起那本。 这本书比那本好看

老二孝顺起老大。 老二比老大孝顺

攒囤尖强起攒囤底。 从囤尖开始节俭比从囤底开始好

饥里帮一口，强起饱里帮一斗。 饥时帮人一口比饱时帮一斗更好

否定式比较句：

他不高起我。他不比我高

他考得不好起你？他考得不比你好？

外边儿不暖起家里。外边不比家里暖和

他家不干净起俺家。他家不比俺家干净

　否定式还可用"不跟"、"没有"、"不如"等，以"不跟"用得较多。例如：

这块戏不跟那块戏热闹。

他不跟我能吃。

一麦不跟三秋长，三秋不跟一麦忙。谚语

这种花儿不跟那种花香。

这个苹果没有那个好吃。

三明不如二明高。

九　疑问句

(一)反复问句

　普通话的反复问句"去不去""去了没有""去过没去过"等，诸城方言一般用"A 啊不？""A 过没？""A 了没？"三种形式表示。其中"啊不""过没""了没"都读轻声。"啊"说得很模糊，有时甚至脱落。"不""没"一般分别弱化为 pə'、mə'。例如：

　　A 啊不：　中啊不？行不行？　清楚啊不？　去啊不？

　　　　　　　你会唱歌啊不？　　赶明日还米啊不？

　　A 了没：　吃了没？　他走了没？　买了没？

　　A 过没：　你上北京去过没？　他上过大学没？

(二)纯用语调表示疑问的是非问

是非问句在普通话里一般要在句末用语气词"吗"，诸城方言则往往不用语气词，其疑问口气纯用语调表示，其方式主要是句末的语调上扬和最后音节略为延长。例如：

你不抽烟？　　　　　　这个好？

你拿动了？　　　　　　那(是)你兄弟？

你那里种稻子，不是？　你没去？

他上过北京？　　　　　这块电影好看？

附录：

语法例句

1、və⁵⁵ xə⁵³ t̚ʼa i⁵⁵⁻²⁴ kʼuɛr³¹ tʃʼu³¹。
　　我　和　他　一　块儿　去。

2、n̠i⁵⁵ tʃʅ⁵³⁻²⁴ və˙ ɕiə⁵⁵ fəŋ²¹⁴⁻²⁴ θɤ̃³¹。
　　你　给　　我　写　封　　信。

3、n̠i⁵⁵⁻⁵³ ta⁵⁵ nar⁵⁵⁻²¹⁴ lɛ⁵³。
　　你　打从　哪儿　来?

4、t̚ʼa⁵⁵ tɛ³¹ tʃʂa²¹⁴⁻³¹ li˙ tʃʅ⁵⁵⁻²⁴ fã³¹。
　　他　呆　家　里　吃　饭。

5、y⁵³⁻²⁴ mã ʂuei⁵⁵⁻²¹⁴ lə˙ pəŋ³¹⁻⁵⁵ tʃʼu lɛ˙ ʂɛ³¹⁻⁵⁵ θ̩ lə˙。
　　鱼 从水　里 进　出来 晒　死了。

6、n̠i⁵⁵ ʂʅ⁵⁵⁻⁴³⁵ ʃəŋ⁵³ mə ɕiə⁵⁵⁻²⁴ tθ̩³¹?
　　你 使用 什 么 写 字?

7、tʃə³¹⁻⁵⁵ ʂʅ˙ və⁵⁵⁻²¹⁴ t̠i˙, n̠i⁵⁵⁻²¹⁴ t̠i˙ tɛ³¹ na³¹⁻⁵⁵ li˙。
　　这 是 我 的, 你 的 在 那 里。

8、na³¹ (ʂʅ³¹)nɤ̃⁵⁵⁻²⁴ ʃəŋ²¹⁴⁻³¹ ti˙。
　　那 (是) 恁你 兄 弟。

9、pa⁵⁵⁻²⁴ fɤ̃r³¹ t̚ʼa⁵⁵⁻²¹⁴。
　　八 份(儿) 他。 八成是他

10、nɤ̃⁵⁵ na˙ tuei³¹⁻⁵⁵ lə˙ ʂei⁵³⁻²⁴ t̠i˙ tuei³¹ tʃʂaŋ⁵⁵ ʂei⁵³⁻²⁴ t̠i˙ kʼuɛ³¹⁻⁵⁵ tʃʅ˙?
　　恁 那 队　里谁　的 队 长 谁　的 会 计?

11、n̠i⁵⁵tei⁵⁵t̠ʻiŋ⁵⁵⁻²¹⁴və˙ ȵi˙ kʻei⁵⁵。

你　得　请　　我　的　客。

12、və⁵⁵⁻⁴³⁵(nəŋ⁵³)na⁵³təŋ³¹la˙，　tʻa⁵⁵⁻⁴³⁵na⁵³pu˙ təŋ³¹。

我　（能）拿　动　了，他　　拿　不　动。

13、xuɛ³¹⁻⁵⁵la˙，　pu⁵⁵⁻⁴³⁵nəŋ⁵³tʃ̩⁵⁵，tʃ̩⁵⁵la˙ tʻaŋ⁵⁵⁻²⁴tu³¹⁻⁵⁵tθ̩˙。

坏　了，　不　　能　吃，吃　了　淌ᵣₐ 肚　子。

14、i⁵⁵⁻²⁴maŋr³¹təou⁵⁵⁻²¹⁴tʂə i⁵⁵⁻²⁴maŋr³¹ʃuə⁵⁵⁻²¹⁴tʂə i⁵⁵⁻²⁴maŋr³¹

一丨丨儿　边ᵣ走　着，一　丨丨儿　说　着，一　丨丨

ɕio³¹⁻⁵⁵tʂə˙。

笑　着。

15、tʂã³¹⁻⁵⁵tʂə˙tʃ̩⁵⁵kuɛ³¹ʂ̩⁵⁵⁻²¹⁴iə̃˙，　kʻuɛ³¹tθuə³¹⁻⁵⁵tʂə˙ tʃ̩⁵⁵⁻²¹⁴

站　着　吃怪使人ₓₓ人，　快　坐　着　吃

pa˙。

吧。

16、n̠i⁵⁵ʃaŋ³¹na⁵⁵⁻²¹⁴lə tʃu³¹？

你　上　哪　里　去？

17、n̠i⁵⁵ʃə̃⁵³⁻²⁴mə˙ n̠iã⁵³⁻²⁴tʃ̩˙ la˙？

你　什　么　年　纪　了？

18、n̠i⁵⁵⁻⁵³tθəŋ⁵⁵⁻²¹⁴mə˙ ȵi˙？

你　怎　么　的？

19、tʃə³¹kə təŋ²¹⁴⁻³¹ɕi˙ iou⁵⁵tuə²¹⁴mə˙ tʃə̃⁵³？

这　个　东　西　有　多　么　沉？

20、n̠i⁵⁵na⁵³⁻²⁴təŋ˙la˙？

你　拿　动　了？

21、ɛ⁵⁵ia³¹，və⁵⁵⁻⁴³⁵na⁵³⁻²⁴pu˙ təŋ³¹；və⁵⁵⁻⁴³⁵ŋa⁵³⁻²⁴təŋ³¹la˙。

哎呀，我　拿　不　动；我　拿　动　了。

22、n̠i⁵⁵ɕiaŋ⁵⁵⁻²⁴tʃu³¹a˙ pu˙？

　　　　你　想　　去　啊　不?

23、xã⁵³lɛ⁵³a˙pu˙?

　　　　还　米　啊　不?

24、n̠i⁵⁵ʃaŋ³¹pei⁵⁵tʃəŋ²¹⁴tʃu³¹kuə˙mə˙?

　　　　你　上　北　京　去　过　没?

25、və⁵⁵tʃu³¹⁻⁵⁵lɛ˙；və⁵⁵mə³¹tʃu³¹xuei˙。

　　　　我　去　米；我　没　去　　同。我·次也没去过

26、nã⁵⁵lia⁵⁵⁻²¹⁴ʂei⁵³ta³¹?

　　　　恁　俩　谁　人?

27、və⁵⁵ta³¹，və⁵⁵pi⁵⁵⁻⁵³tʻa⁵⁵ta³¹u⁵⁵⁻²¹⁴θuei˙。

　　　　我　人，我　比　他　大　五　　岁。

28、θã²¹⁴miŋ⁵³pu⁵⁵⁻⁴³⁵y⁵³(mu⁵³iou⁵⁵)lə³¹miŋ⁵³kɔ²¹⁴。

　　　　三　　明　不　　如（没　有）二　明　高。

29、lə⁵³miŋ⁵³pi⁵⁵θã²¹⁴miŋ⁵³kɔ²¹⁴⁻³¹i˙tʻou⁵³a˙!

　　　　二　明　比　三　　明　　高　一　头　啊!

30、pa⁵⁵ʈʻiɔ⁵³⁻²⁴tʃu˙na⁵³⁻²⁴kuə˙lɛ˙。

　　　　把　筥　帚　拿　过　米。

31、pa⁵⁵⁻⁵³vã⁵⁵ʂua⁵⁵⁻²¹⁴ʂua˙。

　　　　把　　碗　刷　刷。

32、n̠i⁵⁵⁻⁵³pa⁵⁵taŋ²¹⁴mã⁵³θɔ⁵⁵⁻²¹⁴ʈi˙kã²¹⁴⁻³¹ʈiŋ˙ʈiã˙。

　　　　你　把　当　门　扫　　得　干　净　点。

33、pa⁵⁵⁻⁵³və⁵⁵ʃa³¹i˙tʻiɔ³¹⁻⁵⁵a˙!

　　　　把　我　吓一　跳　啊!

34、tʃə³¹ʂʅ³¹tʃɔ³¹ɕiɔ⁵⁵⁻⁴³⁵pʻiŋ⁵³ta⁵⁵⁻²¹⁴pʻə˙ʈi˙ə˙。

　　　　这　是　叫　小　　平　打　　破　的　欵。

35、θã²¹⁴miŋ⁵³tʃɔ³¹lə³¹miŋ⁵³ta⁵⁵⁻⁵³kʻu⁵⁵⁻²¹⁴la˙。

　　　　三　　明　叫二　明　打　哭　　了。

36、tʃə³¹tʃʅ²¹⁴tʃɔ³¹n̠iã⁵⁵⁻⁵³tθou⁵⁵⁻²¹⁴la˙。
　　这　鸡　叫　撵　　走　了。

37、θã²¹⁴miŋ⁵³tʃɔ³¹ɕiə˙ xɛ⁵³⁻²⁴tθʅ˙ tu⁵⁵⁻²¹⁴lə˙ u⁵⁵⁻²¹⁴li˙ tʃu⁵⁵⁻²¹⁴pu˙
　　三　明　叫　些　孩　子　堵　了　屋　里　出　不
lɛ⁵³⁻²⁴lə˙。
米　了。

38、və⁵⁵⁻⁵³ʃuə⁵⁵⁻²¹⁴pu˙ kuə³¹⁻⁵⁵tˈɑ˙。
　　我　说　　不　过　他。

39、və⁵⁵pu˙ iə³¹⁻⁵⁵tə˙ tˈɑ˙。
　　我　不　认　得　他。

40、tʃə³¹u⁵⁵⁻²¹⁴lə˙ nəŋ⁵³kuə⁵⁵⁻²¹⁴　　　　　lə³¹ʃʅ˙ ɛ̃i⁵³。
　　这　屋　里　能　搁容下、住下、坐下二十人。

41、tʃə³¹ma⁵⁵⁻²¹⁴kuaŋ²¹⁴la⁵³tʃˈə²¹⁴，mu⁵³tʃʅ⁵³⁻²⁴kuə˙ iə̃⁵³。
　　这　马　　光　拉　车，　没　骑　过　人。

42、tʃʅ⁵³n̠i˙ kuə³¹iã²¹⁴⁻²⁴tɛ³¹。
　　给　你　个　烟　袋。

43、tʃʅ⁵³n̠i˙ tʂʅ˙ iã²¹⁴tʃʅ⁵⁵。
　　给　你　支　烟　吃。

44、mu⁵⁵⁻⁴³⁵iə̃⁵³tʃʅ⁵³la˙ və⁵⁵tʂʅ˙ iã²¹⁴。
　　某　人　给　了　我　支　烟。

45、tˈɑ⁵⁵ʑiə³¹⁻⁵⁵la˙ və˙ i⁵⁵⁻²⁴kˈuɛ³¹ʑˈiã⁵³。
　　他　借　了　我　一　块　钱。

46、tˈɑ⁵⁵ʑiə³¹⁻⁵⁵tʃʅ˙ və˙ i⁵⁵⁻²⁴kˈuɛ³¹ʑˈiã⁵³。
　　你　借　　给　我　一　块　钱。

47、ʃou⁵⁵⁻⁵³xə̃⁵⁵⁻⁵³ləŋ⁵⁵。pa⁵⁵tʃuə⁵⁵⁻²¹⁴lə˙ təŋ³¹la˙。
　　手　很　冷。把　脚　米　冻了。

48、tʃʅ²¹⁴⁻³¹pu˙ tɔ³¹。

知　　不　道。

49、t'a⁵⁵ta³¹kɛ²¹⁴tθou⁵⁵⁻²¹⁴la·。

他 人 概　走　　了。

50、tʃə³¹ȵi³¹və⁵⁵⁻⁵³ta⁵⁵⁻²⁴θuã³¹tʂəŋ³¹ku⁵⁵⁻²¹⁴tθʅ·。

这 地 我 打 算 种 谷 子。

51、t'iã²¹⁴xə̃⁵⁵⁻⁵³ləŋ⁵⁵⁻²¹⁴ŋa·!.

天 很 冷　啊!

52、pu⁵⁵⁻²⁴tʃu³¹pu·ʃəŋ⁵³⁻²⁴ŋa·。

不　去 不 行　啊。

53、və⁵⁵fei²¹⁴ta⁵⁵⁻²¹⁴ȵi·pu⁵⁵⁻⁴³⁵ʃəŋ⁵³。

我 非 打 你 不　行。

54、tʃə³¹ʂʅr³¹tei⁵⁵t'a⁵⁵⁻²¹⁴tʃu·pã³¹。fei²¹⁴⁻²⁴t'a⁵⁵⁻²¹⁴pu·ʃəŋ⁵³⁻²⁴ŋa·!

这 事儿 得 他　去 办。非 他　　不　行　啊!

55、ȵi⁵⁵tʃʅ⁵⁵⁻²¹⁴pu·tʃʅ⁵⁵⁻²¹⁴ȵi·və·pu·kuã⁵⁵。

你 吃　不 吃　的 我 不 管。

56、ȵi⁵⁵kã·xɛ⁵³⁻²⁴tθʅ·tɛ³¹tʃər³¹iou³¹ʃuə⁵⁵iou³¹ɕio³¹，iou³¹k'u⁵⁵

你 看 孩　子 在 这儿 又 说 又 笑，　又 哭

iou³¹nɔ³¹⁻⁵⁵ȵi·。

又 闹　的。

57、k'u⁵⁵⁻²¹⁴ȵi·k'u⁵⁵，tʃɔ³¹⁻⁵⁵ȵi·tʃɔ³¹，nɔ³¹⁻⁵⁵ȵi·nɔ³¹。

哭　的 哭，叫　的 叫，闹　的 闹。

58、tʃʅ⁵⁵iã²¹⁴⁻³¹ȵi·tʃʅ⁵⁵iã²¹⁴xa⁵⁵⁻⁵³ȵiou⁵⁵ȵi·xa⁵⁵⁻⁵³ȵiou⁵⁵，tʃʅ⁵⁵fã³¹⁻⁵⁵

吃 烟　的 吃 烟，喝　酒　的 喝　酒，吃 饭

ȵi·tʃʅ⁵⁵⁻²⁴fã³¹。

的 吃 饭。

59、i³¹⁻⁵⁵tθʅ·yə³¹kuə³¹yə³¹xɔ⁵⁵。

日 子 越 过 越 好。

60、yə³¹tθou⁵⁵yə³¹yã⁵⁵；yə³¹pʻɔ⁵³yə³¹kʻuɛ³¹。
　　越　走　越　远；越　跑　越　快。

61、nã⁵³n̠y⁵⁵⁻²¹⁴ʨiˑtθɔ⁵⁵⁻²¹⁴ləˑ　touˑlɔ⁵³puˑtʂuəˑtʃə³¹məˑɕiəˑ°xɔ⁵⁵
　　男　女　的　早ˑ了以前都　捞　不　着　这　么　些　好
　　i²¹⁴⁻³¹ʃaŋˑtʃuã²¹⁴。
　　衣　裳　穿。

62、pei⁵³iə³¹tʻuei²¹⁴mə³¹⁻⁵⁵aˑ，xou³¹⁻⁵⁵ʃaŋˑ.iou³¹tθou³¹tʃʂ̃ã²¹⁴⁻³¹ɕiaˑ。
　　白　夜　推　磨　啊，后　晌　就　做　针　线。

第五章 语料记音

　　本章记录的诸城方言语料共分谜儿、灯虎儿、歌谣、呱儿四部分。"谜儿"是一般性的谜语；"灯虎儿"是灯谜；"歌谣"部分收了三个儿歌和两个有关方音的歌诀；"呱儿"部分收了四 个民间故事。它们当中很多是与诸城这个地方有关系的。

　　这些材料由孙桂芳大娘和逄汉亨大爷提供，两人的语体风格有些不同，记录时从实。标音完全根据当时的录音，遇到不合平常规律的发音，仍按原样记下，不作改变。比较特殊的方言词随文注释。

一　谜儿 谜语

1、i$^{55\text{-}24}$ kə^{31}t‘ɔ^{53}, vɛ^{31}tʃaŋ^{55}ku$^{55\text{-}214}$t‘ou˙ li^{55}tʃaŋ$^{55\text{-}435}$mɔ^{53}, iou$^{55\text{-}53}$
　　一　个桃，　外　长　骨　头　里长　毛，　有
　　tʃɔ^{214}i$^{55\text{-}24}$i^{31}t‘ɔ^{53}p‘ə^{31}la˙, li^{55}tʃaŋ^{55}ku$^{55\text{-}214}$t‘ou˙ vɛ^{31}
　　朝　一　日桃　破　了，　里长骨　头　外
　　tʃaŋ$^{55\text{-}435}$mɔ^{53}。——tʃ1$^{214\text{-}24}$tã^{31}。
　　长　毛。　　　鸡　　蛋。

2、ʃaŋ^{31}kou^{214}tʃ1^{53}kou$^{214\text{-}24}$kou^{214}。——tʃaŋ$^{53\text{-}24}$tʂ‘əŋ

ʃa₃₁kou²¹⁴kuɜ̃⁵⁵⁻²⁴tθʅ³¹⁻⁵⁵liou˙。 ——tθʅ³¹⁻⁵⁵vei˙
上　沟　直　勾　　勾。　　　　长　虫蛇

iɔ⁵³tʻou⁵³paŋ³¹tθʅ˙ ʃaŋ⁵⁵。 ——tʂuɜ⁵³⁻²⁴mu˙ tʂʻəŋ⁵³
下　沟　滚　刺　溜。　　　　刺　猬

ɕi⁵⁵⁻⁵³liɜ̃⁵⁵pu⁵⁵ʂu²¹⁴tʻou⁵³。 ——　mɔ²¹⁴
摇　头　棒　子　响。　　　啄　木　虫
洗　脸　不　梳　头。　　　　　猫

3、ku⁵⁵⁻²⁴kuɛ³¹ku⁵⁵⁻²⁴kuɛ³¹tʃɜ̃²¹⁴ku⁵⁵⁻²⁴kuɛ³¹，tʃaŋ⁵³⁻²⁴tθʅ˙ tʃaŋ⁵⁵⁻²⁴
占　怪　占　怪　真　占　怪，肠　子　长

tθɛ³¹tu³¹⁻⁵⁵pʻi˙ vɛ³¹，tʃʻaŋ⁵³⁻²⁴tθʅ˙ tʻou⁵³⁻²⁴ʃaŋ˙ kuɜ³¹⁻⁵⁵la˙
在　肚　皮　外，肠　　子　头　上　挂　了

kə˙ pʻɜ̃⁵⁵⁻²¹⁴，kuɜ⁵⁵⁻²¹⁴pu˙ tʂu³¹⁻⁵⁵ȵi˙ lɜ̃³¹vɛ²¹⁴⁻³¹vɛ˙。——
个　盆，　　搁　　不　住　地　乱　歪　歪。

lu³¹⁻⁵⁵lu˙
辘　轳

4、tʃə³¹piɜ̃²¹⁴i⁵⁵⁻²⁴kə³¹tʃu²¹⁴tʃa˙ tʃur²¹⁴　，　na³¹piɜ̃²¹⁴i⁵⁵⁻²⁴kə³¹
这　边　一　个　珠价珠儿纽襻儿，那　边　一　个

ka²¹⁴⁻²⁴ta³¹tθʅ˙ yr²¹⁴，pei⁵³i³¹li˙ tɛ³¹tʃʻəŋ⁵³kʻuɛ³¹，xou³¹ʃaŋ˙ tɛ³¹
疙　瘩　子丨儿纽儿，白　日　里在　成　块，后　晌在

liaŋ⁵⁵⁻⁴³⁵tʻour⁵³　。——kʻou³¹tθʅ⁵⁵
两　头儿。　　　　扣　子

5、tθʅ⁵⁵⁻²¹⁴mei˙ tʃou⁵⁵⁻²⁴kə³¹　　　　　ʂɛ³¹iaŋr⁵³iaŋr⁵³，
姊　妹　九　个喻指旧式窗户的九根窗棂子晒　阳儿阳儿，

tʃʻəŋ⁵³⁻²⁴ȵiɜ̃˙ tʃa˙ tʃʻuɜ̃²¹⁴⁻³¹ȵi˙ θu³¹i²¹⁴⁻³¹ʃaŋ˙，tʃaŋ²¹⁴⁻²⁴tʃaŋ²¹⁴
成　年　价　穿　的素衣　裳，刚　刚

ȵi˙ tʃʻuɜ̃²¹⁴⁻³¹ʃaŋ˙xəŋ⁵³，i⁵⁵⁻²⁴kə³¹ɕiaŋ³¹kəŋ²¹⁴pʻei³¹ku²¹⁴⁻³¹ȵiaŋ˙。
地　穿　上　红，一　个　相　公　配　姑　娘。

——tʂʻuaŋ²¹⁴⁻³¹xu
窗　　户¹

6、meir⁵³meir⁵³⁻²⁴meirˑ liaŋ⁵⁵⁻⁴³⁵tʻou⁵³pu⁵⁵tʂuəˑ⁵³tɕir³¹ taŋ²¹⁻²⁴i
謎儿 謎儿　謎儿，两　　头　不　着　地儿，当

iaŋr²¹⁴iou⁵⁵kəˑ mə̃r⁵³，kou³¹⁻⁵⁵nˑi tʃəˑ³¹ɕiəˑ iə̃⁵³tθˑɛ²¹⁴ləˑ³¹ir³¹
央儿 有　个　门儿，够　你　这　些　人　猜　二目儿。

——tʃɔ³¹
轿

二　灯虎儿 təŋ²¹⁴⁻³¹xurˑ 灯谜

1、ʂəŋ²¹⁴⁻³¹ʂuˑ θuə̃⁵⁵，pʻiɔ⁵³⁻²⁴pʻiã ˑ mə̃⁵³。(ta⁵⁵⁻²¹⁴ˑˑi tɕi³¹
　銼　　鍬　锁，　瓢　　偏　门。(打　一　地

miŋ⁵³)——nã⁵³kua²¹⁴nã⁵³tʻou⁵³
名)　　　难　关　难　投 南关南头，位于县城南关的 一个地名

2、tθʻaŋ²¹⁴⁻²⁴vã²¹⁴　　　　　ləˑ fã³¹piə⁵⁵。(ta⁵⁵⁻²¹⁴ˑˑi tθʅ³¹
沧　　　湾诸城城里的 一个水池　里　泛鳖。(打　一　字

xɔ³¹miŋ⁵³)——tɕy³¹yã⁵³。
　号　名)　　聚　黿聚源，南关的 一个字号

3、tʂʻuaŋ⁵³tɕi⁵⁵⁻²¹⁴ʃaˑ pʻi⁵⁵tʂʻɛ⁵³⁻²⁴xuə。(ta⁵⁵⁻²¹⁴ˑˑi fu⁵⁵⁻⁴³⁵miŋ⁵³)
床　底　下劈柴　禾。(打　一　府　名)

——nã⁵³iaŋ⁵³fu⁵⁵
　　难　扬　斧 南阳府

4、ʃʅ³¹tʻɛ⁵³⁻²⁴ʃaŋˑ tʃʅ⁵⁵⁻⁴³⁵lɛ⁵³xuə⁵⁵。ta⁵⁵⁻²¹⁴ˑˑiʂʅ⁵³iə̃⁵³miŋ⁵³——
戏　台　上　起　米　火。(打一时人名)

li⁵³yã⁵³xəŋ⁵³

梨 园 红黎元洪

5、　t'ɛ³¹tʃuə²¹⁴tθʅ⁵³tʃɔ⁵³。(ta⁵⁵⁻²¹⁴iˑ tʂəŋ²¹⁴⁻²⁴yə³¹miŋ⁵³) ——
　　太 君 辞 朝。(打 一 中 约 名)
　　vaŋ⁵³pu˙liou⁵³
　　王 不 留

三　歌谣 kuə²¹⁴iɔ⁵³

1、ʂa⁵⁵⁻²⁴tʃu³¹tʃʂə⁵⁵tʃuˑ，ʂa⁵⁵⁻²¹⁴tɔˑ leˑ k'uə³¹xuɛ⁵³⁻²⁴ʃuˑ，xuɛ⁵³⁻²⁴ʃuˑ
　　杀 锯 扯 锯， 杀 倒 米 棵 槐 树， 槐 树
　　tɔ⁵⁵⁻²¹⁴laˑ， mu³¹ʨiaŋ³¹p'ɔ⁵⁵⁻²¹⁴laˑ， təŋ²¹⁴⁻²⁴tʂuaŋ²¹⁴ɕi²¹⁴⁻²⁴
　　倒 了，木 匠 跑 了，尔 庄 西
　　tʂuaŋ²¹⁴，tʂɔ⁵⁵⁻²¹⁴puˑtʂuəˑmu³¹ʨiaŋ³¹ —— tʂɔ⁵⁵ʂei⁵³？
　　庄， 找 不 着 木 匠 找 谁？
2、ɕiɔ⁵⁵pã⁵⁵⁻²¹⁴t'aŋˑ，i⁵⁵vɛ²¹⁴⁻³¹vɛ，θã²¹⁴miŋ⁵³ʂʅ³¹iə⁵³⁻²⁴iəˑ ʨiˑ xɔ⁵⁵
　　小 板 凳， 一 歪 歪， 三 明 是 爷 爷 的 好
　　kuɛ²¹⁴⁻³¹kuɛˑ。
　　乖 乖。
2'、ɕiɔ⁵⁵pã⁵⁵⁻²¹⁴t'aŋˑ，ly⁵⁵⁻²¹⁴xuəˑ iɛ⁵³，iə³¹iəˑ ta⁵⁵，θuə̃²¹⁴⁻³¹
　　小 板 凳， 吕 河 涯，爷 爷 打， 孙
　　θuə̃ˑ iɛ⁵³。
　　孙 捱。
4、ɳi⁵⁵tʃʅ⁵⁵tʃʅ，və⁵⁵ʃa³¹⁻⁵⁵tʃuˑ， tʃuã²¹⁴⁻³¹xaŋˑ ʃɛ⁵³，tʃu³¹
　　你 起 起， 我 卜 去， 穿 上 鞋，去
　　ta⁵⁵⁻⁵³tʃʅ²¹⁴。
　　打 鸡。

5、ʂɑ⁵⁵⁻²¹⁴lɑ˙ kə˙ tʃ͡ʅ²¹⁴, tʰɑŋ⁵⁵⁻²¹⁴lɑ˙ ɕiə˙ ʃə⁵⁵,　 pʼə⁵⁵ləŋ³¹⁻⁵⁵lɑ˙
　杀　了　个　鸡，　 淌　 了　些　血，　 泼　 弃　了
i⁵⁵⁻⁵³ʃə²¹⁴。
一　 身。

四　呱　儿kuar²¹⁴故事

1、θɑ²¹⁴⁻²⁴kuei²¹⁴⁻³¹n̠y˙
　　仨　闺　女
　　θɑ²¹⁴⁻²⁴kuei²¹⁴⁻³¹n̠y˙,　 tʃə³¹kə˙ lə⁵⁵⁻²⁴xã³¹tʂʰuaŋ³¹lɑ˙ vɛ³¹,
　　仨　闺　女，　 这　个　老　汉　闯　了　外外出谋生，
tɔ³¹⁻⁵⁵lɑ˙ i⁵⁵⁻²⁴xou³¹lɛ⁵³⁻²⁴tʃɑ˙ lɑ˙, tʃuɑ²¹⁴⁻³¹lɑ˙ i⁵⁵⁻²⁴kə³¹pʼə³⁴
到　了　以　后　米　家　了，　穿　了　一　个　破
ŋo⁵⁵。 ɕia²¹⁴ʃaŋ³¹tʼɑ⁵⁵tɑ³¹kuei²¹⁴⁻³¹n̠y˙ tʃɑ˙ tʃʰu³¹。tʼɑ⁵⁵tɑ³¹kuei²¹⁴⁻³¹
袄。　先　上　他　人　闺　女　家　去。　他　人　闺
n̠y˙ t̠i˙ ʂuɑ⁵⁵⁻²¹⁴lɑ˙ pʼə⁵³tθ̠ʅ˙, ʃuə⁵⁵：" iə⁵³, və⁵⁵mei⁵³⁻²⁴iou⁵⁵ ʃə⁵³
女　的　刷　了　盘　子，　说："爷，　我　没　有　什
mə˙n̠i⁵⁵tʃ͡ʅ⁵⁵, və⁵⁵⁻⁴³⁵xɛ⁵³iou⁵⁵liaŋ⁵⁵⁻²⁴kə³¹tɑ³¹⁻⁵⁵mei˙, tʰuei²¹⁴⁻²⁴
么　你　吃，　我　还　有　两　个　大　麦，　推
tʰuei˙, tθou³¹n̠iã⁵³⁻²⁴tʃu˙ n̠i⁵⁵xə⁵⁵。" tʼɑ⁵⁵kuei²¹⁴n̠y⁵⁵t̠iou³¹ʃaŋ³¹n̠iã⁵³
推，　做　粘　粥　你　喝。"他　闺　女　就　上　碾
tʃu³¹tʰuei²¹⁴, kã²¹⁴⁻²⁴tʰuei²¹⁴⁻³¹iɑ˙, kã²¹⁴⁻²⁴tʰuei²¹⁴⁻³¹iɑ˙, kã²¹⁴⁻²⁴
去　推，　干　推　呀，　干　推　呀，　干
tʰuei²¹⁴! tʼɑ⁵⁵iə⁵³kã̠³¹lɑ˙ kã̠³¹: ɛ³¹! tʼɑ⁵⁵kuei²¹⁴⁻³¹n̠y˙ ʂʅ³¹pu⁵⁵
推！　她　爷　看　了　看：欸！　他　闺　女　是　不
tθə̃³¹⁻⁵⁵θə̃˙ iɑ˙, tθou⁵⁵⁻²¹⁴lɑ˙。 ʃaŋ³¹⁻⁵⁵tʼɑ˙ lə³¹kuei²¹⁴⁻³¹n̠y˙tʃɑ˙

尽　　心呀，走　　了。上　他 二 闺 女 家
tʃu³¹。　　t'a⁵⁵ ɭə³¹kuei²¹⁴⁻³¹n̠y˙ kʰã³¹⁻⁵⁵la˙ kʰã³¹t'a iə⁵³⁻⁵⁵nə˙，tʃʅ⁵³

去。　他 二 闺　女 看 了　看 她 爷 呢，綦
tʃən⁵³，tʃuã²¹⁴˙ⁱ⁵⁵⁻²¹⁴kə³¹p'ə³¹ŋ⁵⁵。"iə⁵³，və⁵⁵xɛ⁵³iou⁵⁵liaŋ⁵⁵⁻²⁴

穷，　穿 一 个 破 袄。"爷，我 还 有　两
kə³¹ʃu⁵⁵⁻²¹tθʅ˙，　və⁵⁵tʃu³¹t'uθi²¹⁴⁻²⁴t'uei tθu³¹n̠iã⁵³⁻²⁴tʃu˙ n̠i⁵⁵

个 黍 子，我 去 推　推 做 粘 粥 你
xa⁵⁵。"t'a˙ ɭə³¹kuei²¹⁴⁻³¹n̠y˙ tθɛ³¹t'uei²¹⁴ʃu⁵⁵⁻²¹⁴tθʅ iã⁵⁵⁻²⁴xaŋ³¹

喝。"他 二 闺　女 往 推　黍 子 压倒上
i⁵⁵ɕiə˙ iou⁵⁵，t'uei²¹⁴pu⁵⁵ɕi³¹⁻⁵⁵ia˙，ia⁵⁵⁻²⁴xaŋ³¹iou⁵³！t'a⁵⁵iə⁵³

一些 油，推 不 细 呀，压　上　油！她 爷
kã³¹⁻⁵⁵kã˙ t'a˙ ɭə³¹ kuei²¹⁴⁻³¹n̠y˙ xɛ⁵³⁻²⁴ʂʅ³¹pu˙ tθə³¹ θə²¹⁴⁻³¹

看　看 他 二 闺　女 还 是 不 尽 心
ia˙，iou³¹tθou⁵⁵⁻²¹⁴la˙。　tθou⁵⁵⁻²¹⁴la˙ ȶiou³¹ʃaŋ³¹t'a˙ θã²¹⁴⁻²⁴

呀，又　走 了。　走　了 就 上 他 三
kuei²¹⁴⁻³¹n̠y˙ tʃa˙ tʃu˙。t'a⁵⁵ θã²¹⁴⁻²⁴kuei²¹⁴⁻³¹n̠y˙ ȶiou³¹ʃa³¹tʃu³¹

闺　女 家 去。他 三 闺　女 就 卜 去
ʃuə⁵⁵："iə⁵³，xɛ⁵³mei⁵³⁻²⁴iou˙ fa³¹tʃʅ⁵⁵，tʃə²¹⁴ʃaŋ⁵⁵ mei⁵³iou⁵⁵ʃə⁵³mə˙

说：爷，还 没 有 饭 吃，今 朐 没 有 什 么
tʃʅ⁵⁵⁻²¹⁴ȶi˙ la˙。"ȶiou³¹su²¹⁴⁻²⁴su ²¹⁴ t'ou⁵³，pa⁵⁵t'ou⁵³⁻²⁴fu˙ tʃə⁵⁵⁻²¹⁴

吃　的啦。"就 梳　梳 头，把 头 发 铰
ʃa˙lɛ˙，tʃu³¹mɛ⁵⁵⁻²¹⁴la˙ fa³¹tʃʅ˙ t'a⁵⁵ɕiə⁵³tʃʅ⁵⁵⁻²¹⁴a˙。tθə⁵⁵⁻²¹⁴lɛ˙iou⁵⁵

卜米，去 买　了 饭 给 她 爷 吃 啊。早 米 有
na³¹kə˙ mɛ⁵⁵⁻⁴³⁵t'ou⁵³⁻²⁴fu˙ ȶi˙ a˙。t'a⁵⁵iə⁵³kã³¹⁻⁵⁵ kã˙ t'a˙

那 个 买　头 发 的 啊。他 爷 看　看 他
θã²¹⁴⁻²⁴kuei²¹⁴⁻³¹n̠y˙ tθə³¹⁻⁵⁵θə˙ lɛ˙，ȶiou³¹ʃuə⁵⁵："ta³¹kuei²¹⁴

三　闺 女 尽 心 米，就 说："大 闺

ȵy⁵⁵kã²¹⁴⁻²⁴tʻuei²¹⁴ta³¹mei˙, ʅə³¹kuei²¹⁴ȵy⁵⁵　iou⁵³tʻuei²¹⁴ʃu⁵⁵⁻²¹⁴

女　干　推　　人　麦，二　闺　女　油　推　黍

aˑ　liou⁵³⁻²⁴tʂəˑ na³¹tʃə²¹⁴iə⁵³tθʻɛ⁵³po⁵⁵,　tʃʅ⁵³və⁵⁵na³¹ɕio⁵⁵kuei²¹⁴⁻³¹

啊，留　　着　那　金　银　财　宝，给　我　那　小　闺

ȵyˑ tʃɔ²¹⁴tʻou⁵³iour⁵³⁻²⁴aˑ." tʃə³¹ɕio⁵⁵kuei²¹⁴⁻³¹ȵyˑ ɕɔ³¹⁻⁵⁵tʃʻuã

女　浇　头　油儿　啊。"　这　小　闺　　女　孝　顺

ȵiou³¹ʂʅ³¹⁻⁵⁵laˑ. tʻa⁵⁵iə⁵³iou⁵⁵⁻⁴³⁵ tθʻɛ⁵³ȵiˑ mu⁵³na⁵³⁻²⁴tʃʻuˑ lɛˑ, tei⁵³⁻²⁴˙

就　是　了。她爷有　　　财的　没拿　　出米，特

veiˑ tθʻʅ³¹tʻã˙ tθʻʅ³¹tʻã˙ tʃə³¹ɕiəˑ kuei²¹⁴⁻³¹ȵyˑ.

为　刺　探　刺　探　这些　闺　　女　。

2、　ʃuə⁵⁵⁻⁴³⁵pʻə⁵³⁻²⁴tʃaˑ

　　说　婆　家

　　i⁵⁵⁻²⁴kə³¹ku²¹⁴⁻³¹ȵiaŋ,　　tʃu³¹⁻⁵⁵laˑ i⁵⁵⁻²⁴kə³¹ʃuə⁵⁵mei⁵³⁻²⁴ȵiˑ

　　一　个　姑　娘，　　去　了　一　个　说　媒　的

ȶʻi³¹⁻⁵⁵tʻaˑ ʃuə⁵⁵⁻⁴³⁵ pʻə⁵³⁻²⁴tʃaˑ. tʻa⁵⁵⁻⁴³⁵ȵiaŋ⁵³ȵiou³¹və̃³¹⁻⁵⁵tɔˑ:

替　她　说　　婆　家。她　娘　就　问　道:

"tʃə³¹kəˑ tʂur⁵⁵　　ʂʅ³¹ʃə⁵³məˑi³¹luə³¹aˑ?" "tʃə³¹kəˑtʂur⁵⁵ʂʅ³¹

"这　个　主儿人儿，人家是　什么　日落　啊?"　"这　个　主儿　是

fəŋ²¹⁴θɔ⁵⁵taŋ²¹⁴mã⁵³yə³¹taŋ²¹⁴⁻²⁴təŋ²¹⁴⁻³¹ŋaˑ, kou⁵⁵⁻⁴³⁵tʻã⁵³pʻi⁵³⁻²⁴paˑ

风　扫　当　门　月　当　　灯　　啊，狗　弹　琵琶

tʃu²¹⁴tʂʻuei²¹⁴⁻²⁴səŋ²¹⁴⁻³¹ŋaˑ,　tʻa⁵⁶⁵⁻⁴³⁵ȵiaŋ⁵³lin⁵³⁻²⁴tʃəˑ i⁵⁵⁻²⁴kə³¹

猪　吹　笙　啊，他　娘　领　着　一　个

pei⁵³⁻²⁴miã˙ ʃu²¹⁴⁻²⁴səŋ²¹⁴⁻³¹ŋaˑ." tʻa⁵⁵⁻⁴³⁵ȵiaŋ⁵³ʃɛ⁵⁵⁻⁵³pu⁵⁵kʻɛ²¹⁴

白　面　书　生　啊。"　她　　娘　解　不　开

ʂʅ³¹kəˑ ʃə⁵³məˑʂʅ³¹, ȶiou³¹xə⁵³tʻa⁵⁵kuei²¹⁴⁻³¹ȵyˑ ʃuə⁵⁵. tʻa⁵⁵

是　个　什么　事，　就　和　她　闺　　女　说。她

˙kuei²¹⁴⁻³¹ȵyˑ ʃɛ⁵⁵⁻⁵³kʻɛ²¹⁴⁻³¹laˑ, ʃɛ⁵⁵laˑ: " fəŋ²¹⁴θɔ⁵⁵taŋ²¹⁴mã⁵³ʂʅ

闺　　女解开　了，解了："风 扫 当 门是
mu⁵³kə˙ʨiɔ⁵³⁻²⁴tʃou˙kuaŋ²¹⁴⁻²⁴fəŋ²¹⁴θɔ⁵⁵⁻⁵³θɔ⁵⁵taŋ²¹⁴mã⁵³ia˙，yə³¹

没个笤帚光　风 扫扫当 门呀，月
taŋ²¹⁴⁻²⁴təŋ²¹⁴ʂɿ˙mu⁵³kə˙təŋ²¹⁴⁻³¹ŋa˙，yə³¹⁻⁵⁵miŋ˙taŋ²¹⁴⁻³¹kə˙

当 灯是没个灯　啊，月 明 当 个
təŋ²¹⁴⁻³¹ŋa˙，kou⁵⁶⁵⁻⁴³⁵tʻã⁵³pʻi⁵³⁻²⁴pa˙nə˙？iaŋ⁵⁵⁻²¹⁴tʂə˙kou⁵⁵，

灯 啊，狗　弹 琵 琶呢？养　着 狗，
kou⁵⁵kʻuɛ⁵⁵⁻⁵³iaŋr⁵⁵⁻²¹⁴iaŋr˙ʨiou³¹xɔ˙tʻã⁵³pʻi⁵³⁻²⁴pa˙θ̩³¹ʨi˙，tʃu²¹⁴

狗 摚　痒儿 痒儿 就 和弹 琵 琶似的， 猪
tʃur²¹⁴⁻²⁴tʃur²¹⁴　ʨi˙pu˙ʂɿ³¹？iou⁵⁵⁻⁵³tʃu²¹⁴ʨiou³¹xueir²¹⁴⁻²⁴xueir²¹⁴⁻³¹

猪儿　猪儿　的不 是？有 猪　就 唉儿　唉儿
ʨi˙a˙，ʨiou³¹xɔ⁵³tʂʻuei²¹⁴⁻²⁴ʂəŋ²¹⁴θ̩³¹ʨi˙。ʨiou³¹tʻa⁵⁵n̻iaŋ⁵³liŋ⁵⁵⁻²¹⁴

的啊，　就 和 吹　笙　似的。　就 他 娘 领
tʂə˙tʃə³¹kə˙lə⁵³a˙，ʃaŋ³¹ʃuə⁵³⁻²⁴a˙，n̻iã⁵³su²¹⁴⁻³¹a˙。"tʻa⁵⁵kuei²¹⁴⁻³¹

着 这个 儿啊， 上 学 啊，念 书　啊。" 她 闺
n̻y˙ʃɛ⁵⁵kʻɛ²¹⁴⁻³¹la˙，"n̻iə³¹⁻⁵⁵kə˙iə̃⁵³iou⁵⁵⁻²⁴ta³¹⁻⁵⁵tʃu˙，tʂəŋ²¹⁴！"xɔ⁵³

女解开 了，"乜　个人儿有 大 出息，中！" 和
tʻa⁵⁵n̻iaŋ⁵³suə⁵⁵tʂəŋ²¹⁴⁻³¹ŋa˙，və⁵⁵pu⁵⁵ʃa⁵³⁻²⁴xu˙a˙。tʻa⁵⁵kuei²¹⁴n̻y⁵⁵

她 娘 说 中　啊，我 不 嫌 乎 啊。她 闺 女
ʨiou³¹tʃu³¹⁻⁵⁵la˙。tʃu³¹⁻⁵⁵la˙ʨiou³¹xɔ˙tʻa˙ʨiaŋ⁵³tʃɿ⁵⁵⁻⁵³tʻθɔ⁵⁵

就 去 了。去 了就 和 他 娘 吃 草
vã²¹⁴⁻²⁴tʻθɛ³¹a˙，ʃɔ³¹tʃəŋ³¹tʻa⁵⁵pʻə⁵³⁻²⁴pʻə˙。tɔ³¹la˙i⁵⁵⁻²⁴xou³¹tʻa˙

剜 菜 啊，孝 敬 她 婆 婆。到 了 以 后 她
lə⁵³tʂəŋ³¹la˙tʂuan³¹yã⁵³⁻²⁴a˙，tʃə³¹pu˙iou⁵⁵ta³¹⁻⁵⁵tʃu˙ma˙？

儿 中 了 状 元 啊，这 不 有 人 出 吗？

3、tou³¹kuaŋ²¹⁴⁻²⁴nɛ³¹

　窦 光 鼐

ʈθʻiŋ²¹⁴tʃʻɔ⁵³ʂʅ˙ xouˑlaˑ, iou⁵⁵⁻²¹⁴iˑ kə˙ tou³¹kuaŋ²¹⁴⁻²⁴nɛ³¹。
　清　朝　时候　里，有　一个　窦光　鼐。

tʻaˑ tθɛ³¹tʃu²¹⁴⁻³¹tʃʻəŋˑ tʃʻəŋ⁵³xuaŋ⁵³⁻²⁴mioˑ n̠iã⁵³ʃu²¹⁴, tʃu²¹⁴⁻³¹
他　在诸　　城　城　隍　庙　念　书，　诸

tʃθəŋˑ iã⁵³。tɔ³¹liou³¹⁻⁵⁵yə˙ ȶʻiã²¹⁴, ʂʅ²¹⁴fu⁵⁵liŋ⁵⁵tʂuə˙ ʃaŋ³¹çi²¹⁴
城　人。到六　月　大，　师父领　着上　西

xuə⁵³⁻²⁴liˑ tʃu³¹çi⁵⁵⁻⁵³tθɔ⁵⁵。na³¹kəˑ ʂʅ⁵³⁻²⁴xouˑ na³¹kəˑ xuə⁵³⁻²⁴laˑ
河　里去　洗澡。那个　时　候那个　河　里

mei⁵³tʃʻɔ⁵³。lɛ⁵³laˑ i⁵⁵⁻²⁴kə³¹ku²¹⁴⁻³¹n̠iaŋˑ，tθɛ̃³¹tʃʻəŋ⁵³iou⁵⁵tʃʅ⁵⁵⁻²⁴
没　桥。米了一　个　姑　娘，　进城　有　急

ʂʅ³¹，çiaŋ⁵⁵⁻²¹⁴tʂuəˑ tʂɔ⁵⁵kə³¹tʃɛ̃³¹⁻⁵⁵piãrˑ tʃʻɔ⁵³⁻²⁴kuəˑ，lɛ⁵³xuei⁵³ȶiˑ
事，　想　着　找个　近　便儿桥　过，米　同地

tθou⁵⁵⁻²¹⁴tʂuəˑ，tʂɔ⁵⁵⁻²¹⁴puˑtʂuə˙ kə˙ n̠iãr⁵⁵⁻²¹⁴laˑ，kuə³¹⁻⁵⁵pu˙ lɛˑ
走　着，　找　不　着个　埝儿地方　了，　过　不　米。

touⁱⁱ³¹kuaŋ²¹⁴⁻²⁴nɛ³¹ȶio³¹yãr⁵⁵⁻²¹⁴tʃʻuã²¹⁴ʃaŋ⁵⁵ kʻu³¹⁻⁵⁵tθʅ˙ kuə³¹⁻⁵⁵ lɛˑ
窦光　鼐窎远儿老远儿穿　　上　裤　子过　米

laˑ。kuə³¹⁻⁵⁵lɛˑ ȶiou³¹tuə²¹⁴⁻³¹ʃaˑ，pei²¹⁴⁻³¹tʻaˑ kuə³¹⁻⁵⁵tʃuˑ。ku²¹⁴⁻³¹
　啦。过　米就　蹲　下，　背　她　过　去。姑

n̠iaŋˑi⁵⁵⁻²⁴kʻã³¹kuə³¹pu˙ tʃu³¹，mu⁵³fa⁵⁵⁻²⁴tʃʅ³¹⁻⁵⁵laˑ，ʃaŋ³¹⁻⁵⁵tʃuˑ
娘　一　看过　不　去，　没法　治　了，上　去

ȶiou³¹piã²¹⁴⁻³¹pa˙tʂuəˑ。ȶiouˑ paˑ tʻaˑ pei²¹⁴⁻²⁴kuə³¹lɛˑ laˑ。pei²¹⁴⁻²⁴
就　编　趴着。就　把　她背　过　米了。背

kuə³¹lɛˑi⁵⁵⁻²⁴xou³¹，xuei⁵³⁻²⁴tʃuˑ，lɔ⁵⁵⁻⁵³ʂʅ²¹⁴pu⁵⁵⁻²⁴iaŋ³¹laˑ："n̠i⁵⁵
过　米以后，　回　去，老师　不　让　了："你

tʃə³¹kã³¹ʃɛ̃⁵³⁻²⁴mə˙təŋ²¹⁴⁻³¹çiˑ？iã⁵³⁻²⁴tʃaˑ kə³¹ku²¹⁴⁻³¹n̠iaŋˑ，n̠i⁵⁵
这干什　么东　西？人　家个姑　娘，你

tʃu³¹pei²¹⁴！"tʃʅ²¹⁴⁻²⁴tɔ³¹tʻa⁵⁵tθuə⁵⁵ʂʅ²¹⁴tθuə⁵⁵teiˑ xɛ̃⁵⁵⁻²⁴xɔ⁵⁵，xɛ̃⁵⁵⁻²⁴

去 背!" 知 道 他 做 诗 做 得 很 好，很
iou⁵⁵tθʻɛ⁵³, ʃuə⁵⁵: "tʃə³¹kə˙ ianr³¹, n̠i⁵⁵tʃu³¹tθuə⁵⁵⁻⁵³pa⁵⁵⁻²⁴tʃu³¹
有 才， 说:"这个样儿，你去作 八 句

ʂʅ²¹⁴tθuə⁵⁵⁻²¹⁴pu˙tʃu⁵⁵⁻⁴³⁵lɛ⁵³⁻²⁴ia˙, na³¹n̠iou³¹tʃəŋ⁵³fa˙ni, tθuə⁵⁵⁻²¹⁴
诗，作 不 出 来 呀，那就 惩 罚 你，作

tʃu˙lɛ˙ i⁵⁵⁻²⁴xou³¹mei⁵³ʂʅr³¹。" ə³¹! tʻa˙pu⁵⁵⁻⁴³⁵fã⁵³θʅ²¹⁴⁻²⁴kʻɔ⁵⁵⁻²¹⁴
出 米以后 没 事儿。" 欸!他不 烦 思 考

n̠i˙ tʃə˙ n̠iou˙ ma⁵⁵⁻²¹⁴ʃaŋ˙ n̠iou³¹na⁵³⁻²⁴tʃu˙ lɛ˙:
地这 就 马 上 就 拿 出 米:

　　mei⁵⁵⁻⁵³n̠y⁵⁵xuə⁵³piã²¹⁴tʻã³¹tʃʅ⁵⁵⁻⁴³⁵liou⁵³⁻²⁴va˙,
　　美 女 河 边 叹 急 流 哇,
　　ʃu²¹⁴⁻²⁴ʂəŋ²¹⁴xua³¹tθuə⁵⁵tu³¹iã⁵³tʃou²¹⁴⁻³¹va˙,
　　书 生 化 作 渡 人 舟 哇,
　　tʃʂã⁵⁵⁻⁵³n̠ian²¹⁴y³¹ʃou⁵⁵vã⁵⁵⁻⁵³ʃaŋ²¹⁴ʃou⁵⁵⁻²¹⁴va˙,
　　紧 将 玉 手 挽 香 手 哇,
　　piŋ³¹n̠ian²¹⁴ləŋ⁵³tʻou˙ kʻɔ³¹ fəŋ³¹tʻou⁵³⁻²⁴va˙,
　　并 将 龙 头 罩 凤 头 哇,
　　i⁵⁵⁻²¹⁴tuə˙ ɕiã²¹⁴⁻²⁴xuɑ²¹⁴xəŋ⁵³iou³¹pei³¹ia˙,
　　一 朵 鲜 花 横 肉 背 呀,
　　ʃʅ⁵³⁻²⁴fei˙ tʃʂuã²¹⁴ʂei⁵⁵mã⁵⁵⁻⁴³⁵xuə⁵³tsou²¹⁴⁻³¹va˙,
　　十 分 春 色 满 河 洲 哇,
　　tʃʂəŋ²¹⁴⁻²⁴tʃʂəŋ²¹⁴faŋ³¹tθɛ³¹ʂa²¹⁴⁻²⁴tʻã²¹⁴ʃaŋ³¹,
　　轻 轻 放 在 沙 滩 上,
　　mei³¹mei˙ u⁵³iã⁵³kuə⁵⁵⁻²⁴tθʅ³¹ɕiou²¹⁴⁻³¹va˙。
　　默 默 无 言 各 白 羞 哇。

lɔ⁵⁵⁻⁵³ʂʅ²¹⁴tʃʅ²¹⁴⁻³¹tɔ⁵⁵tʻa⁵⁵xã⁵⁵⁻²⁴iou⁵⁵ta³¹tθʻɛ⁵³, iə⁵⁵⁻⁴³⁵mu⁵³tʃəŋ⁵³⁻²⁴
老 师 知 道 他 很 有 大 才， 也 没 惩

faꞏ tʼɑ。

罚 他。

4、 iə⁵³liar⁵⁵

爷 俩

i⁵⁵⁻⁴³⁵tɕʼiã⁵³⁻²⁴ȵi kəŋ²¹⁴⁻³¹fuꞏ， tʃə̃²¹⁴⁻³¹tʃəꞏ ʃaŋ³¹⁻⁵⁵tθɹꞏ　　　laꞏ
以 前 的 工 大， 金 家 巷 子在县城南关 里

iou⁵⁵⁻²⁴ na³¹məꞏ kəꞏ tʂur⁵⁵⁻²¹⁴， ʃaŋ³¹ȵiã⁵³⁻²⁴tʃɹꞏ laꞏ。 tʼɑꞏ na³¹kəꞏ
有 那 么 个 主儿， 上 年 纪 了。 他 那 个

lə⁵³⁻²⁴ tθɹ xə̃⁵⁵⁻²⁴pu⁵⁵ʃɔ³¹⁻⁵⁵suə̃ꞏ。 i⁵⁵⁻²⁴xou³¹lɛꞏ tʼɑꞏ lə⁵³⁻²⁴tθɹ tʃə³¹ i
儿 子很 不孝 顺。 以 后 米 他 儿 子 这 一

tɕʼiã²¹⁴iou³¹ʂəŋ²¹⁴⁻³¹laꞏ kəꞏ lə⁵³⁻²⁴tθɹ laꞏ， ʂəŋ²¹⁴tʼɑꞏ ȵi θuə̃²¹⁴⁻³¹tθɹꞏ。
大 义 生ꞏ 了 个 儿 子了， 生 他 的 孙 子。

tʼɑꞏ ɕiə⁵⁵⁻²¹⁴tʃʼuꞏ lɛꞏ：“i³¹ɕi⁵⁵taŋ²¹⁴ȵiã⁵³və⁵⁵ʂəŋ²¹⁴lə⁵³， ʃã³¹tʃə²¹⁴
他 写 出 米：“忆 昔 当 年 我 生 儿， 现 今

və⁵⁵⁻⁴³⁵lə⁵³iou³¹ʂəŋ²¹⁴lə⁵³， və⁵⁵⁻⁴³⁵lə⁵³tʃʰɹ²¹⁴və⁵⁵iŋ²¹⁴taŋ²¹⁴⁻²⁴tʃɹ²¹⁴，
我 儿 又 生 儿，我 儿 欺 我 应 当 欺，

vei⁵³kʼəŋ⁵⁵və⁵⁵⁻⁵³θuə̃²¹⁴tʃɹ²¹⁴və⁵⁵⁻⁴³⁵lə⁵³。” tɕʼiə⁵⁵⁻⁴⁴tʼɑꞏ naꞏ u⁵⁵⁻²¹⁴laꞏ。
唯 恐 我 孙 欺 我 儿。” 贴 他 那 屋 里。

i⁵⁵⁻²⁴xou³¹lɛꞏtʃə̃²¹⁴kuər⁵⁵tʼɑ⁵⁵lə⁵³⁻²⁴tθɹ kʼã³¹⁻⁵⁵tʃã ꞏ laꞏ， miŋ⁵³⁻²⁴pei
以 后 米 真 果儿 他 儿 子 看 见 了， 明 白

tʼɑꞏ iə⁵³tʃə³¹kə³¹i³¹⁻⁵⁵θɹꞏ laꞏ：tʼɑ⁵⁵ʂəŋ²¹⁴lə⁵³⁻²⁴tθɹꞏ tθʼəŋ⁵³⁻²⁴xouꞏ y⁵³⁻²⁴
他 爷 这 个 意 思 了：他 生 儿 子 从 后 如

kuə kə̃²¹⁴tʼɑ⁵⁵⁻⁴³⁵ʃuə⁵³，tʃə³¹pu⁵⁵iə⁵⁵⁻²⁴ʂɹ³¹pu⁵⁵ʃɔ³¹⁻⁵⁵tʃʼuəꞏ laꞏ。 i⁵⁵⁻²⁴
果 跟 他 学， 这 不 也 是 不 孝 顺 了。以

xou³¹tʼɑꞏ kɛ⁵⁵⁻²¹⁴tʃəŋ³¹laꞏ。
后 他 改 正 了。

后　记

　　为了摸索编写县、市方言志的经验，我们于 1983 年 4、5 月间调查了诸城、五莲、平度、海阳等县的方言，诸城方言是本次调查的重点。在对材料作了初步整理之后，又于 8 月写完《诸城方言志》初稿，同时写成《山东诸城、五莲方言的声韵特点》一文，刊于《中国语文》1984 年第 3 期，1991 年写了《山东诸城方言的语法特点》，刊于《中国语文》1992 年第 1 期。此后，又作了多次核对和修改，2002 年下半年对全书体例作了调整并补充了部分内容，最后成为现在的样子。调查和初稿写作的时间距今已 20 年，但是这次整理出版的时间却仍比较仓促，加上水平、能力所限，错误纰漏仍属难免，希望得到同行及本地朋友的指正。

　　在诸城调查期间，得到了潍坊市和诸城县两级地方史志办公室、诸城县教育局的关心和支持，得到了诸城师范、诸城繁华分校、繁荣小学师生以及其他同志的大力协助，我们在此表示衷心的感谢！此外，我们还要感谢山东大学古籍所诸城籍教授王承略博士，他在我们 2002 年的定稿工作中解答过遇到的一些疑点，提供过部分语料。

　　读者如果邮购，请按下列地址汇款：250100　济南山东大学文学院罗福腾收，免收邮费。

编写者
2002 年 11 月 20 日

山东方言志丛书

钱曾怡主编

1. 利津方言志　　　杨秋泽　　　　　　　　语文出版社
2. 即墨方言志　　　赵日新　沈明　厉长举　语文出版社
3. 德州方言志　　　曹延杰　　　　　　　　语文出版社
4. 平度方言志　　　丁克仁　　　　　　　　语文出版社
5. 牟平方言志　　　罗福腾　　　　　　　　语文出版社
6. 潍坊方言志　　　钱曾怡　罗福腾　　　　潍坊市新闻出版局
7. 淄川方言志　　　孟庆泰　罗福腾　　　　语文出版社
8. 荣成方言志　　　于淑霞　　　　　　　　语文出版社
9. 寿光方言志　　　张树铮　　　　　　　　语文出版社
10. 聊城方言志　　　张鹤泉　　　　　　　　语文出版社
11. 新泰方言志　　　高慎贵　　　　　　　　语文出版社
12. 沂水方言志　　　张廷兴　　　　　　　　语文出版社
13. 金乡方言志　　　马凤如　　　　　　　　齐鲁书社
14. 诸城方言志　　　钱曾怡　曹志耘　罗福腾　吉林人民出版社

长岛方言志

目　　录

第一章　概说

一　地理人口简况

长岛县位于山东半岛和辽东半岛之间的海域，是界于渤海和黄海之间的一群小岛。长岛全县从南到北有南长山岛、北长山岛、庙岛、鱼鳞岛、大黑山岛、小黑山岛、烧饼岛、螳螂岛、褡裢岛、钽锃把子岛、猴矶岛、大竹山岛、小竹山岛、车由岛、高山岛、砣矶岛、砣子岛、大钦岛、小钦岛、南隍城岛、北隍城岛等三十多个大小不等的岛屿，南北纵贯五十六公里。其中有土著居民（跟驻岛部队和部队家属相对而言）的是北长山岛、南长山岛、庙岛、大黑山岛、小黑山岛、砣矶岛、大钦岛、小钦岛、南隍城岛、北隍城岛十个。人口三万七千余。县人民政府设在南长山岛的南长山镇。

二　方言特点

本志所说的长岛方言，是指上述有土著居民的十个岛的方言。

长岛方言属于北方方言。在北方方言中，山东省的胶东方言是有相当特色的一个分支。长岛方言具有胶东方言的一般特点，语音情况跟与其隔海相对的蓬莱方言尤其接近。全县人民虽然分居在十个岛上，但是语音系统基本一致。单字音系的主要特点有以下几项：

声母方面　分尖团，尖音读ʦ、ʦʼ、ʃ，团音读ɕ、ɕʼ、ç；没有卷舌音，北京读ʦ、ʦʼ、ʂ声母的字，长岛分为ʦ、ʦʼ、s和ʧ、ʧʼ、ʃ两类，前者跟北京读ʦ、ʦʼ、s声母的字合为一类，后者则跟尖音字合为一类；北京读ʐ声母的字，长岛多数是零声母，少数读l声母。见下表：

例字	增层僧	争撑生	蒸城声	精清星	经轻兴	人软仍	
北京声类	ʦ组		ʦ组		ʨ组	ʐ	
长岛声类	ʦ组			ʧ组		ɕ组	ø	l

韵母方面　北京t、tʼ、n、l、ʦ、ʦʼ、s七个声母拼uei、uɑn、uən三个韵母的字，长岛没有u介音，分别读为ei、ɑn、ən；长岛还有一个ɜi韵母，跟ʦ、ʧ两韵配套；另外，北京uŋ、uəŋ分韵，长岛合为一韵。见下列二表：

例字	堆推嘴催岁	端团暖乱钻蹿酸	敦吞轮尊村孙
北京韵母	uei	uɑn	uən
长岛韵母	ei	ɑn	ən

例　字	败　带　在　盖　爱	街解界蟹	挨~号	崖	怪外	东中公	翁　瓮
北京韵母	ai	ie	ai	ia	uai	uŋ	uən
长岛韵母	ɛ	iɛ			au	uŋ	

声调方面　从调类看，中古的绝大多数清声母入声字归上声，次浊入声字归上声或去声；从调值看，阴平一类有313和31两个调值，其中的313和上声214是两个有明显差别的降升调。

语音方面还有一些明显而不成系统的特点，例如：多数岛"鞋"读 çi⁵⁵、"埋"读 mei⁵⁵、"夹袄"合音读çiɔ³¹³，等等。

长岛方言在词汇方面的特点尤其值得注意，最显著的是由其特殊的地理环境和岛上人民特殊的生产、生活方式所决定的关于海洋及海上作业的词语特别丰富，有的还有严格的系统。主要介绍以下几方面的内容。

水产品鱼类、贝类、海藻类品种繁多，名称复杂而有细致的区分。象虾一类，有大虾、对虾、黄蛸虾、小虾、鹰爪虾、蝼蛄虾、爬子虾、板儿虾，等等。

有关渔业生产的，包括船上人员的职责分工和渔业操作的名称以及渔俱名等，也都十分纷繁。仅网一类，就有捕不同鱼种的网名，如青鱼网、针良网、蛤蜊网、海参网、蟹子网、干贝网等；有按作业形式称的网名如拖网、围网、流网等，流网又可按鱼种细分为沙鱼流网、鲅鱼流网、鲇鱼流网等；还有按网的样式所起的网名如裤裆网、袖子网、迷魂阵网，等等，总数可达数十种。

长岛还是候鸟旅站，是候鸟南北迁徙的必经之路。长岛方言中关于鸟名的词也很多，常见的如瞎簸箕（夜莺）、鸥子、老豹子、大穷等、葫芦头、老鹰、耕地耧儿、红眼儿老夜猫子、黄眼儿老夜猫子，可达一百余种。

旧社会由于渔业生产没有安全的保障，渔民中长期形成的一些迷信的习俗和求平安图吉利的心理，在长岛方言词汇中也有一定程度的反映。例如一些忌讳的说法：为了避开"翻"，甚至也避开与"翻"相同的音，称"翻身"为"划身儿"、"划个儿"（按"人民翻身作主人"仍用"翻身"，不说"划身"），称"帆"为"篷"；为了避开"破"、"裂"的字眼，馒头蒸裂口了称"笑了"、水饺煮碎了称"挣了"；为了避开"完了"、"了了"，一船鱼卸完了称"满了"，"把酒喝完了"称"把酒满出来"，等等。

此外，流传在长岛的一些儿歌、海潮歌、谚语、谜语和故事，也多有明显的地方色彩。

长岛方言的语法也有自己的一些特点，象形容词生动形式"一AA的"、动词儿化及几种特殊句型"V（动词）不了的V"等，都将给现代汉语的语法研究提供新鲜资料。

以上特点不但全县十岛基本一致，而且也跟蓬莱相同，有些特点还往北影响到辽宁省长海县的一些岛屿及大连等地。当然，十岛内部也并非完全一致。

三 内部差异及方言地图

长岛方言的内部差异比较明显的是语音,存在于上岛跟下岛①之间,以中间的砣矶岛为界,主要不同有三:

1.下岛l声母拼i韵母的音节,上岛读为ei韵母,见下表(并见《长岛方言地图》一):

读音\例字\岛名	梨犁　（雷）	李里理（累）积～	利丽力　（泪）
南长山岛	ˌli≠ˌlei	ˈli≠ˈlei	li'≠lei'
北长山岛	ˌli≠ˌlei	ˈli≠ˈlei	li'≠lei'
庙　　岛	ˌli≠ˌlei	ˈli≠ˈlei	li'≠lei'
大黑山岛	ˌli≠ˌlei	ˈli≠ˈlei	li'≠lei'
小黑山岛	ˌli≠ˌlei	ˈli≠ˈlei	li'≠lei'
砣　矶　岛	ˌlei=ˌlei	ˈlei=ˈlei	lei'=lei'
大　钦　岛	ˌlei=ˌlei	ˈlei=ˈlei	lei'=lei'
小　钦　岛	ˌlei=ˌlei	ˈlei=ˈlei	lei'=lei'
南隍城岛	ˌlei=ˌlei	ˈlei=ˈlei	lei'=lei'
北隍城岛	ˌlei=ˌlei	ˈlei=ˈlei	lei'=lei'

2.下岛的ye、yo两个韵母,上岛合为一韵,见下表(并见《长岛方言地图》二):

读音\例字\岛名	月　药	越　悦	瘸	靴	脚	觉
南长山岛	ˈye≠ˈyo	ye'≠yo'	ˌc'ye	ˌɕye	ˈcyo	ˈcyo
北长山岛	ˈye≠ˈyo	ye'≠yo'	ˌc'ye	ˌɕye	ˈcyo	ˈcyo
庙　　岛	ˈye≠ˈyo	ye'≠yo'	ˌc'ye	ˌɕye	ˈcyo	ˈcyo
大黑山岛	ˈye≠ˈyo	ye'≠yo'	ˌc'ye	ˌɕye	ˈcyo	ˈcyo
小黑山岛	ˈye≠ˈyo	ye'≠yo'	ˌc'ye	ˌɕye	ˈcyo	ˈcyo
砣　矶　岛	ˈye≠ˈyo	ye'≠yo'	ˌc'ye	ˌɕye	ˈcyo	ˈcyo
大　钦　岛	ˈyo=ˈyo	yo'=yo'	ˌc'yo	ˌɕyo	ˈcyo	ˈcyo
小　钦　岛	ˈyo=ˈyo	yo'=yo'	ˌc'yo	ˌɕyo	ˈcyo	ˈcyo
南隍城岛	ˈye=ˈye	ye'=ye'	ˌc'ye	ˌɕye	ˈcye	ˈcye
北隍城岛	ˈye=ˈye	ye'=ye'	ˌc'ye	ˌɕye	ˈcye	ˈcye

〔注〕①长岛人一般以砣矶岛为界,称砣矶以北的岛为上岛(又称北五岛),以南的岛为下岛(又称南五岛);砣矶以北各岛的人则又称本岛以北的岛为上岛,本岛以南的岛为下岛;本志统称北面的一些岛为上岛,南面的一些岛为下岛。

3

3.长岛方言与ɛ、uɛ配套的iɛ韵母，主要在下岛，例如"矮"（音ɛi），跟"野"（音'ie）不同音；上岛则"矮"、"野"同音（'ie）。（参见《长岛方言地图》三）

长岛方言上岛li读lei，ye、yo不分韵及没有ɛi韵母的特点，跟辽宁省长海县的一些岛屿及大连等地一致；而下岛的特点则又跟胶东的蓬莱等地相同。我们由此可以看到方言渗透的相互作用。

在长岛方言中，砣矶岛的方言还值得单独一提。上文举到的下岛读li、上岛读lei及下岛有ɛi韵母而上岛没有的情况，砣矶是属于上岛；而从ye、yo分韵来看，砣矶又属于下岛。砣矶岛的方言不仅是上、下岛方言不同特点的交界，而且在有些音类的发音和个别字的读法上，也有许多特别的地方。例如：阴平和去声的发音，开头比其他岛要高一点，可以记作Ⅵ413和Ⅶ53，前面下降的部分显得特别的陡，ɛ韵母（包括uɛ中的ɛ）发得比其他岛要高一点，音值为ɐ。个别字如"稳那场"（放在那儿）的"稳"读'mɐm，"给"读'kɛn（参见《长岛方言地图》四、五），"勺"、"唇"两字读舌面中音ɕyo、ɕ'yn，"觉"口语说'ɕiɑ，等等。

长岛方言的内部差异已如上述。本志以下各部分的分析、记音一概以县人民政府所在地南长山镇的语音为准。调查时间为1983年7月和1984年7月。主要发音人为田庭家，男，1983年时62岁，南长山岛乐园村人，本地退休干部。

附：记音符号说明　　本志用宽式国际音标记音，所用的元音和辅音符号如下：
元音
舌面元音　i e ɛ æ a ɑ ɔ i
　　　　　y ø 　　ɒ ɤ 　ə
舌尖元音　ɿ ʮ ʅ
辅音
双唇音　　p p' m　　　齿唇音　　f
齿间音　　t̪ t̪' θ　　　舌尖前音　ts ts' s
舌尖中音　t t' n l　　　舌尖后音　tʂ tʂ' ʂ ʐ
舌叶音　　tʃ tʃ' ʃ　　　舌面中音　c c' ɕ
舌根音　　k k' ŋ x
零声母符号：ø　　　　　儿化韵符号：r

声调的记音　调类用传统的半圆圈四角标记，即：.□（阴平）、□.（阳平）、'□（上声）、□'（去声）。调值用五度标记法（详见语音分析声调部分）。除语音分析以外，其余部分记音中的调值符号一律从略，只在右上角用数码表示，例如：刚kɑŋ Ⅵ₅₁₃省记为kɑŋ⁸¹³，人in 凵⁵⁵省记为in⁵⁵。变调调值写在本调调值的下面，例如：飞机'fei⁵⁵₁₃ci⁸¹³，长岛tʃ'ɑŋ⁵⁵₄₂ to²¹⁴。轻声音节不标本调，只在右上角标一黑点"·"，下面记实际音值，例如：头发t'ou⁵⁵fuˌ、风凉fəŋ⁸¹³liŋ̣。

长岛方言地图（一）

li的读音

图　例

梨　雷　李　累积~　利　泪
○ ₌li ≠ ₌lei　°li ≠ °lei　li° ≠ lei°
● ₌lei = ₌lei　°lei = °lei　lei° = lei°

注：本图行政区划资料
　　截至1985年12月。

隍城（山前村）　北隍城岛

南城　南隍城岛

小钦岛村　小钦岛

钦岛（北村）　东濠

大钦岛

砣矶岛　井口村

大口村

高山岛

车由岛

猴矶岛

小竹山岛　大竹山岛

北长山岛

大黑山岛　黑山岛　北长山（北城）

大濠　黑山　庙岛村　南长山岛
　　（北庄）　庙岛　南长山（南城）

山前村　长岛

蓬莱

长岛方言地图（二）

ye yo 韵母

图　例

月　药　　越　悦

○ °ye = °ye　　ye° = ye°
⊖ °yo = °yo　　yo° = yo°
● °ye ≠ °yo　　ye° ≠ yo°

注：本图行政区划资料
　　截至1985年12月。

隍城（山前村）
北隍城岛

南城　南隍城岛

小钦岛村　小钦岛

钦岛（北村）⊖　⊖东濠

大钦岛

砣矶岛　井口村

大口村

高山岛

车由岛

猴矶岛

小竹山岛　大竹山岛

北长山岛

大黑山岛　黑山岛　北长山（北城）

大濠　黑山（北庄）

庙岛村

庙岛　南长山岛

山前村　南长山（南城）

长岛

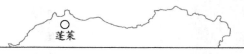

蓬莱

长岛方言地图（三）

"矮"的读音

图　例

○ ie（＝野）

● iɛ（≠野）

注：本图行政区划资料
截至1985年12月。

隍城（山前村）　北隍城岛

南城　南隍城岛

小钦岛村　小钦岛

钦岛（北村）　东濠

大钦岛

砣矶岛　井口村

大口村

高山岛

车由岛

猴矶岛

小竹山岛　大竹山岛

北长山岛

大黑山岛　黑山岛　北长山（北城）

大濠　黑山（北庄）　庙岛村

庙岛　南长山岛

山前村　南长山（南城）

长岛

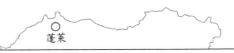

蓬莱

长岛方言地图（四）

"稳安放"的读音

图　例

○ ᶜuen

● ᶜmen

注：本图行政区划资料
　　截至1985年12月。

隍城（山前村）　北隍城岛

南城　南隍城岛

小钦岛村　小钦岛

钦岛（北村）　东濠

大钦岛

砣矶岛　井口村

大口村

高山岛

车由岛

猴矶岛

小竹山岛　大竹山岛

北长山岛

大黑山岛　北长山（北城）

黑山岛

黑山　庙岛村　南长山岛

大濠（北庄）　南长山（南城）

庙岛

山前村　长岛

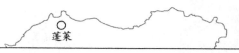

蓬莱

长岛方言地图（五）

"给"的读音

图　例

○ ᶜkei（或ᶜk'ei、ᶜc'i）

● ᶜken

注：本图行政区划资料
　　截至1985年12月。

隍城（山前村）　　北隍城岛

南城　南隍城岛

小钦岛村　小钦岛

钦岛（北村）　东濠

大钦岛

砣矶岛　井口村

大口村

高山岛

车由岛

猴矶岛

小竹山岛　大竹山岛

北长山岛

大黑山岛　黑山岛　北长山（北城）

大濠　黑山（北庄）　庙岛村

南长山岛

庙岛　南长山（南城）

山前村

长岛

蓬莱

第二章　语音分析

一　声母、韵母、声调

1.声母二十一个（零声母在内）

p 布比别步	p′怕批皮盘	m 门满米木	f 夫飞冯奉
t 到多道夺	t′太铁同砣	n 南牛努女	l 来里路吕仍
ʦ早罪争闸	ʦ′操曹初厝		s 思似师时
ʧ精静蒸赵	ʧ′清晴昌潮	ʃ 星寻声善	
ɕ经捐件忌	ɕ′气丘求权	ɕ 休戏鞋学	
k 贵肝共脆	k′开抠葵狂	x 海汉胡汗	
ø 安烟弯冤	耳然软		

说明：

①ʦ、ʦ′、s，舌尖前抵住上齿尖，实际音值更接近 tθ、tθ′、θ（这是根据主要发音人的发音；同是南长山镇人，有的人发 tθ、tθ′、θ 时可以看到舌尖外露在齿间）。

②ʧ、ʧ′、ʃ，舌尖靠在下齿背，舌面前部抵住前硬腭，舌两面的边缘部分贴向上腭的犬齿。

③ɕ、ɕ′，实际音值是舌面中塞擦音。

声母发音表

发音方法＼发音部位			双唇	齿唇	舌尖前	舌尖中	舌叶	舌面中	舌根
塞音	清	不送气	p			t			k
		送气	p′			t′			k′
塞擦音	清	不送气			ʦ		ʧ	ɕ	
		送气			ʦ′		ʧ′	ɕ′	
鼻音	浊		m			n			
边音	浊					l			
擦音	清			f	s		ʃ	ɕ	x

2.韵母三十七个

ɑ 爬答沙割	iɑ 加价压牙	uɑ 瓜夸瓦华
ə 波色舌节	ie 别爹结热	ye 决缺靴月

		uo多活歌说	yo脚学药若
ɿ资师知西	i低鸡衣日	u古屋猪徐	y举虚鱼如
二ɚ儿耳二			
ɛ来灾海哀	iɛ解蟹矮挨	uɛ歪快坏歪	
ei杯内对岁		uei追鬼亏委	
ɔ包刀烧焦	iɔ标刁交绕		
ou头够周修	iou刘求油柔		
an班战仙算	ian边见烟然	uan船晚宣旋	yan捐犬远软
ən分真心村	in民今音人	uən唇昆文讯	yn军裙云闰
aŋ帮昂伤将	iaŋ凉江央让	uaŋ庄广黄王	
əŋ朋增蒸精	iŋ兵丁庆英	uŋ冬众空翁	yŋ穷兄勇容

说明：

①单韵母ə，拼在唇音声母和舌根音声母的后面时，实际音值是ɤ，例如：波、末、革。

②ye的e圆唇，ye的实际音值是yø。

③ɿ拼在tʂ、tʂ'、ʂ声母后面时，实际音值是跟tʂ、tʂ'、ʂ同部位的舌叶元音。

④u，包括单韵母和介音，拼在tʂ、tʂ'、ʂ声母后面时，实际音值是跟tʂ、tʂ'、ʂ同部位的圆唇舌叶元音，其音值接近y。例如"除"、"说"、"寻"等字，其韵母可记作ʮ、ʮo、ʮn等。

⑤ɛ、uɛ、iɛ的ɛ，是一个动程很小的复合音，实际音值是ᵉɛ。

⑥ɔ、iɔ的ɔ，也是一个动程很小的复合音，收尾略低于标准元音o，实际音值是ɔᵒᵧ。

⑦an、ian、uan、yan中的主要元音a，舌位在前，实际音值是a。

⑧uŋ中u，比标准元音u略低，实际音值是ʊ。

舌面元音示意图

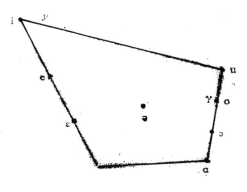

3.声调四个

调类	调值	例	字
阴平	˩˧ 313 ˩ 31	巴批摸飞都通馏租穿周侵书区灰衣冤	

阳平　✓55　　　　拔皮魔肥独同刘族船轴尘徐渠回移员
上声　✓213　　　　八劈麦匪赌统柳竹喘酒寝鼠屁悔椅远
去声　✓42　　　　霸屁墨废杜痛六助串就趁树去贿意愿

　　说明：

　　阴平✓313✓31两值，单字慢读是313；快读和连读的前一音节多数为31（参见下文"变调"）。

古 今 声 调 对 照 表

古四声 古声母清浊 今声调	平　声			上　声			去　声			入　声		
	清	全浊	次浊	清	次浊	全浊	清	全浊	次浊	清	全浊	次浊
阴　平	诗											
阳　平		时	人								急 白	欲
上　声				古	五						出	麦
去　声						是	试	事	用			六
附：北京四声	阴平	阳平		上　声			去　声			阴阳 上去	阳平	去声

　　说明：

　　古代清声母入声字在长岛读阳平的只是一小部分。

二　音节结构

1.声母和四呼的配合关系表

　　三十七个韵母，按主要元音和介音的不同分为开口呼、齐齿呼、合口呼、撮口呼；主要元音不是i、u、y或没有i、u、y为介音的是开口呼；主要元音是i或以i为介音的是齐齿呼；主要元音是u或以u为介音的是合口呼；主要元音是y或以y为介音的是撮口呼。

声母 四呼	开 口 呼	齐 齿 呼	合 口 呼	撮 口 呼
p p′ m	巴 怕 马	比 皮 米	布 普 木	×
f	飞	×	夫	×
t t′	打 团	低 梯	赌 土	×
n l	暖 辣	尼 黎	奴 炉	女 绿
ʦ ʦ′ s	字 翘 四	×	租 初 苏	×
ʧ ʧ′ ʃ	遮 车 些	×	主 取 书	×
c c′ ɕ	×	鸡 欺 希	×	居 区 虚
k k′ x	搞 考 好	×	姑 苦 呼	×
ø	儿 哀 俺	衣 优 让	午 歪 忘	鱼 软 用

说明：

①表中打"×"的，表示不能拼合。

②p、p′、m、f拼合口呼，限于单韵母u。

③n、l拼撮口呼，限于单韵母y。

④开口呼的ɿ韵母，限于ts、ts′、s和tʂ、tʂ′、ʂ六个声母；er只有零声母。

⑤齐齿呼的iɛ韵母，只拼c、ç和零声母。

2.音节表（见14页—18页）

三　两字组连读变调和轻声

1.四个声调处于前后不同位置时的基本情况

阴平313、31　作后字不变调，可313，也可31，前者往往是在强调式慢读的时候。作前字，在阴平前变阳平；在阳平前读313，但是后面的升度稍微减弱；在上声、去声、轻声前都读31。除在阴平前外，阴平字不论在前在后，本志一律作不变处理，记作31。

阳平55　作后字不变调；作前字除在阴平、上声前变去声以外，其余不变调。

上声214　作后字不变调；作前字，在阴平和小部分轻声前变阳平，在上声前变去声，其余不变调，只是在阳平前时，末尾升度稍减，仍作不变处理。

去声42　作前字、作后字，全不变调，只是两去相连时，后字开头略重于前字，前字比原调稍底，但仍高于阴平的开头，作不变处理。

2.两字组连调类

以上说明：长岛方言四个单字调，两字组的十六种组合关系因变调而产生的同化共有五种。两字组的十一种连调类的情况如下：

① 55 31　读这一类的有阴阴、阳阴（不变）、上阴：

阴阴　天边　t′ian$_{55}^{313}$pian^{31}　　　书包　ʃu$_{55}^{313}$po^{31}

　　　秋收　tʂ′ou$_{55}^{313}$ʃou^{31}　　　搬家　pan$_{55}^{313}$cia^{31}

　　　高低　ko$_{55}^{313}$ti^{31}　　　阴天　in$_{55}^{313}$t′ian^{31}

阳阴　田边　t′ian^{55}pian^{31}　　　农村　nu^{55}tʂ′ən^{31}

　　　洋鸡　iaŋ^{55}ci^{31}　　　离婚　li^{55}xuən^{31}

　　　长山　tʂ′aŋ^{55}san^{31}　　　鞋帮　çi^{55}paŋ^{31}

上阴　马车　ma$_{55}^{214}$tʂ′ə^{31}　　　北京　pə$_{55}^{214}$ciŋ^{31}

　　　养鸡　iaŋ$_{55}^{214}$ci^{31}　　　雨衣　y$_{55}^{214}$i^{31}

　　　黑山　xə$_{55}^{214}$san^{31}　　　点灯　tian$_{55}^{214}$təŋ^{31}

② 42 31　读这一类的是去阴（不变）：

去阴　汽车　c′i^{42}tʂ′ə^{31}　　　电灯　tian^{42}təŋ^{31}

　　　石沟(村名)xou^{42}kou^{31}　　　细心　ʃɿ^{42}ʃən^{31}

　　　晕车　yn^{42}tʂ′ə^{31}　　　看书　k′an^{42}ʃu^{31}

2. 音节表

四呼	开								口							呼							
韵	a				ə				ɿ				er			ɛ				ei			
声／四声	阴	阳	上	去	阴	阳	上	去	阴	阳	上	去	阳	上	去	阴	阳	上	去	阴	阳	上	去
p	巴	拔	八	爸	波	白	北									排		摆	败	杯	赔		背
p'	趴	爬		怕	坡	婆	泼	破								④	牌	⑤	派	坯			配
m	妈	麻	马	骂	摸	魔	麦	沫								埋	霾	买	卖		梅	每	妹
f		乏	法																	飞	肥	匪	肺
t	打	达	打	大	①	特	得	②									台	歹	代	堆		⑧	对
t'																	抬		太	推		腿	退
n	拿		哪	那			勒										乃	奶	耐			馁	内
l	拉	拿	柆	落	勒	勒	勒	勒					儿	耳	饵	⑥	来		赖		雷	垒	泪
ts	渣	杂		诈			窄	助	资	慈	纸	字				灾		宰	在				罪
ts'	岔	茶	礼	权		择	拆	册	雌	瓷	刺	翅				猜	柴	采	蔡	崔			脆
s	沙	脲	杀	度			色	切	思	时	死	四				腮			赛	虽⑨	随		岁
tʃ					遮	哲	者	借	知		质	治											
tʃ'					车		扯	彻	蚩	迟	尺												
ʃ					奢	邪	舍	社	诗	实	失	细											
c																							
c'																							
ç																							
k	嘎	嘎	割	咔	哥	额	革	个								该		改	盖			给	概
k'	咯	嘎	渴		③喝	核	咳									开		楷	慨			给	誓
x	哈	哈	喝		喝	额	黑										孩	海	害			孩	艾
ø	啊	啊	啊	啊	啊				西							哀⑦	开	矮	艾				

① ～蹇 tɕə³¹se˙：①上下抖动，②到处端示
② ～勒 t'ə⁴²lə˙；抖落
③ 紧而不舒服
④ ～活 pɛ⁵⁵xuo˙；夸夸其谈。
⑤ 原地活动

⑥ ～蛛 lɛ³¹lɛ˙tʃ'u³¹；蜘蛛
⑦ 上下击打
⑧ ～死 tei²¹⁴s1˙两相抵销
⑨ 杏 sei³¹ɕiŋ⁴²；一种杏仁微甜的杏子

声 \ 韵母	o 阴	o 阳	o 上	o 去	ou 阴	ou 阳	ou 上	ou 去	ɑn 阴	ɑn 阳	ɑn 上	ɑn 去	en 阴	en 阳	en 上	en 去	ɑŋ 阴	ɑŋ 阳	ɑŋ 上	ɑŋ 去	eŋ 阴	eŋ 阳	eŋ 上	eŋ 去
p	包		宝	报	兜		否	豆	班	盘	板	半	奔	盆	本	笨	邦	旁	榜	棒	崩	朋	绷	蚌
p'	抛⑩	刨	跑	炮	偷		抖	透	潘⑬	蟠	满	判	喷	门		喷	胖	忙	耪	胖	烹	盟	捧	碰
m		猫	卯	茂			畝		帆	凡	反	慢	焖		粉	闷	方	忙	茅		蒙	盟	猛	孟
f												饭	分				房	房	纺	放	风	冯		凤
t	刀	桃	岛	到	兜	头	抖	豆	丹	团	短	蛋	墩	屯	盹	叹	当	唐	挡	当	灯	腾	等	邓
t'	掏		讨	套			敨		贪		遂	难	吞				汤	糖	躺	烫		能		疼
n		挠	脑	闹			扭		男		暖	乱		轮				瓤	攮	铁			⑦	
l	捞	牢⑪	老	涝	搂	楼	走	娄	兰		卵	难		存	论		狼	狼	朗	浪	楞	层	冷	棱
ts	遭	曹	早	造	邹	慈	撖	做	钻		剪	站	尊		怎	故	脏		獲	纵	争	成	省	赠
tsʻ		嚼	草	扫		仇	酒	凑	餐	钱	浅	算	村	晨	参	顫	仓	常	抢	唱	生	绳	清	秤
s	稍	潮	嫂	赵	搜	愁	丑	瘦	三		产	参	孙	神	损	替	案	祥	赏	上	贞		请	至
tʃ	焦		搞	俏	周		手	昼	尖		剪		侵		珍		张				清		井	
tʃʻ	超	韶	少	笑	秋			袖	千				新		模		枪				星		醒	
ʃ	烧				收				先		浅				娆		商							
ȶ																								
ȶʻ																								
ɕ																								
k	高	豪	考	告	钩		狗	够	甘	含	感	干	跟	痕	艮	良	刚	红	港	杠	庚	恒	耿	硬
kʻ			好	靠	抠		口	扣	刊		坎	看			垦	根	康	航	航	抗	坑			横
x	薅	蒙	袄	号	媾		吼	后	惩		喊	汉	⑮		很	恨	航	昂	航		亨			
ø	熬	熬		傲	欧	嘔	偶	瓯	安		俺	岸	恩			愠			⑯					

⑩ 抛，扔

⑪ 吵嚷

⑫ 风干

⑬ 在

⑭ 扎，刺

⑮ ～达 xɛn³tɑˈ；喝斥

⑯ ～烟 ɑŋ²¹⁴iɑn³¹；因草湿而烟多

⑰ 潮湿

声母	ia 阴	ia 阳	ia 上	ia 去	ie 阴	ie 阳	ie 上	ie 去	i 阴	i 阳	i 上	i 去	io 阴	io 阳	io 上	io 去	iou 阴	iou 阳	iou 上	iou 去	ian 阴	ian 阳	ian 上	ian 去	in 阴	in 阳	in 上	in 去	iaŋ 阴	iaŋ 阳	iaŋ 上	iaŋ 去	iŋ 阴	iŋ 阳	iŋ 上	iŋ 去
p					憋		别			皮	比	闭	标		表	镖					边		扁	变	宾		品	殡					冰		丙	病
p'					撇			瞥	批	皮	劈	屁	飘	瓢	漂	票					篇			片	拼	贫		鬓	乒	平			乒	平		
m								灭	眯	迷	米	密		苗	秒	庙						棉	免	面			敏							明		命
f																																				
t					爹		跌		低	敌	底	地	刁	条	挑	掉	丢				颠	天	点	店									丁	亭	顶	定
t'					帖		铁		梯	题	体	剃	挑	条		跳					天												听	亭	挺	
n					捏		捻		尼	你	尼	腻		鸟	鸟	尿		牛	纽			年	碾	念						娘				宁	拧	
l			俩		咧		列	劣	梨	你	礼	力	撩	聊	了	料	溜	刘	柳	六		连	脸	恋	林	檩	凛	吝	良	良	两	亮	灵	灵	领	另
ts																																				
ts'																																				
s																																				
tɕ	加		甲	架	结	杰	姐	介	鸡	极	己	季	交		绞	叫	究		九	旧	尖		减	件	今		紧	近	江		讲	降	京		景	敬
tɕ'	掐			恰	茄		且	妾	欺	奇	启	气	敲	乔	巧	窍	丘	求		糗	牵	钳	遣	欠	钦	芹			腔	强	强		轻	擎	顷	庆
ɕ	虾		瞎	下	协	歇	解	谢	希	席	喜	戏	枵		晓	孝	休			秀	掀	贤	险	县	欣			衅	乡		响	向	兴	形		幸
tʂ																																				
tʂ'																																					
ʂ																																					
k																																				
k'																																				
x																																				
ø	丫	牙	鸭	轧	耶		野	夜	衣	移	椅	异	妖	摇	咬	要	优	由	有	又	烟	言	眼	宴	音	银	引	印	央	羊	养	样	英	营	影	硬

⑱ 太
⑲ ～饼：摊饼

四呼	合口呼											口呼																								
韵母	ua				uo				u				uai				uei				uan				uen				uɑŋ				uŋ			
四声 声母	阴	阳	上	去	阴	阳	上	去	阴	阳	上	去	阴	阳	上	去	阴	阳	上	去	阴	阳	上	去	阴	阳	上	去	阴	阳	上	去	阴	阳	上	去
p									晡⑳		补	布																								
pʻ									铺	葡	普	铺																								
m										模	母	目																								
f									夫	服	府	父																								
t					多	夺	朵	舵	都	毒	赌	杜					堆			对	端		短	断									冬	童	董	洞
tʻ					拖	驼	妥	唾		图	土	兔					推		腿	退						囤							通		桶	
n						挪		糯				怒											暖											农		弄
l						罗	裸	落	撸	炉	鲁	路						雷	垒	类						轮								龙	拢	
ts							坐	昨	租	足	祖	祝							嘴	醉	钻		纂		尊								宗		总	纵
tsʻ							撮		粗			醋					催			脆				窜	村	存							聪	丛		
s					唆		所	缩	苏			素					虽	随		碎	酸			算	孙		损						松		耸	送
tʂ	抓		爪		捉				诸	竹	主	住					追			坠	专		转	赚			准		庄			壮	中		肿	众
tʂʻ					戳				初	除					揣		吹	锤			穿	船	喘	串	春		蠢		窗	床	闯	创	充	虫	宠	
ʂ	刷		耍		说		朔		书	属	数	树			甩	帅		谁	水	税	闩			涮					双		爽					
ʐ								若		如	乳									瑞			软					润						荣		
tɕ											咀												宣													
tɕʻ												趣										全		癣		巡										
ɕ										徐																										
k	瓜		寡	挂	锅	国	果	过	姑		古	故	乖		拐	怪	归		鬼	贵	关		管	贯	昆		滚	棍	光		广	逛	工		巩	贡
kʻ	夸		垮	跨	科			扩	枯		苦	库				块	亏			愧	宽		款		坤		捆	困	筐			旷	空		孔	控
x	花	华		画	豁	活	火	祸	呼	胡	虎	户		怀		坏	灰	回	悔	汇	欢	还	缓	唤	昏	魂		混	荒	黄	晃	谎	烘	红	哄	哄
∅	挖	娃	瓦	袜	窝	鹅	我	卧	乌	吴	午	务	歪			外	威	围	委	位	弯	完	碗	万	温	文	稳	问	汪	王	往	忘	翁			嗡

⑳ 用手拨动、拨动
㉑ 原地打转

四呼		撮口呼																						
韵母		yŋ				yn				yɑn				y				yo				ye			
声母	四声	阴	阳	上	去	阴	阳	上	去	阴	阳	上	去	阴	阳	上	去	阴	阳	上	去	阴	阳	上	去
p																						捌			
p'																									
m																									
f																									
t																									
t'																									
n																女									
l																绿	律								
ʦ																									
ʦ'																									
s																									
ʧ																									
ʧ'																									
ʃ																									
ʨ			㉔	箐			均		菌	捐		卷	眷	居	局	举	句		脚				决	缺	㉒
ʨ'							群			圈	权	犬	劝	区	渠		去	确	学						
ɕ			劳			熏			训	轩		楦		蛆		许	畜					靴	瘸	穴	
k			雄																						
k'																									
x						兄					悬														
ø		拥	雄	永	用		云	允	运	冤	原	软	院	淤	鱼	雨	遇		药		乐	魃	月		阅

㉒牲畜因惊吓而狂奔
㉓～，虫子爬行
㉔～乎₂　粉碎状

③ 31 55 读这一类的是阴阳(不变)：

阴阳 清明 ʨʻəŋ³¹miŋ⁵⁵   车由(岛名)ʨʻə³¹iou⁵⁵

   中学 ʨuŋ³¹ɕyo⁵⁵   刀鱼 to³¹y⁵⁵

   山前 san³¹ʨʻan⁵⁵   猪皮 ʨu³¹pʻi⁵⁵

④ 42 55 读这一类的是阳阳、去阳(不变)：

阳阳 轮船 lən⁵⁵₄₂tsʻuan⁵⁵   南隍 nan⁵⁵₄₂xuoŋ⁵⁵

   银行 in⁵⁵₄₂xaŋ⁵⁵   食堂 ʃ1⁵⁵₄₂tʻaŋ⁵⁵

   阳台 iaŋ⁵⁵₄₂tʻɛ⁵⁵   值钱 ʨ1⁵⁵₄₂ʨʻan⁵⁵

去阳 玉石 y⁴²ʃ1⁵⁵   地图 ti⁴²tʻu⁵⁵

   乐园 luo⁴²yan⁵⁵   证明 ʨ̧əŋ⁴²miŋ⁵⁵

   晕船 yn⁴²ʨʻuan⁵⁵   布鞋 pu⁴²ɕi⁵⁵

⑤ 214 55 读这一类的是上阳(不变)：

上阳 打鱼 ta²¹⁴y⁵⁵   北城 pə²¹⁴ʨʻəŋ⁵⁵

   酒瓶 ʨou²¹⁴pʻiŋ⁵⁵   表扬 piɔ²¹⁴iaŋ⁵⁵

   码头 ma²¹⁴tʻou⁵⁵   老人 lɔ²¹⁴in⁵⁵

⑥ 31 214 **读这一类的是阴上(不变)：**

阴上 工厂 kuŋ³¹ʨʻaŋ²¹⁴   收网 ʃou³¹uaŋ²¹⁴

   烧火 ʃo³¹xuo²¹⁴   **生产** səŋ³¹san²¹⁴

   钦岛 cʻin³¹tɔ²¹⁴   东北 tuŋ³¹pə²¹⁴

⑦ 42 214 读这一类的是阳上、上上、去上(不变)：

阳上 糊口 xu⁵⁵₄₂kʻou²¹⁴   鱼网 y⁵⁵₄₂uaŋ²¹⁴

   农民 nu⁵⁵₄₂min²¹⁴   棉袄 mian⁵⁵₄₂ɔ²¹⁴

   长岛 ʨʻaŋ⁵⁵₄₂tɔ²¹⁴   年底 nian⁵⁵₄₂ti²¹⁴

上上 虎口 xu²¹⁴₄₂kʻou²¹⁴   织网 ʨ1²¹⁴₄₂uaŋ²¹⁴

   割草 ka²¹⁴₄₂tsʻɔ²¹⁴   海米 xɛ²¹⁴₄₂mi²¹⁴

   北岛 pə²¹⁴₄₂tɔ²¹⁴   选举 ʃan²¹⁴₄₂cy²¹⁴

去上 户口 xu⁴²kʻou²¹⁴   晒网 sɛ⁴²uaŋ²¹⁴

   报纸 pɔ⁴²ʨ1²¹⁴   大米 ta⁴²mi²¹⁴

   庙岛 miɔ⁴²tɔ²¹⁴   电影 tian⁴²iŋ²¹⁴

⑧ 31 42 读这一类的是阴去(不变)：

阴去 车站 ʨʻə³¹ʦan⁴²   医院 i³¹yan⁴²

   车票 ʨʻə³¹pʻiɔ⁴²   公社 kuŋ³¹ʃə⁴²

   东濠(地名)tuŋ³¹ɔ⁴²   干贝 kan³¹pei⁴²

⑨ 55 42 读这一类的是阳去(不变)：

阳去 邮票 iou⁵⁵pʻiɔ⁴²   学校 ɕyo⁵⁵ɕiɔ⁴²

　　　　文化　uən⁵⁵xuɑ⁴²　　　　鱼厚(鱼多)y⁵⁵xou⁴²

　　　　毛线　mɔ⁵⁵ʃɑn⁴²　　　　条件　t'iɔ⁵⁵ciɑn⁴²

⑩　214 42　读这一类的是上去(不变)：

上去　紫菜　ʨʅ²¹⁴ʨ'ɛ⁴²　　　写信　ʃə²¹⁴ʃən⁴²

　　　海市　xɛ²¹⁴sʅ⁴²　　　　考试　k'ɔ²¹⁴sʅ⁴²

　　　搭救　tɑ²¹⁴ciou⁴²　　　老伴儿lɔ²¹⁴pɑnr⁴²

⑪　42 42　读这一类的是去去(不变)：

去去　对象　tei⁴²ʃɑŋ⁴²　　　电话　tiɑn⁴²xuɑ⁴²

　　　淡菜　tɑn⁴²ʨ'ɛ⁴²　　　看报　k'ɑn⁴²pɔ⁴²

　　　做饭　ʦou⁴²fɑn⁴²　　　上当　ʃɑn⁴²tɑŋ⁴²

3.两字组第二字为轻声的情况

　　阴平、阳平、上声、去声，在轻声前都不变调。阴平只读31，不读313。后面的轻声音节可分为高轻和低轻两类，分别记作4和2。

①　高轻4　读高轻的在阴平和上声后：

阴轻　多少　tuo³¹su⁴　　　　东西　tuŋ³¹ʃʅ⁴

　　　哥哥　kə³¹kə⁴　　　　芝麻　ʦʅ³¹mɑ⁴

　　　兄弟　çyŋ³¹ti⁴　　　　干净　kɑn³¹ʦəŋ⁴

上轻　姐夫　ʦə²¹⁴fu⁴　　　　买卖　mɛ²¹⁴mɛ⁴

　　　本子　pən²¹⁴ʦʅ⁴　　　　老的　lɔ²¹⁴ti⁴

　　　骨头　ku²¹⁴t'ou⁴　　　　小心　ʃɔ²¹⁴ʃən⁴

②　低轻2　读低轻的主要在阳平和去声后，还有一小部分在上声(多来源于古入声)后：

阳轻　萝贝　luo⁵⁵pei²　　　　黄瓜　xuɑŋ⁵⁵kuɑ²

　　　棉花　miɑn⁵⁵xuɑ²　　　前日　ʦ'ɑn⁵⁵i²

　　　瓶子　p'iŋ⁵⁵ʦʅ²　　　　明白　miŋ⁵⁵pə²

去轻　料理　liɔ⁴²li²　　　　露水　lu⁴²suei²

　　　地场　ti⁴²ʦ'ɑŋ²　　　　木匠　mu⁴²ʦɑŋ²

　　　外甥　uɛ⁴²səŋ²　　　　利害　li⁴²xɛ²

上轻　月亮　yə²²¹⁴₅₅liɑŋ²　　　热闹　ie²²¹⁴₅₅nɔ²

　　　铁匠　t'ie²²¹⁴₅₅ʦɑŋ²　　讨换　t'ɔ²²¹⁴₅₅xuɑn²

4.两字组连调及轻声表：

前字 后字	阴　　平	阳　　平	上　　声	去　　声
阴 平	①313＋313→ 55＋31(313) 东风　花生	①55＋313→ 55＋31(313) (不变) 牙膏　回家	①214＋313→ 55＋31(313) 北京　老师	②42＋313→ 42＋31(313) (不变) 大车　地瓜

续表

前字＼后字	阴　平	阳　平	上　声	去　声
阳平	③313＋55（不变） 锅台　　虾皮	④55＋55→ 42＋55 船头　　鱼行	⑤214＋55（不变） 码头　　打雷	④42＋55（不变） 炕沿ʲ　卖粮
上声	⑥313＋214→ 31＋214 （不变） 三九　　舢板	⑦55＋214→ 42＋214 凉水　　船长	⑦214＋214→ 42＋214 喝水　　出海	⑦42＋214（不变） 字典　　下水
去声	⑧313＋42→ 31＋42（不变） 鸡叫　　工业	⑨55＋42（不变） 熬夜　　白菜	⑩214＋42（不变） 海带　　土豆	⑪42＋42（不变） 炸弹　　种地
轻声	313＋轻→ 31＋4 他的　　钴饰	55＋轻→ 55＋2 爷爷　　良心	①214＋轻→ 214＋4 椅子　　木头 ②214＋轻→ 55＋2 咳嗽　　摆弄	42＋轻← 42＋2 后头　　帽子

以上两字组的变调和轻声，都是属于有规则的变化，少数特殊变化不在内。

四　儿化韵

　　长岛方言的三十七个韵母，除去原来的卷舌韵母ər以外，其余的三十六个都可儿化。其儿化方式跟北京基本相同，只是卷舌程度稍轻。个别韵母在t声母后面儿化时，前面带有一个轻微的闪音r，象"小豆儿"ʃɔ²¹⁴trour⁴²、"小洞儿"ʃɔ²¹⁴trɒ̃r⁴²；有的l声母拼i的字音，儿化后l变为ʅ，这时单韵母i变为ər，介音i丢失，象"朝里儿"tʃɔ⁵⁵ʅər˙、"蒙蒙亮儿"məŋ⁵⁵məŋ˙ʅār⁴²；y韵母的儿化也较特殊。长岛方言各套韵母儿化后的分化、合并现象见下表：

儿化韵	原韵母	例　　　　　词			备　　注
ɑr	ɑ	小马儿	没法儿	小塔儿	
iɑr	iɑ	他俩儿	小虾儿	小鸭儿	
uɑr	uɑ	小褂儿	小华儿	花儿	

续表

儿化韵	原韵母	例		词	备 注
ɤr	ə	葱白儿　老婆儿　小磨儿 色儿　　格儿　　小矮个儿			声母p、ɓ、k等组实际音值为ɤr
		小车儿　姐儿俩　下小雪儿			声母ʧ、ʧ'、ʃ、实际音值近ʌr
ər	l	字儿	树枝儿	小芝儿	
	ei	刀背儿	猜谜儿	小腿儿	
	ən	本儿	小盆儿	小村儿	
iər	i	虾皮儿	小鞋儿	小米小	
	ie	小鳖儿	小碟儿	树叶儿	
	in	小人儿	虾仁儿	小手巾儿	
uər	uei	小鬼儿	凉水儿	小铁锤儿	
	uən	没准儿	掉魂儿	小木棍儿	
yer	yn	小军儿	小裙儿	不合群儿	
uor	uo	小锣儿	秤砣儿	干活儿	
yor	yo	小脚儿			
yɵr	ye	小靴儿	月儿		舌位、唇形同原韵母
ur	u	小铺儿	小鹿儿	小虎儿	
ɥur	y	小驴儿	小菊儿	小鱼儿	l声母变为l̡（小驴儿l̡ə²¹⁴l̡ɥur⁵⁵）
ɛr	ɛ	牌儿	孩儿	盖儿	
	ɑn	盘儿	尖儿	小铲儿	
iɛr	iɛ	小街儿	小蟹儿		
	iɑn	小辫儿	一点儿	眼儿	
uɛr	uɛ	一小块儿			
	uɑn	小罐儿	药丸儿	海湾儿	
yɛr	yɑn	花卷儿	小院儿		
ɔr	ɔ	小枣儿	小高儿	小号儿	
iɔr	iɔ	小瓢儿	小苗儿	赶巧儿	

续表

儿化韵	原韵母	例　　　　　　词	备　注
our	ou	小豆儿　小丑儿　两口儿	声母t后带闪音r
iour	iou	小九九儿　小皮球儿　擦手油儿	
ãr	aŋ	鞋帮儿　小胖儿　小芳儿	
iãr	iaŋ	亮儿　瓜瓢儿　鞋样儿	
uãr	uaŋ	小窗儿　一筐儿　蛋黄儿	
ə̃r	əŋ	缝儿　小凳儿　星儿	
iə̃r	iŋ	小明儿　小钉儿　零儿	
ɔ̃r	uŋ	小洞儿　王家弄儿	声母t后带闪音r
yɔ̃r	yŋ	小狗熊儿	

　　上表说明长岛各韵的儿化情况。本志儿化韵的记音不再标出实际音值，而用原韵母后加"r"的方法表示。

五　长岛话跟普通话语音对照

（附《汉语拼音方案》）

　　1.声母对照

长岛话	普通话	《方案》	例字	长岛话	普通话	《方案》	例字
p	p	b	布	tɕ	tɕ	j	精
p'	p'	p	怕		tʂ	zh	蒸
m	m	m	门	tɕ'	tɕ'	q	清
f	f	f	飞		tʂ'	ch	昌
t	t	d	多	ʃ	ɕ	x	星
t'	t'	t	太		ʂ	sh	声
n	n	n	南	c	tɕ	j	经
l	l	l	来	c'	tɕ'	q	求
	z	r	仍	ɕ	ɕ	x	休
ts	ts	z	早	k	k	g	贵
	tʂ	zh	争	k'	k'	k	开
ts'	ts'	c	粗	x	x	h	海
	tʂ'	ch	初	ø	ø	零y、w	安言完
s	s	s	思		ʐ	r	然软
	ʂ	sh	师				

23

2.韵母对照

长岛话	普通话	《方案》	例字	长岛话	普通话	《方案》	例字
a	a	a	拿	iɔ	iau	iau	标
ia	ia	iɑ	加		au	au	饶
ua	ua	ua	瓜	ou	ou	ou	头
ə	o	o	波		iou	iou	修
	ɣ	e	革	iou	iou	iou	刘
	ie	ie	节		ou	ou	柔
	ai	ai	白	an	an	an	班
	ei	ei	贼		ian	ian	仙
	ye	üe	雪		uan	uan	算
ie	ie	ie	别	ian	ian	ian	边
	ɣ	e	热		an	an	然
ye	ye	üe	月	uan	uan	uan	晚
uo	uo	uo	多		yan	üan	宣
	ɣ	e	歌	yan	yan	üan	捐
yo	ye	üe	学		uan	uan	软
	uo	uo	弱	ən	ən	en	分
	iau	iao	药		in	in	心
ɿ	ɿ	i	资		uən	uen	村
	ʅ	i	支	in	in	in	民
	i	i	西		ən	en	人
i	i	i	低	uən	uən	uen	文
	ʅ	i	日		yn	ün	讯
u	u	u	古	yn	yn	ün	军
	y	ü	婆		uən	uen	闰
y	y	ü	居	aŋ	aŋ	ang	帮
	u	u	如		iaŋ	iang	将
ər	ər	er	儿	iaŋ	iaŋ	iang	江
ɜ	ai	ai	海		aŋ	ang	让
iɜ	ie	ie	街	uaŋ	uaŋ	uang	王
	ai	ai	矮	əŋ	əŋ	eng	朋
uɜ	uai	uai	快		iŋ	ing	精
ei	ei	ei	杯	iŋ	iŋ	ing	兵
	uei	uei	对	uŋ	uŋ	ong	冬
uei	uei	uei	追		uəŋ	ueng	翁
ɔ	au	au	包	yŋ	yŋ	iong	兄
	iau	iau	焦		uŋ	ong	容

3.声调对照

长岛话	普通话	例字
阴平 Ⅴ 313、Ⅴ 31	阴平 ˥ 55	诗
阳平 ˥ 55	阳平 ˧ 35	时牛
上声 Ⅴ 213	上声 Ⅴ 214	使柳
	阴平	一
	阳平	竹
	去声	客麦
去声 ˥ 42	去声 Ⅴ 51	是试事妹六

从以上声、韵、调的对照，可以进一步总结长岛与普通话的主要语音对应规律如下：

1.长岛ʦ、ʦ‘、s声母的字，普通话分为ʦ、ʦ‘s和ʈʂ、ʈʂ‘、ʂ两组。见下表：

长 岛 话	普 通 话	例　　　　　字
ʦ	ʦ	资早祖走坐裁嘴尊责钻脏增宗总
	ʈʂ	支助抓专站准摘窄争庄中罩仲种追
ʦ‘	ʦ‘	次操粗凑错残脆仓层聪丛莱草葱
	ʈʂ‘	翅初锄拆愁吹传铲春馋撑冲穿窗
s	s	思四三苏诉嗽搜索赛岁桑松宋送
	ʂ	师使是示疏数晒水山闩拴顺生省双

2.长岛话的舌叶音ʧ、ʧ‘、ʃ，普通话没有。长岛话读ʧ、ʧ‘、ʃ声母的字，普通话 读成两组：一组读卷舌音ʈʂ、ʈʂ‘、ʂ，韵母为开口呼、合口呼；一组读舌面前音ʨ、ʨ‘、ɕ，韵母为齐齿呼、撮口呼。见下表：

长 岛 话	普 通 话	例　　　　　字
ʧ	ʈʂ	知这周战真张蒸震丈整主
	ʨ	济姐酒贱进将精尽焦揪嚼聚
ʧ‘	ʈʂ‘	吃彻仇蝉沉唱成潮臣常除
	ʨ‘	齐切千侵秋瞧枪侵清墙全
ʃ	ʂ	失湿射善身收烧伤胜绳书
	ɕ	冼细谢先信笑修相星腥讯

3.长岛话读舌面中音ȵ、ȵ'、ȵ声母的字，普通话全部读成ʨ、ʨ'、ɕ。见下表

长 岛 话	普 通 话	例　　　　　　字
ȵ	ʨ	鸡基甲假交纠奸紧菌江京睿
ȵ'	ʨ'	气骑恰求欠芹群强轻穷琼曲
ȵ	ɕ	希喜吓瞎休咸欣训向兴兄许

4.长岛话读零声母的字，普通话大部分也是零声母，但齐齿呼和撮口呼中的一部分普通话读z声母，韵母是开口呼和合口呼；长岛话读l声母的字，普通话大部分也是l，但有少数几个字是z声母。见下表：

长岛话	普通话	例　　　　　　字	备　　注
零声母	零声母	啊牙瓦衣乌鱼耳儿爱委云袄欧油王	开、齐、合、撮四呼都有
l	z	饶扰绕柔揉肉染冉任妊入然燃热软人仁忍认日闰润瓤壤攘嚷让若弱绒戎茸褥	只限于长岛话齐、撮两呼
		仍扔锐蕊辱	限于开、合两呼
	l	拉里路来劳利兰连吕驴略良龙	开、齐、合、撮、四呼都有

5.长岛话ə韵母，在普通话里是六个韵母：ə、ie、o、ɑi、ei、yə。二者的对应关系见下表：

长 岛 话	普 通 话	例　　　　　　字	备　　注
ə	ə	德特哥刻这车舍泽择色	
	ie	姐借且写泻卸谢邪斜接姜捷泄些	限于长岛话ʧʧ'ʃ声母
	o	波玻脖婆破泼末沫摸墨默	限于p p' m声母
	ɑi	柏拍脉麦百白摘窄拆宅	
	ei	北贼黑勒~绳子	
	yə	雪薛绝	

6.长岛话t、t′、n、l、ʦ、ʦ′、s声母拼ɑn韵母的字，普通话一部分是ɑn 韵母，一部分是uɑn韵母；长岛话t、t′、n、l、ʦ、ʦ′、s拼ən、ei韵母的字，普通话分别是uən、uei韵母的字。也就是说，普通话t、t′、n、l、ʦ、ʦ′、s与uɑn、uən、uei相拼的字，长岛话没有u介音。见下表：

长岛话韵母　　例字　普通话韵母　长岛话　普通话声母	ɑn		ən	ei
	ɑn	uɑn	uən	uei
t	丹单诞旦但蛋耽担胆淡	端短断段锻缎	敦墩顿吨钝囤蹲盾遁	对堆兑队
t′	滩摊坦炭叹坛檩贪探潭谭谈痰	团	屯豚臀吞褪	推腿退颓
n	南男难	暖		
l	蓝篮览揽滥缆兰栏拦懒烂	卵乱鸾	论仑伦沦轮	
ʦ	赞簪暂	钻	尊遵	最嘴罪醉
ʦ′	餐残灿参惨蚕断	蹿~出来	村存寸忖	崔催脆悴粹
s	伞珊三散	酸算蒜	孙	碎随髓遂隧穗虽绥

7.长岛话有iɛ韵母，普通话没有。就已调查的字来看，长岛话读 iɛ韵母的字，普通话大部分读ie，有两个字读ɑi，见下表：

长岛话	普通话	例　　　　　　　字
iɛ	ie	皆街阶解界介戒疥蟹
	ɑi	挨矮

8.长岛话的ye、yo两个韵母，普通话是ye、uo、iɑu。见下表：

长岛话	普通话	例　　　　　　　字
ye	ye	悦阅月越曰粤癫靴掘决诀缺穴
yo		约虐疟岳乐音~掠觉确学
	uo	若弱
	iɑu	药钥脚

9.长岛话的uŋ韵母，凡是零声母字，普通话读为uəŋ韵母，其余声母则读uŋ韵母。见下表：

长 岛 话	普 通 话	例　　　　　字
uŋ	uŋ	东洞通同脓龙中众冲松工空轰
	uəŋ	翁瓮嗡

10.长岛话有四个声调，普通话也是四个。长岛话读阴平、阳平、去声的字，普通话基本上也读阴平、阳平、去声。如：阴平调，"刚知专尊丁边安"；阳平调，"穷陈床才唐平云"；去声调，"盖是断共阵害岸岳物"。也有例外字，但不太多。长岛话读上声的字，普通话的归类比较复杂，读阴、阳、上、去的都有。这些字主要是中古的清声母和次浊声母的入声字。而次浊入声字普通话是读去声的。见下表：

长 岛 话	普 通 话	例　　　字	备　　注
上　声	阴　平	一七八黑惜约桌说割喝摘磕瞌插接贴服~吸杀瞎揭抽缺漆屈托踢郭锡息失湿	古　清　入
	阳　平	执竹革隔劫节吉阁格馒职织结	古　清　入
	上　声	古口展纸走比短楚草体普五女暖老买武	古清上、次浊上
		笔曲匹百法甲铁北渴雪骨脚血眨帖请~	古　清　入
	去　声	册策妾涩色毕质客各帖字~	古　清　入
		麦药钥入腊辣蜡墨默沫月日落鹿叶	古次浊入

第三章　同音字汇

凡　例

1.本字汇收入长岛方言常用字三千三百余个。按先韵母、后声母、声调的顺序排列。

韵母顺序：a ia ua ə ie ye uo yo ɿ ʅ i u y ər ɛ iɛ uɛ ei uei yɛ uai ɔ iɔ o iou ɑ iɑ uɑ nɑŋ ən in uən yn ən iŋ uŋ yŋ

声母顺序：p p′ m f t t′ n l ts ts′ s tʃ tʃ′ ʃ c c′ ç k k′ x ø

声调顺序：阴平　　阳平　　上声　　去声　　轻声

2.声调只标调类，并以①、②、③、④、⊙分别代表阴平、阳平、上声、去声和轻声。

3.写不出的字用"□"表示。

4.字下加双线"＝"表示文读（读书音）、加单线"——"表示白读（口语音）。

5.字的右下角用括号注出"（又）"、"（新）"、"（老）"，分别表示又读音、新读音和老读音。

6.必要的释义或例词用小字写在字的右下角。例词中的"～"号代表所注的字，例词后括号内的文字系该词释义。

a

p ①巴疤　②拔雹　③八把　④霸坝爸把刀～罢巴南乡～子

p′ ①趴　②爬　③㭠土字　④怕

m ①妈麻～达雨蚂～～虮②麻痳　③马码妈母亲　④骂蚂～蚱

f ②罚乏伐堡筏　③发髮法

t ①耷答～理　②答褡～褡岛　③搭打大～连市音　④大

t′ ①它他她　③塌塔

n ②拿纳出～③哪㑇纳～鞋底　④那

l ①拉～屎　②拉～人　③拉～车砬腊蜡辣　④落～在后面

ts ①渣踏　②杂铡闸炸袖～咱　③扎札哑碴眨　④诈乍炸～舞榨

ts′ ①又叹差～别　②茶搽査茬　③㧾嚓插馇　④权汉岔

s ①沙纱仨洒杉～木　②撒满天～　③杀撒

④厦

ʃ ②啥　③傻

k ①嘎～哒板　□～鱼　②嘎忽～　③乍～古割倍葛

k′ ①咯把鱼刺～出来　□一～喇（响声）　②瞌③渴磕　④咔～喇昧

x ①哈　②哈～趴　③喝

ø ①啊打～～　②啊～什么？　③啊　④啊

ia

l ③俩

c ①加嘉佳家　②夹（名）　③夹（动）袜贾甲假放～、真～角墙～　④嫁稼价驾架

c′ ①掐　③卡恰

ç ①虾　②霞匣辖侠狭峡洽　③瞎　④下吓夏

ø ①丫　②牙芽衔　③鸦雅鸭押亚哑压　④轧

29

ua

ts　①抓用手~ 䚕　③爪~子抓~人
s　①唰雨一~~地下　③耍刷~子涮　④刷~下一批
k　①瓜　③寡刮~风　④挂卦
k'　①诓垮　③侉~子刮~脸　④跨
x　①花　②华铧划滑猾④画化话
ø　①挖　②娃蛙　③瓦袜　④洼

ə

p　①波玻播拨饽勃停~　③剥~皮、~削簸(动)北百煏檗~开　④簸~箕
p'　①坡颇　②婆　③拍泊~地迫泼魄　④破
m　①摸　②魔摩磨~刀没沉~模~范、~子莫馍膜寞蟆　③末抹脉麦墨默　④磨石~沫
t　①口~塞　③得德
t'　①忑心里直~~　②特　④口~勒不掉
l　①勒~进　②勒断~~奶　③勒~索　④肋
ts　②则责择泽宅贼　③侧摘窄
ts'　①拆　④测厕策册
s　③色涩瑟塞~住口人多~不过去
tʃ　①遮　②蛰蜇折浙蜇绝辙捷~　③者姐接节摺捷(又)　④借褯
tʃ'　①车　②扯切　④彻撤且妾
ʃ　①些余赊　②蛇吞邪折~本　③舍写雪④舍宿~　赦社射涉设泻卸谢泄薛奢
k　①哥(新)戈(新)口~娄口~就　②鸽革隔格圪　④个过~来人
k'　①口~紧,勒人:~脖子　颏下巴~　③克刻咳客
x　①渴赫口~得(心剧烈跳动)　②咳~桃、~　③黑
ø　②额金~

ie

p　①瘪　②别　③鳖憋　④别~扭
p'　③撇

30

m列

m　①篾㡓~子口~~(头发鬓)　④灭
t　①爷蹀　②迭蝶谍碟牒　③跌
t'　口太:他~会那么样　③贴帖铁
n　①捏~古~古　②捏~住镊摄~影　④乜那里
l　①咧　③裂劣　④列烈猎
c　①秸胡~　②洁杰竭　③结劫
ç'　①趄　②茄　③怯
c　②协谐　③蝎歇血
ø　①嗲挨~趄　②爷耶椰　③也野冶惹热页叶额~来盖　④夜腋液掖业

ye

c　①撅决~口~歌~嘴撅~草包　②决~诀厥橛噘~人(骂人)倔　③镢撅~尾巴蹶
c'　①瘸　③缺缺
ç　①靴　②穴　③口~了(多指性口惊跑)
ø　②魇　③月刖　④悦阅曰越粤

uo

t　①多　②夺惰　③朵躲掇~弄　④舵堕垛⊙掇拾~
t'　①拖　②驼驮砣　③妥脱讬托庹
n　②挪诺　④糯(又)
l　①啰　②罗锣箩骡摞略　③洛骆络落烙酪掠　④乐快~糯
ts　②凿浊镯着睡~桌琢啄酌　③拙桌左捉坐座昨作
ts'　①搓　②矬撮铁~子雀　④错措
s　①蓑梭　②朔　③所锁琐索
tʃ　②着~重嚼
tʃ'　①啜~~(嘀咕)　③戳鹑
ʃ　②缩勺~子芍朔硕　③说削剥~　④塑
k　①锅哥歌戈　②国　③果裹阁各郭括聒葛诸~亮　④过
k'　①科棵颗窠　③可壳廓　④课裸阔扩咼
x　①豁祸~害剟　②河何荷和~气~灰禾合盒活或惑鹤(较少用)　③火伙郝霍　④货贺祸获(又)

①俄窝　②蛾娥鹅讹恶~心　③我握
④饿卧鄂鳄

yo

c	③脚觉角
c′	②确却
ç	②学
ø	②弱约若岳　③药钥虐疟哕　④乐音~药山~

1

ts	①姿资之芝兹滋支枝肢　③子籽紫姊旨脂指止址趾之纸只~有　④字孳自至志⊙仔仔
ts′	①疵吡嗤寺~后村眵　②瓷慈磁辞词祠此次齿匙雌　③跐刺　④翅寺朝海~刺鱼~
s	①私司丝思撕狮施诗尸　②时　③死史使驶屎虱始　④四肆饲祀斯赐似是示视士仕柿市事矢恃试氏
tʃ	①知蜘只　②执（又）直值植殖侄致集即疾辑　③职质执织汁迹踬绩籍挤济寂剂积鲫坚脊缉秩稚　④制智治祭际痔
tʃ′	①妻凄栖痴　②迟池驰耻赤齐脐持　③吃尺七漆　④砌⊙戚亲~
∫	①西犀　②十拾实食蚀石识室适习学~　③释失湿洗析夕汐息熄昔惜习~惯锡蟋悉袭膝饰　④世势式誓细逝

i

p	①屄　②逼鼻必霹拉~儿　③比鄙毕壁璧笔　④闭避篦敝蔽弊币臂
p′	①批纰匹　②皮疲脾　③辟劈譬僻　④屁
m	①眯　②迷谜（又）泥　③米　④泥秘蜜密觅腻~口（又）⊙墨即~县
t	①抵低　②敌狄笛嫡籴　③底滴　④弟第递地帝的~确
t′	①梯　②堤提蹄啼题剔　③体踢　④替剃⊙涕鼻~
n	②尼逆倪匿溺　③你　④腻~外人
l	①蓠　②犁梨厘立~字据　③李里理鲤

狸礼粒立~着　④利痢吏丽厉励隶例力历蛎荔栗暴离篱⊙璃

c	①几~乎机讥饥矶肌基鸡激击级技妓既姬戟　②及极急吉　③己几~个给~你供~　④计寄继系记忌季纪冀痣芥⊙矶
c′	①欺期　②奇骑棋麒旗歧祈　③启起岂其给~你（又）乞　④气汽器弃契⊙喜欢~
ç	①希稀嘻牺溪兮隙熙　②鞋畦（量词）③喜蟢~蛛吸　④戏系畦（动词）
ø	①医衣依膱~耐耐　②宜移逸夷姨疑遗益译疫役饴抑翼　③以乙已椅倚一亦日揖　④艺义议意异亿忆易容~、交~腻~耐人饴（又）

u

p	①口~娄　②鹁不　③补　④布步部薄埠卜
p′	①铺~设扑~拉咔　②蒲葡筐扑~娄瀑　③普谱髆胸~，果~仆扑~过去朴捕　④铺店~
m	①牟　②模~样　③母亩某木　④暮墓募幕慕谋目牧木（又）穆
f	①夫麸妇　②肤孵敷扶符浮凫服伏佛拂复腹付负　③斧府腑俯腐甫辅附福幅　④父釜富傅
t	①都~城嘟督　②独毒读牍　③堵赌肚猪~　④杜肚~子度渡镀
t′	①突（象声词）②图徒途涂屠　③土吐秃突　④兔
n	②奴努农　④怒
l	①捋绳子~扣了　②炉芦卢撸他一顿　③鲁橹撸~到底、~生子淘辱鹿　④路露陆禄绿辘
ts	①租组阻逐　②卒足唰烛　③祖竹筑　④助祝
ts′	①粗初　②锄　③族促楚础触猝　④醋畜~牲
s	①苏酥梳疏蔬　②赎（老）属熟（老）

③数(动词)　④素嗦俗速诉塑 粟 数(名词) 漱束

tʂ　①猪诸朱株珠蛛　②主心定意～柱　③煮拄主粥　④住注蛀驻注著聚铸

tʂ'　①樗 树蛆貙　②厨储除殊　③出取娶　④处相～趣趋

ʂ　①书舒输需须枢　②熟(新)赎(新) 徐　③鼠暑黍宿叔淑　④树竖术述秫恤 絮序叙绪续淑(又)恕 ⊙婿帇

k　①姑咕沽～? 孤辜　②核～儿　③古估股鼓谷骨　④固雇顾故轱

k'　①枯酷　③苦哭窟　④库裤

x　①呼忽互蝴　②湖胡糊烀 鹕葫 狐 壶　③虎□碰,接触　④户护获

ø　①乌　②吴蜈无　③五吾伍午舞武屋　④务悟误梧恶可～勿物杌渥毋

y

n　③女

l　①口～徐口 瓜子在身上直～～　②驴　③吕侣旅理～会捋～胡子绿　④虑滤律 率 敉～

c　①居驹拘口 冻得直～～车～马炮　②局　③举菊锔　④句锯剧据巨营拒距具惧口 ～拉 ⊙惧

c'　①区驱　②渠蛆　③曲麹屈苣～门芽儿　④去

ç　①虚嘘　③许蓄储～旭　④畜～牧

ø　①淤吁～叨迂加火使弯　②鱼余于盂榆愉 如欲　③雨语虞予熨～贴与给～,参～入乳汝儒　④玉遇寓愚裕育狱域娱誉预喻 褥入～車浴儒(又)

ər

ø　①耳　②儿　③饵尔　④二而

ɜ

p　②口～活别(又)　③摆　④拜败

p'　①排～子(尖头船)　②排牌　③口三～ ～,六坐坐、七个月打磨膌　④派

m　①埋海～汰　②埋　③买　④卖迈

t　①呆　②歹逮口～饭(吃饭)　④带代袋

贷待怠戴在 ⊙得～去

t'　①胎态　③台抬　④太泰

n　③乃奶　④耐奈捺一齑一～

l　①口～～ 绦　②来　③揽一块纸　④赖

ts　①灾栽斋　③载三年五～宰　④再在载 ～重债赛

ts'　①猜差出～ 搋～面　②才豺财材裁槐　③采睬彩　④莱蔡

ø　①腮筛　②洒　④晒赛塞边～

k　①该　③改　④盖概

k'　①开揩　③凯楷　④慨

x　①口　②孩核～心　③海　④害

s　①哀挨～反　③碍(又)　④艾爱碍

ɛi

c　①皆街阶偕　②蚧～巴子　③解　④介界芥疥戒械届

ç　②鞋(又)　④蟹獬懈

ø　①挨～号　②崖涯　③矮

au

ts　④拽

ts'　①揣　④踹(新)

s　①衰摔　③甩　④帅率蟀

k　①乖蝈　③拐　④怪

k'　③汇　④块快筷会～计

x　①口小船直～～　②怀槐淮　④坏

ø　①歪　③崴～了脚 口～篓子(衬衫)　④外

ei

p　①杯悲卑碑　④贝被备辈背倍彼

p'　①坯披　③培陪赔　④配佩

m　②梅霉枚眉煤媒埋没糜　③每美　④昧妹谜

f　①飞非　②肥　③匪　④肺费痱废

t　①堆　③口～死　④对队兑

t'　①推　③腿　④退蜕

n　③馁　④内

l　②雷擂　③累积～锐蕊垒勒～紧偏　④泪类累～了瑞

s　①口～杏　③嘴　④最醉罪赘

(水云) 见290汇78页

ts′ ①崔催 ④翠脆悴粹

ʂ ①虽 ②随隋遂隧绥~远县 ④岁碎穗

k ③给

k′ ①觖 ③给（又）

uei

tʂ ①追锥 ④坠

tʂ′ ①吹炊 ②垂捶锤槌

ʂ ②谁 ③水 ④睡瑞税

k ①龟归规轨 ③鬼 ④贵脆桂柜

k′ ①亏 ②葵 ④愧溃崩~

x ①灰辉徽 ②回 ③悔毁 ④会绘汇溃
～脓惠慧讳贿挥

ø ①威 ②为作~伪桅维惟违围卫红~兵、
～生 ③委尾苇伟危微偎 ④未味胃谓
猬畏喂位魏威海～为～什么

ɔ

p ①包鲍苞褒 ③宝堡饱保 ④报豹抱鲍
～鱼

p′ ①抛 ②袍刨胞 ③跑 ④炮泡孢

m ①口扒 ②猫锚矛茅毛 ③卯冒～肚子
④冒帽貌茂贸

t ①刀叨 ③岛捣倒打~导祷 ④倒~水到
盗道稻

t′ ①掏滔 ②桃逃陶 ③讨 ④套

n ①孬 ②挠 ③脑恼 ④闹

l ①捞 ②劳牢 ③老 ④涝耢鳓

tʂ ①遭糟 ②口说话~~地 ③早枣爪~牙
牙找 ④灶皂造糙燥罩焯笊 ⊙蚤

tʂ′ ①操抄钞 ②曹槽巢 ③草吵炒 ④肏

ʂ ①骚臊搔梢捎筲稍 ③扫~地嫂 ④扫
~帚潲口~色（退色）

ʧ ①朝~夕召沼诏昭招焦蕉礁椒 ②嚼~瓜
④赵兆照

ʧ′ ①超缲~边（动词）悄 ②朝~代潮樵瞧
④俏缲缫衣~（名词）

ʃ ①烧消宵霄硝销萧箫 ②韶 ③少多~
小 ④少~年绍笑啸邵

k ①高膏羔糕 ③稿搞 ④告

k′ ①考烤 ④靠犒~油

x ①蒿薅 ②毫豪濠大～村鹤 ③好～坏
④号耗好喜～

ø ②熬濠东～村、小～村懊 ③祆 ④傲

io

p ①标彪 ③表 ④镖

p′ ①飘 ②瓢嫖 ③漂～白 ④票漂～亮

m ②苗描喵猫叫声 ③秒 ④庙妙

t ①刁貂雕 ③屌 ④吊掉钓调～动鸟
～脚

t′ ①挑 ②调～和条 ③挑 ④跳

n ③鸟 ④尿

l ①撩 ②辽疗燎聊廖 ③了～结
④料

c ①交郊胶教～书骄娇浇 ③绞狡茭～瓜铰
搅矫侥 ④轿叫较窖觉睡～教～育

c′ ①敲 ②乔侨桥 ③巧 ④窍

ç ①枵 ③晓嚣 ④孝酵鸮效校学～、
～对

ø ①妖要～求腰吆邀 ②摇窑遥谣姚尧
饶
③咬舀杳淆扰 ④要重～褛靿绕跃大～进

ou

f ③否

t ①都～是兜 ③斗一～米抖陡 ④豆痘窦
斗～争

t′ ①偷 ②头投 ③鈄 ④透

n ④弄

l ①搂藤～ ②楼喽 ③搂 ④漏

ʧ ①邹皱绉诌撮一～面 ②走 ④做奏
骤

tʂ′ ①口～干 ②愁 ③瞅 ④凑

s ①搜馊飕 ②擞口～石 ④瘦

ʧ ①周舟州洲揪粥鬻 ②轴宙 ③肘酒
④昼就咒 ⊙帚

ʧ′ ①抽秋秋 ②仇囚泅绸稠筹酬 ③丑
④臭

ʃ ①收羞修 ③手首守 ④受授兽寿售袖
秀绣锈

k ①勾沟钩 ③狗苟 ④够构购媾

k′　①抠眍　③口　④叩扣寇

x　①姁　②候侯喉猴磈~矶岛　③吼
　　④后厚

ø　①欧　②噢表疑问　③藕偶呕　④沤

　　　　　　　iou

t　①丢

n　②牛　③扭纽狃谬　④拗

l　①溜馏流汗~儿　②刘留榴硫琉流
　　③柳　④六流水~

c　①纠究　③韭久灸九　④旧舅救

c′　①丘阄　②求球　③朽木头~了糗面条~
　　在一起

ç　①朽休嗅

ø　①优忧悠幽　②由油柚邮油尤犹游游柔
　　揉　③有友　④又幼右祐宥肉

　　　　　　　an

p　①班斑扳颁般搬　③扳版　④半伴拌扮
瓣

p′　①潘攀　②盘　④盼判

m　①口~这儿坐　②蛮瞒馒　③满·漫
　　慢蔓（又）幔墁~灰

f　①帆番翻　②凡矾烦繁　③反　④犯范
　　饭贩

t　①旦担~任丹单端　③胆掸短　④旦担
　　~子但弹子~蛋淡段缎锻断

t′　①贪摊滩　②谈痰谭檀弹~琴团　③毯
　　坦疃　④叹炭探

n　①口刺　②南男难~易　③暖　④难
　　患~

l　②篮兰拦栏蓝栾　③览揽懒漤卵　④滥
　　缆烂乱

ts　①钻　③斩盏攒　④赞暂蘸战栈钻金钢
　　~儿

ts′　①参~加餐掺窜　②蚕残馋　③惨铲

s　①三衫杉山酸　③伞散鞋带~了产删
　　④散打~了算蒜

tʃ　①沾粘氈笺尖煎　③展辗剪践　④占战
　　渐箭溅贱荐

tʃ′　①千迁歼签鸧鸡~食　②蝉缠钱前全泉

③浅潜　④颤

ʃ　搧苫~枣仙鲜先纤~维　③闪陕选
　　④善鳝扇线旋羡镟赡

k　①甘柑泔干~湿肝竿杆骭　③赶敢感秆
　　秆　④干~活

k′　①刊看~守堪　③坎砍　④看~见

x　①憨　②含寒韩函　③喊　④汉汗旱

ø　①安鞍鹌　③俺唵~干面子　④岸暗按案
　　蔓地瓜~（口）

　　　　　　　ian

p　①边编鞭　③贬扁匾　④变遍徧辨辩辫
　　便方~

p′　①篇偏　②便~宜　③谝　④片骗

m　②眠棉绵　③免勉　④面

t　①颠　③点典　④店电殿佃

t′　①天添　③田甜填　④舔

n　①蔫　②年拈鲇粘　③碾辇撵捻　④念

l　①连与人交往：他不~~人　②连莲缢廉镰
　　帘联怜　③脸　④恋敛练炼链

c　①肩坚间奸艰兼监鞬　③减碱俭检简茧
　　柬拣　④见舰剑件建健腱间~断涧

c′　①牵铅谦搛　②钳乾~坤　③遣~送
　　④欠歉遣~返回乡

ç　①掀锨　②嫌闲贤衔咸弦　③险显蚬
　　~子　④县限现献宪陷馅

ø　①烟淹醃焉　②言严盐簷阎颜研沿然燃
　　缘岩炎　③眼演掩染　④厌咽砚晏雁燕
　　宴验酽延

　　　　　　　uan

ts　①专砖　③转~眼　④赚篆转~圈传
　　~记

ts′　①川钏穿　②船传椽　③喘　④串籫除
　　麦壳

s　①闩拴　③涮

tʃ′　②全痊

ʃ　①宣旋　③癣

k　①关官观冠衣~　③管馆　④贯惯灌罐
　　冠~军

k′　①宽　③款口~松、肥大：衣服太~

x ①欢　②还环　③缓　④唤换焕患宦
ø ①弯湾剜豌　②完玩顽丸　③挽晚碗　④万

yɑn

c ①捐涓　③卷~起　④卷~宗券圈猪~倦眷绢
c' ①圈圆~　②权颧蹉拳鬈　③犬　④劝
ç ①轩　②玄悬　④楦
ø ①冤　②元园员圆原源袁辕援　③远软　④院怨愿

ən

p ①锛　③本　④笨奔
p' ①喷　②盆　④喷一~子、头~子
m ①焖　②门　④闷
f ①分芬纷　②坟　③粉　④愤忿粪奋份
t ①敦~厚墩吨蹲　③吨口~死我了口~死抵销　④盾遁钝顿砘　⊙饨
t' ①吞　②屯豚臀　④褪
n ④恁
l ②伦轮岺沦　④论嫩
ts ①尊遵　③怎
ts' ①村　②存　③磙　④寸衬
s ①孙森参人~　③损笋髓榫　④渗
tʃ ①真针斟珍诊胗津　③枕（名词）疹诊口~猪血　④镇阵枕（动词）浸~种竣振震尽进俊晋
tʃ' ①皴侵亲　②陈沉~重尘晨辰臣秦　③寝　④趁称~心沉~下去心
ʃ ①身申伸深心辛新薪　②神旬寻迅鲁~　③沈审婶　④肾慎甚什信芯塘~子迅~速　⊙蟮
k ①跟根亘　③艮不脆　④艮打~
k' ①肯啃垦恳　④裉
x ①口~达　②痕　③很　④恨
ø ①恩彬斌　④愳

in

p ①宾彬斌　④殡
p' ①拼　②贫频聘　③品

m ③民敏闽　④赁~房
l ①口~达口~饼（烙饼）　②林淋临燐鳞邻吝轮~换　③檩　④淋~灰
c ①今巾金襟筋口~衣服等缩水斤　③仅紧锦谨　④近劲禁
c' ①钦　②琴芹勤禽擒
ç ①欣　④岑
ø ①因姻音阴殷吟　②银人仁　③尹引隐饮忍淫　④印寅认任刃

uən

ts ③准
ts' ①春椿　②唇纯醇鹑　③蠢
s ④顺舜
ʃ ②巡循　④讯
k ③滚　④棍
k' ①昆崑坤　③捆　④困
χ ①昏婚荤　②魂　④浑混
ø ①温瘟　②文纹蚊闻　③稳　④问

yn

c ①均钧军君　④菌郡
c' ②裙群
ç ①熏薰　④训勋
ø ①晕　②匀云芸　③允　④运晕韵孕熨闰润

ɑŋ

p ①邦帮　③绑榜膀肩~　④棒傍
p' ①膀　②旁口~端　③螃嗙蹚　④胖
m ②忙芒茫　③盲莽蟒
f ①方芳彷　②房防妨　③访纺彷仿　④放
t ①当应~端~午　③档党　④当典~
t' ①汤螳摊~着了　②堂唐糖溏搪　③躺倘　④烫趟
n ②囊嚷　③攘　④农（人多）
l ①浪~当　②狼郎廊螂　③朗　④浪
ts ①脏不干净臓赃　③藏西~脏内~葬
ts' ①仓疮苍　②藏隐~
s ①桑丧婚~　③嗓　④丧~失
tʃ ①章樟张将（介词）浆桨　③长生~涨

~潮掌蒋奖港金山~　④丈仗杖帐胀涨 障
保~匠将大~　酱

tɕʰ　①昌鲳枪　②长~短肠场~园常尝偿墙
③场草~厂畅抢呛~人敞　④唱倡呛吃~
了钺~面

ʃ　①商伤相互~箱厢襄镶　②详祥翔
③赏想晌　④上尚象像橡相~面湘

k　①冈刚纲钢缸肛缰~绳　③港　④钢杠

k'　①康糠慷　②扛~活　④抗炕

x　②行银~航杭

ø　①肮口~治（请求）　②昂　③口~烟

iaŋ

n　②娘

l　②良粮凉量~长短粱梁　③两　④亮谅
量度~

c　①江姜疆礓刚（又）　③讲耩僵　④降
下~翠

c'　①腔　②强国富民~　③强坚~

ɕ　①香乡　②降投~　③享响饷　④向项
巷

ø　①央秧泱扬~~壤　②羊洋阳扬杨瓢
③养痒疡仰攘嚷　④样恙让

uaŋ

ts　①庄装桩　③奘　④壮状撞

ts'　①窗　②床　③闯　④创

s　①双霜　③爽　④双一对~（双胞胎）

k　①光　③广　④逛

k'　①筐　②狂　③夼　④矿况

x　①荒慌　②黄皇隍蝗　③晃谎　④晃

ø　①汪　②王亡望　③网往　④忘旺

əŋ

p　①崩绷~带进　③绷~着脸　口紧抱
④蚌蹦泵

p'　①烹　②朋棚彭膨篷　③捧　④碰蓬

m　①蒙~~亮儿矇　②盟萌没~歌儿明~日
（又）　③蒙猛　④梦孟

f　①风疯讽封丰峰锋蜂　②冯逢缝　④凤
奉俸缝一条~

t　①登蹬灯　③等　④凳瞪邓栋一~房子

拽拽拉

t'　①燷　②腾誊藤　③口返~　④痛疼

n　①㬴　②能　④弄

l　③扔　③仍冷　④楞棱　⊙愣

ts　①曾姓增争睁筝挣~扎　④赠粽挣~钱
口使力拽拉

ts'　①撑~得慌　②曾~经层　④撑~起来

s　①僧生牲笙甥　③省

tʃ　①正~月征贞侦蒸精睛涎　③整井
④正政证症郑净静晶匠木~（又）

tʃ'　①称~呼蛏青清晴蜻　②丞承塍程成诚
城盛~饭乘橙情惩　③请　④亲~家称
~砣

ʃ　①升声星腥　②绳　③省反~醒　④圣
胜剩盛兴~性姓

k　①更~改绠耕庚羹　③耿鲠颈　④梗
~~脖

k'　①坑吭铿

x　①夯　②恒衡　④横蛮~

iŋ

p　①兵冰　③丙饼秉　④并併病

p'　①乒　②平评坪萍瓶屏凭

m　②名铭明鸣　④命

t　①丁钉铁~　③顶鼎　④定订钉

t'　①听厅　②廷庭鲢亭停　③挺艇梃树~

l　②宁凝　③拧

n　②陵凌菱伶铃零灵　③岭领　④令另菱
⊙凉风~

c　①京惊经荆耕更　③景警境　④竟镜敬
竞径

c'　①轻卿　②擎　③顷倾苘　④庆

ɕ　①兴~旺　②行~为形刑型　④杏幸兴
高~

ø　①应~当英婴缨樱鹦鹰　②迎营萤蝇盈
赢　③影　④硬应响~

uŋ

t　①东冬　③董懂　④洞动冻

t'　①通　②同桐铜童瞳　③统筒桶捅

n　②浓脓　④弄

l　②龙笼聋拢微火烤　③拢陇垄　④弄
　（又）

ts　①中当~忠钟盅宗踪鬃终　③总种~类肿
　④中射~仲种~树重~量纵众

ts'　①匆葱囱聪充冲舂~米　②从丛重~复
　虫崇~祯　③宠崇~拜　④冲说话很~

s　①松放~嵩　③捒~达　④宋送讼颂诵

ʃ　①松~树嵩严~

k　①公工功攻弓躬宫恭　③巩拱耿土字~
　~子（大麦）　④共贡供~养

k'　①空~虚　③恐孔　④空~缺控

x　①烘哄~堂大笑薨　②红虹弘宏洪鸿
　③哄~人　④横~竖哄起~

ø　①翁　④瓮

　　　　　　yŋ

n　②口~乎

c　③窘

c'　②穷琼

ɕ　①兄凶胸　②雄熊

ø　①拥庸~俗　②戎绒茸容蓉镕融荣庸中~
　之道　③勇永蛹　④用

第四章 分类常用词汇

凡 例

1. 本词汇收入长岛方言常用词语一千八百五十条左右，大体按意义分为二十六类。意义相同的排在一起，常用的顶格排，其余的缩一格另行排列。有的词虽不同类，但意义相关，也排在一起，例如有关婚丧嫁娶的一些动作列入红白事而未收入动作类等。

2. 各条内容顺序为：汉字、注音、释义、举例。后两项或取或舍视条目需要而定。

3. 写不出的字一般用同音字代替，下作"～～～"号；无同音字可写者用"□"号表示。

4. 标音方法参见"记音符号说明"、"轻声"、"儿化"等各节。

5. 多义项的词义以①、②、③等为序，主要解释方言的特殊义，通用义在前。例句紧接在义项之后，前面用冒号；两个以上的例句，中间用竖线"｜"隔开。例句中遇本条目，用"～"代替。排在一起的同义词可以互作说明者，不另解释。

6. 括号"（ ）"中的字和相应的音，表示这个字和音可有可无；方括号"〔 〕"中的字和相应的音，表示这个字和音可以跟前面的那个互相替换；词条右下角加"（新）"、"（旧）"、"（土字）"的，表示这个词是新词、新说法或旧词、旧说法、当地流行的土字。

一 天 文

日头 i²¹⁴ tʼouˑ 太阳

月婆婆（旧） ye²¹⁴ pʼə⁵⁵ pʼəˑ

　月亮（新） yē²¹⁴₅₅ liaŋˑ[liŋˑ]

星星 ʃəŋ³¹ ʃəŋˑ

贼星 ʦ̧ɛ⁵⁵ ʃəŋˑ 流星

三毛楞星 san³¹ mɔ⁵⁵ ləŋˑ ʃəŋ³¹ 启明星。歌谣：大毛楞星出，二毛楞星钻，三毛楞星出来亮了天。

七星 ʧʼ1 ²¹⁴₅₅ ʃəŋ³¹ 北斗星

云彩 yn⁵⁵ ʦ̧ʼɛˑ

天河 tʼian³¹ xuo⁵⁵

雾 u⁴²

　雾露 u⁴² luˑ

露 lu⁴²

　露水 lu⁴² sueiˑ

虹 ʧaŋ⁴²

风圆 fəŋ³¹ yan⁵⁵ 月晕

38

78页"海□水"全移此？
（水云）

涝雨　lɔ⁴² y²¹⁴　连阴雨

连雨天　lian⁵⁵ y²¹⁴ tʻian³¹

麻达〔楞〕　ma³¹ taˑ〔ləŋ〕　小（雨）：～雨｜雨～了

住风　ʨu⁴² fəŋ³¹　风停

　杀风（北岛说法）　sa²¹⁴ fəŋ³¹

东北杆子风　tuŋ³¹ pə²¹⁴ kan²¹⁴ ʨ̍ˑ fəŋ³¹　强劲的东北风

西北杆子风　ʃ̍³¹ pə²¹⁴ kan²¹⁴ ʨ̍ˑ fəŋ³¹　强劲的西北风

冰　piŋ³¹

　冻冰　tuŋ⁴² piŋ³¹

上冻　ʃaŋ⁴² tuŋ⁴²　①结冰　②封冻

化冻　xua⁴² tuŋ⁵²

冰凌茬儿　piŋ³¹ liŋˑ tsʻar⁵⁵　水面上的薄冰，多针状

雹子　pa⁵⁵ ʦ̍　冰雹

小烟雪　ʃɔ²¹³ ian³¹ ʃə²¹⁴

大雪片子　ta⁴² ʃə²¹⁴ pʻian⁴² ʨ̍ˑ　大雪花

大蛤拉雪　ta⁴² ka⁵⁵ laˑ ʃə²¹⁴　大雪

　蛤拉片子雪　ka⁵⁵ laˑ pʻian⁴² tsˌ̍ˑ ʃə²¹⁴

发大水　fa²¹⁴ ta⁴² suei²¹⁴

潮水　ʨʻɔ⁵⁵₄₂ suei²¹⁴

涨潮　ʨaŋ²¹⁴ ʨʻɔ⁵⁵

落〔靠、退〕潮　luo²¹⁴ [lɔ⁴²]〔kʻɔ⁴²、tʻei⁴²〕ʨʻɔ⁵⁵

小靠　ʃɔ²¹⁴ kʻɔ⁴²　程度较轻的退潮

大靠　ta⁴² kʻɔ⁴²　落得较大的退潮

　酷靠　kʻu⁴² kʻɔ⁴²

风起靠　fəŋ³¹ ʨʻiˑ kʻɔ⁴²　因大风骤停而引起的退潮

迭边靠　tie⁵⁵ pian³¹ kʻɔ⁴²　刚露潮印的退潮

迭边　tie⁵⁵ pian³¹　指潮水退下刚露潮印

潮印儿　ʨʻɔ⁵⁵ inr⁴²　潮水退下留在海滩上的痕迹

不复滩　pu²¹⁴ fu⁵⁵ tʻan³¹　指潮退后久不复潮

潮汐　ʨʻɔ⁵⁵ ʃ̍ˑ　歇后语：海猫子抠蛸子吃—不知～

天　tʻian³¹　天气：明天的～不知怎么样

阴天　in³¹₅₅ tʻian³¹

晴天　ʨʻəŋ³¹₅₅ tian³¹

澄晴天　təŋ⁵⁵ ʨʻəŋ³¹ tʻian³¹　晴朗无云的天气

旱天　xan⁴² tʻian³¹

涝天　lɔ⁴² tʻian³¹

二　地理、地名

地肤上　ti⁴²　fu⁵⁵　ʃaŋ⁴²　地面

泊地　p'ə²¹⁴　ti⁴²　平地，平原

一马平泊　i²¹⁴₄₂　ma²¹⁴　p'iŋ⁵⁵₄₂　p'iə²¹⁴　一马平川

地隔子　ti⁴²　kə²¹⁴　ʦ₁˙　地边，地堰

山根子地　san³¹₅₅　kən³¹　ʦ₁˙　ti⁴²　靠山脚的零碎土地

披　p'ei³¹　房顶的斜坡：前～｜后～

背阴头　pei⁴²　in³¹　t'ou⁵⁵　房屋、山的背阴面

饽饽顶儿　pə³¹　pə˙　tiŋr²¹⁴　圆形物（土丘、草垛等）的顶

墧　ciaŋ²¹⁴　丘陵，小山岗：山～

小河水流儿　ʃo²¹⁴　xuo⁵⁵　suei²¹⁴　liour⁴²　小溪流

平塘　p'iŋ⁵⁵₄₂　t'aŋ⁵⁵　小水塘

水湾　suei²¹⁴₅₅　uan³¹　小水坑

滋泥塘子　ʦ₁³¹　mi⁵⁵　t'aŋ⁵⁵　ʦ₁˙　烂泥地

西洋〔地〕　ʃ₁³¹　iaŋ⁵⁵　〔ti⁵²〕　称长岛以西的海域

东洋〔地〕　tuŋ³¹　iaŋ⁵⁵　〔ti⁴²〕　称长岛以东的海域

海边儿〔沿儿〕　xɛ²¹⁴₅₅　pianr³¹　〔ianr³¹〕

海滩　xɛ²¹⁴₅₅t'an³¹

沙矶滩　sa³¹　ci˙　t'an³¹　有小鹅卵石和大沙粒的海滩

面滩　mian⁴²　t'an³¹　细沙滩

面沙　mian⁴²　·sa³¹　细沙

盐滩　ian⁵⁵　t'an³¹　盐场

垡块　fa⁵⁵　k'us⁵²　耕地翻起的大土块

泥孤子　mi⁵⁵　ku³¹　ʦ₁˙　土块儿

灰　xuei³¹　灰尘

石礓　s₁⁵⁵　ciaŋ³¹

礁　ʧo³¹

矶纠子儿　ci³¹₅₅　ciou³¹　ʦ₁r²¹⁴　鹅卵石

光矶蛋　kuaŋ³¹　ci˙　tan⁴²

石头蛋子　ʃ₁⁵⁵　t'ou　tan⁴²　ʦ₁˙

石坑　ʃ₁⁵⁵　k'əŋ³¹　采石场

石碴子　ʃ₁⁵⁵₄₂　la²¹⁴₅₅　ʦ₁˙　①地边、山坡上的碎石堆　②地里的石层

瓦磁儿　ua²¹⁴　ʦ'₁r˙　砖、瓦等的碎片儿

夹石　cia²¹⁴　ʃ₁˙　①界石　②垒墙角的石块

坝　pa⁴²　堤

山口子　san³¹　kou²¹⁴　ʦ₁　关隘

夼　k'uaŋ²¹⁴　地名用字：呼～

弄儿　luŋr⁴²　胡同

集　tɕ1⁵⁵

赶集　kan²¹⁴　tɕ1⁵⁵

南长山岛　nan⁵⁵₄₂　tɕʻɑŋ⁵⁵　san³¹　tɔ²¹⁴
北长山岛　pə²¹⁴　tɕʻɑŋ⁵⁵　san³¹　tɔ²¹⁴
庙岛　mio⁵⁵₄₂　tɔ²¹⁴

鱼鳞岛　y⁵⁵₄₂lin⁵⁵₄₂　tɔ²¹⁴

大黑山岛　ta⁴²　xə²¹⁴₅₅　san³¹　tɔ²¹⁴

小黑山岛　ʃɔ²¹⁴　xə²¹⁴₅₅　san³¹　tɔ²¹⁴
烧饼岛　ʃɔ³¹　piŋ²¹⁴　tɔ²¹⁴
螳螂岛　tʻɑŋ³¹　lɑŋ⁰　tɔ²¹⁴
褡裢岛　ta⁵⁵　lian⁰　tɔ²¹⁴

牯犄把子岛　ly²¹⁵　cy　pɑ⁴²　tʂ1⁰　tɔ²¹⁴
猴矶岛　xou⁵⁵　ci⁰　tɔ²¹⁴
大竹山岛　ta⁴²　tʂu²¹⁴₅₅　san³¹　tɔ²¹⁴

小竹山岛　ʃɔ²¹⁴　tʂu²¹⁴₅₅san³¹　tɔ²¹⁴
车由岛　tɕʻə³¹　iou⁰　tɔ²¹⁴
砣矶岛　tʻuo⁵⁵　ci⁰　tɔ²¹⁴
砣子岛　tʻuo⁵⁵　tʂ1⁰　tɔ²¹⁴
大钦岛　ta⁴²　cʻin³¹　tɔ²¹⁴
小钦岛　ʃɔ²¹⁴₅₅cʻin³¹　tɔ²¹⁴

南隍城岛　nan⁵⁵₄₂　xuaŋ⁵⁵₄₂　tɕʻəŋ⁵⁵　tɔ²¹⁴
北隍城岛　pə²¹⁴　xuaŋ⁵⁵₄₂tɕʻəŋ⁵⁵　tɔ²¹⁴

高山岛　kɔ³¹₅₅san³¹　tɔ²¹⁴
大濠儿　ta⁴²　xɔr⁵⁵　村名，位于大黑山岛
山前儿　san³²　tɕʻanr⁵⁵　村名，分别位于庙岛、北隍城岛
乐园　luo⁴²　yan⁵⁵　村名，位于南长山岛
北城儿　pə²¹⁴　tɕʻəŋr⁵⁵　村名，位于北长山岛
南城儿　nan⁵⁵₄₂　tɕʻəŋr⁵⁵　位于南长山岛

东濠儿　tuŋ⁴²　ɔr⁵⁵　村名，位于大钦岛
井口儿　tɕəŋ²¹⁴　kʻour⁰　村名，位于陀矶岛
大口儿　ta⁴²　kʻour²¹⁴　村名，位于陀矶岛
寺后儿　tʂʻ1³¹　xour⁴²　村名

朝海寺　tɕʻɔ⁵⁵₄₂　xɛ²¹⁴　tʂʻ1⁴²
玉石街　y⁴²　ʃ1⁵⁵　ciɛ³¹　路名，南北长山岛之间的通道

　一宿街　i²¹⁴₄₂　ʃu²¹⁴　ciɛ³¹

老东礁　lɔ²¹⁴　tuŋ³¹₅₅　ʧɔ⁸¹　位于砣矶岛

宝塔礁　pɔ²¹⁴₄₂　t'ɑ²¹⁴　ʧɔ³¹　位于牤牫把岛北端

香炉礁　ɕiaŋ³¹　lu⁵⁵　ʧɔ³¹　有两处，一处位于南长山岛，一处位于隍城岛

老母猪礁　lɔ²¹⁴₄₂　mu²¹⁴　ʧu³¹　ʧɔ³¹位于北隍城岛北部海域

弥陀礁　mi³¹　t'uo⁵⁵　ʧɔ³¹　位于南隍城岛

驴背礁　ly⁵⁵　pei⁴²　ʧɔ³¹　位于南长山岛

望夫礁　uaŋ⁵⁵　fu³¹　ʧɔ³¹　位于南长山岛

大礁台子　ta⁴²　ʧɔ³¹　t'ɛ⁵⁵　ʦʅ˙　位于砣矶岛北村

九门洞　ciou²¹⁴　mən⁵⁵　tuŋ⁴²　位于大黑山岛

响铃洞　ɕiaŋ²¹⁴　liŋ⁵⁵　tuŋ⁴²　位于南隍城岛

神仙洞　ʃən⁵⁵　ʃan˙　[ʃən˙]　tuŋ⁴²　位于高山岛

马枪石　ma⁵⁵₄₂　ʧ'aŋ³¹　ʃʅ⁵⁵　位于北长山岛西部海域

星石　ʃəŋ³¹　ʃʅ⁵⁵　位于庙岛北部海域

牛砣子　niou⁵⁵₄₂　t'uo⁵⁵　ʦʅ˙　位于庙岛

羊砣子　iaŋ⁵⁵₄₂　t'uo⁵⁵　ʦʅ˙　位于庙岛

半劈山　pan⁴²　p'i²¹⁴₅₅　·san³¹　位于南长山岛

龙爪山　luŋ⁵⁵₅₅　ʦua²¹⁴　san³¹　位于大黑山岛

棋盘山　c'i⁵⁵₄₂　p'an⁵⁵　san³¹　位于南隍城岛

龙须道　luŋ⁵⁵　ʃu³¹　tɔ⁴²　位于南长山岛

珍珠门　ʧən³¹₅₅　ʧu³¹　mən⁵⁵　水道，位于北长山岛西侧

宝塔门　pɔ²¹⁴₄₂　t'ɑ²¹⁴　mən⁵⁵　水道，位于宝塔礁附近

三　时间、节日

月季牌儿（旧）　ye²¹⁴　ci˙　p'ɛr⁵⁵　日历
　月份牌儿（新）　ye²¹⁴　fən⁴²　p'ɛr⁵⁵

成天价　ʧ'əŋ⁵⁵　t'ian³¹　cia˙

成年价　ʧ'əŋ⁵⁵₄₂　nian⁵⁵　cia˙

打春　tɑ²¹⁴₅₅　ʦ'uən³¹　立春，开春

春（半）天　ʦ'uən³¹₅₅　（pan˙前字本调不变）　t'ian³¹　春天

秋（半）天　ʧ'ou³¹₅₅（pan˙　前字本调不变）t'ian³¹　秋天

入伏　y²¹⁴　fu⁵⁵

（三）伏天　（san³¹）　fu⁵⁵　t'ian³¹

六月天　liou⁴²　ye˙　t'ian³¹　夏天

冬月　tuŋ³¹　ye˙　阴历十一月

麦前　mə²¹⁴　ʧ'an⁵⁵

麦口儿　mə²¹⁴₄₂　k'ouɻ²¹⁴

今儿　ɕinr³¹　今天

明天　miŋ⁵⁵　t'ian³¹

　明日　məŋ⁵⁵　i˙

　大明日　tɑ⁴²　mei⁵⁵　[məŋ⁵⁵]　i˙

后日　xou⁴²　i˙　后天

大后日　tɑ⁴²　xou⁴²　i˙　大后天

万（外）后日　uan⁴²（uɛ⁴²）　xou⁴²　i˙　大大后天

头年　t'ou⁵⁵　nian˙　去年

前年　ʨ'an⁵⁵　nian˙

今年　ɕin³¹　nian⁵⁵

过年儿　kuo⁴²　nianr˙　明年

后年　xou⁴²　nian⁵⁵

大后年　tɑ⁴²　xou⁴²　nian⁵⁵

万（外）后年　uan⁴²（uɛ⁴²）　xou⁴²　nian⁵⁵　大大后年

夜里　ie⁴²　li˙　昨天

　头天　t'ou⁵⁵　t'ian³¹

前日　ʨ'an⁵⁵　i˙前天

大前日　tɑ⁴²　ʨ'an⁵⁵　i˙大前天

白日　pə⁵⁵　i˙　白天

黑日　xə²¹⁴　i˙　晚上

　黑夜　xə²¹⁴　ie˙

　下黑儿　ɕia⁴²　xər²¹⁴

蒙蒙亮儿　məŋ³¹₅₅　məŋ³¹　liaŋ⁴²

朝里儿　ʨɔ³¹　lir˙　早晨

头晌儿　t'ou⁵⁵　ʃaŋr˙　上午

　头午　t'ou⁵⁵₄₂　u²¹⁴

晌午　ʃaŋ²¹⁴　u˙　中午

　晌午头儿　ʃaŋ²¹⁴　u˙　t'our⁵⁵

正晌午时　ʨəŋ³¹　ʃaŋ²¹⁴　u²¹⁴　sɿ˙　正午

　正晌白儿　ʨəŋ³¹　ʃaŋ²¹⁴　pər⁵⁵

傍晌儿　paŋ⁴²　ʃaŋr²¹⁴　临近中午时

过午　kuo⁴²　u²¹⁴　下午

　吃儿晌儿　ʨɔr²¹⁴₄₂　ʃaŋr²¹⁴

傍黑儿　paŋ⁴²　xər²¹⁴　傍晚

　傍下黑儿〔晚儿〕　paŋ⁴²　ɕia⁴²　xər²¹⁴〔uanr²¹⁴〕

苍眼儿　ʦ'aŋ³¹　ianr²¹⁴　黄昏

半夜　pan⁴²　iɛ⁴²

半更午夜　pɑn⁴² ciŋ³¹ u²¹⁴ ie⁴²

半头晌　pɑn⁴² tʻou⁵⁵ ʃɑŋ²¹⁴　半上午

夹巴眼儿　ciɑ²¹⁴ pa˙ iɑnr²¹⁴　转眼

　在眼儿　ʦɛ⁴² iɑnr²¹⁴

没（大）歇儿　məŋ⁵⁵（tɑ˙）cier²¹⁴　一会儿，没多久

恁歇儿　nən⁴² cier²¹⁴　那么长时间

老么歇儿　lɔ²¹⁴ mə˙ cier²¹⁴　很长时间

眼时　iɑn²¹⁴ ʂ̩˙

　眼下　iɑn²¹⁴ ciɑ⁴²

先份儿　ʃɑn³¹ fənr˙　前些日子

在早　ʦɛ⁴² ʦɔ²¹⁴　从前，过去：～鱼厚

老辈子　lɔ²¹⁴ pei⁴² ʦ̩˙　过去

老古辈子　lɔ²¹⁴ ku²¹⁴ pei⁴² ʦ̩˙　很早以前

转过年　ʦuɑn²¹⁴ kuo˙ niɑn⁵⁵　来年

阳历年　iɑŋ⁵⁵ li˙ niɑn⁵⁵　元旦

正月初一　ʧəŋ³¹ ye˙ ʦʻu³¹ i²¹⁴

拜年　pɛ⁴² niɑn⁵⁵

压腰钱　iɑ²¹⁴ iɔ³¹ ʧʻɑn⁵⁵

　收岁钱　ʃou³¹ sei⁴² ʧʻɑn⁵⁵

端午　tɑŋ³¹ u˙

六六　liou⁴² liou⁴²　阴历六月六日，这天民俗吃新麦，中午吃包子

七月十五　ʧʻ̩²¹⁴ ye˙ ʃ̩⁵⁵ u˙　这天旧俗渔民在海边进行放纸船等祭祀活动：～放水灯

八月十五　pɑ²¹⁴ ye˙ ʃ̩⁵⁵ u˙　中秋节

九重　ciou²¹⁴ ʦʻuŋ⁵⁵　重阳

十朝　ʃ̩⁵⁵ ʧɔ³¹　十月初一，旧俗祭祀死人的日子

过冬　kuo⁴² tuŋ³¹　冬至

节儿令　ʧer²¹⁴ ləŋ˙

鬼节儿令　kuei²¹⁴ ʧer²¹⁴ ləŋ˙　指七月十五、冬至等进行祭奠的日子

腊八　lɑ²¹⁴ pɑ˙

小年　ʃɔ²¹⁴ niɑn⁵⁵　腊月二十三，祭灶神

大年三十　tɑ⁴² niɑn⁵⁵ sɑn³¹ ʃ̩⁵⁵　除夕

大更午夜　tɑ⁴² ciŋ³¹ u²¹⁴ ie⁴²　除夕午夜时分

过年　kuo⁴² niɑn⁵⁵　过春节

四　人　品

先生（旧）　ʃɑn³¹ səŋ˙　①教师　②医生

大夫（新）　tɛ⁴² fu˙　医生

路荡儿先生　lu⁴² tɑŋr⁴² ʃɑn³¹ səŋ˙　江湖医生

掌尺的　tʂaŋ²¹⁴ᵗʂʻɻ¹²¹⁴　tiˑ　工匠行里领头的人

木匠　mu²¹⁴ᵗʂaŋˑ[ʨʻəŋˑ]

染匠　ian²¹⁴　ʨaŋˑ[ʨʻəŋˑ]

船老大　tʂʻuan⁵⁵　lɔ²¹⁴　tɑ⁴²　船长

　把头　pɑ²¹⁴　tʻouˑ

二把刀　ər⁴²　pɑ²¹⁴ᵗɔ³¹　船上的二把手

送信的　suŋ⁴²　ʃən⁴²　tiˑ　邮递员

代诏（旧）　tɛ⁴²　ʨouˑ　理发员

　剃头的（新）　tʻi³¹　tʻou⁵⁵　tiˑ

　剪头的（新）　ʨan²¹⁴　tʻou⁵⁵　tiˑ

做买卖的　tɕou⁴²　mɛ²¹⁴　mɛˑ　tiˑ

　买卖人儿　mɛ²¹⁴　mɛˑ　inr⁵⁵

卖货的　mɛ⁴²　xuo⁴²　tiˑ　售货员

做饭的　tɕou⁴²　fɑn⁴²　tiˑ　炊事员

　大师傅　tɑ⁴²　sɿˑ　fuˑ

掌灶的　tʂaŋ²¹⁴　tɕɔ⁴²　tiˑ　掌灶的人

主户　tʂu²¹⁴　xuˑ　主顾，顾客：拉～│老～

大工儿　tɑ⁴²　kuŋr³¹　建筑工人中的匠人

小工儿　ʃɔ²¹⁴　kuŋr³¹

小轱辘　ʃɔ²¹⁴　ku⁴²　lurˑ　小炉匠

　铜锅的　cy²¹⁴　kuo³¹　tiˑ

把铜子　pɑ⁴²　cy²¹⁴　tɕɿˑ　铜子

伙计　xuo²¹⁴　ciˑ　①长工：雇～　②船员：在船上当～　③男性同辈的对称：俺～│
　　　二～　④夫妻对称

庄稼汉子　tɕuaŋ³¹　.cia　xɑn⁴²　tɕɿˑ　庄稼人

老娘婆　lɔ²¹⁴　niaŋ⁵⁵　pʻəˑ　收生婆

土地头儿　tʻu²¹⁴　ti⁴²　tʻour⁵⁵　旧称为丧事忙活的男人

红胡子　xuŋ⁵⁵　xu⁵⁵　tɕɿˑ　土匪

小猫贼　ʃɔ²¹⁴mɔ⁵⁵　tɕə⁵⁵　能飞檐走壁的贼

三只手儿　san³¹　tʂɿ³¹　ʃour²¹⁴小偷儿

要饭儿的　iɔ⁴²　fɑnr⁴²　tiˑ

　花子　xua³¹　tɕɿˑ

保儿　pɔr²¹⁴

　保人　pɔ²¹⁴　in⁵⁵

中说人　tɕuŋ³¹　ʃuo²¹⁴　in⁵⁵　二者之间的斡旋人

中间人　tɕuŋ³¹　cian³¹　in⁵⁵　双方的见证人

　和尚　xuo⁵⁵　ʃaŋˑ

姑子　ku⁸¹　ʦʅˑ　尼姑

道士　tɔ⁴²　sʅˑ

　老道　lɔ²¹⁴　tɔ⁴²

南乡巴子　nɑn⁵⁵　ɕiɑŋ³¹　pɑ⁴²　ʦʅˑ　岛内人称大陆山里来的未见过海的⌒

占山户　ʧɑn⁴²　sɑn³¹　xu⁴²　称本地最早的居民

外来子　uɛ⁴²　lɛ⁵⁵　ʦʅˑ　①外地人　②蔑称曹州、兖州一带来做工的人

门外汉　mən⁵⁵　uɛ⁴²　xɑn⁴²　外行

主角儿　ʧu⁴²₄₂　cyor²¹⁴　主要负责人

副角儿　fu²¹⁴₄₂　cyor²¹⁴

　副手儿　fu²¹⁴₄₂　ʃour²¹⁴

撸生（子）　lu²¹⁴　səŋˑ（ʦʅˑ）　①自学手艺的人　②手艺没学成的人

离巴（头）　li⁵⁵　pəˑ（tʻou⁵⁵）　①手艺不精通的人　②外行

半朝銮驾　pɑn⁴²　ʧʻɔˑ　lɑn⁵⁵　ciɑ⁴²　喻称半吊子，不精明：这人～的

熊蛋包　ɕyŋ⁵⁵　tɑn⁴²　pɔ³¹　无能的人

二虎头　ər⁴²　xu²¹⁴　tʻou⁵⁵　不甚明事理而鲁莽的人

杠子头　kɑŋ⁴²　ʦʅˑ　tʻou⁵⁵　①一种硬烧饼　②指称喜好抬杠的人

贱才　ʧɑn⁴²　ʦʻɜʻˑ　①下贱的人　②下贱：老没有个老样儿，真～

讨下贱　tʻɔ²¹⁴　ɕiɑ⁴²　ʧɑn⁴²　犯贱：这孩子真～

鸡毛腚　ci³¹　mɔ⁵⁵　tiŋ⁴²　比喻轻浮、不稳重的人：这人真是个～

丧门星　sɑŋ³¹　mən⁵⁵　ʃŋ³¹　喻称给人带来灾祸的人

祸害　xuɔ⁴²₃₁　xɛ⁴²　罪人：好人没长命，～几千年

老八板儿　lɔ²¹⁴　pɑ²¹⁴₄₂　pɑnr²¹⁴　顽固、不知变通的人

灰里狗儿　xuei⁸¹　liˑ　kour²¹⁴　指称浑身沾满灰尘的人

唧唧猫子　ʧʅ³¹　ʧʅˑ　mɔ³¹　ʦʅˑ　指称好斤斤计较的人：～打地瓜

下次赖　ɕiɑ⁴²　ʦʻʅˑ　lɛ⁴²　①蔑称平凡、低下的人：当官的都捞着了，咱这些～干瞪眼
　　②下贱

…擦子　ʦʻɑ²¹⁴　ʦʅˑ　特指某一类人：熊～｜善～

五　称　谓

汉们（旧）　xɑn⁴²　mənˑ　①丈夫　②男人

　男人（新）　nɑn⁵⁵　inˑ

老婆　lɔ²¹⁴　pʻəˑ　①妻子　②已婚妇女

老婆汉们　lɔ²¹⁴　pʻəˑ　xɑn⁴²　mənˑ　通称男人女人

老头儿　lɔ²¹⁴　tʻour⁵⁵

老婆儿　lɔ²¹⁴　pʻər⁵⁵　老年妇女

老太爷　lɔ²¹⁴　tʻɛ⁴²　ie⁵⁵　通称族中男性长辈

老爷子　lɔ²¹⁴　ie⁵⁵　ʦʅˑ　尊称男性长辈

孤老子　ku⁸¹　louˑ　ʦʅˑ　无子女的老人

孤老棒子　ku⁸¹ lou˙ paŋ⁴² ʦ₁˙　①不长穗的玉米　②借指无子女的老人

小小厮　ʃɔ²¹⁴₁₂ ʃɔ²¹⁴ s₁˙　小男孩

小人ㄦ　ʃɔ²¹⁴ inr⁵⁵

半拉子　pan⁴² lɑ²¹⁴ ʦ₁˙　称半劳力

半桩子　pan⁴² ʦuaŋ³¹ ʦ₁˙　指十五六岁尚未成人的小伙子：～小子壳郎猪

爷　ie⁵⁵

爷爷　ie⁵⁵ ie˙

婆婆　pʻə⁵⁵ pʻə˙　祖母

老ㄦ的　lɔr²¹⁴ ti˙　通称父母

爹　tie³¹

爹爹　tie³¹ tie˙

爸（新）　pɑ⁴²

妈　mɑ³¹

儿子　ər⁵⁵ ʦ₁˙

媳妇　ʃ₁²¹⁴ fu˙　①儿媳　②妻子

闺娘　kuei³¹ niŋ˙　①女儿　②姑娘

女婿　ny²¹⁴ ʃu˙　①女婿　②年轻妻子的丈夫：这是他～

孙子　sən³¹ ʦ₁˙

孙女子　sən³¹ ny²¹⁴ ʦ₁˙

重孙子　ʦʻuŋ⁵⁵ sən³¹ ʦ₁˙

重孙女　ʦʻuŋ⁵⁵ səŋ³¹ ny˙

弟兄　ti⁴² ɕyŋ˙　哥哥和弟弟

兄弟　ɕyŋ³¹ ti˙　①弟弟　②哥哥和弟弟

哥哥　kuo³¹ kuo˙

嫂子　sɔ²¹⁴ ʦ₁˙

兄弟媳妇　ɕyŋ³¹ti˙ ʃ₁²¹⁴ fu˙　弟媳

兄媳妇ɕyŋ³¹ ʃ₁²¹⁴ fu˙

姐　ʧə²¹⁴

姐姐　ʧə²¹⁴ ʧə˙

姐夫　ʧə²¹⁴ fu˙

妹妹　mei⁴² mei˙

妹夫　mei⁴² fu˙

大爷　tɑ⁴² ie⁵⁵　长祖父

二爷　ər⁴² ie⁵⁵　二祖父

老爷爷lɔ²¹⁴ ie⁵⁵ ie˙　排行最末的祖父

大婆婆　tɑ⁴² pʻə⁵⁵ pʻə˙　长祖母

二婆婆　ər⁴² pʻə⁵⁵ pʻə˙　二祖母

老婆婆　lɔ²¹⁴ pʻə⁵⁵ pə˙　排行最末的祖母

大爷　tɑ⁴² ie˙　伯父（音不同于"长祖父"的"大爷"。）

大爹　tɑ⁴² tie⁸¹　大伯父（砣矶岛以北）

二爹　ər⁴² tie⁸¹　二伯父（砣矶岛以北）

大妈　tɑ⁴² mɑ²¹⁴　大伯母

二妈　ər⁴² mɑ²¹⁴　二伯母

叔　ʃu²¹⁴　叔叔

婶子　ʃən²¹⁴ ʈʂʅˑ

姑姑　ku³¹ kuˑ

　姑妈　ku³¹ mɑ²¹⁴

姑父　ku³¹ fuˑ

侄ノ　ʈʂʅr⁵⁵　侄子

侄女ノ　ʈʂʅ⁵⁵ nyrˑ

新媳妇　ʃən³¹ ʃʅ²¹⁴ fuˑ　新婚妇

小媳妇　ʃɔ²¹⁴₄₂ ʃʅ²¹⁴ fuˑ　①小儿子的媳妇②新婚妇

姥爷　lɔ²¹⁴ ieˑ　外祖父

姥娘　lɔ²¹⁴ niɑŋˑ　外祖母

舅　ciou⁴²

　舅舅　ciou⁴² ciouˑ

妗妈　cin⁴² mɑˑ　舅母

姨　i⁵⁵

　姨妈　i⁵⁵ mɑ²¹⁴

外甥　uɛ⁴² səŋˑ　①外甥　②外孙

外甥闺娘　uɛ⁴² səŋˑ kuən⁸¹ niŋˑ　①外甥女　②外孙女

公公　kuŋ³¹ kuŋˑ

　公爹　kuŋ³¹₅₅ tie⁸¹　尊称

　老公公　lɔ²¹⁴₅₅ kuŋ³¹ kuŋˑ　称年老的公公

婆婆　p'ə⁵⁵ p'əˑ　婆母

　婆婆娘ノ　p'ə⁵⁵ p'əˑ niɑŋr⁵⁵

大伯哥　tɑ⁴² pei kuo⁸¹　大伯子

小叔　ʃɔ²¹⁴ ʃuˑ　小叔子

大姑姐ノ　tɑ⁴² kuˑ ʈʂər²¹⁴　大姑子

小姑　ʃɔ²¹⁴ kuˑ　小姑子

丈爷　ʈʂɑŋ⁴² ieˑ　岳父

丈母娘　ʈʂɑŋ⁴² muˑ niɑŋ⁵⁵

小舅子　tɑ⁴² ciou⁴² ʈʂʅˑ

　大舅哥　tɑ⁴² ciou⁴² kə⁸¹

连襟　lian⁵⁵ cinˑ

六　身　体

旋顶　ʃan⁴² tiŋ²¹⁴　头旋儿

眼了盖　ian²¹⁴ lə· kɛ⁴²　额头

风脉　fəŋ³¹ mə²¹⁴　太阳穴

方檐儿　faŋ³¹ ianr⁵⁵

争食窝　tɕəŋ³¹ ʃʅ⁵⁵ uo³¹　后脑窝儿

眼　ian²¹⁴　眼睛

双眼皮儿　suaŋ³¹ ian²¹⁴ pʻir⁵⁵

　大双眼儿　ta⁴² suaŋ²¹ ianr²¹⁴

单眼子　tan³¹ ian²¹⁴ tsʅ·　单眼皮

黑媳妇　xə$^{214}_{42}$ ʃʅ²¹⁴ fu·　瞳孔，民间传说其中有个黑媳妇

眼子毛　ian²¹⁴ tsʅ· mɔ⁵⁵　眼毛

鼻口眼儿　pi⁵⁵ kʻou· ianr²¹⁴　鼻孔

胡子　xu⁵⁵ tsʅ·

连边胡子　lian⁵⁵ pian³¹ xu⁵⁵ tsʅ·　络腮胡子

颧骨腮　cʻyan⁵⁵ ku²¹⁴ sɛ³¹　颧骨

腮邦子　sɛ$^{31}_{55}$ paŋ³¹ tsʅ·　腮

鼻梁骨　pi$^{55}_{42}$ liaŋ$^{55}_{42}$ ku²¹⁴　鼻梁

牙　ia⁵⁵

牙花子　ia⁵⁵ xua³¹ tsʅ·　齿龈

囟门　ʃən³¹ mən⁵⁵

压囟毛　ia²¹⁴ ʃən³¹ mɔ⁵⁵　小儿在囟门处留的头发（其余头发剪去）

痴水　tʂʻʅ³¹ suei·　涎水

　痴水豆儿　tʂʻʅ³¹ suei· tour⁴²

鼻　pi⁵⁵　鼻涕

唾沫　tʻu⁴² mə· [min·]

气嗓子　cʻi⁴² saŋ²¹⁴ tsʅ·　通称食道和气管

气管子　cʻi⁴² kuan²¹⁴ tsʅ·　食道

脖梗子　pə⁵⁵ kəŋ²¹⁴ tsʅ·　脖子后部

下巴颏　ɕia⁴² pa· kʻə⁵⁵　下巴

脖□筋　pə⁵⁵ ʃʅ· cin³¹　脖后的大筋

捶　tsʻuei⁵⁵　①拳头　②用拳头打：～他一顿

手孤根　ʃou$^{214}_{55}$ ku³¹ kən·　手踝骨

脚孤根　cyo$^{214}_{55}$ ku³¹ kən·　脚踝骨

指盖子　tsʅ²¹⁴ kɛ⁴² tsʅ·　指甲

指盖孙子　tsʅ²¹⁴ kɛ⁴² sən³¹ tsʅ·　靠指甲长的那层肉

肩膀头子　cian³¹ paŋ²¹⁴ tʻou⁵⁵ tsʅ·　肩膀

心口窝　ʃən³¹　kʻou²¹⁴₅₅　uo³¹　①胸口　②胃部

胳臂　kə²¹⁴　pei·

胳臂肘儿　kə²¹⁴　pei·　tʃour²¹⁴₅₅

夹肘窝　ciɑ²¹⁴　tʃou·　uo³¹　隔肢窝

奶子　nɛ²¹⁴　tʂɻ·　乳房

肋巴　lə²¹⁴₅₅　pɑ³¹　肋骨

　肋巴骨　lə²¹⁴₅₅　pɑ³¹　ku²¹⁴

肋巴条儿　lə²¹⁴₅₅pɑ³¹　tʻiɔr⁵⁵

脊梁杆子　tʃɻ²¹⁴　liɑŋ·　[liŋ·]　kan²¹⁴　tʂɻ·　脊背

脊梁沟子　tʃɻ²¹⁴　liɑŋ·　kou³¹　tʂɻ·　脊背中间从上到下的凹处

脊梁筋　tʃɻ²¹⁴　liɑŋ·　cin³¹　脊椎骨

肚鼻□　tu⁴²　pi⁵⁵　tʃʻou·　肚脐

　肚鼻脐眼子　tu⁴²　pi⁵⁵　tʃʻɻ·　iɑn²¹⁴　tʂɻ·

屄　pi³¹　女阴

　胯子　kʻuɑ²¹⁴　tʂɻ·　婉称女阴

鸡狗子　tʃɻ³¹　kou²¹⁴　tʂɻ·　男性成人阴

　羼tiɔ²¹⁴

小鸭儿　ʃɔ²¹⁴₄₂　iɑr²¹⁴　男孩阴

鸡狗蛋儿　tʃɻ³¹　kou²¹⁴　tanr⁴²　睾丸

雄　çyŋ⁵⁵　精液

跑马　pʻɔ²¹⁴₄₂　mɑ²¹⁴　遗精

胯胯裆　kʻuɑ²¹⁴　kʻuɑ·　taŋ³¹　大腿之间的部分

小火烧　ʃɔ²¹⁴₄₂　xuo²¹⁴　ʃou·　膑骨

腚　tiŋ⁴²　屁股

膞勒盖　pə⁵⁵　lə·　kɛ⁴²　膝盖

骬腿　kan³¹　tʻei²¹⁴　小腿前部

脚拇跟（多）　cyo²¹⁴　mu·　kən³¹　脚跟

　脚后跟（少）　cyo²¹⁴　xou⁴²　kən³¹

七　疾病医疗

促病儿　tʂʻu²¹⁴　piŋr⁴²　急病

冻着了　tuŋ⁴²　tʂɻ·　lə·　感冒了

发疟子　fɑ²¹⁴₄₂　yo²¹⁴　tʂɻ·　发疟疾

渣吃　tʂʻɑ⁵⁵　tʃʻɻ·　食物入胃不舒服：心口窝～

渣渣魃魃　tʂʻɑ⁵⁵　tʂʻɑ·　ye⁵⁵　ye⁵⁵₃₁　不熨贴：心口窝～｜刚絮的草褥子～的

胃肚子　mo²¹⁴　tu⁴²　tʂɻ·　拉肚子

　拉稀　lɑ³¹₅₅　çi³¹

蹲肚子　tən³¹ tu⁴² tʂ˳˙

痨病　lɔ⁵⁵ piŋ⁴²

大麻疯　tɑ⁴² ma⁵⁵ fəŋ³¹　麻疯病

小肠喘气　ʃɔ²¹⁴ tʃʻɑŋ⁵⁵ tʂʻuan²¹⁴ cʻi⁴²　疝气

齁瘶病　xou³¹ lou˙ piŋ⁴²　哮喘病

□□　mie³¹ mie˙　老人发晕，迷糊

疹子　tʃən²¹⁴ tʂ˳˙　麻疹

种花儿　tʂuŋ⁴² xuɑr³¹　种牛痘

热疙　ie²¹⁴ kə˙　痱子

记　ci⁴²　痣

黑棕子　xə²¹⁴ tsəŋ⁴² tʂ˳˙　雀斑

火蒙　xuo²¹⁴ məŋ⁵⁵　上火引起的眼病

雀目眼　tʂʻuo²¹⁴₅₅ mu˙ iɑn²¹⁴　一种眼病，视力较弱，看物双眼眯起

满天敞　man²¹⁴₅₅ tʻiɑn³¹ sɑ⁵⁵　眼皮耷拉，看东西头上仰

秃疮　tʻu²¹⁴ tʂʻɑŋ　黄癣

瞎子　çiɑ²¹⁴ tʂ˳˙

聋子　luŋ⁵⁵ tʂ˳˙

斜拉（里）眼子　ʃə⁵⁵ lɑ˙（li˙）iɑn²¹⁴ tʂ˳˙　斜眼

斗眼儿　tou⁴² iɑnr²¹⁴　斗鸡眼

科巴　kʻə³¹ pɑ˙　口吃的人

哑巴　iɑ²¹⁵ pɑ˙

半语子　pɑn⁴² y²¹⁴ tʂ˳˙　说话不清楚的人

豁子　xuo³¹ tʂ˳˙　兔唇

　豁嘴子　xuo³¹ tsei˙ tʂ˳˙

左撇攮子　tsuo⁴² pʻi²¹⁴₄₂ lɛ²¹⁴ tʂ˳˙　左撇子

瘫肩子　tʻɑn³¹₅₅ ciɑn³¹ tʂ˳˙　罗锅儿

罗锅儿　luo⁵⁵ kuor³¹　驼背

矬子　tsʻuo⁵⁵ tʂ˳˙　矮子

拐子　kuɛ²¹⁴ tʂ˳˙　瘸子

撇拉腿儿　pʻie²¹⁴ lɑ˙ tʻeir²¹⁴　脚往外撇的人

平板儿脚　pʻiŋ⁵⁵₄₂ pɑnr²¹⁴ cyo²¹⁴

彪子　piɔ³¹ tʂ˳˙　傻子

痴子　tʃʻ˳³¹ tʂ˳˙　①白痴　②傻子

二姨子　ər⁴² i˙ tʂ˳˙　两性人

狐臊　xu⁵⁵ sɔ˙　狐臭

扎古　tsɑ²¹⁴ ku˙　①治病：～病　②修饰、打扮：～～走亲戚　③修理：车子坏了，～～

抓药　tsuɑ³¹ yo²¹⁴　抓中药

　撮药　tsʻuo²¹⁴₄₂ yo²¹⁴

抓汤药　ʦuɑ³¹₅₅　tʻɑŋ³¹　yo²¹⁴

评脉　pʻiŋ⁵⁵　mə²¹⁴

　把脉　pɑ²¹⁴₄₂　mə²¹⁴

下干针　ɕia⁴²　kɑn³¹₅₅　ʧən³¹　针灸

强了　cʻiaŋ⁵⁵　lə·　病转轻

见强　cian⁴²　cʻiaŋ⁵⁵　病见好

不熨作　pu⁵⁵　y²¹⁴　ʦuo·　身体不舒服。

　不熨贴　pu⁵⁵　y²¹⁴　tʻie·

药铺　yo²¹⁴　pʻu⁴²

丸子药　uɑn⁵⁵　ʦɿ·　yo²¹⁴　药丸儿

臭蛋儿　ʧʻou⁴²　tɑnr⁴²　樟脑球

药壶（多）　yo²¹⁴　xu⁵⁵　药锅。谚语：～打了不用还

　药铫子（少）　yo²¹⁴　tio⁴²　ʦɿ·

拔火罐子　pɑ⁵⁵　xuo²¹⁴　kuɑn⁴²　ʦɿ·

　掏火罐子　tʻɔ³¹　xuo²¹⁴　kuɑn⁴²　ʦɿ·

退火　tʻei⁴²　xuo²¹⁴　去火

八　动　作

（一）自身活动

麻达　mɑ³¹　tɑ·　耷拉（眼皮）

㕭　ʦɛ²¹⁴　吃：～饭｜那猪～食真没辣

嗞煞　tsa²¹⁴　sa·　细细吸吮、咀嚼：～鱼刺

嗞甜儿　tsa²¹⁴　tʻianr⁵⁵　①吸食玉米、高粱秸等的甜汁：拃根甜儿嗞嗞②比喻办事犹豫，难下决心：别～了，快点办吧

唒吃　kʻən²¹⁴　ʧʻɿ·①唒②比喻一点点地占有：老人的那一点东西，你老去～他干什么？

捵拉　min²¹⁴　lɑ·　吃东西后舌尖伸出口外舔嘴唇

吃烟　ʧʻɿ²¹⁴₅₅　ian³¹抽烟

　㕭烟　tsɛ²¹⁴　ian³¹

喝酒　xɑ²¹⁴₄₂　ʧou²¹⁴

筛酒　sɛ³¹　ʧou²¹⁴　斟酒

偷嘴　tʻou³¹　tsei²¹⁴背着人吃好吃的东西：媳妇子背着她婆～

吃零嘴　ʧʻɿ²¹⁴　liŋ⁵⁵　tsei²¹⁴　吃零食

撑着了　tsʻən³¹　tsə　lə·　吃涨了

裁　tsɛ³¹　吃饱了还硬吃：别～了，别撑坏了

欻　tsʻuɑ⁵⁵　吃（贬义）：一天到晚就知道穷～

楦　ɕyan⁴²　（往嘴里等）填塞：往嘴里猛～｜～枕头

咯　kʻɑ³¹　用力吐出：～鱼刺｜～痰

呕　ou²¹⁴　呕吐

□摸　suo⁵⁵　mu˙　搜寻（贬义）：还不知他在哪儿～来哪！

□□　ly³¹ʃu˙　四处窥视：小眼儿直～

趋登　tʃ'u³¹　təŋ˙　鼻涕流下又吸上

舒　ʃu³¹　伸：～手摸摸炕热热？｜～脚

抓挲　tsua³¹　sɑ˙　①乱抓　②边抓边爬：直往沿儿上～

捺　na²¹⁴　①一扎　②用虎口量：～一～多长

撮　ts'uo²¹⁴　两手向上推送：墙头太高，你～我一把

跹　cyan²¹⁴　赐，踹

拉趴开　la⁴²　p'ɑ˙k'ɛ˙　双腿左右伸开

蹚　p'aŋ²¹⁴　①上下踏：别～苞米苗②踹：～开门

蹚跶　p'aŋ²¹⁴　ta˙　跺脚：天冷～～脚

□达　lin³¹　ta˙　手执绳子的一端甩动

打哈气　ta²¹⁴₅₅　xa³¹　c'i˙　打哈欠

哈趴　xa⁵⁵　p'ɑ˙　俯卧

仰歪　iaŋ²¹⁴　uɛ˙　仰卧

挨起　ie³¹　c'ie˙斜靠半躺，

打呼　ta²¹⁴₅₅　xu³¹　打鼾

睡晌　suei⁴²　ʃaŋ²¹⁴　午睡

说睡　ʃuo²¹⁴　suei⁴²　说梦话

缓缓过来　xuaŋ²¹⁴　xuan˙　kuo⁴²　·lə˙　返苏，苏醒：花儿快死了，浇上点水又～了

固踊　ku⁴²　yŋ˙　蠕动，来回动：别～！

哈腰　xɑ³¹₅₅　iɔ³¹　躬腰

　　龟腰　kuei³¹₅₅　iɔr³¹

卡腰儿　c'iɑ³¹₅₅　iɔr³¹　叉腰

歇　çie²¹⁴　敞开，袒露：～开门｜～着门｜～胸带怀的

歇乎　çie²¹⁴　xu˙

掩　ian⁴²　藏：你把我的帽子～哪儿去了？

籴（土字）　p'ɑ³¹　躲藏：一起来｜～老母（捉迷藏）

偎次　uei²¹⁴　ts'ɿ˙　偎，缩

拘拘　cy³¹　cy˙　冻得往一块儿缩：直～

打颤颤　ta²¹⁴　tʃan⁴²　tʃan˙　发抖

烤火儿　k'ɔ²¹⁴₄₂　xuor²¹⁴

晒阳阳　sɛ⁴²　iaŋ⁵⁵₃₁　iaŋ˙　晒太阳

风凉　fəŋ³¹　liŋ˙　①凉快：真～　②乘凉：出去～～

掉向　tiɔ⁴²　çiaŋ⁴²　转向，迷失方向

磕倒　k'ɑ²¹⁴₄₂　tɔ²¹⁴　摔倒

溜了　liou³¹　lə˙　跑掉，溜掉

□ ɕye^{214} ①牲口惊跑：马～了 ②贬称人跑

挨帮 iɛ$^{31}_{55}$ paŋ^{31} 排队，挨号

短道 tan^{214} tɔ^{42} 半路打劫

虎 xu^{214} 接触，靠在一起：别～电线｜天这个热，别～我身上

打一站 ta^{214} i· tsan^{42} 暂时停靠，休整

（二）日常劳作

周理 tʃou^{31} li· 修理，整理：～～车子

理拾 li^{214} ʃ1· ①整理：把衣裳～～ ②揍，教训：把他好顿～

拾掇 ʃ1^{55} tou· 收拾，整理

规矩规矩 kuei^{31} ɕy· kuei^{31} ɕy· 归整一下

掇弄 tuo^{214} luŋ· ①收拾，整理：把桌子上的东西～～ ②修理：拖拉机坏了，～半天没～好

料治 liɔ^{42} tʃ1· ①同"拾掇" ②修理：～～车子

划拉 xuɑ^{55} lɑ· ①来回划 ②往一起聚

扒拉 pɑ^{31} lɑ· 拨动：他俩打仗快把他～开｜往嘴里～饭

咊拉 pʻu^{31} lɑ· 家禽振翅扑动声

扑拉 pʻu^{31} lɑ· ①办事能打开局面 ②乱搁乱放

□搂 kə^{31} lou· ①搅拌：你把猪食～～ ②扰乱：他正在那儿学习，别～他

□塞 tə^{31} sə· [sou·] ①抖动：把泥～～ ②指人不沉着：一身～气 ③卖弄，显示：穷～

扑搂 pʻu^{55} lou· ①用手拂掉 ②往一起聚：撒的粮食～起来

□搂 pu^{31} lou· 双手拨动：卓子上的东西都～地上了

舞弄 u^{214} luŋ· 玩弄，摆弄：～坏了哪么办

抠搜 kʻou^{31} sou·①一点点地往外掏：把地旯旮旯旯都～着扫好 ②办事拖踏

抠 kʻou^{31} 迟缓，慢腾：你做营生儿真～｜你别看他～，舞扎来舞扎去，还真叫他弄出来了

刮沙 kʻuɑ^{214} sɑ· ①刮(污垢、泥土等)：把锨上的泥～～ ②蚕食：他闺娘老去～他妈那点东西

□治 pu^{31} [pə^{31}] tʃ1· 扑楞：着你把水～的满身都是

捅咕 tʻuŋ^{214} ku· ①捅，掏：～～这个眼儿 ②背后诋毁：别瞎～人

撺拢 tsʻuo^{214} luŋ· ①怂恿，鼓动：～死猫上树， ②搬弄是非：叫他～出事儿了

攒吃 tsan^{214} tʃ1· ①动，触，碰：别一这个东西 ②每次只用一点，不舍得：弄点东西穷～ ③吵架时用手指戳

橹苏 lu^{214} su· ①手来回捋动 ②被骗，被戏弄：叫他～着了

搓揉 tsʻuo^{31} iou· ①双手对揉：～面｜～泥蛋 ②揉坏：把花儿～了

团弄 tʻan^{55} luŋ· ①把东西揉弄成球形 ②处置：你～不好他

摸搜 mə^{31} sou· 抚摸

揉次 iou^{55} tsʻ1· ①揉：把膊勒盖～～ ②来回摇动：别把椅子～坏了

察　ts'ɑ⁵⁵　刺，扎：腰叫棘子～了

□　ts'uɑ⁵⁵　例：腿叫棍子～了

□　nɑn³¹　扎：别叫针～着手｜三锥子～不出血来

倒勾　tɔ²¹⁴　kou·　①反复摆弄：晴～　②里外贩运：～买卖

锛　pən³¹　①扳：往里～一　②拉住：～住船帮

入　y⁴²　①送入，输入：往铡草机里～草　②往嘴里填塞：往嘴里～｜往腔～（骂人语，谐名为"王定玉"）

㧉　mɑn⁴²　抹（灰、泥）

攘　tsɤ⁴²　转着涮：用水把碗～～

掠　luo²¹⁴　轻扫：把地再～一～

搌　tʃən²¹⁴　擦抹：把水～一～

差　ts'ɛ³¹　擦：～脸｜～汗｜～腔

敲巴　c'iɔ³¹　pɑ·　敲，打，揍：你不老实，我～～你

残巴　ts'ɑn⁵⁵　pɑ·

□　xɛ³¹　用力敲打：把石头～开｜～他两拳

坤　k'uən³¹　用鞭子、树条等条状物抽打：～牲口｜～他两鞭子

坤达　k'uən³¹　tɑ·　①抽打　②用力抖动：～～衣裳

糊　xu³¹　①调好的面、泥抹到锅里、墙上：～苞米饼子｜～黄泥　②伸巴掌打：～他两巴掌

掂　tiɑn³¹　敲，击，捣（程度不及□xɛ³¹重）：～他两下｜～蒜

摔　suɛ³¹　①扔：～了｜～盘子②不干：～耙子（比喻不干某事）

捻　niɑn²¹⁴　铁器加火后敲打使长：钻子秃了，～个尖儿出来

□　p'ə³¹　敲打：～他两鞋底子

迁　y³¹　加火后用力使弯曲：～铁丝｜～竹杆儿

钢　kɑŋ⁴²　①铁器工具加铁使复新：～镢　②加码儿，投标：你～三十块，我～五十

当　tɑŋ⁴²　蹭刀，粗磨：～刀

纳　nɑ²¹⁴　拧，挤出水汤等液体：～衣裳｜～钢笔水儿｜～不出来

扛　k'ɑŋ⁵⁵　搬，叼：猫子～着鱼走了

撅　cye³¹　①担起，背起：～草｜～粪篓子　②用针、叉子等往外、往上挑：～粪　③起伏式痛，溃脓了，一～一～地痛　④贬称跑了：一个高儿～了

勒　lə²¹⁴　①用网扣儿捕捉：～老抱子（鸟名）｜～知了　②结帐：～死帐

挣　tsəŋ³¹　撑开口：～着口袋

挣　tsəŋ⁴²　往两端拉

提娄　ti³¹　lou·　提

绝　c'ye²¹⁴　折断
　拐ye³¹

攦　lɛ²¹⁴　撕

劙　li³¹　尖锐东西划破：在海底下叫石头把脚～了

扽达　suŋ²¹⁴　tɑ·　推，搡（人）

闯　ts'uɑŋ²¹⁴　向下掼，使结实：麻袋的粮食不实乎，～一～

猫　mɔ³¹　扔，撂：把它～了吧

发　fɑ²¹⁴　（向远处）掷，扔：～石头

和调　xuo⁵⁵　tʻiɔˑ　调和（面）

抻　tʃʻəŋ²¹⁴　扯长：～面

𢭏面　tʃʻɑŋ⁴²　miɑn⁴²　往酵面、面团里加干面后再调

擤　tsʻɛ⁴²　①使猪快肥：～肥猪　②使人强受：他不要，你别～

擤　tsʻɛ³¹　使手、脚用力压和揉：～面｜～泥

擤圈　tsʻɛ³¹　cyɑn⁴²　猪在圈里翻擤土粪

溲　sou²¹⁴　揉面：～面

酵面　ciɔ⁴²　miɑnˑ　酵母

吐噜　tʻu²¹⁴　luˑ　①煺，去毛：～猪头｜鸡头难～　②对付：这人是绒毛猪，难～

科　kʻuo³¹　用刀剖：～膛｜～鱼｜～海参

劙　xuo³¹　被利器划破：脚～了｜网被～了

□　tʃən²¹⁴　使（血）成块：～猪血｜～成块儿

燎　liɔ²¹⁴　在火上烧：～酒（温酒）

□　ɑŋ²¹⁴　放入柴草后任火自行燃烧：～炕

呕　ou²¹⁴　①用草捂烟：～了一家烟②烧：把船～了

熝　tsʻɑ²¹⁴　煮：把稀饭再～～

熇油　kʻɔ⁴²　iou⁵⁵　炼油

　　耗油　xɔ⁴²iou⁵⁵

焯　tsɔ⁴²　菜等微煮即捞出：把菜～一～

拢　luŋ⁵⁵　微火烘烤：把起子块儿放儿锅里～～

㷍　pə²¹⁴　烘，焙：～鱼｜～干粮｜～尿布

煞　sɑ²¹⁴　用力勒，捆：～草

压　iɑ²¹⁴　栽（树苗等）：～树苗｜～葡萄

掐　cʻiɑ²¹⁴　摘：～花儿

放树　fɑŋ⁴²　ʃu⁴²　砍倒树

　　杀树sɑ²¹⁴　ʃu⁴²

撸　lu²¹⁴　①捋：～槐树花儿｜～树叶儿　②大针脚地缝上：～被头

撸　lu³¹　削职，降职：一～到底

刷　suɑ⁴²　①把乱草抖开整理：～～草，大的～起来，小的剩下　②淘汰，去掉：人太多了，～下去几个

（三）感觉、心理活动

饥困　ci³¹　kʻuənˑ　饿

刺挠　tsʻ1⁴²　nɔˑ　发痒

□□　tə³¹　təˑ　形容剧烈心跳后引起的发虚的感觉

□□　ly³¹　lyˑ　虫子在身上爬行的感觉：虱子在身上直～

图希　tʻu⁵⁵　ʃ1ˑ　贪图：你～他什么

谋思　mu⁵⁵　s1ˑ　思考：你动脑子好好～～

触触　tsʻu²¹⁴　tsʻu·　想，思考：我～半天也没有想起来

酎着　tʃən²¹⁴tsʅ·　酎酌：你～办吧，这事我托咐给你了

格磨　kə⁵⁵²¹⁴　mə·　琢磨，钻研：你～～，把这个改改｜～个新花样｜你真有个～劲ㄦ

想着　ʃaŋ²¹⁴　tsʅ·　记住

想不住　ʃaŋ²¹⁴　pu·　tʃu⁴²　记不得：哪么我～了

挂记　kua⁴²　cʻi·　挂念

三潮两挂的　san³¹　tʃʻɔ⁵⁵　liaŋ²¹⁴　kua⁴²　ti·　形容很挂念

眼ㄦ巴眼ㄦ望　ianr²¹⁴　pa³¹　ianr²¹⁴　uaŋ⁵⁵　急切地盼望

理会ㄦ　ly²¹⁴　xueir⁴²　留意，注意：没～

嘟念　tu³¹　nian·　念记：一天价～你还不来家

觉乎　cyo²¹⁴　xu·　发觉，感觉

希罕　ɕi³¹　xən·　①喜欢：我不～面条　②叫人喜欢：这小孩真～人

得味　tə²¹⁴　uei⁴²　高兴，惬意

抗不了　kʻaŋ⁵⁵　pu·　lio²¹⁴　受不了

积气　tʃʅ²¹⁴　cʻi⁴²　使气，生气

伸就　ʃən³¹　tʃou·　①心烦，不舒畅　②精神不振作：你的病不是好了吗？哪么还是～样ㄦ？

懊糟　ɔ³¹　tsɔ·　窝囊：摊着这种事ㄦ真～人

挖曲　ua³¹　cʻy·　委曲：凭良心说，我没那样，你添枝加叶的，真～我了

腻□人　i⁴²　nei·　in⁵⁵　使人发腻，让人恶心

格人　kə⁴²　in·　讨厌：我真～他

烦气　fan⁵⁵　cʻi·　让人发烦：～人

嫌乎　ɕian⁵⁵　[ɕiaŋ⁵⁵]　xu·　嫌弃

雨连　y²¹⁴　lian·　丢人，脸上不光彩：领着你～人

反恶ㄦ　fan²¹⁴₅₅　uor·　①惹怒：～捧你｜②使人讨厌：～死人了

闷惑　mən⁴²　xu·　（使）纳闷：～人｜这里面装的什么东西叫我～

馋鞭　tsʻan⁵⁵　ɕiaŋ⁴²　想吃而又说不吃。指爱面子

割惜　kɑ²¹⁴　ʃʅ·　舍得：真～｜不～

锯拉　cy⁴²　lə·　受刺激而紧张：哎呀，真～人的！

二二思思　ər⁴²　ər·　sʅ³¹₅₅　sʅ³¹　犹犹豫豫：你这人哪么～的，不痛快点ㄦ

思思拉拉　sʅ³¹　sʅ·　lɑ³¹₅₅　lɑ³¹　①舍不得　②不痛快，不果断

心定意主　ʃən³¹　tiŋ⁴²　i⁴²　tʃu⁵⁵　决心已定

打艮ㄦ　ta²¹⁴　kənr⁴²　（读书、思路等）不连贯，断断续续：念报纸有不识的字，光～

□　xɛ³¹　（大量地）用上，添加上：盖了几间房子，把两个钱ㄦ都～上了

妖□　ɔ²¹⁴　kʻən·　后悔：你不用～，也不是成心这样的

不算事ㄦ　pu⁵⁵　san⁴²　sʅr⁴²　①不干休：他打了人家，人家～了，告到法院去了　②反悔：他说话又～了

码拉　mɑ²¹⁴　lɑ·　计算，估算（一般重叠使用）：～～（大体计算一下）

拢　luŋ²¹⁴　①归拢，合计：～一～（大体合计一下）　②整理：把东西～

看门道儿　k'an⁴² mən⁵⁵ tor˙　看门路，看道理
　看窍儿　k'an⁴² c'ior⁴²
宾服　pin³¹ fu˙　佩服

（四）交往

撞门儿　ts'uaŋ⁴² mənr⁵⁵　串门儿
问道　uən⁴² tou˙　问，打听：你～～他
帮扶　paŋ³¹ fu˙　帮助：你～我，我也～你
应许　iŋ³¹ çy˙　答应，应允：这事儿我还没～他
不吐口儿　pu⁵⁵₄₂ t'u²¹⁴₄₂ k'our²¹⁴　不答应，不应允
□治　aŋ³¹ tʃ1˙　要求，恳求：你去帮我～～他
磨唧　mə⁵⁵ tʃ1˙　纠缠，恳求
招着　tʃo³¹ tʂɿ˙　扶着，搀着：～老太太
□　pəŋ²¹⁴　搂，紧抱：～住他｜他俩～在一起
答理　ta³¹ li˙　理睬
不喜里　pu⁵⁵₄₂ çi⁵⁵₄₂ li²¹⁴　不屑理睬
不理乎　pu⁵⁵₄₂ li²¹⁴ xu˙　不理睬
不□声儿　pu⁵⁵ tʃu⁵⁵ ʃəŋr³¹　不说话，不言语
不吭气　pu⁵⁵ ˌk'əŋ³¹ c'i⁴²　①不言语　②不声张
戾蚀　pi³¹ ʃ1⁵⁵　在证据面前低头无语：这下子你可～了
放声　faŋ⁴² ʃəŋ˙　①吱声，搭腔　②打招乎
咕囔　ku³¹ naŋ˙　絮叨：你一天价嘴不闲着，老～
打蛮　ta²¹⁴ manr⁴²　①因语音相近，乙没有听清甲的意思，问答差到另一意思上去：甲：开会！乙：去睡？②故意反问
半截插扛子　pan⁴² tʃə⁵⁵ ts'a²¹⁴ kaŋ⁴² tsɿ˙　①中间打岔：人家说话你来～②中间参与某事
隔你的话　kə²¹⁴ ni²¹⁴ ti˙ xua⁴²　插嘴，接住话题
拾后漏儿　ʃ1⁵⁵ xou⁴² lour⁴²　挑别人的漏洞、语病
连堂　lian⁵⁵ t'aŋ⁵⁵　把两类不尽相干的事情搅和到一起：说着说着就～了
对茬口儿　tei⁴² ts'a⁵⁵ k'our˙　①接上（木头等的）断面　②比喻说话口径一致
岔牙　ts'a⁴² ia⁵⁵　说话不投机，有分歧：他俩说着说着～了
打仗　ta²¹⁴ tʃaŋ⁴²　①军事战争　②吵嘴，吵架
噘　cye⁵⁵　骂：～人
□都　xən³¹ tou˙ [tu˙]呵斥，耍脾气：你～谁？
　□达　xən³¹ ta˙
剜吃　uan³¹ tʃ1˙　双方吵架互相指点
呲达　ts'ɿ³¹ ta˙　因对某人有意见或心情不好而对人言语不恭
争竞　tsəŋ³¹ ciŋ˙　争论，辩论：～价钱
剋　k'ei³¹　批评，斥责：他叫老师～儿一顿｜挨～

撸　lu⁵⁵　狠狠地批评

挨反　ε³¹ fan²¹⁴　挨批评

噆　ts'ʅ³¹　批评斥责：～他一顿｜挨～

喝唬　xɑ²¹⁴［xɑ³¹］xu˙　阿斥：～人

扒灰　pɑ³¹₅₅ xuei³¹　①公公与儿媳通奸　②互相揭丑，扒老底

　扒拉灰　pɑ³¹ lɑ˙ xuei³¹

臭□　tʃ'ou⁴² pə˙　背后说人的坏话：媳妇～婆婆娘，婆婆娘～媳妇

嘁咕　ts'ɑ²¹⁴ ku˙　①小声地或背后议论、嘀咕：考试不准～②讨论：大伙儿分组～～

港郎　kɑŋ²¹⁴ lɑŋ˙　背地议论某人（中性词）：～～这个人

孬孬　nɔ³¹ nɔ˙　吵吵

扬扬　iɑŋ³¹ iɑŋ˙　声扬、扬言：早就～着要出外，到今儿也没出去

咧咧　lie³¹ lie˙　不分场合地说：你别听他～

胡诌　xu⁵⁵ tsou³¹　胡说，胡编

胡诌八扯　xu⁵⁵ tsou³¹ pɑ²¹⁴₄₂ tʃ'ə²¹⁴　胡说八道

□活　pε⁵⁵ xuo˙［xu˙］夸夸其谈：穷～｜这人真能～

聊　liɔ⁵⁵　说大话，夸海口

聊就炮　liɔ⁵⁵ tʃou˙ p'ɔ⁴²　喜好说大话的人

嗙　p'ɑŋ²¹⁴　吹牛，说大话：胡吹乱～

哄　xuŋ²¹⁴　哄骗

熊　çyŋ⁵⁵　哄骗：你真～人

柳　liou²¹⁴　学舌，重复别人的话：跟着瞎～

舔摸　t'iɑn²¹⁴ mə˙　巴结，拍马屁

　贴摸　t'iə²¹⁴ mə˙

　柳沟　liou³¹⁴ kou˙

顺杆儿爬　suən⁴² kɑnr³¹ p'ɑ⁵⁵　迎合、讨好某人

顺毛儿摸搜　suən⁴² mɔr⁵⁵ mə²¹⁴ sou˙　顺着某人的脾气、意愿做

顺沟儿柳　suən⁴² kour³¹ liou²¹⁴　为讨好某人而学舌

冤么　yɑn³¹ mə˙　栽诬人：我没有这个事儿，你真～我

起咒　c'i²¹⁴ tʃou⁴²　发誓

说古今儿　ʃuo²¹⁴₄₂ ku²¹⁴ cinr˙　说故事

嘻嘻　çi³¹ çi˙　嘻笑，嘻闹

嘻溜　çi³¹ liou˙　说笑，不严肃：别～！

打嘎嘎　tɑ²¹⁴ kɑ³¹₅₅ kɑ³¹　打哈哈：满街～

耍欢儿　suɑ²¹⁴₅₅ xuɑnr³¹　开玩笑：他俩在乜～｜～翻脸了

耍大欢　suɑ²¹⁴ tɑ⁴² xuɑn³¹　耍弄，戏弄：你轻（少）拿我～

□就　kə³¹ tʃou˙　搔人腋上：～人

挖　uɑ³¹　用手搔人

作治　tsuo²¹⁴ tʃʅ˙　①捉弄：你～他干什么？②糟踏、损坏：叫你～的不象样

　作索　tsuo²¹⁴ suo˙

逗吃　tou⁴² tʃʼ1· 引逗

搪逗儿　tʼɑŋ⁵⁵ tour⁴² 挑逗，嘻闹，你和小孩子～什么？

猴吃　xou⁵⁵ tʃ1 ①挑逗，挑衅：别～他　②偷偷摸摸，伺机（干坏事）：他在那～什　么　③吃掉：这点东西一憋气把它～了了　④寻找，搜寻：～点酒肴儿来

治　tʃ1⁴² 孩子淘气，　纠缠大人

讨换　tʼo²¹⁴₅₅ ①想方设法搞到（难得的东西）：你在哪儿～的？　②搜寻：我还缺点　门窗料，你帮我～～

　欻打　tsʼuɑ³¹ tɑ·

该　kɛ³¹ 欠；～帐一～三块钱

打人情　sɑ²¹⁴₅₅ in⁵⁵₅₅ tʃʼəŋ· 用礼物报答别人的情义

打皮赖　tɑ²¹⁴ pʼi· lɛ⁴² 抵赖，耍赖：这个分儿是我的：你还～，掩干不了

　　□赖　kɑ⁵⁵ lɛ⁴²

　　放赖　fɑŋ⁴² lɛ⁴²

推火拉（拢）船儿　tʼei³¹ xuo²¹⁴ lɑ·（luŋ·） tsʼuanr⁵⁵ 比喻相互推诿、拖延：倷～，把我的事儿都耽误了│这人办事儿～

吃乎　tʃʼ1²¹⁴ xu· 趁机敲诈、赚便宜：～咱│

瞒着　man⁵⁵ ts1· ①背着　②隔着：～锅台上炕

填护　tʼian⁵⁵ su· 用实物报答：你把东西都～给谁了？　这些鸡真～人，一天一个蛋

定规　tiŋ⁴² kuei· ①约定：我已经～好了　②落实、强调一下：这件事儿再～一下

本　pən²¹⁴ 相约，相邀：～伴│～几个伴儿钓鱼

访听　fɑŋ²¹⁴ tʼiŋ· 打听，查访

查弄　tsʼɑ⁵⁵ luŋ· 调查　查访：你帮我～～

递告　ti⁴² ko⁴² 告诉，通知：队长～你去开会

论计　lən⁴² ci· ①讨论确定：咱～～②讲究，计较：这都是迷信，现在谁还～这些事儿

嘘唤　çy³¹ xuən· 叫，呼喊：～他│把他～过来。

　召唤〔呼〕tʃo³¹ xuan·［xu·］

裁咐　tsɛ³¹ fu·托付，再三嘱咐：把事儿～给他了。

端量　tan³¹ liɑŋ·打量，端象：～～这个人│木匠～线儿

照量　tʃo⁴² liɑŋ· ①同"端量"　②斟酌：～～这块木头够什么材料

使唤　s1²¹⁴ xuən· 使用这个东西别～坏了

得济　tə²¹⁴ tʃ1⁴² 长辈得到晚辈的好处。俗语：早生孩子早～，早种庄稼扒籽粒

□死　tei²¹⁴［ten²¹⁴］s1· 相抵销：你该我五块钱，我该你五块，正好～，谁也不用找

带理　tɛ⁴² li· 连累，牵连：一块臭肉～满锅

撇下　pʼie²¹⁴ çiɑ· 遗留下：他～三个孩子死了

夹和　çiɑ²¹⁴ xuo· 掺和：玉米面儿和小麦面儿～着吃

岔和　tsʼɑ⁴² xuo· 错换：咱俩的东西～了

当害　tɑŋ³¹ xɛ⁴³ 碍事，阻碍：真～，搬开

拘管　çy³¹ kuan· 拘束，约束

打腰　tɑ²¹⁴₅₅ iɔ²¹ʻ　吃得开，得志

谝拉　pʻian²¹⁴lɑ·　炫耀

踥泄　tie³¹ ʃəˑ　卖弄，显示：满场～

眼气　ian²¹⁴ cʻiˑ　①使人羡慕：出来～　人②妒忌

混充　xuan⁴² tsʻuŋ³¹冒充；充作：戴孝帽子进灵棚，～近门支儿

装□　tsuaŋ³¹ suˑ[sou·]伪装，假装

打马虎眼　tɔ²¹⁴₄₂ ma¹²⁴₃₁ xu· ian⁴¹⁴　蒙混骗人

装大个　tsuaŋ³¹ tu⁴² kə⁴²　逞能

耍熊儿　suɑ²¹⁴ çyŋr⁵⁵　假装无能不肯出力

腔　cʻiaŋ³¹　强令对方：他说话总～人

耍马流　suɑ²¹⁴₄₂ ma²¹⁴ liou⁴²　指人不务正业，搞歪门邪道

犯小肠儿　fan²⁴ ʃɔ²¹⁴ tʃʻɑŋr⁵⁵　小孩语，出尔反尔，给了人家东西又往回要

犯古　fan⁴² ku²¹⁴　①出尔反尔：咱已经定好了，你又～了，这弄儿些什么事儿　②小孩
　　生气：又～了，刚才还好好的

就付　tʃou⁴² fuˑ　迁就，让步：～～他吧

顺下坡驴　suən⁴² pʻə³¹ çia⁴² ly⁵⁵比喻借机下台

让服　iaŋ⁴² fu　让步，退让：你先～他一个车，一个炮|你大，他小，你得～～

扎煞手　tsa³¹ sa· ou²¹⁴　对突然来临的事情没准备而一筹莫展

踢蹬　tʻi²¹⁴ təŋ·　①损坏，槽塌：把东西～了　②损害：伤害：别～人

遭治　tsɔ³¹ tʃˑiˑ　①糟踏，浪费：这份菜叫你～了|你看，～这个好东西②背后糟踏人

败治　pɛ⁴² tʃˑiˑ　①同"遭治"　②毁坏：胡～

胡作　xu⁵⁵₄₂ tsuo²¹⁴　胡乱做，有意识地做坏：别～!

害祸　xɛ⁴² ʻxuoˑ　伤害，损坏

走字儿　tsou²¹⁴ tsɿr⁴²　走运：你真～，好事儿都叫你摊上了

摊　tʻaŋ³¹　①遭到，遇到：～着风了|打击刑事犯，他～着了　②分得：我～三斤苹
　　果|这次长工资我没～上

触寿　tsʻu²¹⁴ ʃou⁴²折寿：你打你老人，不怕～？

该然　kɛ³¹ ian⁵⁵　命当如此，不可避免

主贱　tʃu²¹⁴ tʃan⁴²　犯贱：人家的东西你去动，怎么～

不让戗儿　pu⁵⁵ iaŋ⁴² tʃʻɑŋr⁴²　不罢休：他把人家打了，人家～了

没场说　mei⁵⁵ tʃˑaŋ²¹⁴ ʃuo²¹⁴　说不定没法说：这件事儿，～就不是他干的

了戏了　liɔ²¹⁴ çi⁴² ·leˑ　完了，没有意思了：叫你一说～

九　红白事

媒人　mei⁵⁵ inˑ

做媒　con⁴² mei⁵⁵

说　ʃuo²¹⁴　为男子找对象：～媳妇

找婆家　çɔ²¹⁴ pʻə⁵⁵ ciaˑ

轧亲　kɑ²¹⁴₆₆　ʨʼən³¹　结亲

订亲　tiŋ⁴²　ʨʼən³¹　订婚

将　ʨaŋ³¹　娶：～媳妇｜三十岁了还没～

出门子　ʧʼu²¹⁴　mən⁵⁵　ʦɿˑ出嫁：三十岁了还没～

打发闺娘　tɑ²¹⁴　fuˑ　kuei³¹　niŋˑ　父母嫁女

新女婿　ʃən³¹　ny²¹⁴　ʃuˑ　新郎

新媳妇　ʃən³¹　ʃɿ²¹⁴　fuˑ　新娘

有了　iou²¹⁴　ləˑ　怀孕

带孩子老婆　tɛ⁴²　xɛ⁵⁵　ʦɿˑ　lɔ²¹⁴　pʼəˑ孕妇

拾了　ʃɿ⁵⁵　ləˑ　生(孩子)：～个小小嘶

双棒儿　suaŋ⁴²　paŋr⁴²　①双胞胎　②植物果实长成连体形

　双膀子　suaŋ³¹　paŋ²¹⁴　ʦɿˑ　同上①

奶奶　nɛ²¹⁴₄₂　nɛ²¹⁴　吃奶，喂奶

撞姓儿　ʦʼuaŋ⁴²　ʃəŋr⁴²　旧时富家婴儿出世后抱到街上，遇到第一个青年男子娶结干
　　亲，并让其给小孩起名字

煮米　ʧu²¹⁴　miˑ生孩子后娘家送来的鸡蛋、小米等

过百岁儿　kuo⁴²　pə²¹⁴　seirˑ

□奶子　lə⁵⁵　nɛ²¹⁴　ʦɿˑ　断奶

□□　cy³¹　cyˑ婴儿出生不久姥娘家制作的一种面食

背生子儿　pei⁴²　səŋ³¹　ʦɿr²¹⁴　遗腹子

老生子　lɔ²¹⁴　səŋˑ　ʦɿˑ老年生育的子女

小产　ʃɔ²¹⁴₄₂　sɑn²¹⁴

　掉了　tiɔ⁴²　ləˑ

打离婚　tɑ²¹⁴　liˑ　xuən³¹　离婚

　休　ɕiou³¹

大闺娘　tɑ⁴²　kuei³¹　niŋˑ　大龄而未婚的女子

老闺娘　lɔ²¹⁴₆₆　kuei³¹　niŋˑ　①岁数大而未婚的女子　②称排行中最小的闺女

光棍儿　kuaŋ³¹　kuənr²⁴

填房　tʼiɑn⁵⁵₄₂　faŋ⁵⁵

　后老婆　xou⁴²　lɔ²¹⁴　pʼəˑ

跟脚子　kən³¹　cyɔ²¹⁴　ʦɿˑ　随母改嫁的子女

带肚子　tɛ⁴²　tu⁴²　ʦɿˑ　怀孕的妇女改嫁后出生的子女。一说意同"跟脚子"

前窝儿　ʧʼɑn⁵⁵　uor³¹　前妻或前夫子女

后窝儿　xou⁴²　uor³¹　续妻或前夫子女

过房　kuo⁴²　faŋˑ过继

根□　kən³¹　tənˑ遗传，祖传的传统：～好

老了　lɔ²¹⁴　ləˑ　老人去世

老喜丧　lɔ²¹⁴　ɕi²¹⁴₆₆　saŋ³¹　高令去世，虽哀犹喜

丢了　tiou³¹　lə·　（孩子）夭折

报庙儿　pɔ⁴²　miɔr⁴²　到土地庙报丧

孝褂子　ɕiɔ⁴²　kuɑ⁴²　ʦʅ·孝服

孝妇老婆　ɕiɔ⁴²　fu·　lɔ²¹⁴　p'ə·刚死丈夫不久的寡妇

烧七　ʃɔ³¹ʨ'ʅ²¹⁴　七日一祭

烧百日　ʃɔ³¹　pə²¹⁴　i·　百日祭

棺材　kuɑn³¹　ʦ'ɛ·

茔　iŋ⁵⁵

乱葬岗　lɑn⁴²　ʦɑŋ⁴²　kɑŋ³¹

地气　ti⁴²　ʨ'i⁴²　风水：他家的～好

摸拉鱼子　mə³¹　lɑ·　y⁵⁵　ʦʅ·　木鱼

十　房舍器物

房子　fɑŋ⁵⁵　ʦʅ·

一明四哨　i²¹⁴　miŋ⁵⁵　sʅ⁴²　sɔ⁴²　间隔为五的房子，一般中间为正间，两边各有两间

明间　miŋ⁵⁵　ʨiɑn³¹　正间

　　外地　uɛ⁴²　ti⁴²

东间　tuŋ³¹⁵⁵　ʨiɑn³¹

　　东家　tuŋ³¹　ʨiɑ·　[ʨi·]

西间　ʃʅ³¹⁵⁵　ʨiɑn³¹

　　西家　ʃʅ³¹　ʨiɑ·　[ʨi·]

过道　kuo³¹　tɔ⁴²走廊

倒厅　tɔ⁴²　t'iŋ³¹　四合院式结构的南排房子，门多朝北开

街门　ʨiɛ³¹　mən⁵⁵　院子的大门

外地门　uɛ⁴²　ti⁴²　mən⁵⁵　正间的大门，一般是风门在外，外地门在里

半门子　pɑn⁴²　mən·　ʦʅ·　半高的门，用于挡鸡、鸭等

风门子　fəŋ³¹　mən⁵⁵　ʦʅ·

门摇儿　mən⁵⁵₄₂　iɔr⁵⁵　可摇动的门栓儿

窗　ʦ'uɑŋ³¹　窗户

后门　xou⁴²　mən⁵⁵　①后窗　②在后面开的门

窗扇儿　ʦ'uɑŋ³¹　ʃɑnr⁴²

眼棚子　iɑn²¹⁴　p'əŋ⁵⁵　ʦʅ·天棚

壁子　pi²¹⁴　ʦʅ·每个房间之间的墙壁

门坎洞儿　mən⁵⁵　k'ɑn²¹⁴　tuŋr⁴²　门坎上猫的出入口

釜台　fu⁴²　t'ɛ·烟筒

偏厦子　p'iɑn³¹　sɑ⁴²　ʦʅ·搁放农具杂物等的简易棚子

茅坑　mɔ⁵⁵　k'əŋ³¹　厕所

障子　ʨɑŋ⁴²　ʦʅ·　篱笆：园～｜夹(树立)～

坑　k'ɑŋ⁴²

炕沿儿　k'aŋ^{42}　iɑnr^{55}

　炕帮　k'aŋ^{42}　pɑŋ^{31}

炕墙　k'aŋ^{42}　tʃ'yŋ^{55}炕沿下的墙

炕各拉　k'aŋ^{42}　kə^{214}　lɑˑ　炕墙下侧的部分

杌子　u^{42}　tʂɿ　三条腿的圆凳

桌柜　tʂuo^{214}　kuei^{42}　半橱

书案桌儿　ʃuɑn^{55}（含音）　tʂuor^{214}　书桌（一般三个抽屉）

抽抽　tʃ'ou^{31}　tʃ'ouˑ　抽屉

被搁　pei^{42}　kuo^{214}　放在炕上的带抽屉的长条柜

　被柜pei^{42}　kuei^{42}

小炕桌儿　ʃɔ^{214}　k'aŋ^{42}　tʂuor^{214}　放在炕上用的小桌儿

小匣柜儿　ʃɔ^{214}　ɕia^{55}　kueir^{42}　娘家陪送的精致小橱，盛放梳洗用具等

卷须儿　cyan^{214}　ʃur^{31}　桌上放的小条几

家巴什儿　cia^{31}　pɑˑʃʅr^{42}用具之类的通称

　家什　cia^{31}　ʃʅˑ

帽盒　mɔ^{42}　xuo^{55}

毛筒　mɔ$^{55}_{42}$　t'uŋ^{214}　用于插花、毛掸子等的陶磁制品

罩花儿　tsɔ^{42}　xuɑr^{31}　罩在玻璃里的假花

花　xuɑ^{31}　棉絮

被　pei^{42}　被子

枕头　tʃən^{214}　t'ouˑ

墩子　tən^{31}　tʂɿˑ　木枕头

琉琉猫　liou^{55}　liouˑ　mɔ^{55}　精致的陶制枕头

琉琉墩子　liou^{55}　liouˑ　tən^{31}　tʂɿˑ

凉席子　liaŋ$^{55}_{42}$　ʃʅ^{55}　tʂɿˑ

席篾子　ʃʅ^{55}　mie^{31}　tʂɿˑ　苇篾、高粱篾等

铜盆子　t'uŋ$^{55}_{31}$　p'ən^{55}　tʂɿˑ脸盆

漱口盂儿　su^{42}　k'ou^{214}　yr^{55}

胰子　i^{55}　tʂɿˑ肥皂

香姨子　ɕiaŋ^{31}　i^{55}　tʂɿˑ香皂

梳　su^{31}　①梳子　②梳头

刮头篦子　kuɑ^{214}　t'ou^{55}　pi^{42}　tʂɿˑ篦子

龙披（旧）　luŋ^{55}　p'ei^{31}　毛巾

笸箩箱　p'u^{55}　louˑ　ʃaŋ^{31}　柳条编织的大口箩筐

针线笸箩儿　tʃən^{31}　ʃan^{42}　p'u^{55}　lourˑ针线筐儿

烙铁　luo^{214}　t'iˑ

尺棍　tʃ'ʅ^{214}　kuən^{42}　尺子

暖瓶　nɑn^{214}　p'iŋ^{55}

旱伞　xɑn^{42}　sɑn^{214}　阳伞

芭蕉扇　pɑ$_{55}^{31}$　ʨo^{31}　ʃɑn^{42}

拐　kuɛ^{214}　拐杖

纸背子　ʈʂʅ^{214}　pei^{42}　ʈʂʅ·　厚纸板儿

抹布　mɑ^{214}　pu·

网衣子　uɑŋ$_{55}^{214}$　i^{31}　ʈʂʅ·　旧称用破鱼网做成的抹布

洋火　iɑŋ$_{55}^{42}$　xuo^{214}　火柴

　　促灯　ʦ'u^{214}　təŋ·(不常用)

洋蜡　iɑŋ$_{42}^{55}$　lɑ^{214}　蜡烛

火油　xuo^{214}　iou^{55}煤油

手灯　ʃou$_{55}^{214}$　təŋ^{31}　手电

气炉子　c'i^{42}　lu^{55}　ʈʂʅ·　煤油炉子

箸篱　ʧu^{42}　li·　筷筒：上～里拿筷子

轻铁　c'iŋ^{31}　t'ie^{214}　铝：～锅

菜墩子　ʨɛ^{42}　tən^{31}　ʈʂʅ·

菜充　ʨ'ɛ^{42}　ʦ'uŋ·　礤床儿：地瓜干～

流子　liou^{42}　ʈʂʅ·　漏斗

堵儿　tur^{214}　瓶塞儿：暖瓶～

洋钉儿　iɑŋ^{55}　tiŋr^{31}　铁钉

推刨　t'ei^{31}　p'ə·刨子

风匣　fəŋ^{31}　çiɑ^{55}　风箱

墼　ʧʅ^{214}　土坯

　　土墼　t'u$_{42}^{214}$　ʧʅ^{214}

锤板石　ts'uei$_{31}^{55}$　pɑn^{214}　ʃʅ^{55}敲衣石

浑水缸　xuei^{31}　suei^{214}　kɑŋ^{42}　泔水缸

钵子　pə^{214}　ʈʂʅ·　钵：尿～｜狗食～

尿罐子　nio^{42}　kuɑn^{42}　ʈʂʅ·

尿鳖子　nio^{42}　pie^{214}　ʈʂʅ·　尿壶

猪食槽子　ʧu^{31}　ʃ^{55}　ʨ'o^{55}　ʈʂʅ·

碾芯子　niɑn^{214}　ʃən^{42}　ʈʂʅ·　碾柱

磨芯子　mə^{42}　ʃən^{42}　ʈʂʅ·　磨柱

挂子　kuɑ^{42}　ʈʂʅ·　各种框形模子：墼～｜碾～

扫炕笤帚　so^{214}　k'ɑŋ^{42}　t'io^{55}ʃu·

大笤帚　tɑ^{42}　t'io^{55}　ʃu·扫地笤帚

团团筐　t'ɑn^{55}　t'ɑn·　k'uɑŋ^{31}　圆形筐

巴大篓子　pɑ^{31}　tɑ·　lou^{214}　ʈʂʅ·　柳条编的元宝形篮子

酒条篓子　ʧou^{214}　t'io^{55}　lou^{214}　ʈʂʅ·　柳条编的长篮子

绠　kəŋ^{31}　较粗的绳子

大缆　tɑ^{42} lan^{42}　大粗绳子

炭　t'an^{42}　木～

碴子　tsɑ^{214} tʂɭˑ　煤

黄香　xuɑŋ^{55} ɕiaŋ^{31}　松香

石灰　ʃɭ^{55} xuei^{31}

洋灰　iaŋ^{55} xuei^{31}　水泥

泥板　mi^{42} pɑnˑ

木花　mu$^{214}_{55}$ xuɑ　刨花

瓦刀　uɑ$^{214}_{55}$ tɔ^{31}

十一　服　饰

衣裳　i^{31} ʃɑŋˑ

袄　ɔ^{214}　泛称单上衣

棉袄　miɑn$^{55}_{42}$ ɔ^{214}

夹袄　ciɔ^{313}（合音）

叉裤　tʂ'ɑ^{31} k'u^{42}　只有两个裤腿的裤子

围脖儿　uei$^{55}_{42}$ pər^{55}　长条形围巾

头巾　t'ou^{55} cinr^{31}　四方形围巾

小汗巾儿　ʃɔ^{214} xɑn^{42} cinrˑ 小手绢

　耳朵勺儿　ər^{31} touˑ ʃuor^{55}　耳套

　耳捂子　ər^{31} u^{214} tʂɭˑ

汗流儿　xɑn^{42} liour^{31}　背心

高鞡袜子　kɔ^{31} iɔ^{42} uɑ^{214} tʂɭˑ长筒袜子

□霰子　uɛ^{214} ɕiɑ^{55} tʂɭˑ　长袖衬衫。日语借词："ワイシセツ"

绑　pɑŋ^{214}　以前用鲜猪皮做的冬用靴，里面絮草，跟东北的靰鞡靴相似

鞋壳篓儿　ɕi$^{55}_{42}$ k'ə^{214} lourˑ　鞋里边的空间

草窝子　tʂ'ɔ$^{214}_{55}$ uo^{31} tʂɭˑ　草鞋

嘎哒板儿　kɑ^{31} tɑˑ pɑnr^{214}　木制拖鞋

趟绒　t'ɑŋ^{42} yŋ^{55}　灯心绒

印花布　in^{42} xuɑ^{31} pu^{42}　旧时自制的一种布

潲色　sɔ^{42} sə^{214}　退色

靛　tiɑn^{42}　染料：蓝～｜红～

箭　cin^{31}　衣物等缩水

关针　kuɑn$^{31}_{55}$ tʂən^{31}　别针

坠子　tʂuei^{42} tʂɭˑ耳坠儿

　耳环儿　ər^{31} xuɑnr^{55}

手巴掌儿　ʃou$^{214}_{55}$ pɑ^{31} tʂɑŋrˑ手套儿

鸭巴掌儿　iɑ$^{214}_{55}$ pɑ^{31} tʂɑŋrˑ　大拇指分出、其余四指不分的手套

十二　饮　食

朝饭　tʃɔ³¹　fɑn˙　早饭

晌饭　ʃɑŋ²¹⁴　fɑn⁴²午饭

黑饭　xə²¹⁴　fɑn⁴²　晚饭

　夜饭　iə⁴²　fɑn⁴²

干饭　kɑn³¹　fɑn⁴²

豆儿饽饽　tour⁴²　pə³¹　pə˙豆包

饽饽　pə³¹　pə˙　一种圆形大馒头

馇子　cyɑn²¹⁴　tʂʅ˙　刀切的长形馒头

菜角子　tʂɛ⁴²　Cyo²¹⁴　tʂʅ˙　菜包子，一般用杂粮做成

糖鼓　t'ɑŋ⁵⁵　ku²¹⁴　一种糖烧饼

饹饨(土字)　ku³¹　tʂʅ˙　水饺

麻糖　mɑ⁵⁵　t'ɑŋ˙油条

剂子　tʃʅ⁴²　tʂʅ˙　擀饺子皮用的小面团

引子　in²¹⁴　tʂʅ˙酵母

巧果子　c'iɔ²¹⁴₂₄　kuo²¹⁴　tʂʅ˙　七月七日妇女们烘制的有鱼、鸟、花等样式的小面食

磕子　k'ɑ²¹⁴　tʂʅ˙做巧果子的模子

起饼儿　c'i²¹⁴　piŋr˙　用模子制作的一种面食

起饼儿案子　c'i²¹⁴　piŋr˙　ɑn⁴²　tʂʅ˙　做起饼儿的模子

碾精　niɑn²¹⁴　tʃəŋ˙　以前把半熟的麦子煮熟在石磨上磨成的长条食品

米汤　mi²¹⁴　t'ɑŋ˙　米做的稀饭

温乎水　uən³¹　xu˙　suei²¹⁴

嚼瓜　tʃɔ⁵⁵　kuɑ˙　旧称好吃的东西

果子　kuo²¹⁴　tʂʅ˙　通称点心

槽子糕　tʂ'ɔ⁵⁵　tʂʅ˙　kɔ³¹　蛋糕

梨糕　li⁵⁵　kɔ³¹　糖葫芦

长果儿　tʃ'ɑŋ⁵⁵　kuor²¹⁴　花生

长果仁儿　tʃ'ɑŋ⁵⁵　kuo²¹⁴　inr⁵⁵　花生米

桑枣儿　sɑŋ³¹　tʂɔr²¹⁴　桑椹儿

软枣　yɑn²¹⁴　tʂɔ˙黑枣

柿子饼儿　sʅ⁴²　tʂʅ˙　piŋr²¹⁴

义合菜　i⁴²xə˙　tʂ'ɛ⁴²用醋、蒜等拌的凉菜

义合菜　i⁴²　xə˙　[xu˙]　sɑn⁴²　过春节时，将蒜捣碎后与醋搅拌在一起的菜

青酱　tʃ'əŋ³¹　tʃɑŋ⁴²　①酱油　②旧时习惯于五月节、八月节、春节等时用五谷制 青 酱（与
　　"清帐"谐音），分赠邻里以图吉利

咸盐　çiɑn⁵⁵₄₂　iɑn⁵⁵　盐

瓜□头　kuɑ³¹　tʃʅ˙　t'ou⁵⁵　萝卜腌的咸菜

下货　ɕia⁴²　xuo⁴²　下水：猪～

鸡蒲屎　ci³¹　p'u⁵⁵　sʅˑ鸡胃

旱烟　xɑn⁴²　iɑn³¹

洋烟　iɑŋ⁵⁵　ian³¹旧称烟卷

十三　农　事

上山　ʃɑŋ⁴²　sɑn³¹　下地（干活）

散工　sɑn⁴²　kuŋ³¹收工

打垄　tɑ²₄¹⁴　luŋ²¹⁴　例：打地瓜垄｜打花生垄

捻种儿　niɑn²₂¹⁴　tsuŋr²¹⁴　点种

耧地　lou⁵⁵　ti⁴²　播种（小麦等）

畦　ɕi⁵⁵　例：～子｜一～菜
　　　ɕi⁴²（动词）：～地瓜芽子

耪　p'ɑŋ²¹⁴　锄地：～草

撩粪　liɔ³¹　fən⁴²　往外出粪

律[墅]粪　ly⁴²[suɑ²¹⁴]　fən⁴²　往犁耕的沟内施粪

麦茬子　mə²¹⁴　ts'ɑ⁵⁵　tsʅˑ　①麦子收割后留在地里的茎和根　②收完麦子后栽种 的秋
　　白薯

拦　lɑn⁵⁵　复收：～地瓜｜～花生

场　ʧ'ɑŋ⁵⁵　翻晒、碾轧粮食的空地

场屋　ʧ'ɑŋ⁵⁵　uˑ　①场院　②场上的小屋

滚场屋　kuən²¹⁴　ʧ'ɑŋ⁵⁵　uˑ　碾轧场地

地了场光　ti⁴²　liɔ²¹⁴　ʧ'ɑŋ⁵⁵　kuɑŋ³¹　指一年农事结束

牿(土字)椇　ly²¹⁴　cyˑ　步犁

夹板　ɕiɑ⁵⁵　pɑnˑ　套在牲口脖子上的两根棍子

撇绳　p'ie²₅⁵¹⁴　ʃəŋˑ缰绳

口流子　k'ou²¹⁴　liou⁴²　tʃʅˑ马嚼子

牛梭头　niou⁵⁵　suo³¹　t'ouˑ　搭在牛脖子上的弯形工具

麦要儿　mə²¹⁴　iɔr⁴²　割麦时捆缚麦子的麦秸

碥　tən⁴²　碌碡

王碥　uɑŋ⁵⁵　tən⁴²　有槽沟的碌碡，打麦用

光碥　kuɑŋ³¹　tən⁴²　光滑的碌碡，碾压场地用

草帘子　tʂ'ɔ²¹⁴　liɑn⁵⁵　tʂʅˑ草苫子

十四　商业交通

合社儿　xuo²¹⁴　ʃər⁴²　供销社

行市　xɑŋ⁵⁵　sʅˑ　行情

栏柜台　lɑn⁵⁵　kuei⁴²　t'ɛ⁵⁵　柜台

客栈　k'ə²¹⁴　tʂɑn⁴²　旅馆

住地方　tʃu⁴² ti⁴² faŋ˙ 旧指到东北等地做工、学生意

馆子　kuan²¹⁴ tʂʅ˙

裁坊铺　tʂ'ɛ⁵⁵ faŋ˙ p'u⁴² 成衣铺

剃头棚儿　t'i³¹ t'ou⁵⁵ p'əŋr⁵⁵ 理发店

货郎鼓　xuo⁴² laŋ˙ kur²¹⁴ 拨浪鼓

脚力钱　cyo²¹⁴ li˙ tʃ'an⁵⁵ 拉脚费

盘缠　p'an⁵⁵ tʂ'ɑn˙

电驴子　tian⁴² ly⁵⁵ tsʅ˙ 摩托车

信贴儿(旧)　ʃən t'ier²¹⁴ 邮票

印花税　in⁴² xuɑ³¹ suei⁴² 税票

打电　tɑ²¹⁴ tian⁴²

　打电报　tɑ²¹⁴ tian⁴² po⁴²

拉礤儿　lɑ²¹⁴ pir⁵⁵ 拉笛

　拉牟儿　lɑ²¹⁴ mur³¹

栏帮子　lan⁵⁵ paŋ³¹ tʂʅ˙ 汽车、拖拉机等的拖斗

道儿　tor⁴² 路

捎道　sɔ³¹ tɔ⁴² 近路，捷径

猫道　mɔ⁵⁵ tɔ⁴² 小路

十五　教育、文化、娱乐

私学　sʅ³¹ cyo⁵⁵ 私塾

做文儿　tsuo⁴² uənr⁵⁵ 作文

考考儿　k'ɔ²¹⁴₄₂ k'or²¹⁴ 考试

滑学　xuɑ⁴² cyo⁵⁵ 逃学

板擦儿　pɑn²¹⁴₄₂ ts'ɑr²¹⁴ 黑板擦儿

橡皮擦儿　ʃaŋ⁴² p'i⁵⁵ ts'ɑr²¹⁴

水笔　suei²¹⁴₄₂ pi²¹⁴ 毛笔

水笔字　suei²¹⁴₄₂ pi²¹⁴ tʂʅ⁴² 毛笔字

字笔　tʂʅ⁴²₄₂ pi˙ 所写的字、文章：一手好～

双单人儿　suaŋ³¹₅₃ tan³¹ inr⁵⁵ 双立人儿(彳)

单立人儿　tan³¹ li˙ inr⁵⁵

宝盖儿头儿　po²¹⁴ kɛr⁴² t'our⁵⁵ 宝盖儿(宀)

提手儿　t'i⁵⁵ ʃour²¹⁴

绞拉丝儿　ciɔ²¹⁴ lɑ˙ sʅr³¹ 绞丝旁(纟)

反文儿　fɑn²¹⁴ uənr⁵⁵ （攵）

三点水儿　san¹³₅₅ tian²¹⁴₄₂ sueir²¹⁴

走之儿　tsou²¹⁴₅₅ tʂʅr³¹(辶)

字脚儿　tʂɿ⁴² cyor²¹⁴　捺（〵）

鬼子纸　kuei²¹⁴ tʂɿˑtʂɿ²¹⁴　旧称报纸

谱书　pu′²¹⁴₅₅ ʃu³¹　家谱

洋戏匣子　iaŋ⁵⁵ çi⁴² çia⁵⁵ tʂɿˑ　旧式留机声

听戏　t′iŋ³¹ çi⁴²　①看戏 ②听戏

说八古儿　ʃuo²¹⁴ pa²¹⁴₄₂ kur²¹⁴　讲故事

破闷儿　p′ə⁴² mənr⁴²　猜谜语

　猜闷儿　tʂ′ɛ³¹ mənr⁴²

㑇老母儿　p′ɑ³¹ lɔ²¹⁴₄₂ mur²¹⁴　捉迷藏

　㑇妈儿　p′ɑ³¹₅₅ mɑr³¹

打瞎呼儿　tɑ²¹⁴ çia²¹⁴₅₅ xur³¹　儿童游戏，一人蒙眼，捉另外的人，被捉住者为输。

雕老鸡儿　tio⁴² lɔ²¹⁴ cir³¹　老鹰捉小鸡的游戏

耍苍眼儿　sua²¹⁴ ts′aŋ³¹ ianr²¹⁴　演魔术

懒婆　lɑn²¹⁴ p′əˑ　陀螺

　蔫蔫磨儿　niɑn³¹ niɑnˑ mər⁵⁵

打蛋儿　tɑ²¹⁴ tɑnr⁴²　用玻璃球或钢球来进行比赛的一种游戏

拾毛盒儿　ʃɿ⁵⁵ mɔ⁵⁵₄₂ xuor⁵⁵　用石块或骨头比赛的一种游戏

放八角儿　faŋ⁴² pa²¹⁴₄₂ ciar²¹⁴　放风筝

踩高跷　ts′ɛ²¹⁴ kɔ³¹₅₅ c′io³¹

地蹦子　ti⁴² pəŋ⁴² tʂɿˑ　一种较矮的高跷

跑赛　p′o²¹⁴ sɛ⁴²　赛跑

㳠澡儿　lɑn²¹⁴₄₂ tsɔr²¹⁴　游泳

打仰凫儿　tɑ¹⁴₄₂ iaŋ²¹⁴ fur⁵⁵　仰泳

扎蒙子　tsa²¹⁴₄₂ məŋ²¹⁴ tʂɿˑ　潜水

十六　植　　物

小麦　ʃɔ²¹⁴₄₂ mə²¹⁴

麰（土字）子　kuŋ²¹⁴ tʂɿˑ　大麦

谷　ku²¹⁴　谷子

小米儿　ʃɔ²¹⁴₄₂ mir²¹⁴

稭　ciɛ³¹　一些作物脱粒后的茎：胡～（高粱稭）｜麦～

秆草　kɑn²¹⁴ ts′ɔˑ　谷稭

秆草节儿　kɑn²¹⁴ tʂ′ɔˑ tʃɤr²¹⁴　切断的谷稭

胡秫　xu⁵⁵ ʃuˑ［ʃou］　高粱

苞儿米　pɔr³¹ mi²¹⁴　玉米

苞米棒儿　pɔ³¹ mi²¹⁴ paŋr⁴²　玉米穗

苞米缨儿　pɔ³¹ mi²¹⁴ iŋr³¹　玉米缨

苞米胡子　pɔ³¹ mi²¹⁴ xu⁵⁵ ʈʂ̩˙

苞米壳儿　pɔ³¹ mi²¹⁴ kʼuor²¹⁴　玉米皮

地瓜　ti⁴² kuɑ³¹　白薯

山药　sɑn³¹ yo⁴²

土豆儿　tʼu²¹⁴ tour⁴²

万只灯　uɑn⁴² ʧ̩⁵⁵ təŋ³¹

转日莲　ʈʂuɑn⁴² i˙ liɑn⁵⁵

向日葵　ɕiɑŋ⁴² i˙ kʼuei⁵⁵

转日莲籽儿　tsuɑn⁴² i˙ liɑn⁵⁵ ʈʂr²¹⁴　葵花子儿

蔓儿　ɑnr⁴²

地瓜蔓子　ti⁴² kuɑ³¹ ɑn⁴² ʈʂ̩˙

拖蔓儿　tʼuo³¹ ɑnr⁴²　茎叶往前蔓生：地瓜～

稻稗子　tɔ⁴² ʈʂʼɑn²¹⁴ ʈʂ̩˙　稗子

谷莠子　ku²¹⁴₄₂ iou²¹⁴ tsʼ̩　谷子地里的一种杂草

芸豆　yn⁵⁵ tou⁴²

菜豆　tsʼɛ⁴² tou⁴²　豆角

眉豆　mei⁵⁵ tou⁴²　扁豆

黄瓜　xuɑŋ⁵⁵ ku˙

洋柿子　iɑŋ⁵⁵ s̩⁴² tsʐ̩˙　番茄

荬瓜　ciɔ²¹⁴ kuɑ³¹　西葫芦

租子　niou²¹⁴ tsʐ̩˙　瓜类植物初生果实：黄瓜～｜打～

鬼子姜　kuei²¹⁴ tsʐ̩˙ ciɑŋ³¹　洋姜

蒜　sɑn⁴²

蒜搂　sɑn⁴² lou³¹

蒜瓣儿　sɑn⁴² pɑnr⁴²

葱　tsʼuŋ³¹

发芽葱　fɑ²¹⁴ iɑ⁵⁵ ʈʂʼuŋ³¹　春天发芽的葱

大头葱　tɑ⁴² tʼou⁵⁵ ʈʂʼuŋ³¹　洋葱

蛇瓜　ʃə⁵⁵ kuɑ³¹　一种细长的瓜

秔瓜　fɑŋ³¹ kuɑ˙　南瓜的一种

玉瓜　y⁵⁵ kuɑ³¹

芫荽菜　iɑn⁵⁵ ʃ̩ tsʼɛ⁴² 芫荽

果木　kuo²¹⁴₄₂ mu˙　水果的通称

栗蓬　li⁴² pʼəŋ˙　栗子

杨梅果儿　iɑŋ⁵⁵₄₂ mei⁵⁵ kuor²¹⁴　草梅

苦杏儿　kʼu²¹⁴ ɕiŋr⁴²　仁儿发苦的杏子

□杏儿　tsei³¹ ɕiŋr⁴²　仁儿甜的杏子

葡萄　pʼu⁵⁵ tʼou˙

石榴　ʃ̩⁵⁵ liou˙

甜瓜　tiɑn⁵⁵ kuɑ³¹

老面兜　lɔ²¹⁴ miɑn⁴² tou³¹　一种很面的甜瓜

臊瓜　sɔ³¹ kuɑˑ　与"甜瓜"相对的一种瓜，较脆

核　ku⁵⁵　例：杏～｜桃～

树本子　ʃu⁴² pən²¹⁴ tsɿˑ　树干

树梃儿　ʃu⁴² tʼiŋr²¹⁴　树干，一般指小树

杉木　sɑ³¹ muˑ

梅花　mei⁵⁵ xuɑ³¹

干枝梅　kɑn³¹₅₅ tsɿ³¹ mei⁵⁵

榆树钱儿　y⁵⁵ ʃu⁴² tʃʼɑnr⁵⁵

香椿树　ɕiɑŋ³¹₅₅ tsʼuən³¹ ʃu⁴²

椿头　tsʼuən³¹ tʼou⁵⁵　①香椿树　②香椿芽

樗树　tʃʼu³¹ ʃu⁴²　臭椿

家枣儿树　ciɑ³¹ tsɔr²¹⁴ ʃu⁴²

片儿松　pʼiɑnr⁴² tʃʃuŋ³¹　柏树

松禾笼儿　ʃuŋ³¹ xuoˑ luŋr⁵⁵　松球儿

　松树笼儿　ʃuŋ³¹ ʃu⁴² luŋr⁵⁵

拘拘柳　cy³¹ cyˑ liou²¹⁴　枝条弯曲的垂柳

棉槐　miɑn⁵⁵₄₂ xuɛ⁵⁵　紫穗槐

苦楝子　kʼu²¹⁴ liɑn⁴² tʃɿ²¹⁴

葛子　kɑ²¹⁴ tʃɿˑ　藤子

苇子　uei²¹⁴ tʃɿˑ　芦苇

芦子　lu⁵⁵ tʃɿˑ　芦苇的一种，较矮小

苦草　ʃɑn³¹ tʃʼɔ²¹⁴

驴耳朵　ly⁵⁵ ər³¹ touˑ　车前子

大碗子花儿　tɑ⁴² uɑn²¹⁴ tsɿˑ xuɑr³¹　牵牛花儿

　饽饽[拉]碗子花儿　pə³¹ pəˑ [lɑˑ] uɑn²¹⁴ tsɿˑ xuɑr³¹

苣门荬儿　cʼy²¹⁴ mən⁵⁵ iɑr⁵⁵　苣苣菜，即苣荬菜

婆婆丁　pʼə⁵⁵ pʼəˑ tiŋr³¹　蒲公英

老苍儿　lɔ²¹⁴₅₅ tsʼɑŋr³¹　苍耳

苦丁子　kʼu²¹⁴ tiŋ³¹ tsɿ.　苦菜花儿

蛾子　uo⁵⁵ tʃɿˑ　①蛾子　②一种雨后长出的蘑菇

十七　动　物

公鸡　kuŋ³¹ciˑ

母鸡　mu²¹⁴ciˑ

草鸡　tsʼɔ²¹⁴ciˑ①一种母鸡，较小。②比喻无能为力，认输：我真～了。

抱窝鸡　pɔ⁴²uo³¹ci³¹i

实蛋　ʃl⁵⁵tan⁴²二十一天没觯出小鸡的鸡蛋

兔子　t'u⁴²ʨ̩˙

野兔子　ie²¹⁴t'u⁴²ʨ̩˙

　山兔子　san³¹t'u⁴²ʨ̩˙

老母猪　lo²¹⁴₄₂mu²¹⁴₅₅ʧu³¹

母猪　mu²¹⁴₅₅ʧu³¹

壳郎猪　k'ə²¹⁴lou˙ʧu³¹　架子猪

脚猪　cyo²¹⁴₆₅ʧu³¹　公种猪

泡卵子　p'ɔ⁴²lan²¹⁴ʨ̩˙

猪鬃子　ʧu³¹₅₅ʨuŋ³¹ʨ̩˙

攒猪　ʨ'ɜ⁴²ʧu³¹　喂精饲料使猪快肥

跳圈　t'iɔ⁴²cyan⁴²　猪发情

踢橐　t'i²¹⁴₅₅k'uo³¹　驴、马、牛等大牲畜发情

公棒子　kuŋ³¹paŋ⁴²ʨ̩˙　公羊

母羊　mu²¹⁴iaŋ⁵⁵

狗羊　kou²¹⁴iaŋ˙

　山羊　san³¹iaŋ⁵⁵

绵羊　mian⁵⁵₄₂iaŋ⁵⁵

羊羔　iaŋ⁵⁵ko³¹

牙猫　ia⁵⁵mɔ˙　公猫

女猫　ny²¹⁴mɔ˙　母猫

牙狗　ia⁵⁵₄₂kou²¹⁴

母狗　mu²¹⁴₄₂kou²¹⁴

招秧子　ʧo³¹₅₅iaŋ³¹ʨ̩˙　狗发情交配

叫羔子　ciɔ⁴²kɔ³¹ʨ̩˙　猫发情交配

哎　ʨ'ɑ³¹①(动物)咬：狗～人　②猪、狗等大口吃食

啜啜　ʧ'uo³¹ʧ'uo˙①鸭、鹅用嘴乱搁　②引申为到处乱说：嘴～

拱吃　kuŋ²¹⁴ʧ'l˙①猪、狗等用嘴拱动　②引申为背后挑拨

二马　ər⁴²ma²¹⁴公马

　二马蛋子　ər⁴²ma²¹⁴tan⁴²ʨ̩˙

騍马　k'uo⁴²ma˙　母马

小马驹子　ʃɔ²¹⁴₄₂ma²¹⁴cy³¹ʨ̩˙　小马

犍子　cian³¹ʨ̩˙　公牛

牛□子　niou⁵⁵mie³¹ʨ̩˙　刚下生的牛犊儿

牛角　niou⁵⁵₄₂cia²¹⁴

叫驴　ciɔ⁴²ly⁵⁵　公驴

草驴　ʨ'ɔ²¹⁴ly⁵⁵　母驴

驴灯台　lu⁵⁵təŋ³¹t'ɛ⁵⁵　公驴生殖器

狼　laŋ⁵⁵

　老妈子　lɔ²¹⁴₅₅ma³¹ʨɿ·

猴子　xou⁵⁵ʨɿ·

臊水狼子　sɔ⁴²suei²¹⁴laŋ⁵⁵ʨɿ·　黄鼠狼

　黄鼠狼子　xuaŋ⁵⁵ʃu²¹⁴laŋ⁵⁵ʨɿ·

黑瞎子　xə²¹⁴₄₂ɕiɑ²¹⁴ʨɿ·　熊

麀　lu²¹⁴

　八角梅花麀　pɑ²¹⁴₄₂ɕiɑ²¹⁴mei⁵⁵xuɑ³¹lu²¹⁴

老鼠　lɔ²¹⁴ʃu·

　耗子　xɔ⁴²ʨɿ·

夜猫　ie⁴²mɔ⁵⁵　猫头鹰

猫头　mɔ⁵⁵₅₅t'ou⁵⁵　①猫头鹰　②比喻人轻浮：你这人简直 是个～

红眼儿 老夜猫子　xuŋ⁵⁵₅₅ianr²¹⁴lɔ²¹⁴ie³¹mɔ⁵⁵ʨɿ·　短耳鸮

黄眼儿 老晚猫子xuɑŋ⁵⁵₄₂ianr²¹⁴lɔ²¹⁴ie³¹mɔ⁵⁵ʨɿ·　长耳鸮

家雀儿　ʨiɑ³¹ʨ'uor²¹⁴麻雀

山鸦雀儿　san³¹iɑ²¹⁴ʨ'uor²¹⁴喜鹊

燕儿　ianr⁴²　燕子

家燕儿　ʨiɑ³¹ianr⁴²一种较小的燕子。常到屋内做窝

马燕儿　mɑ²¹⁴ianr⁴²一种较大的燕子，不到屋内做窝

大雁　tɑ⁴²ian⁴²

黑老鸹子　xə²¹⁴₄₂lɔ²¹⁴uɑ⁵⁵ʨɿ·　乌鸦

　玉老鸹儿　y⁴²lɔ²¹⁴uar⁵⁵

鹁鸽　pu⁵⁵kə·　鸽子

贴树皮　t'ie²¹⁴ʃu⁴²p'i⁵⁵　啄木鸟

鹌鹑　an³¹ʨ'uən⁵⁵

老雕　lɔ²¹⁴₅₅tio³¹秃鹫

大鹰　tɑ⁴²iŋ³¹　苍鹰

小鹰　ʃɔ²¹⁴iŋ³¹　苍鹰的一种

老鹰　lɔ²¹⁴iŋ³¹　苍鹰的一种

红鹰　xuŋ⁵⁵iŋ³¹　苍鹰的一种

节子　ʨə²¹⁴ʨɿ·　苍鹰的一种

鹞子　io⁴²ʨɿ·　雀鹰

红鹞子　xuŋ⁵⁵io⁴²ʨɿ·　雀鹰的一种

白鹞子　pə⁵⁵io⁴²ʨɿ·　雀鹰的一种

松子　ʃuŋ³¹ʨɿ·　松雀鹰

细松子　ʃi⁴²ʃuŋ²¹ʨɿ·　松雀鹰的一种

百松子　pə²¹⁴ʃuŋ³¹ʨɿ·　松雀鹰的一种

溜眼儿　liou⁴²ianr²¹⁴　松雀鹰的一种

红眼儿　xuŋ⁵⁵₄₂iɑnr²¹⁴赤腹鹰

海鸥儿　xɛ²¹⁴₅₅our³¹

　海猫子　xɛ²¹⁴₅₅mɔ³¹ʨ1˙

海鸭子　xɛ²¹⁴₄₂iɑ²¹⁴ʨ1˙　海鸻鹬

　海驴　xɛ²¹⁴ly⁵⁵

蚕　ʦʼɑn⁵⁵

蚕蛹儿　ʦʼɑn⁵⁵yŋr²¹⁴

茧儿　ciɑnr²¹⁴

□□蝠　mie³¹mie³¹₅₅xu³¹　蝙蝠

□□蛛　lɛ³¹lɛ³¹₅₅ʧu³¹　蜘蛛

蝎子　çie²¹⁴ʦ1˙

八蝎乎　pɑ²¹⁴₄₂çie²¹⁴₅₅xu³¹壁虎

狗娄虫儿　kou²¹⁴lou˙ʦʼuŋr⁵⁵萤火虫

蜻蜓　tʼiŋ³¹tʼiŋ

刀螂　tɔ³¹lǝŋ⁵⁵

蟋蟀　ʃ1²¹⁴suɛ⁴²

蛐蟮　cʼy²¹⁴₄₂ʃǝn˙　蚯蚓

蝼蛄　lu²¹⁴ku˙

草鞋底　ʦʼɔ²¹⁴çi⁵⁵ti²¹⁴　一种长有很多脚的虫子

蚂蚱　mɑ⁴²ʦɑ˙

蝈子　kuɛ³¹ʦ1˙　蝈蝈儿

蛾子　uor⁵⁵　ʦ1˙　①蛾子　②蝴蝶

蚂蚍蚱　mɑ⁴²ci²¹⁴iɑŋ⁵⁵蚂蚁

　蚂蚂蚍　mɑ⁴²mɑ˙ci²¹⁴

马遮溜儿　mɑ²¹⁴₅₅ʧǝ³¹liour˙　蝉

马遮溜儿猴儿　mɑ²¹⁴₅₅ʧǝ³¹liour˙xour⁵⁵蝉狗儿

二伏德娄儿　ǝr⁴²fu˙tǝ⁵⁵lour˙　伏天的一种蝉

疥巴子　ciɛ⁴²pɑ³¹ʦ1˙①青蛙　②蟾蜍

青歪子　ʧʼǝŋ³¹uɛ²¹⁴ʦ1˙绿色的青蛙

气鼓儿　cʼi⁴²kur²¹⁴　蛤蟆的一种

瞎蠓子　çiɑ²¹⁴₅₅mǝŋ³¹ʦ1˙　牛虻

苍蝇　ʦʼɑŋ³¹iŋ˙

大金苍蝇　tɑ⁴²cin³¹₅₅ʦʼɑŋ³¹iŋ˙　黄色或绿色的苍蝇

白子　pǝ⁵⁵ʦ1˙　苍蝇卵

　唓　tsɑ²¹⁴　例：白～

下白子　çiɑ⁴²pǝ⁵⁵ʦ1˙苍蝇产卵

蚊子　uən⁵⁵ʦ̩˙

蚊子虫儿　uən⁵⁵ʦ̩˙ʦ̩'uɳr⁵⁵

虱子　ʂ̩²¹⁴ʦ̩˙

虮子　ci²¹⁴ʦ̩˙　虱子卵

壁虱　pi²¹⁴ʂ̩˙　臭虫

屹蚤　kə²¹⁴ʦ̩˙跳蚤

花肠子　xua³¹ʧ'aŋ⁵⁵ʦ̩˙①多指牲畜的输卵管　②指人鬼点子多：乜个家伙一肚子～

带崽儿　tɛ⁴²ʣɛr²¹⁴畜类怀孕

哨籽子　ʂɔ⁴²ʦ̩²¹⁴ʦ̩˙　鱼、虫产卵：鱼～｜刀螂～｜蛴巴子～

十八　海　产

凤尾鱼　fəŋ⁴²uei²¹⁴y⁵⁵　刀鲚鱼

面条鱼　mian⁴²t'iɔ⁵⁵y⁵⁵　玉筋鱼

相公帽　ʃaŋ⁴²kuŋ˙mɔr⁴²　双髻沙

黄花（鱼）　xuaŋ⁵⁵xua³¹（y⁵⁵）　小黄鱼

黄姑（鱼）　xuaŋ⁵⁵ku˙（y⁵⁵）

刀鱼　tɔ³¹y⁵⁵　带鱼

　鳞刀鱼　lin⁵⁵tɔ³²y⁵⁵

加吉鱼　cia³¹ci˙[cia˙]y⁵⁵　真鲷

　没牙姥儿　mə⁵⁵₄₂ia⁵⁵₄₂lor²¹⁴

　红鳞加吉　xuŋ⁵⁵₄₂lin⁵⁵cia³¹ci˙[cia˙]

黑鳞加吉　xə²¹⁴lin⁵⁵cia³¹ci˙[cia˙]　黑鲷

鲫鱼　ʧ̩²¹⁴y˙

鲳鱼　ʧ'aŋ³¹y˙　银鲳

　镜儿鱼　ciŋr⁴²y⁵⁵

梭鱼　suo³¹y˙　鲻鱼

香梭　ciaŋ³¹₄₂suo³¹　长条蛇鲻

钻腚梭　ʦan³¹tiŋ⁴²suo³¹　长蛇鲻

红娘　xuŋ⁵⁵₄₂niaŋ⁵⁵　短鳍红娘鱼

　红头　xuŋ⁵⁵₄₂t'ou⁵⁵

　红鞋　xuŋ⁵⁵₄₂ci⁵⁵

　家雀（鱼）　cia³¹ʦ'uor²¹⁴（y⁵⁵）

　穷头　ʦ'yŋ⁵⁵₄₂t'ou⁵⁵

鲇鱼　nian⁵⁵y˙　绵鳚

青鱼　ʧ'əŋ³¹y˙　太平洋鲱鱼

鳝鱼　ʃaŋ⁴²y˙　中华蠕蜒

狼牙鳝　laŋ⁵⁵₄₂ia⁵⁵ʃan⁴²

皮匠鱼　pʼi⁵⁵ʨaŋˑ[ʨeŋˑ]y⁵⁵　马面鲀

　扒皮儿狼　pa²¹⁴pʼi⁵⁵₄₂laŋ⁵⁵

偏口　pʼian³¹kʼouˑ　牙鲆

　牙偏　ia⁵⁵pʼian³¹

鲅鱼食儿　pa⁴²yˑʃɿr⁵⁵　鳀鱼

　离水烂　li⁵⁵₄₂ʂuei²¹⁴lan⁴²

　一水烂　i²¹⁴₄₂ʂuei²¹⁴lan⁴²

黑鱼　xə²¹⁴yˑ　黑裙鱼

　黑老婆子　xə²¹⁴₄₂lɔ²¹⁴pʼə⁵⁵ʦɿˑ

　小刺毛儿　ʃɔ²¹⁴ʦʼɿ³¹mɔr⁵⁵

　黑刺毛儿　xə²¹⁴ʦʼɿˑmɔr⁵⁵

鲣子鱼　pian⁴²ʦɿˑy⁵⁵　鲕鱼

　摆夹子　pɛ²¹⁴cia⁵⁵ʦɿˑ

　大眼儿骡子　ta⁴²ianr²¹⁴luo⁵⁵ʦɿˑ

　巴蝎虎(鱼)　pa³¹cie²¹⁴₅₅xuˑ(y⁵⁵)

鲚子　lɔ⁴²ʦɿˑ　孔鳐

　鲚板儿　lɔ⁴²panr²¹⁴

　洋鱼　iaŋ⁵⁵yˑ

　洋鱼当当儿　iaŋ⁵⁵yˑtaŋ³¹taŋrˑ

快鱼　kʼuɛ⁴²yˑ　鳓鱼

　赏鱼　ʃaŋ²¹⁴yˑ

　火拉鱼　xuo²¹⁴laˑy⁵⁵

火拉神儿　xuo²¹⁴laˑʃənr⁵⁵　幼鳓鱼

江猪　ciaŋ³¹₅₅ʨu³¹　海豚

鲣巴鱼　tʼiŋ⁵⁵paˑy⁵⁵　河豚的统称

面鲣巴　mian⁴²tʼiŋ⁵⁵paˑ　虫纹、紫色东方豚等表面不带刺的河豚

刺鲣巴　ʦʼɿ⁴²tʼiŋ⁵⁵pa.　表皮带刺的河豚

黄茄子　xuaŋ⁵⁵₄₂cʼye⁵⁵ʦɿˑ　暗纹东方豚

鲣巴姑儿　tʼiŋ⁵⁵paˑkur³¹　长10公分以下的小河豚

沙鸡子　sa³¹₅₅ci³¹ʦɿ.　虫纹东方豚

老人家　lɔ²¹⁴in⁵⁵ciaˑ　尊称鲸鱼

　老兆儿　lɔ²¹⁴ʧɔr⁴²　鲸鱼追赶鱼群求食，见到鲸便可以知道鱼群去向，故称

　财神爷爷　ʦʼɛ⁵⁵ʃən·ieˑie⁵⁵ieˑ

海蜇　xɛ²¹⁴ʧə⁵⁵

　面蜇　mian⁴²ʧə⁵⁵

　沙蜇　sa³¹ʧə⁵⁵

蛄蟽虾　lu²¹⁴kuˑcia³¹

小虾儿　ʃɔ²¹⁴ɕiar³¹

大虾　tɑ⁴²ɕiɑ³¹

　对虾　tei⁴²ɕiɑ³¹

蟹螃　p'aŋ⁵⁵ɕiɛ⁴²

大飞蟹　tɑ⁴²fei³¹ɕiɛ⁴²　梭子蟹

鳖　pie²¹⁴　①甲鱼②乌龟

乌鱼　u³¹y⁵⁵

海参　xɛ²¹⁴₅₅sən³¹

海老鼠　xɛ²¹⁴₄₂lɔ²¹⁴ʃu˙　海棒槌

海盘缠　xɛ²¹⁴p'ɑn⁵⁵ʧ'ɑn˙　海星

花油儿　xuɑ³¹iour⁵⁵　单齿螺

作排　ʦuo⁴²p'ɛ˙　锈凹螺

箸楞儿　ʧu⁴²ləŋr˙　织纹螺

鲍鱼　pɔ⁴²y⁵⁵

干贝　kɑn³¹pei⁴²

海红　xɛ²¹⁴xuŋ⁵⁵　贻贝

扇贝　ʃɑn⁴²pei⁴²

莙帽头儿　ʦ'ɔ²¹⁴mɔ⁴²t'our⁵⁵　笠贝

江珧（柱）　ciaŋ³¹iɔ⁵⁵(ʧu⁴²)栉江珧，栉孔扇贝

毛蛤儿　mɔ²¹⁴₅₅kar⁵⁵　毛蚶

蚬子　ɕiɑn²¹⁴ʦ˙

蛏子　ʧ'əŋ³¹ʦ˙

蛎子　li⁴²ʦ˙　牡蛎

　蛎头　li⁴²t'ou⁵⁵

海带　xɛ²¹⁴tɛ⁴²

　江白菜（旧）　ciaŋ³¹pə˙ʦ'ɛ⁴²

　昆布　k'uən³¹pu⁴²

裙带菜　c'yn⁵⁵tɛ⁴²ʦ'ɛ⁴²

海紫菜　xɛ²¹⁴₄₂ʦ²¹⁴ʦ'ɛ⁴²

铜皮儿菜　t'uŋ⁵⁵₄₂p'ir⁵⁵ʦ'ɛ⁴²

海埋汰　xɛ²¹⁴mɛ³¹t'ɛ˙　水云

海草　xɛ²¹⁴₄₂ʦ'ɔ²¹⁴

　海带草　xɛ²¹⁴tɛ⁴²ʦ'ɔ²¹⁴

鹿角尖　lu²¹⁴₄₂cyo²¹⁴ʧɑn³¹　鹿角菜

　棒槌菜　paŋ⁴²ʦ'uei˙ʦ'ɛ⁴²

海铺衬　xɛ²¹⁴₅₅p'u³¹ʦ'ən˙　真丝藻

绿青苔　ly²¹⁴₄₂ʧ'əŋ³¹t'ɛ˙　刚毛藻

海黄　xɛ²¹⁴xuɑŋ⁵⁵　仙藻

海腔根ㄦ　xɛ²¹⁴tiŋ⁴²kənr˙　海葵

　海菊花ㄦ　xɛ²¹⁴₄₂cy²¹⁴xuɑr

刺锅子　ʨʼ₅₅i³¹kuo³¹ʨ₁˙　海胆

捞骆驼毛　lɔ³¹luo²¹⁴tʼuo˙mɔ⁵⁵　捞取萱藻

　铰骆驼毛　ciɔ²¹⁴ɭou²¹⁴tʼuo˙mɔ⁵⁵

　蓐骆驼毛　xɔ³¹luo²¹⁴tʼuo˙mɔ⁵⁵

捞黑菜　lɔ³¹xə²¹⁴ʨɛ⁴²捞取马尾藻等

　割黑藻菜　kɑ²¹⁴xə²¹⁴₂₂ʦɔ²¹⁴ʨɛ⁴²

赶蛎子　kɑn²¹⁴li⁴²ʨ₁˙

　打蛎子　tɑ²¹⁴li⁴²ʨ₁˙

　□蛎子　ʨʼan⁵⁵li¹²ʨ₁˙

碰鲍鱼　pʼəŋ⁴²pɔ⁴²y⁵⁵　潜水采取鲍鱼

　抢鲍鱼　ʨʼɑŋ²¹⁴pɔ⁴²y⁵⁵

打桩　tɑ²¹⁴₄₂ʦuo²¹⁴　旧称渔民春季到朝鲜外海捕鱼，因返回时要捎带柞柴而得名

撞海　ʨʼuɑŋ⁴²xɛ²¹⁴　打渔

下涝子　ɕiɑ⁴²lɔ⁴²ʨ₁˙　船下锚在海里顶浪抗风

小篷　ʃɔ²¹⁴pʼəŋ⁵⁵　头帆

大篷　tɑ⁴²pʼəŋ⁵⁵　主帆

半条　pɑn⁴²tʼiɔ˙　拉帆索

大料　tɑ⁴²liɔ²²　总脚索

提头　tʼi⁵⁵tʼou˙　帆顶桁

拉水　lɑ²¹⁴₅₅suei˙帆顶桁

走三走四　tsou²¹⁴₅₅sɑn³¹tsou²¹⁴s₁⁴²　船上的一些滑轮

桅　uei⁵⁵　桅杆、桅墙

桅夹　uei⁵⁵₄₂ciɑ²¹⁴

桅挡　uei⁵⁵₄₂tɑŋ²¹⁴　桅闩

好汉郎ㄦ　xɔ²¹⁴xɑn⁴²lɑŋr⁵⁵

太平石　tʼɛ⁴²pʼiŋ⁵⁵₂₂ʃ₁⁵⁵　船抗风时在锚缆上系的石头

十九　一　般　名　词

计谋　ci⁴²mu˙　计策，主意

道道ㄦ　tɔ⁴²tɔr˙　①水平：这个人没有～　②奥妙：这里面的～还不少来　③主意，办
　　法：你的～挺多

趟ㄦ　tʼɑŋr⁴²　办法，点子：净出熊～

鬼花虎　kuei²¹⁴xuɑ³¹xu²¹⁴　鬼伎俩，鬼点子。俗语：三千～，一溜ㄦ鬼吹灯

笑话　ʃɔ⁴²xuɑ˙　①笑话，玩笑②讥笑，取笑

貌相　mɔ⁴²ʃaŋ⁴²　相貌

体性　t'i²¹⁴ʃəŋ˙　脾气，性格

眼视　ian²¹⁴s1˙　眼色，见机行事的能力：这闺娘一点不长～

嘴茬子　tsei²¹⁴ʈ'ɑ⁵⁵tə˙　口才，应辩能力：～真硬

虚言假套　ɕy³¹ian⁵⁵ɕia²¹⁴t'ɔ⁴²　华而不实

柳抽　liou²¹⁴ʧ'ou˙身上被抽或抓起的条痕：你看你把牲口打的，一条条～

取取儿　ʧ'u²¹⁴ʧ'u˙　皱纹，皱折

眼子　ian²¹⁴tə1˙　眼儿：耳朵～｜腔～｜釜台～

痕儿　xənr⁵⁵　记号：刻个～

除类儿　ʧ'u⁵⁵leir˙　弹性：这个东西没～了

讥荒　ci³¹xuɑŋ˙　债：拉～｜一身～

相赢　ʃaŋ³¹₅iŋ³¹　便宜(名词)：占～

茬口儿　tə'ɑ⁵⁵k'our˙　机会：招工提干得赶～

营生儿　iŋ⁵⁵sənr˙　活儿，工作：做～

亏情　k'uei³¹ʧ'əŋ˙　某种风俗习惯，规矩(使用面较窄)：他乜个地方就乜么个～

屄养　pi³¹iaŋ²¹⁴　骂人话

二十　方位词

向　ɕiaŋ⁴²　方向：东南～

顶上　tiŋ²¹⁴ʃaŋ˙

尽顶上　ʧəŋ⁵⁵tiŋ²¹⁴ʃaŋ˙　最上边

当央儿　taŋi₅¹⁵⁵iaŋr³¹　中间

当儿　taŋr³¹　两物之间

黑娄　xə²¹₅₅⁴lou˙　两物之间的空隙：柜～

角簸儿　cia²¹₅₅⁴kur³¹　角落

边拉子　pian³¹₅₅lar³¹tə1˙一边：滚儿一边～｜

背后儿　pei⁴²xour⁴²

　后椅儿　xou⁴²ir²¹⁴　后边，背后

四外周儿　s1⁴²ue⁴²ʧour³¹[ʧor³¹]周围

　四周　s1⁴²ʧou³¹

眼前　ian²¹⁴ʧ'ɑn⁵⁵　附近

场儿　ʧ'aŋr²¹⁴　地方：这～｜乜｜满～(到处)

二十一　自然现象及变化

当浪　taŋ³¹laŋ˙　悬垂，下挂

浪当　laŋ³¹taŋ˙①同上　②沉着脸：一天到晚～着个脸

晃荡　xuaŋ⁴²taŋ˙　晃动

丢荡　tiou³¹taŋ˙　物体悬垂悠荡

□□　xuɛ³¹xuɛˑ　摇摆不定：小船直～

堆　tei³¹　就地塌下

撅勾　cye³¹kouˑ翘起的一端上下抖动

渥　u⁴²　陷：～车了

支乎　ʈʂ1³¹xuˑ①支起的样子：别～着腿　②物体堆放不紧凑，空隙多

吃　ʈʂʻi²¹⁴　倒栽下：一头～下来

　　□　nɑŋ²¹⁴例：一头～儿海里去了

擢清　ʦuo⁴²ʈʂʻəŋˑ　沉淀，澄清

不起伏　pu²¹⁴₄₂cʻi²¹⁴fuˑ　有弹性的东西失去弹性

重　ʦʻuŋ⁵⁵、爆灰，尘土飞扬：～灰｜～一身泥

□　ʦʻou³¹　风干，阴干

僵　ciɑŋ²¹⁴　凝固

泚　ʦʻ1³¹液体或气体喷出来：～水｜气直～

刺了　ʦʻ1³¹ləˑ　碎了：砸～｜踩～

晃眼　xuɑŋ²¹⁴₄₂iɑn²¹⁴　光线刺眼

　　戏眼　ɕi⁴²iɑn²¹⁴

香了　ɕiɑŋ³¹ləˑ　①木遭虫蛀　②木质腐烂

噜了　lu²¹⁴ləˑ　打的结松开了

吐噜　tʻu⁴²luˑ　①线、绳等松开　②从杆上滑下：他从电线杆子上～下来了

绞进儿　ʈʂiɑu²¹⁴ʈʂʻənr⁴²　拧劲儿，线绳等打转儿

塌腰　tʻɑ²¹⁴₅₅iɔ³¹　房架弯曲：这房子才盖了几年功夫就～了

瘪油　pie³¹iouˑ　瘪下去，凹下去

返□　fɑn²¹⁴₄₂tʻəŋ²¹⁴　潮返

㿗漓　ɕiɛ⁴²liˑ　粥等变得稀而不粘

稀腾　ɕi³¹tʻəŋˑ　由硬变软，由稠变稀

走吃　ʦou²¹⁴ʈʂʻ1ˑ　走样儿，变型：房子～了｜桌子～了

欢喜　xuɑn³¹cʻiˑ　①高兴　②指馎馎蒸裂口，因忌讳故称

殪门　i³¹mənˑ　食品长的霉

出活　ʈʂu²¹⁴xuo⁵⁵　出数：一碗米饭能做两碗干饭，真～

行　ɕiŋ⁵⁵　让揉好的面团醒一醒：～馎馎｜饹子

粮　cʻiou²¹⁴①面条粘在一起　②比喻磨蹭，逗留；快走，别～了

止了　ʦ1²¹⁴ləˑ　（灯）灭。春节时说，含吉利义，平日说"灭"。

灌死　kuɑn⁴²s1ˑ　淹死：叫水～了

闯　ʦʻuɑŋ²¹⁴　竖立、斜立：～个杆儿｜把车子～那里

夹拉　ciɑ²¹⁴lɑ.①夹带：又找不着了，这不知～哪里去了

　　②不大方：你真～

哗拉　xuɑ³¹lɑˑ　框架结构等松散：颠达～了

二十二　代　词

我　uo²¹⁴

俺　ɑn²¹⁴

俺轧伙儿　ɑn²¹⁴kɑ²¹⁴₃₁xuor²¹⁴₅₅[xur²¹⁴₅₅]我们

你　ni²¹⁴

偌　nɑ²¹⁴①你：～家　②你们：～都去

偌乜些儿　nɑ²¹⁴nie⁴²ʃə³¹

偌轧伙儿　nɑ²¹⁴₄₂kɑ²¹⁴₃₁xuor²¹⁴₅₅[xur²¹⁴₅₅]

他　t'ɑ³¹

他轧伙儿　t'ɑ³¹kɑ²¹⁴₃₁xuor²¹⁴₅₅[xur²¹⁴₅₅]他们

大家伙儿　tɑ⁴²ciɑ³¹xuor²¹⁴　大家

　大伙儿　tɑ⁴²xuor²¹⁴

人家　in⁵⁵cin˙　①别人　②称自己：～不明白，你也不告诉一声

咱　tsɑ⁵⁵　我们：～俩一块儿走

自个儿　tʂʅ⁴²kər²¹⁴　自己

旁人　p'ɑŋ⁵⁵in˙　别人

乜么　nie⁴²mə˙　怎么：一些｜一高｜你才给～点儿，太少了

哪么nɑ²¹⁴ mə˙怎么

二十三　形容词

儿好儿的　ci²¹⁴₄₂xɔr²¹⁴ti˙　①（数量）很多：拉儿～鱼　②人长得好，那个人长得～

老些　lɔ²¹⁴₅₅ʃə³¹　同上①

无其带数　u⁵⁵c'i˙tɕ⁴²su⁴²无数多

不老少　pu⁵⁵lɔ²¹⁴₄₂ʃɑ²¹⁴　不少，较多

快溜溜的　k'uɛ⁴²liou³¹₅₅liou³¹ti˙　快点儿

　快溜的　k'uɛ⁴²liou³¹ti˙

麻溜　mɑ⁵⁵liou˙　①快，利索：这伙计做菜～，没歇就出来了

　　②呼语：快点

硬棒　iŋ⁴²pɑŋ˙　坚硬：孩子才四个月，不～

提娄圆儿〔团团的〕　ti⁵⁵lou˙yɑnr⁵⁵[t'ɑn⁵⁵t'ɑn˙]很圆

方方的　fɑŋ³¹fɑŋ˙ti˙　方形

长长的　tʂ'ɑŋ⁵⁵tʂ'ɑŋ˙ti˙　长形

偏偏了　p'iɑn³¹p'iɑn˙lə˙　不正，歪斜

歪歪了　uɛ³¹uɛ˙lə˙

厚　xou⁴²　①多：海里的鱼老～　②稠：粥太～了　③不薄：木板老～

款　k'uɑn²¹⁴　不紧，松弛：领口太～了

宽头　k'uɑn³¹t'ou˙　宽敞

窄巴　ʦə²¹⁴pɑ˙　窄

光固　kuɑŋ³¹ku˙　光滑：这老婆儿的头梳得真～

咸淡　ɕian⁵⁵ʃan⁴²　咸淡

艮　kən²¹⁴　韧，不脆：这个萝卜真～，一点儿也不脆

发艮　fa⁴²²¹⁴kən²¹⁴　发韧

甜么梭的　t'ian⁵⁵mə˙suo³¹ti˙　①微甜　②比喻人献殷勤

舒搜　ʃu³¹sou˙　舒服：坐沙发挺～

得味　tə²¹⁴uei⁴²　①舒服，自在：睡了一觉，真～　②过瘾，痛快，得到真趣：今　喝酒喝得真～

磣　ts'ən²¹⁴　丑（不常用）

俊　ʨən⁴²

挺充　t'iŋ²¹⁴ʦ'uŋ˙

周正　ʧou³¹ʧəŋ˙　端正

棒实　pɑŋ⁴²ʃ1˙　结实

灵秋　liŋ⁵⁵ʧ'ou˙　灵巧聪明：这孩子真～

智伶　ʧ1³¹ljŋ˙　①身材苗条匀称：这孩子长得真～　②干活利落　③聪明，伶俐

嫩秋　lən⁴²ʧ'ou˙　人的容颜看上去比年龄显小

老相　lɔ²¹⁴ʃɑŋ˙　人的容颜看上去比实际年龄显大：这几年你真～了

俏　ʧ'ɔ⁴²　（行动）敏捷，机灵

洒利　sa²¹⁴²¹li˙　萧洒，倜傥

炉墩　lu⁵⁵tən˙　停止向高处长：他长～了|草～了

罚墩　fa⁵⁵tən˙　长粗：他才十几岁就开始～了

龙睛虎眼　luŋ⁵⁵ʧən³¹xu²¹⁴⁴²ian²¹⁴　形容年轻人机灵有生气

乌漆马黑　u³¹ʧ'1²¹⁴₅₅　ma²¹⁴⁴²xə⁴²　形老青年人聚在一起流里流气

五只六兽　u²¹⁴⁴²ʧ1³¹liou⁴²ʃou⁴²　形容人没有出息

六精八怪儿　liou⁴²ʧəŋ³¹pɑ²¹⁴kuər⁴²　形容年轻人机智

毛咬瘦金　mɔ⁵⁵ciɔ²¹⁴sou⁴²cin³¹　形容人瘦弱不堪的样子：你看他那个穷 样儿，长 得～

娇模□样　ciɔ³¹mə˙lan⁴²iaŋ⁴²　娇里娇气

蛆　ʧ'u³¹　狡猾：又～又坏

差迟　ʦ'a³¹ʧ'1˙　（品德等）差劲：他爹妈对他怎么好，他还不孝顺，太～了

华腾　xua⁵⁵t'əŋ˙　①（东西、物品）精致好看：这个小货郎鼓真～　②（女孩）好 看：这个 小闺女长得真～

软乎丢当　yan²¹⁴xu˙tiou³¹₅₅tɑŋ³¹　①物体不坚硬　②人体羸弱的样子

精细　ʧəŋ³¹ʃ1˙　精明

细　ʃ1⁴²　过日子节俭

熊（气）　ɕyŋ⁵⁵(c'i˙)　①老实，没本事　②（品行）坏：这家伙真～

拙　ʦuo²¹⁴　拙笨：长岛无～笔|他老婆真～，连针线活儿都不会

二胡　ər⁴²xu˙　糊涂

二二胡胡　ər⁴² ər·xu⁵⁵xu⁵⁵　糊糊涂涂的样子

厚诚　xou⁴²ʧ'əŋ·　忠厚

实诚　ʃ1⁵⁵ʧ'əŋ·　实在，诚实

安顿　ɑn³¹tən·　稳重，沉静，多用于女孩：你看人家这闺女多～

路微　lu⁴²uei·　文明，不粗野

　　路路微儿微儿　lu⁴²lu·ueir³¹₅₅ueir³¹　

当意　tɑŋ³¹i⁴²　合意，满意

欢喜　xuɑn³¹c'i·　高兴

泼食　p'ə²¹⁴ʃ1·　人、猪等胃口好，能吃

泼辣　p'ə²¹⁴lɑ·　①能干　②不挑食

娇　ciə³¹　挑剔饭食

勤勤　c'in⁵⁵c'in·　勤快

下力　ɕiɑ⁴²li⁴²

叫真儿　ciə⁴²ʧənr³¹　认真：他办事挺～的

长远　ʧ'ɑŋ⁵⁵yɑn·　持久，有恒心：轧伙人不～｜干什么都得～点儿

乍古　kɑ²¹⁴ku·　个性强，厉害

　　乍渣子　kɑ²¹⁴ʦɑ⁵⁵ʦ1·

歹毒　tɛ²¹⁴tu·　①脾气厉害　②心狠

唧唧　ʧ1³¹ʧ1·　①计较，算计：乜才是个～鬼子来！②形容人难商量事儿

□□的　ʦɑ⁵⁵ʦɑ⁵⁵ti·　形容外地口音又快又土：胶县人说话～

奸　ciɑn³¹　吝啬

筋出力尽　cin³¹ʧ'u⁴²li⁴²ʧən⁴²　不大方：叫你去你不去，不叫你去你偏儿去，～的

烧拉　ʃɔ³¹lɑ·　小气，不大方：这家人挺～，什么也不舍得给旁人

抠　k'ou³¹　①（做事）磨蹭，慢腾：快点儿，还～什么？　②小气

蔫儿　niɑnr³¹　①拖拉慢腾　②行动拖拉的人：真是个老～

落皮　lɑ²¹⁴p'i·　拖拉：几天了？那么点事儿还没办成，太～了

粗鲁　ʦ'u³¹lu·　①粗糙　②过日子不勤俭，与"细"相对

闹头　nɔ⁴²t'ou⁵⁵　伤脑筋，棘手

吁叨　y³¹tɔ·　（老人）絮叨：人老了就愿意～

昏脑浆子　xuən³¹nɔ²¹₅₅ʧ'ɑŋ⁵⁵ʦ1·　形容头脑糊涂

二性郎当　ər⁴²ʃəŋ·lɑŋ³¹₅₅tɑŋ³¹　心不在焉的样子

老老婆儿婆儿　lɔ²¹⁴lɔ·p'ər⁵⁵p'ər⁵⁵₅₅　婆婆妈妈

熊嘎唧的　ɕyŋ⁵⁵kɑ·ʧ1³¹ti·　无能

鬼儿固唧的　kueir²¹⁴ku·ʧ1³¹ti·　人鬼头

贼眼鬼声　ʦɛ⁵⁵iɑn²¹⁴kuei²¹⁴₅₅əŋ³¹　贼头贼脑的样子：你看乜个人，～地满处看

溜沟舔腚　liou³¹₅₅kou³¹t'iɑn²¹⁴tiŋ⁴²　拍马屁

皮脸狗腚　p'i⁵⁵₄₂liɑn²¹⁴kou²¹⁴tiŋ⁴²　死皮赖脸

贫嘴儿刮拉舌　pʼin⁵⁵ʦeir²¹⁴kuɑ²¹⁴lɑˑʃəˑ⁵⁵　油腔滑调耍贫嘴

吐鲁反张　tʼu²¹⁴luˑfɑn²¹⁵ʧɑŋ³¹　说话不算话，出尔反尔

甜嘴儿抹舌　tʼiɑn⁵⁵ʦeir²¹⁴məˑ²¹⁴ʃəˑ⁵⁵　很愿吃的样子

分不开拐　fən³¹puˑkʼɛ³¹₅₅kuɛ²¹⁴　不明事理，糊里糊涂

搬不开缡　pɑn³¹puˑkʼɛ³¹₅₅ ciɑŋ³¹

痴了瓜来　ʧʼ1³¹ləˑkuɑ³¹₃₅lɛ⁵⁵　傻乎乎的样子

虎拉巴唧　xu²¹⁴ lɑˑpɑ³¹₅₅ ʧ1³¹　冒冒失失

欺次咔喳　cʼi³¹ʧʼ1ˑ kʼɑ⁵⁵ ʦɑ³¹　比喻人办事干净利落

奶奶灯样儿　nɛ²¹⁴ nɛˑ təŋ³¹ iɑŋr⁴²　形容人长得样子或环境等很差：长了个～｜你看你把家作索得～

穷习习　cʼyŋ⁵⁵ʃ1⁵⁵ʃ1₃₁⁵⁵　寒酸的样子

郎郎当当　lɑŋ⁵⁵lɑŋˑtɑŋ³¹₅₅tɑŋ³¹　散漫的样子

稀里行当　ci³¹li ̇ xɑŋ⁵⁵ tɑŋ³¹　马虎，不抓紧：叫你办个事你～的，不当个事办！

肤皮潦草　fu³¹pʼi⁵⁵ lio²¹⁴₄₅ʦʼɔ²¹⁴　敷衍应付，不仔细认真

超（超容）容　ʧʼɔ³¹（ʧʼɔˑ yŋ⁵⁵）yŋˑ　能够胜任

超（超快）快　ʧʼɔ³¹（ʧʼɔˑkʼuɛ⁴²）kʼuɛ⁴²

登龟儿　təŋ³¹ kueirˑ　不中用的人：你真是个～，这么点儿事都办不成

凶凶倒气　cyŋ³¹ cyŋˑtɔ²¹⁴ cʼi⁴²　过分夸张小的病痛

十年九不遇　ʃ1⁵⁵₄₂niɑn⁵⁵ ciou²¹⁴puˑ y⁴²　比喻十分难得

余漏刮外的　y⁴² louˑkuɑ²¹⁴ uɛ⁴²tiˑ　多余的，额外的

葫芦搅茄子　xu⁵⁵luˑciɔ²¹⁴ cʼye⁵⁵ ʦ1ˑ　比喻把不相干的事情搅到一起

记吃不记打　ci⁴²ʧʼ1²¹⁴ pu⁵⁵ ci⁴² tɑ²¹⁴　只顾眼前利益，不记取以前的教训：属鸡的，～

真不二五眼　ʧən³¹ puˑ ər⁴²uˑiɑn²¹⁴　不含糊，有眼力，有能力

不贴铺衬儿　pu⁵⁵tʼie²¹⁴pʼuˑ³¹ ʦʼənˑ　比喻不符合实际：你说的～

埋汰　mɛ⁵⁵tʼɛˑ　脏，不干

□□　lɛ³¹tɛˑ　不卫生，不整洁：衣裳作索的真～｜他家太～了

　　垃次　lɑ²¹⁴ ʦʼ1ˑ［ʦʼɑˑ］

腻耐耐的　i³¹nɛˑnɛ⁴²ti　形容脏，使人厌恶

刮净　kuɑ²¹⁴ʧəŋˑ　干净，整洁

夥农　nɑŋ⁴²　人多，拥挤

口乎　nyŋ⁵⁵xuˑ　粘乎

滑唧溜的　xuɑ⁵⁵ʧ1ˑliou³¹tiˑ　①滑（含厌恶意）：吃起来～，扔了吧　②人油滑：这个孩子～，不听说

　　滑不溜唧的　xuɑ⁵⁵puˑliou³¹₅₅ʧ1³¹tiˑ

□　tʼəŋ²¹⁴　潮湿

淹欻　iɑn³¹ʦʼuɑ⁵⁵　泥泞

整壮　ʧəŋ²¹⁴ʦuɑŋˑ　完整，不零碎

匀和　yn⁵⁵xuo˙　均匀

　匀流　yn⁵⁵liou˙

顺流　suən⁴²liou˙　顺利

投听　t'ou⁵⁵t'iŋ˙　相符，相一致：他说的和你说的不～，岔牙了。

凶险　çyŋ³¹çin˙　大惊小怪：你太～了，这么点小事还用也样？

毛愣　mɔ⁵⁵ləŋ˙　小孩夜里突然惊起说乱动：睡～了

麻磴　mɑ⁵¹ʙɑ˙　布丝等纤维磨损后变的松弛、易碎

　柳　liou²¹⁴　例：线都～～了

柳球　liou²¹⁴c'iou˙　败落，下道：生活～了

迷糊　mi⁵⁵xu˙　迷失方向：走～了

糊糊　xu³¹xu˙　糊涂：黑夜走～了

各路　kə⁵⁵lu⁴²　性格、生活举动与众不同（贬义）：他与别人不一样，挺～的

　各眼　kə⁵⁵⁴²ian²¹⁴

中流流　ʨuŋ³¹liou⁴²liou⁴²⁴²　中等，中游

干大力喧　kan³¹tɑ⁴²li⁴²çyan³¹　外强中干

临秋末晚　lin⁵⁵ʧ'ou³¹mə⁴²uan²¹⁴　比喻时间很晚：哪么～了才来？人家都 等 你老半天 了

蜡头不高　lɑ²¹⁴t'our⁵⁵pu⁵⁵kɔ³¹　比喻时光有眼

费事八怪　fei⁴²sʅ⁴²pɑ²¹⁴kuɛ⁴²　费时费力：别修了，～的

有功没日　iou²⁵⁵¹⁴kuŋ³¹mə⁵⁵ⁱ²¹⁴　由于时间充裕而慢慢地干：你急什么？～地 干呗！

南朝北国　nan⁵⁵⁴²ʧ'ɔ⁵⁵pə²⁵⁵¹⁴kuo²¹⁴　形容海阔天空地漫谈

正儿八景　ʧəŋr⁴²pɑ˙ciŋ²¹⁴　正经，认真

抠心挖胆　k'ou³¹⁵⁵ʃən³¹uɑ²¹⁴⁴²tan²¹⁴　形容饿到极点

　捞上摸下　lɔ⁴²ʃaŋ⁴²mə⁵⁵¹⁴ɕiɑ⁴²

各识一经　kuo²¹⁴⁴²ʃʅ²¹⁴i²⁵⁵¹⁴ciŋ³¹　各有所长，各有所好

　各吃一口儿　kuo²¹⁴⁴²ʧ'ʅ²¹⁴i²¹⁴⁴²k'our²¹⁴

黑黑拉儿拉儿　xə²¹⁴xə˙xə˙lar⁵⁵³¹lar³¹　角落

窎脚　tiɔ⁴²çyo²¹⁴　偏远而不方便

二十四　副　词

头下码儿　t'ou⁵⁵çiɑ⁴²mar²¹⁴　一开始，原先

根起　kən³¹c'i²¹⁴　当初，开始：～我就没看上你

　起根儿　c'i²¹⁴⁵⁵kənr³¹

从根　ʦ'uŋ⁵⁵kənr³¹　从来

早些儿　ʦɔ²¹⁴ʃər³¹　早点：你～来

刚刚　ciaŋ⁵⁵³¹ciaŋ³¹

　刚才　kaŋ³¹ʦ'ɛ⁵⁵

86

刚才眼儿　ciaŋ³¹ tɕʻɛ⁵⁵₄₂iɑnr²¹⁴

跟着　kən³¹tʂʅˋ　马上，立刻：说着说着～就反脸了

紧趁　cin²¹⁴tʃʻən·　①赶快，抓紧时间：～点儿　②打扮利索：这个人收拾得真～

几共　ci²¹⁴₅₆kuŋ　①几时：这块地这么长，～锄到头　②很长时间：他～也不来一趟

灵经儿　liŋ⁵⁵ciŋrˋ　突然

忽□儿　xu³¹kɑr⁴²　①突然：～想起来了　②起伏

赶…　kɑn²¹⁴　待…时：～以后|～麦口

欠　cʻian⁴²　该：～揍|～砸

管　kuɑn²¹⁴　不管，不论：～多会儿|～弄什么|～哪儿|～谁

管劲儿　kuɑn²¹⁴₅₆cinr³¹　总是：你怎么（怎么）～骂人？

满　mɑn²¹⁴　到处：～场儿|～街|～哪儿

弄归其　nou⁴²kuei³¹₅₆cʻi²¹⁴　到头来，结果：～是这么回事儿

直着杆儿　tʃʅ⁵⁵tʂʅˋ kɑnr²¹⁴　直，一个劲地：～哭|～淘气

到老儿　to⁴²lɔr²¹⁴　老是，总是：你不能～这么样

囫囵个　xu⁵⁵lən·kə⁴²　整个，全部

一遭儿　i²¹⁴tʂɔr³¹　一起，全都：这些东西你～拿去吧

共起　kuŋ⁴²cʻi²¹⁴　总共

　拢共　luŋ²¹⁴kuŋ⁴²

差不点儿　tʂʻɑ³¹pu⁵⁵₄₂tiɑnr²¹⁴　差一点儿

　差没点儿　tʂʻɑ³¹məŋ⁵⁵₄₂tiɑnr²¹⁴

不搂搜　pu⁵⁵lou⁵⁵sou³¹（饭等）不够，不足：一人一顿吃一斤肉还～

光是　kuɑn³¹sʅˋ　都是，全成了：好处～你的了

一堆儿　i²¹⁴teir³¹　一块儿：咱～去

棒着　pɑŋ⁴²tʂʅˋ　互相：～干

落不〔末〕了　lɑ⁴²pu·〔mə·〕liɔr²¹⁴　最末的，最后的：跑儿个～

真果　tʂəŋ₂₁₄kuo²¹⁴₅₆　果真，当真

果不〔末〕了然　kuo²¹⁴pu·〔mə·〕liɔ²¹⁴liɑn⁵⁵　果然

高低　kɔ³¹₅₅ti³¹　无论如何：缺德事儿～不干|他来请客，我～不去

待人　tɛ⁴²in·　惹人，值得人：～亲|～笑|～欢喜

得便儿　tə²¹⁴ piɑnr⁴²　方便，顺便

就手儿　tʃou⁴²ʃour²¹⁴　顺手，顺便

约莫　yo²¹⁴mə·

权当　cʻyɑn⁵⁵tɑŋ⁴²　权作，姑且当作：～咱没有这个事|～咱没挣这五块钱

但凡儿　tɑn³¹ fuˋ　只要，稍微：你～使点劲也不止于这样

敢保　kɑn₄₂²¹⁴pɔ²¹⁴

　保准　pɔ²¹⁴₅₆tʂuən²¹⁴

大□儿　tɑ⁴²teir²¹⁴　越发，更加：他本来就想哭，你再说他几句，～哭了

也兴　ie²¹⁴ ɕiŋ³¹　也许，兴许：～来，～不来

一好儿　i²¹₄²xɔr²¹⁴　至多，充其量，这个人～有五十岁|三个馒头两个人吃，～够

可好儿　kʼuo²¹₄²xɔr²¹⁴　①幸亏：～你扶起他　②正好：～你来了

不着　pu²¹₄²ʈʂuo²¹⁴　要不是：～他扶着我，我就磕那儿去了

敢自　kɑn²¹₅₅ʈʂʅ˙　敢情；乜～好

大荒儿码儿　tɑ⁴² xuɑŋr³¹mɑr²¹⁴　大致，大体上：你～看看

　大概其　tɑ⁴²kɤ⁴²cʼi²¹⁴　你说这事儿我只知道个～

特为儿　tʼə⁵⁵ ueir⁴²　特意

好生地　xɔ²¹⁴səŋ³¹ti˙　好好地，认真地：～干|～学习

怨不得　yɑn³¹puˑtə²¹⁴　怪不得

当不了　tɑŋ⁴²puˑliɔ²¹⁴　免不了

不叫硬儿　pu⁵⁵ciɔ⁴²iŋr⁴²　拿不准，没有把握

　不把准　pu⁵⁵₄²pɑ²¹₄²ʈʂuən²¹⁴

架不住　ciɑ⁴²puˑʈʂu⁴²　经不住：～三句好话

备不住　pei⁴² puˑʈʂu⁴²　说不定

不见其　pu⁵⁵ciɑn⁴²cʼi²¹⁴　不一定

越住越…　ye⁴² ʈʂu⁴² ye⁴²……　越来越…；～坏|～热闹

二十五　介　　词

把　①pɑ²¹⁴　把，将：～窗关死
　　②pei⁵⁵　例：你～那个递给我

跟　kən³¹　从，打：～这条道儿走

口　mɑn³¹　在：我～这坐|你～那儿吧，别走

下　ciɑ⁴²　用，使：～手拿

叫　ciɔ⁴²　被：手～刀切了

给　kei²¹⁴[kʼei²¹⁴]替：～我拿来

二十六　数量词

一个　i²¹₅₅kə⁴²

半拉儿　pɑn⁴² ḷɑr²¹⁴　半个

俩　liɑ²¹⁴

三个　sɑŋ³¹kə˙

　仨　sɑ³¹

成十来斤儿　ʈʂʼəŋ⁵⁵₄²ʃ ʃi⁵⁵ləˑcinr³¹　十来斤

个　kə⁴²　一～驴|一～骡子|一～帽子|一～小褂儿|一～裤子

口　kou²¹⁴　一～猪|一～井|一～锚（一只锚）

张　ʈʂɑŋ³¹　一～席|一～箔|一～橹

把　p²⁴ɑ　一～刀|一～炊帚|一～钩儿
墩　tən³¹　一～地瓜|一～秭瓜
块　k'uɛ⁴²　一～戏|一～电影|一～故事
简　ciaŋ²¹⁴　一～胡秸(一捆胡秸)|一～苞米秸
领　liŋ²¹⁴　一～席|一～车(一辆车)
挂　kuɑ⁴²　一～手表|一～缆
条　t'io⁵⁵　一～河|一～裤子|一～船
行　çiŋ⁵⁵　一～皮(一层皮)|一～灰(一层灰)
头　t'ou⁵⁵　一～牛|一～蒜
匹　p'i³¹　一～马
只　ʧ1³¹　一～手|一～舢板
犋　cy⁴²　一～牲口(两头牲口配合成的一副犁)
脖　p'ə³¹　一～尿
庹　t'uo²¹⁴　一～长
面　miɑn⁴²　一～镜子
双　suaŋ³¹　一～鞋
架　ciɑ⁴²　一～钟(一个钟)
簇　ʨ'u²¹⁴　一～头发
盘　p'ɑn⁵⁵　一～网
绳　ʃəŋ⁵⁵　一～海带
笼　luŋ⁵⁵　一～扇贝(一筐扇贝)
蓬　p'əŋ⁵⁵　一一～风(船张帆一次不停歇地到达目的地)
台　t'ɛ⁵⁵　一～机器
网　uaŋ²¹⁴　一～鱼
溜　liou⁴²　一～树(一行树)
棵　k'uo³¹　一～树|一～蓬(一张蓬)
搂　lou³¹　一～蒜(一瓣儿蒜)
粒　li⁴²　一～米
口　ʦou³¹　一～面(一束面条)
栋　təŋ⁴²　一～房子
眼　iɑn²¹⁴　一～井
本　pən²¹⁴　一～书
杳儿　tɑr⁵⁵　一～纸
摞儿　luor⁵⁵　一～纸
管　kuɑn²¹⁴　一～笔
封　fəŋ³¹　一～信
孤　ku³¹　一～坟(一座坟)
趟　t'ɑŋ⁴²　走一～娘家|出一～海
气　c'i⁴²　干一～活儿|干两～活儿

水　suei²¹⁴　洗一水（洗过一次）｜洗三水（洗过三次）
货　xuo⁴²　洗两货（洗两遍）
顿　tən⁴²　噘一顿（骂一顿）

第五章　语　　法

一　语法特点

（一）　动词后缀

常见的有"达"、"吃"、"弄"、"治"等，读轻声，附在单音节动词之后，形成双音节词，一般不表示实在意义。带有"达"、"弄"的动词，经常重叠使用，表示重复性动作。下面是常见词表：

动词+达	动词+吃	动词+弄	动词+治
蹐达	驳吃	摆弄	作治
扑达	碰吃	掇弄	遭治
蹲达	逗吃	捣弄	败治
溜达	攒吃	撮弄	
□达[lin³¹ta]	㷧吃	查弄	
甩达	拱吃	舞弄	
双达	哨吃		
坤达	掐吃		
呼达	剜吃		
□达[xən³¹tɑ˙]			

（二）　形容词生动形式

1. "一ΛΛ"式

这类形容词重迭形式比较常见，多用来描摹声音、动态等。语音特点是：第一个Λ音节不论单字音调是什么，大多数读成了阴平调，第二个Λ音节读轻音，"一"字则普遍类化成55值。下面是所调查的一些例子：

形　式	读　音	例　句
一 嘣 嘣	i²¹⁴₅₅pəŋ³¹pəŋ˙	～地跑了
一 嘟 嘟	i²¹⁴₅₅tu³¹tu˙	气得～的
一 趟 趟	i²¹⁴₅₅t'ɑŋ⁴²t'ɑŋ˙	人～地去了
一 喝 喝	i²¹⁴₅₅tə³¹tə˙	冻得～的
一 淘 淘	i²¹⁴₅₅t'ɔ⁴²t'ɔ˙	烟儿～的

一 喫 喫	i²¹⁴₅₅tʼu³¹tʼu·	机枪～的
一 闹 闹	i²¹⁴₅₅no³¹no·	街上～的
一 溜 溜	i²¹⁴₅₅liou³¹liou·	～地跑了
一 咧 咧	i²¹⁴₅₅lie³¹lie·	哭得～的
一 楞 楞	i²¹⁴₅₅ləŋ⁴²ləŋ·	走起道儿来～的
一 滋 滋	i²¹⁴₅₅tʂʅ³¹tʂʅ·	孩子～地大了
一 刺 刺	i²¹⁴₅₅tʂʻʅ³¹tʂʻʅ·	庄稼～地长
一 飕 飕	i²¹⁴₅₅sou³¹sou·	风～的
一 唰 唰	i²¹⁴₅₅suɑ³¹suɑ·	雨～地下
一 口 口	i²¹⁴₅₅tʃɑ³¹tʃɑ·	雀儿～地叫
一 趋 趋	i²¹⁴₅₅tʃʻu³¹tʃʻu·	～地跑了
一 嘎 嘎	i²¹⁴₅₅kɑ⁴²kɑ·	笑得～的
一 咯 咯	i²¹⁴₅₅kə³¹kə·	笑得～的
一 呱 呱	i²¹⁴₅₅kuɑ³¹kuɑ·	～地说话儿
一 哄 哄	i²¹⁴₅₅xuŋ³¹xuŋ·	吵得～的
一 哗 哗	i²¹⁴₅₅xuɑ³¹xuɑ·	水～地流
一 嘿 嘿	i²¹⁴₅₅xə³¹xə·	～地笑了
一 呼 呼	i²¹⁴₅₅xu³¹xu·	风刮得～的
一 哇 哇	i²¹⁴₅₅uɑ³¹uɑ·	～地响
一 呜 呜	i²¹⁴₅₅u³¹u·	哭得～的
一 嗷 嗷	i²¹⁴₅₅ɔ³¹ɔ·	～地叫
一 嗡 嗡	i²¹⁴₅₅ŋ³¹ŋ·	蚊子～地叫

2．"ABB"式

这类形容词重叠形式的主要作用是形象地描绘事物、色彩的性质、状态，有一些可以儿化成"AB儿B儿"式，儿化后一般表示喜爱的感情色彩。例如：

面灰灰	甜习习	艮周周
直勾勾	紫魆魆	灰登登
灰魆魆	胀魆魆	胀勾勾
长挠挠	硬撅撅	硬勾勾
粉朴儿朴儿	兰微儿微儿	绿登儿登儿
红朴儿朴儿	黄拢儿拢儿	软和儿和儿

3．"A→xA→xAxA"式

这种递进式形容词生动形式很常用。"A"表示单音节形容词基础级，"XA"表示的程度较"A"递进一步，x是起修饰、限定作用的副词，这类副词常见的是"老"、"精"、"焦"、"挺"、"锃"等；"XAXA"的程度又比"XA"更进一步。另外，还有些"A"可以用"老鼻子A（儿）了"来修饰，表示"很"、"非常"。下表列出搜集到的部分实例：

A	XA（的）	XAXA（的）	老鼻子（儿）A了
宽	老宽	老宽老宽	老鼻子（儿）宽了
	溜宽	溜宽溜宽	
窄	精窄	精窄精窄	老鼻子窄了
厚	老厚	老厚老厚	老鼻子厚了
	挺厚	挺厚挺厚	
枵	精枵	精枵精枵	
	溜枵	溜枵溜枵	老鼻子枵了
密	精密	精密精密	老鼻子密了
稀	精稀	精稀精稀	老鼻子稀了
深	老深	老深老深	老鼻子深了
浅	精浅	精浅精浅	老鼻子浅了
粗	老粗	老粗老粗	老鼻子粗了
细	绝细	绝细绝细	老鼻子细了
沉	老沉	老沉老沉	老鼻子沉了
	钉沉	钉沉钉沉	
轻	锃轻	锃轻锃轻	老鼻子轻了
胖	老胖	老胖老胖	老鼻子胖了
	挺胖	挺胖挺胖	
瘦	精瘦	精瘦精瘦	老鼻子瘦了
俊	葱俊	葱俊葱俊	老鼻子俊了
丑	怪丑	怪丑怪丑	老鼻子丑了
	列丑	列丑列丑	
干	威干	威干威干	老鼻子干了
湿	精湿	精湿精湿	老鼻子湿了
	淹湿	淹湿淹湿	
硬	钢硬	钢硬钢硬	老鼻子硬了
	梆硬	梆硬梆硬	
	钉硬	钉硬钉硬	
软	虚软	虚软虚软	老鼻子软和
快	风快	风快风快	老鼻子快了
慢	死慢	死慢死慢	老鼻子慢了

A	XA（的）	XAXA（的）	老鼻子（儿）A了
白	挑白	挑白挑白	老鼻子白了
黑	漆黑	漆黑漆黑	老鼻子黑了
	墨黑	墨黑墨黑	
	乌黑	乌黑乌黑	
新	锃新	锃新锃新	老鼻子新了
旧	精旧	精旧精旧	老鼻子旧了
老	顶老	顶老顶老	老鼻子老了
嫩	通嫩	通嫩通嫩	老鼻子嫩了
热	怪热	怪冷怪冷	老鼻子热了
冷	死冷	死冷死冷	老鼻子冷了
	怪冷	怪冷怪冷	
凉	冰凉	冰凉冰凉	老鼻子凉了
	怪凉	怪凉怪凉	
咸	齁咸	齁咸齁咸	老鼻子咸了
淡	精淡	精淡精淡	老鼻子淡了
甜	习甜	习甜习甜	老鼻子甜了
苦	烈苦	烈苦烈苦	老鼻子苦了
	巴苦	巴苦巴苦	
香	喷香	喷香喷香	老鼻子香了
臭	生臭	生臭生臭	老鼻子臭了
红	赤红	赤红赤红	老鼻子红了
	通红	通红通红	
蓝	乔蓝	乔蓝乔蓝	老鼻子蓝了
黄	绞黄	绞黄绞黄	老鼻子黄了
	乔黄	乔黄乔黄	
紫	血紫	血紫血紫	
酸	焦酸	焦酸焦酸	老鼻子酸了
辣	死辣	死辣死辣	老鼻子辣了
鲜	溜鲜	溜鲜溜鲜	老鼻子鲜了
疼	怪疼	怪疼怪疼	老鼻子疼了
远	老远	老远老远	老鼻子远了
高	老高	老高老高	老鼻子高了
大	老大	老大老大	老鼻子大了
多			老鼻子多了
圆	溜圆儿	溜圆儿溜圆儿	老鼻子圆了
早	老早儿	老早儿老早儿	老鼻子早了

A	XA（的）	XAXA（的）	老鼻子（儿）A了
亮	锃亮 瓦亮	锃亮锃亮 瓦亮瓦亮	老鼻子亮了
粘	焦粘	焦粘焦粘	老鼻子粘了
肥	通肥	通肥通肥	老鼻子肥了
脏	老脏	老脏老脏	老鼻子脏了

从上面的材料可以看出：较常用的副词"老"一般修饰积极意义的形容词；"精"则一般修饰消极意义的形容词。比较：

	老	精
例 词	～胖　～宽　～高 ～深　～厚　～早 ～粗　～远　～沉	～瘦　～窄　～湿 ～浅　～枏　～旧 ～淡　～稀
例外	～脏	～密

（三）　动词时态的表达方式

1.进行体　有下列几种说法：一是用"着"音 ts1˙，轻声；二是不用"着"，如果有宾语的话，动词直接与宾语连接，语音上，动词后不论跟什么词，一般不变调，声音拉得较长。例如：

老人看着难过。　　　　骑着谷雨上网场。

说说笑了。　　　　　　坐小舢板儿回来的。

硬头皮子去了。　　　　守锉子不说矮。

2.完成体　表示动作完成，动词后可以加"了"，也可以不加"了"。不用"了"时，动词与宾语、补语搭配，不发生连续变调，而且常用儿化的形式来表示完成体（见下文（四））。

（四）　儿化的特殊语法作用

1.名词儿化表示处所状语

这里说的处所状语是指名词与"里"构成的结构。长岛话一般要用"里"，也有些句子不说"里"，采用儿化形式。例如：

缸里有水　　　　　　　锅里有饭。

手儿有的是钱。　　　　哪个庙儿没有屈死鬼？

2.动词儿化表示动趋式

动趋式的句子，普通话一般要在动词和处所短语之间用"在"、"到"、"进"等承接。长岛方言这类句式受不同句型的制约，有两种说法：一种是动词儿化形式，一种用"在"、"到"，基本情况是：祈使句动词儿化，陈述句和疑问句有的儿化，有的不儿化，比较复杂。大致情况见下表：

句型	陈述句			疑问句		
条件	动作已完成		祈使句	动作没完成	动作已完成	
	句末无"去了"、"来了"	句末有"去了"、"来了"			句末有"去了"、"来了"	句末无"去了"、"来了"
表达方式	用"在""到"	动词儿化				用"在"、"到"
例句	放在炕上。	念书念儿驴肚子去了。	搬儿里边吧!	稳儿哪里?	鸡跑儿哪去了?	他住在哪里?
	搬进家了。	鸡跑儿家里来了。	搁儿桌子上吧!	搬儿里边?	谁掉儿海去了?	你把网放在家里还是外边?
备注	有个别俗语虽不完全符合上述条件，但也常用动词儿化，如"跳儿黄河也洗不清"。					

3.动词儿化表示完成体

前面说过，长岛方言动词后可以加"了"，也可以不加"了"。不加"了"时，动词与宾语、补语搭配，不发生连读变调，常常用儿化表示动作完成体。如果动词后有结合较紧的补语，这时儿化的形式多出现在动词后的补语上。例如：

请了三桌客。　　　　　　已经种了大白菜了。

天起风了。　　　　　　　你给谁了？

叫老师剋儿一顿。　　　　有儿福谁都会享。

烧干儿锅了。　　　　　　吃腥儿嘴了。

一个小匣儿，盛儿两个老鸹儿。（谜语）

4."有"字句

"有"字除了可以用名词、代词、数量词等做宾语外，还可以直接带动词和形容词。不过，这些做宾语的动词、形容词一般要儿化。典型句式是：

①还有个＋动儿[形儿]？

②没有个＋动儿[形儿]！

前一种句式是反问句，表示否定的意思，即"没法…"、"不会…"，后一种句式是陈述句，也表达否定意义，语气比较坚定。上述两种句式的共同特点是：儿化了的动词、形容词前面，大多数情况下需有不定量词"个"与之配搭，除能插进否定词"不"外，其他词一般不能加入。例如：

还有个跑儿？　　　　　　没有个忘儿。

还有个看儿？　　　　　　没有个不说儿。

还有个好儿吗？　　　　　没有个好儿。

还有个不红儿吗？　　　　没有个不臭儿。

还有个不冷儿吗？　　　　没有个好穿儿。

有一部分形容词不能用于这种句式，如：深、浅、大、小、高、低等。

（五）几种常用句式

1.比较句

除使用"甲比乙＋比较词"、"甲不如乙＋比较词"等格式外，还有一种常用形式：用

"起"字引进比较对象，把比较词前置在"起"字之前，形成下面的格式:

① 甲＋比较词＋"起"＋乙
② 甲＋"不"＋比较词＋"起"＋乙
③ "没"＋比较词＋"起"（是）＋乙

格式①的"起"字有的句子可以不用;格式③"起"与"是"常连用,表达的是整体与部分的比较,表示"谁（什么）都不如乙"、"没有谁（什么）能赶上乙"、"乙最…"。例如:

一天热（起）一天。　　　　一天风凉（起）一天。

他不熊起你。　　　　　　论手艺他不次起你。

没粗起这棵树。　　　　　没强起咱一堆儿去。

没坏起是你。

2.反复问句

指肯定、否定重迭表示询问的句子,选择其中一种来回答,如"来不来"、"来没来"。长岛方言有两种常用方式。

第一种:用单音节"ʃ1⁵⁵"直接与表示询问的词搭配,表示"动[形]不动[形]"?"动[形]没动[形]"。例如:

ʃ1⁵⁵香?　　　　　　　ʃ1⁵⁵会?

ʃ1⁵⁵甜?　　　　　　　ʃ1⁵⁵愿意?

ʃ1⁵⁵凉?　　　　　　　ʃ1⁵⁵是?

ʃ1⁵⁵疼?　　　　　　　ʃ1⁵⁵有?

ʃ1⁵⁵聪明?　　　　　　ʃ1⁵⁵爱吃干饭?

ʃ1⁵⁵风凉?　　　　　　ʃ1⁵⁵好看?

ʃ1⁵⁵滑流?　　　　　　ʃ1⁵⁵暖和过来?

第二种:单音节词直接重叠,双音节词第一音节重叠,表示"动[形]不动[形]"。例如:

热热?　　　　　　　　会会?

高高?　　　　　　　　去去?

短短?　　　　　　　　有有?

聪聪明?　　　　　　　是是?

风风凉?　　　　　　　愿愿意?

马马虎?　　　　　　　想想去?

干干净?　　　　　　　好好看?

这第二种问句只限于表示"来不来,""热不热"一类的句子,而不能表示"来没来"、"热没热"的意思。"来没来"、"热没热"的意思一般只用第一种方式。

3.有关深浅、长短等正反义的特殊问答方式

表示正反两个意义的词联合而为偏义词,其积极或消极两义的回答,须在前面加上不同的修饰词"老"、"老么"或"不"、"没"等副词,其提问和回答要正反义并举。语音上,提问和消极回答时的偏义词一般儿化,积极回答一般不儿化。例句见下表:

提　　问	积极回答	消极回答
多长短儿? 多么长短儿? 多长儿?	老长短。 老么长短 老长。	不长短儿。 没长短儿。
多宽窄儿? 多么宽窄儿? 多宽儿?	老宽窄。 老宽。	不宽窄儿。 没宽窄儿。
多高矮儿? 多么高矮儿? 多高儿?	老高矮。 老高。	不高矮儿。 没高矮儿。
多深浅儿? 多么深浅儿? 多深儿?	老深浅。 老深。	不深浅儿。 没深浅儿。
多粗细儿? 多么粗细儿? 多粗儿?	老粗细。 老粗。	不粗细儿。 没粗细儿。
多厚薄儿? 多厚儿? 多枵厚儿? 多枵儿?	老厚薄。 老厚。	不厚薄儿。 没厚薄儿。 不枵厚儿。 不枵厚儿。
多轻重儿? 多么轻重儿? 多重儿?	挺重。 挺沉。 老沉。	不轻重儿。 没轻重儿。
多大小儿? 多么大小儿? 多大儿?	老大小。 老大。 挺大。	不大点儿。 没大点儿。 没点儿。
多距远儿? 多远儿?	老距远。 老远。	不距远儿。 没距远儿。
多歇儿?	老歇。 老么歇。	不歇儿。 没大歇儿。

(六)特殊句型举要

长岛方言还有一些普通话没有与之相对应的特殊句型。择要介绍如下:

1．"动＋不了的＋动"式

本句式表达的意思是"东西（事情）极多，用也用（做也做）不完"，含有夸张意味。适用于本句式的动词一般是单音节的，其内容主要限于衣食住和五官动作方面，如：吃、穿、住、花、用、烧、看、说、受等。下面是部分例句：

粮食吃不了的吃。　　　　草烧不了的烧。

房子住不了的住。　　　　书看不了的看。

钱花不了的花。　　　　　他的事儿说不了的说。

2．"可不+形（儿）[动（儿）]+去了"式

这类句式表达的意思是"很形[动]"、"非常形[动]"。语音方面，"可"是55值，"不"及"去了"是轻声，"去"字有时可以省去，其中的"形"、"动"有时可以儿化。结构方面，中间只能使用形容词或动词、能愿动词。例如：

可不好儿去了。　　　　　可不坏儿去了。

可不热闹去了。　　　　　可不聪明儿去了。

可不好看去了。　　　　　可不能跑去了。

可不会说去了。

3．"好一个[顿]+动"式

其含义是"狠狠地…"，表示动作猛烈、强度大，含有夸张的色彩，可用于主动句、把字句或被动句。例如：

我好一个发火。　　　　　我好一个哭。

把他好一个吓。　　　　　把我好一个冻。

叫俺爹好一个哈嚏。　　　叫我好一个不满意。

4．"动+不出（来）个好+动"式

这种句式表达的含义是"某人做不好某事"，含有不信任的意味。前后动词同形，只是后边的动词一般是儿化了的。本句式能产性不高，常见的有：

弄不出（来）个好弄儿。

掇弄不出（来）个好掇弄。

吃不出（来）个好吃儿。

喝不出（来）个好喝儿。

做不出（来）个好做儿。

（七）复句

1．特定条件复句

除用"只要、除非"外，还常用"错过"，音tʂʼuo⁴²kuoˑ，相当于"除非"。例如：

错过这样儿没有别的法儿。

错过这条船能去救，别的船都不行。

2．因果关系复句

常用"不着"，音pu⁵⁵ʂuo²¹⁴，相当于"如果不是因为[由于]"，是从否定的方面表示原因，正句一般不用"所以"、"因此"之类的词去呼应。例如：

不着你，碗能打了吗？

不着你，我能受处分吗？

"不着"除有"如果不是因为"的含义外，有些句子（主要是表示肯定意义的陈述句）还

包含有"多亏"的意思。如：

不着他接着，碗就打了。

不着他搀着我，我就瞅儿乜去了。

二　语法例句

（一）

1. uo²¹⁴ xuo⁵⁵ t'ɑ³¹ liɑ²¹⁴ i²¹⁴ k'uɛr⁴² cʻy⁴²。
　 我 和 他 俩 一 块儿 去。

2. uo²¹⁴ kən³¹ t'ɑ³¹ tsou⁴² pɑnr⁴²。
　 我 跟 他 做 伴儿。

3. ni²¹⁴ t'i⁴²[kei²¹⁴]uoˑ ʃə²¹⁴ fəŋˑ ʃən⁴² pɑˑ。
　 你 替 [给] 我 写 封 信 吧。

4. ni²¹⁴ tɛˑ[kən³¹]nɑ²¹⁴ʧʻɑŋ²¹⁴ lɛ⁵⁵?
　 你 □从跟 哪 场 来?

5. ɲi²¹⁴ kən³¹[tɑ²¹⁴] ʧə⁴² t'io⁵⁵ tɔr⁴² tsou²¹⁴。
　 你 跟 [打] 这 条 道儿 走。

6. ni²¹⁴ nɑ⁵⁵ ʃən⁴² məˑ ʃə²¹⁴ tsʅ⁴²?
　 你 拿 什 么 写 字?

7. ni²¹⁴ çiɑ⁴² ʃou²¹⁴ nɑ⁵⁵, pɛ⁵⁵ çiɑ⁴² cyo²¹⁴ tsʻuo³¹。
　 你 下(用) 手 拿，别 下 脚 搓。

8. ʧə⁴² ʃəˑ y⁵⁵ sʅˑ t'ɑ³¹ tiˑ, uo²¹⁴ tiˑ tɛ⁴² nie⁴² miɑnˑ。
　 这 些 鱼 是 他 的，我 的 在 乜 面。

9. ʃuo²¹⁴ tiˑ ʃuo²¹⁴, ʃo⁴² tiˑ ʃo⁴²,k'ɑn⁴² pɑˑ nɑˑ ie²¹⁴ nɔˑ tiˑ。
　 说 的 说， 笑 的 笑，看 把 倷(你们) 热 闹 的。

10. nɑ²¹⁴ ʧə⁴² t'io⁵⁵ tsʻuɑnr⁵⁵ ʃɑŋˑ, ʃuo⁵⁵ tiˑ lɔ²¹⁴ tɑ⁴², ʃuo⁵⁵tiˑ
　 倷 这 条 船儿 上， 谁 的 老 大， 谁 的
ər⁴² fu²¹⁴?
二 副?

11. ni²¹⁴₄₂ tə²¹⁴ ʧʻəŋ²¹⁴ uoˑ tiˑ k'ə²¹⁴。
　 你 得 请 我 的 客。

12. uo²¹⁴ tɛˑ ciɑ³¹ cʻyˑ。
　 我 得 家 去。

13. ʧə⁴² kuɛ⁴² ʃʅ⁵⁵ t'ouˑ uo²¹⁴ nəŋ⁵⁵ pɑn³¹ tuŋ⁴², ni²¹⁴ pɑn³¹
　 这 块 石 头 我 能 搬 动， 你 搬
puˑ tuŋ⁴²。
不 动。

14. ni²¹⁴ nəŋˑ nɑ⁵⁵ ʃɑŋ⁴² ləˑ, uo²¹⁴ nɑ⁵⁵ puˑ ʃɑŋ⁴²。
　 你 能 拿 上 了， 我 拿 不 上。

15. ʧə⁴² xuɑr³¹ ʧən⁵⁵ çiɑŋ³¹。
　 这 花儿 真 香。

16. ʧə⁴² kəˑ tuŋ³¹ ʃɪˑ pu⁵⁵₄₂ nəŋ⁵⁵ ʧʻʅ²¹⁴, ʧʻʅ²¹⁴ ləˑ xuɛ⁴² tu⁴²
　 这 个 东 西儿 不 能 吃， 吃 了 坏 肚

ʦɿ˙。
子。

17. uo^{214}　c'y^{42}　t'ɑ^{31}　ʧəŋ^{42}　tɛ˙　ciɑ^{31}　tɛ^{214}　fɑn^{42}。
我　去　他　正　在　家　丨歹(吃)　饭。

18. ni^{214}　ʦɑn^{42}　ʃuo^{214}　kuɛ^{42}　lei^{42}　ti˙，ni^{214}　ʦuo^{42}　ʃuo^{214}　pɑ˙!
你　站　说　怪　累　的，你　坐　说　吧!

（二）

19. ni^{214}　ʃɑŋ^{42}　nɑ^{214}　c'y^{42}?
你　上　哪　去?

20. ni$^{214}_{42}$　ci^{214}　sei^{42}　lə˙?
你　几　岁　了?（问儿童）

21. ni$^{214}_{55}$　tuo^{31}　seir^{42}?
你　多　岁儿?（问青年）

22. ni$^{214}_{55}$　tuo^{31}　tɑ^{42}　niɑn^{55}　ci˙[sei^{42}su˙]?
你　多　大　年　纪[岁数]?（问中年、老年）

23. ʧə^{42}　in^{55}　iou^{214}　pɑ˙　sei^{42}　su˙　lə˙。
这　人　有　把　岁　数　了。

24. t'ɑ^{31}　nɑ^{214}　mə˙　lə˙，ʧ'u^{214}　ʃən^{42}　mə˙　sɿr^{42}　lə˙?
他　哪　么(怎么)了，出　什　么　事儿　了?

25. ʧə^{42}　tuŋ^{31}　ʃɿ˙　tuo^{31}(mə˙)ʧ'ənr^{55}　[ʦuŋr^{42}]?
这　东　西　多　(么)　沉儿　[重儿]?

26. ni^{214}　nɑ^{55}　tə˙　tuŋ^{42}　[ʃɑŋ^{42}]mɑ˙?
你　拿　得　动　[上]　吗?

27. ni^{214}　xuei^{42}　xuei^{42}　ʧ'ɑŋ^{42}　kuor^{31}?
你　会　会　唱　歌儿?

28. ni^{214}　ʃɿ^{55}　xuei^{42}　ʧ'ɑŋ^{42}　kuor^{31}?
你　□　会　唱　歌儿?

29. ni^{214}　ʃɿ^{55}　ʃɑŋ^{42}　pə$^{214}_{55}$　ciŋ^{31}?
你　□　上　北　京?

30. ni^{214}　ʃɿ$^{55}_{42}$　ʃɑŋ^{214}　c'y^{42}?
你　□　想　去?

31. ni^{214}　ʃɑŋ$^{214}_{42}$　ʃɑŋ^{214}　c'y^{42}?
你　想　想　去?

32. ʧə^{42}i　inr^{55}　ʃɿ^{55}　sɿ^{42}　nɑ$^{214}_{55}$　ɕyŋ^{31}　ti˙?
这　人儿　□　是　倷　兄　弟?

33. ʧə^{42}　inr^{55}　sɿ^{42}　sɿ^{42}　nɑ$^{214}_{55}$　ɕyŋ^{31}　ti˙?
这　人儿　是　是　倷　兄　弟?

34. i^{214}　t'ou˙　ʃɿ$^{55}_{42}$　ʧ'u^{214}　lɛ^{55}?
日　头　□　出　来?

35. ʃɿ$^{55}_{42}$　iou^{214}　ʃɿ^{214}　fu˙?
□　有　媳　妇?

36. tʃə^{42} liaŋ^{214} kə˙ nɑ$^{214}_{55}$ kə˙ xɔ^{214} kʼan^{42}?
　　这　　两　　个　　哪　　个　　好　　看?

37. tʃə^{42} kə˙ iou^{214} nie^{43} kə˙ xɔ^{214} kʼan^{42} ma˙?
　　这　个　有　乜　个　好　看　吗。

38. tʃə^{42} kə˙ ʃ1$^{55}_{42}$ iou^{214} nie^{42} kə˙ xɔ^{214} kʼan^{42}?
　　这　个　□　有　乜　个　好　看?

39. tʃə^{42} kə˙ pi^{214} nie^{42} kə˙ xɔ^{214} kʼan^{42}.
　　这　个　比　乜　个　好　看。

40. tʃə^{42} fənr^{42} pʼiŋ$^{55}_{42}$ kuo^{214} pu^{55} tʼian^{55} cʼi˙ nie^{43} fənr^{42}。
　　这　份儿　苹　果　不　甜　起　乜　份儿。

41. tʃə^{42} ʃə˙ xɛ^{55} tʂʅ mə^{55} xuɜ^{42} cʼi˙ sʅ^{42} ni^{214}。
　　这　些　孩　子　没　坏　起　是　你。

42. tʼɑ$^{31}_{55}$ kɔ^{31} uo˙ i^{214} tʼou^{55}。
　　他　高　我　一　头。

43. tʼɑ$^{31}_{55}$ pi$^{214}_{42}$ uo^{214} kɔ^{31} i˙ tʼou^{55}。
　　他　比　我　高　一　头。

44. ni^{214} pa˙ tʼio^{55} ʃu˙ ti^{42}[nɑ^{55}]kei˙ uo˙。
　　你　把　笤　帚　递　[拿]　给　我。

45. ni$^{214}_{55}$ kuan^{31} sʅ tʂʼuaŋ^{31}。
　　你　关　死　窗。

46. pa$^{214}_{55}$ tʂʼuaŋ^{31} kuan^{31} sʅ˙。
　　把　窗　关　死。

47. ɕia^{42} uo˙ i^{214} tʼiɔ^{42}。
　　吓　我　一　跳。

48. pa$^{214}_{42}$ uo^{214} ɕia^{42} i˙ tʼiɔ^{42}。
　　把　我　吓　一　跳。

49. ni^{214} kʼan^{42} ni^{214} pa˙ tʼa˙ ie^{214} xu˙ kʼuo^{214} lə˙。
　　你　看　你　把　他　惹　乎　哭　了。

50. uan^{214} ciɔ˙ mɔ^{55} təŋ^{31} tɑ^{214} lə˙。
　　碗　叫　猫　蹬　打　了。

51. pə^{31} li˙ ciɔ^{42} tʼa˙ pʼəŋ^{42} tɑ^{214} lə˙。
　　玻　璃　叫　他　碰　打　了。

52. ciɔ^{42} ni˙ ɕia^{42} xu˙ pʼɔ^{214} lə˙。
　　叫　你　吓　唬　跑　了。

53. mɔ^{55} kuan^{31} cia^{31} li˙ tʂʼu^{214} pu˙ lɛ^{55} lə˙。
　　猫　关　家　里　出　不　来　了。

54. mən^{55} suo^{214} ti˙, tʼɑ$^{31}_{55}$ cia^{31} pu˙ cʼy^{42} lə˙。
　　门　锁　的,　他　家　不　去　了(他进不去家了。)

55. xɛ^{55} tʂʅ tʃən^{42} pu˙ liɔ^{214} cia^{31} lə˙。
　　孩　子　进　不　了　家　了。

56. y^{55} faŋ^{42} tɜ˙ iɛ^{55} ʃaŋ˙, pei^{42} i^{214} tʼou˙ sɛ^{42} tʂʼou^{42} lə˙。
　　鱼　放　在　沿　上,　被　日　头　晒　臭　了。

（三）

57. tɑ'⁵⁵₅₅ ciɑ³¹ mei⁵⁵₄₂ iou²¹⁴ ɑ↓
　　他　　家　　没　有　　啊↓（他不在家啊↓）

58. ciɔ⁴² t'ɑ³¹ xuo⁵⁵ ni²¹⁴₄₂ liɑ²¹⁴ c'y⁴²。
　　叫　他　　和　　你　　　俩　　去。

59. ni²¹⁴ iou⁴² xuo⁵⁵ ʃuo⁵⁵ liɑ²¹⁴ səŋ³¹ c'i⁴²?
　　你　又　　和　　谁　　俩　　生　　气?

60. kuɑn²¹⁴ ʃuo⁵⁵ ie⁵⁵ ʃuo²¹⁴ pu· kuo⁴² t'ɑ·。
　　管　　　谁　也　说　　　不　过　他。

61. uo²¹⁴ pu⁵⁵ in⁴² tɛ· t'ɑ·。
　　我　　不　　认　得　他。

62. ʧə⁴² p'u³¹ k'ɑŋ⁴² nəŋ⁵⁵ suei⁴² sɑ³¹ inr⁵⁵。
　　这　铺　炕　　能　睡　仨　人儿。

63. ʧə⁴² p'i³¹ mɑ²¹⁴ kuɑŋ³¹ lɑ²¹⁴ kuo· ʧ'ə³¹, ʦ'uŋ⁵⁵₄₂ lɛ⁵⁵ xɛ⁵⁵
　　这　匹　　马　　光　　拉　过　车，　从　　来　还
mei· c'i⁵⁵ kuo· inr⁵⁵。
没　骑　过　人儿。

64. t'ɑ³¹ kei²¹⁴ uo· i²¹⁴₄₂ pən²¹⁴ sɑn³¹ kuo²¹⁴ ʃu³¹·
　　他　给　　我　一　　本　　《三　国》　书。

65. t'ɑ³¹ ʧə⁴² uo· i²¹⁴ p'ɑn⁵⁵₄₂ uɑŋ²¹⁴。
　　他　借　　我　一　　盘　　　网。（他借去了我的一盘网。）

66. çiŋ⁴² k'uei³¹ t'ɑ³¹ ʧə⁴² kei· uo· i²¹⁴ p'ɑn⁵⁵₄₂ uɑŋ²¹⁴。
　　幸　亏　　　他　　借　给　我　一　　盘　　网。

67. t'ɑ³¹ çiŋ⁴² çy· [iə²¹⁴₄₂ çy²¹⁴] ʦou²¹⁴ lə。
　　他　兴　许　　[也　　　许]　走　　了。

68. cin³¹ niɑn· ʧ'ou³¹₅₅ t'iɑn³¹, ti⁴² liɔ²¹⁴ ʧ'ɑŋ⁵⁵ kuɑŋ³¹, uo²¹⁴₄₂
　　今　　年　秋　　天，　　地　了　　场　　光，　　我
ʃɑŋ²¹⁴ xuei⁵⁵ lɔ²¹⁴ ciɑ³¹ k'ɑŋ⁴² k'ɑŋ·。
想　　回　　老　　家　　看　　看。

69. təŋ²¹⁴ ʧu⁴² ci· t'iɑnr³¹, uo²¹⁴ tɛ· ciɑ³¹ c'y·。
　　等　　住（过）几　天儿，　　我　得　家　去。

70. uo²¹⁴ feir³¹ c'y⁴² pu⁵⁵₄₂ k'uo²¹⁴。
　　我　非儿　去　　不　　可。

71. uo²¹⁴ feir³¹ c'y⁴²。
　　我　非儿　去。

72. ʧə⁴² kə· sɹ⁴² feir³¹ t'ɑ³¹ c'y⁴² pɑn⁴² pu⁵⁵₄₂ k'uo²¹⁴。
　　这　个　事儿　非儿　他　去　　办　　不　　可。

73. ʧ'əŋ³¹ pu· ʧ'əŋ³¹ ʦ'u·?
　　清　　不　清　　楚?

74. ʃɿ⁵⁵ ʧ'əŋ³¹ ʦ'u·?
　　□　清　　楚?

75. tʃʼəŋ³¹₅₅ tʃʼəŋ³¹ tɕʼuˑʔ?
　　清　　　清　　楚?

76. tʃə⁴² in⁵⁵ tɛ⁴² li²¹⁴ pu⁵⁵₄₂ li²¹⁴ˑ ti。
　　这　人　待　理　不　理　的。

77. uo²¹⁴ liɑn⁵⁵ tɑ³¹ liˑ touˑ puˑ tɑ³¹ liˑ tʼɑˑ
　　我　连　答　理　都　不　答　理　他。

78. ni²¹⁴ ɛ⁴² cʼy⁴² puˑ cʼy⁴², tsɑ⁵⁵ kʼuoˑ kuɑn²¹⁴ puˑ liɔ²¹⁴。
　　你　爱　去　不　去,　咱　可　管　不　了。

79. iou⁴² tɑ²¹⁴ iou⁴² ciɔ⁴², iou⁴² kʼu²¹⁴ iou⁴² nɔ⁴²。
　　又　打　又　叫,　又　哭　又　闹。

80. liɑn⁵⁵₄₂ ʃuo²¹⁴ tɛ⁴² ʃɔ⁴², liɑn⁵⁵₄₂ tɑ²¹⁴ ciɑ³¹ nɔ⁴²。
　　连　说　带　笑,　连　打　加　闹。

81. xuɑr⁴² ye⁴² sɔ³¹ ye⁴² yɑn²¹⁴。
　　话儿　越　捎　越　远。

82. ye⁴² tʃu⁴² ye⁴² xɔ²¹⁴,　ye⁴² tʃu⁴² ye⁴² xuɛ⁴²ˑ
　　越　住　越　好(越来越好),　越　住　越　坏(越来越坏)。

第六章　方言记音材料

一　海潮歌

1. ər^{42} ʃ1˙ s1^{42} u^{214} xuən^{55} xuən^{31} mɑn^{214},
   二　十　四　五　黄　昏　满,
   tʃ1^{214} lə˙ ʦɔ$^{214}_{42}$ ʃɑŋr^{214} pɑ^{214} k'ɔ^{42} kɑn^{214}˙
   吃　了　早　晌儿　把　辈　赶。

2. ʃ1^{55} ər^{42} sɑn^{31}, tʃəŋ^{42} ʃɑŋ^{214} kɑn^{31},
   十　二　三,　正　晌　午,
   mɑn^{214} lə˙ tʃɔ^{55}, xə^{214} lə˙ t'iɑn^{31}.
   满　了　潮,　黑　了　天。

3. ʦ'u^{31} tʃ1^{214} ʦ'u^{31} pɑ^{214} fɑn^{42} s1˙ xɛ^{214}.
   初　七　初　八　饭　时　海。

4. ʃ1$^{55}_{42}$ u^{214} liour^{42}, tʃ'1$^{55}_{42}$ ʃɑŋr^{214} i^{214} xour^{42};
   十　五　六儿,　吃　晌儿　以　后儿;
   ʃ1^{55} pɑ$^{214}_{42}$ ciour^{214}, liɑŋ^{214} t'our^{55} pu^{55} tə$^{214}_{42}$ ʃou^{214}.
   十　八　九儿,　两　头儿　不　得　手。

5. ye$^{214}_{55}$ liɑŋ˙ ʃɑŋ^{214}, tʃ'ɔ^{55} pu˙ tʃɑŋ^{214}.
   月　亮　晌,　潮　不　长。

二　儿　歌

1.东北风

tuŋ^{31} pə$^{214}_{56}$ fəŋ^{31}, ʃ1^{31} pə^{214} liou^{42}
东　北　风,　西　北　流,
tɑ$^{214}_{42}$ uɑŋ^{214} lɛ^{55} ciɑ^{31} tʃ'1^{214} tʃu^{31} iou^{42}.
打　网　来　家　吃　猪　肉。

2.摇大橹

io^{55} tɑ^{42} lu^{214}, s1^{214} tɑ^{42} ʦ'uɑn^{55},
摇　大　橹,　使　大　船,
tiɔ^{42} kə˙ ʃɑn^{31} y^{55} liou^{55} kuo^{42} niɑn^{55}.
钓　个　鲜　鱼　留　过　年。
pɔ^{31} pɔ˙ tʃ'1^{214}, ɔ^{55} ɔ˙ tʃ'1^{214},
包　包　吃,　熬　熬　吃,
kuŋ^{31} tʃ'1^{214} t'ou^{55}, p'ə^{55} tʃ'1^{214} uei^{214},
公　吃　头,　婆　吃　尾,

ʃ1²¹⁴ fu˙ c'i⁴² ti˙ ɕye³¹ ɕye˙ ʈʂei²¹⁴。
媳　妇　气　得　嗷　嗷　嘴。

3．家枣树

ciɑ³¹ ʈʂɔr²¹⁴ ʃu⁴², ier²¹⁴ ɕi³¹,
家　枣儿　树，叶儿　稀，

i²¹⁴ kuən⁴² tɑ²¹⁴ s1˙ lɔ²¹⁴₄₂ mu²¹⁴₅₅ ci³¹。
一　棍　打　死　老　母　鸡。

k'uɛ⁴² ʃɔ³¹ suei²¹⁴, t'u²¹⁴ lu˙ ci³¹。
快　烧　水，吐　噜　鸡，

tiɑn³¹ lɑ²¹⁴ sɑn⁴², s1²¹⁴ cinr⁴² pɑn⁴²,
掂　辣　蒜，使　劲儿　拌，

kuŋ³¹ kuŋ˙ ʧ'1²¹⁴, p'ə⁵⁵ p'ə˙ k'ɑn⁴²,
公　公　吃，婆　婆　看，

ʃ1²¹⁴ fu˙ ʈʂ'ɑn⁵⁵ tə˙ i²¹⁴ t'ou⁵⁵ xɑn⁴²。
媳　妇　馋　得　一　头　汗。

4．大公鸡

tɑ⁴² kuŋ³¹ ci˙, uɛ³¹ uɛ˙ ʈʂuɑ²¹⁴,
大　公　鸡，歪　歪　爪，

ʈʂ'uŋ⁵⁵ kənr³¹ mə⁵⁵ ʃɑŋ⁴² lɔ²¹⁴ niɑŋ˙ ciɑ³¹。
从　根儿　没　上　老　娘　家。

lɔ²¹⁴ niɑŋ˙ kei²¹⁴ t'ɑ˙ pə³¹ pə˙ ʧ'1²¹⁴,
姥　娘　给　她　悖　悖　吃，

cin⁴² mɑ˙ kei²¹⁴ t'ɑ˙ fenr²¹⁴ ʈʂ'ɑ⁵⁵,
妗　妈　给　她　粉儿　搽，

i²¹⁴ ʈʂ'ɑ⁵⁵ ʈʂ'ɑ⁵⁵ tɔ˙ ʃ1⁵⁵ ʧ'1²¹⁴₁₄₂ pɑ²¹⁴,
一　搽　搽　到　十　七　八，

ɑn²¹⁴ ti˙ kuən³¹ niŋ˙ kei²¹⁴ sei⁵⁵ ciɑ³¹?
俺　的　闺　娘　给　谁　家?

xuɑr³¹₅₅ kou³¹, lɔ²¹⁴ t'ɔ⁵⁵ ciɑ˙,
花儿　沟，老　陶　家，

i²¹⁴ pu⁵⁵ c'yŋ⁵⁵, ər⁴² pu˙ fu⁴²,
一　不　穷，二　不　富，

ʧ'1²¹⁴₅₅ p'i³¹ mɑ²¹⁴, pɑ²¹⁴₅₅ p'i³¹ pu³²,
七　匹　马，八　匹　布，

ʃ1⁵⁵ pɑ²¹⁴ kə˙ ʧu³¹, ʃ1⁵⁵ pɑ²¹⁴ kə˙ iɑŋ⁵⁵,
十　八　个　猪，十　八　个　羊，

ʃ1⁵⁵ pɑ²¹⁴ kə˙ luo²¹⁴ t'uo˙ pɛ²¹⁴ xuɑ³¹ t'ɑŋ⁵⁵。
十　八　个　骆　驼　拜　花　堂。

5．拉大锯

ʈʂ'1³¹₅₅ kɑ³¹, lɑ²¹⁴ tɑ⁴² cy⁴²,
嗞　嘎，拉　大　锯，

kɑ²¹⁴₄₂ tɔ²¹⁴ nɑ²¹⁴₄₂ lɔ²¹⁴ tɑ⁴² xuɛ⁵⁵ ʃu⁴²。
割　倒　傢　姥　大　槐　树。

na^{214}_{42}　$lɔ^{214}$　pu^{55}　$c'i^{214}$　fan^{42}　$tɛ^{214}$，
倈　姥　不　给　饭　呀，

$ʈʂua^{214}$　$kə·$　ia^{214}　$ʈʂ1·$　$mə^{31}$　$kə·$　tan^{42}　$tɛ^{214·}$。
抓　个　鸭　子　摸　个　蛋　呀。

6. 小 叭 狗（1）

pa^{31}　kou^{214}　pa^{31}，$c'y^{42}$　$k'an^{31}_{55}$　$cia^{31·}$
叭　狗　叭，去　看　家，

$t'ou^{31}$　luo^{55}　mi^{214}，$xuan^{42}$　$ʃ1^{31}$　$kua·$，
偷　糯　米，　换　西　瓜；

$ʃ1^{31}$　$kua·$　$t'ian^{55}$，$xuan^{42}$　$pə^{55}_{42}$　ian^{55}；
西　瓜　甜，　换　白　盐；

$pə^{55}_{42}$　ian^{55}　$k'u^{214}$，$xuan^{42}$　tou^{42}　$fu·$，
白　盐　苦，　换　豆　腐；

tou^{42}　$fu·$　$tɕaŋ^{31}$，$xuan^{42}$　la^{214}_{55}　$ciaŋ^{31}$；
豆　腐　浆（坏了），换　辣　姜；

la^{214}_{55}　$ciaŋ^{31}$　la^{214}，$xuan^{42}$　$tʃ'əŋ^{31}$　ua^{214}；
辣　姜　辣，　换　青　瓦；

$tʃ'əŋ^{31}$　ua^{214}　$tʃ'əŋ^{31}$，$xuan^{42}$　$tʃaŋ·$　$kuŋ^{31}$；
青　瓦　青，　换　张　弓；

$kuŋ^{31}$　$mə^{55}$　iou^{214}　$ɕianr^{55}$，$xuan^{42}$　$ʈʂ1·$　$ʈʂ'uan^{55}$；
弓　没　有　弦儿，　换　只　船：

$ʈʂ'uan^{55}$　$mə^{55}$　$iou·$　ti^{214}，$xuan^{42}$　$kə·$　pi^{214}；
船　没　有　底　换　个　笔；

pi^{214}　$mə^{55}$　$iou·$　$t'our^{55}$，$xuan^{42}$　$kə·$　$niou^{55}$；
笔　没　有　头儿，　换　个　牛；

$niou$　$mə^{55}$　$iou·$　cia^{214}，$xuan^{42}$　$p'i·$　ma^{214}；
牛　没　有　角，　换　匹　马；

ma^{214}　$mə^{55}$　$iou·$　an^{31}，$xuan^{42}$　$ʈʂuo·$　san^{31}；
马　没　有　鞍，　换　座　山；

san^{31}　$mə^{55}$　$iou·$　lu^{42}，$xuan^{42}$　$p'i·$　pu^{42}；
山　没　有　路，　换　匹　布；

pu^{42}　$p'i^{31}$，$xuan^{42}$　$tʃ1·$　ci^{31}；
布　纸，　换　只　鸡；

ci^{31}　$pu·$　$ciɔ^{42}$，i^{214}　$kuan^{42}$　ta^{214}　$tɔ·$　$xɛ^{214}$　$ʃən·$　$miɔ^{42}$。
鸡　不　叫，　一　棍　打　到　海　神　庙。

7. 小 叭 狗（2）

pa^{31}　$kou·$　pa^{31}，man^{214}　ti^{42}　$kuan^{214}$，
叭　狗　叭　满　地　滚，

$ciɔ^{42}$　$t'a·$　ny^{214}　$ʃu·$　$c'y^{42}$　$mɛ^{214}_{42}$　$fən^{214}$；
叫　她　女　婿　去　买　粉；

$mɛ^{214}$　$ti·$　$fən^{214}$，pu^{55}_{42}　$xɔ^{214}$　$tʃ'a^{55}$，
买　的　粉，　不　好　搭，

cɔ^{42} tʼaˑ ny^{214} ʃuˑ cʼy^{42} mɛ^{214} mɑ^{55};
叫　她　女　婿　去　买　麻;

mɛ^{214} tiˑ mɑ^{55}, pu$^{55}_{42}$ xɔ^{214} tsʼuo^{31},
买　的　麻,　不　好　搓,

cɔ^{42} tʼaˑ ny^{214} ʃuˑ cʼy^{42} mɛ^{214} kuo^{31};
叫　她　女　婿　去　买　锅;

mɛ^{214} tiˑ kuo^{31}, pu$^{55}_{42}$xɔ^{214} tsou^{42},
买　的　锅,　不　好　做,

cɔ^{42} tʼaˑ ny^{214} ʃuˑ cʼy^{42} kɑ^{214} iou^{42};
叫　她　女　婿　去　割　肉;

kɑ^{214} tiˑ ion^{42}, pu$^{55}_{42}$ xɔ^{214}tʃʼə^{214},
割　的　肉,　不　好　切,

cɔ^{42} tʼaˑ ny^{214} ʃuˑ cʼy^{22} taŋ^{31} pie^{214};
叫　她　女　婿　去　当　鳖;

taŋ^{31} ti pie^{214}, pu$^{55}_{42}$ xɔ^{214} kʼan^{42},
当　的　鳖　不　好　看。

mɑ^{42} tʼaˑ ny^{214} ʃuˑ uaŋ^{55} paˑ tan^{42}。
骂　她　女　婿　王　八　蛋。

8. 小　烟　袋

ʃɔ^{214} ian^{31} tɛr^{42}, pian^{214} pianˑ kuo^{31},
小　烟　袋儿,　扁　扁　锅,

ni^{214} sɿˑ ɕyŋ^{31} tɿˑ uo^{214} sɿˑ kuo^{31}.
你　是　兄　弟　我　是　哥。

ʃaŋ^{42} tʃou^{214} tian^{42}, pɑ$^{214}_{42}$ tʃou^{214} xə^{31},
上　酒　店,　把　酒　喝,

xə^{31} tʃou^{214} xuei^{55} cia^{31} tɑ$^{214}_{42}$ lɔ^{214} pʼəˑ.
喝　酒　回　家　打　老　婆。

tɑ^{214} sɿˑ lɔ^{214} pʼəˑ na^{214} məˑ kuo^{42}?
打　死　老　婆　哪　么　过?

iou^{214} tʃʼan^{55} ʃuo^{214} kəˑ xua^{31} tuo^{214} tuo,
有　钱　说　个　花　朵　朵,

mə$^{55}_{42}$ tʃʼan^{55} ʃuo^{214} kəˑ xə$^{214}_{42}$ lɔ^{214} pʼəˑ.
没　钱　说　个　黑　老　婆。

xə$^{214}_{42}$ lɔ^{214} pʼəˑ,
黑　老　婆,

tʃʼɿ^{214} fan^{42} tʃʼɿ^{214} iˑ kuo^{31},
吃　饭　吃　一　锅,

lɑ^{31} sɿ^{214} lɑ^{31} iˑ kʼaŋ^{42},
拉　屎　拉　一　炕,

niɔ^{42} niɔ^{42} kʼɛ^{31} ləˑ xuo^{55}.
尿　尿　开　了　河。

9. 大　喜　他　妈

ta⁴² ɕi²¹⁴ t'ʼa³¹₅₅ ma³¹,　ɕi³¹ ɕiʼ xa³¹₅₅ xa³¹,

大　喜　他　妈，　　嘻　嘻　哈　哈，

ɛ⁴² ʧ'ʼɿ²¹⁴ faŋ³¹ kuaʼ,　faŋ³¹ kuaʼ iou²¹⁴₄₂ tsuŋ²¹⁴,

爱　吃　枋　瓜　枋　瓜　有　种，

ɛ⁴² ʧ'ʼɿ²¹⁴ iou⁵⁵₄₂ piŋ²¹⁴,　iou⁵⁵₄₂ piŋ²¹⁴ p'ei³¹₅₅ ɕiaŋ³¹,

爱　吃　油　饼，　　油　饼　喷　香，

ɛ⁴² ʧ'ʼɿ²¹⁴ mian⁴² t'aŋ³¹,　mian⁴² t'aŋ³¹ ɕi³¹ lan⁴²,

爱　吃　面　汤，　　面　汤　稀　烂，

ɛ⁴² ʧ'ʼɿ²¹⁴ ci³¹ tan⁴²,　ci³¹ tan⁴² iou²¹⁴ p'ir⁵⁵,

爱　吃　鸡　蛋，　　鸡　蛋　有　皮儿，

ɛ⁴² ʧ'ʼɿ²¹⁴ ʧu³¹ t'ir⁵⁵,　ʧu³¹ t'ir⁵⁵ iou²¹⁴ ʧanr³¹,

爱　吃　猪　蹄儿　猪　蹄儿　有　尖儿，

ɛ⁴² ʧ'ʼɿ²¹⁴ ʧu³¹₅₅ kanr³¹,　ʧu³¹₅₅ kanr³¹ iou²¹⁴ ɕie²¹⁴,

爱　吃　猪　肝儿，　猪　肝儿　有　血，

ɛ⁴² ʧ'ʼɿ²¹⁴ lɔ²¹⁴₄₂ pie²¹⁴,　lɔ²¹⁴₄₂ pie²¹⁴ iou²¹⁴ kɛ⁴²,

爱　吃　老　鳖，　　老　鳖　有　盖，

ɛ⁴² ʧ'ʼɿ²¹⁴ p'aŋ⁴² ɕie⁴²,　p'aŋ⁴² ɕie⁴² iou²¹⁴ cia²¹⁴,

爱　吃　螃　蟹，　　螃　蟹　有　夹，

ɛ⁴² ʧ'ʼɿ²¹⁴ lɔ²¹⁴₄₂ ma²¹⁴,　lɔ²¹⁴₄₂ ma²¹⁴ lɔ²¹⁴₄₂ ma²¹⁴ sua²¹⁴

爱　吃　老　马，　　老　马　老　马　要

ʃɿ⁵⁵ pa²¹⁴。

十　八。

三　谚　语

1. lɔ²¹⁴ ta⁴² pu⁴⁴ tuŋ²¹⁴ liou⁴², lei⁴² tiɔ⁴² xuo²¹⁴ ciʼ iou⁴²。
老　大　不　懂　流，　累　掉　伙　计　肉。

2. tuŋ³¹₅₅ fəŋ³¹ ʃɿ³¹ liou⁴²₄₂ suei²¹⁴,　xuo²¹⁴ ciʼ təŋ³¹ təŋʼ t'ei²¹⁴。
东　风　西　流　水，　　伙　计　蹬　蹬　腿。

3. cia³¹ ciʼ t'ou⁵⁵,　pa⁴² yʼ uei²¹⁴,
加　吉　头，　　鲅　鱼　尾，

xuo²¹⁴ laʼ tu⁴² ʧɿʼ nian⁵⁵ yʼ tsei²¹⁴。
火　拉　肚　子　鲇　鱼　嘴。

4. liaŋ²¹⁴₅₅ ciaŋ²¹⁴ iaŋ²¹⁴ y⁵⁵ pi⁵⁵ sou⁴²,
两　家　养　鱼　必　瘦，

liaŋ²¹⁴₅₅ cia³¹ iaŋ²¹⁴ ts'uan⁵⁵ pi⁵⁵ lou⁴²,
两　家　养　船　必　漏。

5. ʧ'ʼaŋ⁴² ɕi⁴² tə²¹⁴ kaʼ saŋr²¹⁴,
唱　戏　得　个　嗓儿，

ta²¹⁴ y⁵⁵ tə²¹⁴ kə uaŋr²¹⁴。
打　鱼　得　个　网儿。

6. san³¹ yeʼ san³¹,　ciou²¹⁴ yeʼ ciou²¹⁴,
三　月　三，　九　月　九，

sɔ^{31} kuŋ· ͵pu^{55} ta^{214} ciaŋ^{31} piɛn^{31} ʦou^{214}
艄　　公　　不　　打　　江　　边　　走。

7. yan^{55} li· ʈʂʻən^{31} tʻou^{55} fa^{214},
园　里　椿　头　发,
xɛ^{214} li· ciɛn^{42} cia^{31} ci·
海　里　见　加　级。

8. ta^{42} ʈʂʻuan^{55} ciɛn^{42} san^{31} y^{42} ciɛn^{42} xu^{214}
大　船　见　山　如　见　虎,
ʃɔ^{214} ʈʂʻuan^{55} ciɛn^{42} san^{31} y^{42} ciɛn^{42} mu^{214}
小　船　见　山　如　见　母。

9. yan$^{214}_{42}$ xɛ^{214} xaŋ$^{55}_{42}$ çiŋ^{55} ʈʂʻa$^{55}_{42}$ luo^{55} ciŋ^{42}
远　　海　　航　　行　　查　　罗　　镜,
cin^{42} xɛ^{214} xaŋ$^{55}_{42}$ çiŋ^{55} tei^{42} san$^{31}_{55}$ fəŋ^{31}。
近　　海　　航　　行　　对　　山　　峰。

10. ʈʂ̩^{214} səŋ^{31} xɛ^{55} ʈʂ̩· tɔ$^{215}_{42}$ tə^{214} ʧi^{42},
早　生　孩　子　早　得　济,
ʈʂ̩^{214} ʦuŋ^{42} ʦuaŋ^{31} cia· pɑ^{55} ʈʂ̩^{214} li^{42}
早　种　庄　稼　拨　籽　粒。

11. i$^{214}_{42}$ ʧʻaŋ^{214} ʈʂʻuən^{31} y^{214} i$^{214}_{42}$ ʈʂʻaŋ^{214} nɑn^{214},
一　场　春　雨　一　场　暖,
i$^{214}_{42}$ ʧʻaŋ^{214} ʧʻou^{31} y^{214} i$^{214}_{42}$ ʧʻaŋ^{214} xan^{55}。
一　场　秋　雨　一　场　寒。

12. niɛn^{55} y· ʦɔ^{214} niɛn^{55} y·,
鲇　鱼　找　鲇　鱼,
kɑ^{31} y· ʦɔ^{214} kɑ^{31} y·。
□　鱼　找　□　鱼
cʻyŋ$^{55}_{42}$ tʻou^{55} ʦuan^{31} ʦɔ^{214} xua^{31} lə· paŋr^{214}。
穷　头　专　找　花　了　膀儿。

13. ʧʻaŋ^{55} san^{31} tɔ^{214}, san$^{31}_{55}$ ʦuaŋ^{31} pɔ^{214},
长　山　岛,　三　桩　宝,
ma^{214} liɛn^{55} təŋ^{31},　xɛ^{214} tɛ^{42} ʈʂʻɔ^{214},
马　莲　墩,　海　带　草,
ta$^{214}_{42}$ xuo^{214} ʃ̩^{55} pu^{55} yŋ^{42} ʦɔ^{214}。
打　火　石　不　用　找。

14. ʧʂəŋ^{214} li· xə^{55} ma· ʧaŋ^{42} li· ʧʻu^{31},
井　里　蛤　蟆　酱　里　蛆,
ʃɔ$^{214}_{42}$ mi^{214} iou^{214} sa^{31} s̩· lɔ^{214} kuei cy·。
小　米　有　沙　是　老　规　矩。

15. kuo^{42} lə· ʃɔ$^{214}_{42}$ man^{214}, xuo^{214} ci· pu^{55} tʻiŋ^{31} lɔ^{214} ta^{42}
过　了　小　满,　伙　计　不　听　老　大
kuan^{214}。
管。

16. xɛ²¹⁴　sɿ⁴²　i²¹⁴　tuŋ⁴²，pə²¹⁴　ie⁴²　cy⁴²　ɕiŋ³¹。
　　海　　市　　一　　动，百　　业　　俱　　兴。

17. ʧʻɑn⁵⁵　puˑ　ʦɛ³¹₅₅　sɑŋ³¹，xou⁴²　puˑ　ʦɛ³¹　liou²¹⁴。
　　前　　不　　栽　　桑，后　　　不　　栽　　柳。

18. ʦʻuən³¹　tuŋ⁴²　ku²¹⁴　tʻouˑ　ʧʻou³¹　tuŋ⁴²　iou⁴²。
　　春　　冻　　骨　　头　　秋　　冻　　肉。

19. ˑtɑ⁴²　xɑu⁴²　sɑn³¹　nian⁵⁵，uɑŋ⁴²　puˑ　liɔ²¹⁴　u²¹⁴　ye　ʃɿ⁵⁵
　　大　　旱　　三　　年，忘　　不　　了　　五　　月　　十
　　sɑn³¹。
　　三。

20. cʻi⁵⁵　ʦɿˑ　ku²¹⁴　y²¹⁴　ʃɑŋ⁴²　uɑŋ²¹⁴₄₂　ʧʻɑŋ²¹⁴。
　　骑　　着　　谷　　雨　　上　　网　　场。

四、歇后语

1. xɛ²¹⁴　ʧə⁵⁵　kuo⁴²　xuo⁵⁵——sei⁵⁵　tɑ⁴²　liour⁵⁵。
　　海　　蜇　　过　　河　——　随　　大　　流儿。

2. xɛ²¹⁴　mɔ⁵⁵　tsɿ　ʧʻɿ²¹⁴　ʃɔ²¹⁴　ʧɿ²¹⁴₅₅　yˑtsɿ⁴²　lə˙。
　　海　　毛　　子　　吃　　小　　鲫　　鱼——恋　了。

3. tɑ⁴²　kɑŋ³¹　tsuɑ³¹　pie²¹⁴——ʃou²¹⁴　nɑ⁵⁵　pɑ²¹⁴　cʻiɑ³¹。
　　大　　缸　　抓　　鳖　——手　　拿　　把　　掐。

4. xə²¹⁴₄₂　ɕiɑ²¹⁴　tsɿ　tɛ²¹⁴　fəŋ³¹　mi²¹⁴——tɑ⁴²　pɑ²¹⁴　mɑn⁴²。
　　黑　　瞎　　子　　哆　　蜂　　蜜——大　　把　　堫。

5. tɑ⁴²　ɕi²¹⁴　tʻɑ³¹₅₅　mɑ³¹　ʧʻɿ²¹⁴　mian⁴²——mə⁵⁵　iou²¹⁴　sur⁴²。
　　大　　喜　　他　　妈　　吃　　面——没　　有　　数。

6. ʧɿ²¹⁴　liŋˑ　kɑn²¹⁴　tsɿ　pei³¹　ʧʻəŋ²¹⁴tʻuo⁵⁵——tɑ²¹⁴₅₅　iɔ³¹。
　　脊　　梁　　杆　　子　　背　　称　　砣——打　　腰。

7. ciɑ³¹　ʧʻuo²¹⁴　pʻei⁵⁵　tsɿˑ　mie³¹　mie˙　xu⁴²　fei³¹——
　　家　　雀　　陪　　着　　乜　　乜　　蝠　　飞——
　　kɑn³¹　ɔ⁵⁵　ie⁴²　pu⁵⁵　tə²¹⁴　ʃɿ⁴²。
　　干　　熬　　夜　　不　　得　　食。

8. tɛ⁴²　ɕiɔ⁴²　mɔ⁴²　tsɿˑ　ʧən⁴²　liŋ⁵⁵　pʻəŋ⁵⁵——xuən⁴²　tsʻuŋ³¹
　　戴　　孝　　帽　　子　　进　　灵　　棚——混　　充
　　cin⁴²　mən⁵⁵　tsʅr³¹。
　　近　　门　　枝儿。

9. ʃɿ³¹　pə²¹⁴　fəŋ³¹　kuɑ²¹⁴₄₂　ci²¹⁴　tsɿˑ——lian⁵⁵　fəŋ³¹　　　tɛ⁴²
　　西　　北　　风　　刮　　棘　　子——连　　风（讽）带
　　tsʻʅr⁴²。
　　刺儿。

10. kʻɑn⁴²　sɑn³¹　kuo²¹⁴　tiɔ⁴²　ian²¹⁴　lei⁴²——tʻi⁴²　ku²¹⁴　in⁵⁵
　　看　《三　国》掉　　眼　　泪——替　　古　　人
　　tɑn³¹₅₅　iou³¹。
　　担　　忧。

11. k'uo²¹⁴₅₅ kua³¹ tsʅ²¹⁴ k'uo²¹⁴ tʃ'u˙ tʃ'ou⁴² ts'uŋ˙ lɛ⁵⁵ lə˙——
　　嗑　　瓜　子　嗑　　出　臭　虫　来　了——
　　ʃən⁴² mə˙ inr⁵⁵　　　tou³¹ iou²¹⁴。
　　什　么　仁儿（人儿）．都　有。

12. tʂ'ɛ⁵³ fəŋ˙ tio⁴² tʃan²¹⁴ tʂʅ˙——kuaŋ³¹ ʃəŋ⁴² tʃ'ʅ²¹⁴ lə˙。
　　裁　缝　掉　剪　子——光　剩　尺（吃）了。

13. ia²¹⁴ tʂʅ˙ tio⁴² mo⁵⁵ k'ənr³¹——tʃ'ou⁴² pɛ²¹⁴。
　　鸭　子　掉　茅　坑　　——臭　摆。

14. ci³¹ tan⁴² xuaŋ⁴² t'aŋr³¹——luo⁴² suo˙ tuo³¹。
　　鸡　蛋　晃　汤儿——啰　嗦　多

15. uaŋ²¹⁴₅₅ tour³¹ tʂuaŋ³¹ y⁵⁵——t'an⁴² t'our⁵⁵ ʃu³¹ nɔr²¹⁴。
　　网　　兜儿　装　鱼——探　头儿　输　脑儿。

五、谜　语

1. u²¹⁴ tʃaŋ⁴² tʃ'u²¹⁴₄₂ ma²¹⁴ pu⁵⁵ yŋ⁴² tʃ'aŋ³¹，
　　武　将　出　马　不　用　枪　　（谜底：刀鱼）
　　tʃʅ³¹ tʃou˙ tʂuo⁴² lə˙ tʃʅ³¹ fu²¹⁴ t'aŋ⁵⁵，（谜底：加吉鱼。吉谐音级）
　　知　州　做　了　知　府　堂，
　　tʃəŋ⁴² kuŋ³¹ niaŋ⁵⁵ niaŋ˙ səŋ³¹ i²¹⁴₄₂ ny²¹⁴，
　　正　宫　娘　娘　生　一　女，　　（谜底：黄姑鱼）
　　uan⁴² sei⁴² ie⁵⁵ uɛ³¹ tʂei²¹⁴ tʂan⁴² i²¹⁴ p'aŋ⁴²。
　　万　岁　爷　歪　嘴　站　一　旁。（谜底：偏口鱼）

2. faŋ⁵⁵₄₂ ian⁵⁵ ti²¹⁴ çia˙ i²¹⁴₅₅ uo³¹ xour⁵⁵，
　　房　檐　底　下　一　窝　猴，
　　t'ian³¹ t'ian˙ tʃ'ʅ²¹⁴ fan⁴² lan⁴² k'a²¹⁴ t'ou⁵⁵，（谜底：牙齿）
　　天　天　吃　饭　乱　磕　头，
　　faŋ⁵⁵₄₂ ian⁵⁵ ti²¹⁴ çia˙ i²¹⁴ k'uɛ⁴² tʂuan³¹，
　　房　檐　底　下　一　块　砖，
　　pə⁵⁵ i˙ xə²¹⁴ ie⁴² sɛ⁴² pu˙ kan³¹。
　　白　日　黑　夜　晒　不　干。　　（谜底：舌头）

3. tʂʅ²¹⁴ mən˙ liaŋ²¹⁴ kə˙ i²¹⁴₅₅ panr³¹ ko³¹，
　　姊　妹　两　个　一　般　高，
　　in⁵⁵ çia˙ tʃ'ʅ²¹⁴ fan⁴² t'a³¹ suɛ³¹₅₅ cio³¹。
　　人　家　吃　饭　她　摔　跤。
　　in⁵⁵ çia˙ tʃ'ʅ²¹⁴₄₂ po²¹⁴ lio，
　　人　家　吃　饱　了，
　　t'a³¹ ie⁴² suɛ³¹ to²¹⁴ lio˙。
　　她　也　摔　倒　了　　（谜底：筷子）

4. i²¹⁴₄₂ pa²¹⁴ ta⁴² xuaŋ⁵⁵ tou⁴²
　　一　　把　大　黄　豆

sɑ²¹⁴ tsɜ˙ pə²¹⁴₅₅ sɑn³¹ xou⁴²。
撒　　在　北　　山　　后。

pə⁵⁵ i˙ tsɔ²¹⁴ pu˙ to⁴²，
白　　日　找　　不　　到，

xə²¹ ie⁴² tʃ'u²¹⁴ lɛ⁵⁵ liɔ˙。
黑　　夜　出　　来　　了。　　（谜底：星星）

5. yɑn²¹⁴ k'ɑn⁴² i²¹⁴₄₂ tsuo²¹⁴ lou⁵⁵，
远　　看　　　一　　座　　楼，

cin⁴² k'ɑn⁴² sʅ³¹ tsʅ˙ kuən²¹⁴ ʃou⁴² c'iou⁵⁵。
近　　看　　狮　子　滚　　绣　　球。

i²¹⁴₅₅ tʃ'ɑn³¹ k'uɜ⁴² mu²¹⁴ t'our˙，
一　　千　　块　　木　　头儿，

pu⁵⁵ yŋ⁴² tuŋ⁴² fu²¹⁴ t'our⁵⁵。
不　用　动　斧　头儿。　　（谜底：喜鹊窝）

6. tuŋ³¹ ts'ɑŋ⁵⁵₄₂ t'our⁵⁵，ʃʅ³¹ ts'ɑŋ⁵⁵₄₂ t'our⁵⁵，
东　　墙　　头儿，西　　墙　　头儿，

liɑŋ³¹⁴ kə˙ʃo²¹⁴₄₂ tʃ'uor²¹⁴ tɑ²¹⁴ ti³¹ lour˙4。
两　　个　小　　　雀儿　　打　嘀　嗒儿

（谜底：耳坠）

7. i²¹⁴₅₅ kə˙ʃə²¹⁴₅₅ por³¹ sʅ⁴² kə˙ciar²¹⁴，
一　　个　小　　包儿　四　个　角儿，

pə⁵⁵ i˙ fɑŋ⁴²，xə²¹⁴ ie⁴² tsuɑ²¹⁴。
白　　日　放，　黑　　夜　抓。　　（谜底：枕头）

8. tʃ'ɑn³¹ t'io⁵⁵ ʃɑn⁴²，uɑn⁴² t'io⁵⁵ ʃɑn⁴²，
千　　条　　线，　万　　条　　线，

ciɑ⁴² to˙ xɛ²¹⁴ li˙ k'ɑn⁴² pu˙ ciɑn⁴²。
下　　到　海　　里　看　　不　　见。　　（谜底：雨）

9. ti⁴² cyŋ˙ liɑŋ²¹⁴ kə˙ i²¹⁴₅₅ pɑnr³¹ ko³¹，
弟　兄　两　　　个　一　　般儿　高，

io³¹ li˙ pie⁵⁵ tsʅ˙ sɑ²¹⁴ in⁵⁵ to³¹。
腰　里　别　　着　杀　　人　刀。　　（谜底：门栓儿）

10. i²¹⁴₅₅ kə˙ ʃo²¹⁴ miɔr⁴²，
一　　个　小　庙儿，

li²¹⁴ miɑn˙ tʃ'əŋ⁵⁵ ti˙ t'uŋ⁵⁵ ku²¹⁴ iɑŋ⁵⁵ xɔr⁴²。
里　面　盛　　的　铜　　鼓　洋　　号儿。　（谜底：座钟）

11. i²¹⁴₅₅ kə˙ tɑ⁴² xuŋ⁵⁵ tsɔr²¹⁴，
一　　个　大　红　　枣儿，

mɑn²¹⁴₅₅ ciɑ³¹ tʃ'əŋ⁵⁵ pu˙ liɔ²¹⁴。
满　　　家　盛　　不　　了。
　　　　　　　　　　　　　　（谜底：煤油灯）

12. i²¹⁴₅₅ kə˙ ʃo²¹⁴ ciar⁵⁵，
一　　个　小　匣儿，

ʧʼəŋr⁵⁵ liaŋ²¹⁴ kə˙ lɔ²¹⁴ uar⁵⁵。
盛儿　两　　个　老　鸹儿。

13.cʼia²¹⁴ tʼou⁵⁵ cʼy⁴² uei²¹⁴ pu⁵⁵₄₂ ʧʼəŋ⁵⁵ ʧən³¹,
掐　头　去尾　不　成　真，（谜底：且）

ər⁴² in⁵⁵ ʧʼaŋ⁵⁵ tsɛ⁴² tʼu²¹⁴ ʃaŋ˙ tən³¹。
二　人　常　在　土　上　蹲。（谜底：坐）

kʼan⁴² cia³¹ cʼyanr²¹⁴ ɕiaŋ⁴² nan⁵⁵ iɔ²¹⁴,
看　家　犬儿　向　南　咬（谜底：献）

ʦʼɔ²¹⁴ mu⁴² ʦl³¹₅₅ ʦuŋ³¹ iou²¹⁴ i²¹⁴ in⁵⁵。
草　木　之　中　有　一　人。（谜底：茶）

六　故　事

1.玉石街的传说

ʧə⁴² kə˙ y⁴² ʃl⁵⁵ ciɛ³¹ ia˙,i²¹⁴₄₂ ʃu²¹⁴ ciɛ³¹ ei²¹⁴₄₂ xɔ²¹⁴,sa³¹ ciaŋ²¹⁴
这　个　玉　石　街　呀，一　宿　街　也　好，沙　碴

ie²¹⁴₄₂ χɔ²¹⁴, iou²¹⁴ ʧə˙ mə˙ i²¹⁴ tanr⁴² lɛ⁵⁵ li⁴²。
也　好，　有　这　么　一　段儿　来　历。

tʼaŋ⁵⁵ tʼɛ⁴² ʦuŋ³¹ li²¹⁴ ʃl³¹min²¹⁴ ia˙ tʼuŋ⁵⁵ y⁴² ʧʼl⁵⁵ ɕiŋ⁴² tə²¹⁴, liŋ²¹⁴
唐　太　宗　李　世民　呀同　尉　迟　敬　德　领

ʦl˙ piŋ³¹ lu⁴² kuo ʧə˙ ʧʼaŋ⁵⁵ san³¹ tɔ²¹⁴.tʼaŋ⁵⁵ tʼɛ⁴² ʦuŋ³¹ tʼa³¹ ti˙piŋ³¹
着兵　路　过　这长　山　岛。唐　太　宗　他　的兵

a˙ ʧu⁴² ʦɛ˙ nan⁵⁵₅₅ ʧʼəŋr⁵⁵, y⁴² ʧʼl⁵⁵ ɕiŋ⁴² tə²¹⁴ti˙piŋ³¹ a˙ʧu⁴² ʦɛ˙ ʧə⁴²
啊住　在　南　城儿，　尉　迟　敬　德的兵啊住　在　这

kə˙ pə²¹⁴ ʧʼəŋr⁵⁵, ʧʼou⁴² sl˙ pə²¹⁴ ʧʼaŋ⁵⁵san³¹ tɔ²¹⁴。ʧɔ⁴² liaŋ²¹⁴ kə˙ tɔ²¹⁴
个　北　城儿，　就　是北　长　山　岛。这两　个　岛

ʦl³¹₅₅ cian³¹, iou²¹⁴ ʧə⁴² mə˙ i²¹⁴₄₂ kur²¹⁴₄₂ sueir²¹⁴, lɛ⁵⁵ cʼy⁴² uaŋ²¹⁴₄₂fan²¹⁴
之　间，　有　这　么　一　股儿　水儿，　来去　往　返

na˙, tou³¹ sl˙ ʃu³¹ iɔ˙ ʦuo⁴² ʦʼuan⁵⁵ na˙, ʦɛ⁵⁵ nəŋ˙ kuo⁴² cʼy˙, sl⁴²
呢，　都　是需　要　坐　船　呢　才　能　过　去是

ʧə₂₁₄⁴² mə˙ kə˙ ti⁴² ʧʼaŋr。
这　么　个　地　场儿。

ɕy⁴² ʃuo²¹⁴ iou²¹⁴ ʧə⁴² mə˙ i²¹⁴₅₅ tʼian³¹ na˙, tʼaŋ⁵⁵ tʼɛ⁴² ʦuŋ³¹ tʼiŋ³¹
据　说　有　这　么　一　天　呢，唐　太　宗　听

ʃuo²¹⁴ lə˙ y⁴² ʧʼl⁵⁵ ɕiŋ⁴² tə²¹⁴ tə²¹⁴ lə˙ piŋ⁴², tʼiŋ²¹⁴ ʦuŋ⁴³ ti˙, tʼaŋ⁵⁵
说　了尉　迟　敬　德　得　了病，　挺　重　的，唐

tʼɛ⁴² ʦuŋ³¹ ʧʼou⁴² sl˙ ʦuo⁴² lə˙ ci⁵⁵, ku⁴² lə˙ i²¹⁴ kə˙ ʦʼuanr⁵⁵ la˙ tɔ⁴²
太　宗　就　是着　了急，　雇　了一　个　船儿　啦到

pə²¹⁴ ʧʼaŋ⁵⁵ san³¹ cʼy˙kʼan⁴² kʼan˙。ʧə⁴² tʼian³¹ na˙ʧaŋ⁴² xɔr²¹⁴ xuo²¹⁴
北　长　山　去看　看。　这　天　呢正　好儿　伙

ci˙ xɛ²¹⁴ ʃaŋ˙ kua²¹⁴ cʼi²¹⁴ lə˙ ta⁴² fəŋ³¹, pə³¹ laŋ⁴² tʼɔ³¹₅₅ tʼian³¹。
计①海　上　刮　起　了　大　风，　波　浪　滔　天。

①伙计：这里是插入语，下同。

ts'uan55tε˙ xε214 li ma˙ ʧ'an55/42 c'i214 xou42 luo, xou42 c'i214 ʧ'an55
船在海里嘛前起后落，后起前

luo214 ti˙, fan214 ʧaŋ˙ sɿ˙ ʦuo214 iou42ʧɿ55 xuaŋ44, pa214 ʧə42kə˙ t'aŋ55
落的，反正是左右直晃，把这个唐

t'ε42ʦuŋ31 a˙ yn42 ti˙xuo214 ɕi˙t'ou55 xuən31 ian214/55 xua31, ʧə42 ʧou˙ tε.
太宗啊晕的伙计头昏眼花，这就在

ʦuan55 ʃaŋ˙t'u214 k'ε31 lə˙。i214 xou42 ʦ'uan55 tɔ42 lə˙ pə214 ianr55, t'aŋ55
船上吐开了。以后船到了北沿儿，唐

t'ε42 ʦuŋ31 ʃaŋ214: y42 kuo214 naŋ55/42 iou214 ʧə42 mə˙ i214 t'iɔ55 xan42
太宗想：如果能有这么一条旱

tɔ42 ma˙uo214 lε55/42 xueir55 tsou214 pu55 sɿ˙ faŋ31 pian˙ ma˙? ie214 pu55
道嘛我来回儿走不是方便吗？也不

yŋ42 xuo214 ɕia˙ lei42 ti˙ t'ou55 xuan31 ian214/55 xua31, tan31/55 ɕiŋ31 ʃou42
用伙计累得头昏眼花，担惊受

p'a42 ti。
怕的。

kuo42 ɕ'y˙ xuaŋ55 ti˙ ʃuo214 xua42 sɿ˙ cin31 k'ou214 y42 ia55, t'aŋ55
过去皇帝说话是金口玉牙，唐

t'ε42 ʦuŋ31 a˙ ʧə42 kə˙ xua42 pei42 y42 xuaŋ55 ta42 ti42 ia˙ ʧɿ31 tɔ˙ lə˙。
太宗啊这个话被玉皇大帝呀知道了。

y42 xuaŋ55 ta42 ti42 ma˙ p'ε42 lə˙ tuŋ31 xε214 ti˙ ʧou42 sɿ˙ luŋ55 uaŋ˙ ie55
玉皇大帝嘛派了东海的就是龙王爷

ie˙ pa˙, kei214 ʧə42 kə˙ t'aŋ55 t'ε42 ʦuŋ31 ʦɔ42 lu42。na42 mə˙ ʦən214 mə˙
爷吧，给这个唐太宗造路。那么怎么

ʦɔ42 na˙? cy42 ʃuo214 sɿ˙ ʧə42 t'ian31 ie41 li˙ ia˙, χε214 ʃaŋ˙ kua214 c'i214
造呢？据说是这天夜里呀。海上刮起

lə˙ k'uaŋ55 fəŋ31, ni214 fan214 ʧəŋ˙ ʧou42 sɿ˙ χε214 laŋ42 kuən214/42kuən214。
了狂风，你反正就是海浪滚滚。

t'aŋ55 t'ε42 ʦuŋ31 ma˙ ʧə42 kə˙ χə214 ie˙ suei42 ciɔ42 ʦou42 məŋ42 məŋ42
唐太宗嘛这个黑夜睡觉做梦梦

cian42 luŋ55 uaŋ˙ lə, luŋ55ʧ'u214 lə˙ suei214 mianr42, ciɔ42 lə˙i214/55 ʃəŋ31。
见龙王了，龙出了水面儿，叫了一声。

ʧə42 i214/42 ʃu214 ʧou42 pian42 ʧ'əŋ˙ lə˙ i214 t'iɔ55 sa31 ciaŋ214, ʧou42 sɿ˙
这一宿就变成了一条沙礓，就是

i214 t'iɔ55 ta42 ciε31, pə214 ʧ'əŋr55 tuŋ31 nan55 mianr42 xuo55 nan55/42 ʧ'aŋ55
一条大街北城儿东南面儿和南长

san31 tɔ214 pə214 mianr42 ʧə42 t'iɔ55 xε214 ia˙ lian55/42ʧə214 c'i214 lε55 la˙。
山岛北面儿这条海呀连接起来了。

taŋ31 sɿ55 ʧou42 ciɔ42 t'a˙ i214/42 ʃu214 ciε31。ʧə42 t'iɔ55 ciε31 uan55 ʦ'uan˙
当时就叫它一宿街。这条街完全

sɿ˙ i214/55 ʃə31 ta42 ʃɔ214 ʃɿ55/42 tsɿr214 tsu214 ʧ'əŋ55 ti˙。ʧə42 kə˙ʃɿ55/42 ʦɿr214
是一些大小石子儿筑成的。这个石子儿

ia˙ y42 pə55 sər214 ti˙, suo214/55 i˙ʃuo214 ia˙ iou42 ʧ'əŋ55 uei˙ y42 ʃɿ55 ciε31
呀玉白色儿的，所以说呀又成为玉石街。

2.祖宗树的故事

ʦu²¹⁴ tsuŋˑ ʃuˑ⁴² ʧuˑ⁴² kəˑ lɛ⁵⁵ li⁴² iaˑ,　uo²¹⁴ mənˑ tou³¹ ʨia⁴² t'aˑ
祖　　宗　　树　　这　个　来　历　呀，　我　们　都　叫　它

lɔ²¹⁴₄₂ ku²¹⁴ ʃuˑ⁴²,　ʧɔˑ⁴² uaŋ⁵⁵ ʦ'ən³¹ iou²¹⁴ nie⁴² məˑ i²⁵⁵₁₄ k'uo³¹ lɔ²¹⁴₄₂ ku²¹⁴
老　古　树，　赵　王　村　有　乜　么　一　棵　老　古

ʃuˑ⁴²。
树。

t'iŋ³¹ ʃuo²¹⁴ ʦɛ⁴² yan⁵⁵₄₂ ʧ'ɔ⁵⁵ mə⁴² nian⁵⁵ naˑ,　iou²¹⁴ kəˑ ʃəŋ⁴² uaŋ⁵⁵
听　说　在　元　朝　末　年　呢，　有　个　姓　王

tiˑ laˑ²¹⁴ t'our⁵⁵,　ʦ'uŋ⁵⁵ ʃɔ²¹⁴ yn⁵⁵ nanˑ t'ɔˑ taˑ⁴² xuaŋ³¹ tɔˑ⁴² tɔˑ²¹⁴ ʃaŋˑ lɛ⁵⁵
的　老　头儿，　从　小　云　南〔注〕逃　荒　到　岛　上　来

ləˑ,　luo²¹⁴ tɛˑ ʧɔˑ⁴² uaŋ⁵⁵ ʦ'ənr³¹ aˑ t'a³¹ iou²¹⁴ pa²¹⁴ kəˑ ər⁵⁵, kər²⁴
了，　落　在　赵　王　村儿　啊他　有　八　个　儿，个儿

kər⁴² ni²¹⁴₄₂ fan²¹⁴ tou³¹ ʨ'in⁵⁵ ʨ'inˑ, ʦaˑ⁵⁵ ɕian⁴² ʦɛˑ⁴² ʃuo²¹⁴ ʧou⁴² sɿˑ
个　你　反　都　勤　　勤，　咱　现　在　说　就　是

lɔ⁵⁵ tuŋˑ。ɕyŋ³¹ ti ʦɿ³¹₄₂ ʨian³¹ maˑ pu⁵⁵ t'aˑ xuo⁵⁵ muˑ, ʧ'aŋ⁵⁵ ʧ'aŋ⁵⁵
劳　动。兄　弟　之　间　嘛　不　太　和　睦，常　　常

ʃou⁴² ʧə⁴² kəˑ uɛ⁴² iən⁵⁵ tiˑ ʨ'i³¹ fuˑ。lɔ²¹⁴ iən⁵⁵ nəˑ fei⁴² ʧ'aŋ⁵⁵ nan⁵⁵
受　这　个　外　人　的　欺　负。老　人　呢　非　常　　难

kuo⁴²。ʦɛ⁴² lin⁵⁵₄₂ sɿ²¹⁴ ʦɿ³¹ ʧ'an⁵⁵ paˑ, pa²¹⁴ t'aˑ pa²¹⁴ kəˑ ər⁵⁵ ʨia⁴²
过。在　临　死　之　前　吧　把　他　八　个　儿　叫

tɔˑ t'a³¹ kən³¹ ʧ'anr⁵⁵, ʧu²¹⁴ fuˑ t'a³¹ mənˑ:“uo²¹⁴ me⁵⁵₄₂ iou²¹⁴ tuo³¹
到　他　跟　前儿，嘱　咐　他　们：“我　没　有　多

ʃɔˑ ɔ⁵⁵ t'ourˑ təˑ, ʧou⁴² sɿˑ la²¹⁴ t'ou⁵⁵ pu⁵⁵ kɔ³¹ ləˑ, ni²¹⁴ mənˑ xɛ⁵⁵
少　熬　头儿　了，就　是　蜡　头　不　高　了，你　们　还

nian⁵⁵ ʨ'iŋ³¹。ʨin³¹ xou⁴² tiˑ lu⁴² maˑ ie²¹⁴ xan⁵⁵₄₂ ʧ'aŋ⁵⁵, ʧaŋ²¹⁴₅₅ t'ian³¹
年　　轻。今　后　的　路　嘛　也　还　长，　整　天

ʨia ni²¹⁴₄ mənˑ ʧou⁴² sɿˑ ti⁴² ʨyŋˑ ʦɿ³¹₄₂ ʨian³¹ ʦ'ɔ²¹⁴ ʦ'ɔˑ nɔ⁴² nɔ⁴²,
价　你　们　就　是　弟　兄　之　间　吵　吵　闹　闹，

ʧə⁴² iaŋ⁴² ɕia⁴² ʨ'y⁴² yŋ²¹⁴₄₂ yan²¹⁴ naˑ k'uŋ²¹⁴ p'a⁴² iou²¹⁴ inr⁵⁵ ʨ'i³¹
这　样　下　去　永　远　呢　恐　怕　有　人儿　欺

fuˑ ʦa⁵⁵ mənˑ tiˑ, ʧaŋ⁴² lɛ⁵⁵ uo²¹⁴₄₂ sɿ²¹⁴ ləˑ naˑ ie²¹⁴ sɿˑ pi⁴² puˑ sɿ²¹⁴
负　咱　们　的，将　来　我　死　了　呢　也　是　闭　不　死

ianr²¹⁴。”
眼儿。

pa²¹⁴ kəˑ ər⁵⁵ ʦɿˑ naˑ t'iŋ³¹ ʦɿˑ lɔ²¹⁴ in⁵⁵ tiˑ xua⁴², t'uŋ⁴² k'u²¹⁴
八　个　儿　子　呢　听　着　老　人　的　话，　痛　哭

liou⁵⁵₄₂ t'i⁵⁵ tiˑ ɕou⁴² ʃuo²¹⁴ laˑ:“ni²¹⁴ faŋ⁴² ʃən³¹ paˑ, uo²¹⁴ mənˑ
流　涕　地　就　说　啦：“你　放　心　吧，　我　们

kər³¹ mənˑ ti⁴² ɕyŋˑ aˑ i²¹⁴ tiŋ⁴² iɔˑ pa²¹⁴ ku²¹⁴ ʃəŋr⁵⁵ niŋ²¹⁴ ʧ'əŋˑ
哥儿　们　弟　兄　啊　一　定　要　八　股　绳儿　拧　成

i²¹⁴₄₂ kur²¹⁴ ʃəŋr⁵⁵, ʧə⁴² kəˑt'uŋ⁵⁵ ʃən³¹ ɕie⁵⁵ li⁴² tiˑ ʦ'uaŋ²¹⁴ ʨian⁴²
一　股儿　绳儿，　这　个　同　心　协　力　地　创　　建

ʨia³¹ ie⁴²。”
家　业。”

---

①“你反”是插入语。

i²¹⁴ xou⁴² lɔ²¹⁴ iŋ⁵⁵ ʧou˙ sʅ²¹⁴ lə˙, ʧə⁴² pa²¹⁴ kə˙ ər⁵⁵ na˙ mei²¹⁴
以 后 老 人 就 死 了, 这 八 个 儿 呢 每

iŋ⁵⁵ ʦɛ⁴² iŋ⁵⁵ ʃaŋ. ʦɛ⁴² lə˙ i²¹⁴₅₅ k'uo³¹ ʃu⁴³, pa²¹⁴ kə˙ ər⁵⁵ ma˙ kuŋ⁴²
人 在 茔 上 栽 了 一 棵 树, 八 个 儿 嘛 共

ci⁴² pa²¹⁴₅₅ k'uo³¹ ʃu⁴²。ʃu⁴² ʧaŋ²¹⁴ ti˙ t'iŋ²¹⁴ uaŋ²¹⁴ ʃəŋ˙ ie²¹⁴ t'iŋ²¹⁴₄₂
计 八 棵 树。 树 长 得 挺 旺 盛, 也 挺

xɔ²¹⁴。na⁴² mə˙ i²¹⁴₄₂ ciou²¹⁴ t'ian³¹ ʧ'aŋ⁵⁵ na˙, ni²¹⁴ ʃuo²¹⁴ ʧə⁴² pa²¹⁴₅₅
好。 那 么 日 久 天 长 呢, 你 说 这 八

k'uo³¹ ʃu⁴² ia˙, piŋ⁴² ʧ'əŋ˙ i²¹⁴₄₂ c'i²¹⁴ lə˙, ʧ'əŋ⁵⁵ lə˙ i²¹⁴₅₅ k'uo³¹ ʃu⁴²,
棵 树 呀, 并 成 一 起 了 成 了 一 棵 树,

kuɛ⁴² sʅr⁴² xɑ⁵⁵。ʧə⁴² pa²¹⁴ kə˙ ər⁵⁵ ti˙ ʃən³¹ na⁴˙ ie˙ lian⁵⁵ ʦɛ˙i²¹⁴
怪 事儿 哈①。 这 八 个 儿 的 心 呢 也 连 在一

c'i²¹⁴ lə˙, cinr⁴² ie˙ niŋ²¹⁴ ʦɛ˙ i²¹⁴ k'uɛr⁴², na⁴² mə˙ i²¹⁴ sʅ˙ ma˙ ie˙
起 了, 劲儿 也 拧 在 一 块儿, 那 么 日 子 嘛 也

sʅ˙ ye⁴² kuo⁴² ye⁴² xɔ²¹⁴ lə˙。ti⁴² çyŋ⁵⁵ mən˙na˙ kə⁴² kə⁴² tou³¹ʧ'əŋ⁵⁵ lə˙
是 越 过 越 好 了。 弟 兄 们 呢 个 个 都 成 了

cia³¹, li⁴² lə˙ ie⁴², xɛ⁵⁵ ʦʅ˙ i²¹⁴ tɑ⁴² c'yn⁵⁵, iŋ⁵⁵ k'ou²¹⁴ le²¹⁴₅₅ tuo³¹ lə˙
家, 立 了 业, 孩 子 一 大 群, 人 口 也 多 了,

ʧ'əŋ⁵⁵ lə˙ i²¹⁴ kə˙ ʦɛnr³¹。xou⁴² ʦɛ⁴² ti˙ ʦʅ²¹⁴ sən³¹ ʧou⁴² pa²¹⁴ ʧə⁴²
成 了 一 个 村儿。 后 代 的 子 孙 就 把 这

k'uo³¹ ʃu⁴² ciɔ⁴² ʦuo˙ ʦu²¹⁴ ʦuŋ˙ ʃu⁴²。
棵 树 叫 做 祖 宗 树。

[注]小云南：胶东人传说中的祖先来源的地方，具体地点不详。

附录：发音人简况表

岛 名	村 名	姓 名	性别	年龄	文化程度	职业	备 注
南长山	乐园	田庭家	男	62	5 年	干部	世居、主要发音人
南长山	乐园	范长基	男	74	4 年	农民	世居、主要发音人
南长山	乐园	袁大德	男	68	6 年	农民	世居、主要发音人
南长山	乐园	于金庭	男	47	6 年	农民	专题发音人
南长山	乐园	于祝孝	男	44	6 年	农民	专题发音人
南长山	南城	石天杰	男	61	初小	农民	专题发音人
北长山	北城	苏智昌	男	62	高小	干部	专题发音人
庙 岛	庙岛村	金淑娟	女	29	高小	职工	专题发音人
庙 岛	山前村	王德奎	男	31	初中	干部	专题发音人
大黑山	大濠	刘文绥	男	44	初小	船长	专题发音人
大黑山	北庄	葛长林	男	37	初中	干部	专题发音人
小黑山	小黑山村	胡彩云	女	36	高小	干部	专题发音人
砣 矶	大口	吴中兰	男	48	3 年	渔民	专题发音人
砣 矶	大口	刘玉建	男	38	6 年	渔民	专题发音人
砣 矶	井口	梁科福	男	36	高小	渔民	专题发音人

①哈：是吧。

续

岛　名	村　名	姓　名	性别	年龄	文化程度	职业	备　注
砣　矶	井口	梁科满	男	44	初小	渔民	专题发音人
砣　矶	磨石嘴	范先铁	男	32	初中	渔民	专题发音人
大钦岛	东濂	肖本征	男	23	高中	渔民	专题发音人
大钦岛	北村	葛长奎	男	21	初中	渔民	专题发音人
大钦岛	南村	肖本波	男	23	高中	渔民	专题发音人
大钦岛	小濂	唐家盈	男	23	初中	渔民	专题发音人
小钦岛	小钦岛村	宋传新	男	38	8 年	渔民	专题发音人
南隍城	南城	葛长军	男	19	初中	渔民	专题发音人
北隍城	山前村	刘宗惠	男	42	高小	干部	专题发音人
北隍城	山前村	宋淑华	女	32	初中	职工	专题发音人
北隍城	山后村	肖作卫	男	22	初中	渔民	专题发音人

后　　记

　　1983年夏，我们应长岛县志办公室之邀，到长岛编写长岛县方言志。当初之所以去长岛，除了受到县志办公室的热忱感召之外，还由于对处于胶东和辽东半岛之间的长岛这一特殊地区的方言的向往，可说是求知欲的驱使。

　　预定的计划分两步走：第一步，1983年暑假，我和罗福腾同志对语音进行调查，要求基本上解决语音方面诸如变调、儿化等复杂的问题，为下一步词汇、语法的调查和记音打下基础，并写出长岛方言志语音部分的初稿；第二步，1984年暑假，罗福腾同志再去长岛，调查词汇、语法，并收集歌谣、民间故事等语言材料。这两步都按计划如期完成。

　　今年五月，进行全志的统一编写工作，主要是整理词汇和语法，并以词汇、语法等材料对语音进行修订和补充。在词汇整理中，排列顺序是一件煞费脑筋的事情，现在的样子把“海产”独立，以及“动作”类限于人的动作分为几小项而又跟一些自然现象的动词分开等，都是经过再三编排推敲后才定下的。语法主要是概括的问题，为求有条理、成系统，也是经过几次修改的。定稿以后，曾抽出三万余字的内容做为简编收入《长岛县志》。

　　本志撰写的大体分工是：我写前三章，罗福腾参加讨论、整理；罗福腾写后三章，我参加考虑词汇的分类编排和语法的写作提纲等问题。孔宪浩除陪同调查、参加讨论、抄写部分初稿以外，还对部分语料进行过核对补充。全稿最后由我和罗福腾讨论定稿，由我统一体例、文字。

　　在调查、编写过程中，受到长岛县志办公室姜义善、包福华等同志的大力支持。山东大学的曹志耘同志帮助整理了部分词汇卡片，在词汇编排中曾提出很好的建议；研究生李兰、刘自力帮助抄写了部分词条。在此，对上述同志表示衷心感谢。

钱曾怡

1985年12月31日

即墨县志·第
三十三篇　方言

787

第一章　　概　　说

第一节　　区属与特点

　　即墨县方言属于汉语北方方言的胶辽官话。在山东境内，则处于山东东区方言东潍片的北端。

　　即墨境内的方言都具有胶辽方言的基本特点，其声母分类较细，而韵母、声调比较简单。声母塞擦音有 tθ tθ‘ θ（资刺四）、ts ts‘ s（将枪箱）、tʃ tʃ‘ ʃ（知吃湿）、tʂ tʂ‘ ʂ（支翅诗）和 tɕ tɕ‘ ɕ（江腔秀）五套。即墨方言单元音较为丰富而没有动程很大的复合元音。普通话的复合音 ɑi、ɑu 两个韵母的字，在即墨方言中读成单元音 ɛ、ɔ。鼻辅韵尾薄弱，除去没有 n 韵尾、ŋ 韵尾也不十分显著外，普通话 əŋ（登）、uŋ（东）和 iŋ（影）、yŋ（永）4 个韵母，在即墨方言中还合为 oŋ、ioŋ 两个（东＝登、永＝影）。声调只有 3 个，尤其值得注意的是极大多数古全浊上声、古去声、古全浊入声来源的字（今普通话为去声），在即墨方言中声调常常是不稳定的，例如"大唱晕叛六"等字，既可读阴平 213，也可读阳平 42。有的在不同的词中有不同的读音，有的在不同的人的嘴里有不同的读音。

　　即墨方言的词汇和语法方面的主要特点是子尾和儿化词比较丰富。儿化词的构成具有较为严密的系统，因儿化而产生的舌尖闪音及声母的成套变化，超出了一般现代汉语教科书上所介绍的儿化音变范围，为现代汉语儿化韵的语音研究提供了重要的参考资料。即墨方言丰富多彩的形容词生动形式及单音节动词、形容词加后缀的重叠结构，都使即墨方言带上了音律和谐、生动形象的特色。

第二节　　内部差异

　　山东东区方言东莱和东潍两片有许多明显的不同，即墨方言基本特色跟东潍片一致。由于即墨方言北接东莱片，所以即墨方言中存在着由东莱向东潍的少量过渡特色。成系统的语音特点主要有二：

　　一是东莱方言 t t‘ n l ts ts‘ s 一般不拼合口呼 uɑ̃、uə̃、uei 三个韵母，"短村最"等字在东莱方言中读 ɑ̃、ə̃、ei。即墨方言在县境内有 3 种情况，太祉庄、段村、东温泉一带以北没有 u 介音，跟东莱方言相同。南部即墨城关、留村等地基本上有 u 介音，跟东潍方言片相同（少数字在一些人的嘴里也有不带 u 介音的情况）。西南角蓝村等地存在一些混杂

788　　　　　　　　　　　　　即墨县志

的现象，u 介音的有无可以因字或因人而不同，有的字甚至同一个人也能说出两种读音来，（参见《即墨方言地图一》）。

即墨方言地图（一）

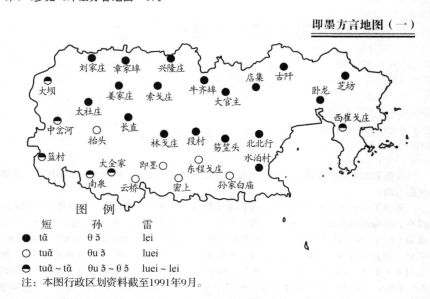

图例

短	孙	雷
● tɑ̃	● θɔ̃	● lei
○ tuɑ̃	○ θuɔ̃	○ luei
◐ tuɑ̃~tɑ̃	◐ θuɔ̃~θɔ̃	◐ luei~lei

注：本图行政区划资料截至1991年9月。

　　二是"儿耳二"等字，东莱区读 ər 而东潍区读 lə，即墨方言以读 lə 的地方居多，靠北的牛齐埠等地读 ər，其中也有许多地方是两读的。（参见《即墨方言地图二》）

即墨方言地图（二）

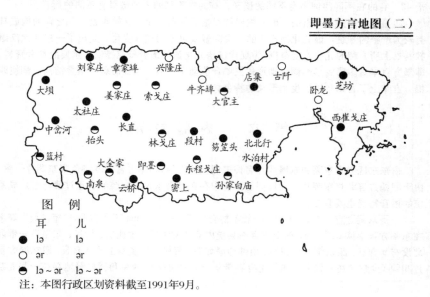

图例

耳	儿
● lə	● lə
○ ər	○ ər
◐ lə~ər	◐ lə~ɪ̃r

注：本图行政区划资料截至1991年9月。

除去以上成系统的语言差异以外，即墨方言还存在一些不成系统的差异，包括个别字的读音及部分词的不同说法，例如“向日葵”，城关说“转日葵”，而移风店一带说“转脸莲”，“蟋蟀”在城关叫“促织儿”，而刘家庄一带叫“土蛰蛰”等。

即墨方言还存在着新老的差别。较有系统的语音差异如“国或”等字，老派读 kuei^{55} xuei^{42}，而新派读 kuə^{55} xuə^{42}，“则革测”等字老派读 tθei^{42} kei^{55} tʂ‘ei^{55}而新派读 tθə^{42} kə^{55}tʂ‘ə^{55}。在声调方面，新老差别主要是普通话读去声的字，年青人读阳平 42 的比年老者稍多一些，例如“父汉岸害”等字，老派以读阴平居多，而新派多读阳平。

由于生活水平和文化素质的提高及电视电影等大众传播媒介的普及，在词汇方面的一个明显特点是普通话的一些词融入了方言词汇，有的与方言词汇并存，有的则逐渐取代了方言词，这种情况在知识分子中间尤为突出。例如：花生、长果，油条、香油果子，围巾儿、围脖儿，面条儿、面汤，饺子、饹饣乍，拳头、捶，自行车、脚踏车，留声机、洋戏匣子，等等。

本志的语音分析及词汇、语法、语料记音等一概用即墨城关音系，主要发音人是解檀本（男，57 岁，世居即墨城关解家营，退休教师）。语音分析新老读音的区别曾请刘英传（男，17 岁）、王莉莉（女，17 岁）和毕启芳（男，62 岁）、刘祚忠（男，54 岁）、郻季文（男，62 岁）作过对比发音；方言分歧调查三十个多个乡的发音人是即墨师范的学生，此项调查得到该校教师王实甫先生的积极配合和大力支持。县志办公室即墨籍的同志及兰风琳、王培文、常方春等同志提供了部分特殊词语及语料。

第三节　标音符号

本志采用国际音标标音。所用音标及其它有关符号如下：

1. 辅音表

发音方法＼发音部位			双唇	唇齿	齿间	舌尖前	舌尖中	舌尖后	舌叶	舌面前	舌根
塞音	不送气	清	p				t				k
	送气		p‘				t‘				k‘
塞擦音	不送气				tθ	ts		tʂ	tʃ	tɕ	
	送气				tθ‘	ts‘		tʂ‘	tʃ‘	tɕ‘	
擦音		清		f	θ	s		ʂ	ʃ	ɕ	x
		浊						ʐ			
鼻音		浊	m				n				ŋ
边音							l	ɭ			
闪音		浊					r				

2. 元音表

音标 舌位	类别 舌位 唇形	舌　　　面					舌　　尖		
		前		央	后		前		后
		不圆	圆	不圆	不圆	圆	不圆	圆	不圆
高		i	y			u	ɿ	ʮ	ʅ
半高		e			ɤ	o			
中		ᴇ		ə					
半低		ɛ			ʌ	ɔ			
低				ɑ					

3. 声调　调类用传统的画圈法，例如：妈.mɑ、麻,mɑ、马°mɑ；调值用阿拉伯数字表示，本调标在音标的右上角，变调表在右下角，轻声不标调值，只在音标右上角标出轻声符号"·"。

4. 其它符号：

Ɋ　零声母符号

r　韵母儿化，如；星儿 θioŋr

— ＝　分别表示口语音和读书音

〜　在元音上表示元音鼻化

第二章　语　音

第一节　单　字　音　系

（一）声母二十八个

p	波倍	p'	普皮	m	马木	f	付扶
t	多夺	t'	听桃	n	拿奴	l	来良扔
tθ	祖坐	tθ'	醋从	θ	三随		
ts	精贱	ts'	秋齐	s	心谢		
tʃ	主治	tʃ'	昌除	ʃ	书社		
tʂ	争助	tʂ'	抄虫	ʂ	色示	ɭ	二耳
tɕ	减技	tɕ'	巧旗	ɕ	戏玄		
k	光跪	k'	开狂	x	婚含		
ŋ	岸言完远人软二						

tʂ tʂ' ʂ,ʐ ʅ 舌面略靠后，但不到舌面中。

（二）韵母三十五个

ɑ	大割	iɑ	家牙	uɑ	花袜		
ə	波车二	iə	邪热	uə	多河	yə	靴若
ɿ	资知	i	衣日	u	五书	y	鱼居
ʅ	支诗						
ər	二						
ɛ	盖太	iɛ	鞋矮崖	uɛ	帅外		
ei	梅默麦刻			uei	灰位		
ɔ	包高	iɔ	交绕				
ou	斗收	iou	刘柔				
ɑ̃	班单	iɑ̃	边然	uɑ̃	官弯	yɑ̃	捐软
ə̃	分根	iə̃	今人	uə̃	魂问	yə̃	军囷
ɑŋ	张航	iɑŋ	江让	uɑŋ	光王		
oŋ	东登翁	ioŋ	影永荣				

ə在p p' m f后时舌位稍圆，在介音i后实际音值是ʌ。

ɿ在tθ tθ' θ后是齿间元音，在tʃ tʃ' ʃ后是舌叶元音。

u 在 tʃ tʃʻ ʃ 后时是舌叶圆唇元音 ч。

ε 的实际音值是 E。

ᾶ 的舌位在前，实际音值是 æ̃。

ɑŋ 的鼻辅音 ŋ 不到位。

（三）声调三个

阴平 ˅ 213　分春阶居　似渐妇巨　战箭惯锯　傲料乱芋　治健助　　脉热鹿入

阳平 ˇ 42　拿苗奴云　才鞋河拳　稻舅父　　战细惯据　妹料乱遇　饭电助具　乏敌毒学

上声 ˥ 55　手洗府举　老有五吕　法鸭各约

（四）音节结构

即墨方言不计声调在内，约有音节 426 个，其主要特点如下：

第一，零声母音节较多。普通话全部的 z 声母和少数的 n 声母音节，即墨方言是零声母。例如：热人、孽逆。

第二，ɭ 声母只限于"二""儿""耳"等少数 ə 韵母的字。

第三，撮口呼没有 yŋ 韵母。

第四，声母 tθ tθʻ θ、tʃ tʃʻ ʃ、tʂ tʂʻ ʂ、k kʻ x 只拼开口呼和合口呼，ts tsʻ s、tɕ tɕʻ ɕ 只拼齐齿呼和撮口呼。tθ 组和 ts 组、k 组和 tɕ 组分别是互补关系。

（五）两读和特殊字音举要

两读字音：

港　kɑŋ⁵⁵　　　　　　　　　　　连　liᾶ⁴²

　　tsiɑŋ⁵⁵　　　　　　　　　　　　liaŋ⁴²　　　～忙

喊　xᾶ⁵⁵　　　　　　　　　　　　上　ʃaŋ⁴²

　　ɕiᾶ⁵⁵　　　　　　　　　　　　　xɑŋ˙　　　早～

慌　xuaŋ²¹³　　　　　　　　　　和　xuə⁴²

　　xɑŋ˙　　　闷得～　　　　　　　xuɑŋ⁴²　　　我～你去

灶　tθɵ²¹³　　　　　　　　　　　王　uɑŋ⁴²

　　tθɑŋ²¹³　　～王爷　　　　　　　uə̃˙　　　灶～爷

给　kei⁵⁵　　　　　　　　　　　别　piə⁴²

　　tɕʻi˙　　你～我拿过那本书来　　pɛ⁴²　　　～走

在　tθɛ²¹³　　　　　　　　　　　圆　yᾶ⁴²

　　tɛ²¹³　　　正～　　　　　　　　iᾶr⁴²　　　包～了

去　tɕʻy⁴²　　　　　　　　　　　可　kʻuə⁵⁵

　　tɕʻi˙　　上哪儿～　　　　　　　kʻɔ⁵⁵　　　不学习～不行

泉　tsʻyᾶ⁴²　　　　　　　　　　角　tɕiɑ⁵⁵₄₅　　～落

　　tsʻiᾶ⁴²　　～眼　　　　　　　　tɕyə⁵⁵₄₅　　～猪（公猪）

做　tθou²¹³　　～饭　　　　　　亲　tsʻi⁵⁵₄₅
                                                              tsʻi²¹³

　　tθuə²¹³　　～寿　　　　　　　　tɕʻioŋ²¹³　　～家

即墨方言声韵配合表

声母＼韵母	开口呼 a	ə	ar	ɿ	ɛ	ei	ɔ	ou	ã	aŋ	oŋ	齐齿呼 ia	iɛ	i	ie	iou	iɛ̃	iaŋ	ioŋ	合口呼 ua	ue	u	uei	uɛ̃	uaŋ	撮口呼 yɛ	y	ỹ
p	拔	拨			败	百	保		半	榜	崩		别	比		标	遍		病			不						
pʻ	爬	坡			派	拍	泡		盼	胖	捧		瞥	皮		票	片		苹			铺						
m	麻	摸			卖	麦	毛		蛮	忙	孟		蔑	密		庙	棉		命			木						
f	法					肺	否		粉	放	奉											夫						
t	打				歹	德	岛	斗	担		冻		跌	弟		丢	点		定		李	赌	对	断				
tʻ	他	折		直	台			偷	探	烫	疼		贴	体			天		庭		唾	土	推	吞				
n	纳					奶	脑		男	囊	弄		捏	尼		扭	念	娘				奴	内				女	
l	腊			自		勒	牢	楼	兰	狼	冷		猎	里		柳	连	粮				鲁	泪	乱		略	绿	
tɕ						借						加		即	接	就	剪	酱	晶								绢	俊
tɕʻ						茄								七		囚	欠	呛	青								劝	
ɕ	折	彻				歇								息		绣	信	箱	醒							雪	许	训
ts				自	寨	则	召		簪	脏	政								政		琢	祖	追	转				
tsʻ			二	词	侧		朝	凑	惨	仓	成								成		错	粗		窜				
s	洒			司	晒	塞	哨	搜	三	丧	圣										缩	苏		孙				
tʃ				直		择	爪		陈	帐	政									爪	啄	猪	追	转	装			
tʃʻ				赤	册		炒	臭	神	唱	成									耍	缀	除	垂	船	窗			
ʃ				示	晒	虫	哨	瘦	神	上	圣	压									馏	书	水	顺	双			
tʂ		折		志			召		陈													助						
tʂʻ	扎	彻		匙	锹				村							勺						除		闩				
ʂ	茶	社		时		肺																书						
ʐ	杀			日																	勺						入	
k		个			盖		告	勾	干	钢	公						见	讲	敬	挂	过	故	鬼	滚	光	脚	句	均
kʻ					凯	客	烤		看	扛	孔						欠	强	轻	夸	裸	库	快	困		壳	去	群
x	哈	黑			孩	黑	耗	后	汉	杭	哄	压					敏	乡	兴	画	贺	呼	灰	魂	黄	靴	许	训
ŋ	阿	个	二		爱		袄	藕	恩	航	翁	压		椅	业	要	烟	羊	应	瓦	恶	物	尾	稳	王	约	入	运

794　　　　　　　　　即墨县志

踏	tʂɑ⁴² 脚~车	轧	kɑ⁴² ~个伙儿（搭个伴儿）
	t'ɑ̃⁴² 糟~		iɑ⁴² ~碎
着	tʂə· 盘~腿 想~（记住）	妹	mə̃⁴²
	tʂuə⁴² 够不~		mei⁴²
	tʂɔ²¹³ ~急		
蛙	uɛ⁵⁵		
	uei⁵⁵		

特殊字音：

农	nu⁴²	杖	tʂoŋ· 担~
疮	tʂ'ɑŋ²¹³	虹	tsiɑŋ²¹³
耕	tɕioŋ²¹³ ~地	拣	tsiɑ̃²¹³ 挑~
堆	tθuei²¹³	伞	θuɑ̃⁵⁵
产	ʂɑ̃⁵⁵ 生~		

第二节　音　变

（一）变调

即墨方言两字组连调表

前字 后字	阴　平 213	阳　平 42	上　声 55
阴平 213	213＋213→55＋213 整天　天窗　抽风 太多　立冬　左边儿	42＋213（不变） 毛巾　同班儿　洋葱 大爹　地瓜　涝天	55＋213（不变） 火车　打针　刮风 草色　粉丝　老秋
阳平 42	213＋42→212＋42 耕地　烟袋　化冻 地头儿　饭店　麦后	①42＋42→42（稍重）＋42 （稍轻） 长虫　童年　严明　摇头 ② 42＋42→212＋42 平地　形成　学校　油料	55＋42（不变） 扁豆　水鞋　粉条 吃药　眼眉　演员
上　声 55	213＋55→212＋55 生产　凫水　半宿 饭馆儿　渡口　面板	① 42＋55（不变） 骑马　城里　长果儿　来往 ② 42＋55→212＋55 调解　头顶　牛角儿　莲藕	① 55＋55→42＋55 小雨　出阁　起码　理发 ②55＋55→212＋55 小雪　海岛　摆手　老酒

前字 后字	阴　平 213	阳　平 42	上　声 55
轻　声	213＋轻→213＋31 张家　风箱　刀螂 苍蝇　庄稼　热水	① 42＋轻→55＋21 婆家　胡秋　舌头　麦子 ② 42＋轻→42＋1 苹果　臭虫　日头　腊月	① 55＋轻→45＋5 谷雨　跑星儿　耳朵　妈妈 ② 55＋轻→55＋21 扎古　北边儿　比较

说明：212 皆处于前一音节，是阴平 213 的快读，慢读时上升比较明显，本稿记音皆作阴平不变调处理。

213 后的轻声 31 并不轻短，音较强。

上声和轻声的第一种组合"45＋5"的实际音值是"566＋6"。

（二）儿化

即墨方言的儿化韵不仅在使用方面频率很高，而且在语音方面也很有特色。即墨方言儿化韵的构成有相当整齐的规律，除去韵母的主要元音都要略加卷舌以外，还有声母的变化和闪音 r 的增加。声母变化主要有 tʃ tʃʻ ʃ——→tʂ tʂʻʂ 、ts tsʻ s——→tθ θʻ θ、l——→ ɭ、ts 组声母变 tθ 组后，原韵母齐齿呼和撮口呼变为相应的开口呼和合口呼；闪音 r 主要加在声母 t tʻ n、tθ tθʻ θ 和元音 i、y 的后面，t、tθ 两组声母原韵母如是齐齿呼和撮口呼，加闪音后变为相应的开口呼和合口呼。例如：

tʃ——→tʂ	侄 tʃ 1⁴²	侄儿 tʂer⁴²
tʃʻ——→tʂʻ	尺 tʃʻ1⁵⁵	尺儿 tʂʻer⁵⁵
ʃ——→ʂ	叔 ʃ1⁵⁵	小叔儿 siɔ⁵⁵ʂur⁵⁵
ts——→tθ	节 tsiə⁵⁵	节儿 tθʳər⁵⁵
tsʻ——→tsʻ	雀 tɕʻyə⁵⁵	家雀儿 t ɕiɑ²¹³tθʻuər⁵⁵
s——→θ	小 siɔ⁵⁵	小小儿 siɔ⁴²θɔr⁵⁵
l——→ɭ	楼 lou⁴²	小楼儿 siɔ⁵⁵ɭour⁴²
	凉 liɑŋ⁴²	阴凉儿 iə²¹³ɭɑ̃r⁴²
t 后加 r	点 tiɑ̃⁵⁵	一点儿 i⁴²tʳer⁵⁵
tʻ 后加 r	天 tʻiɑ̃²¹³	伏天儿 fu⁴² tʻer²¹³
n 后加 r	脑 nɔ⁵⁵	豆腐脑儿 tou⁴²fu⁵⁵nʳɔr⁵⁵
tθ 后加 r	子 tθ1⁵⁵	鸡子儿 t ɕi²¹³tθʳer⁴²
tθʻ 后加 r	刺 tθʻ1⁴²	刺儿 tθʻer⁴²
θ 后加 r	丝 θ1²¹³	肉丝儿 iou⁴²θʳer²¹³
i 后加 r	鸡 t ɕi²¹³	小鸡儿 siɔ⁵⁵tɕiʳer²¹³
y 后加 r	鱼 y⁴²	小鱼儿 siɔ⁵⁵yʳer⁴²

即墨方言儿化韵表

儿化韵	原韵母	例　词
ɑr	ɑ	刀把儿　号码儿
iˈɑr	iɑ	豆芽儿
uɑr	uɑ	花儿　鸡爪儿
ɛr	ɛ	牌儿　带儿　盖儿
	ã	盘儿　篮儿　摊儿
	iɑ̃	一点儿　天儿
iˈɛr	iɛ	小鞋儿　小街儿
	iɑ̃	眼儿
uɛr	uɛ	筷儿　块儿
	uɑ̃	团儿　官儿　弯儿
yˈɛr	yɑ̃	卷儿　院儿　圈儿
er	ʅ	白字儿　刺儿　丝儿
	ɿ	事儿
	i	皮儿　地儿　粒儿
	ei	宝贝儿　葱白儿
	ə̃	本儿　门儿　根儿
	iə̃	心儿
iˈer	iə̃	印儿　人儿
uer	u	牛犊儿　主儿　树儿
	y	驴儿　有趣儿
	uei	小鬼儿　一会儿
	uə̃	屯儿　村儿　文儿
yˈer	y	句儿　小雨儿
	yə̃	群儿
ər	ə	沫儿　老婆儿
	iə	蝴蝶儿　节儿
iˈər	iə	叶儿
uər	uə	错儿　干活儿　窝儿
yˈər	yə	角儿　药儿
ɔr	ɔ	刀儿　枣儿　小袄儿
	ɑi	条儿　调儿　料儿
irɔr	iɔ	苗儿　腰儿
our	ou	豆儿　楼儿
	iou	袖儿
iˈour	iou	加油儿
ɑ̃r	ɑŋ	帮忙儿
	iɑŋ	亮儿

i'ɑ̃r	iɑŋ	秧儿	
uɑ̃	uɑŋ	小窗儿　筐儿　网儿	
õr	oŋ	棚儿　坑儿　小葱儿	
	ioŋ	钉儿　零儿	
i'õr	ioŋ	镜儿　熊儿　影儿	

本志儿化韵的记音一概以原韵加 r 表示。

（三）其它音变

即墨方言除去变调、儿化以外，还有同化、脱落等等。常见的字例举如下：

舍	ʃə·	邻～家	liə̃⁴²₅₅ ʃu·tɕia
蝼	lou⁴²	～蛄	lu⁴²₅₅ku·
蝇	ioŋ·	苍～	tθ 'ɑŋ²¹³ iɑŋ·
蜻	ts 'ioŋ²¹³	～蜓	t 'ioŋ²¹³ t 'ioŋ·
匣	ɕia·	风～（风箱）	foŋ²¹³ ɕiɑ̃·
辖	ɕia⁴²	管辖	kuɑ̃⁵⁵ɕia⁴²
闺	kuei²¹³	～女	kuə̃²¹³ ny·
午	u·	晌～饭	ʃɑŋ̃⁴²₅₅ uə̃· fɑ̃·
腆	t 'iɑ̃·	腼～	miɑ̃²¹³ p 'iɑ̃·
少	ʃɔ·	多～	tuə²¹³ ʃuə·
恐	k 'oŋ⁵⁵	～怕	p 'oŋ⁵⁵ p 'ɑ⁴²
呢	nə·	吃饭～	tʃ '1̃⁴²₅₅ɑ̃²¹³ nə̃·
嗽	θou⁴²	咳～	k 'uə⁵⁵ θuə⁴²
碡	tʃou·	碌～	ly⁴² tʃu·
肘	tʃou·	拐～	kuɛ⁵⁵₄₅ tʃu·
粥	tʃou·	粘～	niɑ̃⁴²₅₅ tʃu·
诏	tʃɔ	代～（理发师）	tɕ⁴²₅₅ tʃou·
朵	tuə·	耳～	ꓕ⁵⁵₄₅ tou·
今	t ɕiə̃²¹³	～年	t ɕi²¹³ niɑ̃⁴²
前	ts 'ia⁴²	～年	ts 'iə⁴² niɑ̃⁴²
缠	tʂ 'ɑ̃·	赖～（小孩儿撒娇）	lɛ²¹³ tʃ 'ɛ̃·

第三节　即墨方言与普通话的对应关系

（一）即墨方言与普通话语音对照（括号内的是《汉语拼音方案》，例字随后）

1. 声母对照

798　　　　　　　　　即 墨 县 志

即墨		普通话		
p	布	p	(b)	布
p'	怕	p'	(p)	怕
m	门	m	(m)	门
f	飞	f	(f)	飞
t	到	t	(d)	到
t'	太	t'	(t)	太
n	南	n	(n)	南
l	来扔	l	(l)	来
		ʐ	(r)	扔
tθ	资	ts	(z)	资
tθ'	刺	ts'	(c)	刺
θ	四	s	(s)	四
tʃ	知	tʂ	(zh)	知
tʃ'	吃	tʂ'	(ch)	吃
ʃ	食	ʂ	(sh)	食
tʂ	支	tʂ	(zh)	支
tʂ'	翅	tʂ'	(ch)	翅
ʂ	诗	ʂ	(sh)	诗
ʅ	耳	ɦ		耳
ts	精	tɕ	(j)	精
ts'	清	tɕ'	(q)	清
s	西	ɕ	(x)	西
tɕ	经	tɕ	(j)	经
tɕ'	轻	tɕ'	(q)	轻
ɕ	希	ɕ	(x)	希
k	高	k	(g)	高
k'	开	k'	(k)	开
x	海	x	(h)	海
ɦ	安人	ɦ		安
		ʐ	(r)	人

2. 韵母对照

即墨		普通话		
ɑ	巴割	a	(ɑ)	巴
		ɤ	(e)	割
iɑ	家	ia	(iɑ)	家
uɑ	瓜	ua	(uɑ)	瓜
ə	波车耳	o	(o)	波
		ɤ	(e)	车

		ər	(er)	耳
iə	姐热	iɛ	(ie)	姐
		ɤ	(e)	热
uə	多歌	uo	(uo)	多
		ɤ	(e)	歌
yə	靴若	yɛ	(üe)	靴
		uo	(uo)	若
ɿ	资知	ɿ	(i)	资
		ʅ	(i)	知
ʅ	支	ʅ	(i)	支
ər	饵	ər	(er)	饵
i	衣日	i	(i)	衣
		ʅ	(i)	日
u	五	u	(u)	五
y	鱼乳	y	(ü)	鱼
		u	(u)	乳
ɛ	爱	ai	(ɑi)	爱
iɛ	解崖矮	iɛ	(ie)	解
		ia	(iɑ)	崖
		ai	(ɑi)	矮
uɛ	怪	uai	(uɑi)	怪
ei	梅默刻百	ei	(ei)	梅
		o	(o)	默
		ɤ	(e)	刻
		ai	(ɑi)	百
uei	灰国	uei	(uei)	灰
		uo	(uo)	国
ɔ	包	ɑu	(ɑo)	包
iɔ	苗扰	iɑu	(iɑo)	苗
		ɑu	(ɑo)	扰
ou	斗	ou	(ou)	斗
iou	牛肉	iou	(iu)	牛
		ou	(ou)	肉
ã	班	an	(ɑn)	班
iã	言然	ian	(iɑn)	言
		an	(ɑn)	然
uã	官	uan	(uɑn)	官
yã	捐软	yan	(üɑn)	捐
		uan	(uɑn)	软

800　　　　　　　　　　　　　即 墨 县 志

ə̃	恩	ən	(en)	恩
iə̃	银人	iən	(in)	银
		ən	(en)	人
uə̃	文	uən	(uen)	文
yə̃	军闰	yn	(ün)	军
		uən	(uen)	闰
ɑŋ	昂	ɑŋ	(ɑng)	昂
iɑŋ	江让	iɑŋ	(iɑng)	江
		ɑŋ	(ɑng)	让
uɑŋ	王	uɑŋ	(uɑng)	王
oŋ	东登翁	uŋ	(ong)	东
		əŋ	(eng)	登
		uəŋ	(ueng)	翁
ioŋ	永影荣	ioŋ	(iong)	永
		iŋ	(iŋg)	影
		oŋ	(oŋg)	荣

3. 声调对照

即墨	普通话	例字
阴平 213	阴平 55	歌边多初
	去声 51	妇对助入
阳平 42	阳平 35	房鱼敌局
	去声 51	父战妹饭袜
上声 55	上声 214	好粉五女百尺乙脚
	阴平 55	黑七桌约
	阳平 35	革急福觉
	去声 51	客壁扩鹊

（二）即墨人学习普通话语音要注意的问题

声母问题主要有七：

第一，即墨方言发"资此四"一类字的声母是齿间音 tθ tθ' θ，而普通话是舌尖前 ts ts' s。在发这一类音时，要注意把舌尖往后收一收，放到牙齿背后，不要将舌尖夹到上下齿的中间去。

第二，把"焦、悄、消"和"交、敲、嚣"两类字合起来，发成舌面前的 tɕ、tɕ'、ɕ。这组音要比即墨人原先发"焦、悄、消"的声母后一点，而比原先发"交、敲、嚣"的声母又略向前一些。

第三，把"知、超、烧"一类字和"枝、抄、捎"一类字的声母合并起来，统一发成"枝、抄、捎"一类的 tʂ、tʂ'、ʂ。

第四，把零声母中的一部分和少量的 l 声母字记准，读成 ʐ 声母。普通话的 ʐ 声母是与ʂ同部位的浊擦音。即墨方言零声母和1声母中普通话读ʐ声母的常用字见下表：

即 墨	普通话	常 用 字
0	ʐ	热惹 [zə] 弱若 [ʐuə] 日 [zʅ] 饶绕扰 [zɑu] 柔揉肉 [zou] 如儒孺乳入褥 [zu] 然燃染冉 [zan] 软阮 [ʐuan] 任仁人忍认韧妊饪 [zən] 闰润 [ʐuən] 瓤嚷壤攘让 [zɑŋ] 绒戎融容溶蓉熔茸荣冗 [zuŋ]
1		锐 [ʐuei] 扔仍 [zəŋ]
ʂ		瑞 [ʐuei]

即墨方言零声母而普通话读ʐ声母的字限于齐齿呼和撮口呼，读成了普通话的ʐ声母，韵母读成开口呼和合口呼，例如"人"和"闰"，即墨读iə̃、yə̃，普通话读zən、ʐuən。

第五，即墨方言 tʂ tʂʻ ʂ 声母中的少量字，普通话读 ts tsʻ s。常用字有：淄辎责泽择仄邹（以上普通话念 ts）；策册测侧参（～差）差（参～）疮（以上普通话念 tsʻ）；色稽瑟涩所缩朔搜艘（以上普通话念 s）。

第六，即墨方言中 lə "二耳儿"，普通话是卷舌韵母 ɚ (er)。即墨人在发这3个字的音时，先去掉卷舌边音 l，将原发韵母 ə 时的舌尖向上腭卷起。

第七，即墨方言中极少数1声母的字，普通话读 n 声母，常见的有：糯（nou）、嫩（nən）、馁（nei）。

韵母问题有十：

第一，即墨方言 ɜ (uɜ)、ɔ (iɔ) 和 ã (iã uã yã)、ə̃ (iə̃ uə̃ yə̃) 四套韵母的字在普通话是 ai (uai)、ɑu (iɑu) 和 an (ian uan yan)、ən (in uən yn)。前两套是舌头位置由下向上移动、口腔形状由大到小的复合音，例如："爱（怪）"、"包（苗）"等字，即墨人在读这些字的韵母时，是舌位、口腔形状始终不变的单元音 ɜ (uɜ) 和 ɔ (iɔ) 音，所以在发这两组音时，要注意把舌头放得低一些，然后慢慢向上移到接近 i 和 u 的位置；后两套普通话是带舌尖鼻辅韵尾 n 的鼻韵母，例如"班（言官捐）"和"恩（银文军）"等字，即墨人在读这些字时，则是不带辅音尾 n 的鼻化元音，即墨人在发这两组音时，要特别注意收尾时将舌尖放到 n 的部位。

第二，把"姐（tsiə）"、"解（tsiɛ）"两类字的韵母合为一类，读成与普通话相同的 (tɕiɛ)，这就要把"姐"这一类字韵母的主要元音发得稍微靠前一些。此外，即墨方言 ɜi 韵母的零声母"矮挨"、"崖涯"等字，普通话分别读 ai 和 ia 韵母。

第三，即墨方言的 ei 韵母，普通话多数字也读 ei，例如"悲梅美媚"，除此之外，还有一些读 ai、o、v。这3个韵母的常用字如下：

即墨县志

802

即　墨	普通话	常　用　字
ei	o	伯白帛魂墨默（限于唇音声母 p p‘m）
	ai	百掰拍麦脉　　摘窄色骰拆翟寨宅
	v	德得　侧测策册侧　泽择责仄　色瑟穑　刻客隔黑　额

第四，即墨方言的 uei，普通话多数字也读 uei，例如："对推垒颓"等，还有一些字读 ei、uə，常用字如下：

即　墨	普通话	常　用　字
uei	ei	内　雷馁偏累泪肋类勒
	uo	国　或惑

第五，即墨方言的 ə 韵母，凡拼唇音声母时普通话读 o，例如"波坡魔"等，拼其它声母后时普通话读 v，例如："这车社"等。o 和 v 都是后半高元音，o 圆唇 v 不圆。

第六，即墨方言的 uə 韵母，普通话读 uo 和 v 两个韵母。读 v 的限于舌根声母和零声母，常用字有"哥歌搁阁葛戈个（k 声母）、苛科棵颗蝌咳可课骒（k‘声母）、和（～气）合盒核（～桃）河何荷豁贺货（x 声母）、鹅蛾娥峨俄恶饿握（零声母）"。此外，即墨话中 uə 韵母的"勺郝"，普通话分别读 ʂɑu 和 xɑu，是 ɑu 韵母。

第七，即墨方言"登＝东"、"层＝从"、"争＝终"、"恒＝红"，读 oŋ 韵母。即墨方言的 oŋ 韵母在拼 t t‘n l、tθ tθ‘θ、tʃ tʃ‘ʃ、tʂ tʂ‘ʂ、k k‘x 16 个声母时，有一部分在普通话中读 əŋ 韵母。即墨方言 oŋ 而普通话 oŋ、əŋ 的常用字比较如下：

即　墨声　母 普通话	oŋ	
	əŋ	oŋ
t	登灯蹬凳瞪等邓戥	东冻栋冬动洞童懂
t‘	疼腾滕䲢	通彤桶同痛童僮捅统简瞳
n	能	弄浓脓
l	扔仍楞冷	笼聋弄窿
tθ	增憎赠曾怎	鬷椶宗纵综踪总
tθ‘	层	聪葱囱匆丛从
θ	僧	送松宋颂诵
tʃ	征拯蒸整证正政症郑	仲终
tʃ‘	称呈骋秤乘承程城成诚惩	

即墨 声母　普通话　韵母	oŋ	
	əŋ	oŋ
ʃ	升胜声圣绳剩盛	
tʂ	争睁挣	中忠终众钟盅种衷仲重肿冢
tʂ'	撑	充冲舂虫重（～复）崇宠
ʂ	生牲甥笙省	
k	更庚羹哽耿埂	公工功攻弓宫恭共供躬拱巩
k'	坑	孔空控恐
x	亨哼恒横衡	轰烘宏红洪鸿哄

另外，即墨方言读 oŋ 韵的"侦贞"二字，普通话是 ən 韵母；即墨方言中 oŋ 韵的"翁嗡"二字，普通话读 uəŋ 韵母。

第八，即墨方言"形＝雄"、"影＝永"。即墨的 ioŋ 韵母普通话读成 iŋ、yŋ，读 yŋ 韵母的字限于 tɕ、tɕ'、ɕ 和零声母。

常用字见下表：

即墨　普通话	tɕ	tɕ'	ɕ	∅
ioŋ（iŋ）	经京惊泾景 更（五～）荆警竟 境镜敬	卿庆轻倾	形刑型行 省擤杏兴 幸	英樱婴鹦缨 莹莺盈楹凝 鹰影应映
ioŋ（yŋ）		穷穹琼	兄凶匈胸 雄熊	用佣庸勇涌 咏

第九，即墨方言的少数 ɑ 韵母的字普通话读 ɣ 韵，有"鸽割葛圪瞌磕渴喝"等。

第十，即墨方言还有一些字韵母的四呼跟普通话不同，例如："龙拢垅颂蔥松"等字，即墨方言是 ioŋ 韵母而普通话是 uŋ；"足俗粟"等字，即墨方言是 y 韵而普通话是 u；"笋"，即墨方言是 yə̃韵而普通话是 uən；"寻"，即墨方言是 iei 而普通话是 yn；"缘"即墨方言是 iɑ̃ 而普通话是 yan，等等。

（3）声调问题主要有三：

第一，即墨方言单字调只有阴平、阳平、上声三类。即墨方言的阴平、阳平两个调类中的一部分字在普通话中读去声。例如：即墨"夫＝妇"、"温＝问"、"星＝姓"、"趴＝怕"、"蒸＝正"、"杯＝倍"、"虾＝下"都读阴平；"谋＝木"、"肥＝废"、"衰＝帅"、"伦＝论"、"拔＝爸"都读阳平。即墨人学习普通话要把上述两类同音字分开，前字"夫温星趴蒸杯虾"读阴平、"谋肥衰伦拔"读阳平，而后字"妇问姓怕正倍下"和"木废帅论爸"都读去声。

第二，即墨方言的上声字，普通话多数也是上声，但有一部分来自古代清声母入声的字，普通话要读阴平、阳平和去声。常用字见下表：

即　墨	普通话	常　用　字
上声	阴平	八剥发搭褡塌褟湢呵嚓札扎杀煞喀瞌礚喝夹掐瞎押鸭压刮挖拨泼蜇憋鳖撒瞥帖贴接疖揭楔歇蝎嗻脱托讬撮拙绰说桌捉戳缩郭劐薛削缺阙约只织汁吃虱失湿匹霹劈滴嘀墼七漆膝惜锡析息击激一朴秃出叔淑泊趺哭窟锯屈蛐拍塞摘拆剋黑
	阳平	峡搏博驳摺哲革壳咳节结劫勺决抉诀觉厥橛蕨馘职执识嫡脊媳急吉棘幅蝠福竹足烛菊德得额蹶格隔蛰蛭
	去声	楬萨飒趿刹剌恰轧迫淅没册屑怯屦作轭各括阁握雀鹊确质帜式毕哔必璧壁辟僻瀑剔讫不促蹙束速祝畜擂栗宿蓄旭炙魄仄策册厕侧恻测涩色瑟刻克客洽

第三，掌握好普通话四类声调的调值。即墨方言 3 个声调中阴平和上声的调型正好跟普通话的上声和阴平形成交叉关系。即墨人学习普通话要用本方言的上声值（55）去读普通话的阴平（55），即把普通话的"衣"一类字发得跟本方言的"椅"这类字一样；而用本方言的阴平（213）去读普通话的上声（214），即把普通话的"马"发得跟本方言的"妈"差不多，只须把声音再往高拉上去一点就可以了。即墨话的阳平与普通话去声的调型一样，都是降调，但是即墨方言下降的幅度（42）不如普通话大（51），因此可以开始时把原发阳平的调提高一些，最后降得更低一些。普通话的阳平是高升调（35），即墨方言中没有上升的调型，可以从本方言阴平调型的后半部分去体会上升型的读法，只有多多练习方能掌握。

第三章　词　汇

本节收入即墨方言中较有特色的词语 800 条左右，按意义大体分为 10 部分。每条皆依汉字、音标、释义的顺序排列，必要时加例句。有音无字用同音字代替，连同音字也没有的则用"□"号表示。"（　）"里的字或音节表示可有可无，"〔　〕"里的字或音表示此字与前一字两可，意义相同的词条排在一起，最常用的在前，其余缩一格排在后面。意义可互作说明者不另作解释。读音明显特殊者用"～～～"线标出。

第一节　　天时　地理　方位

日头儿　iʒ̃t 'our˙　太阳

月明　yəʒ̃mioŋ　月亮

阳阳地儿　iaŋʒ̃iaŋˑtirⁿ⁴²　太阳照的地方（冬天说）

阴凉儿　iə̃²¹³liaŋrⁿ⁴²　阴凉地儿（夏天说）

扫帚星　θʌ⁴²tʃuˑsioŋr²¹³　彗星

勺子星　ʃuə⁵⁵tθ1sioŋr²¹³

　北斗星　pei⁵⁵ₐₗₐtouˑsioŋ²¹³

跑星　p 'ʌₐₗₐsioŋˑ　流星

天河　t 'iɑ̃²¹³xuə⁴²　银河

云彩　yə̃ₐₗₐtθˑɛˑ　云

刮风　kuɑₐₗₐ³foŋ²¹³

煞风　ʂɑ⁵⁵foŋ²¹³　风停了

打（呼）雷　tɑ⁵⁵（xu²¹³）luei⁴²

劈雳［雷］　p 'i⁵⁵liˑ［lueiˑ］

打闪　tɑₐₗₐ³ʃɑ̃⁵⁵

下雨　ɕiɑₐₗₐ³yə̃⁵⁵

毛毛雨儿　mʌₐₗₐmʌˑyr⁵⁵

淅雨　ʂʌ²¹³yə̃⁵⁵

发河［大］水　fɑ⁵⁵xuəₐₗₐ［tɑ²¹³］ʂueiˑ[⁵⁵]

下雪　ɕiɑ²¹³syə̃⁵⁵

霰不拉儿　θuɑ̃⁴²puˑlɑr⁴²

　雪珠儿　syə̃⁴²tʃur²¹³

鹅毛大雪　uə⁴²mʌ⁴²tɑ²¹³syə̃⁵⁵

冰凌　pioŋ²¹³liou⁴²　冰

冰溜棍儿　pioŋ²¹³liouˑkuə̃r⁴²　冰锥儿

　凌柱柱　lioŋₐₗₐɕyˑtɕyˑ

上冻　ʂɑŋ²¹³toŋ⁴²结冰

雹子　pɑₐₗₐtθ1　冰雹

雾露　uₐₗₐluˑ　雾

虹　tsiaŋ⁴²　（又音：tsiaŋ²¹³）

倒照　tʌ⁴²tʃʌ²¹³　霞

天气　t 'iɑ̃²¹³tɕ 'i⁴²

今年　t ɕi²¹³niɑ̃⁴²

头年　t 'ouₐₗₐniɑ̃ˑ

前年　tsₐₗₐ'iəₐₗₐniɑ̃ˑ

外后年　uɛₐₗₐxouˑniɑ̃ˑ

　大大后年　tɑ²¹³tɑˑxou⁴²niɑ̃ˑ

年儿年儿　niɑ̃r⁴²niɑ̃rˑ　每年

乜几年儿　niə⁵⁵t ɕiˑniɑ̃rˑ　往年

正月　tʃoŋ²¹³yə⁴²

腊月　lɑ⁴²yəˑ

闰月　yɑ̃⁴²yə²¹³

开春儿　k 'ɛₐₗₐ³tʃ 'uə̃r²¹³

冬景天儿　toŋ²¹³t sioŋˑt 'iɑ̃r²¹³

　冬天　toŋ²¹³t 'iɑ̃ˑ

麦季儿　mei²¹³t ɕir⁴²

秋后　ts 'iou²¹³xou⁴²

老秋　lʌ⁵⁵ts 'iou²¹³　深秋

今日　t ɕi²¹³iˑ　今天

明日　mioŋₐₗₐiˑ　明天

夜来　iəₐₗₐˑ　昨天

大前日　tɑ²¹³ts 'iɑ̃⁴²iˑ　大前天

后日　xouₐₗₐiˑ　后天

早上　tθₐₗₐ³ʂɑŋˑ　早晨

头晌　t 'ouₐₗₐʂɑŋˑ　上午

晌午　ʃɑŋₐₗₐuˑ　中午

　晌午头儿　ʃɑŋₐₗₐuə̃ˑt 'our⁴²　（天热时说）

过晌儿　kuə²¹³ʃɑŋrˑ　下午

傍黑儿　pɑŋ²¹³xeir⁵⁵　傍晚

下晚儿　ɕiɑ⁴²uɑ̃r⁵⁵　晚上

上半宿　ʃɑŋₐₗₐpɑ̃ˑsy⁵⁵　前半夜

白夜价　peiₐₗₐiɑ̃ˑt ɕiɑˑ　白天

黑夜价　xeiₐₗₐiɑ̃ˑt ɕiɑˑ　夜里

成天价　tʃ 'oŋ⁴²t 'iɑ̃²¹³t ɕiɑˑ　整天

成宿价　tʃ 'oŋₐₗₐsy⁵⁵t ɕiɑˑ　整夜

天儿顶天儿　t 'iɑ̃r²¹³tioŋ⁵⁵t 'iɑ̃r²¹³　每天

早里　tθₐₗₐiəˑ　过去

如今　yₐₗₐɕiɑ̃ˑ　现在

正月十五　tʃoŋ²¹³yəˑʃ1ₐₗₐ　元宵节

806　　　　　　　　　　　即墨县志

二月二　　ɭəȵ̃ye·ɭəl⁴² 龙抬头节

寒食　　xɑ̃ȵ̃ʃl x清明节

端午　　tuɑ̃²¹³u⁵⁵ 阴历五月初五

八月十五　　pɑȵ̃ye·ʃl 中秋节

九月九　　t ɕiouȵ̃ye·t ɕiou⁵⁵ 重阳节

十月一　　ʃl̃ye·i²¹³ 阴历十月初一

阳历年　　iɑŋ⁴²li·niɑ̃⁴² 元旦

腊八　　iɑ⁴²pɑ· 腊月初八

辞灶　　tθ˥ɣ⁴²tθ⁵² 农历腊月二十三送灶王
　　　　　　　上天的旧俗

灶王爷　　tθɑŋ²¹³uə̃·iə⁴²

年除日　　niɑ̃⁴²tʃ'uȵ̃· 除夕

大年初一　　tɑ²¹³niɑ̃⁴²t ʂ 'u²¹³i⁵⁵

坡里　　p'əȵ̃lə 野外，地里

洼地　　uɑ²¹³ti⁴²

土埠盖儿　　t'u⁵⁵t pu̇ȵ̃kɛr· 土丘

地头　　ti²¹³t 'ou⁴²

地边儿　　ti⁴²piɑ̃r²¹³

白地　　pei⁴²ti⁴² 空地（未播种的可耕地）

山坡儿　　ʂɑ̃ȵ̃pər²¹³

山（半）腰儿　　ʂɑ̃ȵ̃（pɑ̃·）iɔr²¹³

干河子　　kɑ̃²¹³xuə⁴²tθl· 常年无水的河

河沿儿　　xuəȵ̃iɑ̃r⁴² 河岸

河滩　　xuə⁴²t 'ɑ̃²¹³

湾　　uɑ̃²¹³ 大水坑

　　小（水）湾儿　　siɔ⁵⁵₍ȵ̃₎（ʂuei⁵⁵）uɑ̃r²¹³ 小
　　　　　　水坑

泉子　　ts 'yɑ̃ȵ̃tθl· 泉水

泉眼　　ts 'iɑ̃⁴²iɑ̃·

左边儿　　tθuəȵ̃piɑ̃r²¹³

当央儿　　tɑŋ²¹³iɑŋr⁴² 中间

边儿下　　piɑ̃r²¹³ɕiə·

　　旁边儿　　p'ɑŋ⁴²⁵⁵piɑ̃r

近跟儿下　　t ɕiə⁴²kə̃r²¹³ɕiə· 附近

　　这一位儿位儿　　tʃəȵ̃⁴²⁵⁵iȵ̃ueir²¹³ueir

两下里儿　　liɑŋ⁵⁵₄₅ɕiɑ·lir

场儿　　tʃ 'ɑŋ⁵⁵ 地方：乜个～人多

坷垃　　k 'ɑ⁵⁵₄₅lɑ· 土块

埠土　　pu⁴²⁵⁵t 'u· 灰尘

大村　　tɑ⁴²tθ 'uə̃²¹³

大丈　　tɛ⁴²₅₅tʃɑŋ·

大任　　tɛ⁴²₅₅iə̃·

于庄　　y⁴²₅₅t ʂuɑŋ·

张戈庄　　tʃɑŋ²¹³kə·t ʂuɑŋ·

乔家屯　　t ɕiɔ'i⁴²t ɕiɑ·t ʂr⁴² （乔家屯音）

黄家堡（铺）　　xuaŋ⁴²t ɕiɑ·p 'u⁴²

洼里　　uɑ⁴²li·

李家营　　li⁵⁵t ɕiɑ·ioŋ·

水场儿　　ʂuei⁵⁵tʃ 'ɑŋr⁴²

店集　　tiɑ²¹³tsi·

移风店　　i⁴²foŋ²¹³tiɑ⁴²

下疃　　ɕiɑ⁴²t 'ɑ·

塔子夼　　t 'ɑ⁴⁵⁵tθlk 'uaŋ⁵⁵

高埠洼　　kɔ²¹³pu·uɑ⁴²

张家　　tʃɑŋ²¹³t ɕiɑ·

牛齐埠　　niou⁴²ts 'i·pu⁴²

南阡　　nɑ̃⁴²ts 'iɑ⁴²

周家屋子　　tsou²¹³t ɕiɑ·u⁴²tθl

叶家宅科　　iə⁴²t ɕiə·t ʂeiʂkuə·

辛家贴　　siə²¹³t ɕiɑ·t 'iə⁵⁵

肖家泊　　siɔ²¹³t ɕiɑ·p 'ə⁵⁵

西北关　　si²¹³pei⁵⁵kuɑ̃r⁴²

刘家庵　　liouȵ̃t ɕiɑ·ɑ̃r²¹³

石坑儿　　ʃlȵ̃ɕ 'ioŋr·

孙家沟岔　　θuə̃²¹³t ɕiɑ·kou²¹³t ʂ 'ɑ⁴²

杨家演泉　　iɑŋȵ̃t ɕiɑ·iɑ̃⁴⁵ts 'iɑ̃·

张家烟霞　　tʃɑŋ²¹³t ɕiɑ·iɑ²¹³ɕiɑ·

郭家巷儿　　kuə²¹³t ɕiɑ·ɕiɑŋr⁴²

道头　　tɔȵ̃t 'ou·

毛家岭　　mɔ⁵⁵t ɕiɑ·iioŋ⁵⁵

中岔河　　t ʂoŋ²¹³t ʂ 'ɑ⁴²xuə·

孙家沟　　θuə̃²¹³t ɕiɑ·kou²¹³

大龙嘴　　tɑȵ̃lioŋ·tθuei⁵⁵

七口　　ts 'i⁴⁵k 'ou·

埠后　　pu²¹³xou·

小稻池　　siɔ⁵⁵tɔȵ̃tʃ 'ɑ·

第二节　　亲属称谓

爹	tiə²¹³	父亲
大	tɑ²¹³	
娘	niaŋ²¹³	母亲
爷爷	iə⁵⁵iə·	祖父
嬷嬷	mɑ⁵⁵mɑ·	祖母
姥爷	lɔ⁵⁵iə·	外祖父
姥娘	lɔ⁵⁵niaŋ⁴²	外祖母
大爹	tɑ⁴²tiə²¹³	伯父（父亲的哥哥）
大娘	tɑ²¹³niaŋ⁴²	（亲）伯母
大爷	tɑ⁴²iə·	伯父（父亲的堂兄）
大妈	tɑ⁴²mɑ·	（堂）伯母
叔叔	ʃu⁵⁵ʃu·	叔父
婶子	ʃə̃⁵⁵tθ1·	叔母
舅儿	t ɕiour⁴²	舅父
妗子	t ɕiə̃⁵⁵tθ1·	舅母
丈人	tʃaŋ⁵⁵iə·	岳父
丈母	tʃaŋ⁵⁵mu·	岳母
儿	ɭə⁴²	儿子
闺女	kuə̃²¹³ny·	女儿
女婿	ny⁵⁵sy·	
媳妇子	si⁵⁵fu·tθ1·	儿媳
孙子	θuə̃²¹³tθ1·	
孙女	θuə̃²¹³ny·	
侄儿	tʃ1r⁴²	侄子
侄女儿	tʃ⁵⁵nyr·	
外甥	uɛ⁵⁵soŋ·	
外甥女儿	uɛ⁵⁵soŋ·nyr⁵⁵	
姑	ku²¹³	姑姑
姨	i⁴²	
哥哥	kuə²¹³kuə·	
兄弟	ɕioŋ²¹³ti·	弟弟
嫂子	θɔ⁵⁵tθ1·	
兄媳妇儿	ɕioŋ²¹³si·fur·	弟媳
姐姐	tsiə⁵⁵tsiə·	
妹妹	mei⁵⁵mei·	又音：mə̃⁵⁵mə̃·

弟兄们	ti⁴²ɕioŋ·mə̃·	
姊妹们	tθ1⁵⁵mɛ̃·mə̃·	
爷们儿	iə⁴²mr·	
娘们儿	niaŋ⁴²mr·	
叔兄弟	ʃu⁵⁵ɕioŋ²¹³ti·	堂兄弟
叔姊妹	ʃu⁵⁵tθ1⁵⁵mei·	堂姐妹
男人	nɑ̃⁴²iə·	丈夫
外头	uɛ⁵⁵·ou	
老婆	lɔ⁵⁵p·ə·	妻子
家里	t ɕia²¹³lə·	
老婆汉子	lɔ⁵⁵p·ə·xɑ̃⁵⁵tθ1·	夫妇两人
大伯	tɑ⁵⁵pei·	丈夫的哥哥
小叔儿	siɔ⁵⁵ʃur⁴²	丈夫的弟弟
大舅子	tɑ²¹³t ɕiou⁵⁵tθ1·	妻子的哥哥
小舅子儿	siɔ⁵⁵t ɕiou⁵⁵tθ1r·	妻子的弟弟
婆婆	p·ə⁵⁵p·ə·	
公公	koŋ²¹³koŋ·	
连襟［裘］	liɑ̃⁵⁵t ɕiə̃·	［t ɕ·iou·］
亲家	ts·ioŋ⁴²t ɕia·	
小小儿	siɔ⁵⁵siɔr⁵⁵	男孩儿
小厮	siɔ⁵⁵1·	小男孩
小嫚儿	siɔ⁵⁵mɑr²¹³	女孩儿
大嫚儿	tɑ⁴²mɑr²¹³	女孩
一对双儿	i⁵⁵tuei²¹³ʂuaŋr⁴²	双胞胎
老头儿	lɔ⁵⁵t·our⁴²	
老嬷儿嬷儿	lɔ⁵⁵mɑr²¹³mɑr·	
小青年儿	siɔ⁵⁵ts·ioŋ²¹³niɑr⁴²	
光棍儿	kuaŋ²¹³kuər⁴²	单身汉
老姑娘	lɔ⁵⁵ku·niaŋ	
寡妇儿	kuɑ⁵⁵fur⁴²	
孝妇老婆	ɕiɔ⁵⁵fu·lɔ²¹³p·ə·	丈夫死后改嫁的妇女
活人妻	xuə⁵⁵iəux⁵⁵·ts·i²¹³	离婚后再嫁的妇女
撇下	p·iə̃³ɕia·	例：她母亲死了，～两个

808　　　　　　　　即墨县志

小孩。

带肚儿　tɛ⁴²tur˙　再嫁后出生的前夫的孩
　　　　　　　　　　子
跟脚儿　kə̃²¹³tɕyər⁵⁵　随母改嫁的孩子

背生子　pei...³soŋ²¹³tθ1˙　遗腹子
轧伙儿　kɑ...xuər˙　姘头
轧伙　kɑ⁵⁵...xuɛ⁵⁵　姘居

第三节　　身体　疾病　医疗

身子　ʃə̃²¹³tθ1˙　身体
头发　t'ou...fu˙
额勒盖　iə...kɛ⁴²　额头
后脑勺子　xou²¹³nɔ⁵⁵ʃuə...tθ1˙
脖子梗　pə...tθ1kòŋ
　脖子　pə...tθ1˙
眼珠儿　iɑ̃⁵⁵tʃur²¹³
瞳仁儿　t'oŋ²¹³iə̃r⁴²　瞳孔
眼之毛　iɑ̃...ʂʅmɔ⁴²　睫毛
眵　tʂʅ²¹³　眼屎
耳朵　lə...tou˙
耳仁儿　ər⁵⁵iə⁴²　耳屎
鼻孔眼儿　pi...k'oŋ˙iɑ̃r⁵⁶　鼻孔
鼻挺　pi...t'ioŋ　鼻涕
痴水　tʃ'ʅ...ʃuei˙　口水
吞子　t'uə²¹³tθ1˙　嗓子
胡子　xu...tθ1˙　胡须
牙巴骨儿　iɑ⁴²pɑ˙kur⁵⁵　下巴
肩膀　tɕiɑ̃²¹³paŋ
胳膊　kɑ...pɑ˙
胳膊窝儿　kɑ⁵⁵pɑ˙uər²¹³　腋
拐肘　kuɛ...tʃu˙　肘
锤　tʂ'uei⁴²　拳头
手背子　ʃou⁵⁵pei...tθ1˙　手背
大拇指头　tɑ...mɑ˙tʂʅ˙t'ou˙
指甲儿　tʂʅ²¹³tɕiɑr˙
脊梁　tsi²¹³liaŋ˙　背
脊梁骨　tsi²¹³liaŋ˙ku⁵⁵
胸膛　ɕioŋ²¹³t'aŋ⁴²
肋肢骨　luei⁴²tʂʅku⁵⁵　肋骨
奶子　nɛ...tθ1˙　乳房

腚　tioŋ⁴²　屁股
干腿子　kɑ²¹³t'ei˙tθ1˙　小腿
膊罗盖儿　pə⁵⁵luə˙kɛr⁴²　膝盖
脚脖子　tɕyə⁵⁵pə...tθ1˙　脚腕子
脚后跟　tɕyə⁵⁵xou...kə̃
不熨索　pu⁵⁵y⁴²θuə˙　（身体）不舒服
拉肚子　lɑ²¹³tu...tθ1˙
　冒肚子　mɔ²¹³tu...tθ1˙
冻着了　toŋ⁴²tʂə˙lɑ˙　感冒了
　闪着了　ʃɑ̃...tʂə˙lɑ˙
呕　ou⁵⁵　吐
发脾寒　fa⁵⁵pi...xɑ̃˙　发疟子
羊杆风　iaŋ...kɑ̃˙foŋ²¹³　羊角风
心口疼　siə²¹³k'ou⁵⁵t'oŋ⁴²　胃痛
胀饱　tʃaŋ⁴²pɔ˙　胀肚子
痨病　lɔ...pioŋ˙　肺病
沥心　li...siə̃　胃部烧灼的感觉
吐酸水　t'u⁵⁵θuɑ̃²¹³ʃuei⁵⁵
坨墩　luə...tuə˙　被蚊虫叮咬后起的肿块
铺闹　pu²¹³nɔ˙　身上发出的水泡
潦浆　liɔ...tsioŋ˙　烧烫而起的水泡
疤　pɑ²¹³
结痂渣儿　tɕiə⁵⁵kɑ²¹³tʂɑr˙
左巴来子　tθuə...lɛ˙pɑ˙tθ1˙　左撇子
瘸腿儿　tɕ'yə⁵⁵t'eir˙　瘸子
瞎汉　ɕiɑ̃...xɑ̃˙　瞎子
聋汉　loŋ...xɑ̃˙　聋子
秃斯　t'u...tθ1˙　秃子
潮巴　tʃ'ɔ...pɑ˙　傻子
　潮膘子　tʃ'ɔ⁴²piɔ²¹³tθ1˙
痴兾　tʃ'ʅ²⁴θ1˙

锅腰儿　kuə²¹³iɔr·　驼背　　　　　好了　xɔ⁵⁵lɤ·　病愈

破唇儿　pə⁴²tʃ'uɤr·　豁嘴　　　　不行了　pu·ɕiɔŋ⁵⁵lɑ·　病危

坍鼻子　t'ɑ²¹³pi⁵⁵tθ·ɿ　塌鼻子　　年纪　niɑ̃⁵⁵ɕi·　年龄

扎固　tʂɑ⁵⁵ku·　治疗，修理，打扮　模样儿　mu⁵⁵iɑŋr·　相貌

看病　k'ɑ̃²¹³piɔŋ⁴²　诊病　　　　款儿　k'uɑ̃r⁵⁵　相貌（贬义）

第四节　　生活交往　红白事

起来　tɕ'i⁵⁵lɛ·　起床　　　　　　锅腰　kuə⁵⁵iɔ²¹³　弯腰

饥困　tɕi²¹³k'uɤ⁴²　饿　　　　　　拃着腰　tɕ'iɑ²¹³tʂ'sə·ɕiɔ²¹³　叉腰

做饭　tθou²¹³fɑ⁴²　　　　　　　　背着手　pei²¹³tʂsə·ʃou⁵⁵

压水　iɑ⁵⁵ʂuei⁵⁵　倒水　　　　　拾掇　ʃl⁵⁵·euʂɿ·　收拾

饱了　pɔ⁵⁵lɤ·　　　　　　　　　　踢蹬　t'i⁵⁵tθoŋ·　糟踏

打勾斗儿　tɑ⁵⁵kou²¹³tour·　打嗝　　撕巴　θl²¹³pɑ·　撕

　拔气　pɑ²¹³tɕ'i⁴²　　　　　　　　□lɛ⁵⁵

吃烟　tʃ'ɿ⁵⁵ɑ̃²¹³　吸烟　　　　　铰　tɕiɔ⁵⁵　剪

拉屎　lɑ²¹³ʂɿ⁵⁵　　　　　　　　　团弄　t'uɑ̃⁵⁵loŋ·　把东西揉成球形

巴巴　pɑ²¹³pɑ·　（小孩儿）大便　搓揉　tθ'uə²¹³iou·　搓

尿尿　niɔ²¹³ɕiɔ⁴²　　　　　　　　捂　u⁵⁵

歇歇　ɕiə⁵⁵ɕiə·　休息　　　　　摁　ə̃⁴²　按

打哈吸　tɑ⁵⁵xɑ²¹³ɕi·　打哈欠　　拥　ioŋ²¹³　推

歆　tɕ'iə²¹³　躺；在床上～～　　　含　xɑ̃⁴²　拿

困觉　k'uə̃²¹³tɕiɔ⁴²　睡觉　　　　披　iə⁵⁵　藏

打鼾睡　tɑ⁵⁵xɑ̃⁵⁵ʂuei·　　　　　提留　ti²¹³liou·　提

　打呼噜［噜］tɑ⁵⁵xu²¹³loŋ·［lu·］　稳　uə⁵⁵　放（下）

打通腿儿　tɑ⁵⁵t'oŋ²¹³t'eir⁵⁵　　　搁　kə⁵⁵

熬夜　ɔ²¹³iə⁴²　　　　　　　　　固游　kuiɔŋ·　蠕动

吹灯　tʂ'uei⁵⁵toŋ²¹³　　　　　　　摸索　mə²¹³θuə·　抚摸

关灯　kuɑ̃⁵⁵toŋ²¹³　　　　　　　　扣　k'uɛ⁵⁵　搔

瓦侯儿　uɑ⁵⁵xour·　用白眼珠儿看人　拽　tʂuɛ²¹³　扔

　白瞪　pei⁵⁵toŋ·　　　　　　　　踹　tɕyɑ̃⁵⁵　踢

睐侯儿　lou⁵⁵xour·　看（贬义）　　跷着脚　tɕ'iɑ⁵⁵tʂə·tɕ'i⁵⁵tɕyə⁵⁵

踅摸　ɕyə⁵⁵mə·　（很快地）寻视　蹓跶　liou²¹³tɑ·　散步

撒末　θɑ⁵⁵mə·　寻视　　　　　　歪块　uɛ²¹³k'uɑ·　半坐半躺

抹瞪眼儿　mɑ⁵⁵toŋ·iɑr⁵⁵　眨眼　狗蹲　kou⁵⁵tuŋ·　蹲

摇头　iɔ⁴²t'ou⁴²　　　　　　　　寻思　siə⁵⁵ɿ·

抻头　tʃ̩²¹³t'ou⁴²　伸头　　　　　眼馋　iɑ⁵⁵tʂ̩ʂ·ɑ·　羡慕

噘嘴　tɕyə⁵⁵tθuei⁵⁵　　　　　　希罕　ɕi²¹³xɑ̃·　喜欢

810　　　　　　　　　　　即墨县志

估摸　kuᵘ⁴²məˑ　估量
码拉　maˑⁿⁱᵉla·
掂量　tiɑ̃²¹³liaŋ·　①用手估量轻重②权衡、
　　　　斟酌
巴望　pa²¹³uaŋ⁴²　盼望
想着　siaŋᵘ⁵⁵ts ə　记住
忘了　uaŋⁿⁱᵉla·
挂挂　kua⁴²kua·　挂念
念叨　niɑ̃²¹³tɔ·
嘟囔　tu²¹³naŋ·
盖没　kɛⁿⁱᵉmə·　掩饰、遮盖
闯门子　tʂ ʻuaŋ²¹³mə̃ᵘᵗθ1·　串门
拉呱儿　la²¹³kuar⁵⁵　闲聊
打岔儿　ta⁵⁵tʂ ʂ ʻɑr⁴²
抬杠　tʻɛ⁴²kaŋ²¹³
争竟　tʂoŋ²¹³tɕioŋ·　争辩
瞧蚩　tsʻiɔⁿᵗ ʂ ʈ1ˑ　小看
插巴　tʂ ʻɑⁿᵉpa·　胡弄，使（人）上当：你
　　　　别～人
数话　ʂu⁵⁵xua⁴²　指责，数落
糟踏　tθɔ²¹³tʻɑ̃
噘　tɕɣə⁴²　骂
打仗　ta⁵⁵tʃaŋ⁴²　吵嘴，打仗
动静　toŋⁿᵉtsioŋ·　响声
景儿　tɕioŋr⁵⁵　事情、门道：这个～咱得干｜这个人肚里有～
送礼　θoŋ²¹³li⁵⁵
招待　tʃɔ²¹³tɛ⁴²

坐席　tθuə²¹³si⁴²　赴宴
伺候　tθ ʻ1⁴²xou·
装丧　t ʂuaŋ²¹³θaŋ·　装作不行的样子
拿捏　naⁿⁱᵉniɛ·　扭捏不好意思；留一手
亲事　tsʻiə̃²¹³ʂ1⁴²　婚事
说媒　ʃua⁵⁵mei⁴²　说亲
媒婆子　mei⁴²pə̃ʻᵉt θ1·　媒人
找主儿　tʂ ɔⁿᵗtʃur⁵⁵　（女方）说亲
找□儿　tʂɔⁿᵗʂ ʻɑr⁵⁵
说媳妇儿　ʃua⁵⁵si²¹³fur·　（男方）说亲
看人儿　kʻɑ̃²¹³iə̃r⁴²　相亲
送媒柬儿　θoŋ⁴²mei²¹³t ɕiɑr⁵⁵　定亲
添箱　tʻiɑ̃³siaŋ²¹³　亲友送给新娘的礼物
将媳妇儿　tsiaŋ²¹³si·fur·　娶媳妇
媳妇屋儿　siⁿᵉfuˑur⁴²　新房
双身　ʂuaŋ⁴²ʂə̃²¹³　怀孕
有喜　iouⁿᵉᶜᵢ⁵⁵
小月子　siɔ⁵⁵yəⁿᵉtθ1·　小产
坐月子　tθuə²¹³yəⁿᵉtθ1·
百岁儿　pei⁵⁵θueir⁴²　婴儿出生100天
老了　lɔⁿᵉlə·　死了（老人）
抛撒了　pʻɔ²¹³θɑⁿᵉlə·　（小孩）
出殡　tʃ ʻu⁵⁵piə̃²¹³　送葬
百日　pei⁵⁵i⁴²　人死后一百天
茔盘　ioŋ²¹³pʻɑ̃⁴²　坟地
茔　ioŋ⁴²
乱冈葬　laŋ⁴²kaŋ⁵⁵θaŋ⁴²　乱葬冈
鬼亲　kuei⁵⁵tsʻiə̃²¹³　阴亲

第五节　　房舍　用品

天井　tɑ̃²¹³tsioŋ·　院子
过道　kuə⁴²tɑ·　走廊
照壁　tʃɔ⁴²pi·　影壁
障子　tʃaŋ⁴²tθ1ʸ　篱笆
正屋〔房〕　tʃoŋ⁴²uˑ〔faŋ·〕堂屋
炕　kʻaŋ⁴²
门关儿　mə̃ⁿᵉkuar·门闩

门掩后　mə̃⁴²iɑ̃⁵⁵xou⁴²　门后
仰棚儿　iaŋⁿᵉpʻoŋr⁴²　天花板
风匣　foŋ²¹³ᶜᵢɑ̃　风箱
圈　tɕɣa⁴²　猪圈、厕所
锅头　kua²¹³tʻou⁴²　炉灶
伏台　fuⁿᵉtʻ ɛ·　烟囱
煤锨儿　mei⁴²ᶜᵢɑr²¹³　煤铲

伞　θuɑ̃⁵⁵

雨簾　yᵇᵉˡiɑ̃· 斗笠

暖壶　nuɑ̃ᵇᵉxu· 暖水瓶

燎壶　liɔᵇᵉxu· 烧水的壶

铜盆　t'oŋᵇᵉp'ə̃· 脸盆

手巾　ʃouʃᵇᵉtɕiə̃· 毛巾

胰子　iə̃ᵇᵉtθɿ 肥皂

抽头　tʃ'ou²¹³t'ou· 抽屉

板凳　pɑ̃ᵇᵉtoŋ· 长条的凳子

杌子　u⁴²tθɿ 方凳

马扎子　mɑ⁵⁵tʂɑ²¹³tθɿ

面板　miɑ²¹³pɑ̃⁵⁵

擀杖　kɑ̃⁵⁵tʃoŋ· 擀面杖

扁担　piɑ²¹³tɑ·

担杖　tɑ⁴²tʃoŋ· 两头带钩的扁担

筲　ʂɔ²¹³ 水桶

井绳　tsioŋᵇᵉʃoŋ·

指扣儿　tʂʅ⁵⁵k'our⁴² 顶针儿

铺衬　p'u²¹³tʃ'ə̃· 碎布

弃离子　ts'i²¹³li⁴²tθɿ 碎布条儿

擦腚纸　tθ'ɑ⁵⁵tioŋ⁴²tʂʅ⁵⁵ 手纸

匙子　tʂʅᵇᵉtθɿ 调羹

拄棒　tʃu⁵⁵paŋ⁴² 手杖

篓子　louᵇᵉtθɿ 篮子

脚踏车　tɕyə⁵⁵tʂɑ·tʃ'ə²¹³ 自行车

洋戏（匣子）iɑŋ⁴²ɕi²¹³（ɕiaᵇᵉtθɿ）旧称留
　　　声机

墼　tsi⁵⁵ 土坯

鞭　piɑ²¹³ 成串的小爆竹

炮仗　pɔ⁴²tʃɑŋ· 单个的鞭炮

洋灰　iɑŋ⁴²xuei²¹³ 水泥

凉水　liɑŋ²¹³ʂuei⁵⁵

泔水　kɑ̃²¹³ʂuei·

　浑水　xuə̃⁴²ʂuei⁵⁵

炭　t'ɑ⁴² 木炭

煤　mei⁴²

电棒子　tiɑ²¹³paŋᵇᵉtθɿ 手电筒

　手灯　ʃou⁵⁵toŋ²¹³

戳儿　tʃ'uər⁵⁵ 图章

　手戳儿　ʃouᵇᵉtʃ'uər⁵⁵（私章）

糨　tɕiaŋ²¹³ 糨糊

铁　t'iə⁵⁵

吸铁石　ɕy²¹³t'iə⁵⁵ʃ1⁴²

铣□　ʂoŋ²¹³ʂu· 铁锈

潮脑　tʃ'ɔ⁴²cnɔ 樟脑球

黄香　xuaŋ⁴²ɕiaŋ²¹³

第六节　服饰　饮食

衣裳　i²¹³ʃaŋ· 衣服

大氅　tɑ⁴²tʃ'aŋ⁵⁵ 大衣

棉袄　miɑ⁴²ɔ⁵⁵

布袋儿　puᵇᵉtɛr· 口袋

裤子头儿　k'uᵇᵉtθɿt'our⁴² 裤头

　裤衩儿　k'u⁴²tʂɑr⁵⁵

短裤儿　tuɑ⁵⁵k'ur⁴²

　裤头儿　k'u⁴²t'our⁴²

裤腰带　k'u⁴²iɔ²¹³tɛ⁴² 腰带

背心儿　pei²¹³siə̃r⁴²

布肚儿　puᵇᵉtur· 兜肚儿

扎腿带儿　tʂɑ²¹³t'ei⁵⁵tɛr⁴² 腿带子

褯子　tsiəᵇᵉtθɿ 尿布

裹脚　kuəᵇᵉtɕyə· 旧时女子裹脚布

围脖儿　ueiᵇᵉpər· 围巾

手巴掌　ʃou⁵⁵pɑ·tʃaŋ· 旧称手套

扣儿　k'our²¹³ 纽扣

打撒儿　tɑᵇᵉθɑr· 缨儿，穗

过街服　kuəᵇᵉtɕie²¹³fu⁴² 新名词，指流行服
　　装

圈儿　tɕ'yɑr²¹³ 耳环

镯子　tʂuəᵇᵉtθɿ 手镯

面单　miɑᵇᵉ· 床单

豆枕　touᵇᵉtʂ1· 枕头

812　　　　　　　　即 墨 县 志

钱插子　ts'iɑ̃⁴²tʂ'ɑ⁴²θʅ　裙褡
饭食　fɑ̃ʅ·
早晌饭　tθɑ̃ŋ̩fɑ̃·　早饭
晌午饭　ʃaŋ̩u·fɑ̃·　中饭
下晌饭　ɕia⁴²ʃaŋ̩·fɑ̃·　晚饭
锅疙渣　kuə²¹³kɑ·tʂɑ·　锅巴
面汤　miɑ̃⁴²t'ɑŋ²¹³　面条
　面条儿　miɑ̃²¹³t'iɔr⁴²
饽饽　pə²¹³pə·　（圆形）馒头
馉子　tɕyɑ̃θʅ（长方形）馒头
馉馇　kuɑ²¹³tʂɑ·　水饺
　饺子　tɕiɔθʅ
馉馇汤　kuɑ²¹³tʂɑ·t'ɑŋ²¹³　面疙瘩汤
片儿汤　p'iɑ̃r⁴²t'ɑŋ²¹³　切成片状的面汤
面子饭　miɑ̃θʅfɑ·　用粗粮面做的粥
　粘粥　niɑ̃tʂu·
火烧　xuəʂou·　（圆形）烧饼
糖鼓儿　t'ɑŋ²¹³kur⁵⁵　糖烧饼
糖角　t'ɑŋ⁴²tɕia⁵⁵　糖三角
炉包　luɕɔ·　水煎包

瓢子饼　iɑŋθʅpioŋ⁵⁵　加葱油制成的千层饼
气馏　t'ɕi·liou　窝头
糕　kɔ²¹³　粘糕
香油果子　ɕiɑ²¹³iou⁴²kuəθʅ　油条
引子　iə̃θʅ　面酵子
糖球　t'ɑŋ²¹³tɕ'iou⁴²　糖葫芦
甜沫　t'iɑ̃⁴²·emɑ̃·　面加粉条、蔬菜等熬成的粥
青酱　ts'ioŋ²¹³tsiɑŋ⁴²　酱油
忌讳　tɕi⁴²xuei·　醋
面酱　miɑ̃²¹³tsiɑŋ⁴²
麻汁　mɑ⁴²ʈʂ　麻酱
芝麻酱　tʂʈ²¹³mɑ·tsiɑŋ⁴²　（提取了香油的）
瓜唧　kuɑ²¹³tsi·　一种用萝卜腌制的咸菜：咸～|艮～
烧酒　ʃɔ²¹³tsiou·　白酒
小豆腐　siɔ⁵⁵toufu·
渣　tʂɑ²¹³
香料儿　ɕiɑŋ²¹³liɔr⁴²　调料

第七节　农工学商

生产　ʂoŋ²¹³sɑ̃⁵⁵
庄户人　tʂuaŋ²¹³xu·iə̃·　农民
做营生　tθou⁴²ioŋʂoŋ·　干活
上坡　ʃaŋ²¹³p'ə⁵⁵　下地干活
施粪　ʂʅfə̃²¹³
　使粪　ʂʅ⁵⁵fə̃⁴²
耕地　tɕioŋ²¹³ti⁴²
抓地　tʂua⁵⁵ti⁴²　刨地
耩地　tsiɑŋ⁵⁵ti⁴²
薅　xɔ²¹³　拔（草）
粪耙子　fə̃⁴²p'ɑ·θʅ　钉耙
(洋)镐　(iɑŋ²¹³) kɔ⁵⁵
小车儿　siɔ⁵⁵tʃ'ər²¹³　独轮车
地排儿车　ti²¹³p'ɛr⁴²tʃ'ə²¹³

大板儿车　tɑ⁴²pɑ̃r⁵⁵tʃ'ə²¹³
车辖辘儿　tʃ'ə²¹³ku⁵⁵luɛr⁴²　车轮
嚼子　tsyəθʅ
缨脖子　ioŋ⁵⁵pə⁴²θʅ　夹脖子
笼头　loŋ⁵⁵t'ou·
缰绳　kaŋ²¹³ʃoŋ⁴²
捂眼儿　uiɑ̃r·　捂眼罩
铡　tʂɑ⁴²　铡刀
镰　liɑ̃⁴²　镰刀
割麦子　kɑ⁵⁵mei⁴²θʅ
碌碡　ly⁴²tʃu·
滚子　kuɑθʅ　石滚
簸箕　pə⁴²tɕ'i·
筐箩　p'uluə·

扬场　iaŋ⁴²tʃʿɑŋ⁴²　　　　　　货郎　xuə⁴²loŋˑ

苦　ʃɑ²¹³　苦子　　　　　　　集　tsi⁴²　集市

撒折子　θɑ⁵⁵tʃəʒtɿθɿ　用芡子围起来囤粮食　　开市　kʿɛ²¹³ʅ⁴²　开张

铁匠　tʿiəʒtsiaŋˑ　　　　　　店　tiɑ̃⁴²　旧称旅店

木匠　mu²¹³tsiaŋˑ　　　　　　铺子　pʿuʒθɿ

烧窑的　ʃɑ²¹³iɔʒtiˑ　窑匠　　　饭铺儿　fɑ̃²¹³pʿur⁴²

瓦匠　uɑ⁴²tsiaŋˑ　　　　　　剃头铺儿　tʿiʒtʿouˑpʿur⁴²　理发店

锔露子　ku⁴²luˑtθɿ　锔锅碗的　　酱园儿　tsiaŋ²¹³yɑ̃r⁴²

裁坊　tθɜʒfaŋ⁴²　裁缝　　　　　澡堂子　tθɑ⁵⁵tʿaŋθɿ　浴池

剃头的　tʿi⁴²tʿouθɿ　理发师　　贩子　fɑ̃⁴²tθɿ　商贩

　代诏　tɜʒcʃaŋˑ（旧称）　　　闯外　tʂʿuaŋ²¹³uɛ⁴²　出外谋生

大师傅　tɑʒʂʅfuˑ　厨子　　　　盘缠　pʿɑ̃ʒtʃʿɑ̃　路费

　厨子　tʃʿuʒθɿ　　　　　　交运　tɕiɔ²¹³yə̃⁴²　走运

送信的　θoŋ²¹³siə̃⁴²tiˑ　邮递员　　走字儿　tθou⁵⁵tθɿr⁴²

售货员　tʃʿou⁴²xuɜˑyɑ̃⁴²　　　拉饥荒　lɑʒtɕi²¹³xuaŋˑ　欠帐

学屋　ɕyəʒuˑ　学校　　　　　条子　tʿiɔʒcʃɿ　单据

　书房　ʃu²¹³faŋ⁴²　　　　　柳腔戏　liouʒiaŋˑɕiˑ　即墨地方戏

上学　ʃaŋ²¹³ɕyə⁴²　　　　　撮头子戏　tθʿuə⁵⁵tʿouθɿɕi⁴²　木偶戏

放学　faŋ²¹³ɕyə⁴²　　　　　唱戏的　tʃʿaŋ²¹³ɕiθɿ　演员

念书　niɑ̃⁴²ʃu²¹³　读书　　　　戏子　ɕi²¹³θɿ（旧称）

打草儿　tɑʒtθʿɔr⁵⁵　打稿　　　耍马戏的　ʂuɑ²¹³mɑ⁵⁵ɕiθɿ　杂技演员

白字儿　pei⁴²tθɿr⁴²　别字　　　耍戏法的　ʂuɑʒɕi²¹³fɑ̃θɿ

　叔伯字儿　ʂuʒpeiˑtθɿr⁴²　　　算卦的　θuɑ̃²¹³kuɑθɿ

抹画　məʒxuaˑ　涂抹　　　　　和尚　xuɜʒʃaŋ

卷子　tɕyɜʒθɿ　考卷　　　　　姑子　ku²¹³tθɿ　尼姑

零蛋　lioŋ⁵⁵tɑ̃⁴²　零分　　　　要饭的　ɕi²¹³fɑ̃⁴²ti　乞丐

蹲级　tuə̃ʒtɕi²¹³　　　　　　叫街的　tɕiɛ⁴²tɕiɛ²¹³tiˑ

　留级　liou⁴²tɕi²¹³　　　　　懒汉　lɑ̃⁵⁵xɑ̃⁴²

做买儿卖儿　tθou²¹³mɛrmɛrˑ　　小偷儿　siɔ⁵⁵tʿour²¹³

买卖人　mɛ⁵⁵mɛ⁴²iə̃ˑ　商人　　小捋儿　siɔʒlyr³⁵　扒手

经纪　tɕioŋ²¹³tɕiˑ　中间人　　　流氓　liou²¹³maŋ⁴²

第八节　动　物　植　物

牲口　ʂoŋ²¹³kʿouˑ　　　　　骒马　kʿuə⁴²mɑˑ　母马

公马　koŋ²¹³mɑˑ　　　　　牤牯　pʿɑkuˑ　公牛

　儿马　ləʒmɑˑ　　　　　　犍子　tɕiɑ̃tθɿ

814　　　　　即 墨 县 志

市牛　ʂɿ̃ noiu·　母牛

咩子　miə̃ təʅ　牛犊子

叫驴　tɕiɑ⁴²ly·　公驴

草驴　tʰə̃ᵒ̃ʅ·　母驴

牙狗　iɑ̃kou·　公狗

母狗子　mũ̯kou·təʅ

牙猫　iɑ̃·cmɑi　公猫

女猫　ny̆·cmɑ̃　母猫

角猪　ʨyə̃ʧu　公猪

老母猪　lɔ̃·umu·tʃu　母猪

豚儿　tʰuə̃r⁴²　小母猪

鸭巴子　iɑ⁴²pɑ²¹³təʅ　鸭子

　巴巴儿　pɑ²¹³pɑr·

黑瞎斯　xei²¹³ɕiɑ̃·　狗熊

马虎　mɑ²¹³xu·　狼

狐狸　xu⁴²li·

臊水狼子　θ²¹³ʂuei·lɑŋ̃·　黄鼠狼

耗子　xɔ̃·

猫儿头　mɔ²¹³ər·tʰou⁴²　猫头鹰

鸦鹊　iɑ̃ts·yə·　喜鹊

老鸹　lɔ̃·cuɑ·　老鸦

捣打木子　tɔ̃·ɑ·mũ̯ʅ·　啄木鸟

布鸽　pũ̯kɑ·　鸽子

光棍多懒儿　kuɑŋ²¹³kuə̃⁴²tuə̃³ʃʔur·　布谷鸟

家雀儿　tɕiɑ²¹³tə̃·yər⁴²　麻雀

燕儿　iɑ̃r⁴²

蝙蝠儿　piə²¹³fur·

菢　pɔ⁴²　禽、鸟孵蛋，畜生子

长虫　tʃʰɑŋ̃ʂoŋ·　蛇

蝎虎儿　ɕiə̃·xur·　壁虎

刀螂　tɔ²¹³lɑŋ·　螳螂

蚂蚱　mɑ⁴²tʂɑ·　蝗虫

促（土）织儿　tə̃u⁵⁵（tu⁵⁵）tʂɑ⁴²r　蟋蟀

蚕　tə̃ɑ̃⁴²

蚕蛹　tə̃ɑ̃⁴²ioŋ⁵⁵

老嬷儿嬷儿　lɔ⁵⁵mɑr²¹³　mɑr·　蜘蛛

蚍蜉　tɕi²¹³iɑŋ·　蚂蚁

蝼蛄　lŭku·

蛐蟮　·y⁵⁵ʃɑ̃⁴²　又音·y⁵⁵ʃɑ̃·　蚯蚓

角抹胶　tɕyə̃·umɑ·tɕi²¹³　蜗牛

土鳖　tʰũ̯piə⁵⁵

草鞋底　tʰə̃ɑ⁴²ɕiə⁴²ti⁵⁵　百足虫

蛐蜒　ioũ̯ɑ̃·　蛐子

截留　tsiə⁴²liou·　蝉

截留鬼儿　tsiə⁴²liou·kuə̃r⁵⁵　蝉的幼虫

蝈子　kuɛ²¹³təʅ　蝈蝈

棒棒　pɑŋ̃pɑŋ·　蝈蝈中较小的一种

蜻蜓　tʰioŋ²¹³tʰioŋ·

臭大姐　tʃʰou⁴²tɑ·tsiə·

屎气螂　ʂɿ̃ɑ̃·i·lɑŋ⁴²　屎克螂

货郎　xuə⁴²lɑŋ·　花大姐

苍蝇　tʰə̃ŋ²¹³iɑŋ·

白渣　peĩ̯·ʒɑ·　苍蝇卵

蚊子鬼儿　uə̃təʅkueir⁵⁵　孑孓

屹蚤　kuə̃·tʰə̃·　跳蚤

臭虫　tʃʰou⁴²tʂoŋ·

虱子　ʂɿ̃təʅ

尾巴　y̆pɑ·

　尾巴棍儿　y̆pɑ·kuə̃r⁴²

团鱼　tʰuɑ̃y·　鳖

蛤蟆　xɑ̃mɑ·　①青蛙　②蟾蜍

蛤蟆□□儿　xɑ̃mɑ·kuə̃tɑr·　蝌蚪

青蛙子　tsʰioŋ²¹³uə̃ɑ̃·　"蛙"又音uə̃

刀鱼　tɔ²¹³y⁴²　带鱼

　鳞当鱼　liə̃y·tɑŋ·y⁴²

锉鱼　tʰuə̃y·　沙鱼

鲞鱼　siɑ̃y·

　白鳞　pei⁴²liə̃·

离水兰　li²¹³ʂuei⁵⁵lɑ̃⁴²　沙丁鱼

蛸　cɕ²¹³　八带鱼

偏口　pʰiɑ̃²¹³kʰou·　扁口鱼

黄鲫儿　xuɑŋ̃tsir·

牛舌头鱼　niou²¹³ʃəʅ·ou·y⁴²　一种海鳗鱼

　咩舌子　miə²¹³ʃəʅtəʅ

泥沟　mĭkou·　泥鳅

石疙豆儿　ʃɿ⁴²kɑ·tour⁴²　小黄鱼

墨鱼　mei²¹³y⁴²　乌贼

菠萝拳　pə⁴²luɐ˙ɿ ꞌyɑ̃⁴²　大海螺

海屋儿　xɛ⁵⁵ur²¹³　小海螺

蟹子　ɕie³³⁵ɿ³²　螃蟹

蛤蜊　kɑ⁵⁵lɑ˙　蚌

海蛎子　xɛ⁵⁵li²³⁵ɿ³²ɿ　牡蛎

庄稼　tʂuɑŋ²¹³tʂiɑ˙

麦子　mei⁴²tθɿ

麦子芒儿　mei²³⁵ɿ³²uɑnr⁴²　麦芒

麦穗儿　mei⁴²θueir⁴²

麦梃儿　mei⁴²tꞌionr⁴²

麦茬子　mei⁴²tʂꞌɑ˙tθɿ

不搭儿　pu²³⁵tɑr˙　庄稼割下后连根带茬的
　　　　部分

杆草　kɑ̃²³⁵⁵ꞌɔ˙ɿ　谷杆儿

苞米儿　pɔ²¹³mir⁵⁵　玉米

豆子　tou³³⁵tθɿ　大豆

胡秫　xu²³⁵ʂu˙　高粱

长（生）果儿　tʃꞌɑŋ⁴²（ʂoŋ²¹³）kuɐr⁵⁵　花生
　花生　xuɑ³³⁵ʂoŋ²¹³

地瓜　ti⁴²kuɑ²¹³　白薯

地豆儿　ti²¹³tour⁴²　马铃薯

山药　ʂɑ̃²¹³yə⁴²

香椿芽　ɕiɑŋ²¹³tʃꞌuꞌ˙iɑ˙　香椿

洋葱　iɑŋ²³⁵tθꞌoŋ²¹³

洋柿子　iɑŋ²¹³ʂꞌɿ³²⁵tθɿ　西红柿
　菜柿子　tθꞌɛ²¹³ʂꞌɿ˙tθɿ

辣椒　lɑ⁴²tsiɔ²¹³

大头菜　tɑ⁴²tꞌou˙tθꞌɛ⁴²　卷心菜

芫荽　iɑ̃³³⁵θuei˙
　香菜　ɕiɑŋ²¹³tꞌɛ⁴²ɿ

萝贝　lou³³⁵pei˙　萝卜

蔓菁　mɑ̃³³⁵tsioŋ˙

苤蓝　pꞌiꞌlɑ̃˙

四季豆儿　θɿ²¹³tɕi˙tour⁴²　云豆

扁豆　piɑ̃⁵⁵tou⁴²

谷莠子　ku⁵⁵iou³³⁵tθɿ　莠草

莲藕　liɑ̃²¹³ou⁵⁵　藕

莲子儿　liɑ̃²¹³tθꞌr⁵⁵

转日葵　tʃuɑ̃²¹³iꞌkꞌuei⁴²　向日葵
　转悠葵　tʃuɑ̃²¹³iouꞌkꞌuei⁴²
　转转莲　tʃuɑ̃²¹³tʃuɑ̃²¹³liɑ̃⁴²

瓜种　kuɑ²¹³ʂoŋ⁵⁵　葵花子

瓜子儿　kuɑ²¹³tθꞌr⁵⁵

核桃　xuə²³⁵ꞌɔ˙

酸楂　θuɑ̃³³⁵tꞌʂɑ²¹³　山楂

七七菜　tsꞌiꞌtsꞌiꞌɛ⁴²　曲曲菜

曲曲芽　tꞌɕꞌy³³⁵tꞌɕꞌyꞌiɑ˙

蚂蚱菜　mɑ⁴²tʂɑ²¹³tθꞌɛ⁴²　马齿苋

布布丁　pu³³⁵puꞌtioŋ²¹³

夹枝桃　tɕiɑ²¹³ʂɿ ꞌtꞌo⁴²　夹竹桃

花骨朵儿　xuɑ²¹³ku⁵⁵tour˙　蓓蕾

花心　xuɑ³³⁵siꞌr²¹³　花蕊

杀树　ʂɑ⁵⁵ʃu⁴²　砍树

树骨桩儿　ʃu⁴²ku²¹³tꞌʂuɑnr⁴²　树身

树梢儿　ʃu⁴²ʂor²¹⁴

树枝儿　ʃu⁴²tꞌʂr²¹³

树墩子　ʃu⁴²tuɑ̃²¹³tθɿ

第九节　　形容词　副词

好　xɔ⁵⁵˙
　强　tꞌɕiɑŋ⁴²：他比我～

中　tʂoŋ²¹³　行，好；～不～?～、～、～!

孬　nɔ²¹³　不好
　杂末　tθɑ³³⁵mɑ˙
　不济　pu⁵⁵tsi⁴²

爽　ʂuɑŋ⁵⁵　快：～走

俊　tsyə̃⁴²

漂亮　pꞌiɔ⁴²liɑŋ˙

难看　nɑ̃²¹³kꞌɑ̃⁴²

拉撒　lɑ⁵⁵θɑ˙　脏乱不整洁

窝囊　uə²¹³nɑŋ˙

排赖　pʻɛ˧˥laɨ˙

肥　fei⁴²（仅指牲畜）

胖　pʻɑŋ⁴²（多指人，也可用于指动物）

笨　pə̃⁴²

抽　tʃuɤ⁵⁵

钩□　kou²¹³tʂə˙　①（植物）生长不舒展
　　　　　　　　　　②（人）小气不大方

乭古　kɑ̃ku˙　不大方，吝啬

小气　sio̞ɕɛˀiˀi˙

听说　tʻioŋ²¹³ʃuə⁵⁵　（小孩）听话

皮　pʻi⁴²　（小孩）顽皮

腼腆　miɑ̃²¹³pʻiɑ̃˙

舒索　ʃu²¹³θuə˙　舒服

薄　pə⁴²　①不厚：这种纸太～②稀：这粥很～

厚　xou⁴²　①不薄：这书很～②稠：这粥太～

圆　yɑ̃⁴²　～～脸儿

团　tʻuɑ̃⁴²　～～脸儿

整装　tʃoŋ˧˥ʂuaŋ˙　不零碎

零碎儿　lioŋ˧θuɛir˙

闲散　ɕiɑ⁴²θuɑ̃˙　闲

地道　ti˧˥tɔ˙

挺托　tʻioŋ⁵⁵tʻuə　结实：这架梁～|这人真～

软和　yɑ̃˧˥xuə˙　松软

暄　ɕyɑ²¹³

清亮　tsʻyə̃²¹³liaŋ˙　清楚：看不～|大声说，我听不～

清了　tsʻyə̃²¹³lɑ˙　（事情搞）清楚了

沉　tʃʻə̃⁴²　重

暖和　nɔ˧euxuə˙

脆　tθʻuei⁴²

艮　kə̃⁵⁵　①食物不脆：这萝卜真～
　　　　　②潮湿：这被子真～
　　　　　③（指人）性子慢，粘糊：这人真～

丝孬　θ̩²¹³nɔ˙　（饭食）发酸变质

猝磕　tθʻu˧˥kʻɑ˙　凶猛、厉害：这场雹子真

~|这人真～，把人家打的鼻青脸肿的

磕猝　kʻɑ̃tθ˙uˀ

煞妥　ʂɑ⁴²tʻuə˙　（说话做事）果断利落，不留余地：乜个人真～，他布置的事不完成是不行

野巴　iə⁵⁵pɑ˙　粗鲁，野蛮

旺醒　uaŋ˧oiʂioŋ˙　健康活泼（多指小孩）

害淡　xɛ⁴²tɑ̃⁴²　害羞

窝蔫　uə²¹³niɑ̃˙　不果断，行动慢

迂摩　y˧˥mə˙

蔫缠　niɑ̃˧˥tʃʻiɑ̃˙　纠缠不休

过档　kuə²¹³taŋ˙　过火

正好　tʃoŋ²¹³xɔ⁵⁵

才刚　tθʻɛ˧tɕiaŋ²¹³　刚才

正才　tʃoŋ²¹³tθʻɛ⁴²

待　tɛ⁴²　想要：你～做什么|我～去

立时　li²¹³ʂ̩˩　马上

常　tʃʻaŋ⁴²　经常，常常

管几时　kuɑ⁵⁵tɕiˀʂ̩˙　不论何时

捎早儿　ʂɔ²¹³tθər⁵⁵　趁早

忽拉巴的　xu⁵⁵lɑˀpɑ˧˥ti˙　忽然

照旧　tʃɔ²¹³tɕiou⁴²

一总　i²¹³tsoŋ⁵⁵　一向，一直

杠　kaŋ²¹³　又音：kaŋ⁴²　很：～好|～甜

怪　kuɛ²¹³：～臭|～辣|～吓人

稀　si²¹³：～甜

太　tʻɛ˧˥：～好

乔　tɕʻio⁴²　很：～咯味儿

越发儿　yə⁴²far˙

格外　kei⁵⁵ɜuɛ²¹³

极没声儿的　tɕiˀmə̃˧˥ʂoŋ²¹³ti˙悄悄的

捎带着　ʂɔ²¹³tɛ˧˥tʂ ə̃˙顺便

成心的　tʃʻoŋ²¹³siə̃⁴²ti˙　故意的

恐怕　pʻoŋ⁵⁵pʻɑ⁴²

一拢总　i⁵⁵loŋ²¹³tθoŋ⁵⁵　总共，一共

漫尽　mɑ̃˧˥tsiɑ˙　很多，到处都是

偏　pʻiɑ²¹³　偏偏

大约摸儿　tɑ⁴²yə²¹³mur⁵⁵　大约，大概

当不住　taŋ^{55}pu˙tʃu^{42}　说不定
　备不住　pei^{55}pu˙tʃu^{42}
胡　xu^{42}：～来|～闹
亏是　k'uei^{213}ʂʅ宰亏
焦　tsiɔ^{213}：～黄|～酸
齁　xou^{213}：～咸
敢自　kɑ̃^{55}tθʅ　敢情：～好

赶子　kɑ̃^{55}tθʅ　赶紧，马上：你～去
没是　m̩u^{42}ʂʅ　很：那人～高
特为的　tei^{55}uei˙ti˙
般打般儿　pɑ̃^{213}ta˙pɑ̃r^{213}　一样，相等
么藏干儿　ma^{55}tθaŋ^{213}kɑ̃r˙　一会儿，很短
　　时间

第十节　　数量词　介词

一个　i^{213}kuə^{42}
两个　liaŋ^{55}kə˙
　俩　lia^{55}
三个　θɑ^{213}kə˙
　仨　θɑ^{213}
四个　θʅ^{55}kə˙
五个　u^{55}kə˙
六个　liou^{55}kə˙
七个　ts'i^{55}kə˙
八个　pa^{55}kə˙
九个　tɕiou^{55}kə˙
十个　ʃʅ^{55}kə˙
若干　yə^{42}kɑ̃^{213}　很多
　老鼻子　lɔ^{55}pi˙tθʅ
么点儿点儿　ma^{213}tiɑ̃r^{55}tiɑ̃r　很小，很少
么顶嘎儿　ma^{213}tioŋ^{55}kar˙　（强调）小
十拉多个　ʃʅ^{55}la˙tuə^{213}kə˙　十几个
二十来个　lə^{55}ʃʅ^{55}lɛ^{55}ʃʅ^{55}kə˙
三块浪钱儿　θɑ^{213}k'uɛ^{42}laŋ^{213}ts'iɑr^{42}
百十户　pei^{55}ʃʅ˙xu^{42}　百户左右
千数斤　ts'iɑ^{213}ʂu˙tɕiə^{213}　千斤左右
合　xuə^{42}　倍：他的年纪是你的两～
个　kə^{42}：一～苹果、一～牛、一～帽子
根　kə̃^{213}　一～板凳　一～带鱼
把　pa^{213}
块　k'uɛ^{213}：一～戏|一～歌儿
架　tɕia^{42}：一～蚊帐
行　sioŋ^{42}：脱了一～皮

条　t'iɔ^{213}：一～鱼
只　tʃʅ^{55}　一～鹅|一～鞋|一～胳膊
头　t'ou^{42}：一～驴|一～白发
窝儿　uər^{213}：一～猪|一～兔儿
身　ʃə̃^{213}：一～土|一～衣服
场　tʃ'aŋ^{213}：一～雨
嘟噜儿　tu^{213}lur^{42}：一～葡萄
虎口　xu^{55}k'ou：一～　长　（大拇指与食
　　指间的距离）
纳　na^{213}：一～　长　（大拇指与中指间的
　　距离）
庹　t'uə^{55}：一～长
趟　t'aŋ^{42}：一～房子|一～庄稼|走一～
遭儿　tθɔr^{42}：走一～
顿　tuə^{213}：一～饭|嗷一～
打　ta^{55}：～这儿走
从　tθ'oŋ^{42}：～乜边走
把　pa^{55}：～这边走
码　ma^{213}：～这里过去
发　fa^{55}　从：你～几时退休的？|你～哪
　　里来的？
朝　tʃ'ɔ^{55}：～前走
往　uaŋ^{55}：～北走
和　xuaŋ^{42}：我～他去
在　tɛ^{42}：他～家吗？
给　tɕ'i^{55}替：你～我拿过来。
使　ʂʅ^{55}用：～钢笔写字。
上　ʃaŋ^{42}到：你～哪里去？

照着　tʃʊ⁴²t ʂ ɿˑ　按照

第四章　语　　法

　　即墨县方言的语法与普通话语法大同小异，本志着重介绍成系统的差异部分，对于一些零碎的语法现象，象构词中把"迷糊"说成"糊迷"、"练习"说成"习练"这样的同素异序现象等等，则不一一细述。

第一节　代　　词

人 称 代 词 表

人　称	单　数	复　数
第一人称	我 uə⁵⁵俺 ɑ̃⁵⁵咱 tθə̃⁴²	我们 uə₅₅mə˙·俺 ɑ̃⁵⁵咱 tθə̃⁴²
第二人称	你 ni⁵⁵恁 nə̃⁵⁵	恁 nə̃⁵⁵
第三人称	他 t ʻɑ²¹³	他们 t ʻɑ²¹³mə̃˙·

　　即墨方言中人称代词"俺"、"恁"既可以表示单数、复数的主格，又表示单数、复数的属格。例如：俺家＝我（或"我们"）的家，恁家＝你（或"你们"）的家。

指示代词、疑问代词表

近　指	远　指	疑　问
这 tʃə⁴² 这里 tʃə⁴²lə˙· 这些 tʃə⁴² siə˙·	乜 niə⁴² 乜里 niə⁴² lə˙· 乜些 niə⁴² siə˙·	哪 na⁵⁵ 哪里 na⁵⁵ niə˙· 哪 些 na⁵⁵ siə˙·
这么 tθoŋ⁴² mə˙· 这么样 tθoŋ⁴² mə˙· iaŋ˙·	那么 noŋ⁴² mə˙· 那么样 noŋ⁴²mə˙· iaŋ˙·	什么 ʃoŋ⁴² mə˙· 怎么 tθoŋ⁴² mə˙· 怎么样 tθoŋ⁴²mə˙· iaŋ˙·

　　即墨方言中跟普通话远指代词"那"，相对应的词是"乜 niə⁴²"，只有在"那么"、

"那么样"中读成"那 noŋ⁴²"。疑问代词"怎么"和近指代词"这么"的语音差别只是音调的不同。

第二节　　数量表示法

（一）分数　倍数　概数

分数：即墨方言中通常用"成儿 tʃ'oŋr⁴²"表示"十分之几"。例如：两成儿2/10、八成儿（8/10）等等，而分母不大于五的分数一般用"沟儿 kour²¹³"表示。例如：三沟儿一沟儿（1/3）、四沟儿三沟儿（3/4）等。

倍数：即墨方言用"合 xuə⁴²"表示倍数，相当于普通话中的"倍"。例如：我的书有你两合的（我的书是你的两倍）、这个缸能盛那个缸两合的（这个缸能盛那个缸的两倍）。

概数：普通话表示概数一般用"来"、"左右"等，例如：十来个、一百来个、一个来月、一万来人、十个左右等。即墨方言除了用"来"外，还可以用"拉"、"来往"等表示概数。说明如下：

十后用"拉 lɑ˙"：十拉个、十拉多个（十几个）。

二十以上的整十数用"来 lɛ˙"：二十来个、五十来个、八十来个等。

单个的千、万或月、年等用"数 ʂu˙"：千数人、万数块钱、月数、年数等。

"来往lɑŋ²¹³u˙"表示"左右"、"上下"等意义，在即墨方言中用得比较普遍：一斤来往沉、十块来往钱、三十来往岁、一千来往人等。"来往"在语音上的明显特征是：在语流中，后一音节极为短弱，常常失落掉；在与前面的数量词的配合中，前面的数量词必须是双音节的。不能直接用在单音节的数词之后，即不能说"百来往块钱"、"千来往人"等。

即墨方言中表示数量多的概数用"若干 yə̃³³ kɑ̃²¹³"和"老鼻子 lɔ⁵⁵ pi²¹⁵ tθ1"等。例如："来了若干人"、"过了若干年"、"他家里有若干书"、"今日集上的人老鼻子啦"、"他家里的钱老鼻子啦"等。"若干"和"老鼻子"都表示数量很大，意为"许多、很多"，在用法上的主要不同是"若干"多放在名词之前，而"老鼻子"多放在名词之后。"老鼻子"后常加语气词"啦"，而"若干"后则不能加。

表示数量少的概数，除了与普通话相同的"一点儿"、"一丁点儿"、"一点儿点儿"等以外，即墨方言还有"么点儿点儿 mɑ²¹³ tiɑ̃r̃ tiɑ̃r˙"和"么丁嘎 mɑ²¹³ tioŋ̃ kɑ˙"两种，而且这两种表示法所表的数量更小些。

（二）量　　词

即墨方言的量词很有特色，其中有不少量词与普通话的用法有交叉（参见词汇部分）。现择要列举如下：

个 kuə⁴²　这个量词的使用范围比普通话宽，有许多普通话不用"个"的名词，即墨方言用"个"。例如：

　　一个人　一个牛　一个鸡　一个门儿　一个车子　一个杌子

　　一个帽子　一个雨衣　一个裤子　一个窗儿　一个米粒　一个豆粒

块 k'uɛ⁴²　"块"在即墨方言中也很活跃，除了与普通话相同的"一块肥皂"、"一块肉”等以外，还可以分别表示“张”、“个”、“架”、“节”等。例如：一块纸（多指小块的纸）、一块节目、一块电影（或戏、歌）、一块电视机（或收音机）、一块电石（电池）、一块甘蔗等，“块”甚至还可以用作指称人的量词，表示对某人的极端蔑视和憎恶。例如：这块坏东西、那块熊货烂等。

趟 t'aŋ⁴²　　“趟”既是物量词又是动量词，前者多用于成行的事物，后者则表示“次”。例如：一趟树、一趟房子、一趟麦子、一趟人；干跑了一趟、放了一趟空等。

量词重叠　即墨县方言中的部分单音节量词可以重叠。重叠的形式除了“AA”式如“个个”、“家家”以外，还有“A 顶 A 儿”的格式，进一步强调“每一”的意思，例如：天顶天儿、家顶家儿、棵顶棵儿、块顶块儿等。这种格式的一部分还可以表示另一种强调的意思，例如：“个顶个儿”表示“一个顶一个、个个都好”，而“把顶把儿”则表示“一把接一把、不间断”的意思，例如：把顶把儿扎固、把顶把儿花钱等。

第三节　　词　缀

即墨县方言构词时使用的词缀很多，前缀的情况比较平常，而后缀却具有鲜明的特色。方言中除部分名词可带后缀以外，不少单音节动词和形容词都可以带上后缀，使这些单音节词双音节化，不仅造成了语音上音节和谐、韵律生动的特色，而且还在词的理性意义的基础上增添了一定的感情色彩，起到和缓语气、使词语更加生动形象的作用。举例说明如下：

厮、汉、巴　对身体有缺陷的人的指称，即墨方言常用厮、汉、巴等，有的含有贬义。例如：厮：秃厮（秃子）　痴厮（傻子）

　　　　　汉：瞎汉（瞎子）　聋汉（聋子）

　　　　　巴：嘲巴（傻子）　哑巴　结巴

用“厮”作后缀的名词还有“小厮（小男孩）”、“野厮（性情粗野的人）”等。

子　即墨方言用“子”作后缀的名词比普通话要多些。例如：

　　泉子　媳妇子　手背子　棉袍子　鞋带子　电棒子

　　牙刷子　犁子　鸡皮子　嘲膘子　坍鼻子　左巴来子

巴　“巴”既可以作为名词的后缀，又可以作为动、形容词的后缀。即墨方言中，单音节动词大都可以带上“巴”，构成“A 巴”的格式。例如：

　　捏巴　拥巴　砸巴　洗巴　搓巴　擦巴

　　泥巴　糊巴　塞巴　踩巴　弹巴　揉巴

动词“A 巴”还以其重叠形式“A 巴 A 巴”表示动作具有短暂和连续的意义。例如：

　　揉巴揉巴　择巴择巴　撕巴撕巴

　　捏巴捏巴　平巴平巴　压巴压巴

单音节形容词加“巴”，构成“A 巴”的形式，含有轻快的语气。例如：

　　窄巴　挤巴　干巴

　　紧巴　野巴　涩巴

其重叠形式“AA 巴巴”表示程度加深。例如：

紧紧巴巴　野野巴巴
挤挤巴巴　窄窄巴巴

拉、打　"拉"、"打"附在单音节动词后时其本身的意义虚化。"A 拉"、"A 打"的形式含有动作反复连续的意味。例如：

扒拉　扑拉　搅拉　摆拉　拨拉　摇拉　划拉　泥拉
捣打　摔打　拍打　撅打　驮打　背打　剁打　数打

第四节　儿　化

即墨方言中的儿化现象除了儿化韵的构成具有明显的特点以外，儿化音节多也是一个突出特点。当然，某些具体的词是否儿化跟个人的语言习惯、一定的语言环境以及说话时的口气等因素相关。下面列举一些即墨方言儿化而普通话一般不儿化的词：

星儿 θioŋr²¹³　　　　　　　小风儿 sio⁵⁵ foŋr²¹³
地面儿 ti²¹³ miãr⁴²　　　　路儿 lur⁴²
半天儿 pã͡ŋ³ t'iãr²¹³　　　年中儿 niã⁴²t ʂoŋr²¹³
莲子儿　liã²¹³ tθɿr⁵⁵　　　树墩儿 ʃu⁴² tuə̃r²¹³
燕儿 iãr⁴²　　　　　　　　蚕儿 tθ'ã͡r⁴²
眼泪儿 iã⁵⁵ lueir⁴²　　　　香炉儿 ɕiaŋ²¹³ lur⁴²
二姑儿 lə⁴² kur²¹³　　　　舅儿 t ɕiour⁴²
短裤儿 tuã⁵⁵ k'ur⁴²　　　围巾儿 uei⁴² tɕiə̃r²¹³
扣儿 k'our²¹³　　　　　　材料儿 tθ'ɛ͡ liər·
角儿 t ɕiar⁵⁵　　　　　　捆儿 k'uə̃r⁵⁵

第五节　　形容词生动形式

即墨方言的形容词生动形式比较丰富，主要有下列类型。

1. 表示积极意义的形容词加副词"老"或"没 mou⁴²是"构成形容词的比较级形式"老 A"或最高级形式"没是 A"，例如：

原级	比较级	最高级
高	老高	没是高
厚	老厚	没是厚
深	老深	没是深
粗	老粗	没是粗
远	老远	没是远
长	老长	没是长
宽	老宽	没是宽

　　大　　　　　　　老大　　　　　　　没是大

　　"老"、"没 mou⁴²是"只能修饰表示积极意义的形容词，不能修饰表示消极意义的形容词。上述的比较级和最高级形式均可以重叠，如"老高老高"、"没是高没是高"等，重叠后表示程度的进一步加深。最高级形式还可以加"AB"形成"没是 AAB"以加重语气，B虽是与A有正反义对立的形容词，但这里并不减轻最高级的形容程度，例如：

　　　　没是高高下　　　没是长长短　　　没是深深浅
　　　　没是粗粗细　　　没是厚厚薄　　　没是大大小

　　但是并非所有的正反义对立的形容词都可以用这种形式，如"高"和"矮"、"宽"和"窄"虽是正反义对立的形容词，却没有象"没是高高矮"、"没是宽宽窄"这样的说法。

　　与此相反，还有另一种格式"没 ma²¹³AAB 儿"，这种结构的意义是表示B的程度的加深，如"没高高下儿"意指"真矮"其它的例子有：

　　　　没长长短儿　　　没粗粗细儿
　　　　没深深浅儿　　　没大大小儿

　　相应的表示"近便、真近便"的意义，用的又是"没 ma²¹³距远儿"或"没 ma²¹³距远"的形式，与"没 mou⁴²是远"相对立。

　　2. 单音节形容词加相应副词构成比较级，比较级形式的形容词再重叠并儿化构成最高级，此式一般只适用于表示消极意义的形容词，例如：

原级	比较级	最高级
短	精短	精短儿短儿
矮	精矮	精矮儿矮儿
细	绝细	绝细儿细儿
窄	溜窄	溜窄儿窄儿
薄	枵薄	枵薄儿薄儿

　　其中，比较级形式可以重叠，例如："绝细绝细的"、"枵薄枵薄的"，程度加深。

　　并不是所有的这些形式都是完全的，如"近便"有比较级形式"精近便"，但没有"精近便儿近便儿"，这是由即墨方言的"近便"是双音节形容词所决定的。

　　3. 部分表示味觉、触觉的形容词加"喷、崩"等副词构成比较级，比较级形式的副词重叠有的儿化又构成最高级，例如：

原级	比较级	最高级
香	喷香	喷喷香
咸	鞠咸	鞠儿鞠儿咸
硬	崩硬	崩崩硬
紧	崩紧	崩崩紧

　　少数表示味觉的形容词，如"咸"、"苦"还可以组成象"鞠杠咸"、"悲杠苦"的形式，表示程度深。

　　4. 即墨方言中表示色觉、味觉的形容词加副词构成比较级，比较级形式重叠构成最高级，例如：

原级	比较级	最高级
红	彤红	彤红彤红

黑	轰黑	轰黑轰黑
黄	显黄	显黄显黄
白	挑白	挑白挑白
绿	铿绿	铿绿铿绿
紫	嫣紫	嫣紫嫣紫
酸	焦酸	焦酸焦酸
苦	悲苦	悲苦悲苦
辣	死辣	死辣死辣
咸	齁咸	齁咸齁咸

5. 即墨方言形容词还可以构成"ABB 的"的格式，意为"稍 A、微 A"。无论单字调如何，B 重叠后全读上声55。例如：

甜甘甘的　　酸溜溜的　　苦溜溜的　　苦森森的

辣嗖嗖的（味美）　　辣齁齁的（味劣）　　薄枵枵的　　臭烘烘的

长干干的　　大筛筛的　　高朗朗的　　厚促促的

红郁郁的　　黄卡卡的　　蓝铿铿的　　白燎燎的

6. 五字格"A 不（或'里、而、乎'等）BC 的"，例如：

楞里巴挣的　　马里虎戏的　　野不娄丢的　　急不娄丢的

邪不隆咚的　　邪里呱哒的　　凶而嘎唧的　　黑乎乱糟的

肮里不赘的　　蘑菇浪儿的　　花里胡哨的　　没颜拉色的

蒺藜疙瘩的　　滑溜不出的　　冒而铿光的　　胡包连欠的

这些格式都比较固定，在语音方面，原来的单字调一般失去控制作用，基本上服从于一种固定的调式"42＋轻声＋55＋45＋轻声"，例如"滑溜不出的"读为 xua⁴² liou· pu⁵⁵ tʃ'u⁵⁵₄₅ ti·，语音协调，十分形象生动，很富表现力。

第六节　介　词

即墨方言中除了与普通话相同的"跟、为、根据、凭、从、往、顺着、朝着、照着、趁"等介词外，还有一些特有的或用法比较特殊的介词。例如，与"从、经过"意义相近的就有："把、打、码、发"，这些介词均可以引入处所、时间，例如：

把这边走　　把这时候起

打即墨出发　　打明日起

码青岛到济南　　码今日开始

你发哪儿来？　　你发几时退休了？

这谜把（发）哪儿猜？

即墨方言中没有介词"到"。"到哪里去"说成"上哪里去"；"扔到水里"、"填到沟里"，分别说成"扔了水里"、"填了沟里"，这个"了 lə·"表示动作的方向。

有些常用介词也可作动词，而其语音形式则与作动词时不相同，例如："和、在"作动词用时读为 xuə⁴²、tɛ⁴²，而作为介词则读作 xuɑŋ⁴²、tɛ⁴²，例如：

　　和 xuaŋ⁴²他说说

　　在 tɛ⁴²家里吃

普通话引入工具的介词"用"即墨方言中用"使"，例如：

　　使笔写字　　别使手抓

　　使棍打人　　使碗盛饭

第七节　"怪手冷"结构

即墨方言中有如下一些较为特殊的结构格式：

　　怪手冷　　怪脚痛

　　怪脚冷　　怪腰痛

　　怪肚子痛

这类结构多用于表示身体器官的感觉，与"手怪冷、脚怪痛"的结构并用。

第八节　　可能式和可能补语

普通话可能式的主要形式是在动词后加"得"，即墨方言则是在动词前加"能"例如：

普通话	即墨方言
看得见	能看见
上得去	能上去
找得着	能找着
说得清	能说清
走得动走不动	能不能走动
说得说不得	能不能说
骑得	能骑
吃不得	不能吃

普通话还常用助词"得"连接副词"很"等充当程度补语，即墨方言与之相对应的是在形容词前加"真、怪"等，例如：

普通话	即墨方言
好得很	真好
冷得很	真冷、怪冷

普通话中充当程度补语的"极"，方言中用"死"，例如"好极了"，即墨方言中说"好死了"。

普通话用"得"连接可能补语，即墨方言则用"的 ti⁵⁵"，例如：

　　写的清楚　　打扫的干净

　　说的明白　　走的快

第九节　　被动句式

即墨方言表示被动的介词没有"被、让"，只有一个"叫"。句式有两种：

书叫他给我掉了。　　　　　　　书叫他掉了。

茶碗叫他给我打了。　　　　　　茶碗叫他打了。

这两种句式都有施动者出现。普通话不出现施动者的简化被动式，比如，"书给掉了"，"书掉了"，即墨方言中一般不说，没有"碗叫打了"、"车撞坏了"这样的句式。

否定的被动式不用表示被动的介词，例如：

车没撞坏　　　　　　　骨头没折断

羊还没牵走　　　　　　钱还没花了

桌子没扎固好

一般不说"车没有被撞坏"这样的句式。

第十节　　比 较 句 式

即墨方言可用"比"表示比较性状的程度，这与普通话无异，不同的是，即墨方言肯定比较句除用"比"以外，还可用"起"。例如：

他比你高。　　　　　　他高起你。

这里比乜里干净。　　　这里干净起乜里。

他学的比你强　　　　　他学的强起你。

否定比较句式多用"不A起""赶（跟）不上"、"没有"带出宾语，例如：

他不高起你。　　　　　他不强起你。

这里不干净起乜里。

这里赶不上乜里干净。

这里没有乜里干净。

疑问比较是在肯定或否定比较句式的基础上加疑问词"吗"，可用"比"、"赶（跟）不上"、"起"等引出比较的对象，例如：

他高起你吗？

你学的比他强吗？

他学的赶（跟）不上你吗？

对等的比较，无论是肯定、否定还是疑问，都用介词"和"，例如：

他和你一样高。

他和你不一样高。

他和你一样高吗？

反问比较句式与否定比较句式结构大致相同，其意义的不同完全依靠语气来表达。否定比较句语气较平而反问比较句句末的语气是明显上扬的。例如：

826　　　　　　　　　即 墨 县 志

他学的不比你强。（词气较平）

他学的不比你强？（语气末尾上扬）

他学的不强起你。（语气平缓）

他学的不强起你？（末尾语气明显上扬）

第五章　　语 料 记 音

第一节　　谜　语

1. i⁵⁵ k'uə²¹³ tθ'ɔr⁵⁵, liour⁴² ti²¹³ p'ɔ⁵⁵, k'ɛ²¹³ xuaŋ⁴² xua²¹³, tsiə⁵⁵ ɛ²¹³

　　一　棵　草儿，　溜　地　跑，　开　黄　花，　结　哎

iɔˑ。（tsi⁴² liˑ）

呦。（蒺 藜）

2. lɔ⁵⁵ mar²¹³ marˑ, tʃ'uã²¹³ pi⁴⁵⁵ tθ 1̩̍; tʂʅ⁵⁵ tʂəˑ kəˑ tioŋ⁴⁵⁵ iãrˑ

　　老　嬷儿　嬷儿，　穿　箆　子，　指　着　个　腚　眼儿

kuə²¹³ i⁴⁵⁵tθ 1̩̍。（lɔ⁵⁵mar²¹³marˑ）

过　日 子。（老 嬷儿 嬷儿，即蜘蛛）

3. tɔ⁴⁵⁵ ʂʅ iɔ²¹³ ləˑ liaŋ⁵⁵ kəˑ iã⁵⁵, xuə⁴⁵⁵ tʃ'aŋ tioŋ⁴⁵⁵ ʃaŋ iˑ k⁴⁵⁵əˑ¹³

　　道　士　腰　里　两　个　眼儿，　和　尚　腚　上　一　根

tɕiə̃²¹³, tsiou⁴⁵⁵ ʂʅ p'ioŋ²¹³ tʃ'aŋ liaŋ⁵⁵ kəˑ tθ 1̩r⁴², tʃuã²¹³ məˑ⁴² na⁴²

　　筋，　就　是　平　常　两　个　字儿，　专　门　拿

lɛ⁴² piə²¹³ xuaŋˑ iə̃⁴²

来　憋　晃　人。

4. ɕiã⁴⁵⁵ xuˑ tuã⁵⁵ laˑ tɛ²¹³ syə⁴² syəˑ（tɕ iɔ̃²¹³ pi⁵⁵）, ɕiã⁴⁵⁵ xuˑ tʃ'aŋ⁴⁵⁵

　　嫌　乎　短　了　再　削　削　（铅　笔），　嫌　乎　长

laˑ tɛ²¹³ tsiə⁴² tsiəˑ（yã⁴² kuei²¹³）, ɕiã⁴⁵⁵ xuˑ p'ə⁴⁵⁵ laˑ tɛ²¹³ liə⁴² liəˑ

　　了　再　接　接　（圆　规），　嫌　乎　破　了　再　裂　裂

（tʂʅ⁵⁵）, ɕiã⁴⁵⁵ xuˑ xei²¹³ laˑ ʂʅ⁵⁵ mei²¹³ məˑ（xei⁵⁵ pã⁵⁵）。

（纸），　嫌　乎　黑　了　使　墨　抹　（黑　板）。

第二节　　谚　语

1. tθɔ⁵⁵ tʃɔ²¹³ pu²¹³ tʃ'u⁵⁵ mə̃⁴², uã⁵⁵ tʃɔ²¹³ ɕioŋ⁴² ts'iã²¹³ li⁵⁵。

　　早　朝　不　出　门，　晚　朝　行　千　里。

2. ma⁵⁵ ṣã· tɛ²¹³ mɔr⁴², ɕiaɪ· i· siɔ⁵⁵ pʻiɛr⁴²。
马　山　戴　帽儿，下　一　小　瓢儿。

3. ku⁵⁵ y· tsʻiã²¹³ xou⁴², tʂoŋ²¹³ kua· tʂoŋ²¹³ tour⁴²。
谷　雨　前　后，种　瓜　种　豆儿。

4. tθɔ⁵⁵ ʃaŋ· tɕiɛ· uã⁴² lu·, ʃaŋ⁵⁵ uã· ʂɛ²¹³ pʻə· xu⁴² lu·。
早　上　价　雾　露，晌　午　晒　破　葫　芦。

5. tsʻioŋ²¹³ ka⁵⁵ mei⁴² tθ 1· tʃʻ1⁵⁵ xɔ⁵⁵ miã·, tsʻioŋ²¹³ kʻa⁵⁵ xu⁴² ʃu
青　割　麦　子　吃　好　面，青　砍　胡　秋
xã²¹³ xɔ⁵⁵ fã⁴², tsʻioŋ²¹³ ka⁵⁵ ku⁵⁵, lɔ⁵⁵ pʻə· xɛ⁴² tθl iou²¹³ tʂə· kʻu⁵⁵。
喝　好　饭，青　割　谷，老　婆　孩　子　受　着　苦。

第三节　　歇　后　语

1. iou²¹³ lour⁴² li· ti· si²¹³ kua· —— iou²¹³ yã⁴² iou²¹³ xua⁴²
油　篓　里　的　西　瓜　——　又　圆　又　滑

2. tɕi²¹³ tʂua⁵⁵ tθ 1· ·mi⁴² tsʻiaŋ⁴² —— pu⁵⁵ ʂ1· xɔ⁴² ʃou⁵⁵
鸡　爪　子　泥　墙　——　不　是　好　手

3. lioŋ⁴² uaŋ· iə· ʃaŋ⁴² la· iɛ⁴² —— li⁴² xɛ·
龙　王　爷　上　了　沿　——　离（厉）海（害）

4. foŋ²¹³ ɕiã pã⁵⁵ tθ 1· tθou²¹³ kɛ⁴² tiã· —— ʃou⁴² la· loŋ⁵⁵ tɕʻir⁴² ʃou⁴²
风　匣　板　子　做　盖　顶　——　受　了　冷　气儿　受
iə²¹³ tɕʻir⁴²
热　气儿（左右受气）

5. tʃaŋ⁴² mu· niaŋ⁴² tʻa· θɔ⁵⁵ tθ 1· —— ta²¹³ yə²¹³ mu·
丈　母　娘　她　嫂　子　——　大　岳（约）母（摸）

6. mei²¹³ kʻaŋ²¹³ tθ ʻa⁵⁵ tioŋ⁴² —— pu· li⁴² θuə·
麦　糠　擦　腔　——　不　利　索

第四节　　儿　歌

1. siɔ⁵⁵ pã⁵⁵ toŋr⁴², la⁵⁵ mei⁴² xuar·, ã⁵⁵ niaŋ· iaŋ⁵⁵ tʂə· ã⁵⁵ tθ 1⁴²
小　板　凳儿，拉　梅　花儿，俺　娘　养　着　俺　自
tɕia·。mɛ⁴² kə· tɕir²¹³ ɕia²¹³ tã⁴² tʃʻ1·, mɛ⁴² kə· iar⁵⁵, ʂuã²¹³ tʂə·
家。买　个　鸡儿　下　蛋　吃，买　个　鸭儿，拴　着
ʂua⁵⁵。
耍。

2. lɔ⁵⁵ iə⁴² iə·, kou²¹³ kou²¹³ tʂə·, iã²¹³ ʒɛ· xuə⁴² pɔ· ti²¹³ liou⁴² tʂə·。
老　爷　爷，勾　勾　着，烟　袋　荷　包　提　溜　着。

3. ṣã²¹³ ka⁴² kar·, y⁵⁵ pa· tʃʻaŋ⁴², tsiaŋ²¹³ la· si⁵⁵ fu· uaŋ⁴² la·
山　嘎　嘎儿，尾　巴　长，将　了　媳　妇　忘　了

828　　　　　　　　　　　　　即 墨 县 志

niaŋ⁴². lɔ⁵⁵ niaŋ⁴² liɔ⁴⁵ tɛ· ʂɑ̃²¹³ p'ə²¹³ ʃaŋ·, si⁵⁵ fu· pei²¹³ tɛ· iə²¹³
娘。　老　娘　撂　在　山　坡　上，　媳　妇　背　在　热

k'aŋ⁴⁵ ʃaŋ·. si⁵⁵ fu· iɔ²¹³ tʃʅ⁵⁵ ta²¹³ t'iɑ̃⁴⁵ li⁴² mioŋ⁴⁵ i· tsiou⁴² tɕ'i⁵⁵
炕　上。　媳　妇　要　吃　大　甜　梨，　明　日　就　去

kɑ̃ ta²¹³ tsi⁴². lɔ⁵⁵ niaŋ· iɔ²¹³ tʃʅ⁵⁵ θu⁴⁵³ ʃɔ²¹³ pioŋ⁵⁵, na⁵⁵ iou· ɕiɑ̃²¹³
赶　大　集。　老　娘　要　吃　酥　烧　饼，　哪　有　闲

ts'iɑ̃⁴² t'iɑ̃²¹³ k'u⁵⁵ loŋ²
钱　填　窟　窿。

4. ta²¹³ koŋ²¹³ tɕi·, y⁴⁵ pa· t'uə²¹³, θɑ̃²¹³ θuei· ti· uɑ⁴⁵ ua· xuei⁴²
大　公　鸡，　尾　巴　拖，　三　岁　的　娃　娃　会

tʃ'aŋ⁴² kuə²¹³. tʃ'aŋ⁴⁵ ti· ʃoŋ²¹³ mə· kuə²¹³? p'ɛ⁴² p'ɛ· tθuə⁴², tʃʅ⁵⁵ kuə⁴⁵
唱　歌。　唱　的　什　么　歌？　排　排　坐，　吃　果

kuə·
果。

5. lɔ⁵⁵ iə⁴⁵ iə·, lɔ⁵⁵ nɛ⁵⁵ nɛ·, ɑ̃⁴⁵ tɕia· ti· siɔ⁵⁵ mɔ· tʃə̃²¹³ ʂʅ
老　爷　爷，　老　奶　奶，　俺　家　的　小　猫　真　是

kuɛ⁴². tθuei⁵⁵ iou²¹³ tsiɑ²¹³, ia⁴² iou²¹³ k'uɛ⁴², fɑ̃²¹³ tʃ'uɛ̃²¹³ p'i⁴² ɔ⁵⁵ mɔ⁴²
怪。　嘴　又　尖，　牙　又　快，　翻　穿　皮　袄　毛

tʃ'ɔ· uɛ⁴², tɕiɑ̃⁴² lə· lɔ⁵⁵ ʃu· pei⁵⁵ pɑ²¹³ ti· uɛ· i· ʂʅ⁴⁵ tʃ'u· iɛ·
朝　外，　见　了　老　鼠　百　般　的　武　艺　使　出　来。

第五节　　故　　事

t'iɑ̃²¹³ tsioŋ⁵⁵ ʂɑ̃²¹³ ti· ku⁴⁵ ʂʅ
天　井　山　的　故　事

tsi⁵⁵ mi⁴² tʃ'oŋ⁴² toŋ²¹³ ʃʅ⁴⁵ la· li⁵⁵ iou⁵⁵ kə· tθ'uər²¹³ tɕiɔ· ta⁴⁵
即　墨　城　东　十　拉　里　有　个　村　儿　叫　大

tθ'uə·. iou⁵⁵ i· niɑ̃⁴², tʃə²¹³ kə· tθ'uər²¹³ ti· i⁵⁵ kə· lɔ⁴⁵ p'ɔ⁴⁵ ʂoŋ²¹³ lə·
村。　有　一　年，　这　个　村　儿　的　一　个　老　婆　生　了

kə· xɛ⁴⁵ tθʅ, i⁵⁵ ʂoŋ²¹³ ɕia· lɛ· tioŋ⁴⁵ ʃaŋ⁴⁵ tsiou· tʃaŋ⁵⁵ lə· kə· y⁴⁵
个　孩　子，　一　生　下　来　腔　上　就　长　了　个　尾

pa·, tɕiɑ̃²¹³ foŋ²¹³ tʃaŋ⁵⁵ a·. tʃə²¹³ k'ɔ· pa· lɔ⁵⁵ t'our⁴² ɕia²¹³ t'i⁵⁵ toŋ²
巴，　见　风　长　啊。　这　可　把　老　头　儿　吓　踢　蹬

la·, t'ɛ· i⁵⁵ xə̃²¹³ siɔ²¹³, pu⁴⁵ tʃə· tʃə⁴² kə· xɛ⁴⁵ tθʅ tsiou· xoŋ²¹³
了，　他　一　狠　心，　抱　着　这　个　孩　子　就　□　到

ʂɑ̃²¹³ kou²¹³ li· k'i· la·. lɔ⁵⁵ p'ə⁴⁵ tθʅ ʂʅ iou²¹³ xɛ²¹³ p'a⁴² iou²¹³
山　沟　里　去　了。　老　婆　子　是　又　害　怕　又

siaŋ⁵⁵ xɛ⁴⁵ tθʅ, tsiou⁴² siaŋ²¹³ k'ɑ̃⁴⁵ tɕiɑ· t'a· xɛ⁴⁵ tθʅ tɛ⁴² uɛ⁴⁵ piar·
想　孩　子，　就　象　看　见　她　孩　子　在　外　边　儿

tɕiɔ²¹³ laŋ⁴² θʅ²¹³、 tɕiɔ²¹³ kou⁵⁵ luɔ⁴⁵ la· i²¹³ iaŋ⁴², siə̃²¹³ lə· nɑ̃²¹³ ʃou⁴⁵
叫　狼　撕、　叫　狗　摞　了　一　样，　心　里　难　受

ti· mə²¹³ iou· k'aŋ⁴².
得　没　有　抗。

第三十三篇　方言　829

tɔ²¹³ tii⁴² θɑ̃· t‘iɑ²¹³ ʃŋ , lɔ⁵⁵ t‘our⁴² ʃaŋ²¹³ p‘ə⁵⁵ tɕ‘i⁴² la· , tʃə⁴²
到　第　三　天　上，老　头　儿　上　坡　去　了，这

xɛʒ⁴² tθ 1· xuʒ⁴² la· pa⁵⁵ ti· tʂɑ̃⁴² tɛ· t‘a· niaŋ⁴² k‘aŋ⁴² kaʒ lar· li· ,
孩　子　忽　拉　巴　的　站　在　他　娘　炕　旯　旮　儿　里，

t ɕiɔ⁴² tʃə· niaŋ⁴², iɔ⁴² tʃ‘1⁴² nɛ⁵⁵· lɔ⁵⁵ p‘ər⁴² iou²¹³ t siɔŋ²¹³ iou²¹³ ɕi⁵⁵,
叫　着　娘，　要　吃　奶。老　婆　儿　又　惊　又　喜，

liaŋ⁴² mə· pa· xɛʒ⁴² tθ 1· lou⁵⁵ tɛ· xuɛʒ lə· tɕiɔ⁴² t‘a· nɛ⁵⁵. tʃə⁴² xɛʒ⁴²
连　忙　把　孩　子　搂　在　怀　里　叫　他　奶。这　孩

tθ 1· tʃ‘1⁵⁵ tʂə· nɛ⁵⁵, tθ 1⁴² ti· pa· niə· kə· y⁵⁵ pa· ʃə̃²¹³ tɛ· faŋ⁴²
子　吃　着　奶，　恁　的　把　乜　个　尾　巴　伸　在　房

mə̃²¹³ k‘ɑ̃⁵⁵ uɛʒ piɑr· , iɔ⁴² lɛ· pɛ⁴² tɛ· ‘y· ti· 。 lɔ⁵⁵ t‘our⁴² ɕiɑ⁴² p‘ə⁵⁵
门　槛　外　边　儿，摇　来　摆　去　的。老　头　儿　下　坡

xuei⁴² lɛ· , tɛ· u⁵⁵ mə̃²¹³ k‘ou⁵⁵ tsiou· k‘ɑ⁴² t ɕiɑ̃· niə²¹³ kə· y⁵⁵ pa· la·
回　来，在　屋　门　口　就　看　见　乜　个　尾　巴　了

t‘a²¹³ li⁴² ʃ1· xuə⁵⁵ mɔ⁴² tɔ· t‘ou⁴² tiŋ· , lɔ²¹³ tɕ‘i⁵⁵ i⁵⁵ pa⁵⁵ k‘ɑ̃⁴²
他　立　时　火　冒　到　头　顶，　捞　起　一　把　砍

tɔ· , p‘ɔŋ²¹³ ti· i· ɕia⁴² , tsiou· pa· tʃə⁴² kə· y⁵⁵ pa· k‘ɑ̃⁵⁵ ɕiə· lɛ·
刀，“嘣”的　一　下，　就　把　这　个　尾　巴　砍　下　来

la· 。 niə⁴² xɛʒ⁴² tθ 1· ua²¹³ ti· i⁵⁵ ʃɔŋ²¹³ , ta⁵⁵ la· kə· kuər⁵⁵ tsiou⁴² mei⁴²
了。乜　孩　子　哇　的　一　声，　打　了　个　滚　儿　就　没

iou· iɔŋr· la· ta⁵⁵ tʃə²¹³ i⁵⁵ xou⁴² , lɔ⁵⁵ p‘ə̃⁴² tθ 1· t‘iɑ̃²¹³ t‘iɑ²¹³ siaŋ⁵⁵
有　影　儿　了。打　这　以　后，　老　婆　子　天　天　想

xɛʒ⁴² tθ 1 , siaŋ⁵⁵ t ɕi⁵⁵ la· tsiou· tɔ²¹³ t‘uə²¹³ t‘ou⁴² ʃaŋ· ta²¹³ ʃɔŋ·
孩　子，　想　急　了　就　到　村　头　上　大　声

ou²¹³ xou·: “siɔ⁵⁵ liɔŋr⁴²! siɔ⁵⁵ liɔŋr⁴²!” t‘a· na⁵⁵ lə· tʃl²¹³ tɔ· , tʃə⁴² xɛʒ⁴²
呕　呼：“小　龙　儿！小　龙　儿！”她　哪　里　知　道，这　孩

tθl· tθɔ⁵⁵ p‘ɔ⁵⁵ tɔ· kuɑ̃²¹³ tɔŋ· k‘aŋ²¹³ xuɑ̃⁴² tɕ‘i·
子　早　跑　到　关　东　扛　活　去　了。

siɔ⁵⁵ liɔŋ⁴² tɛ· kuɑ̃²¹³ tɔŋ· , t‘iɔŋ²¹³ ʃuə²¹³ pei⁴² liɔŋ⁴² t ɕiaŋ²¹³ lə· iou⁴²
小　龙　在　关　东，听　说　白　龙　江　里　有

t‘iɔ· pei²¹³ liɔŋ⁴², iou²¹³ tʃ‘1⁵⁵ iə̃⁴², iou²¹³ tʃ‘1⁴² ma⁵⁵, nɔ⁴² ti· pei⁵⁵
条　白　龙，　又　吃　人，　又　吃　马，　闹　的　百

siɔŋ⁴² pu⁴² tei· ɑ̃²¹³ ʃɔŋ²¹³ 。 t‘a· tsiou⁴² t‘iɔ· tɔ· t ɕiaŋ²¹³ lə· , pa⁵⁵ pei⁵⁵
姓　不　得　安　生。他　就　跳　到　江　里，把　白

liɔŋ⁴² ta⁴² p‘ɔ⁵⁵ la· 。 t‘a⁵⁵ tθ 1⁴² t ɕi· piɑ⁴² tʃ‘ɔŋ· la· i⁵⁵ t‘iɔ²¹³ mə⁴²
龙　打　跑　了。他　自　己　变　成　了　一　条　没

iou⁵⁵ y⁵⁵ pa· ti· xei⁵⁵ liɔŋ⁴², tθuə⁴² la· t ɕiaŋ²¹³ tʃu⁵⁵ 。 θ 1⁴³ tθ ‘uə²¹³ pa²¹³
有　尾　巴　的　黑　龙，做　了　江　主。四　村　八

t‘ɑ̃⁵⁵ ti· iə̃⁴², xuɑ̃²¹³ ʃ ‘i· t ɕiɛ⁴² la· , tou⁴³ t s‘iə̃²¹³ iə⁴² ti· t ɕiɔ⁴² t‘a·
疃　的　人，　欢　喜　极　了，　都　亲　热　的　叫　他

t‘u⁵⁵ y· pa· lɔ⁵⁵ li⁵⁵, xa⁴² pa· pei⁴² liɔŋ· t ɕiaŋ²¹³ kɛ⁵⁵ miɔŋ⁴² t ɕiɔ· xei⁵⁵
秃　尾　巴　老　李，还　把　白　龙　江　改　名　叫　黑

liɔŋ⁴² t ɕiaŋ²¹³ 。
龙　江。

830　　　　　　　　　即墨县志

t'u⁵⁵ y˙ pa˙ lɔ⁵⁵ li⁵⁵, taŋ²¹³ la˙ t ɕiaŋ²¹³ tʃu⁵⁵, tsiou˙ iou²¹³ piɑ̃⁵⁵₄₅

秃　尾　巴　老　李，　当　了　江　主，　就　又　变

tʃ'oŋ⁵⁵ kə˙ xei⁵⁵ sio⁵⁵ θ'ʅ le⁴² t ɕia²¹³ k'ɑ̃⁴² t'a˙ niaŋ⁴². t'a²¹³ i⁵⁵ to²¹³

成　个　黑　小　厮　来　家　看　他　娘。　他　一　到

ta˙ mə̃²¹³ k'ou⁵⁵ tsiou˙ t ɕiɔ²¹³ niaŋ⁴², k'ɔ⁵⁵ ʅ mə²¹³ iə̃r⁴² taȵ⁵⁵₄₅ ioŋ˙,

大　门　口　就　叫　娘，　可　是　没　人　儿　答　应，

tsiə̃²¹³ u⁵⁵ i⁵⁵ k'ɑ̃⁴², t'a˙ niaŋ⁴² t ɕ'iə²¹³ təˑ k'aŋ⁵⁵₄₅ ʃaŋ˙, tʃʅ⁵⁵ iou˙ i⁵⁵₄₅₁₃

进　屋　一　看　他　娘　软　在　坑　上，　只　有　一

k'ou⁵⁵ t ɕ'ir⁴² la˙, tθuei⁵⁵₄₅ lə˙ sio⁵⁵ ʃoŋ²¹³ ʃuə⁵⁵："xa²¹³ ʂuei⁵⁵! xa²¹³₁₃

口　气　儿　了，　嘴　里　小　声　说:"喝　水!　喝

ʂuei⁵⁵!" t'a˙ tsiou˙ kɑ̃²¹³ t ɕi⁴² p'ɔ⁵⁵₄₅ to²¹³ mou⁴² ʂʅ˙ t ɕy⁵⁵ yɑ̃⁵⁵₄₅ ti˙ tʃ'aŋ⁵⁵₄₅

水!"　他　就　赶　急　跑　到　没　是　距　远　的　场

lə˙ t ɕ'i⁵⁵ noŋ⁵⁵₄₅ la˙ tiɑ̃r⁵⁵₄₅ ʂuei⁵⁵ t ɕ'i⁵⁵ t'a˙ niaŋ⁴² xa²¹³ la˙. t'a˙ niaŋ

里　去　弄　了　点　水　给　他　娘　喝　了。　他　娘

sioŋ⁵⁵₄₅ kuə˙ lɛ˙ i⁵⁵ k'ɑ̃⁴², pu⁴² iə̃⁵⁵₄₅ ti˙ tʃə⁴² kə˙ xei⁵⁵ sio⁵⁵ θ'ʅ. lɔ⁵⁵₄₅

醒　过　来　一　看，　不　认　的　这　个　黑　小　厮。　老

li⁴² liaŋ⁵⁵₄₅ mə˙ xuaŋ²¹³ t'a˙ niaŋ⁴² ʃuə⁵⁵ la˙ ʂʅ⁵⁵₄₅ xua˙ t'a˙ niaŋ⁴² xuɑ̃²¹³

李　连　忙　和　他　娘　说　了　实　话，　他　娘　欢

t ɕ'i⁵⁵ ti˙ tʃ'ʅ⁵⁵₄₅ pu˙ liɔ˙ a˙. lɔ⁵⁵ li⁵⁵ iou²¹³ uə̃⁴²:"ã⁵⁵ tiə²¹³ nə˙?" t'a˙

喜　的　治　不　了　啊。　老　李　又　问:"俺　爹　呢?"　他

niaŋ⁴² t'aŋ²¹³ t ʂə˙ iɑ̃⁵⁵ luei⁴² ʃuə⁵⁵:"tʃə²¹³ t ɕi˙ niɑ̃⁴², lɔ⁵⁵ t'iɑ̃²¹³ pu˙

娘　淌　着　眼　泪　说:"这　几　年，　老　天　不

ɕia²¹³ y⁵⁵, iə˙ pu⁵⁵₄₅ tʃʅ˙ kɑ̃²¹³ ʂʅ˙ la˙ tuə²¹³ ʃuə˙ iə̃⁵⁵₄₅ a˙, nə̃⁵⁵ tiə²¹³

下　雨，　也　不　知　干　死　了　多　少　人　啊，　恁　爹

tθɔ⁵⁵ kɑ̃²¹³ ʂʅ˙ la˙." lɔ⁵⁵₄₅ li⁵⁵ maŋ⁴² ʃuə⁵⁵:"niaŋ⁴², tʃə²¹³ pu⁵⁵₄₅ ioŋ˙

早　干　死　了。"　老　李　忙　说:"娘，　这　不　用

tʃ'ou⁴², na²¹³ uə⁵⁵ t ɕ'i˙ nə˙ ua²¹³ iɑ̃˙ tsioŋ⁵⁵." ʃuə⁵⁵₄₅ t ʂə˙ tsiou˙ pu˙

愁，　那　我　给　恁　挖　眼　井。"　说　着　就　不

t ɕiɑ̃⁴² la˙. tʃuɑ̃⁴² iɑ̃˙ t ɕiɑ̃²¹³, t'iɑ̃²¹³ iə̃²¹³ ti˙ siaŋ⁴² kuə²¹³ ti⁵⁵, tsiə⁵⁵₄₅

见　了。　转　眼　间，　天　阴　的　象　锅　底，　接

t ʂə˙ tsiou˙ iou²¹³ ʂʅ˙ foŋ²¹³ iou²¹³ ʂʅ˙ y⁵⁵, iou²¹³ ʂʅ˙ xu²¹³ luei⁴² iou²¹³

着　就　又　是　风　又　是　雨，　又　是　呼　雷　又

ʂʅ˙ ʃɑ̃⁵⁵₄₅ ti˙. yɑ̃⁵⁵₄₅ lɛ˙ ʂʅ˙ lɔ⁵⁵₄₅ li⁵⁵ iou²¹³ piɑ̃⁵⁵₄₅ tʃ'oŋ˙ lə˙ i⁵⁵ t'iɔ⁴²

是　闪　的。　原　来　是　老　李　又　变　成　了　一　条

xei⁵⁵ lioŋ⁴², tsiə˙ t ʂə˙ foŋ²¹³、 y⁵⁵、 luei⁴² ʃɑ̃⁵⁵₄₅ ti˙ t ɕir⁴², tɛ⁴² taȵ⁵⁵₄₅

黑　龙，　借　着　风、　雨、　雷、　闪　的　劲　儿，　在　大

tθ'uə̃˙ si²¹³ nɑ̃⁵⁵₄₅ ti˙ niə⁵⁵₄₅ kə˙ sio⁵⁵ sɑ̃r²¹³ tioŋ⁵⁵₄₅ ʃaŋ˙, t ʂua²¹³ tʃ'u˙ la˙

村　西　南　的　乜　个　小　山　儿　顶　上，　抓　出　了

i⁵⁵₄₅ kə˙ lɔ⁵⁵ ʃə̃⁵⁵₄₅ lɔ⁵⁵ ʃə²¹³ ti˙ ta⁵⁵₄₅ ʃʅ k'oŋ²¹³ lɛ˙, li⁵⁵ miɑ̃r⁴² ʂʅ⁴²

一　个　老　深　老　深　的　大　石　坑　来，　里　面　儿　是

tʃoŋ⁵⁵₄₅¹³ ts'ioŋ²¹³ ti˙ ts'yɑ̃⁴² ʂuei⁵⁵, xa⁵⁵ t ɕ'i˙ lɛ˙ si²¹³ t'iɑ̃⁴² si²¹³ t'iɑ̃⁵⁵₄₅

澄　清　的　泉　水，　喝　起　来　稀　甜　稀　甜

ti˙. lɔ⁵⁵₄₅ li⁵⁵ ua²¹³ uɑ̃⁵⁵₄₅ la˙ tsioŋ⁵⁵, iə⁵⁵ uaŋ⁵⁵₄₅ la˙ te²¹³ piɑ̃²¹³ tʃ'oŋ⁴² iə̃⁴²,

的。　老　李　挖　完　了　井，　也　忘　了　再　变　成　人，

第三十三篇　方　言　　831

i^{55} $\theta\tilde{\alpha}^{55}$ $xu\tilde{\alpha}r^{213}$ $t\varwedge ia^{213}$ $t\varwedge 'i\cdot$ $xia\eta^{55}$ $t'\alpha\cdot$ $nia\eta^{42}$ $p\mathit{o}^{213}$ $\varwedge i^{55}$ $t\varwedge '\tilde{i\alpha}^{42}$ $la\cdot$
一　撒　欢儿　家　去　向　他　娘　报　喜　去　了

$t'\alpha\cdot$ $nia\eta^{42}$ $t\int o\eta^{213}$ $ʒɛ\cdot$ $si\vartheta^{55}$ $\theta'\mathit{l}\cdot$ $x\varepsilon^{55}$ $t\theta'\mathit{l}\cdot$ $t\theta u\tilde{\alpha}^{213}$ $m\vartheta\cdot$ pu^{42} $t\varwedge \tilde{i\alpha}^{42}$ $la\cdot$
他　娘　正　在　寻　思，孩　子　怎　么　不　见　了，

$mo\eta^{55}$ $i\cdot$ $\varwedge iar^{42}$ $k'\tilde{\alpha}^{55}$ $t\varwedge \tilde{i\alpha}^{55}$ $t\theta u\tilde{\alpha}^{213}$ $tsi\vartheta\cdot$ $i\cdot$ $t'i\varwedge\cdot$ $t\int a\eta^{213}$ ia^{42} u^{213} $ts\mathit{o}^{55}$
猛　一　下儿，看　见　钻　进　一　条　张　牙　舞　爪

$ti\cdot$ xei^{55} $lio\eta^{55}$ $l\varepsilon\cdot$ $\varwedge ia^{55}$ $ti\cdot$ $t'\alpha\cdot$ i^{55} $t'ou^{42}$ $t\theta\varepsilon^{213}$ $t\mathit{o}\cdot$ $k'a\eta^{42}$ $i\tilde{\alpha}r^{55}$ $\varwedge i$
的　黑　龙　来，吓　的　她　一　头　栽　到　炕　沿儿　下

$ti\vartheta^{55}$ $\int\mathit{l}$ $la\cdot$ $l\mathit{o}^{55}$ li^{55} o^{55} $x\mathit{o}^{42}$ $i\vartheta\cdot$ $l\varepsilon$ $pu\cdot$ $t\varwedge i\varepsilon^{55}$ $la\cdot$ $tsiou^{42}$ $pa\cdot$ $t'\alpha\cdot$
跌　死　了。老　李　懊　恨　也　来　不　及　了，就　把　他

$nia\eta^{42}$ $m\varepsilon^{213}$ $ʒɛ\cdot$ $ts'\tilde{i\alpha}^{213}$ li^{55} $t\mathit{o}^{55}$ $\int a\eta\cdot$ $f\vartheta^{55}$ $\theta'\mathit{l}\cdot$ $\int a\eta$ xa^{42} $t\theta\varepsilon^{213}$ $la\cdot$
娘　埋　在　千　里　岛　上，坟　子　上　还　栽　了

$si\vartheta\cdot$ $n\varepsilon^{55}$ $to\eta$ $xuar^{213}$ $t'io\eta^{213}$ $\int u\vartheta^{55}$ $t\int\vartheta^{213}$ $si\vartheta\cdot$ xua^{213} $y\vartheta^{55}$ $f\tilde{\alpha}$ $\int o\eta^{213}$ $y\vartheta\cdot$
些　耐　冬　花儿。听　说，这　些　花　越　繁　生　越

$tu\vartheta^{213}$ $t\mathit{o}^{42}$ y^{42} $t\varwedge i\vartheta\cdot$ $xa\cdot$ $k'\varepsilon^{213}$ $n\vartheta\cdot$!
多，到　如　今　还　开　呢！

$l\mathit{o}^{55}$ li^{55} iou^{213} $\int a\eta\cdot$ xei^{55} $lio\eta^{42}$ $t\varwedge ia\eta^{213}$ $ta\eta\cdot$ $t\varwedge ia\eta^{213}$ $t\int u^{55}$ $t\varwedge 'i^{42}$ $la\cdot$
老　李　又　上　黑　龙　江　当　江　主　去　了。

ta^{55} na^{213} i^{55} xou^{42} $i\vartheta^{55}$ $m\tilde{\vartheta}\cdot$ pa^{55} $l\mathit{o}^{55}$ li^{55} ua^{213} $ti\cdot$ $ni\vartheta^{213}$ $k\vartheta\cdot$ ta^{213}
打　那　以　后，人　们　把　老　李　挖　的　乜　个　大

$\int\mathit{l}^{42}$ $k'o\eta^{213}$ $t\varwedge i\mathit{o}^{42}$ $t'\tilde{i\alpha}^{213}$ $tsio\eta^{55}$, pa^{55} $ni\vartheta\cdot$ $k\vartheta\cdot$ $si\mathit{o}^{55}$ $\int\tilde{\alpha}r\cdot$ $t\varwedge i\mathit{o}^{42}$ $t'\tilde{i\alpha}^{42}$
石　坑　叫　天　井，把　乜　个　小　山儿　叫　天

$tsio\eta^{55}$ $\int\tilde{\alpha}^{213}$, $i\vartheta^{42}$ $t\varwedge i\mathit{o}^{213}$ $si\mathit{o}^{55}$ $lio\eta^{42}$ $\int\tilde{\alpha}^{213}$。
井　山，也　叫　小　龙　山。

$\varwedge y\tilde{\alpha}^{42}$ $ia\eta^{42}$ $t\varwedge i^{55}$ ku^{55}
悬　羊　击　鼓

$t\varepsilon^{55}$ $ts'\tilde{i\vartheta}^{55}$ $t\int '\cdot$ $m\vartheta^{213}$ $ni\tilde{\alpha}^{42}$, $t\int\mathit{l}^{42}$ $\int o\eta^{213}$、u^{213} $kua\eta^{55}$ $t\varwedge 'i^{55}$ $l\varepsilon\cdot$ $t\theta\mathit{o}^{213}$
在　秦　朝　末　年，陈　胜、吴　广　起　来　造

$f\tilde{\alpha}^{55}$, $ta\eta^{213}$ $t\int 'u^{213}$ $t\varwedge i\mathit{o}^{42}$ $ts'\tilde{i\vartheta}^{55}$ $\int\mathit{l}\cdot$ $xua\eta^{42}$ $mi\vartheta^{55}$ $la\cdot$ $ti\cdot$ $ni\vartheta^{42}$ $liou^{213}$
反，当　初　叫　秦　始　皇　灭　了　的　乜　六

$ku\vartheta^{55}$ $ti\cdot$ i^{55} $si\vartheta^{213}$ xou^{213} $t\varepsilon^{42}$ $i\vartheta^{42}$ $t\int '\tilde{\vartheta}^{42}$ $t\varwedge i^{213}$ $t\varwedge 'i^{55}$ $l\varepsilon\cdot$ $t\int\mathit{o}^{213}$ $pio\eta^{213}$
国　的　一　些　后　代　也　趁　机　起　来　招　兵

$m\varepsilon^{213}$ ma^{55}, $sia\eta^{55}$ $t\theta\varepsilon^{213}$ $t\theta u\vartheta^{213}$ $t'\tilde{i\alpha}^{213}$ $\varwedge ia\cdot$。 $ts'\tilde{i\vartheta}^{55}$ $ku\vartheta\cdot$ $ti\cdot$ xou^{42} $i\tilde{\vartheta}^{42}$
买　马，想　再　坐　天　下。齐　国　的　后　人

$t'\tilde{i\alpha}^{213}$ $xo\eta^{42}$ i^{55} $xu\vartheta r^{55}$ $i\vartheta^{55}$ $ʒɛ\cdot$ $t'\alpha\cdot$ $ti\cdot$ $t\varwedge ia\cdot$ $\varwedge ia\eta^{213}$ $t\varwedge 'i^{55}$ $pio\eta^{213}$,
田　横　一　伙儿　也　在　他　的　家　乡　起　兵，

$t\theta\mathit{l}^{42}$ $t\int '\mathit{o}\eta^{213}$ $ts'i\cdot$ $\square$ $ua\eta^{213}$。 la^{42} $m\vartheta\cdot$ $liar^{55}$, $liou^{42}$ $pa\eta^{213}$ $mi\vartheta^{55}$ $la\cdot$ $\varwedge ia\eta^{213}$
自　称　齐　王。拉　末　了儿，刘　邦　灭　了　项

y^{55}, $t'\alpha^{213}$ $ti\cdot$ ta^{213} $tsia\eta^{213}$ $x\tilde{\alpha}^{42}$ $si\vartheta^{213}$ ta^{55} $p\varepsilon^{55}$ $la\cdot$ $ts'i^{42}$ $t\varwedge y\tilde{\vartheta}^{213}$。 $t'\tilde{i\alpha}^{213}$
羽，他　的　大　将　韩　信　打　败　了　齐　军。田

$xo\eta^{42}$ $lio\eta^{55}$ $t\int\vartheta\cdot$ $\int a\eta^{55}$ $\varwedge ia\cdot$ $ti\cdot$ u^{55} pei^{55} $\int\mathit{l}^{42}$ $pio\eta^{213}$ $\varwedge ia\eta^{42}$ $to\eta^{213}$ $p\varepsilon^{42}$
横　领　着　剩　下　的　五　百　士　兵　向　东　败

tʻuei⁴²。

退。

məᵐ²¹³ tɕiˑ tʻiɑ̃r²¹³, tʻɑ⁵⁵ mə̃ˑ tʻuei⁴² tɔ⁴² ləˑ toŋ²¹³ xɛ⁵⁵ piɑr²¹³。tsʻiɑ̃⁴²

没 几 天儿， 他 们 退 到 了 东 海 边儿。 前

iou⁵⁵ tɑ²¹³ xɛ⁵⁵, xou⁴² iou⁵⁵ tʂuei²¹³ pioŋ²¹³, tθoŋ⁵⁵ məˑ pɑ̃⁴² nəˑ? tʂʅ⁴²

有 大 海， 后 有 追 兵， 怎么 办 呢？ 只

iou⁵⁵ tʻuei⁴² tɔˑ toŋ²¹³ xɛ⁵⁵ ləˑ ti⁵⁵ i⁵⁵ kəˑ tɑ²¹³ tɔ⁵⁵ ʃaŋˑ tɕʻi⁴² laˑ。

有 退 到 东 海 里 的 一 个 大 岛 上 去 了。

kʻɔ⁵⁵ ʂʅˑ xou⁴² miɑrˑ tiˑ tʂuei²¹³ pioŋ²¹³ tɕiã⁵⁵ kə²¹³ tʂəˑ niã⁴² ʃaŋˑ lɛˑ

可 是 后 面儿 的 追 兵 紧 跟 着 撺 上 来

laˑ, tu²¹³ xɛ⁵⁵ lɛ⁴² puˑ tɕi⁴² aˑ! kʻuə⁴² tɕʻiɔ⁵⁵ iã⁴² tsʻiã⁴² iou⁵⁵ kəˑ

了， 渡 海 来 不 及 啊！ 可 巧 眼 前 有 个

siɔ⁴² tɔrˑ, tʂʂɑ²¹³ puˑ tuə²¹³ kə⁴² lu²¹³ ti⁴² liã⁴² tʂəˑ laˑ。niə⁴² ləˑ

小 岛儿， 差 不 多 跟 陆 地 连 着 了。 乜 里

tɑ²¹³ ʃu⁴² i⁵⁵ kʻuə²¹³ pi⁵⁵ i⁵⁵ kʻuə²¹³ kɔ²¹³, ʃu⁴² ɕiaˑ ti⁴² tθʻɔ⁵⁵ iə⁵⁵ noŋ⁴²

大 树 一 棵 比 一 棵 高， 树 下 的 草 也 能

mə⁴² laˑ iə̃⁴²。tʻiã²¹³ xoŋ⁴² taŋ²¹³ tɕi²¹³ li²¹³ tuɑ⁴², tʻɑ⁵⁵ tɕiã²¹³ i⁵⁵ siə̃ˑ

没 了 人。 田 横 当 机 立 断， 他 叫 一 些

pioŋ²¹³ kuə²¹³ xɛ⁵⁵, i⁵⁵ siə̃²¹³ tɛ⁵⁵ siɔ⁵⁵ tɔ⁵⁵ ʃaŋˑ tʂʻɑ⁵⁵ mɑ̃ˑ laˑ tɕʻi⁴²

兵 过 海， 一 些 在 小 岛 上 插 满 了 旗

tθʅˑ, iou²¹³ paˑ tɕi⁴² pei²¹³ tʂʅˑ ʂɑ²¹³ iaŋ⁴² tiɔ⁴² tʂʻˑ ʃu⁴² ʃaŋˑ mei⁴²

子， 又 把 几 百 只 山 羊 吊 在 树 上， 每

tʂʅˑ iaŋ⁴² tiˑ tɕyə⁴² ɕiaˑ paŋ⁵⁵ ʃaŋˑ i⁵⁵ kəˑ ku⁵⁵。iaŋ⁴² tɕʻi⁴² tθʅˑ i⁵⁵

只 羊 的 脚 下 绑 上 一 个 鼓。 羊 蹄 子 一

toŋ²¹³ taˑ, tsiou⁴² siaŋ²¹³ tʂɑ̃⁴² ʂʅˑ tɑ⁵⁵ ku⁵⁵。tʂuei²¹³ pioŋ²¹³ lɔ⁴² yɑ⁵⁵

蹬 打， 就 象 战 士 打 鼓。 追 兵 老 远

tsiou⁴² tʻioŋ²¹³ tʂəˑ tʂʻɑ²¹³ ku⁵⁵ mɑ̃⁵⁵ sɑ̃²¹³ ɕiaŋ⁵⁵, kʻɑ⁴² tʂəˑ ʃu⁴² liə⁴² ləˑ

就 听 着 战 鼓 满 山 响， 看 着 树 林 里

pʻiɔ²¹³ tʂəˑ noŋ⁴² məˑ tuə²¹³ tiˑ tɕʻi⁴², iou²¹³ tʻioŋ²¹³ tʂəˑ tɑ²¹³ tɔ⁵⁵

飘 着 那 么 多 的 旗， 又 听 着 大 岛

niə²¹³ piɑr⁴² yə⁴² kɑ̃⁴² iə⁴² iɔ²¹³ iɔˑ xuə⁵⁵ xuəˑ ti tʂʻə²¹³ siaŋ ʂʅˑ me⁴²

乜 边儿 若 干 人 吆 吆 喝 喝 的 真 象 是 埋

fuˑ laˑ tsʻiã²¹³ tɕyə²¹³ uã²¹³ mɑ⁵⁵, tsiou⁴² mɑ²¹³ ʃaŋˑ tʻioŋ²¹³ tʂʅˑ laˑ

伏 了 千 军 万 马， 就 马 上 停 止 了

tʂuei²¹³ kɑ̃²¹³, tʂʅ⁵⁵ pʻɛ⁴² ʂɔ⁵⁵ ʂu⁴² tsiaŋ²¹³ ʂʅˑ siaŋ⁴² tsʻiã⁴² tɑ⁵⁵ tʻã̃⁴²。

追 赶， 只 派 少 数 将 士 向 前 打 探。

toŋ⁵⁵ tɔˑ tʻɑ²¹³ mə̃ˑ tʻã²¹³ tʻioŋ mioŋ⁴² pei⁴², tʻiã²¹³ xoŋ⁴² tʻɑ²¹³ mə̃ˑ i⁵⁵

等 到 他 们 探 听 明 白， 田 横 他 们 已

tɕioŋ tuə⁴² tɔˑ niə²¹³ kəˑ tɑ²¹³ tɔ⁵⁵ ʃaŋ tɕʻi⁴² laˑ。

经 渡 到 乜 个 大 岛 上 去 了。

xuə⁴² lɛ⁴², liou⁴² paŋ²¹³ tθuə⁴² ləˑ tʻiã²¹³ ɕiaˑ, iɔ tʂʻɔ²¹³ tɕiã²¹³ tʻiã²¹³

后 来， 刘 邦 坐 了 天 下， 要 召 见 田

xoŋ⁴², tʻiã²¹³ xoŋ⁴² mə²¹³ far⁵⁵, tʂʅ⁵⁵ xɔ⁵⁵ tɛ⁴² tʂəˑ liaŋ⁴² kəˑ iə̃r⁴²

横， 田 横 没 法儿， 只 好 带 着 两 个 人儿

tɕ'i⁴² la· 。 tθou⁵⁵ tɔ⁴² pã²¹³ lu⁵⁵₄₅ ʃaŋ· , t'iã²¹³ xoŋ⁴² tsiou· tθ1⁴² ʂa⁵⁵₄₅ la· 。
去　了　。　走　到　半　路　上　，　田　横　就　自　杀　了　。

liou⁴²₄₅ tɛ· tɔ⁵⁵₄₅ ʃaŋ· ti· u⁴²₄₅ pei⁵⁵ ʂ1⁴² pioŋ²¹³ i⁵⁵ t'ioŋ²¹³ t'iã²¹³ xoŋ⁴² tθ1⁴²
留　在　岛　上　的　五　百　士　兵　一　听　田　横　自

ʂa⁵⁵ , t'a²¹³ mã· iə· tsy⁴² tou²¹³ tθ1⁴² ʂa⁵⁵ la· 。
杀　，　他　们　也　全　都　自　杀　了　。

ta⁵⁵ niə⁴² uaŋ⁵⁵ xou⁴² , t'iã²¹³ xoŋ⁴² toŋ²¹³ tu⁴²₄₅ ti· niə²¹³ kə· ta²¹³ tɔ⁵⁵
打　乜　往　后　，　田　横　东　渡　的　乜　个　大　岛

tsiou· tɕiɔ²¹³ t'iã²¹³ xoŋ⁴² tɔ⁵⁵ , t'iã²¹³ xoŋ⁴² tɛ· ʃaŋ⁵⁵₄₅ piar· "ɕyã⁴² iaŋ⁴²
就　叫　田　横　岛　，　田　横　在　上　边　儿　"悬　羊

tɕi⁵⁵₄₅²¹³ ku⁵⁵" ti· niə⁴² kə· siɔ⁴²₄₅ tɔ⁵⁵ , tsiou· tɕiɔ²¹³ ɕyã²¹³ iaŋ⁴² tɔ⁵⁵ 。
击　鼓"　的　乜　个　小　岛　，　就　叫　悬　羊　岛　。

θl²¹³ ta⁴² t'iã²¹³ ti⁴²
四　大　天　地

tθɕ⁵⁵ lə· , iou⁵⁵ kə· ɕiã⁴² kuar²¹³ , t'a⁵⁵ ʃaŋ²¹³ iã⁴²₄₅ ti· ʂ1⁴²₄₅ xou· ,
早　里　，　有　个　县　官　儿　，　他　上　任　的　时　候　，

kuã⁵⁵ tɕia⁴² 、 θuei⁴² tθ'oŋ· , tɛ⁴²₄₅ lə· i⁵⁵ ta· tɕ'yə⁴² , p'ɛ⁴² tʃ'aŋ⁴² k'ɔ⁵⁵
管　家　、　随　从　，　带　了　一　大　群　，　排　场　可

ta⁴² la· ; tɔ⁴² iã⁴² i⁵⁵ xou⁴² , tʃ'1⁵⁵ xa⁵⁵ uar⁴² luə⁴² , tɕ'iɔ²¹³ tʂa⁴² lei²¹³
大　啦　；　到　任　以　后　，　吃　喝　玩　儿　乐　，　敲　诈　勒

θuə⁵⁵ , t'ã²¹³₄₅ tθaŋ²¹³ uaŋ²¹³ fa⁵⁵ , u⁴² uə²¹³ pu⁴² tθuə⁵⁵ 。 tsɕ'yã²¹³ ɕiã⁴²₄₅ ti·
索　，　贪　赃　枉　法　，　无　恶　不　作　。　全　县　的

lɔ⁴²₄₅ pei⁵⁵ ɕioŋ· tʃə²¹³ tɕiɔ⁴²₄₅ t'a· ɛ·xɛ⁴² k'u⁵⁵₄₅ la· 。 iou⁵⁵ ti· tɕ'i⁴² xoŋ⁴²₄₅
老　百　姓　真　叫　他　害　苦　了　。　有　的　气　红

la· iã⁵⁵ , iou⁵⁵₄₅ ti· tɕ'i⁴² tʂa⁵⁵₄₅ la· fei²¹³ 。
了　眼　，　有　的　气　炸　了　肺　。

k'ɔ⁵⁵ ʂ1² tʃə⁴² kə· t'ã²¹³₄₅ kuar²¹³ xɛ· ʂ1²¹³ tɕ'i⁴² laŋ· tɛ³⁷ xua²¹³——
可　是　这　个　贪　官　儿　还　屎　气　郎　戴　花——

tθ1⁴² tɕyə⁵⁵ t'ioŋ⁵⁵ mei⁵⁵ 。 tɛ⁴²₄₅ t'a· θã²¹³ niã⁴² iã⁴² mã⁵⁵ iɔ· li⁴²₄₅ k'ɛ
自　觉　挺　美　。　在　他　三　年　任　满　要　离　开

niə⁴² kə· ɕiã⁴²₄₅ ti· ʂ1⁴²₄₅ xou· , xɛ⁴² iou⁵⁵ liã⁴²r⁵⁵ tuei⁴² lɔ⁵⁵ pei⁵⁵ ɕioŋ· ʃuə⁵⁵ :
乜　个　县　的　时　候　，　还　有　脸　儿　对　老　百　姓　说：

"uə⁵⁵ tɛ· tʃə⁴² lə· tθuə⁵⁵ lə· θã²¹³ niã⁴² kuã²¹³ , tuei⁴² nã⁵⁵ ti· ã²¹³
"我　在　这　里　做　了　三　年　官　，　对　恁　的　恩

tsɕ'ioŋ² tʃə²¹³ ʂ1² t'iã²¹³ kɔ²¹³ ti²¹³ xou⁴² a· , y⁴² tɕiã²¹³ uə⁵⁵ iɔ· tθou²¹³
情　真　是　天　高　地　厚　啊　，　如　今　我　要　走

la· , nã⁵⁵ tou²¹³ tei· θoŋ²¹³ iaŋr⁴² toŋ²¹³ si· tɕ'i⁴² uə· , xɔ⁵⁵ tɕiɔ²¹³
了　，　恁　都　得　送　样　儿　东　西　给　我　，　好　叫

p'aŋ⁴² iã⁴² iə⁵⁵ tʃ1²¹³ tɔ· uə⁵⁵ uei⁴² kuã²¹³ tsɕ'ioŋ² tʃoŋ⁴² 。"
旁　人　也　知　道　我　为　官　清　正　。"

lɔ⁵⁵ pei⁵⁵ ɕioŋ· mə⁴² far⁵⁵ , tʃ1⁵⁵ xɔ· tθou⁴² tθɛ· i⁵⁵ k'uɛr⁴² , ʃaŋ²¹³
老　百　姓　没　法　儿　，　只　好　凑　在　一　块　儿　，　商

834　　　　　　　　　即 墨 县 志

iᵉ⁵⁵ lə· iᵉ⁵⁵ kə· pɑ̃⁴²ᵉ fa·, tɕ'i· ɕiɑ̃⁴² kuɑ̃r²¹³ tθou⁴² lə· kə· ta²¹³ piɑ̃⁵⁵,
议 了 一 个 办 法， 给 县 官 儿 做 了 个 大 匾，

ʃaŋ⁴² miɑr⁴² siəᵉ⁵⁵ t ʂə· "θ ʅ²¹³ ta²¹³ t'iɑ̃²¹³ ti⁴²" θ ʅ⁴² kə· ta²¹³ tθ ʅr⁴²。
上 面 写 着 "四 大 天 地" 四 个 大 字 儿。

　ɕiɑ̃⁴² kuɑ²¹³ iɔ²¹³ tθouᵉ⁵⁵ ti· niə· t'iɑ̃²¹³, k'ɑ̃⁵⁵ᵉ tɔ· lɔᵉ⁴² pei⁵⁵ sioŋ· t'ɛ̃⁵⁵ᵉ
　县 官 要 走 的 乜 天， 看 到 老 百 姓 抬

t ʂə· t ɕi ə̃²¹³ᵉ kuaŋ²¹³ ʃɑ̃⁵⁵ ʃɑ̃̃ ti· piɑ̃⁵⁵ lɛ· θoŋ⁴² t'a·, siə̃²¹³ lə· meiᵉ⁵⁵
着 金 光 闪 闪 的 匾 来 送 他， 心 里 美

tθ ʅ· tθ ʅ· ti·, k'ɔ· tsiouᵉ⁵⁵ ʂʅ· pu⁴² toŋ⁵⁵ "θ ʅ²¹³ ta²¹³ t'iɑ̃²¹³ ti⁴²" ʂʅ·
滋 滋 的， 可 就 是 不 懂 "四 大 天 地" 是

ʃoŋᵉ⁵⁵ mə· iᵉ⁵⁵ θ ʅ̩· uə̃²¹³ ʃuei⁴² ʃueiᵉ⁵⁵ iə· pu⁴² ʃuə⁵⁵ a·, t'a²¹³ tsiou
什 么 意 思。 问 谁 谁 也 不 说 啊， 他 就

ioŋ⁴² pi⁴² t ʂə· iᵉ⁵⁵ kə· peiᵉ⁵⁵ sioŋ ʃuə⁵⁵, niə²¹³ kə· peiᵉ⁵⁵ sioŋ t ʂʅ ⁵⁵ᵉ xɔ·
硬 逼 着 一 个 百 姓 说， 乜 个 百 姓 只 好

ʃuəᵉ⁵⁵ la·:" puᵉ⁵⁵ mɑ̃̃ ta⁴² iə̃⁴² a·, nə̃⁵⁵ ʃaŋ²¹³ iə̃²¹³ niə· ʂʅ ᵉ⁵⁵ xɔu·,
说 了:" 不 瞒 大 人 啊， 恁 上 任 乜 时 候，

t ɕ'iɑ̃⁵⁵ᵉ p'ɔ· mə⁴² ʂʅ⁴² ta⁴², tʃə̃²¹³ ʂʅ⁴² t ɕioŋᵉ²¹³ t'iɑ̃²¹³ toŋ²¹³ ti⁴², tʃə⁴²
气 派 没 是 大， 真 是 惊 天 动 地， 这

ʂʅ⁴² iᵉ⁵⁵ ta⁴² t'iɑ̃²¹³ ti⁴², tɔ²¹³ iə̃⁴² iᵉ⁵⁵ xou⁴², nə̃⁵⁵ xuɑ̃²¹³ᵉ tiɑ̃²¹³ tsiou⁵⁵
是 一 大 天 地； 到 任 以 后， 恁 花 天 酒

ti⁴², tʃə⁴² ʂʅ· ⁢ə²¹³ ta· t'iɑ̃²¹³ ti·; nə̃⁵⁵ xu⁴²ᵉ tθuə⁵⁵ fei²¹³ ueir⁴² xuɑ̃²¹³ᵉ
地， 这 是 二 大 天 地； 恁 胡 作 非 为 儿， 昏

t'iɑ̃²¹³ xei⁵⁵ ti⁴², tʃə⁴² ʂʅ· θɑ̃²¹³ ta· t'iɑ̃²¹³ ti⁴²; tɔ⁴² yᵉ⁵⁵ t ɕiə· nə̃⁵⁵ iɔ²¹³
天 黑 地， 这 是 三 大 天 地； 到 如 今 恁 要

tθou⁵⁵ la·, ɑ̃⁵⁵ k'ɔ· iɔ²¹³ siə²¹³ t'iɑ̃²¹³ siə⁴² tiᵉ⁵⁵ la·, tʃə²¹³ tsiouᵉ⁵⁵ ʂʅ·
走 了， 俺 可 要 谢 天 谢 地 啦， 这 就 是

θ ʅ²¹³ ta· t'iɑ̃²¹³ tiᵉ⁵⁵ a·。"
四 大 天 地 啊。"

肥城县志·第
三十五编　方言

734

第三十五编　方　　言

第一章　概　　说

第一节　肥城方言特点

肥城方言属于汉语官话方言中的北方官话。在山东省方言中，属山东西区方言中的西齐方言区。由于肥城处于与西鲁方言区的交界地带，所以在某些方面呈现出过渡特点，内部差异也比较大。

肥城方言的语音特点主要有："如、软、荣"等字读 l 声母。"借—界"、"斜—鞋"等字韵母不同，前者读 iə，后者读 iɛ；"迫、墨"、"德、则"、"隔、客"、"百、拍、麦、窄、拆"等字均读 ei 韵母；普通话读复合元音 ai、ɑu 韵母的字，如"爱、袄"，肥城方言为单元音 ɛ、ɔ；普通话收 n 韵尾的字，如"安、恩"，肥城方言读鼻化韵 ã、ẽ 等。"飞、肥、匪、肺"等字读 fi 或 çy 音节；"赍、策、色"等字读 tṣei、tṣʻei、ṣei 音节。古代清声母入声字（如"一、得、笔、不"）读阴平。ŋ 尾韵字儿化后老年人一般丢失 ŋ尾，元音直接卷舌，如：一张儿 i²¹⁴₂₁ tṣar²¹⁴，小坑儿 çiɔ⁵⁵₅₅ kʻər²¹⁴，影儿 iər⁵⁵，没空儿 mei²¹⁴₂₄ kʻuor³¹³₂₁。此外，县东南角过村、边院、马家埠、安驾庄、汶阳等乡镇的部分村庄，语音方面有许多特异之处，详见本章第二节。

肥城方言日常用语中有不少特殊词，有的使用频率很高。例如称谓：母亲叫"娘"（音 ȵiɑ，去声），父亲叫"大"（音 tɑ，阴平），祖母叫"奶奶"（音 nā nā），南部地区祖父叫"姥爷"（与"外祖父"的叫法相同），姑娘叫"客家子"，出嫁后娘家人就叫她"老×儿"（前缀"老"加夫家姓氏儿化，如"老张儿"、"老王儿"）。其他的常用特殊词如："窝儿"（地方），"收烟"（吸烟），"行"（泛称果园，如"果行"、"桃行"），"行子"（树林，如"柳行子"），"漫"（从）、"待"（在，如"待家里"）等，都是很有特色的。

语法的主要特点，例如：单音节动词的后缀比较丰富，有"巴、打、么、悠、送、乎、稜、拉、查、索"等；形容词生动形式主要以加前、后缀构成，可以表示不同的程度或某些感情色彩；处于不同位置、具有不同作用的助词"了"，在普通话里读音相同，而肥城方言可以从语音的不同加以区别。此外，肥城方言中的"可"字句，"不牢的"在转折复句中的使用，都是很值得注意的语法现象。

第二节　肥城方言的内部差异

肥城方言的内部差异主要体现在年龄和地域两方面。

在年龄方面，一般地说，老年人较多地保留了肥城方言的固有特点，而年轻人则普遍地舍弃了那些与普通话差距甚大的方言现象，自觉地向普通话靠拢。例如东南部地区五六十岁以上的老年人还有以下读音：肥 ɕy，猪 pfu，春 pfʻɛ̃，水 fei，坐 tɕyo，醋 tɕʻyu，蒜 ɕyā，但有一定文化的年轻人一般读作：肥 fi，猪 tʂu，春 tʂʻuɛ̃，水 ʂuei，坐 tsuo，醋 tsʻu，蒜 suā。又如 ŋ 尾韵字儿化时，年轻人多为 ŋ 尾脱落、元音鼻化并卷舌，如：一张儿 i²¹⁴₂₄ tʂãr²¹⁴，小坑儿 ɕiɔ⁵⁵₅₄ kʻʳər²¹⁴。

然而也有相反的情况，即年轻人的某些方言现象反而比老年人更加偏离普通话。例如普通话读 ts tsʻs 声母的字，如"走、刺、三"，多数肥城人也读作 ts tsʻs，但有少数年轻人却读成 tθ tθʻθ（上、下齿咬着舌尖发出的音）。又如介词"在"，中老年人一律用"在"tsɛ³¹³或"呆"tɛ⁵⁵，但年轻人多说成"从"tsʻoŋ⁴²，如"俺家从桃

园"、"别从街上玩儿"。

在地域方面（参看"肥城方言地图"），总的来看，县东南部过村、边院、马家埠、安驾庄、汶阳等乡镇的方言很特殊，自成一区；县东北部与长清县接壤地区在某些方面有与长清、济南等地相同之处；其余占全县三分之二地区的方言基本一致，相对来说比较接近普通话。

图一：表示普通话读 fei 音节的字（如"飞非肥匪肺费"等）在肥城方言里的读音。东南角及贺庄新村、中固留等地读 ɕy，其他地区读 fi。

图二：表示普通话 tʂ tʂʻʂ 声母拼合口呼韵母的字（如"猪专准庄，出穿春窗，书树刷说帅水拴顺双"等）在肥城方言里的读音。汶阳镇和边院、马家埠 2 乡镇的部分地区读作 pf pfʻf 声母（失去 u 介音），东南角其他地区包括贺庄新村仅 ʂ 拼合口呼韵母的字读 f 声母（失去 u 介音）。北部地区读 tʂ tʂʻʂ。

图三：表示普通话 ts tsʻs 声母拼合口呼韵母的字（如"租坐醉钻尊总，醋错脆窜村葱，苏锁碎蒜孙送"等）在肥城方言里的读音。东南角汶阳、马家埠、安驾庄 3 乡镇及边院镇的部分地区读作 tɕ tɕʻɕ 声母，韵母也由合口呼转为相应的撮口呼（u 变 yu），其余地区读 ts tsʻs。

图四：表示"林临麟磷鳞邻凛赁"等字在肥城方言里的韵母读音。东南角及贺庄新村、西陆房、石坞、西徐庄、中高余等地读 ɛ̃ 韵母，其他地区读 iɛ̃。

限于篇幅，其他方言现象的地域差异不能用地图表示，简述如下。

"鹅爱袄藕安恩昂"等字：老城镇的于土、大石铺、老城等地及新城镇的巧山（老年人）读作 ŋ 声母，其余地区读 ɣ，但有的人摩擦不重，近于零声母。

"俺"字：东北部老城、新城镇及湖屯镇的沙庄，东南部边院镇的边院、北仇等地读 ŋã；东部潮泉、仪阳、安临站、过村等乡镇及边院镇的赵吕、马家埠乡的大龙岗石，往西还有湖屯镇的湖屯、王瓜店镇的北军寨、桃园镇的西里村、中固留等地读 nã；其余西部、南部地区读 ɣã。

"雷擂垒累泪类肋"等字：北部石横、湖屯、王瓜店、老城、新城、潮泉、仪阳、桃园 8 乡镇除中高余、旅店、西里村、大石铺等地外均读 luei；石横镇的旅店、桃园镇的西里村、王庄乡的王庄、过村乡的张山头和边院镇的赵吕等地部分字读 luei，部分字读 lei；其余地区均读 lei，但"类"字有时读 luei。

"祖父"词：南部过村、边院、马家埠、汶阳、安驾庄、孙伯 6 乡镇除护驾院、张山头等地外称祖父为"姥爷"，与称外祖父相同（年轻人已多改称"爷爷"）；其余地区称"爷爷"。

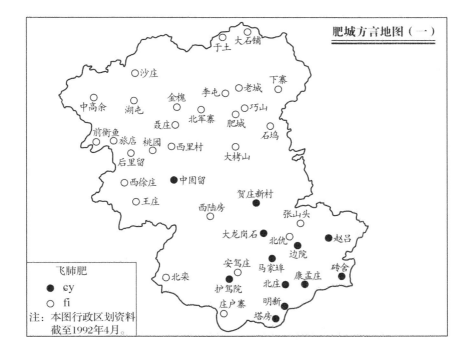

肥城方言地图（一）

注：本图行政区划资料截至1992年4月。

飞肺肥
● cy
○ fi

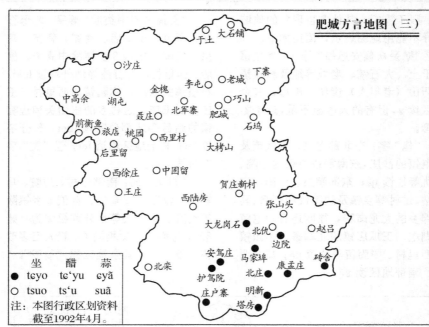

肥城方言地图（三）

	坐	醋	蒜
●	tɕyo	tɕʻyu	ɕyã
○	tsuo	tsʻu	suã

注：本图行政区划资料
　　截至1992年4月。

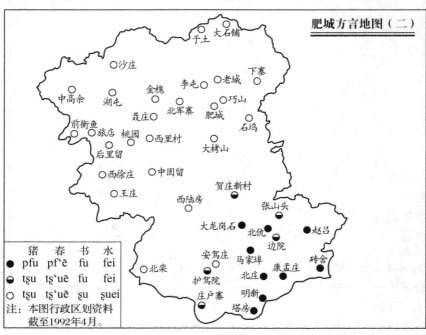

肥城方言地图（二）

	猪	春	书	水
●	pfu	pfʻə̃	fu	fei
◑	tʂu	tʂʻuə̃	fu	fei
○	tʂu	tʂʻuə̃	ʂu	ʂuei

注：本图行政区划资料
　　截至1992年4月。

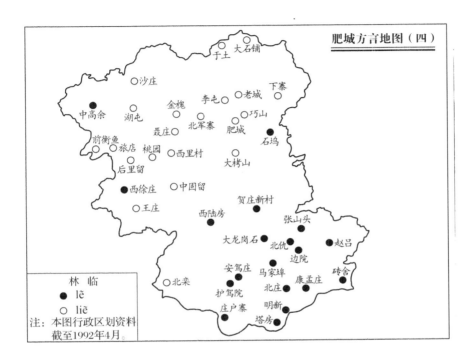

肥城方言地图（四）

林　临

● lẽ
○ liẽ

注：本图行政区划资料
截至1992年4月。

第二章　语　　音

第一节　单字音系

声母 24 个

p 布步	p' 飘皮	m 门木	f 飞冯	
t 到道	t' 天田	n 难奴		l 六软
ts 祖族	ts' 村存		s 四随	
tʂ 支浊	tʂ' 窗锄		ʂ 诗时	ʐ 认日
tɕ 精经	tɕ' 千牵	ȵ 年女	ɕ 修休	
k 公共	k' 宽狂		x 化话	ɣ 岸恩
∅ 儿言午远闰				

韵母 39 个

ɑ 爬辣	iɑ 架牙	uɑ 花瓦	
o 波磨		uo 过卧	yo 靴月
ə 车革	iə 铁野		
ɿ 资四	i 以飞	u 猪五	y 绿雨
ʅ 支日	əl 儿二		
ɛ 盖爱	iɛ 解矮	uɛ 帅外	
ei 妹墨百德		uei 桂雷	
ɔ 刀高	iɔ 条摇		
ou 走欧	iou 流优		
ā 三安	iā 天烟	uā 短软	yā 权元
ē 根针	iē 心音	uē 魂温	yē 军闰
ɑŋ 忙昂	iɑŋ 良央	uɑŋ 双王	
əŋ 登坑	iŋ 形英		
oŋ 东红	ioŋ 穷拥	uoŋ 嗡瓮	

说明：

1. ɑ iɑ 的 ɑ 实际音值是 A。

2. ə iə 的 ə 稍后略开，近 ʌ；在舌根声母 k kʻ x 后为 ɣ。

3. uo yo 的 o 稍开；oŋ ioŋ uoŋ 的 o 较高，实际音值近 ɵ。

4. ɑŋ iɑŋ uɑŋ 的韵尾 ŋ 较弱，舌根不到位，前面元音 ɑ 略带鼻化。

声调 4 个

阴平	214	高天遵虚	笔积出缺	纳
阳平	42	寒穷文云	宅别昨局	
上声	55	古体五女		
去声	313	近盖树用	麦六袜药	

说明：

1. 去声 313，部分年轻人读 31。

2. 古次浊入声今读多归去声，少数归阴平。

声母、韵母拼合关系

声母韵母拼合关系表

四呼 / 例字 / 声母	开 口 呼	齐 齿 呼	合 口 呼	撮 口 呼
p p' m f	巴怕马发	边片面飞	布普木富	○○○○
t t' n l	打他拿拉	店田○连	杜图努如	○○○绿
ts ts' s	杂擦仁	○○○	租粗苏	○○○
tʂ tʂ' ʂ ʐ	张场伤让	○○○○	猪出书○	○○○○
tɕ tɕ' nɕ ɕ	○○○○	艰歉年闲	○○○○	举区女徐
k k' ɣ x	干看安喊	○○○○	官宽○欢	○○○○
∅	○	烟	弯	冤

说明:

1. p组拼合口呼限于单韵母u；f拼齐齿呼限于单韵母i。

2. t组中n不拼齐齿呼；t t'n不拼撮口呼。

3. tʂ组中ʐ不拼合口呼。

4. k组中ɣ只拼开口呼，但不拼əl韵母。

第二节　音　　变

变调

两 字 组 变 调 表

前字 / 后字	阴平 214	阳平 42	上声 55	去声 313
阴平 214	214+214→ 24+214 天空　新屋	42+214 年糕　晴天	55+214→ 54+214 火车　小雪	313+214→ 21+214 汽车　泰山
阳平 42	214+42 鲜桃　包圆儿	42+42 农民　年成	55+42→ 335+42 打雷　晚霞	313+42→ 21+42 麦芒　地头儿
上声 55	214+55→ 21+55 生产　开水	42+55 头顶　洪水	55+55→ 42+55 赶紧　水井	313+55→ 21+55 玉米　大雨
去声 313	214+313→ 24+21 花布　铺盖	42+313→ 42+21 河坝　棉裤	55+313→ 55+21 水库　小尽	313+313→ 21+313 电话　睡觉
轻声	214+轻→ 21+23 东西　干粮	42+轻 55+3 毛桃　雹子	55+轻→ 214+2 椅子　女婿	313+轻→ 42+1 妗子　月亮

说明:

1. "阳平+去声"字组很多变为55+3，即同"阳平+轻声"，如：毛裤、毛病、前后、条件、文件、城市、埋怨。

2. 上声在轻声前有人读得较高，近于 335。

3. "去声+去声"字组有人除读为 21+313 外，还无条件地变读为 313+21，或 21+21。

儿化

肥城方言 39 个韵母除 əl 外都可以儿化。韵母儿化时除具有元音卷舌、舌尖接触上颚（发 l）的特征外，有些还会出现声母变换、闪音等现象。下面先列出儿化韵母表，后作说明。

儿　化　韵　母　表

儿 化 韵	原 韵 母	例　　　词	备　　　注
ar	a	法儿　刀把儿　号码儿	与 l 声母相拼
	aŋ	鞋帮儿　小狼儿　张家杭儿	
	ia	他俩儿　爷俩儿	
	iaŋ	亮儿	
iar	ia	豆芽儿　小虾儿	
	iaŋ	熊样儿	
uar	ua	小褂儿　花儿　牙刷儿	
	uaŋ	小床儿　小筐儿	
er	ɿ	字儿　刺儿　丝儿	
	ʅ	侄儿　事儿	
	ei	辈儿　小妹儿　色儿	
	ẽ	本儿　门儿　解闷儿	
ier	i	皮儿　地儿　鸡儿	
	iẽ	襟儿　心儿　印儿	
uer	uei	眼泪儿　小鬼儿	
	uẽ	轮儿　打滚儿	
yer	y	小毛驴儿　小雨儿	
	yẽ	不合群儿	
er	ɛ	牌儿　带儿　盖儿	
	ã	盘儿　蛋儿　小花篮儿	
	iã	项练儿　小脸儿	与 l 声母相拼
ier	iɛ	小街儿　小鞋儿	
	iã	面儿　天儿　尖儿	

儿 化 韵	原 韵 母	例 词	备 注
uɛr	uɛ	怀儿 外儿	
	uā	官儿 弯儿	
yɛr	yā	圆儿 圈儿	
ur	u	小兔儿 数数儿	
or	o	山坡儿 末儿	
uor	uo	小罗儿 错儿 活儿	
	oŋ	小龙儿 小葱儿 小盅儿	
	uoŋ	瓮儿 老翁儿	
yor	yo	角儿 药儿 喜鹊儿	
ər	ə	小车儿 唱歌儿	ər 的实际音值近 ʌr。
	əŋ	缝儿 凳儿 坑儿 绳儿	
	iŋ	零儿	与 l 声母相拼
iər	iə	小碟儿 树叶儿	iər 的实际音值近 iʌr。
	iŋ	正方形儿 树影儿	
ɔr	ɔ	刀儿 枣儿 棉袄儿	
	iɔ	布料儿 伏了儿	与 l 声母相拼
iɔr	iɔ	苗儿 调儿 腰儿	
our	ou	豆儿 小楼儿 扣儿	
	iou	一绺儿	与 l 声母相拼
iour	iou	袖儿 加油儿 小刘儿	
ɑ̃r	ɑŋ	鞋帮儿 忙儿 小狼儿	
	iɑŋ	亮儿	与 l 声母相拼
iɑ̃r	iɑŋ	小绵羊儿 熊样儿	
uɑ̃r	uɑŋ	小窗儿 筐儿 网儿	
ə̃r	əŋ	棚儿 凳儿	
iə̃r	iŋ	钉儿 镜儿 树影儿	
õr	oŋ	小洞儿 小葱儿	
iõr	ioŋ	小熊儿 蚕蛹儿	
uõr	uoŋ	翁儿	

说明：

1. 零声母的齐齿呼韵母儿化时，介音 i、y 后出现轻微闪音；齐齿呼与 tɕ tɕ'ŋɕ 声母相拼时，少量词也出现轻微闪音。分别举例如下：

芽儿　iʼɑr	叶儿　iʼər	腰儿　iʼɔr
油儿　iʼour	眼儿　iʼɛr	影儿　iʼər
节儿　tɕiʼər	清儿　tɕʼiʼər	线儿　ɕiʼɛr

2. l 声母的词儿化时大多数情况下变读为卷舌的 ʐ 声母（摩擦较轻），韵母是齐齿呼的随之变为开口呼。少数仍读 l。举例如下：

泪儿　luei→ʐuer	轮儿　luē→ʐuer	篮儿　lā→ʐɛr
俩儿　lia→ʐɑr	料儿　ciɔ→ʐɔr	脸儿　liā→ʐɛr
小刘儿　liour	小毛驴儿　lyer	

3. 韵尾是 -ŋ 的韵母，儿化主要有下列类型：

①-ŋ 尾丢失，主要元音只有卷舌动作。此类儿化词主要是常用词、旧词，多见于妇女、老人和较少受过文化教育的人。例如：

张家杭儿　xaŋ→xar	庄儿　tʂuaŋ→tʂuar
坑儿　kʼəŋ→kʼər	瓮儿　uoŋ→uor

②-ŋ 尾丢失，主要元音鼻化加卷舌动作。此类儿化词多是新词。青年人和接受过文化教育的人属于此类型。例如：

照像儿　ɕiaŋ→ɕi ɑ̃r	电影儿　iŋ→i ə̃r

由于存在上述两种类型变化方式，结果造成一些词 是两 可的，既可按第一类型变化，也可按第二类型变化。例如：

床儿　tʂʼuar～tʂʼu ɑ̃r	影儿　iər～i ə̃r

第三节　肥城方言与普通话语音对应关系

肥城方言与普通话语音对照（括号内是《汉语拼音方案》，例字随后。）

1. 声母对照

肥　城	普　通　话
p 布	p（b）布
pʼ 怕	pʼ（p）怕
m 门	m（m）门
f 飞	f（f）飞
t 到	t（d）到
tʼ 太	tʼ（t）太
n 南	n（n）南
l 来如	l（l）来
ts 资	ts（z）资责
tsʼ 此	tsʼ（c）此策
s 丝	s（s）丝涩肃
tʂ 知责	tʂ（zh）知
tʂʼ 吃策	tʂʼ（ch）吃
ʂ 诗涩	ʂ（sh）诗
ʐ 日	ʐ（r）日如
tɕ 精	tɕ（j）精
tɕʼ 轻	tɕʼ（q）轻
ŋ 年	n（n）年
ɕ 兴肃	ɕ（x）兴
k 高	k（g）高
kʼ 开	kʼ（k）开
ɣ 安	——
x 海	x（h）海
∅ 烟	∅（—）安烟

2. 韵母对照

肥　城	普　通　话
ɑ 巴	a（a）巴
iɑ 家	ia（ia）家

uɑ 花	ua （uɑ） 花	ou 藕	ou （ou） 藕
o 波	o （o） 波墨	iou 油	iou （iou） 油
uo 火	uo （uo） 火	ā 安	an （ɑn） 安
yo 月	yɛ （üe） 月	iā 言	ian （iɑn） 言
ə 车	ɤ （e） 车客	uā 完	uan （uɑn） 完
iə 姐	iɛ （ie） 姐街	yā 远	yan （üɑn） 远
ʅ 资	ʅ （—i） 资	ē 恩	ən （en） 恩
ɭ 知	ɭ （—i） 知	iē 银	in （in） 银
i 衣飞	i （i） 衣	uē 文	uən （uen） 文
u 姑	u （u） 姑	yē 云	yn （ün） 云
y 鱼	y （ü） 鱼	ɑŋ 昂	ɑɑŋ （ang） 昂
əl 而	ər （er） 而	iaŋ 样	iaŋ （iang） 祥
ɛ 盖	ai （ɑi） 盖麦矮	uaŋ 王	uaŋ （uang） 王
iɛ 街矮	——	əŋ 登	əŋ （eng） 登
uɛ 怪	uai （uɑi） 怪	iŋ 英	iŋ （ing） 英
ei 杯墨麦客	ei （ei） 杯泪飞	oŋ 东	uŋ （ong） 东
uei 桂泪	uei （uei） 桂	ioŋ 雄	yŋ （iong） 雄
ɔ 保	au （ɑo） 保	uoŋ 翁	uəŋ （ueng） 翁
iɔ 交	iau （iɑo） 交		

3. 声调对照

肥　　城	普　通　话	例　　字
阴平　214	阴平　55	高飞夫居　发一桌屈
	阳平　35	急察足隔
	上声　214	笔铁曲百
	去声　51	质却迫祝　莫烈
阳平　42	阳平　35	床盆文棉　白杰滑局
上声　55	上声　214	古体女吕
去声　313	去声　51	近盖树怒　麦纳月袜

肥城人学习普通话语音难点

1.声母问题主要有四：第一，肥城方言的 ɤ 声母，普通话没有；肥城方言读 ɤ 声母的字，普通话读零声母。第二，肥城方言读 l 声母的字，普通话读 l 和 ʐ 两个声母；读 ʐ 声母的字，主要是合口呼韵母，常用字有：弱若（uo），如乳褥汝儒　入（u），瑞蕊锐（uei），阮软（uā）；另有开口呼 ong 韵母的字，常用字有：容溶蓉榕戎绒荣茸融冗。第三，肥城方言中读 ŋ 声母的字，如"年女牛娘"等，普通话一律读 n 声母。第四，肥城方言读卷舌声母 tʂ tʂʻ ʂ 的少数字，普通话读 ts tsʻ s，常用字有：泽择责仄策删则侧测侧厕色涩啬瑟，等。

另外，肥城南部的塔房、武新村、明新村、北庄、康孟庄、砖舍、马家埠、贺庄新村、大龙岗石、北仇、赵吕村等地，普通话部分 tʂ tʂʻ ʂ 拼合口呼的字，如"猪专准庄，出穿春窗，书拴树说帅水顺双叔"等读为唇齿音声母 pf pfʻ f。这些地区的人学习普通话时，要注意把这部分字的唇齿音声母改为卷舌声母 tʂ tʂʻ ʂ；另有部分普通话 ts tsʻ s 拼合口呼的字，如"租坐醉尊粽，醋错脆窜村葱，苏锁碎蒜送"等读为舌面音声母 tɕ、tɕʻ、ɕ，韵母为撮口呼，这些地区的人要注意把上述一类读成 ts、tsʻ、s 拼合口呼。

2. 韵母问题主要有四：第一，注意普通话 ai（uai）、au（iau）和 an（ian、uan、yan）、ən（in、uən、yn）四套韵母的发音。普通话的 ai、au（括号内的韵母仅多一个介音，下同）是舌头位置由下向上移动、口腔形状由大变小的复合音，例如"爱（怪）"、"袄（交）"等字，肥城人读这些韵母则是 ɛ（uɛ）和 ɔ（iɔ），没有动程或动程不大，要注意发这些音的开始把舌头放低，然后向上移到接近 i 和 u 的位置。普通话 an 和 ən 是带有舌尖鼻辅韵尾的鼻韵母，例如"安（烟、弯、冤）"和"恩（音、温、晕）"等字，肥城人在发这两组音时，要特别注意收尾时把舌尖放到 n 的部位。第二，肥城方言的 iɛ 韵母，普通话没有。肥城方言读 iɛ 韵母的字中，"街皆秸解介芥疥界届戒诫械鞋懈"，普通话读 iə 韵母，"挨矮捱"，普通话读 ai 韵母。第三，肥城方言的 ei 韵母字，普通话除"杯梅"等多数字也读 ei 韵母外，还有一部字分别读 o ɤ ai 三个韵母。常用字如下：

肥　　城	普　通　话	常　　用　　字
ei	o	伯柏迫魄墨默（限 p pʻ m 声母）
	ɤ	德得勒泽择责侧测策册色啬塞格革隔刻客额
	ai	百白拍麦脉窄摘宅拆

第四，肥城方言中"雷偏累类泪垒"等字读 uei 韵母，普通话是 ei。此外，肥城方言的 fi 音节，如"非飞妃肥匪痱费翡"等，南部塔房、武新村、明新村、北庄、康孟庄、砖舍、马家埠、边院、赵吕村、大龙岗石、贺庄新村等地读 ɕy，普通话读 fei。

3. 声调问题主要有二：第一，肥城方言的阴平字，普通话多数读阴平，但有一小部分读阳平、上声、去声。第二，掌握好普通话四类声调调值的发音。肥城方言的阴平和上声的调值分别和普通话的上声和阴平的调值形成交叉关系。肥城人学习普通话要用本方言的上声调值（55）去读普通话阴平，用本方言的阴平调值（214）去读普通话的上声，即把普通话的"妈"发得跟本方言的"马"一样，而普通话的"马"又要发得跟本方言的"妈"一样。普通话的去声是全降调（51），与肥城方言的阳平（42）差不多，都是降调型。肥城人可以用本方言的阳平值去读普通话的去声，只要注意起点再高一点，收尾再往下拖长一点就可以了。普通话的阳平是高升调，肥城方言中没有上升的单字调型，只有反复练习才行。

4.肥城人学习普通话还要注意个别与普通话对比不成系统或系统性不强的特殊字音，其中在声母、韵母方面明显与普通话不同的常用字与普通话对照如下：

字	肥城	普通话	字	肥城	普通话
膊 腊~	p'o·	po·	药	yo²¹⁴	iɑu⁵¹
就	tou³¹³	tɕiou⁵¹	剖	p'ɔ²¹⁴	p'ou⁵⁵
理 不~他	lə⁵⁵	li²¹⁴	谋	mu⁴²	mou³⁵
堆	tsuei²¹⁴	tuei⁵⁵	某	mu⁵⁵	mou²¹⁴
输 ~丁	tʂ'u²¹⁴	ʂu⁵⁵	沸	fu³¹³	fei⁵¹
踩	tʂ''e⁵⁵	ts'ai²¹⁴	粥	tʂu²¹⁴	tʂou⁵⁵
深	tʂ''ē²¹⁴	ʂən⁵⁵	轴	tʂu²¹⁴	tʂou³⁵
闰润	yē³¹³	ʐuən⁵¹	帚 扫~	tʂu·	tʂou·
足	tɕy²¹⁴	tsu³⁵	宿 ~~	ɕy²¹⁴	ɕiou²¹⁴
浸	tɕ'iē²¹⁴	tɕin⁵¹	获	xuɛ⁴²	xuo⁵¹
谬	ɲiou³¹³	miou⁵¹	和 我~你	xei⁴²	xɤ³⁵
肃	ɕy²¹⁴	su⁵¹	国 ~庄(地名)	kuei²¹⁴	kuo³⁵
俗	ɕy⁴²	su³⁵	或	xuei⁴²	xuo⁵¹
上 地~	xɑŋ·	ʂɑŋ·	朵 耳~	tɔ·	tuo·
牛 ~山(地名)	iou⁴²	niou³⁵	跃	iɔ⁴²	yɛ⁵¹
凝	ioŋ⁴²	niŋ³⁵	奶	nã⁵⁵	nai²¹⁴
薄	po⁴²	pɑu³⁵	你	nē⁵⁵	ni²¹⁴
略	luo⁵⁵	lyɛ⁵¹	迅	ɕiē³¹³	ɕyn⁵¹
勺	ʂuo⁴²	ʂɑu³⁵	松	ɕioŋ²¹⁴	suŋ⁵⁵
脚	tɕyo²¹⁴	tɕiɑu²¹⁴	甫 (合音)	piŋ⁴²	pəŋ³⁵

以上"膊"至"凝"是声母问题（其中"足肃俗"韵母也不同），"薄"

以下是韵母问题。

第三章　词　汇

说明

1. 本章收录肥城方言常用词语 550 余条，大体按意义分为 10 类。意义相关的词排列在一起。意义相同的几种说法，第一种说法顶格排，其余说法随后缩一格列出。

2. 每条词一般包括汉字、注音、释义 3 项，少量词语酌附例句。

3. 写不出的汉字用同音字代替，无同音字相代的，以方框"□"表示。

4. 注音全部使用国际音标。字音右上角的数字表示单字调的调值，右下角数是变调后的调值。轻声音节在右上角加圆点。儿化音节在儿化的韵母后加"r"。如果某个词的字音较为特殊，就在该字音下加浪线"～～"。

5. 有的词不止一个义项，分别用①②③标出。有的词有几种说法，其中如有一种说法与普通话相同，其余说法一概不再释义。

6. 词语中的某个成分可有可无，用圆括号"（ ）"标明；某个成分及其读音有两种，则用方括号"〔 〕"将另一说法标出。这样凡词目带"（ ）、"〔 〕"两种符号的实际上是包括了方言的两个词语。有些词有新旧不同说法，一般在旧说法之后标（旧）；有多少之分的，一般在说法少的词后标（少）。

7. 少量只通行于南部地区的词语，后面注明"南部说法"。这里所谓的"南部"，大致上指汶阳、孙伯、安驾庄、边院、过村、东陆房等乡镇的部分村庄。

天时　地理　方位

老爷爷儿　lɔ$_{335}^{55}$ iə$_{55}^{42}$ iər·
　太阳。

背阴边儿　pei$_{42}^{313}$ iē· piãr^{214}
　阴凉儿　iē$_{21}^{214}$ liɑŋr·

老爷地儿　lɔ$_{214}^{55}$ iə· tir^{313}
　太阳地儿。

月亮　yo$_{42}^{313}$ liɑŋ·
　月姥娘　yo$_{21}^{313}$ lɔ$_{21}^{55}$ ȵiɑŋ·
　小儿语。

风曲连儿　fəŋ$_{21}^{214}$ tɕʻy$_{214}^{55}$ liãr·
　有缺口的风圈。

雨曲连儿　y$_{42}^{55}$ tɕʻy$_{21}^{55}$ liãr·
　无缺口的风圈。

天河　tʻiã^{214} xə^{42}银河。

贼星　tsei$_{21}^{42}$ ɕiŋ·　流星。

扫帚星　sɔ$_{42}^{313}$ tʂu· ɕiŋ^{214}
　彗星。

勺星　ʂuo$_{55}^{42}$ ɕiŋ·北斗星。

暮落星　mu$_{42}^{313}$ luo· ɕiŋ^{214}
　启明星。

呱啦　kua$_{21}^{214}$ lɑ·炸雷。

劈雷　pʻi$_{21}^{214}$ luei·
　隆隆作响的雷。

雹子　pɑ$_{55}^{42}$ tsʅ·冰雹。

饭布拉子　fã$_{42}^{313}$ pu·lɑ·tsʅ·
　霰，雪粒。

冻冻　toŋ$_{21}^{214}$ toŋ·

冰　piŋ^{214}

冰龙锥　piŋ^{214}loŋ^{42}tʂuei^{214}
　　冰锥儿。

　琉璃巴拉　liou$^{42}_{21}$li˙pa$^{214}_{21}$la˙
　（南部说法）

拉雾　la$^{214}_{24}$ u^{313}下雾。

煞风了　ʂa$^{214}_{24}$fəŋ$^{214}_{21}$ lia˙
　　风停了。

雨住了　y^{55} tʂu$^{313}_{42}$ lia˙
　　雨停了。

早晨　tsɔ$^{214}_{55}$t ɕiē˙

头午（儿）　t'ou^{42}u^{55}（r）˙　上午。

头晌午　t'ou^{42} ʂaŋ$^{55}_{214}$u˙
　　①上午。②中午之前。

晌〔中〕午头儿　ʂaŋ$^{55}_{214}$〔tʂoŋ$^{214}_{21}$〕u˙t'our^{42}

　中午（儿）　tʂoŋ$^{214}_{21}$u（r）^{55}

下午　ɕia$^{313}_{21}$ u^{55}

过晌午　kuo$^{313}_{21}$ʂaŋ$^{55}_{214}$u˙
　　①下午。②中午之后。

夜儿　iər$^{313}_{42}$ 昨天。

今们儿　tɕi$^{214}_{21}$mēr˙　今天。

明儿　miər^{42}　明天。

后儿　xou$^{313}_{21}$əl˙　后天。

　过明儿　kuo$^{313}_{21}$miər˙　（南部说法）

大后儿　ta$^{313}_{21}$xou$^{313}_{21}$əl˙
　　大后天。

　大过明儿　ta$^{313}_{21}$kuo$^{313}_{21}$miər˙
　　（南部说法）

前儿　tɕ'iār^{42}　前天。

大前儿　ta$^{313}_{21}$tɕ'iār^{42}
　　大前天。

白天　pei^{42}t'iā^{214}

后晌　xou$^{313}_{21}$ xaŋ　晚上：忙了～～。

春上　tʂ'uē$^{214}_{21}$ ʂaŋ˙

　春天　tʂ'uē$^{214}_{24}$ t'iā^{214}

秋里　tɕ'iou$^{214}_{21}$ li˙

　秋天　tɕ'iou$^{214}_{24}$ t'iā^{214}

鬼节　kuei$^{55}_{54}$ tɕiə^{214}
　　农历七月十五、十月初一等。

寒食　xā$^{42}_{55}$ ʂl̩˙　指清明的前一天。

麦口儿　mei$^{313}_{21}$ k'our^{55}　割麦之前。

五单五儿　u$^{55}_{54}$ tā$^{214}_{21}$ ur^{55}　端午节。

　五月单五儿　u$^{55}_{54}$ yo˙tā$^{214}_{21}$ ur^{55}

年除　ȵiā^{42} tʂ'u^{42}　除夕。

礼拜　li$^{55}_{214}$ pe$^{313}_{21}$　星期天。

　星期　ɕiŋ$^{214}_{21}$ tɕ'i^{214}

这霎　tʂə$^{313}_{21}$ ʂa^{214}　这时，这会儿。

多咱　tuo$^{214}_{24}$ tsā$^{313}_{21}$多会儿。

　多旦　tuo$^{214}_{24}$ tā$^{313}_{21}$　（南部说法）

地皮儿上　ti$^{313}_{21}$ p'ir$^{42}_{55}$ ʂaŋ˙　地面。

埠岭子　pu$^{313}_{21}$ liŋ$^{55}_{214}$ tsl̩˙丘陵。

　埠子　pu$^{313}_{42}$ tsl̩˙

坡里　p'ə$^{214}_{21}$ li˙　田野。

坷垃头　k'ə^{214}la˙t'ou^{42}　土块儿。

老鸹枕头儿　lɔ$^{55}_{214}$ kuɑ˙tʂē$^{55}_{214}$t'our˙
　　鹅卵石。

垺土　pu$^{42}_{55}$t'u˙　灰尘。

湾坑　uā$^{214}_{21}$ k'əŋ˙　水坑。

死湾坑　sl̩$^{55}_{54}$uā^{24}k'əŋ˙死水坑。

窝儿　uor^{42}

　地处　ti$^{313}_{42}$ tʂ'u˙

　地方儿　ti$^{313}_{42}$ faŋr˙

哪窝儿　na$^{55}_{335}$ uor^{42}　什么地方。

　哪窝儿　na$^{55}_{335}$ ɣər^{42}　（南部说法）

近处　tɕiē$^{313}_{21}$ tʂ'u^{313}　附近。

以旁　i^{214} pʻaŋ^{42}

　旁边儿　pʻaŋ^{42}pɛr^{214}

旮旯儿　xə$^{214}_{21}$ lar·　角落儿。

湖屯　xə$^{42}_{55}$ tʻuē·　村名。

尚任　ʂaŋ$^{313}_{42}$ le·　村名。

蒋庄儿　tɕia$^{55}_{214}$ tʂuar·　村名。

石横　ʂʅ$^{42}_{55}$ xoŋ·　村名。

屯家庄儿　tuē$^{313}_{42}$ tɕia·tʂuar^{214}　村名。

张家杭儿　tʂaŋ$^{214}_{21}$ tɕia·xar^{313}　村名。

母家林　mo$^{313}_{21}$ lē·　村名。

王瓜店儿　xuaŋ$^{42}_{55}$ kua·tiār^{313}　村名。

高淤　kɔ$^{214}_{21}$ y·　村名。(据称源于"膏腴")

牛山　iou$^{42}_{55}$ ʂā·　村名。

查庄儿　tʂʻa^{42} tʂuar^{214}　村名。

　(姓氏"查"读 tʂa^{214})

其林　tɕʻi^{42} lē^{42}　村名。

国庄儿　kuei$^{214}_{21}$ tʂuar·　村名。

伏庄儿　fo$^{42}_{55}$ tʂuar·　村名。

大留　te$^{313}_{42}$ liou·　村名。

百福图　pei$^{214}_{24}$ pu$^{214}_{21}$ tʻur^{42}　村名。

吕庄儿　lie$^{55}_{214}$ tʂuar·　村名。

官路店儿　kuaŋ$^{214}_{24}$lu$^{313}_{21}$tiār^{313}　村名。

亲属称谓、代词

爷爷　iə$^{42}_{55}$ iə·

奶奶　nā$^{55}_{214}$ nā·　〔nɛ$^{55}_{214}$nɛ·〕

爹　tiə^{214}

　大　tɑ^{214}

　大大　tɑ$^{214}_{55}$ tɑ·

爸爸　pa$^{313}_{42}$ pa·

娘　niaŋ^{42}

　娘　nia^{313}

　妈　ma^{214}

大爷　ta^{313} iə^{42}　伯父。

大娘　ta$^{313}_{21}$ niaŋ^{42}　亲与非亲的伯母。

娘娘　niaŋ$^{42}_{55}$ niaŋ·　亲伯母。

姥爷　lɔ$^{55}_{214}$ iə·　外祖父。

姥娘　lɔ$^{55}_{214}$ niaŋ·　外祖母。

舅　tɕiou^{313}

妗子　tɕiē$^{313}_{42}$ tsʅ·　舅母。

儿　əl^{42}　儿子。

闺女　kuei^{214} ny·

外甥　uɛ$^{313}_{42}$ ʂəŋ·　①外甥。
　　②外孙。

外甥闺女　uɛ$^{313}_{42}$ ʂəŋ·kuei^{214}ny·
　①外甥女。②外孙女。

两乔儿　liaŋ$^{55}_{214}$ tɕʻior^{42}　连襟。

邻身　liē$^{42}_{55}$ ʂē·　〔ʂʅ·〕

　邻居　liē$^{42}_{55}$ tɕy·

男的　nā$^{42}_{55}$ ti·　男人。

　爷们儿　iə^{42} mēr·

女的　ny$^{55}_{214}$ ti·　女人。

　娘儿们儿　niaŋr$^{42}_{55}$ mēr·

公母俩　koŋ$^{214}_{21}$mu·lia^{55}　夫妻俩。

小子　ɕio$^{55}_{214}$ tsʅ·　男孩儿。

小妮儿　ɕio$^{55}_{54}$ nir^{214}　女孩儿。

客家子　kʻei$^{214}_{21}$ tɕia·tsʅ·　大姑娘。

小客家子　ɕio^{55}kʻei$^{214}_{21}$ tɕia·tsʅ·
　小姑娘。

老李〔x〕儿　lɔ$^{55}_{42}$ lir^{55}
　娘家人用"老x儿"来称呼出嫁的女儿,"x"是夫家的姓,例如老张儿,老王儿。

老妈妈儿　　lɔ$^{55}_{54}$ mɑr^{214}mɑr·
　　老婆儿，老年妇女。

腻歪头　　ȵi$^{313}_{42}$ uɛ·t'ou^{42}
　　不讲理的人。

　丝孬包子　　sʅ$^{214}_{21}$ nɔ·pɔ$^{214}_{21}$ tsʅ·

伙计　　xuo$^{55}_{214}$ tɕia·　①伙计；
　　　　②帮工。

俺　　ɣɑ̃^{55}

你　　nẽ^{55}

　你们　　nẽ$^{55}_{214}$ mẽ·

这户儿　　tʂə$^{313}_{21}$ xur^{313}　这种，这一类。

咋样　　tsa$^{214}_{24}$ iaŋ$^{313}_{21}$　怎么样。

身体　疾病　医疗

额脸盖　　iə$^{42}_{55}$ liɑ̃·〔lɑ·〕kɛ$^{313}_{21}$
　　额头。

脖儿梗　　po$^{42}_{55}$ əl·kəŋ^{55}
　　脖梗子。

眼眨毛　　iɑ̃$^{55}_{214}$ tʂɑ·mɔ^{42}
　　睫毛。

鼻子　　pi$^{42}_{55}$ tsʅ·　①鼻子。②鼻涕。

口拉拉儿　　k'ou$^{55}_{335}$ la$^{42}_{55}$ lar·　口水。

　洌洌　　liə$^{42}_{55}$ liə·　（南部说法）

耳碎　　əl$^{55}_{214}$ uei·　耳屎。

胳膊　　kə^{214} p'o·　胳臂。

手面子　　ʂou^{55}miɑ̃$^{313}_{42}$ tsʅ·　手背。

妈妈　　ma$^{214}_{21}$ ma·　乳房。

　奶子　　nɛ$^{55}_{214}$ tsʅ·

布脐眼儿　　pu$^{313}_{42}$ tɕ'i· iɑ̃r^{55}
　　肚脐。

哥拉瓣儿　　kə$^{214}_{21}$ la· pɛr^{313}
　　膝盖。

　护膝盖儿　　xu$^{313}_{21}$ ɕi^{55}kɛr^{313}

　护膝盖子　　xu$^{313}_{21}$ ɕi^{55}kɛ$^{313}_{42}$tsʅ·

不□贴　　pu$^{214}_{24}$ lu$^{214}_{21}$t'iə·

不舒坦　　pu$^{214}_{24}$ ʂu$^{214}_{21}$ t'ɑ̃·

着凉　　tʂuo^{42}liaŋ^{42}　伤风。

热疙瘩　　ʐə$^{313}_{42}$ kə·ta·
　　身上起的红疙瘩。

虚〔发〕了　　ɕy^{214}〔fɑ$^{214}_{21}$〕liə·　发炎。

恶发　　ɣə$^{214}_{21}$fa·　化脓。

跑茅子　　p'ɔ$^{55}_{335}$ mɔ$^{42}_{55}$ tsʅ·

　跑肚　　p'ɔ^{55}tu$^{313}_{21}$

　拉稀　　la$^{214}_{24}$ ɕi^{214}

　拉肚子　　la^{214}tu$^{313}_{42}$tsʅ·

干哕　　kɑ̃$^{214}_{21}$ yo^{214}　恶心。

痨病　　lɔ$^{42}_{55}$ piŋ·　泛指肺结核、肺气肿等病症。

发疟子　　fa^{214} yo$^{313}_{42}$ tsʅ·　发疟疾。

搐风　　tʂ'u$^{214}_{24}$ fəŋ^{214}　抽风。

羊羔子风　　iaŋ$^{42}_{55}$ kɔ·tsʅ·fəŋ^{214}
　　羊角风。

巴干　　pa$^{214}_{24}$ kɑ̃^{214}　便秘。

病沉了　　piŋ$^{313}_{21}$ tʂ'ẽ$^{42}_{55}$ la·　病危。

疤拉　　pa$^{214}_{21}$ la·　疤。

扎裹病　　tʂa$^{55}_{214}$ kuo·piŋ^{313}　治病。

结巴子　　tɕiə$^{214}_{21}$ pa·tsʅ·
　　结巴。

瘸子　　tɕ'yo$^{42}_{55}$ tsʅ·

　崴拉　　uɛ$^{55}_{214}$ la·

　踮杠腿　　tiɑ̃$^{214}_{21}$ kaŋ·t'uei^{55}

疯子　　fəŋ^{214} tsʅ·

疯汉　　fəŋ^{214} xɑ̃·　男性疯子。

傻瓜　　ʂa$^{55}_{214}$ kua·

　呆子　　tɛ$^{214}_{21}$ tsʅ·

　潮巴　　tʂ'ɔ$^{42}_{55}$ pa·

圆慰　　yɑ̃$^{42}_{55}$ uei·　迷信做法，待病人睡后念咒语以期使病情好转。

生活　行为　红白事

做饭　tsou$_{21}^{313}$ fɑ̃^{313}

收烟　ʂou$_{24}^{214}$ iɑ̃^{214}　吸烟。

躺倒　tʻɑŋ$_{214}^{55}$ tɔ·　躺下。

仰倒　iaŋ$_{214}^{55}$ tɔ·　仰卧。

虾腰　ɕia$_{21}^{214}$ iɔ^{214}　弯腰。

孤堆下　ku$_{21}^{214}$tsuei·ɕia·
　　蹲下。

眨眼　tʂɑ̃$_{42}^{55}$ iɑ̃^{55}

挤刮眼子　tɕi$_{214}^{55}$ kua·iɑ̃$_{214}^{55}$tsʅ·
　　病态的挤眼。

吱声　tʂʅ^{214} ʂəŋ·　出声，说话。

不搭闲腔　pu$_{24}^{214}$ ta^{214}ɕia^{42}tɕʻiaŋ^{214}
　　不搭腔。

不理他　pu^{214}əl$_{214}^{55}$ tʻa·

丧败　saŋ$_{42}^{313}$pɛ·故意说气人的话。

骂　mɑ^{313}

　嗷　tɕyo^{42}

骂嗷连天　ma^{313} tɕyo^{42}
　　liɑ̃^{42}tʻiɑ̃^{214}　骂声连天。

叨念　tɔ$_{21}^{214}$ ȵiɑ̃·　唠叨，絮叨。

　念叨　ȵiɑ̃$_{21}^{313}$tɔ·

扒翻　pa$_{21}^{214}$fɑ̃·　扒拉。

架着　tɕia$_{42}^{313}$ tʂə·　扶着。

撕　sʅ^{214}

　裂　liə^{214}

流手　liou^{42}ʂou^{55}　无意识
　　地松手。

挠　nɔ^{42}　搔（头部）。

　　kʻuɛ^{55}　搔（身上）。

　推　tɕʻyo^{214}　捣，砸：～蒜。

谋量　mu$_{24}^{55}$ liaŋ·　估量。

烦恶　fɑ̃^{42}u^{214}　讨厌，厌烦。

来往　lɛ$_{55}^{42}$uaŋ·　一般性交往。

走动　tsou$_{214}^{55}$ toŋ·　亲戚间的
　　交往。

闯〔串〕门儿　tʂʻuaŋ^{313}〔tʂʻuɑ̃$_{21}^{313}$〕
　　mɛ̃r^{42}

盘缠〔费〕　pʻɑ̃$_{55}^{42}$ tʂɑ̃·〔fei·〕

装憨　tʂuaŋ$_{24}^{214}$ xɑ^{214}　装傻。

拿架儿　na$_{55}^{42}$ tɕiar·　摆架子。

舔腚　tʻiɑ̃^{55} tiŋ^{313}　拍马屁。

挑怂　tʻiɔ$_{214}^{55}$ soŋ·　挑拨。

磨落　mo^{42} luo·　磨蹭，拖拉。

侍护　tsʻʅ$_{21}^{313}$ xu^{313}　侍奉。

娇待　tɕiɔ$_{24}^{214}$ tɛ$_{21}^{313}$　娇惯。

迷糊　mi$_{55}^{42}$ xu·　迷失。

没　mu^{42}　遗失，丢失：我～了钱包
　　了。

红事儿　xoŋ^{42}ʂʅr$_{21}^{313}$
　　通称喜事。

红白喜事儿　xoŋ^{42}pei^{42}
　　ɕi^{55}ʂʅr$_{21}^{313}$　通称婚丧嫁娶等事
　　情。

查日子　tʂʻa^{42}ʐʅ$_{42}^{313}$tsʅ·
　　选日子。

定婚　tiŋ^{313} xuɛ̃^{214}　男方定婚。

许婚　ɕy$_{54}^{55}$ xuɛ̃^{214}　女方定婚。

娶媳妇儿　tɕʻy$_{54}^{55}$ ɕi$_{21}^{214}$fur·
　　娶亲。

陪送闺女　pʻei$_{42}^{42}$ soŋ·kuei$_{21}^{214}$ ȵy·
　　嫁闺女。

交心酒　tɕiɔ$_{24}^{214}$ ɕiɛ̃^{214} tɕiou^{55}
　　交杯酒。

坐月子　tsuo$_{21}^{313}$ yo$_{42}^{313}$ tsʅ·
　　占房　tʂɑ̃$_{21}^{313}$ faŋ^{42}

一生儿　i$_{24}^{214}$ ʂəŋr^{214}　一周岁。

抓生儿　tsua$_{24}^{214}$ ʂəŋr^{214}　民间习俗，让
　　满周岁的儿童抓面前的东西，以

预测其将来的发展。

做生儿　$tsou_{21}^{313}$ $səŋr^{214}$　做寿。

双巴儿　$şuaŋ_{42}^{313}$ $par^{\cdot}$　双胞胎。

　双生儿　$şuaŋ_{24}^{214}$ $səŋr^{214}$

老娘婆（旧）　$lɔ_{335}^{55}$ $ȵiaŋ_{42}^{42}p'o^{42}$

　接生员　$tɕiə^{214}$ $səŋ^{214}$ $yā^{42}$

胎里无爷　$t'ɛ_{21}^{214}li^{\cdot}u^{42}iə^{42}$　背生子。

　腹里无爷　$fu_{42}^{313}li^{\cdot}u^{42}iə^{42}$

　（南部说法）

带犊子　$tɛ_{42}^{313}$ $tu^{\cdot}tsʅ$

　母亲改嫁带走的孩子。

前窝儿　$tɕ'iā_{42}^{42}$ uor_{55}　前夫或前妻的

　子女。

后窝儿　xou_{42}^{313} $uor^{\cdot}$　后夫或后妻的

　子女。

温居　$uē_{24}^{214}$ $tɕy^{214}$　分居或乔迁后前

　去庆贺。

温锅（儿）　$uē_{24}^{214}$ kuo（r）^{214}

　老城一带指人死后在埋葬前清扫

　坟内、烧纸等。南部则指分居或乔

　迁时前去庆贺。

打伙儿　$taɑ_{42}^{55}$ $xuor^{55}$

　非法同居。

老（达）了　$lɔ_{214}^{55}$（$ta^{\cdot}$）$lɑ^{\cdot}$　去世。

　过去了　kuo_{42}^{313} $tɕ'i^{\cdot}lɑ^{\cdot}$

伤了　$şaŋ_{21}^{214}$ $la^{\cdot}$　夭折。

少亡　$sɔ_{21}^{313}$ $uaŋ^{42}$　青年死亡。

林　$liē^{42}$　坟地。

老林　$lɔ_{335}^{55}$ $liē^{42}$　祖坟地。

小林　$ɕiɔ_{335}^{55}$ $liē^{42}$　新辟坟地。

房屋　用品

宅子　$tşei_{55}^{42}$ $tsʅ^{\cdot}$　房子。

饭屋　$fā_{42}^{313}$ $u^{\cdot}$　厨房。

当院子　$taŋ^{214}$ $yā_{42}^{55}$ $tsʅ^{\cdot}$　院子。

　当天井　$taŋ_{24}^{214}$ $t'iā_{24}^{214}$ $tɕiŋ^{\cdot}$

影门墙　$iŋ_{214}^{55}$ $mē^{\cdot}tɕiaŋ^{42}$　照壁。

门枕　$mē^{42}tşē_{55}^{55}$　院门下方搁门的方

　石头。

门插关儿　$mē^{42}$ $tş'ɑ_{24}^{214}kuār_{55}^{214}$

　门闩。

虚〔天〕棚　$ɕy^{214}$〔$t'iā^{214}$〕$p'əŋ^{\cdot}$　顶

　棚。

坚角　$tɕiā^{214}$ $tɕyo^{\cdot}$　地基。

　地基　$ti_{42}^{313}tɕ'i^{\cdot}$　（南部说法）

茅子　$mɔ_{55}^{42}$ $tsʅ^{\cdot}$　厕所。

　茅房　$mɔ^{42}faŋ^{42}$

簿障子　po_{55}^{42} $tşaŋ^{\cdot}tsʅ^{\cdot}$

　篱笆。

物件儿　u_{21}^{313} $tɕiār^{313}$

　器物，用具。

风掀　$fəŋ_{21}^{214}$ $ɕiā^{\cdot}$　风箱。

抽头　$tş'ou_{21}^{214}$ $t'ou^{\cdot}$　抽屉。

面案子　$miā_{21}^{313}$ $ɤā_{42}^{313}$ $tsʅ^{\cdot}$

　面板。

菜板子　$ts'ɛ_{21}^{313}$ $pā_{42}^{214}$ $tsʅ^{\cdot}$

　菜板。

擀汤轴　$kā^{55}t'aŋ^{214}tşu^{42}$

　擀面杖。

擀饼轴儿　$kā^{55}piŋ^{55}$ $tşur^{42}$

　做饼用的擀杖。

　擀饼轴子　$kā_{42}^{214}piŋ^{55}tşu_{55}^{42}$ $tsʅ^{\cdot}$

轧轴子　$iɑ_{21}^{214}$ $tşu^{\cdot}tsʅ^{\cdot}$　小擀面杖。

钩担　kou_{21}^{214} $tā^{\cdot}$　带钩的扁担。

扁担　$piā_{21}^{214}$ $tā^{\cdot}$　不带钩的扁担。

拖把　$t'uo_{21}^{214}p'ɑ^{\cdot}$　擦地板用

扫帚　$sɔ_{42}^{313}$ $tşu^{\cdot}$　扫院子用。

地笤帚　ti_{42}^{313} $t'iɔ^{\cdot}tşu^{\cdot}$　扫地用。

扫炕笤帚　$sɔ^{55}k'ɑŋ_{21}^{313}t'iɔ_{42}^{55}tşu^{\cdot}$

　扫床用。

糯子　tɕiaŋ$_{42}^{313}$tsʅ˙　糯糊。

电棒子　tiã$_{21}^{313}$paŋ$_{21}^{313}$tsʅ˙

　手电筒　ʂou⁵⁵tiã$_{21}^{313}$t'oŋ⁵⁵

拄棍儿　tʂu$_{214}^{55}$kuēr˙拐棍。

　拄棍子　tʂu$_{214}^{55}$kuē˙tsʅ˙

擦脸布子　ts'a$_{21}^{214}$liã⁵⁵pu$_{42}^{313}$tsʅ˙

　手巾　ʂou$_{214}^{55}$tɕiē˙

　毛巾　mɔ⁴²tɕiē²¹⁴

针线筐子　tʂē$_{21}^{214}$ɕiã˙k'uaŋ$_{21}^{214}$tsʅ˙

　针线筐笼。

臭蛋儿(旧)　tʂou$_{21}^{313}$tãr³¹³

　樟脑球儿　tʂaŋ$_{21}^{214}$nɔ⁵⁵tɕ'iour⁴²

　卫生球儿　uei$_{21}^{313}$ʂəŋ²¹⁴tɕ'iour⁴²

乌突水　u$_{21}^{214}$t'u˙ʂuei⁵⁵　晒温的水。

炭　t'ã³¹³　煤。

炭坯子　t'ã³¹³p'ei$_{21}^{214}$tsʅ˙

　煤饼子

电驴子　tiã$_{21}^{313}$ly$_{55}^{42}$tsʅ˙　摩托车。

黄香　xuaŋ⁴²ɕiaŋ²¹⁴　松香。

摸和鱼子　mo$_{21}^{214}$xə˙y$_{55}^{42}$tsʅ˙

　木鱼。

香炉子　ɕiaŋ²¹⁴lu$_{55}^{42}$tsʅ˙

服饰　饮食

大敞(旧)　ta$_{21}^{313}$tʂ'aŋ⁵⁵

　大衣　ta$_{21}^{313}$i²¹⁴

脖格拉子　po⁴²kə˙la$_{21}^{214}$tsʅ˙

　围嘴儿。

　围脖子　uei$_{55}^{42}$po˙tsʅ˙

　围嘴子　uei⁴²tsuei$_{214}^{214}$tsʅ˙

　(南部说法)

搐(扎)腰带　tʂ'u$_{24}^{214}$(tʂu$_{24}^{214}$)iɔ²¹⁴te$_{21}^{313}$

　裤腰带　k'u$_{21}^{313}$iɔ²¹⁴te³¹³

扎腰　tʂa$_{21}^{214}$iɔ˙　农民扎在腰间外面

　的布带子。

胶鞋　tɕiɔ²¹⁴ɕiɛ⁴²　雨鞋。

毡窝儿　tʂã$_{54}^{55}$uor²¹⁴　毡鞋。

铺盖　p'u²¹⁴kɛ$_{21}^{313}$　被褥。

　被窝　pei$_{42}^{313}$uo˙

盖体　kɛ$_{42}^{313}$t'i˙　被子。(南部说法)。

豆枕　tou$_{42}^{313}$tʂē˙　枕头。

早饭　tsɔ⁵⁵fã$_{21}^{313}$

晌午饭　ʂaŋ$_{21}^{55}$u˙fã³¹³

　(中)午饭　(tʂoŋ$_{21}^{214}$)u⁵⁵fã$_{21}^{313}$

后晌饭　xou$_{42}^{313}$xaŋ˙fã³¹³

　晚饭　uã⁵⁵fã$_{21}^{313}$

馍馍　mo$_{55}^{42}$mo˙　馒头。

饻子　tɕya$_{214}^{55}$tsʅ˙　方形馒头。

蒸包子　tʂəŋ$_{21}^{214}$pɔ˙tsʅ˙

　包子。

包子　pɔ$_{21}^{214}$tsʅ˙饺子

　扁食(旧)　piã$_{214}^{55}$ʂʅ˙

　歪歪角儿(旧)　uɛ$_{21}^{214}$uɛ˙tɕyor²¹⁴

　谚语:初五吃顿~,打得粮食没

　处搁。

　歪歪饭(旧)　uɛ$_{21}^{214}$uɛ˙fã³¹³

　谚语:初五吃顿~,一亩地里打

　八担。

面汤(旧)　miã$_{21}^{313}$t'aŋ²¹⁴

　面条儿　miã$_{21}^{313}$t'iɔr⁴²

擀汤　kã⁵⁵t'aŋ²¹⁴　擀面条儿。

疙瘩头　kə$_{21}^{214}$ta˙t'ou⁴²

　疙瘩汤　kə$_{21}^{214}$ta˙t'aŋ²¹⁴

粘粥　ɲiã$_{55}^{42}$tʂu˙　小米稀饭。

剂子　tɕi$_{42}^{313}$tsʅ˙　小面团。

油炸果儿(旧)　iou⁴²tʂa⁴²kuor⁵⁵

　油炸果子(旧)　iou⁴²tʂa⁴²kuo$_{214}^{55}$tsʅ˙

　油条　iou⁴²t'iɔ⁴²

鬼子肉(旧)　kuei$_{214}^{55}$tsʅ˙ʐou³¹³

驴肉　ly⁴² ʐou³¹³

大油　tɑ³¹³₂₁ iou⁴²　猪油。

　荤油　xuɛ̄²¹⁴iou⁴²

长果油　tʂˈɑŋ⁴² kuo⁵⁵ iou⁴²　花生油。

糊锅巴　xu⁴²₅₅ kuoˈpa·　锅巴。

　糊疙渣　xu⁴²₅₅kəˈtʂa·

山楂串儿　sɑ̄²¹⁴₂₄tʂɑ²¹⁴tʂˈuɑ̄r³¹³
　　冰糖葫芦。

演马牛肉　iɑ̄⁵⁵₄₂mɑ⁵⁵ɲiou⁴²ʐou³¹³　肥
　　城特产。

王庄粉皮　uɑŋ⁴²tʂuaŋ²¹⁴fɛ̄⁵⁵₂₁₄ pˈi⁴²
　　肥城特产。

河岔口鸭蛋　xə⁴²tʂˈɑˈkˈou⁵⁵iɑ²¹⁴₂₁ tɑ̄³¹³₂₁
　　肥城特产。

农　工　商　学

庄户人　tʂuɑŋ²¹⁴₂₁xuˈʐɛ̄⁴²

　农民　nu⁴²miɛ̄⁴²

上坡　ʂaŋ³¹³₂₁ pˈo²¹⁴　下地。

耩地　tɕiaŋ⁵⁵tiˈ³¹³₂₁　用耧播种

芡子　ɕyo⁴²₅₅ tsʅ·

梧耢架子　u⁴²₅₅luˈtɕiɑ³¹³₄₂tsʅ·
　　耱耢。

砘子　tuɛ̄³¹³₄₂ tsʅ·　石滚。

铡　tʂɑ⁴²　铡刀。

镰　liɑ⁴²　镰刀。

扬锨　iaŋ⁴² ɕiɑ²¹⁴　扬场用的木锨。

车脚儿　tʂˈə²¹⁴₂₄ tɕyor²¹⁴　车轮。

夹板子　tɕiɑ²¹⁴ pɑ̄⁵⁵₂₁₄ tsʅ·　套在牲
　　口脖子上的板子。

酱菜铺儿(旧)　tɕiaŋ³¹³₂₁　tsˈɛ³¹³₂₁pˈur³¹³

　酱菜店　tɕiaŋ³¹³₂₁ tsˈɛ³¹³₂₁ tiɑ³¹³

理发铺儿(旧)　li⁵⁵₅₄ fɑ²¹⁴pˈur³¹³₂₁

　理发馆儿　li⁵⁵₅₄fɑ²¹⁴ kuɑ̄r⁵⁵

炭站　tˈɑ̄³¹³₂₁ tʂɑ̄³¹³₂₁　煤店。

炭场（子）　tˈɑ̄³¹³₂₁tʂˈaŋ⁵⁵₍₂₁₄₎ (tsʅ·)

包圆儿　pɔ²¹⁴yɑ̄r⁴²

收市　ʂou²¹⁴₂₄ ʂʅ³¹³₂₁

籴　ti⁴²　买（粮食）。

拉饥荒　la²¹⁴ tɕi²¹⁴ xuaŋ·
　　欠帐。

　拉帐　la²¹⁴ tʂaŋ³¹³₂₁

估堆　ku⁵⁵₄ tsuei²¹⁴　估计成堆物品的
　　数量。

白字（儿）　pei⁴²tsʅ (r)³¹³₂₁　别字。

反文儿　fɑ̄⁵⁵₃₃₅ uɛ̄r⁴²　折文儿。

小打炉子　ɕiɔ⁵⁵₂₁₄ tɑˈlu⁵⁵₅₅tsʅ·
　　泛指以铜锅、铜碗为业的人。

锔锅匠　tɕy²¹⁴₂₄ kuo²¹⁴tɕiaŋ³¹³
　　指以铜锅为业的人。

动物　植物

儿马　əl⁴²₅₅ mɑ·　公马。

骒马　kˈə³¹³₄₂ mɑ·　母马。

牤牛　maŋ²¹⁴₂₁ ɲiou·　未阉的公牛。

　趴牯　pˈɑ²¹⁴₂₁ ku·

犍子　tɕiɑ̄²¹⁴ tsʅ·　阉过的公牛。

石牛　ʂɭ⁴²₂₁ ɲiou·　母牛。

牛角　ɲiou⁴² tɕiɑ²¹⁴

叫驴　tɕiɔ³¹³₄₂ ly·　公驴。

草驴　tsˈɔ⁵⁵₂₁₄ ly·　母驴。

羝羊　ti²¹⁴₂₁ iaŋ·　未阉的公绵羊。

羯羊　tɕiə²¹⁴₄₂ iaŋ·　羊群的头羊，阉过
　　的公羊。

牙猪　iɑ⁴²₅₅tʂu·

　□儿　tɕyor³¹³

　公猪　koŋ²¹⁴₂₄ tʂu²¹⁴

脚猪　tɕyo²¹⁴₂₄ tʂu·　公种猪。

牙保　iɑ⁴²₅₅ pɔ·

母猪　mu⁵⁵₂₁₄ tʂu·

老母猪　lɔ⁵⁵₄₂ mu⁵⁵₂₁₄ tʂu·

正繁殖的母猪。

劁豚　tɕʻiɔ²¹⁴tʻuɛ̃⁴²　阉割后的公母种
　　猪。

牙狗　ia⁴²₅₅ kou˙　公狗。

母狗　mu⁵⁵₂₁₄ kou˙　母狗。

儿猫　əl⁴²₅₅ mɔ˙　公猫。

女猫　ŋy⁵⁵₂₁₄ mɔ˙　母猫。

找　tʂɔ⁵⁵　家畜交配：～猪；～牛。

骟　ʂã³¹³　（马、猪等）

　摘　tʂi⁴²　（猪）

　锤　tʂʻuei⁴²　（牛等）

姙蛋　fã³¹³₂₁ tã³¹³　下蛋。

菢　pɔ³¹³　孵：～小鸡儿。

妈虎₍旧₎ma²¹⁴₂₁ xu˙

　狼　laŋ⁴²

貔子　pʻi⁴²₅₅ tsʅ˙　狐狸。

　野狸　iə²¹⁴₂₁₄ li˙

黄鼬　xuaŋ⁴²₅₅ iou˙

　黄鼠狼　xuaŋ⁴²ʂu⁵⁵₃₃₅ laŋ⁴²

小雀儿　iɔ⁵⁵₂₁₄tʂʻuor˙〔tɕʻyor˙〕

　家雀儿　tɕia²¹⁴₂₁₄tɕʻyor˙

　麻雀儿　ma⁴²₅₅tɕʻyor˙

喜鹊　ɕi⁵⁵₂₁₄ tɕʻyo˙

老鸹　lɔ⁵⁵₂₁₄ kua˙

黑老鸹子　xei²¹⁴₂₁lɔˈkua⁴²₅₅tsʅ˙
　乌鸦。

　黑老鸹　xei²¹⁴₂₁ lɔ⁵⁵₅₅ kua˙

光棍儿多锄　kuaŋ²¹⁴kuɛ̃r²¹₂₁
　tuo²¹⁴tʂʻu⁴²　布谷鸟。

餐达木子　tsʻã²¹⁴ tɑˈmu³¹³₄₂ tsʅ˙
　啄木鸟。

夜猫子　iə³¹³₂₁ mɔˈtsʅ˙
　猫头鹰。

檐撇户子₍旧₎　iã⁴²₅₅ pʻiəˈxu³¹³₄₂ tsʅ˙

蝙蝠儿　pʻiã̱⁴²fur²¹⁴

蜻蜓　tʻiŋ²¹⁴₂₁ tʻiŋ˙

蚂蚱　ma³¹³₄₂ tʂa˙　蝗虫。

潲马夹　ʂɔ³¹³₂₁ ma⁵⁵₅₅ tɕia²¹⁴
　蝗虫的一种，绿色。

知了儿　tɕi⁴²₅₅ liɔr˙　蝉。

伏了儿　fu⁴² liɔr⁵⁵　秋末的一种小
　蝉。谚语：～叫一声，穷人吓一
　惊。

知了鬼儿　tɕi⁴²₅₅ liɔrˈkueir⁵⁵
　蝉幼虫。

蛤蟆　xə⁴²₅₅ ma˙　青蛙。

疥蛤蟆　tɕiɛ³¹³₂₁ xə⁴²₅₅ ma˙
　蟾蜍。

蛤蟆蝌胎子　xə⁴²₅₅ ma˙
　kʻə²¹⁴₂₁ tʻɛ˙tsʅ˙　蝌蚪。

泞泞狗　niŋ⁴²₅₅ niŋˈkou⁵⁵₂₁₄

　泥鳅　ni⁴²₅₅ tɕʻiou˙

波拉蚰子　po⁵⁵₅₅ laˈiou⁴²₅₅ tsʅ˙
　蜗牛。

磕怕蚰子　kʻə²¹⁴ pʻɑˈiou⁴²₅₅ tsʅ˙
　水中的蜗牛。

　嘎拉蚰子　kɑ²¹⁴ laˈiou⁴²₅₅ tsʅ˙

土鳖子　tʻu²¹⁴₂₁ piə˙tsʅ˙　土元。

蚁蟓　i⁵⁵₂₁₄ iaŋ˙　蚂蚁。

蛐里船　tɕʻi²¹⁴₂₁₄ liˈtʂʻuã⁴²
　蚯蚓。

蝎虎子　ɕiə²¹⁴₂₁ xuˈtsʅ˙　壁虎。

白渣　pei⁴²₅₅ tʂa˙　苍蝇卵。

蜜虫子　mi³¹³₂₁ tʂʻoŋˈtsʅ˙　蚜虫。

蛇出律子　ʂə⁴²₅₅ tʂʻuˈly³¹³₄₂tsʅ˙
　蜥蜴。

恶螂珠子　ɤ⁴²₅₅ laŋˈtʂu²¹⁴₂₁tsʅ˙
　蜘蛛。

蛐蛐儿　tɕʻy$_{21}^{214}$ tɕʻyr·　蟋蟀。

　土蛰子　tʻu$_{214}^{55}$ tʂə·tsๅ·

　土蛰蛰　tʻu$_{214}^{55}$ tʂə$_{55}^{42}$ tʂə·

臭虫　tʂʻou$_{21}^{313}$ tʂʻoŋ^{42}

　大屹蚤　ta$_{42}^{313}$ kə·tsɔ·

棒子　paŋ$_{42}^{313}$ tsๅ·

　粒黍黍　li$_{21}^{313}$ ʂu$_{55}^{42}$ ʂu·
　（南部说法）

　玉米　y$_{21}^{313}$ mi^{55}

秫秸　ʂu$_{54}^{55}$ tɕiɛ^{214}　收获后的高粱秸。

高粱秸　kɔ^{214} liaŋ^{42}tɕiɛ^{214}
　　尚未收获的高粱秸。

麦秸梃子　mei$_{21}^{313}$ tɕiɛ^{214}tʻiŋ$_{55}^{42}$ tsๅ·　麦
梃儿。

杆草　kā$_{214}^{55}$ tsʻɔ·将头、根去掉后的谷
秸。

谷杆子　ku$_{21}^{214}$ kā$_{214}^{55}$ tsๅ·
　　尚未去头、根的谷秸。

　谷秸　ku$_{24}^{214}$ tɕiɛ^{214}

长果儿　tʂʻaŋ^{42} kuor^{55}

　花生儿　xua$_{24}^{214}$ ʂəŋr^{214}

长果仁儿　tʂʻaŋ^{42} kuo$_{335}^{55}$ ʐẽr^{42}

　花生米儿〔仁儿〕　xua$_{24}^{214}$ ʂəŋr^{214}
mir^{55}〔ʐẽr^{42}〕

芋头　y$_{42}^{313}$ tʻou·　白薯。

　地瓜(少)　ti$_{21}^{313}$ kua^{214}

地蛋　ti$_{21}^{313}$ tā^{313}　马铃薯。

　地豆子　ti$_{21}^{313}$ tou$_{42}^{313}$ tsๅ·

棉花　ɲiā$_{42}^{42}$〔miā$_{55}^{42}$〕nux·〔xou·〕

莠草　iou$_{214}^{55}$ tsʻɔ·

　柳草　liou$_{214}^{55}$ tsʻɔ·（南部说法）

洋柿子　iaŋ^{42} ʂๅ$_{42}^{313}$ tsๅ·

　西红柿　ɕi^{214} xoŋ^{42} ʂๅ$_{21}^{313}$

包头儿白　pɔ^{214} tʻour^{42}pei^{42}

卷心菜。

大头菜　ta$_{21}^{313}$ tʻou^{42}tsʻɛ^{313}

橄榄白　kā$_{214}^{55}$lā·pei^{42}

萝卜　luo$_{55}^{42}$pei·

红萝卜　xoŋ$_{55}^{42}$ luo·pei·

櫢萝卜　tɕyo$_{55}^{42}$ luo·pei·
　一种较长的萝卜。

莲蓬子儿　liā$_{55}^{42}$ pʻəŋ·tsๅr^{55}
　莲子。

场院花(旧)　tʂʻaŋ$_{55}^{42}$ yā·xua^{214}
　向日葵。

　向阳花　ɕiaŋ$_{21}^{313}$ iaŋ^{42} xua^{214}

栗蓬　li$_{42}^{313}$ pʻəŋ·　未去壳的栗子。

栗子　li$_{42}^{313}$ tsๅ·

悖悖丁　po$_{55}^{42}$ po·tiŋ^{214}　婆婆丁。

指甲桃儿　tʂๅ$_{214}^{55}$ tɕia·tʻɔr^{42}
　夹竹桃。

行　xaŋ^{42}　指各类水果园。

桃行　tʻɔ^{42}xaŋ^{42}　桃树园。

果行　kuo$_{335}^{55}$ xaŋ^{42}　果树园。

行子　xaŋ$_{55}^{42}$ tsๅ·　树林：柳～。

性质　状态　副词

俊巴　tɕyẽ$_{55}^{313}$ pɑ·　漂亮。

文范　uẽ$_{55}^{42}$ fā·　举止文雅。

得劲儿　tei$_{21}^{214}$ tɕiẽr$_{21}^{313}$

　舒坦〔服〕　ʂu$_{21}^{214}$ tʻā·〔fu·〕

顺序　ʂuẽ$_{42}^{313}$ ɕy·　顺利。

　顺当　ʂuẽ$_{42}^{313}$ taŋ·

结实　tɕiə$_{21}^{214}$ ʂๅ·　①坚固。
　　②事情办得牢靠、稳当。

实诚　ʂๅ$_{55}^{42}$ tʂʻəŋ·　诚实，实在。

喜　ɕi^{55}　①高兴。②笑：把他～的。

铮平　tsəŋ^{214} pʻiŋ^{42}　很平。

铮明踢亮　tsəŋ^{214}miŋ^{42}tʻi$_{24}^{214}$ liaŋ$_{21}^{313}$

很亮。

滑溜　xuɑ$_{55}^{42}$ liou˙　滑。

二乎　əl$_{42}^{313}$ xu˙　犹豫。

二二乎乎　əl$_{42}^{313}$ əl˙xu$_{21}^{214}$xu^{214}
　犹犹豫豫。

孬　nɔ^{214}　（品质、质地等）坏，不好。

愚笨　y$_{24}^{214}$ pə̃$_{21}^{313}$　笨。

笨不拉唧　pə̃$_{42}^{313}$ pu˙lɑ$_{21}^{214}$ tɕi˙
　很笨的样子。

傻儿〔里〕呱唧　ʂɑ$_{214}^{55}$ əl˙〔li˙〕kuɑ$_{21}^{214}$
　tɕi˙
　很傻的样子。

　酸不唧儿的　suã$_{21}^{213}$ pu˙tɕir$_{55}^{42}$ ti˙
　酸（程度轻，含喜爱的语气）。

酸不拉唧　suã^{214} pu˙lɑ$_{21}^{214}$ tɕi˙
　（程度重，含厌恶的语气）。

咸不唧儿的　ɕiã$_{55}^{42}$ pu˙tɕir$_{21}^{42}$ti˙
　咸（程度轻，含喜爱的语气）。

　咸不拉唧　ɕiã$_{55}^{42}$ pu˙lɑ$_{21}^{214}$tɕi˙
　（程度重，含厌恶的语气）。

乎辣　xu$_{24}^{214}$ lɑ$_{21}^{313}$　很辣。

煞白　ʂɑ^{214}pei^{42}　很白。

刚　kɑŋ^{42}　很：～麻烦了。

血　ɕiə^{214}　很，极：这孩子～坏。

忒　t'uei^{214}　太：～好了｜～大了。

马上（马）　mɑ$_{214}^{55}$ʂɑŋ˙(mɑ^{55})　立即。

　就里　tɕiou$_{42}^{313}$ li˙

济　tɕi^{214}　尽着：～你要。

紧点儿　tɕi$_{42}^{55}$ tiãr^{55}　赶紧。

格没儿声儿地　kə$_{24}^{214}$ mor$_{21}^{313}$ ʂə̃r$_{21}^{214}$ti˙
　悄悄地。

净心　tɕiŋ$_{21}^{313}$ ɕiə̃^{214}　故意。

统里　t'oŋ$_{214}^{55}$ li˙　仅仅。

一起根儿　i$_{21}^{214}$ tɕ'i$_{54}^{55}$ kẽr^{214}　起先。

当不住　tɑŋ^{313} pu˙tʂu^{313}　可能是。

亏了　k'uei$_{21}^{214}$ lɔ˙　幸亏。

差不离儿　tʂ'ɑ^{214} pu˙lir^{42}
差不多　tʂ'ɑ^{214} pu˙tuo^{214}

甭　pəŋ^{42}　不要，别。

甭价了　pəŋ$_{55}^{42}$ tɕiɑ˙lɑ˙　不用了。

猛格丁地　məŋ$_{214}^{55}$ kə˙tiŋ^{214}ti˙　忽然。

其他

跟　kẽ^{214}　跟，同
　给　kei^{42}

从　tɕ'ioŋ^{42}　在：他没～家｜～家里
　吃饭。

漫　mã^{313}　从（只接表地点词语）：皇
　帝～这个地方过。

捋着　ly$_{21}^{55}$ tʂə˙　顺着，沿着。

用　ioŋ^{313}　～笔写字。
　使　ʂʅ^{55}

一码子事儿　i$_{21}^{214}$ mɑ$_{214}^{55}$ tʂʅ˙ʂʅr^{313}
　一档子事儿。

一口屋　i$_{21}^{214}$ k'ou^{55} u^{214}
　一间屋　i$_{24}^{214}$ tɕiã$_{24}^{214}$ u^{214}

一个　i$_{24}^{214}$ kə$_{21}^{313}$

俩　liɑ^{55}

仨　sɑ^{214}

四个　sʅ$_{42}^{313}$ ɑ˙

五个　u$_{214}^{55}$ uɑ˙

六个　liou$_{42}^{313}$uɑ˙

七个　tɕ'i$_{21}^{214}$ iɑ˙

八个　pɑ$_{24}^{214}$ kə$_{21}^{313}$

九个　tɕiou$_{214}^{55}$ uɑ˙

十个　ʂʅ$_{55}^{42}$ ʐɑ˙

第四章　语　法

肥城方言在语法方面与普通话相比，大同中有小异。这里介绍肥城方言中与普通话不同的语法特点。

第一节　词　缀

名词词缀

除了肥城方言和普通话都常用的"老"、"小"、"初"、"儿"、"子"、"头"外，肥城方言还有以下普通话较少用的名词前缀和后缀：

二：二愣（愣头愣脑的人），二红砖（未烧熟的砖，喻指不成熟的人），二秕货（不成熟的人）。

巴：瘸巴（瘸子），潮巴（傻子）。

动词后缀

巴：捏巴（捏），拉巴（辛勤抚养）。

打：踢打（踢蹬），拍打，摔打。

么：寻么（寻找），捞么（捞摸），舔么（舔），沾么（沾、沾光）。

悠：搓悠（反复地搓），转悠，晃悠。

送：拱送（拱），哄送（哄）。

乎：戳乎（惹），惹乎。

稜：翘稜（翘），侧稜（侧），斜稜，扑稜。

拉：扑拉（顺向拍、摸），糊拉（顺向拨、扫），搅拉（搅），扒拉。

查：扒查（扒拉），抠查（抠搜），刮查（刮）。

索：抠索（抠搜），掖索（掖、掖藏），摸索。

形容词词缀

肥城方言有以下两个一般的形容词后缀：

巴：俊巴（俊俏），瘦巴儿（瘦）。

乎：二乎（犹豫），热乎。

此外，肥城方言中大量的形容词生动形式是以在词干前面或后面加词缀的方式构成的。具体有如下几类。

1. xA 式

x 是修饰性成分，A 是意义主体，有时几个 xA 式可以并列。x 加深了形容词 A 的程度，并使 A 更加生动形象。例如：

精瘦（很瘦）

精浅（很浅）

精短（很短）

溜光（光溜溜）

溜酸（很酸）

溜窄（很窄）

铮平（很平坦）

铮亮（很明亮）

铮明踢亮（很明亮）

焦黄

焦酥（很酥）

焦干（很干）

老高

老远

老厚（很厚）

骏黑

骏紫（很紫）

通红

䶊咸（很咸）

乎辣（很辣）

喷香

2. xyA 式

xy 是修饰性成分，A 是意义主体。程度比 xA 更深。例如：

踢溜光（非常光）

踢溜圆（非常圆）

骏巴黑（非常黑）

焦巴黄（非常黄）

焦巴酥（非常酥）

焦巴干（非常干）

3. 大 AA、精（或：溜、铮）AA 式

AA 是单音节形容词的重叠。"大 AA"把积极形容词的程度往大里加深，"精 AA"等把消极形容词的程度往小里加深。例如：

大高高（很高）

精矮矮（很矮）

大宽宽（很宽）

精短短（很短）

大厚厚（很厚）

溜薄薄（很薄、很稀）

大粗粗（很粗）

铮细细（很细）

大深深（很深）

4. Axx 式

A 是单音节形容词，意义主体，xx（有的可儿化）是叠音后缀，用来加深 A 的程度。例如：

酸溜溜

甜丝儿丝儿

苦吟吟（苦英英）

辣乎乎

香喷儿喷儿

热乎乎

黑乎乎

骏黑黑（骏黑）

硬梆梆

5. Axy 儿、Axyz 式

A 是意义主体，"xy 儿"或"xyz"是不叠音后缀，"不叽儿"，使形容词带上喜爱或褒义色彩，其他后缀使形容词成为贬义。例如：

笨不叽儿（笨乎乎）

咸不叽儿（微咸）

酸不叽儿（微酸）

笨不拉叽（笨儿呱呱）

黄不拉叽（形容黄得难看）

酸不拉叽（形容酸得难吃）

傻儿呱呱（傻不愣登）

傻里呱呱（傻不愣登）

黑咕隆冬

副词后缀

后缀"价"用在副词后用于加强语气：

价：别价（别），甭价（不用），没价（没、没有），成天价（成天）

第二节　助词"了"

在肥城方言中，相当于普通话"了"（音 lə，轻声）的助词有两个读音（都是轻声）：lɔ，liɑ（又读作 lie）。"了"lɔ 用在动词后，表示动作的完成，相当于动态助词"了"；"了"liɑ 用在句末，肯定事态出现了或将要出

现变化，相当于语气助词"了"。如有宾语，则 lɔ 在宾语前而 liɑ 在宾语后。例如：

> 吃了（lɔ）饭了（liɑ）。
> 买了（lɔ）票了（liɑ）。
> 吃了（lɔ）饭可就去。
> 我吃饭了（liɑ）。
> 他走了（liɑ）。
> 下雨了（liɑ），快回来！（已下雨）
> 下雨了（liɑ），快回来！（将要下雨）

第三节　可能补语

普通话的可能补语一般加在助词"得"或否定副词"不"后面，表示可能或不可能。肥城方言表示不可能时与普通话一样，如"看不见"、"上不去"。表示可能时，补语直接加在动词后，补语后要加"了"，音 lɔ·。例如：

看见了（看得见）
上去了（上得去）
找着了（找得着）
说清了（说得清）

但在反复疑问句中与否定式并列使用时，补语后不用"了"。例如：

> 你看见看不见？——看见了。
> 今天写完写不完？——写完了。

第四节　"可"字句

"可" kʻə（轻声）用在一些词语的后面，强调在动作顺序上或时间上先满足这个条件、前提，相当于"……的时候"的意思。后面常常跟着一个动作行为，"可"与这个动作行为之间可用"再"、"就"连接，也可不用。"可"后面即使不跟有动作行为，实际上仍然隐含着一个动作行为，能够根据上下文补出来。后面这个动作行为是顺承前面那个动作行为，或是满足了前面那个条件后发生的。"可"也能省去，但语气不如用时强。例如：

> 我吃了饭可就去。
> 咱给（跟）他说一声可再走。
> 做完作业可出去玩儿。
> 等天晴可上济南去。
> 你等我一会儿，我锁上门可。
> 等你长大了可。
> 八月可，你来吃桃子。
> 下了班就回来！

第五节　比　较　句

肥城方言的比较句在表示二者程度相同与否和差不多的时候，跟普通话有所差别。

在表示 A 和 B 程度一样或不一样时，肥城方言使用"A 和（xei⁴²）B＋（不）般＋形容词"的格式。例如：

> 他和你般高。
> 他和你不般高。
> 他和你般高吧？

在表示 A 和 B 程度差不多时，肥城方言使用"A 和（xei⁴²）B＋形容词＋里下/的＋没意思/差不多"的格式。这个格式实际上包括四种组合方式，例如"他和你差不多高"这句话，肥城方言有以下四种说法：

他和你高里下没意思。
他和你高的没意思。
他和你高里下差不多。
他和你高的差不多。
其中以最后一种较为常用。

第六节　反　复　句

肥城方言的反复句除了跟普通话一样，常用肯定和否定并列（如"去不去"、"难受不难受"）的形式表示外，还有以下两种结构：

1. A 不

省去否定副词"不"后面的词语，这时"不"已经有些虚化，近似语气助词。例如：

你去不？
他长得高不？
这里伏天（夏天）热不？

2. A 不 AB

双音节词语肯定和否定并列时，肯定式的第一个音节不论有无意义，都可单独使用，但否定式中的 AB 两

个音节都不能省略。例如：

你还难不难受？
今天学不学习？
他年不年轻？
明儿凉不凉快？

第七节　转折复句

肥城方言的转折复句不用"虽然……但是……"之类的关联词语连接，而是在第一个分句（偏句）的末尾加上"不牢的"（pu²¹⁴ lɔ⁴²⁵⁵ti·）来表示，后面的分句有时用表示转折的关联词语，有时不用。例如：

这桃大不牢的，不好吃。
这桃小不牢的，倒挺好吃。
雨大不牢的，可他还是来了。
这行李沉不牢的，他还是背回来了。
他跑不牢的，早晚得抓住他。
这衣裳黑不牢的，倒是愣好看。
这菜辣不牢的，他能吃下去了。

第五章　语　　料

第一节　歌　谣

ɣɔ⁴²—，ɣɔ⁴²—，ʂuei³¹³₂₁ ta³¹³₄₂ tɕiɔ·，mɔ⁴² lɛ⁴²₅₅ lɔ·，iɔ⁵⁵₄₂ əl⁵⁵₂₁₄ tɔ·~.
嗷一，嗷一，睡　大　觉，猫来了，咬耳朵。
ta⁵⁵₅₄ xaŋ²¹⁴
打　夯

762 第三十五编 方　言

toŋ²¹⁴ ta⁵⁵₅₄ xaŋ²¹⁴, ɕi²¹⁴ ta⁵⁵₅₄ xaŋ²¹⁴, ɕia³¹³₄₂ lɛ· mei³¹³₄₂ tsʅ· xə²¹⁴₂₄ miã³¹³ tʻaŋ²¹⁴;

东 打 夯，西 打 夯，下 来 麦 子 喝 面 汤；

toŋ²¹⁴ ta⁵⁵ luo⁴² , ɕi²¹⁴ ta⁵⁵ luo⁴², ɕia³¹³₄₂ lɛ· mei³¹³₄₂ tsʅ· tʂʅ²¹⁴ mo⁴²₅₅ mo·.

东 打 锣，西 打 锣，下 来 麦 子 吃 馍 馍。

　　ɕiɔ⁵⁵₄₂ pã⁵⁵₂₁₄ təŋr·

　　小 板 凳 儿

ɕiɔ⁵⁵₄₂ pã⁵⁵₂₁₄ təŋr· ta⁵⁵ uɛ²¹⁴₂₁ uɛ·, uo⁵⁵ ʂaŋ³¹³₂₁ pei²¹⁴₂₄ piãr²¹⁴ kə²¹⁴₂₁ tɕiou⁵⁵ tsʻɛ³¹³₂₁.

小 板 凳 儿 打 歪 歪，我 上 北 边 儿 割 韭 菜。

kə²¹⁴₂₁ lɔ· tɕiou⁵⁵ tsʻɛ³¹³₂₁ uei³¹³ xuaŋ⁴² ȵiou⁴² , uei³¹³ lɔ· xuaŋ⁴² ȵiou⁴² la²¹⁴ ʂʅ⁴²₅₅

割 了 韭 菜 喂 黄 牛，喂 了 黄 牛 拉 石

tʻou·, la²¹⁴₂₁ lɔ· ʂʅ⁴²₅₅ tʻou· kə³¹³₂₁ ɕiẽ²¹⁴₂₄ u²¹⁴, kə³¹³₄₂ lɔ· ɕiẽ²¹⁴₂₄ u²¹⁴ tɕʻy⁵⁵ ɕi²¹⁴₂₁ fur·, tɕʻy²¹⁴

头 ，拉 了 石 头 盖 新 屋，盖 了 新 屋 娶 媳 妇 儿，娶

lɔ· ɕi²¹⁴₂₁ fur· pɔ³¹³₂₁ ua⁴²₅₅ ua·, pɔ³¹³₄₂ lɔ· ua⁴²₅₅ ua· tɕiɔ³¹³₂₁ ta²¹⁴₅₅ ta·.

了 媳 妇 儿 抱 娃 娃，抱 了 娃 娃 叫 大 大。

　　suẽ²¹⁴₂₁ pei· iɔr⁴²

　　孙 伯 谣 儿

ɕiɔ⁵⁵ xoŋ⁴²₅₅ ʂãr· uã³¹³₂₁ tʂaŋ³¹³₂₁ kɔ²¹⁴, xoŋ⁴²₅₅ ʂã· xou³¹³₄₂ tʻou· tʻiə²¹⁴₂₁ pã⁵⁵ tɕʻiɔ⁴²,

小 红 山 儿 万 丈 高，红 山 后 头 铁 板 桥，

ʂʅ⁴²₂₁ li· ti³¹³₂₁ yã⁵⁵ xei²¹⁴₂₁ fəŋ²¹⁴₂₄ kʻou⁵⁵, u²¹⁴₂₁ ʂʅ⁴²₂₁ li· ti³¹³₂₁ laŋ⁴² tsʻoŋ⁴² pɔ³¹³₂₁, liã⁴²₂₁

十 里 地 远 黑 风 口，五 十 里 地 狼 虫 豹，莲

xuɑ· ʂã²¹⁴₂₁ xɑŋ (~) iə⁵⁵₅₄ tɕi²¹⁴ pʻẽ⁴², tɕi²¹⁴₂₁ ʂã ua²¹⁴₂₁ li· uẽ⁴² tɕi²¹⁴₂₄ tɕiɔ³¹³₂₁, pʻi⁴²₅₅ pʻɑ·

花 山 上 野 鸡 盆，鸡 山 洼 里 闻 鸡 叫，琵 琶

ʂã²¹⁴₂₁ xaŋ· (~) tsʅ⁵⁵₂₁₄ tiŋ· ɕiaŋ²¹⁴, ia⁴²₅₅ ʂã· tiŋ⁵⁵₂₁₄ xaŋ· (~) ɕiã²¹⁴ ʂẽ⁴² tɔ³¹³₂₁, tɕiou⁵⁵₂₁₄ ʂã·

山 上 紫 丁 香，岈 山 顶 上 仙 人 到，九 山

iou⁵⁵₂₁₄ kə· fi²¹⁴ lɛ⁴² ʂʅ⁴², xu³¹³₂₁ lu· ʂã²¹⁴₂₁ kʻou⁵⁵ tɔ³¹³₂₁ ʂʅ· miɔ³¹³, uẽ²¹⁴ xə⁴² i²¹⁴₂₄

有 个 飞 来 石，护 鲁 山 口 道 士 庙，汶 河 一

liou³¹³₂₁ əl³¹³₄₂ ʂʅ· li⁵⁵, fəŋ²¹⁴₂₁ tɕiŋ⁵⁵ xã⁴²₂₁ ʂʅ· suẽ²¹⁴₂₁ pei· xɔ⁵⁵.

溜 二 十 里，风 景 还 是 孙 伯 好。

第二节 谚　语

tɕʻɛ³¹³₂₁ ʂã²¹⁴₂₄ tiŋ⁵⁵₂₁₄ xaŋ· (~) tɕ̧ɛ³¹³₂₁ mɔ³¹³, ɕiɔ⁵⁵ tsou³¹³₂₁ xuo⁴² ti· ʂuei³¹³₂₁ tɕiɔ³¹³.

泰 山 顶 上 戴 帽，小 做 活 的 睡 觉。

toŋ²¹⁴₂₄ tɕiaŋ³¹³₂₁ ku²¹⁴₂₁ lou²¹⁴ ɕi²¹⁴₂₄ tɕiaŋ²¹⁴ y⁵⁵, nã⁴²₅₅ tɕiaŋ²¹⁴ tʂʻu²¹⁴ lɛ⁴² me³¹³ əl⁴²

东 虹 咕 喽 西 虹 雨，南 虹 出 来 卖 儿

ȵy⁵⁵。
女。

ȵi⁴²₅₅ tɕ'iou˙ fã²¹⁴₂₄ ua²¹⁴, tou²¹₂₁ iɔ²¹₃₁ pia²¹⁴₃₁ t'ia²¹⁴。
泥　鳅　翻　湾，　就　要　变　天。

ɕi²¹⁴ pei²¹⁴₂₄ fəŋ²¹⁴, pa⁵⁵₄₂ tsʅ˙ tɕiŋ²¹⁴; lua²¹³₂₁ tɕiɔ⁵⁵₃₃₅ yẽ⁴², ɕia³¹³₂₁ mã⁵⁵₃₃₅ p'ẽ⁴²。
西　北　风，　雹　子　精；　乱　绞　云，　下　满　盆。

sã²¹⁴₂₁ yo˙ əl³¹³₄₂ ʂʅ˙ pa²¹⁴, mei³¹³₂₁ uaŋ⁴² i²¹⁴ tʂa²¹₂₁ ʂa˙。
三　月　二　十　八，　麦　芒　一　扎　煞。

liou³¹³₂₁ yo²¹⁴₂₄ liou³¹³, k'ã³¹³₂₁ ku²¹⁴₂₄ ɕiou³¹³₂₁; tɕ'i²¹³₂₁ yo˙ tɕ'i²¹⁴, tɕ'ia²¹⁴₂₁ ku²¹⁴₂₄
六　月　六，　看　谷　秀；　七　月　七，　掐　谷

tʂʅ²¹⁴₂₁。
吃。

tɕ'iŋ²¹⁴ miŋ⁴² y³¹³₂₁ mi⁵⁵ ku²¹⁴ y⁵⁵ xua²¹⁴, li³¹³ ɕia³¹³₂₁ i⁵⁵₃₃₅ tɕ'ia⁴² tsɛ²¹⁴₂₄ ti³¹³₂₁
清　明　玉　米　谷　雨　花，　立　夏　以　前　栽　地

kua²¹⁴。
瓜。

sã²¹⁴₂₁ yo³¹³₂₁ k'ã³¹³₂₁ xua²¹⁴, pa²¹⁴₂₁ yo˙ ʂou²¹⁴ t'ɔ⁴²。
三　月　看　花，　八　月　收　桃。

i²¹⁴ mu⁵⁵ yã⁴², ʂʅ⁴²₅₅ mu˙ t'ia⁴²。
一　亩　园，　十　亩　田。

tɕ'iou²¹⁴₂₄ li˙ ɕia³¹³ ɕia³¹³₂₁ iɔ²¹⁴, tɕ'iaŋ⁴²₅₅ sʅ˙ toŋ²¹⁴₂₁ li˙ tʂua³¹³₂₁ sã²¹⁴₂₁ tsɔ²¹⁴。
秋　里　下　下　腰，　强　似　冬　里　转　三　遭。

ʂẽ⁴² p'a³¹³₂₁ lɔ⁵⁵₃₃₅ lɛ⁴² k'u⁵⁵, mei³¹³₂₁ p'a³¹³₂₁ t'ɛ²¹⁴₂₁ li˙ xã³¹³。
人　怕　老　来　苦，　麦　怕　胎　里　旱。

nəŋ⁴² tʂʅ²¹⁴ ɕiã²¹⁴ t'ɔ⁴² i²¹⁴ k'ou⁵⁵, pu²¹⁴ tʂʅ²¹⁴ lã³¹³₂₁ ɕiŋ³¹³ i²¹⁴ k'uaŋ。
能　吃　鲜　桃　一　口，　不　吃　烂　杏　一　筐。

t'ɔ⁴² iaŋ⁵⁵₂₁₄ ʐẽ˙, ɕiŋ³¹³₂₁ ʂaŋ²¹⁴ ʐẽ⁴², li⁵⁵₂₁₄ tsʅ˙ xaŋ⁵⁵₂₁ li˙ t'ɛ⁴² sʅ⁵⁵₂₁₄ ʐẽ˙。
桃　养　人，　杏　伤　人，　李　子　行（园）里　抬　死　人。

t'ia²¹⁴ ʐẽ⁴² pu²¹⁴₂₄ tia⁴² ti³¹³₂₁, yo³¹³ kuo³¹³ yo³¹³ pu²¹⁴ tɕi³¹³₂₁。
添　人　不　添　地，　越　过　越　不　济。

yã⁵⁵ tɕ'iẽ²¹⁴ pu²¹⁴ lu⁴² tɕiẽ²¹³₂₁ liẽ⁴², tɕiẽ²¹³₂₁ liẽ⁴² pu²¹⁴ lu⁴² tuei³¹³₂₁ mẽ⁴²。
远　亲　不　如　近　邻，　近　邻　不　如　对　门。

liŋ⁵⁵ ʂaŋ²¹⁴₂₁ ti˙ pu²¹⁴ tsəŋ³¹³₂₁ p'ei³¹³₂₁ ʂaŋ²¹⁴₂₁ ti˙ uɛ²¹⁴。
领　墙　的　不　正　配　墙　的　歪。

xɔ⁵⁵ tɕi³¹³₂₁ ɕiŋ³¹³₂₁ pu²¹⁴ lu⁴² lã³¹³₂₁ pei²¹⁴₂₄ tɕiãr²¹⁴。
好　记　性　不　如　烂　笔　尖儿。

kei²¹⁴₂₁ i˙ pʻi⁴² tʂʻɑ²¹⁴₂₁ i˙ pʻi⁴², tɕie⁴²̃₄₂ tsʅ˙ pu²¹⁴₂₄ ṣəŋ³¹³₂₁ i⁴²。

隔 一 皮 差 一 皮， 妗 子 不 胜 姨。

ʐẽ⁴² tuo²¹⁴ ɕia²¹⁴ xu⁴² luã³¹³₃₁，tɕi²¹⁵₂₄ tuo²¹⁴ pu²¹⁴₂₄ fã³¹³ tã³¹³₃₁。

人 多 瞎 胡 乱， 鸡 多 不 （下） 蛋。

pu²¹⁴₂₄ ɣə³¹³₂₁ tɛ³¹³₂₁ kã²¹⁴₂₁ liaŋ，pu²¹⁴₂₄ ləŋ⁵⁵ tɛ³¹³₂₁ i²¹⁴₂₁ ṣaŋ˙。

不 饿 带 干 粮， 不 冷 带 衣 裳。

第三节 歇 后 语

tʻɛ³¹³₂₁ ṣã²¹⁴ tiŋ²¹⁴₂₁₄ xaŋ˙ luei⁴² ku⁵⁵—— tɕia³¹³₄₂ pu˙ ɕiɔ⁵⁵

泰 山 顶 上 擂 鼓—— 架 不 小。

kɔ²¹⁴₂₄ ṣə³¹³₂₁ pʻɔ³¹³₂₁ ta⁵⁵₃₅ uẽ⁴²₄₂ tsʅ˙—— tã³¹³₃₁ tsʻɛ⁴² ɕiɔ⁵⁵ ioŋ³¹³

高 射 炮 打 蚊 子—— 大 材 小 用。

tʻuo²¹⁴₂₁ la˙ tɕi²¹⁴ ȵiã⁵⁵ tʻu⁴²₄₂ tsʅ˙—— iou⁵⁵ tɕier³¹³₂₁ ʂʅ²¹⁴₅₅ pu˙ xaŋ˙

拖 拉 机 撵 兔 子—— 有 劲 儿 使 不 上。

ṣa²¹⁴₂₄ kuo²¹⁴₂₁ tsʅ˙ tɕʻyo²¹⁴ suã³¹³—— i²¹⁴ tsʻuei⁴² tsʅ˙ mɛ⁵⁵₅₅ me˙

沙 锅 子 搓 蒜—— 一 锤 子 买 卖。

li⁵⁵ ṣuaŋ²¹⁴₂₁ ṣuaŋ˙ kʻu²¹⁴₂₁ ȵy⁵⁵₂₁₄ ɕy˙—— mei²¹⁴₂₁ ɕi⁵⁵ uaŋ⁴²₄₂ lia˙

李 双 双 哭 女 婿—— 没 希 望 （喜旺）了。

la³¹³₄₂ yo˙ li˙ ti˙ toŋ³¹³₄₂ tou³¹³ fu˙—— nã⁴² pã³¹³₂₁

腊 月 里 的 冻 豆 腐—— 难 办 （拌）。

xuaŋ⁴²₅₅ miã˙ uo²¹⁴₂₁ uo˙ tiɔ³¹³₄₂ tɔ˙ xuei²¹⁴₂₁ uor˙ li˙—— tʂʻuei²¹⁴ pu˙ ti˙ tɑ⁵⁵₂₁₄ pu˙ ti˙。

黄 面 窝 窝 掉 到 灰 窝 儿 里—— 吹 不 的 打 不 的。

lɔ⁵⁵₂₁₄ ṣu˙ kei⁴² mɔ⁴² ly⁴²₅₅ xu⁴² tsʅ˙—— sʅ⁵⁵ pa²¹⁴₂₁ tɕiə˙

老 鼠 给 猫 挦 胡 子—— 死 巴 结。

pa²¹⁴₂₁ kou˙ tsʅ˙ iɔ⁵⁵₃₃₅ laŋ⁴²—— xuɔ²¹⁴₂₁ xaŋ˙ miŋ³¹³₂₁ ṣaŋ³¹³₂₁

叭 狗 子 咬 狼—— 豁 上 命 上。

tɕʻiaŋ⁴²₅₅ xaŋ˙ tʻiə²¹⁴₂₁ kou⁵⁵₃₃₅ pʻi⁴²—— pu²¹⁴₂₄ ɕiaŋ³¹³₂₁ xuar³¹³

墙 上 贴 狗 皮—— 不 象 话 儿 （画儿）。

lɔ⁵⁵₂₁₄ ṣu˙ tsuã²¹⁴₂₁ tɔ˙ ṣu²¹⁴₂₁ ɕiaŋ²¹⁴₂₁ tsʅ˙ li˙—— iɔ⁵⁵₃₃₅ uẽ⁴² tɕɣo⁴² tsʅ³¹³

老 鼠 钻 到 书 箱 子 里—— 咬 文 嚼 字。

kuã²¹⁴₂₁ mẽ⁴² tɕi⁵⁵₃₃₅ pi⁴²₅₅ tsʅ˙—— tɕʻiɔ⁵⁵₂₁₄ lia˙

关 门 挤 鼻 子—— 巧 了。

pã²¹⁴₂₁ tɔ⁵⁵ ȵiã³¹³₂₁ tsa⁴² mo³¹³₂₁—— sʅ⁴² ta⁵⁵ sʅ⁴²

搬 倒 碾 砸 磨—— 实 （石）打 实 （石）。

ɕiɔ⁵⁵₃₃₅ tu³¹³₄₂ tsʅˑ ⁿxaŋˑ tiˑ pa²¹⁴₂₁ laˑ—— pu²¹⁴₂₁ tɕʻiˑ　　iar⁵⁵
小　　肚　子　上　的　疤　拉—— 不　起（布脐）眼儿。

ɕi²¹⁴₂₁ peiˑ fəŋ²¹⁴ kua²¹⁴ kə⁴²₅₅ tʂē·—— liā⁴² fəŋ²¹⁴ tɕʻɔ³¹³₂₁ tsʻʅr³¹³₂₁
西　北　风　刮　葛　针—— 连　讽（风）带　刺儿。

xə⁴² liou⁴² tsʅ⁵⁵ iā²¹⁴ ɕiā⁴²₅₅ tsʻɛˑ—— i²¹⁴ iā⁴² nā⁴² tɕiē³¹³₂₁
河　流　子　腌　咸　菜—— 一　言（盐）难　尽（进）。

第四节　故　事

fi⁴² tʻɔ⁴²₅₅ tiˑ tʂʻuā⁴² ʂuo²¹⁴
肥　桃　的　传　说

tsʻoŋ⁴² tɕʻiā⁴²₅₅ ʂaˑ, tɛ⁵⁵（tɔˑ）pei⁴² yē⁴² ʂā²¹⁴₂₁ tiˑ tɕʻiā⁴² xuɛ⁴²₅₅ liˑ, tʂu³¹³₄₂ tʂʅˑ
从　前　煞, 呆（到）白　云　山　的　前　怀　里, 住　着

kəˑ tɕiɔ³¹³₂₁ uaŋ⁴² tei²¹⁴ miŋ⁴²₅₅ tiˑ tʂuaŋ²¹⁴₂₁ xuˑ ʐēˑ. tʻa²¹⁴₂₄ tiə²¹⁴ lɔ⁴²₄₂ tsʻɔ⁵⁵ tou³¹³
个　叫　王　得　明　的　庄　户　人。他　爹　老　早　就

sʅ⁵⁵₂₁₄ liaˑ, tʻa²¹⁴ niaŋ⁴² tʂʻəŋ⁴²₅₅ tʻiāˑ tɕiaˑ piŋ³¹³ piŋ iar²¹⁴ iar²¹⁴, ʐʅ³¹³₄₂ tsʅˑ kuo³¹³₂₁
死　了, 他　娘　成　天　价　病　病　央儿　央儿, 日　子　过

tiˑ ləŋ²¹⁴ tɕʻioŋ⁴² ləŋ²¹⁴ tɕʻioŋ⁴²₅₅ tiˑ, tou³¹³₂₁ sʅ³¹³₂₁ xɔ²¹⁴ niā⁴² yoˑ, iə⁵⁵ tei²¹⁴ uā⁵⁵₂₁₄
的　楞　穷　楞　穷　的, 就　是　好　年　月, 也　得　挽

tsʅˑ pā³¹³₂₁ tɕiə⁴² tʂʻaŋ⁴²₅₅ tsʅˑ kuo³¹³₂₁.
着　半　截　肠　子　过。

iou⁵⁵ i²¹⁴ niā⁴², tʂə³¹³ uo⁴² tʻiā²¹⁴₂₄ ta³¹³ xā³¹³₂₁, tei²¹⁴ miŋ⁴²₅₅ tɕiaˑ liā⁴²₅₅ kəˑ liaŋ⁴²₅₅
有　一　年, 这　窝　天　大　旱, 得　明　家　连　个　粮

sʅˑ liər⁴²₃₁₃ iəˑ mei²¹⁴ ta⁵⁵₅₅ ɕiaˑ, niaŋ⁴² lia⁵⁵ tsʅ⁵⁵₂₁₄ xɔ⁵⁵ la²¹⁴₂₁ tsʅˑ ᵏᵘə³¹³₄₂ tsʅˑ
食　粒儿　也　没　打　下, 娘　俩　只　好　拉　着　棍　子

tɕʻi³¹³₂₁ iɔ³¹³₂₁ fā³¹³₂₁. mei²¹⁴₂₁ tuo²¹⁴ sʅ⁴² tɕiə⁴², tʻa²¹⁴ niaŋ⁴²₅₅ touˑ tʂə²¹⁴ tʻəŋ⁴² piŋ³¹³₄₂
去　要　饭。没　多　时　截, 他　娘　就　折　腾　病

lɔˑ. tsəŋ⁵⁵₂₁₄ məˑ nəŋ⁴² kei⁴² niaŋ⁴² tʂa²¹⁴₂₄ kuoˑ piŋ⁴²₄₂ ni? tʂʻou⁵⁵₂₁ tiˑ kəˑ tei²¹⁴
了。怎　么　能　给　娘　扎　裹　病　呢？愁　的　个　得

miŋ⁴² tɛ⁵⁵ taŋ²¹⁴ yā⁴²₅₅ liˑ tʂʅ⁴² tʂuā³¹³ tɕʻyār²¹⁴, i²¹⁴ tʻɛ⁴² tʻou⁴² kʻā³¹³₂₁ tɕiā²¹⁴ na³¹³₂₁
明　呆　当　院　里　直　转　圈儿, 一　抬　头, 看　见　那

kʻə²¹⁴ mɔ⁴²₅₅ tʻɔˑ ʂu⁴²₂₁ ⁿxaŋˑ ta²¹⁴₂₁ laˑ tʂʅˑ əl³¹³₅₅ sʅˑ laŋ⁵⁵₂₁ kəˑ tʻɔ⁵⁵₂₁ tsʅˑ, iā⁵⁵ kʻā³¹³₂₁
棵　毛　桃　树　上　牟　拉　着　二　十　郎　个　桃　子, 眼　看

tou³¹³₂₁ iɔ³¹³₂₁ ʂu⁴²₂₁ liaˑ, tou³¹³₂₁ ʂaŋ³¹³₄₂ tɕʻiˑ i²¹⁴₂₄ kə³¹³₂₁ i²¹⁴ kə³¹³₂₁ kou⁴²₂₁ ɕiaˑ lɛˑ, mɛ³¹³₄₂ lɔˑ
就　要　熟　了, 就　上　去　一　个　一　个　够　下　来, 卖　了

tɕi⁵⁵ kə³¹³₂₁ tɕʻiā⁴², tɕiə³¹³₄₂ lɔˑ liaŋ³¹³ ɕiɔ⁵⁵ tʂʻə²¹⁴, tʻuei²¹⁴ ʂaŋ niaŋ⁴², i²¹⁴₂₄ liou³¹³
几　个　钱, 借　了　辆　小　车, 推　上　娘, 一　溜

ɕiɔ^{55} pʼɔ^{55} tɔ^{313} lɔ· tʂẽ^{313} xaŋ·，tʂɔ^{55} ɕiā^{214} səŋ· xou^{313} lɔ· meir^{313}，kʼɛ^{214} lɔ·
小　　跑　　到　了　镇　　上，　找　先　　生　候　了　脉儿，　开　了

faŋ^{214}，kā$^{55}_{42}$ tɕiẽ^{55} tɕʼi^{21} tʂua^{24} yo^{313}。tʂaŋ^{55} kuei^{42} ti· i$^{214}_{21}$ ʂu^{55} tɕʼia^{42} pu$^{214}_{24}$
方，　赶　　紧　　去　抓　　药。　掌　　柜　的　一　数　钱　不

kou^{313}，tʼi^{42} pei^{214} pa^{55} i$^{214}_{24}$ iaŋ^{313} kuei^{313} yo^{313} kei^{55} kou^{214} liɔ·。tei^{214} miŋ^{42} tsʼa$^{214}_{21}$
够，　提　笔　把　一　样　　贵　药　给　勾　了。　得　明　差

i· tiār^{55} tɕi$^{42}_{55}$ ʂa·，uẽ$^{313}_{21}$ ɕiā^{214} səŋ·："ɣā$^{55}_{335}$ ɳian^{42} tʂə$^{313}_{21}$ iaŋ^{313} yo^{214} tʂaŋ^{55}
一　点儿　急　　煞，　问　　先　生："俺　娘　　这　样　药　长

mo^{42} nəŋ^{42} tiŋ^{55} tʼi$^{313}_{21}$ ia·？" "tʼa^{214} əl^{42} ʂẽ^{214} xaŋ· ti· ʐou^{313} tou^{313} ɕiŋ^{42}·．"
么（怎么）能　顶　替　呀？""她　儿　身　上　的　肉　就　行。"

"tei$^{214}_{24}$ iɔ$^{214}_{21}$ tuo$^{214}_{21}$ ʂuo· a·？" "pu^{214} tuo$^{214}_{55}$ pu^{214} ʂɔ^{55} tʂəŋ^{55} əl$^{313}_{42}$ liaŋ·。" tei^{214}
"得　要　多　少　啊？""不　多　不　少　整　二　两。"得

miŋ^{42} əl$^{313}_{21}$ xua$^{313}_{21}$ mei^{214} ʂuo^{214}，tʼuei$^{214}_{21}$ tʂʅ^{21} ɳiaŋ$^{42}_{24}$ tsou$^{55}_{21}$ tɔ· tɕia^{214}，tsʼoŋ^{21}
明　二　话　没　说，　推　着　娘　走　到　家，　从

ta$^{313}_{42}$ tʼuei· $^{xaŋ·}$ ɕyā$^{313}_{42}$ ɕia· əl$^{313}_{21}$ liaŋ· ʐou$^{313}_{21}$ ɣɔ$^{55}_{55}$ lɔ· yo$^{21}_{21}$，ta$^{55}_{214}$ fa ɳian^{42}
大　腿　上　旋　　下　二　两　　肉　熬　了　药，　打　发　娘

tʂʅ$^{214}_{21}$ liɔ·。ta^{55} na$^{313}_{21}$ i^{55} xou$^{313}_{21}$，ɳian$^{42}_{24}$ ti· piŋ$^{313}_{21}$ $^{tsəŋ^{214}_{21}}$ kə· ti· tou^{313} xɔ^{55} li$^{313}_{42}$
吃　了。　打　那　以　后，　娘　的　病　　真　格　的　就　好　利

suo· liɔ·。
索　了。

　　　tʂə$^{313}_{21}$ tɕiā$^{313}_{21}$ ʂʅr$^{313}_{21}$ tɕiɔ$^{313}_{21}$ ɕia$^{313}_{21}$ fā^{42} kuā$^{214}_{21}$ tɕiŋ$^{55}_{214}$ ti· tɕʼi^{214} ɕiā· ɳy^{55} kʼā$^{313}_{42}$
　　这　件　事儿　叫　　下　凡　观　　景　的　七　仙　女　看

lɔ· kə· miŋ$^{42}_{55}$ miŋ· pei^{42} pei$^{214}_{214}$。xuei^{313} tɔ· tʼiā$^{214}_{24}$ koŋ^{214}，i$^{214}_{24}$ kə· tɕiẽr^{313} ti·
了　个　明　　明　白　白。　回　到　天　　宫，　一　个　劲儿　地

ɕiaŋ$^{313}_{21}$ uaŋ$^{42}_{55}$ mu· ɳian^{42} ɳian· ɳiā$^{313}_{21}$ tɔ·，pa$^{55}_{214}$ kə· uaŋ^{42} mu· ɳian$^{42}_{55}$ ɳian· kei^{42}
向　　王　　母　娘　娘　　念　叨，　把　个　王　母　娘　娘　给

kā$^{55}_{214}$ toŋ· liɔ·，ʂuẽ$^{313}_{21}$ sou^{55} ɳiẽ$^{214}_{21}$ lɔ· li· ɕia^{214} tʼɔ^{42} xur^{42} ʐəŋ$^{214}_{21}$ tɔ· tei^{214} miŋ^{55}
感　　动　了，　顺　手　捏　了　粒　仙　桃　核儿　扔　到　得　明

tɕia· taŋ$^{214}_{24}$ tʼiā^{214} tɕiŋ· li·，li$^{313}_{21}$ ʂʅ^{42} tʂaŋ$^{55}_{214}$ tʂʼu· lɔ· i$^{214}_{21}$ kʼə· tʼɔ^{42} ʂu$^{313}_{21}$，tɕiə$^{214}_{21}$
家　当　天　　井　里，　立　时　长　　出　了　一　棵　桃　树，　结

ti· tʼɔ^{55} tsʅ^{42} kər^{313} tā^{313} ʐou$^{313}_{21}$ fi^{42} tʂʅ^{214} tʼiā^{42}，ʂu^{42} tʼou^{313} lɔ·，tsʼa$^{214}_{21}$ ʂaŋ^{55} kē$^{24}_{24}$
的　桃　子　个儿　大　肉　肥　汁儿　甜，　熟　透　了，　插　上　根

mei$^{313}_{42}$ tɕiẽ· tʼiəɳr^{42} i$^{214}_{24}$ sou^{214}，kuaŋ^{214} ʂəŋ$^{313}_{42}$ ɕia· pʼi^{42} xei^{42} xu^{42}，piŋ^{42} tʼi^{42} nə$^{313}_{21}$
麦　秸　　梃儿　一　收，　光　　剩　　下　皮　和　核，　甫　提　那

kā$^{313}_{21}$ xɔ^{55} tʂʅ$^{214}_{21}$ liɔ·。ta$^{313}_{21}$ xuor^{55} tou^{214} tɕiɔ$^{313}_{21}$ tʼa· fo^{42} tʼɔ^{42}。ta^{55} na^{313}，fo^{42}
个　好　吃　了。　大　伙儿　都　叫　　它　佛　桃。　打　那，　佛

$t'ɔ^{42}$ $p'u^{214}_{21}$ $lɑ·$ $mã^{55}_{214}$ $lɔ·$ pei^{42} $yẽ^{42}$ $sã^{214}$, iou^{313}_{21} $fẽ^{313}_{42}$ $səŋ·$ $mã^{55}_{214}$ $lɔ·$ fi^{42} $tʂ'əŋ^{42}$

桃　扑　拉　满　了　白　云　山，　又　分　生　满　了　肥　城

$ɕiã^{313}_{21}$. $tʂə^{313}_{21}$ tou^{313}_{21} $ʂʅ^{313}_{21}$ $yã^{55}$ $tɕiẽ^{313}_{21}$ $tʂʻu^{214}_{21}$ $lɔ·$ $miŋ^{42}_{55}$ $ti·$ fi^{42} $t'ɔ^{42}$。

县。　这　就　是　远　近　出　了　名　的　肥　桃。

莒南县志·第二十六编　方言

第二十六编　方　言

第一章　概　说

第一节　莒南方言的
区属及特点

莒南方言属于汉语的北方官话。就山东方言的范围来讲，是属于山东东区方言的东潍片。正如莒南县城十字路因地处东西南北要道之交而著称于世一样，莒南方言也因县区所处的地理位置而有许多过渡特色和地域差异：东部是日照口音，西部是临沂口音，南部和北部分别有青口和莒县口音。从方言特点来分析，莒南方言除基本具有东潍方言的特点之外，还有山东西区西鲁方言的一些特点。

莒南方言属于山东东潍片方言的特点有：语音方面，中古知照类北京读 tʂ tʂ' ʂ 声母的字，莒南全县多数分为两套，知≠支、超≠抄、声≠生；中古日母北京读 ʐ 声母的字莒南读零声母，人＝银、如＝鱼；分尖团，精≠经、清≠轻、星≠兴；古精组洪音北京的 ts ts' s 声母莒南读齿间音 tθ tθ' θ；古次浊入声字全县各地多数字归去声，只有西南角如二涧、黄庄、大薛家少数几个点多数字归阴平。词汇语法方面，有程度副词"蓁"；有对立义单音节形容词重叠前加"大"或"精"的对称形式的

使用，如"大高高"、"精矮矮"；比较句如"天气一天热起一天"的句式等等。

莒南方言属于山东西鲁片方言的特点有：语音方面，北京开口呼零声母字"爱袄欧"等，全县除北部高家埠、主家岭、大店、狮子口、陈战薛庆五个点读 ŋ 外，其余都读 ɣ 声母（东潍片读 ŋ）；古清声母入声字多数读阴平。词汇语法方面，如祖母称"奶奶"（东潍片多称"嬷嬷"）、男子成亲称"娶媳子"（东潍片多称"将媳妇"）；用"不㖠"表示无可奈何的语气，如"你一定要叫我去，我就去不㖠!"

当然，莒南方言也存在山东方言中带有普遍性的一些特点而跟普通话有明显不同。语音方面如：单元音韵母丰富，北京的复合元音韵母 ai（uai）、au（iau）莒南是 ɛ（ɜu）、ɔ（iɔ）；没有鼻音韵尾 n，北京的 an（ian uan yan）、ən（in uən yn）莒南是 ã（iã uã yã）、ẽ（iẽ uẽ yẽ）；北京的卷舌韵母 ɚ 莒南是 ʅə；莒南还有一个跟 ɛ、ɜu 配套的 iɛ 韵母，也就是"解鞋矮"和"姐邪也"两组字韵母不相同 iɛ≠iə；分布于全县范围内在发音上存在双唇闭合程度不同的 m 韵尾（通摄字在舌根抬起发-ŋ 的同时双唇闭合）。词汇语法方面，如"妗子"（舅母）、"家鹊子"（麻雀）、"襕子"（尿布）、"箸笼子"（筷筒）等古语词的保留，丰富的"子"级名词

和多种多样的动词后缀，三个指示代词"这乜那"的使用，以及"知不道"、"家来坐"、"害饿的慌"等特殊语序和格式，等等。

第二节　莒南方言的主要地域差异及方言地图

莒南境内方言的地域差异以东部和西部的不同为主，也有南北差异。

1. 古知照类北京读 tʂ tʂʻ ʂ 声母的字，在山东分不分两套是区分山东方言东西两区的重要标准之一。莒南全县以分两套为主，但西部与临沂、临沭两县接邻的高家埠、庞疃、刘家官庄、二涧等地只读一套，属于山东西区的特点，比较如下（并见"莒南方言地图一"）：

	知　支	战　站	超　抄
十字路	₌tʃ1≠₌tʂ1	tʃⁱāᵒ≠₌tʂāᵒ	₌tʃʻɔᵒ≠tʂ₌
高家埠	₌tʃ1＝₌tʃ1	tʃⁱāᵒ＝tʂā̌	₌tʃʻɔᵒ＝tʃʻ₌

	缠　馋	声　生	书　梳
十字路	₌tʃʻā̃≠₌tʂʻ~ã	₌ʂəŋ≠₌ʂəŋ	₌ʃu≠₌ʂu₌
高家埠	₌tʃʻā̃＝₌tʃʻā̃	₌ʂəŋ＝₌ʂəŋ	₌ʃu＝₌ʃu

2. 咬舌音，当地人的咬舌音，是指古见系细音字和知照类的第二组字相混为舌叶音，前提是上述知照声母分为两套。这主要是山东东潍片方言诸城、五莲、日照一带的方言特点延伸到了莒南东部，比较如下（并见"莒南方言地图一"）：

	见　战	京　蒸
厉家寨	tʃⁱā̃ᵒ＝tʃⁱā̃ᵒ	₌tʃəŋ₌＝₌tʃəŋ₌
十字路	tɕⁱā̃ᵒ≠tʃⁱā̃ᵒ	₌tɕiŋᵒ₌≠₌tʃəŋ₌

	钳　缠	虚　书
厉家寨	₌tʃʻā̃＝₌tʃʻā̃	₌ʃy＝₌ʃy
十字路	₌tɕʻiāᵒ₌≠₌tʃʻā̃	₌ɕy≠₌ʃy

3. 古端、精两组声母逢细音合为一套，这也是东潍方言诸城、五莲一带的特点，分布在东部地区，以送气音合并的地域较宽，跟西部地区比较如下（并见"莒南方言地图二"）：

	精　丁	贱　店
厉家寨	₌tiŋ＝₌tiŋ	tiā̃ᵒ＝tā̃ᵒ
南甘霖	₌tsiŋ≠₌tiŋ	tsiā̃ᵒ≠tiā̃ᵒ
十字路	₌tsiŋ≠₌tiŋ	tsiā̃ᵒ≠tiā̃ᵒ

	清　听	千　天
厉家寨	₌tʻiŋ＝₌tʻiŋ	₌tʻiā̃＝₌tʻiā̃
南甘霖	₌tsʻiŋ＝₌tsʻiŋ	₌tsʻiā̃＝₌tsʻiā̃
十字路	₌tsʻiŋ≠₌tʻiŋ	₌tsʻiā̃≠₌tʻiā̃

4. 东部的 iē 韵母拼唇音、边音、舌尖前音的音节，西部各乡镇不同程度地读为开口呼 ē，三组声母以 l 拼 ē 的地域最广，从东到西可以看出地域渐变的情况，比较如下（并见"莒南方言地图三"）：

	宾	贫	民	林
坪上	₌piē	₌pʻiē	₌miē	₌liē
十字路	₌piē	₌pʻiē	₌miē	₌liē
高家埠	₌piē	₌pʻiē	₌miē	₌liē
大薛家	₌pē	₌pʻē	₌mē	₌liē
庞　疃	₌pē	₌pʻē	₌mē	₌liē

	进	亲	新
坪上	tsiēᵒ	₌tsʻiē	₌siē
十字路	tsiēᵒ	₌tsʻiē	₌siē
高家埠	tθēᵒ	₌tθʻē	₌θē
大薛家	tsiēᵒ	₌tsʻiē	₌siē
庞　疃	tθēᵒ	₌θʻiē	₌θē

5. 北部 uei 韵母拼 t tʻ tθ tθʻθ 声母的音节，南部地区读开口呼 ei，比较如下（并见"莒南方言地图四"）：

	对	腿	嘴	崔	虽
陈战薛庆	tueiᵒ	ᶜtʻuei	ᶜtθuei	₌tθʻuei	₌θuei
淇岔河	tueiᵒ	ᶜtʻuei	ᶜtθuei	₌tθʻuei	₌θuei
夏家沟	tueiᵒ	ᶜtʻei	ᶜtθei	₌tθʻuei	₌θuei
十字路	teiᵒ	ᶜtʻei	ᶜtθei	₌tθʻei	₌θei
严家乔旺	teiᵒ	ᶜtʻei	ᶜtθei	₌tθʻei	₌θei

6. 从少量词的调查中也可以略见东西南北词汇的不同。例如：饺子，东部及北部叫

包子,而西南称饺子(见"莒南方言地图五");玉米,东部和西北部称棒子,中部和西部一般称玉米,其中有的地方"米"字读为轻声 mei(见"莒南方言地图六");圣,全县除东北部刘家东山、西墁子、厉家寨、陈战薛庆、狮子口说圣以外,其余各点都说圣块。在一些词的读音上,也可看出东西南北的地域差异,例如:爷爷,全县多数地区读阴平 iə$^{213}_{21}$iə·,只有西南边的西野埠、淇岔河、庞疃、潘庄、大薛家、沈保、三义沟、二涧等八个点读阳平 iə$^{42}_{55}$ iə·;上文的圣或圣块,东部和北部读 tsi(或 tθi,尖音),而西南部普遍读 tɕi(团音)。

第三节 本志所用音标符号

本志记音用国际音标标音,所用国际音标以及其他有关符号如下:

一、辅音表

发音方法＼发音部位		清浊	双唇	齿唇	齿间	舌尖前	舌尖中	舌尖后	舌叶	舌面前	舌根
塞音	不送气	清	p				t·			ȶ	k
塞音	送气	清	p‘				t‘			ȶ‘	k‘
塞擦音	不送气	清			tθ	ts		tʂ	tʃ	tɕ	
塞擦音	送气	清			tθ‘	ts‘		tʂ‘	tʃ‘	tɕ‘	
鼻音		浊	m				n				ŋ
边音		浊					l	*l*			
边擦音		清					ɬ				
擦音		清		f	θ	s		ʂ	ʃ	ɕ	x
擦音		浊						z̧			ɣ

770　　　　　　　第二十六编　方　言

二、元音表

音素 类别 唇形 高低	舌　面　元　音					舌　尖　元　音		
	前		央	后		前		后
	不圆	圆	不圆	不圆	圆	不圆	圆	不圆
高	i	y			u	ɿ	ʮ	ʅ
半高	e							
中			ə					
半低	ɛ				ɔ			
低	a			ɑ				

三、声调符号

调类用传统的四声发圈法,例如:"妈" $_c$ma(阴平)、"麻" $_c$ma(阳平)、"马" ^{c}ma(上声)、"骂"ma $^\circ$(去声)。调值用五度标记法,数字5、4、3、2、1分别表示声调高低的五个等分。本调标在音标的右上角,变调标在音标右下角,例如"害饿"xɛ$^{21}_{23}$ uə^{21},说明"害"本调21,变调23,"饿"的调值21不变。轻声音节不标本调,也不标调值,只在音标右上角加轻声符号"·",例如"日头"ȵ$^{21}_{31}$ tʻou·。

四、其他符号

ø零声母符号　　— =分别表示口语音和读书音　r标在音节末尾表示儿化韵 =≠分别表示同音、不同音　～标在元音音标上表示元音鼻化,在两个音之间表示读音两可　　〰在音标下表示此音特殊。

第四节　发音合作人(四人)

何乐亮(男,65岁,十字路二村人,高中文化,村会计)、徐均田(男,63岁,十字路二村人,初中文化,离休干部)、傅传祥(男,72岁,官坊乡黄庄人,私塾四年,干部)、徐云田(男,65岁,筵宾乡人,干部)。以上发音人以前二人的发音为准。地域分歧调查的发音人主要是莒南一中学生、莒南县史志办和莒南县纪检委的一些同志。

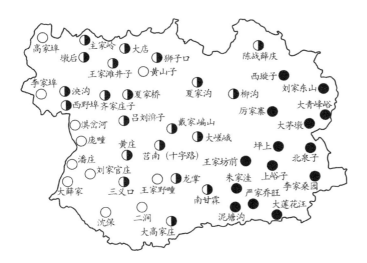

莒南方言地图（一）

图　例

知：支　　戦：见
超：抄　　缠：钳
声：生　　蒸：京

○　＝　　　≠
◐　≠　　　≠
●　≠　　　＝

注：本图行政区划资料
　　截至1998年3月。

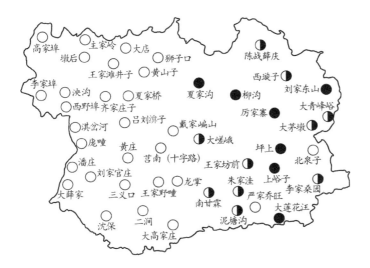

莒南方言地图（二）

图　例

精：丁　　清：听

○　≠　　　≠
◐　≠　　　＝
●　＝　　　＝

注：本图行政区划资料
　　截至1998年3月。

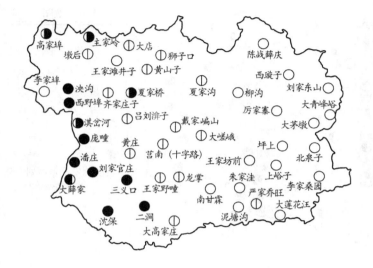

莒南方言地图（三）

图　例

	宾贫民	林	进亲新
○	iẽ	iẽ	iẽ
◐	iẽ		iẽ
◑	iẽ	ẽ	ẽ
◒	ẽ		iẽ
●	ẽ	ẽ	ẽ

注：本图行政区划资料
　　截至1998年3月。

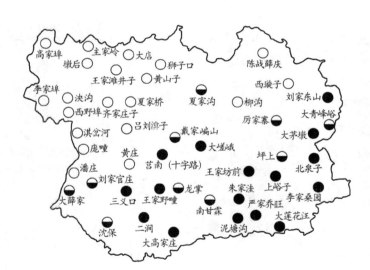

莒南方言地图（四）

图　例

	对腿	嘴崔虽
○		uei
◑	ei、	uei
●		ei

注：本图行政区划资料
　　截至1998年3月。

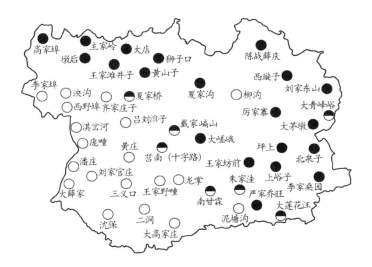

莒南方言地图（五）

图　例

饺子

○　饺子

◐　饺子～包子

●　包子

注：本图行政区划资料
　　截至1998年3月。

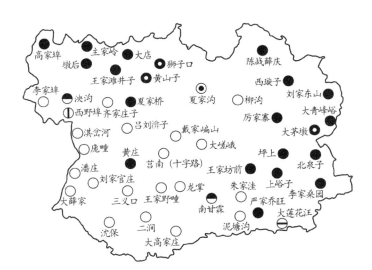

莒南方言地图（六）

图　例

玉米

○　玉米

⊖　玉豆

Ⓘ　玉秫

◉　玉米～苞米

◐　玉米～棒子

◑　棒子或苞米

●　棒子

注：本图行政区划资料
　　截至1998年3月。

第二章　语　音

第一节　单字音系

一、声母 29 个

p 布步	p' 怕盘	m 门民	f 飞夫
tθ 增罪	tθ' 仓曹		θ 丝苏
ts 精聚	ts' 齐婺		s 修旋
t 到道	t' 太同	n 怒女	l 路吕连
tʃ 蒸猪	tʃ' 昌处		ʃ 声书
tɕ 经局	tɕ' 丘权		ɕ 休玄
tʂ 争责	tʂ' 虫策		ʂ 生色　ɿ 二耳
k 贵脆	k' 开葵		x 化红　ɣ 哀袄呕
∅ 延午元日闰			

说明：ts ts' s 有舌面色彩；tʃ tʃ' ʃ 有舌尖前色彩；tʂ tʂ' ʂ 卷舌程度不大。

二、韵母 37 个

ɿ	支诗	i	衣日	u	故木	y	雨乳入
ʅ	资知直			ч	书出		
a	爬辣割	ia	架甲	ua	花刮		
ə	波车河鸽	iə	姐别惹	uə	过扩	yə	靴血弱
ɛ	盖菜	iɛ	介届矮	uɛ	怪帅		
ei	悲责麦德对罪			uei	桂国		
ɔ	保烧	iɔ	条绕				
ou	斗够	iou	流肉				
ã	胆三杆	iã	间染	uã	短官	yã	圆软
ẽ	根邻轮	iẽ	心紧人	uẽ	魂村	ẽ	云闰
aŋ	党章	iaŋ	讲让	uaŋ	光床		
əŋ	庚登	iŋ	灵命	uŋ	东翁	yŋ	胸拥绒

说明：1 在齿间声母 tθ tθ' θ 之后是齿间元音，在舌叶声母 tʃ tʃ' ʃ 之后是不圆唇舌叶元音；aŋ iaŋ uaŋ 中的 a 是后元音 ɑ。

三、声调　4 个

阴平　˩˧（˨˩˧）213　　高知专尊　急曲黑缺

阳平 ∨ 42	穷陈鹅娘	局杂合服		
上声 ¬ 55	古口好手	五女老有	搭涉劈郭	
去声 ⌐ 21	近柱厚似	盖抗汉世	岸让漏怒	共阵害饭
	月麦药袜			

说明:去声调值 21、312 自由变读。

四、声韵配合关系

	开口呼	齐齿呼	合口呼	撮口呼
p p' m	背	米	木	
f	分		夫	
t t'	道	低	赌	
n l	南	李	怒	女
tθ tθ' θ、tʃ tʃ' ʃ、tʂ tʂ' ʂ	争		村	
ts ts' s、tɕ tɕ' ɕ		精		旋
k k' x	开		古	
ɣ、l	耳			
∅		因	文	云

说明:p p' m f 合口呼只拼单元音韵母 u;t t' n l、tθ tθ' θ 不拼 uei 韵母;n l 同时也不拼 iẽ、uẽ 韵母。

第二节 音 变

一、两字组连调表

前字 / 后字	阴平 213	阳平 42	上声 55	去声 21
阴平 213	213 + 213→23 + 213 当街 开支	42 + 213 留级 黏糕	55 + 213 请客 雨衣	21 + 213 念书 害渴
阳平 42	213 + 42 开除 发白	42 + 42 填房 棉鞋	55 + 42 起床 粉条	21 + 42 上学 酱园
上声 55	213 + 55 抓紧 伸手	42 + 55 蜷腿 摇摆	55 + 55→42 + 55 洗澡 摆手	21 + 55 闹喜 大氅
去声 21	213 + 21→23 + 21 听话 该帐	42 + 21 抬杠 学校	55 + 21 吵仗 眼泪	21 + 21→23 + 21 掉向 路费

二、轻声

1. 轻声连调表

前字 后字	阴平 213	阳平 42	上声 55	去声 21
轻声	$^{213}_{21}$ + $\underline{23}$ 乡里　干净	$^{42}_{55}$ + $\underline{21}$ 门外　白菜	$^{55}_{213}$ + 4 手里　里头	$^{21}_{31}$ + 1 路上　热闹
	213 + 4 结实　挑挑	42 + $\underline{21}$ 男人　闻闻	55 + $\underline{21}$ 耍耍	21 + $\underline{23}$ 运运

2. 轻声变音举例

宾 piē→ 筵宾 $i\tilde{a}^{42}_{55}$piə·　　　　拇 mu→大拇指头 ta^{21}_{31}mə· $tʂʅ^{55}_{213}$t'ou·

下 ɕia→底下 ti^{55}_{213}ɕiə·　　　　话 xua→笑话 $si\mathit{o}^{21}_{31}$xu·

渣 tʂa→白渣苍蝇卵 pei^{42}_{55}tʂɿ　　掇 tuə→拾掇 $ʃʅ^{55}_{155}$tə·

着 tʃuə→坐着 $t\theta uə^{21}_{31}$tʂɿ　　　里 li→这里 $tʃə^{21}_{31}$lei·

噜 lu→打呼噜 ta^{55}xu^{213}luŋ·　　黄 xuaŋ→五黄六月 u^{55}_{213}xu·liou$^{21}_{31}$yə·

缠 tʃ'ã→盘缠 p$\tilde{a}^{42}_{55}$tʃ'u$\tilde{a}$·　　冬 tuŋ→十冬腊月 $ʃʅ^{42}_{55}$t'ou·la$^{21}_{31}$yə·

拉 la→拨拉 $pə^{213}$lə·　　　　　鼠 ʃʅ→老鼠 $lɔ^{55}_{213}$tʃ'ʅ·

踏 tʂa→糟踏 $tθɔ^{213}$t'əŋ·　　　朵 tuə→耳朵 $lə^{55}_{213}$tou·

涂 t'u→糊涂 xu^{42}_{55}tou·　　　臂 pi→胳臂 $kə^{213}$pei·

腆 t'i ã→腼腆 mi $\tilde{a}^{55}_{213}$p'i $\tilde{a}$·　　甲 tɕia→指甲盖子 $tʂʅ^{55}_{213}$tɕie·ke$^{21}_{31}$tθ1

少 ʃ⁵⁵→多少 $tuə^{42}_{55}$ʃə·　　　杀 ʂa→气杀了 $tɕ'^{21}_{31}$ʂ1·lə·

三、儿化

莒南方言的儿化不如子尾使用频繁,但在发音上有明显特点,除了儿化韵元音的卷舌动作十分轻微之外,特别引人注意的是儿化音节声母和介音的变化。

1. 儿化韵表

儿化韵	原韵母	例词
ar	a	号码儿　旮旯儿
	ia	爷俩儿　豆芽儿
iʳar	ia	小虾儿　架儿
uar	ua	鸡爪儿　牙刷儿
er	ɛ	牌儿　带儿　盖儿
	ã	胆儿　摊儿　三儿
	iã	小剪儿　牙签儿
iʳer	iɛ	小鞋儿　小街儿
	iã	空闲儿　小件儿

儿化韵	原韵母	例词
uer	uɛ	拐儿　筷儿
	uã	官儿　团儿
	yã	小全儿　小袁儿
yʳer	yã	圈儿　卷儿
er	ɿ	字儿　刺儿
	ʅ	事儿　小指儿
	i	小米儿　小李儿
	ei	小辈儿　是非儿
	ē	本儿　小盆儿

儿化韵	原韵母	例词	儿化韵	原韵母	例词
	iẽ	小林儿　小秦儿	yʳer	yə	小橛儿　缺儿
iʳer	iẽ	小芹儿	or	ɔ	刀儿　枣儿
	i	小喜儿　小鸡儿		ɔi	调儿　面条儿
uer	uei	小锤儿　座位儿	iʳor	ɔi	苗儿
	uẽ	打滚儿　小女儿	our	ou	扣儿　小周儿
	yẽ	小云儿		iou	加油儿　小刘儿
yʳer	yẽ	一群儿	iʳour	iou	小球儿
ur	u	牛犊儿	ãr	aŋ	汤儿
	ʮ	柱儿		iaŋ	街当瓤儿
	y	小驴儿　小雨儿	iʳãr	iaŋ	腔儿
yʳur	y	小锯儿　小曲儿	uãr	uaŋ	一小汪儿　小王儿
ər	ə	山坡儿　小车儿	ə̃r	əŋ	声儿
	iə	碟儿　小谢儿		iŋ	找零儿　电影儿
iʳər	iə	小鳖儿	iʳə̃r	iŋ	形儿
uər	uə	座儿　错儿	u ə̃r	uŋ	洞儿　葱儿
	yə	小薛儿	yʳə̃r	yŋ	小熊儿

　　2. 儿化音变的主要特点

　　闪音　儿化音节在 t tʻ n、tθ tθʻ θ、tʃ tʃʻ ʃ 九个声母和 i、y 两个介音之后出现舌尖中闪音，例如：

　　小钉儿　siɔ⁵⁵ tʻrə̃ʳ r²¹³　面条儿　mĩa²¹ tʻʳɔr⁴² 小女儿 siɔ₄₂⁵⁵nʳur⁵⁵

　　枣儿　tθʳɔr⁵⁵　错儿　t θʻʳuər²¹ 小三儿 siɔ⁵⁵θʳɛr²¹³

　　小朱儿　siɔ⁵⁵tʃʳur²¹³　小船儿　siɔ⁵⁵ t ʃʻʳuər⁴²　勺儿　ʃʳuər⁴²

　　小虾儿　siɔ⁵⁵ ɕiʳar²¹³　　　　小许儿　siɔ₄₂⁵⁵ ɕyʳur⁵⁵

　　以上带闪音的声母 t tʻ n 后的齐齿呼和撮口呼变为相应的开口呼和合口呼，例如上面举到的"小钉儿"、"面条儿"、"小女儿"等。

　　声母移位　ts tsʻ s 在儿化音节里面变成 tθ tθʻ θ 并带闪音，原韵母由齐、撮二呼变为相应的开口呼和合口呼，例如：

　　小剪儿　siɔ₄₂⁵⁵tθʳɛr⁵⁵　　　　牙签儿 ia⁴²tθʻʳɛr²¹³　小谢儿　siɔ⁵⁵θʳər²¹

　　小徐儿　siɔ⁵⁵ θʻʳur⁴²　小薛儿　siɔ⁵⁵ θʻʳuə²¹³

　　舌尖后边擦音 ɬ（国际音标表没有这个符号，今以舌尖前边擦音代替），出现在 tʂʻ ʂ 两个声母儿化时（不送气音 tʂ 在儿化音节里保持不变），例如：

　　齿儿　tʂʻɬer⁵⁵　一册儿　i₂₃²¹³tʂʻɬer²¹³ 叉儿　tʂʻɬar²¹³

　　事儿　ɬer²¹　　牙刷儿　ia⁴²ɬuar²¹³

　　在儿化音节里，l 变 ɭ、∅（i-、y-）变 ʅ（r 为舌尖后闪音），原韵母齐、撮二呼变为相应的开口呼和合口呼，例如：

　　小李儿　siɔ₄₂⁵⁵ɭer⁵⁵　小驴儿　siɔ⁵⁵ɭur⁴²

　　豆芽儿　tou²ʅʳar⁴²　小雨儿　siɔ₄₂⁵⁵ʅʳur⁵⁵

　　以上用小字"r"分别表示舌尖中和舌尖后闪音，除标在"ʅ"后面的是舌尖后闪音以外，其余都是舌尖中闪音。

第三节　特殊字音表

1.声母特殊字

泥 ₌mi　特 ₌tei　雏 ₌tʃ'ʮ　踏 ₌tʂa
刮 k'uaᵒ　腻~虫 ₌miᵒ　蜻~蜓 ₌t'iŋ　帚 ·tʃ'ʮ
触 tʂuᵒ　虹 ₌tsiaŋ　赐 θʅᵒ　谬 niouᵒ
疤 ʃãᵒ　缩 ₌tʂ'u　松~软 ₌syŋ　瑞 luei
醉 ₌ɕiɔᵒ　囱 ₌tʂ'uŋ

2.韵母特殊字

剥 ₌pa　雹 paᵒ　脖夹~子 ₌pu　禀 ᵓpiŋ
拼 ₌p'iẽ　聘 p'iẽᵒ　眉~豆 ₌mi　否 ᵓfɔ
最 tθueiᵒ　做 tθouᵒ　津 ₌tsyẽ　姓 siẽᵒ
捺 ₌nə　农 ₌nu　脓 ₌nəŋ　卵 ᵓlã
乱 lãᵒ　垅 ᵓlyŋ　蛇 ₌ʂa　角 ₌tɕia
吸~铁石 ₌ɕy　谁 ₌ʂei　摔 ₌ʂuei　棵 k'uə
活 ₌xə　货~郎 xəᵒ　横 ₌xuẽ　饿 uəᵒ
渊~子崖 ₌ɕiã　缘 ₌ɕiã

3.声调特殊字（不包括古入声字）

爸 ᵓpa　鬓 ₌piẽ　漂~白 ₌p'iɔᵒ　跑 ᵓp'ɔ
猫 ₌mɔ　盲 ₌maŋ　敷 ₌fu　抚 ₌fu
赴 ₌fu　附 ᵓfu　负 fuᵒ　痱 ₌fei
妨 ₌faŋ　芳 ₌faŋ　访 ᵓfaŋ　讽 ᵓfaŋ
峰 ₌fəŋ　自 ₌tθʅ　赠 ₌tθəŋ　刺 ₌tθ'ʅ
此 ᵓtθ'ʅ　惨 ₌tθ'ã　伺 ₌θʅ　左 tθuəᵒ
将 ₌tsiaŋ　且 ₌ts'iə　悄 ₌ts'iɔ　潜 ₌ts'iã
絮 ᵓsy　朵 ₌tuə　顿 ₌tuẽ　他 ₌t'a
妥 ᵓt'uə　题 ₌t'i　吐~呕 ₌t'u　态 ₌t'ɛ
讨~饭 ᵓt'ɔ　捅 ₌t'uŋ　努 ᵓnu　离 liᵒ
垒 ᵓlei　朗 ₌laŋ　楞 ₌ləŋ　召 ᵓtʃɔ
拯 ₌tʃəŋ　耻 ᵓtʃ'ʅ　处相~ tʃ'ʅᵒ　场~地 ₌tʃ'aŋ
倡 ₌tʃ'aŋ　退 ₌tʃ'əŋ　傻 ᵓʃa　舍宿~ ᵓʃɔ
绍 ʃɔᵒ　假故~ ᵓtɕia　己 ᵓtɕi　耩 tɕiaŋᵒ
竞 ᵓtɕiŋ　希 ᵓɕi　衔官~ ₌ɕiã　享 ᵓɕiaŋ
楚 ₌tʂ'u　稍 ₌sɔ　渗 ᵓʂẽ　概 ₌kɛ
轨 ₌kuei　扛 k'aŋᵒ　控 ₌k'uŋ　狐 ₌xu

回 ₌xuei　熬~白菜 ₌ɣɔ　吼 ₌xou　沤 ₌ɣou
以 ᵓi　椅 ᵓi　哑 ᵓia　爷~~ iə
邮 ₌iou　诱 ₌iou　焰 ₌iã　延 ₌iã
研 ₌iã　壬 ₌iẽ　嚷 ₌iaŋ　戊 ₌u
娃 ₌ua　蛙 ua~₌ua　洼 uaᵒ　危 ₌uei
微 ₌uei　违 ₌uei　纬 ₌uei　腕 ₌uã
枉 uaŋᵒ　与 ₌y　晕 ₌yẽ

4.声、韵特殊字

铸 tsyᵒ　损 ᵓsyẽ　心背~ ʃẽ　理 ᵓlə
锐 lueiᵒ~lei　嫩 lẽᵒ　眨 ᵓtʃ'ã
刚 ₌tɕiaŋ　捆 ᵓtɕ'yẽ　芒 ᵓuaŋ

5.声、调特殊字

庇 ᵓp'i　痹 ᵓp'i　捕 p'uᵒ　厕 ₌tθ'ʅ
在 ₌tʂʅ　扔 ₌ləŋ　朽~烂 ₌tɕ'iou
饷 ₌ɕiaŋ　剐 ₌ts'ɔ

6.韵、调特殊字

剖 ₌p'uə(老)₌p'ɔ(新)

第四节　莒南方言单字音系跟北京语音的比较

一、声母的比较

莒南话		北京话	
p	布	p(b)	布
p'	怕	p' (p)	怕
m	门	m(m)	门
f	飞	f(f)	飞
t	到	t(d)	到
t'	太	t'(t)	太
n	怒	n(n)	怒
l	路	l(l)	路
tθ	资	ts(z)	资
tθ'	刺	ts'(c)	刺
θ	丝	s(s)	丝
ts	精	tɕ(j)	精经
tɕ	经		
ts'	秋	tɕ'(q)	秋丘

tɕ'	丘		
s	修	ɕ(x)	修休
ɕ	休		
tʃ	知	tʂ(zh)	知支
tʂ	支		
tʃ'	吃	tʂ'(ch)	吃嗤
tʂ'	嗤		
ʃ	食	ʂ(sh)	食诗
ʂ	诗		
k	跪	k(g)	跪
k'	开	k'(k)	开
x	红	x(h)	红
ɣ	袄	∅	袄二
l	二		
∅	元人	∅	元
		ʐ(r)	人

二、韵母的比较

莒南话		北京话			莒南话		北京话	
ɿ	资知	ʅ(-i)	资				uo(uo)	弱
		ʅ(-i)	知				iau(iɑo)	脚
ʅ	支	ʅ(-i)	支		ɛ	盖	ai(ɑi)	盖
i	衣日	i(i)	衣		iɛ	介矮	iɛ(ie)	介
		ʅ(-i)	日				ai(ɑi)	矮
u	舞	u(u)	舞书		ei	悲责墨对百	ei(ei)	悲
ʮ	书						ɣ(e)	责
y	雨如	y(ü)	雨				o(o)	墨
		u(u)	如				uei(ui)	对
a	妈割	a(ɑ)	妈				ai(ɑi)	百
		ɣ(e)	割		uei	桂国	uei(ui)	桂
ia	家	ia(iɑ)	家				uo(uo)	国
ua	瓜	ua(uɑ)	瓜		ɔ	保	au(ɑo)	保
ə	河波儿	ɣ(e)	河		iɔ	条绕	iau(iɑo)	条
		o(o)	波				au(ɑo)	绕
		ər(er)	儿		ou	勾	ou(ou)	勾
iə	姐惹	iɛ(ie)	姐		iou	流柔	iou(iu)	流
		ɣ(e)	惹				ou(ou)	柔
uə	过	uo(uo)	过		ã	胆	an(ɑn)	胆
yə	月弱脚	yɛ(üe)	月		iã	间染	ian(iɑn)	间
							an(ɑn)	染
					uã	短	uan(uɑn)	短
					yã	远软	yan(üɑn)	远
							uan(uɑn)	软
					ē	根邻轮	ən(en)	根
							in(in)	邻
							uən(un)	轮
					iē	银人	in(in)	银
							ən(en)	人
					uē	文	uən(un)	文
					yē	云囷	yn(ün)	云
							uən(un)	囷
					aŋ	章	aŋ(ɑng)	章
					iaŋ	讲让	iaŋ(iɑng)	讲
							aŋ(ɑng)	让
					uaŋ	光	uaŋ(uɑng)	光
					əŋ	登	əŋ(eng)	登
					iŋ	灵	iŋ(ieng)	灵

uŋ	东翁	uŋ(ong)	东
		uəŋ(ueng)	翁
yŋ	永绒	yŋ(iong)	永
		uŋ(ong)	绒

三、声调的比较

莒南话	北京话	例字
阴平 213	阴平 55	高开婚黑喝歇
	阳平 35	急折劫执汁级
	上声 214	塔法撒雪笔脚

	去声 51	踏怡式入纳烙
阳平 42	阳平 35	穷鹅娘局合服
上声 55	上声 214	古口五撒索饺
	阴平 55	憋嘻突出郭劈
	阳平 35	答搭闸额读菊
	去声 51	涉设必述育劣
去声 21	去声 51	盖厚近腊猎热

以上莒南方言阴平、上声在北京读不同调的多为古清声母入声字。

第三章　词　汇

　　本章收入莒南方言常用或较有特点的词语557条，大体按意义分为十类。每条的内容一般包括汉字、注音、释义，必要时在意义的冒号后加例，例中的"～"代表本条目。写不出字的用同音字代替，没有同音字可写的用"r"表示。音下加"﹏"号的表示此音特殊。多义项的词分别用①②③标出几种意义。同义词排在一起，说得多的顶格排在前，其余缩一格排在后（为节省篇幅，有的在同条注明"也说××"），意义可互作说明者不另作解释。

第一节　天时　地理　方位

日头 i²¹₃₁tʻou 太阳

月亮 yə²¹₃₁liaŋ˙

风疙拉 fəŋ²¹₃₁kaˑla˙ 月晕

贼星 tθei⁴²₅₅siŋ˙ 流星

扫帚星 θo²¹₃₁tʃʻɤ̩ˑsiŋ˙ 慧星，也说扫星 θo²¹₃₁siŋ˙

勺星 ʃuə⁴²₅₅siŋ˙ 北斗星

呼拉毛子 xu²¹₃₁laˑmɔ⁴²₅₅tθ̩ˑ 牛毛雨

盐粒子 i ā⁴²li²¹₃₁tθ̩ˑ 雪珠

冻 tuŋ²¹ 冰

溜溜簪 liou⁴²₅₅liou tθ ā²¹³ 冰锥儿

雹子 pa⁴²₅₅tθ̩ˑ 冰雹

上冻了 ʃaŋ²¹tuŋ²¹₃₁la˙ 结冰

化冻了 xua²¹tuŋ²¹₃₁la˙ 冰化了

不刮了 pu²¹³₂₃kua²¹₃₁la˙ 风停了

虹 tsiaŋ²¹

早照 tθo⁵⁵tʃɔ²¹ 早霞

晚照 uā⁵⁵tʃɔ²¹ 晚霞

年除日 niā⁴²tʃʻu̩⁴²₅₅ɿ˙ 除夕

阳历年 iaŋ⁴²li²¹niā⁴² 元旦

大年初一 ta²¹niā⁴²tʃʻu̩²¹³₁ʲi²¹³ 旧历年初一

正月十五 tʃəŋ²¹³₁yə˙ʂɿ²¹₅₅u˙ 元宵节

五月端午 u²¹³₅₅yə˙tuā²¹³u˙ 五⁵⁵

八月十五 pa²¹³₂₁yə˙ʂɿ²¹₅₅u˙ 中秋节

今年 tɕiē²¹³niā⁴² 也说当年

上年 ʃaŋ⁵⁵niā⁴² 去年

下年 ɕia²¹niā⁴² 明年

年根底下 niā⁴²kẽ²¹³₂₃ti²¹₅₅₁₃ɕia˙ 年底

冬闲 tuŋ²¹³ɕia˙ 冬至的又称

今日 $tɕiē^{213}_{21}$i˙ 今天

明日 $miŋ^{42}$i˙ 明天

后日 xou^{21}_{31}i˙ 后天

夜里 $iə^{21}_{31}$li˙ 昨天

上午 $ʃaŋ^{21}u^{55}$头半晌 $t'ou^{42}_{55}p\,\bar{a}\,ʃaŋ^{55}$

晌午头儿 $ʃaŋ^{55}_{213}u˙t'our^{42}$正午

下歪儿 $ɕia^{21}uɛr^{55}$下午

天晌歪 $t'ia^{23}ʃaŋ^{21}uɛ^{213}$下午二三点钟

下半晚 $ɕia^{21}_{31}p\,\bar{a}˙uɛ^{213}$傍晚

星期 $siŋ^{213}_{23}tɕ'i^{213}$星期日

多自 $tuə^{213}tθɿ˙$什么时候

现今歪儿 $ɕia^{21}tɕiē˙uɛr^{55}$现在
　脚底下(旧)$tɕyə^{213}_{23}ti^{55}_{213}ɕia˙$
　如今 $y^{42}tɕi\,\bar{e}^{213}$

早日里 $tθɔ^{55}_{21}i˙li˙$过去

老年上 $lɔ^{55}niā^{42}_{55}ʃaŋ$很久以前

望后 $uaŋ^{21}_{23}xou^{21}$今后

土墩子 $t'u^{213}_{23}tuē^{213}tθɿ˙$土丘

闲地 $ɕiā^{42}ti^{21}$空地

河涯 $xə^{42}iɛ^{42}$河岸

汪 $uaŋ^{213}$水坑:大~|小~

埝儿 $nɛr^{55}$地方:这个~|那个~

农村 $nu^{42}tθ'uē^{213}$

渊子崖 $iā^{213}_{21}tθɿ˙iɛ^{42}$地名,刘家庄乡南

文疃儿 $uē^{42}_{21}t'uɛr˙$地名,文疃镇驻地

早丰河 $tθɔ^{213}_{21}fəŋ^{21}xə^{42}$在石莲子乡

路镇 $lu^{21}tʃ\,\bar{e}^{21}$十字路镇的简称

街上 $tɕiɛ^{213}ʃaŋ˙$旧指十字路镇内,今义同"当街"

当街 $taŋ^{213}_{23}tɕiɛ^{213}$家门外,街上:上~耍

街市 $tɕiɛ^{213}_{23}ʂɿ^{21}$逢集的街道

旮旯儿 $ka^{55}_{213}lar˙$角落

河口 $xə^{42}k'ou^{55}$河渡口

邻舍 $l\,\bar{e}^{42}_{55}ʃɿ˙$邻居

邻舍家 $l\,\bar{e}^{42}_{55}ʃ˙tɕia˙$

上头 $ʃaŋ^{21}_{31}t'ou˙$

下头 $ɕia^{21}_{31}t'ou˙$

左边儿 $tθuə^{21}pɛr^{213}$

右边儿 $iou^{21}pɛr^{213}$

当瓤儿 $taŋ^{213}iaŋr^{42}$中间:屋~|河~|中~

里头 $li^{55}_{213}t'ou˙$里面

外头 $uɛ^{21}_{31}t'ou˙$外面

左近 $tθuə^{213}_{23}tsi\,\bar{e}^{21}$附近

第二节　亲属　称谓

大大 $ta^{21}ta˙$父亲

妈妈 $ma^{213}_{21}ma˙$

大爷 $ta^{21}iə^{42}$伯父

娘娘 $niaŋ^{213}_{21}niaŋ˙$伯母
　大娘 $ta^{21}niaŋ^{42}$

叔 $ʂu^{213}$

婶子 $ʃ\,\bar{e}^{55}_{213}tθɿ˙$

姑 ku^{213}

爷爷 $iə^{213}_{21}iə˙$

奶奶 $nɛ^{213}_{21}nɛ˙$

姥爷 $lɔ^{55}_{213}iə˙$

姥娘 $lɔ^{55}_{213}niaŋ˙$

舅 $tɕiou^{21}$

妗子 $tɕiē^{213}_{31}tθɿ˙$舅母

丈人 $tʃaŋ^{21}_{31}iē˙$岳父,面称随妻

丈母娘 $tʃaŋ^{21}mu˙niaŋ^{42}$岳母,面称随妻

儿 $lə^{42}$儿子

闺女 $kuei^{213}_{21}ny˙$①女儿②姑娘

识字班 $ʃɿ^{213}tθɿ˙p\,\bar{a}^{213}$未婚青年妇女,由解放初期组织识字班而来

闺女婿 $kuei^{213}ny^{213}sy˙$女婿

儿媳妇 $lə^{42}si^{213}fu˙$

儿媳子 $lə^{42}si^{213}tθɿ˙$

孙子 θuẽ²¹³₂₁ny˙tθ₁˙

孙女子 θuẽ²¹³₂₁ny˙tθ₁˙

侄儿 tʃₗ₅r⁴²

侄女子 tʃₗ₅₅⁴²ny˙tθ₁˙

外甥 ue²¹₃₁şaŋ˙ ①姊妹的孩子②女儿的孩子

大姑子 ta³¹₂₁ku˙tθ₁˙

小姑子 sio²¹³₂₅ku˙tθ₁˙

大伯头子 ta³¹₂₁pei˙t'ou⁴²₅₅tθ₁˙丈夫的哥哥

小叔子 sio²¹³₂₁şu˙tθ₁˙

大舅子 ta²¹₃₁tɕiou˙tθ₁˙

小舅子 sio²¹³₂₅tɕiou˙tθ₁˙

大姨子 ta²¹i⁴²₅₅tθ₁˙

小姨子 sio⁴²₅₅i⁵⁵tθ₁˙

男人 nã⁴²iẽ˙丈夫

　外头 ue²¹₃₁t'ou˙

老婆 lɔ⁵⁵₂₁₃p'ə˙

　家里 tɕia²¹₃₁li˙

　媳子 si²¹³tθ₁˙

娘们 niaŋ⁴²₅₅m ẽ˙①背称妇女：这个臭~②合称，一个长辈妇女和晚辈(不分男女)：您~

爷们 iə⁴²₅₅mẽ˙①男性晚辈称男性长辈②合称，一个男性长辈和晚辈(不分男女)

　光棍子 kuaŋ²¹³₂₃kuẽ²¹₃₁tθ₁˙单身汉

　老闺女 lɔ⁵⁵₂₁₃kuei˙ny˙大龄未婚女子

　填房 t'iã⁴²faŋ⁴²

　半户头儿 pã²¹₃₁xu˙t'our⁴²改嫁的妇女

　带犊子 tɕ²¹tu⁴²₅₅tθ₁˙再嫁女带过去的孩子

　轧伙的 ka²¹³xuə⁵⁵ti˙姘头

　年幼的 niã⁴²iou²¹₃₁ti˙特指青年人

　庄户人 tşuaŋ²¹³₂₁xu˙iẽ⁴²农民

　庄户把子 tşuaŋ²¹³xu˙pa²¹₃₁tθ₁˙

　买卖人 me⁵⁵₂₁₃me˙iẽ⁴²商人

　出小摊的 tʃ'u⁴²₅₅sio⁵⁵t'ãr²¹³₂₁ti˙

　贩子 fãr²¹₃₁tθ₁˙

经纪 tɕiŋ²¹³₂₁tɕi˙中间人

买营生的 me⁵⁵iŋ₅₅⁴²şən˙ti˙顾客

剃头匠子 t'i²¹t'ou⁴²tsiaŋ²¹₃₁tθ₁˙理发师

唱戏的 tʃ'aŋ²¹ɕi²¹₃₁ti˙旧称演员

耍把戏的 şua⁴²₅₅Pa²¹³₅₅ɕi˙ti˙杂技演员

货郎 xə²¹₃₁laŋ˙

锢露子 ku²¹₃₁lu˙tθ₁˙锢锅碗的

泥瓦匠 mi⁴²ua⁵⁵tsiaŋ²¹

庄户老土 tşuaŋ²¹³₂₁xu˙lɔ⁴²₂₁t'u⁵⁵蔑称乡下人

　乡里猫子 ɕiaŋ²¹³₂₁li˙mɔ⁴²tθ₁˙

街滑子 tɕie²¹³xua⁴²₅₅tθ₁˙乡下人蔑称城里人

小鬼口 sio⁵⁵₄₂kuei⁵⁵tsi²¹³聪明伶俐的青少年：这是个~

孬种 nɔ²¹³tşuŋ⁵⁵脓包

好佬 xɔ⁵⁵lɔ⁵⁵能干的人(多有贬意)

老婆混子 lɔ⁵⁵₂₁₃pə˙xuẽ²¹₃₁tθ₁˙言语动作像女人的男人

二虎 lə²¹xu⁵⁵蛮不讲理的人

短路的 tuã⁵⁵lu²¹₃₁ti˙拦路抢劫的人

毛子 mɔ⁴²₅₅tθ₁˙强盗

　马子 ma²¹³₂₁₃tθ₁˙

　扒手 pa²¹³ʃou˙

　　搁手 ʃ ãr²¹³₂₁ʃou˙

　　害手 xɛ²¹₃₁ʃou˙

第三节　身体　疾病

身子 ʃ ãr²¹³₂₁tθ₁˙身体

后脑瓜子 xou²¹nɔ⁵⁵kua²¹³₂₁tθ₁˙后脑勺儿

额勒盖子 iə²¹³₂₁lə˙kɛ²¹₃₁tθ₁˙额头

花月子 xua²¹³yə˙tθ₁˙太阳穴

眼珠子 iã⁵⁵tʃu²¹³₂₁tθ₁˙

眼脂毛 i ãr²¹³₂₁₃tşɿ˙mɔ⁴²睫毛

耳朵 lə$^{55}_{213}$tou·

耳蛹 lə$^{55}_{42}$yŋ^{55}耳屎

鼻子 pi$^{42}_{55}$tθ₁· ①鼻子②鼻涕

鼻孔眼子 pi$^{42}_{55}$kʻuŋ·iã$^{55}_{213}$tθ₁·

斜涎 siə$^{42}_{55}$siã· 口水

吞息眼儿 tʻuẽ$^{213}_{21}$si·iãr^{55}嗓子

圈腮胡 tɕʻyã$^{213}_{23}$θɛ^{213}xu^{42}络腮胡

胳拉臂 kə^{213}laʻpei^{21}肘

旮旯肢 ka^{213}laʻtʃ₁^{42}腋

左手 tθuə$^{21}_{31}$ʃou^{55}

右手 iou^{21}ʃou^{55}

锤 tʂʻuei^{42}

　拳头 tɕʻy$\bar{\text{a}}$$^{42}_{55}$tʻou·

手巴掌 ʃou^{55}pa^{213}tʃaŋ·手掌

手面子 ʃou^{55}miã$^{21}_{31}$tθ₁·手背

大门指头 ta^{21}m$\bar{\text{e}}$·tʂ₁$^{55}_{213}$tʻou·大拇指

指甲盖子 tʂ₁$^{55}_{213}$tɕiɛ·kə$^{21}_{31}$tθ₁·指甲

脊梁骨 tsi^{213}liaŋ·ku^{213}脊骨

胸坦 ɕyŋ$^{213}_{21}$tʻ$\bar{\text{a}}$·胸

肋巴条子 lei$^{21}_{31}$paʻtʻiɔ$^{42}_{55}$tθ₁·

肋叉骨 lei$^{21}_{31}$tʂʻa·ku^{213}

脖脐眼儿 pu^{42}tsʻi·i $\bar{\text{a}}$r^{55}肚脐

腚 tiŋ^{21}屁股

小磨棋儿 siɔ^{55}mə·tɕʻir^{42}膝盖

脚脖子 tɕyə^{213}pə$^{42}_{55}$tθ₁·脚腕子

不舒坦 pu^{21}ʃu$^{213}_{21}$tʻ$\bar{\text{a}}$·不舒服

有症 iou^{55}tʃəŋ^{21}病了

发热 fa^{213}iə^{21}发烧

淌肚子 tʻaŋ^{55}tu$^{21}_{31}$tθ₁·泻肚

冻着了 tuŋ$^{21}_{31}$tʂʃʻla·伤风

恶心 ɣə$^{55}_{213}$si$\bar{\text{e}}$也说翻心 fa^{213}si$\bar{\text{e}}$^{213}

发皮寒 fa^{213}pʻi$^{42}_{55}$x$\bar{\text{a}}$·发疟疾

干结 k$\bar{\text{a}}$$^{213}_{23}$tɕiə^{213}便秘

心里疼 si $\bar{\text{e}}$$^{213}_{21}$liʻtʻəŋ^{42}胃疼

痨病 lɔ^{42}piŋ·肺病

收口 ʃou^{213}kʻou^{55}结痂

上疙渣儿 ʃaŋ$^{21}_{23}$ka^{213}tʂar·

左巴拉儿 tθuə$^{21}_{31}$paʻlar^{213}左撇子

瘸巴 tɕʻyə$^{42}_{55}$paʻ瘸巴

聋汉 luŋ^{55}x $\bar{\text{a}}$·聋子

癫汉 ti $\bar{\text{a}}$$^{213}_{21}$x $\bar{\text{a}}$·疯子

龟腰 kuei^{213}iɔ^{213}驼背

豁子 xuə^{213}tθ₁·裂唇的人

第四节　动作　起居　交往

舒嘴 ʃʮ^{213}tθei^{55}

　撅嘴 tɕyə^{213}tθei^{55}

喊 ɕi $\bar{\text{a}}$^{55}大声哭

喊呼 ɕi $\bar{\text{a}}$$^{55}_{213}$xu·呻吟

伸手 ʃuẽ^{213}ʃou^{55}

拍巴掌 pʻei^{213}pa^{213}tʃaŋ·拍手

裂 liə^{55}撕:～开

丸弄 u $\bar{\text{a}}$$^{42}_{55}$luŋ·团弄

放 faŋ^{21}也说搁 kə^{213}

撂 liɔ^{21}扔,也说横 xəŋ^{21}

扛 kʻuə^{55}搔

掴 kuə^{213}碰动:别～他!

扎古 tʂa^{213}ku·①修理②治疗③打扮

摆 pe^{55}清洗,涮洗:这菜没有～|～衣裳

虾腰 ɕia^{213}iɔ^{213}弯腰

蜷腿 tɕʻyã^{42}tʻei^{55}

拉巴腿 la^{213}paʻtʻei^{55}分开腿

耍 ʂua^{55}玩耍

洗澡 si$^{55}_{42}$tθɔ^{55}游泳

轧乎 ka^{213}xu·①一块儿,合伙:～去上学|他俩～做生意②相约:吃了饭,我～你出去耍耍③团结人,拣人家～好|这人会～人

瞎了 ɕia^{213}la·遗失

糟腾 tθɔ^{213}tʻəŋ·糟踏

迷糊 mi$^{55}_{55}$xu·迷失方向

掉向 tiɔ^{21}ɕiaŋ^{21}

理 lə⁵⁵理睬：不～他

疑惑 i⁴²₅₅xuei˙怀疑

知不道 tʃ1²¹³pu˙tɔ˙不知道

欢喜 xu ã²¹³₂₁tɕ˙i˙喜欢

犯恶 f ã²¹₂₃u²¹讨厌

埋怨 m ã⁴²₅₅y ã˙

起床 tɕ˙i⁵⁵tʂ˙uaŋ⁴²

害饿 xɛ²¹₂₃uə²¹饿了

害渴 xɛ²¹k˙a²¹³渴了

做饭 tθou²¹₂₃f ã²¹

喝茶 xa²¹³tʂ˙a⁴²

吸烟 ɕ y²¹³₂₃i ã²¹³

歇歇 ɕiə²¹³ɕiə˙休息

□下 tɕ˙iə²¹₂₁ɕia˙躺下

打呼隆 ta⁵⁵xu²¹³₂₁luŋ˙打鼾

冲腿儿 tʂ˙uŋ²¹³t˙eir⁵⁵两人两头一个被窝睡

熬眼 ɤɔ⁴²i ã⁵⁵熬夜

拉闲呱儿 la⁴²ɕia⁴²kuar⁵⁵f 闲谈

虚让价 ɕy²¹³₂₃iaŋ²¹³tɕia˙虚套

实落 ʃ1⁴²₅₅luə˙实在

笑乎 siɔ²¹₃₁xu˙叽笑

充楞子 tʂ˙uŋ²¹³lə²¹₃₁tθ1˙也说装傻

赚相宜 tʂuã²¹₂₃siaŋ²¹³₂₁i˙占便宜

□洋调 tɕ˙iou⁵⁵iaŋ⁴²tio²¹

　　出洋相 tʃ˙ʮ²¹³iaŋ⁴²siaŋ²¹

溜门子 liou²¹³m ẽ⁴²₅₅tθ1˙串门

窜乎 tθ˙u ã²¹³₂₁xu˙勤走动：到处～|这家那家～

舔腔门子 t˙i ã⁵⁵tiŋ²¹m ẽ⁴²₅₅tθ1˙拍马屁

编话 pi ã²¹³₂₃xua²¹说假话，说谎

撒村 θa⁵⁵tθ˙uē²¹³说不堪入耳的话：乡村妇女好～

吵仗 tʂ˙ɔ⁵⁵tʃaŋ²¹吵架

打仗 ta⁵⁵tʃaŋ²¹打架

任行所为 i ē²¹ɕiŋ⁴²ʂuə⁵⁵uei⁴²不约束自己，任意胡来：你～，不知怎么着

　　精腔 tsiŋ²¹³₂₃tiŋ²¹光屁股：～一块长大的

　　粽角交 tθuŋ²¹tɕyə²¹³₂₃tɕiɔ²¹³忘年交（旧时幼儿头发梳成粽角形）

　　宜成 i²¹³tʃ˙əŋ˙落实：～不～（行不行。是否落实）

　　数令 ʂu⁵⁵₂₁₃liŋ˙数落

第五节　饮食　服饰

早晨饭 tθɔ⁵⁵₂₃tʃ˙ẽ˙f ã²¹早饭

晌午饭 ʃ ãŋ⁵⁵₂₁₃u˙f ã²¹午饭

贴晌 t˙iə²¹³ʃaŋ⁵⁵农忙时下午二三点钟加吃的饭

晚上饭 u ã⁵⁵₅₅ʃaŋ˙f ã²¹晚饭

干饭 k ã²¹³₂₃f ã²¹米饭

锅疙渣 kuə²¹³kə²¹³₂₃tʂa˙锅巴

糊涂 xu⁴²₅₅tou˙用玉米面或小米面做的粥

馍馍 mə⁴²₅₅mə˙馒头

煎饼 tsi ã²¹³₂₁piŋ˙

发团 fa²¹³t˙u ã⁴²过年时用小米、江米、枣等蒸成的米糕

包子 pɔ²¹³₂₁tθ1˙①饺子②包子

㧟作汤 ku²¹³₂₁tʂa˙t˙aŋ²¹³面疙瘩汤

香油果子 ɕiaŋ²¹³iou⁴²kuə⁵⁵₅₅tθ1˙油条

鸡子儿 tɕi²¹³tθ1r⁵⁵鸡蛋

引子 i ē⁵⁵₂₁₃tθ1˙面酵子

忌讳 tɕi²¹₃₁xuei˙醋

麻汁 ma⁴²₅₅tʃ1˙芝麻酱

果子油 kuə⁵⁵₅₅tθ1˙iou⁴²花生油

荤油 xuē²¹³iou⁴²猪油

渣腐 tʂa²¹³₂₁fu˙小豆腐，用菜加豆面等熬成的一种食品

材料子 t˙θ˙ɛ⁴²₅₅liɔ˙tθ1˙调料

衣裳 i²¹³₃₁ʃaŋ˙

大氅 ta²¹tʃ˙aŋ⁵⁵大衣

背心 pei^{21}ʃ e̠r^{213}（心，音同身）

裤头儿 kʻu^{21}tʻour^{42}

裤乍子 kʻu^{21}tʂaꞑ^{21}tθ̠ᵧ̍ 短裤

布袋 puꞑ^{21}te̠ 衣兜

束腰带子 ʂuꞑ^{213}iɔꞑ^{213}te̠^{21}tθ̠ᵧ̍ 腰带

束腰带儿 ʂu₂₄ꞑ^{213}iɔꞑ^{213}ter^{21}

裤腿儿 kʻu^{21}tʻeir^{55}

　裤脚子 kʻu^{21}tɕɥə^{213}tθ̠ᵧ̍

围布子 uei₅₅^{42}puˑtθ̠ᵧ̍ 涎布

褯子 tsiə₃₁^{21}tθ̠ᵧ̍ 尿布

　屎褯子 ʂɿ^{55}tsiə₃₁^{21}tθ̠ᵧ̍

包脚布子 pɔ^{213}tɕɥə^{213}pu₂₃^{21}tθ̠ᵧ̍（男用）

裹脚布子 kuə^{55}tɕɥə₂₃^{213}pu₃₁^{21}tθ̠ᵧ̍（女用）

围脖 uei^{42}pə^{42}围巾

蓆角子 si^{42}tɕia^{213}tθ̠ᵧ̍ 斗笠

坠子 tʂuei₃₁^{21}tθ̠ᵧ̍ 耳环

第六节 房舍 器物

天井 tʻiā^{213}tsiŋ^{55}院子

影壁墙 iŋ₂₁₃^{55}piˑtsʻiaŋ^{42}影壁

障子 tʃaŋ₃₁^{21}tθ̠ᵧ̍篱笆

屋 u^{213}①房子：盖～②房间：南～｜东～

门闩子 mē^{42}ʂu āꞑ^{21}tθ̠ᵧ̍门闩

门上坎 mē₅₅^{42}ʂaŋ kʻ ā^{55}门坎

接脚石 tsiə^{213}tɕɥə^{213}ʃɿ^{42}农家屋门外的一块石阶

锅屋 kuə₃₁^{213}uˑ厨房

锅框子 kuə^{213}kʻuaŋ₃₁^{21}tθ̠ᵧ̍炉灶

灶洞 tθɔ₃₁^{21}tuŋ^{42}烟囱

茅房 mɔ^{42}faŋ^{42}厕所

　粪汪 f ē^{21}uaŋ^{213}

　猪栏 tʃɥ^{213}l ā^{42}

墼块 tɕi^{213}kʻue̠

洋灰 iaŋ^{42}xuei^{213}水泥

炭 tʻ ā^{21}旧称煤

木炭 mu^{21}tʻ ā^{21}

洋油 iaŋ^{42}iou^{42}煤油

灰 xuei^{213}

垆土 pu₅₅^{42}tʻu

浑水 xuē^{42}ʂuei^{55}泔水：～缸

营生 iŋ₅₅^{42}ʂəŋ东西

金狗角 tɕie̠^{213}kou^{55}tɕɥə^{213}最好的、稀有的物品：你把它当～了！

棉单 miā^{42}t ā^{213}旧称床单

离家子 li₅₅^{42}tɕia tθ̠ᵧ̍纱布

擦脸布子 tθʻa^{213}liā^{55}pu₃₁^{21}tθ̠ᵧ̍毛巾

擦腚纸 tθʻa₂₃^{213}tiŋ^{21}tʂɿ^{55}手纸

胰子 i₅₅^{21}tθ̠ᵧ̍肥皂

暖壶 n ā^{55}xu^{42}暖瓶

洋戏盒子 iaŋ^{42}ɕi^{21}xə₅₅^{42}tθ̠ᵧ̍旧称留声机

电把子 tiā^{42}pa₃₁^{21}tθ̠ᵧ̍手电筒

脚踏车 tɕɥə^{213}tʂa^{213}tʃʻə^{213}旧称自行车

抽匣子 tʃʻou^{213}ɕia₅₅^{42}tθ̠ᵧ̍抽屉

板头 p ā₂₁₃^{55}tʻou小板凳

杌子 u₃₁^{21}tθ̠ᵧ̍方形凳子

洋火 iaŋ^{42}xuə^{55}旧称火柴

风掀 fəŋ^{213}ɕi ā风箱

扫帚 θɔ₃₁^{21}tʃʻʮ

笤帚 tʻiɔ₅₅^{21}tʃʻʮ

巴棍子 pa^{213}kuē₃₁^{21}tθ̠ᵧ̍小木棍：手拿～

拐杖 kuə₂₁₃^{213}tʃaŋ手杖

柱棍 tʃʮ₂₁₃^{55}kuē

扁担 piā₂₁₃^{55}t ā(用于人挑)

钩担 kou^{213}t ā

杠子 kaŋ₃₁^{21}tθ̠ᵧ̍(用于两人抬)

筲 ʂɔ^{213}水桶

汤匙子 tʻaŋ^{213}tʂʻ₅₅^{42}tθ̠ᵧ̍调羹

箸笼子 tʃʮ₂₁^{21}luŋ tθ̠ᵧ̍筷筒

顶指子 tiŋ₂₁₃^{213}tʃɿ tθ̠ᵧ̍顶针儿

戳子 tʃʻu^{213}tθ̠ᵧ̍图章

臭蛋 tʃʻou₃₁^{21}t ā^{21}樟脑丸

黄香 xuaŋ^{42}ɕiaŋ^{213}松香

吸铁石 ɕy₂₃^{213}tʻiə^{213}ʃɿ^{42}磁石

木鱼子 mu²¹y̥⁴²₅₅tθ₁˙木鱼

第七节　农商文教等

下湖 ɕia²¹xu⁴²

　上地 ʃaŋ²¹₂₃ti²¹

刨地 p'ɔ⁴²ti²¹

坷垃 k'ə²¹³la˙土块：砸~

割庄稼 ka²¹³tʂuaŋ²¹³₂₁tɕia˙收庄稼

砍秫秫 k'ã⁵⁵ʃu̥⁴²₅₅ʃu̥˙收割高粱

掰棒子 pei²¹³paŋ²¹₃₁tθ₁˙收玉米

杀树 ʂa²¹³₂₃ʃu²¹砍树

薅麦子 xɔ²¹³mei³¹tθ₁˙收割小麦，也用"拔"、"割"

打庄户 ta⁵⁵tʂuaŋ²¹³₂₁xu˙干农活

拉糊子 la⁴²xu⁴²₅₅tθ₁˙用机器把粮食加水磨成糊状

闲茬子 ɕiã⁴²tʂ'a⁴²₅₅tθ₁˙未种庄稼的地

麦茬 mei²¹tʂ'a⁴²割了麦后待种的地

碌碡 ly³¹tʃu̥˙压庄稼的带齿石滚

笸箩子 p'ə⁴²₅₅luə˙tθ₁˙柳条编制的针线筐

商店 ʃaŋ²¹³₂₃tiã²¹

集 tsi⁴²：赶~

包圆儿 pɔ²¹³yãr⁴²把商品全部买下

收市 ʃou²¹³₂₃ʂʅ²¹把剩下的货物全买下

盘缠 p'ã⁴²₅₅tʃ'u̥ã˙路费

好时气 xɔ⁵⁵₄₂ʂʅ⁴²₅₅tɕ'i˙走运

　来了时 lɛ⁴²₅₅la˙ʂʅ⁴²

晦气 xue²¹³₂₃tɕ'i²¹也说倒霉 tɔ⁵⁵mei⁴²

该帐 kɛ²¹³₂₃tʃaŋ²¹欠帐

赚钱 tʃua²¹ts'iã⁴²

折本儿 ʃə⁴²p ẽr⁵⁵

饭铺子 fa²¹p'u̥³₁tθ₁˙饭店

剃头铺子 t'i²¹t'ou⁴²p'u̥³₁tθ₁˙理发店

洗澡堂子 si⁵⁵₄₂tθɔ⁵⁵t'aŋ₅₅tθ₁˙澡堂

学校 ɕyə⁴²ɕia²¹

叔伯字 ʂu²¹³pei˙tθ₁˙别字

大鸭蛋 ta²¹ia²¹³₂₃t ã²¹零分

大戏 ta²¹₂₃ɕi²¹京戏

骷髅头子 k'u̥²¹³₂₁lou˙t'ou⁴²₅₅tθ₁˙木偶戏

撮骷髅头子 tθ'uə⁴²k'u̥²¹³₂₁lou˙t'ou⁵⁵₄₂tθ₁˙演木偶戏

周姑子 tʃou²¹³ku˙tθ₁˙柳琴戏

第八节　红　白　事

喜事 ɕi⁵⁵ʂʅr²¹也说婚事 xu ẽ²¹³₂₃ʂʅr²¹

相 ɕiaŋ²¹³相看：~媳子｜~闺女婿

定实决 tiŋ²¹₄₂ʃʅ⁵⁵₁₃tɕyə˙定婚

添柜子 t'iã²¹³₂₃kuei²¹₃₁tθ₁˙给新娘送礼，协"添贵子"音，也说添喜 t'iã²¹³ɕi⁵⁵

娶媳子 ts'y⁵⁵si²¹³tθ₁˙娶亲

出门子 tʃ'u̥⁴²₅₅m ẽ⁴²₅₅tθ₁˙出嫁

新郎子 siẽ²¹³laŋ⁴²₅₅tθ₁˙新郎

新媳子 siẽ²¹³si²¹³tθ₁˙新娘

喜房 ɕi⁵⁵faŋ⁴²新房

闹喜 nɔ²¹ɕi⁵⁵闹房

寻人家 siẽ⁴²i ẽ⁴²₅₅tɕia˙再嫁

　出水 tʃ'u̥⁵⁵₄₂ʂuei⁵⁵

续娶 sy²¹₃₁ts'y˙续弦

有事儿 iou⁵⁵ʂʅr²¹怀孕，也说有喜 iou⁴²ɕi⁵⁵

小产 siɔ⁵⁵₄₂tʃ' ã⁵⁵也说掉了 tiɔ²¹₃₁la˙

死了 θʅ⁵⁵₁₂₁₃la˙

　老了 lɔ⁵⁵₄₂la˙指老人死

　撂了 liɔ²¹₃₁la˙指小孩死

　横了 xəŋ²¹₃₁la˙指小孩死

坟子 f ẽ⁴²₅₅tθ₁˙坟：一冢~

林地 l ẽ⁴²ti²¹坟地，也说林上

老林 lɔ⁵⁵l ẽ⁴²①祖坟②祖坟地

第九节 动物 植物

犍子 tɕiɑ̃$_{21}^{213}$tθɿ·阉割后的公牛

牸牛 ku$_{21}^{213}$niou·

沙牛 ʂa$_{21}^{213}$niou· 母牛

牛犊儿 niou^{42}tur^{42}

趴牯 p'a$_{21}^{213}$ku· 尚未阉割的公牛

牛角 niou^{42}tɕia^{213}

叫驴 tɕiə$_{21}^{21}$ly· 公驴

草驴 tθ'ɔ$_{213}^{55}$ly· 母驴

牙狗 ia$_{55}^{42}$kou· 公狗

母狗 mu$_{213}^{55}$kou·

儿猫 lə$_{55}^{42}$mɔ· 公猫

女猫 ny$_{213}^{55}$mɔ· 母猫

㺢猪 tθuŋ$_{31}^{21}$tʃʮ· 公猪

母猪 mu$_{213}^{55}$tʃʮ·

扁扁嘴 piɑ̃$_{213}^{55}$piɑ̃·tθei^{55}鸭子

毛猴子 mɔ^{42}xou$_{55}^{42}$tθɿ· 狼

  麻哄 ma$_{55}^{42}$xuŋ

大兔 ta$_{23}^{21}$t'u^{21}狐狸

老鼠 lɔ$_{213}^{55}$tʃʮ·

黄老鼠 xuaŋ$_{55}^{42}$lɔ·tʃʮ· 黄鼠狼

长虫 tʃ'aŋ$_{55}^{42}$tʂ·uŋ· 蛇

老鸹 lɔ$_{213}^{55}$kua· 乌鸦

家雀子 tɕia^{213}tʂ·e$_{55}^{42}$tθɿ· 麻雀

鹁鸽儿 pu$_{55}^{42}$kər· 鸽子

残头木子 tθ·a$_{55}^{42}$t'ou·mu$_{31}^{21}$tθɿ· 啄木鸟

夜猫子 ia$_{31}^{21}$mɔ·tθɿ· 猫头鹰

憋蝠 piə$_{55}^{55}$fu· 蝙蝠

蛛蛛 tʃʮ^{213}tʃʮ· 蜘蛛

蝼蛄 lu$_{55}^{42}$ ku·

蛐蟮 tʃ'ʮ^{213}ɕiɑ^{21}蚯蚓

旱屋蝼 x a$_{23}^{21}$u$_{31}^{213}$lou· 蜗牛

蝎虎 ɕiə$_{21}^{213}$xu· 壁虎

腻虫 mi^{21}tʂ·uŋ^{42}

白渣 pei$_{55}^{42}$tʂa· 苍蝇卵

蛆 tɕ·y^{213}苍蝇幼虫

旱穷 x a^{21}tɕ·yŋ^{42}蟋蟀

蚂蚱 ma$_{31}^{31}$tʂa· 蝗虫

蝈子 kuɛ$_{21}^{213}$tθɿ· 蝈蝈

节溜 tsiə$_{21}^{213}$liou· 蝉

节溜猴 tsiə$_{21}^{213}$liou·xou^{42}蝉幼虫

羊屎蛋儿 iɑŋ$_{55}^{55}$ʂɿ·t a r^{21}蝉的一种，叫起来像"羊屎蛋"的音

野臭虫 iə^{55}tʃ·ou$_{21}^{21}$tʂ·uŋ· 臭大姐

蜻蜓 t'iŋ$_{21}^{213}$ t'iŋ·

鳖 piə^{213}用来吃时又称团鱼 t'uɑ̃^{42}y^{42}

歪子 uɛ$_{55}^{42}$tθɿ· 青蛙

蛤蟆 xa$_{55}^{42}$ma· 蟾蜍

蛤蟆嘎豆子 xa$_{55}^{42}$ma·ka^{213}tou$_{31}^{21}$tθɿ· 蝌蚪

  蛤蟆嘎豆儿 xa$_{55}^{42}$ma·ka^{213}tour^{21}

漏猴 lou$_{21}^{21}$xou· 天牛

啄木虫 tθuə$_{55}^{42}$mu·tʂ·uŋ^{42}天牛幼虫，白色

屹子 kə$_{21}^{213}$tθɿ· 跳蚤

瞎撞子 ɕia^{213}tʂ·uaŋ$_{31}^{21}$tθɿ· 金龟子

铜克螂 t'uŋ$_{55}^{42}$k'ə·laŋ^{42}金龟子的一种，绿色

拴拴牛 ʂu a$_{21}^{213}$ʂu a·niou^{42}一种体形较宽，状似天牛的甲虫，头上有角，长在荒草地里

  山水牛 ʂ a$_{21}^{213}$ʂuei·niou^{42}

菢 pɔ^{21}孵：～小鸡|鸡～窝

将 tsiaŋ^{213}畜生子：～羔子|～犊子|～小猪|～驹子

下 ɕia^{21}家畜、家禽、昆虫等生子：～犊子|～蛋|～白渣

拉子 la^{42}tθɿ^{55}青蛙等产卵：蛤蟆～

择 tʂei^{42}阉割牛猪鸡等：～牛|～猪|～鸡

骟 ʃ a^{21}阉割牛：～牛

小麦 siɔ$_{55}^{55}$mei^{21}

麦芒 mei²¹uaŋ⁴²

麦榨 mei²¹₂₃tʂa²¹麦子收割后留在地里的部分

棒子 paŋ²¹₃₁tθ₁˙也说玉米 y²¹mi⁵⁵

秫秫 ʃʮ⁴²₅₅ʃʮ˙高粱

棉花 niã⁴²₅₅xua˙

果子 kuə⁵⁵₂₁₃tθ₁˙花生：～仁儿（花生米）

转日葵 tʃuã²¹₃₁i˙k'uei⁴²①向日葵②向日葵种子

地瓜 ti²¹kua²¹³白薯

地蛋 ti²¹t ã²¹ 马铃薯，也说地豆子 ti²¹tou²¹₃₁tθ₁˙

洋葱 iaŋ⁴²tθ'uŋ²¹³也说洋蒜 iaŋ⁴²θu ã²¹

洋柿子 iaŋ⁴²s̩²¹₃₁tθ₁˙西红柿

眉豆 mi⁴²₅₅tou˙云豆：月～

莲蓬子儿 li ã⁴²p'əŋ⁴²tθ₁r⁵⁵莲子

西瓜 si²¹³₂₁kua²¹³也说子瓜 tθ₁⁵⁵₂₁₃kua˙

酸楂 θuã²¹³₂₃tʂa²¹³也说山楂 ʂã²¹³₂₃tʂa²¹³

卷卷菜 tøy ã⁵⁵₂₁₃tøy ã˙tθ'ɛ²¹一种野菜

马踏菜 ma⁵⁵₂₁₃tʂa˙tθ'ɛ²¹马齿苋

骨葵 ku²¹₂₁tu˙蓓蕾

花心梅儿 xua²¹³₂₃siẽ²¹₂₁meir˙花蕊

第十节　代　词

我 uə⁵⁵

俺 ɣ ã⁵⁵①我②我的③我们的

咱 tθ ã⁵⁵①我们②我们的

你 ni⁵⁵

您 n ẽ⁵⁵①你的②你们③你们的

他 t'a⁵⁵

他们 t'a²¹³₂₁m ẽ˙

谁 ʂei⁵⁵

怎么tθəŋ⁵⁵₂₁₃mə˙怎样

什么ʃəŋ⁴²mə˙

这户 tʃə²¹₂₃xu²¹这样

那户 na²¹₂₃xu²¹那样

这些 tʃə²¹siə⁴²

这里 tʃə²¹₃₁lei˙

那里 na²¹₃₁lei˙

乜垓儿 niə²¹xər˙

乜里 niə²¹₃₁lei˙比那里近

这末儿 tʃə²¹₂₃mər²¹这时，也说这末子

那末儿 na²¹₂₃mər²¹那时，也说那末子

第十一节　性质状态　副词

俊 tsyẽ²¹漂亮

拙 tʃua²¹³笨：很～

透娄 t'ou²¹lou⁴²精明强干：～人办不了孬事

细作 si²¹₃₁tθuə˙节俭：～鬼｜庄户～

乡村 ɕiaŋ²¹₃₁tθ'uẽ˙借指土气：穿得很～

腼腆 mi ã⁵⁵₂₁₃p'i ã˙

干 k ã²¹³稠：糊涂下～了

沉 tʃ ẽ⁴²重：称称这瓜有多～

山 ʂ ã²¹³形容道路崎岖：这路很～

尘灰棒土 tʃ'ẽ⁴²xuei²¹³paŋ²¹t'u⁵⁵尘飞飞扬

刚 tɕiaŋ²¹³

才刚么 tθ'ɛ⁴²tɕiaŋ²¹³mə˙刚才

才刚 tθ'ɛ⁴²tɕiaŋ²¹³

赶自 k ã⁵⁵₂₁₃tθ₁˙马上：你～去！

喷 p'ẽ²¹正在：～在寻思｜～吃饭

猛个丁的 məŋ⁵⁵kə˙tiŋ²¹³ti˙忽然

一霎霎 i²¹₂₁ʂa²¹³ʂa˙一会儿

终些 tʂuŋ²¹³siə˙终于：～办成了

刚了 kaŋ²¹³很：～麻烦了｜～啰嗦

很 x ẽ⁵⁵

怪 kuɛ²¹

綦 tɕə'i^{42}：～好
越以 $\text{yə}^{213}\text{i·}$ 越发：～好
别以 $\text{pə}^{42}_{55}\text{i·}$ 不要：～走|～搁
麻利的 $\text{ma}^{42}\text{li}^{21}_{31}\text{ti·}$ 赶快
附就着 $\text{fu}^{21}_{23}\text{tsiou}^{21}_{31}\text{tʂʅ}$ 顺便
特为 tei^{55} uei· 故意
亏着 $\text{k'uei}^{213}_{21}\text{tʂʅ}$ 幸亏

第十二节　介词　数量词

呆 tɛ^{55}在：～家里
拣 tɕiã^{55}和,跟：我～你说个事|我～你出去耍耍
曼 mã^{21}把：你～那个东西给我
从 tθ'uŋ^{42}：～东望西|～今望后

望 uaŋ^{21}：～前|～那走|～东
朝 tʃ'ɔ^{42}：～前走
使 ʂʅ^{55}用：～笔写字儿|借笔～～
给 tɕi^{42}替：你～我写封信
处 tʃ'u^{21}所：一～房子
口 k'ou^{55}：一～猪(特指宰杀后的猪)
提溜 $\text{ti}^{42}_{55}\text{liou·}$：买了一～苹果|一～酒
旮旯儿 $\text{ka}^{21}_{3}\text{lar·}$ 圈,周：一～墙|围了一～人
遭 tθɔ^{213} 人或驴拉磨走一圈为一～
停儿 t'iŋ^{42} 总数分成几份,其中一份为一～：三～割了一～|五～地锄了三～
冢 tʂuŋ^{213}：一～坟子
十拉个 $\text{ʂʅ}^{42}_{55}\text{la·kə·}$ 十个左右
成千带万 $\text{tʃ'ē}^{42}\text{ts'i ā}^{213}\text{tɕ}^{21}_{23}\text{u ā}^{21}$ 成千上万

第四章　语　法

第一节　名词后缀"子"

　　莒南方言"子"缀词十分丰富,跟普通话相应的词比较来看,普通话词有的不带后缀,有的则是儿化词。就这些"子"尾词本身来看,有的指物,有的称人,还有一些是地名、时间名词等等,例如:

　　雪花子雪花　雹子冰雹　呼拉毛子牛毛雨　泉子泉　毛猴子狼　家鹊子麻雀　夜猫子猫头鹰　残头木子啄木鸟　歪子青蛙　蝈子蝈蝈　果子花生　莠子莠草　花月子太阳穴　额勒盖子额头　奶子乳房　肋巴条子肋骨　腔门子肛门　材料子调料

　　香油果子油条　席角子斗笠　束腰带子　包脚布子　锅框子炉灶　电把子手电　擦脸布子毛巾　捂眼子捂眼罩　磙子石磙　胰子肥皂　饭铺子　洗澡堂子　新郎子　媳子媳妇　带犊子再嫁妇女带的与前夫生的孩子　锢露子补锅碗的　楞子傻瓜　老婆横子言行如同女人的男人　街滑子贬称城里人　乡里猫子贬称乡下人　毛子旧指强盗　马子旧指强盗　尤家庄子村名　赵家河子村名　朱家洼子村名　石桥子村名　新店子村名　这末子这时候　那末子那时候　头年子去年年底　顶指子顶针儿　地豆子土豆儿　雨点子雨点儿　指甲盖子指甲盖儿　侄女子侄女儿　孙女子孙女儿　光棍子光棍儿　裤脚子裤腿儿　洗脸盆子脸盆儿

　　莒南方言的名词后缀除"子"尾词丰富以

外,对指称一些带有生理缺陷的人,还可用"巴"和"汉",例如:瘸巴、结巴、哑巴;聋汉、癫汉。

第二节　动词后缀

莒南方言的动词后缀比较丰富,有较强的构词能力。主要的后缀有"巴"、"么"、"乎"、"弄",等等。

巴　"巴"所组合成的词比较丰富,表示动作随意、口气轻松,例如:

捏巴　择巴　揉巴　捋巴　踩巴　搓巴　拉巴扶养、拉扯大　堆巴　撕巴　磕巴　挽巴　垛巴　叠巴　捆巴　砸巴　砍巴　洗巴　糊巴　锄巴　打巴

单音动词带"巴"构成的合成词大多重叠使用,其重叠式一般表示动作的未然,使动作更含有不经意和持续反复的意味,例如:

衣裳脏了,脱下来我给你洗巴洗巴。

这钉子没砸结实,你再砸巴砸巴它!

么　由"么"后缀构成的动词,多用于表示不够正当,其结果往往使人受损或令人不快的动作,一般不能重叠使用,例如:

踅么纠缠人:这个人好~|一起来没完　寻么拐骗　捞么占小便宜　沾么　贴么占物质便宜:贴补　□[tθ₁⁴²]么深思,我~了很长时间　咒么　抠么　□[θuə⁴²]么说话态度不好:这人态度不好,好~人　剜[θuə⁴²]么说话态度不好:这人脾气不好,好~人　夹么指责人:我~他一顿　瞅么看:我已经~了一遍,你再去瞧瞧!

乎　"乎"的构词能力也比较强,多数不能重叠使用,例如:

戳乎挑拨:他尽~得一家人不和　掰乎挑拨　拨乎指使人:~他做活去　摆乎摆弄:任人~|听他~　惹乎　撮乎往上抬:这个人本来不行,亏了他叔把他~上了　轧乎相约:相处,团结:我~你出去耍耍|见人家好好~　舔乎巴结人　上乎不怀好意地跟人接近:来回~人　窜乎窜:到处

走动:这家那家~　搀乎搀和　二乎不落实,不肯定:这事儿有点儿~|总是~

"乎"除了作动词后缀之外,还可以作形容词后缀,表示情状,例如:热乎　黏乎　暄乎松软的样子　软乎　血乎险些　悬乎险些

弄　以"弄"为后缀的动词含有动作持续、随意的意思,例如:

摆弄摆放　拌弄搅拌　舞弄　摩弄　倒弄倒换　搬弄搬动　翻弄　丸弄

莒南方言的动词后缀除以上组词能力较强的以外,还有"悠"、"棱""拉"、"打"、"查"等,例如:

悠:转悠　逛悠　搓悠

棱:扑棱扑腾　立棱竖起来

拉:扒拉扒拉,打听　扑拉扑腾　搅拉搅

打:拍打　剁打　踢打　摔打

查:扒查　爬查　抠查　刮查

值得一提是,莒南方言还有两个相当于副词性的后缀,例如:

以:能以　别以　越以　休以不要,不用

价:成天价　整天价　整年价

第三节　助词"了"和"得"

一、助词"了"

作为助词,"了"可以分为"了₁"和"了₂"。"了₁"用在动词后,表示动作完成;"了₂"用在句末,是语气助词,有成句的作用。在普通话里,"了₁"和"了₂"都读 lə,是同音的;莒南方言"了₁"读 lə·,"了₂"读 la·,两者不同音,例如:

吃了₁,(lə·)饭了₂(la·)。

来了₁(lə·)三个人。

他来了₂(la·)。

二、助词"得"

莒南方言的助词"得"也可以分为"得₁"和"得₂"。"得₁"用在动词后连接可能补语;

"得₂"在动词或形容词后连接表示结果或程度的补语。在普通话里,"得₁"和"得₂"都读 tə˙,也是同音的;莒南方言"得₁"读 tei˙,"得₂" ti、tei˙两读,例如:

看得₁(tei˙)见。　　上得₁(tei˙)去。

好得₂(ti˙~tei˙)很。　　跑得₂(ti˙~tei˙)满身是汗。

第四节　语气词"㖏"、"不㖏"

莒南方言里语气词"㖏"的使用频率较高,用法也比较多。

1. 表示招呼人,也有唤人注意的作用:

老何㖏!

小卞儿㖏,去开门!

2. 表示感叹、夸赞的语气:

那个埝儿可好㖏! 那个地方真是好啊!

3. 表示疑问:

你叫甚么㖏!

我在(ᶜtɛ)甚么埝儿遇着你㖏? 我在什么地方碰上你的呢?

你在(ᶜtɛ)那里干甚么工作㖏?

4. 表示肯定语气:

这个营生怪好㖏。这个东西挺好的呢。

他写的还怪好㖏。

5. 表示一种事实,多用于否定形式之中:

叫我去,我还不知道路㖏! 让我去,我还不认得路呢!

我还没学会㖏!

"不㖏"表示无可奈何、只好如此的语气:

你非叫我去,我就去不㖏! 你非得让我去,我就去呗!

叫你吃,你就吃不㖏! 让你吃,你就吃呗!

第五节　代　词

一、人称代词

	单　数		复　数	
	主　格	领　格	主　格	领　格
第一人称	我　俺	俺	咱 tθ ē⁵⁵俺	俺　咱 tθ ē⁵⁵
第二人称	你	恁 n ē⁵⁵	恁 n ē⁵⁵	恁 n ē⁵⁵
第三人称	他	他的	他们	他们的

说明:新派还可以说"我们"、"我们的","你们"、"你们的"。

二、指示代词

	这 tʃə²¹	乜 niə²¹	那 na²¹
表处所	这里	乜里/乜下 niə²¹₃₁xə˙	那里
表时间	这末子		那末子
表方式	这么 tʃəŋ²¹₃₁mə˙		那么 nəŋ²¹₃₁mə˙

说明:"乜"相对于"这"是远指,相对于"那"是近指。不是特别需要详细区分远近时"乜"和"那"基本上可以互换使用。

三、疑问代词

问人	问物	问处所
谁 ʂei⁵⁵	甚么 ʂəŋ²¹₃₁mə˙	哪里

问时间　　　　　问方式

多自 tuə$^{42}_{55}$tθ1　怎么 tθən$^{55}_{213}$mə·

第六节　惯用结构

一、"气杀了"结构

"气杀了"这种结构多为表示生理、心理感觉的单音节动词带程度补语"杀"，末尾常带"了"字，意思相当于普通话"气死了"。

气杀了 鼓杀了 _气死了_ 恨杀了 恼杀了 恣杀了 喜杀了 苦杀了 好杀了 酸杀了 辣杀了 夠杀了 痨杀了 憋杀了 躁杀了 饿杀了 渴杀了 撑杀了 喤杀了

二、"害饿"与"害饿得慌"

普通话也有"害怕"、"害羞"、"害臊"等说法，不过莒南方言"害"的组合能力要强一些，"害"后面带的也限于表示生理、心理感觉的单音节动词。例如：

害饿　害渴　害冷

害热　害怕　害羞

"害饿得慌"这种格式在普通话比较罕见，莒南方言运用得比较多：

害饿得慌　害渴得慌　害冷得慌 害热得慌　害馋得慌　害闷得慌 害鼓得慌　害气得慌　害躁得慌 害急得慌　害憋得慌　害撑得慌

第七节　形容词对称式程度表示法

莒南方言表示形容词程度深的方式，除去跟普通话相同的用前加程度副词"很"、"怪"、"蒸"、"刚的"这种方式以外，还有一种特殊的方式是一组有对称义的单音节形容词分别用"大 AA"、"精(溜)BB"的方式表示，例如：

大 AA　　　　精(溜)BB

大长长　　　精(溜)短短 大高高　　　精(溜)矮矮 大粗粗　　　精(溜)细细 大宽宽　　　精(溜)窄窄 大深深　　　精(溜)浅浅 大厚厚　　　精(溜)薄薄 大远远　　　精(溜)近近 大胖胖　　　精(溜)瘦瘦

"大 AA"有的还可说成"老大 AA"，表示程度更深，例如：

老大高高　　老大粗粗 老大深深　　老大远远

第八节　比较句

莒南方言的比较句主要有两种，一种用"比"的句式跟普通话说法相同，例如"他比我高"；另一种用"起"的句式在山东东区方言相当普遍，例如：

他高起你。_他比你高。_

姊妹俩儿，一个俊起一个。_姊妹俩儿，一个比一个漂亮。_

小张儿厉害起小刘儿。_小张儿比小刘儿厉害。_

这个好起也个。_这个比那个好。_

日子一天热起一天。_日子一天比一天热。_

我学得不强起你。_我学得不比你好。_

小张儿不厉害起小刘儿。_小张儿不比小刘儿厉害。_

他不高起你吗？_他不比你高吗？_

莒南方言的比较句有时还采用以"不善的"为比较词的形式表示，意思是"不差于"，例如：

拴拴牛_山水牛_上树，不善的漏猴_天牛_。

第九节　可能式和可能式反复问句

莒南方言的可能式主要有三种形式(以"看见"为例)：

①能(以)看见；　②看得见；③能(以)看得见

除了这三种较常用的形式之外，还有一种范围不太广泛的形式"动词＋得"，例如：舍得　说得　吃得　喝得

莒南方言的可能式反复问句可以有以下三种形式，其中 a 式最常见。

a. 能看见看不见？

b. 看得见看不见？

c. 能看得见看不见？

可能式反复问的语义重心是问"能不能"，普通话这类句子可以用"能不能看见"这种形式，但是莒南方言这种形式一般不能成立，例如，不能说"能不能来?"(可以说，"能来不能来?")、"能不能写得完?"(可以说"能写完写不完?")等等。

第十节　被动句

莒南方言的被动句跟普通话大体相似，不过莒南方言一般不用介词"被"而用"叫"，有时"叫"可以省略不用，例如：

书叫他(给)掉了。　书叫他给我掉了。

这事儿已经叫人家(给)传出去了。

书给掉了。

以上例句说明，莒南方言的被动句凡介词"叫"出现，也必须有施动者出现，不能说"书叫掉了"。

第十一节　其　他

一、兼类词举例

一些名词可以用作谓词，身兼名词、动词或形容词两类，例如：

痨病　→痨杀了

丸子　→丸弄

山　→这个路很山_{崎岖不平}

祸害　→祸害老百姓

乡村　→穿的很乡村_{土气}

村子　→撒村_{撒野、说下流话}

二、特殊语序举例

知不道　意思是"不知道"。

家走　即"望家里走"。

来家　即"到家里来"、"回家里来"。

家去　即"到家里去"、"回家里去"。

第五章　语料记音

第一节　儿　歌

1. u ē²¹ ta²¹³ iɔ⁴²　　ʃəŋ³¹ mə˙ iə²¹ tsiã²¹³?
问　答　谣　　什么叶尖？

ʃəŋ³¹ mə˙ iə²¹ yã⁴²? ʃəŋ³¹ mə˙ iə³¹ tθ₁˙ tʃ ē²¹³ iaŋ²¹
什么叶圆？什么叶子针样

si²¹? ʃəŋ³¹ mə˙ iə²¹ fu⁵⁵ te˙ ʂuei⁵⁵ ʃaŋ²¹ piã²¹³?
细？什么叶浮在水上边？

liou⁵⁵ iə²¹ tsi ã²¹³, iaŋ⁴² iə²¹ yã⁴², syŋ²¹ ʂu˙ iə³¹
柳叶尖，杨叶圆，松树叶

tθ₁˙ tʃ ē²¹³ iaŋ²¹ si²¹, xə⁴² iə²¹ fu⁵⁵ te˙ ʂuei⁵⁵ ʃaŋ²¹
子针样细，荷叶浮在水上

piã²¹³。
边。

2. tɕiã²¹³ niou⁴² xua²¹³　　tɕ‘iã²¹³ niou⁴²
牵牛花　　　牵牛

xua²¹³, p‘a⁴² kɔ²¹³ lou⁴², kɔ²¹³ lou⁴² kɔ²¹³, p‘a⁴²
花，爬高楼，高楼高，爬

ʂu²¹ ʂɔ²¹³, ʂu²¹ ʂɔ²¹³ tʃ‘aŋ⁴², p‘a⁴² tuŋ²¹³ ts‘iaŋ⁴²
树梢，树梢长，爬东墙

, tuŋ²¹³ ts‘iaŋ⁴² xua⁴², p‘a⁴² li⁴²₅₅ pa˙ li⁴²₅₅ pa˙ si²¹
，东墙滑，爬篱笆，篱笆细

, pu˙ k ã⁵⁵ p‘a⁴², t‘a²¹³ tθɛ˙ ti³¹ ʃaŋ˙ tʃ‘uei²¹³
，不敢爬，躺在地上吹

la²¹³ pa˙。
喇叭。

第二节　谚　语

1. i ā²¹ tθ₁˙ ti²¹³ fei²¹³ ʃə⁴² kua²¹ tɔ²¹, ma⁵⁵
燕子低飞蛇过道，蚂

i˙ p ā²¹³ tɕia²¹³ ʂã²¹³ te²¹ mɔ²¹, ʂuei⁵⁵ kaŋ²¹³
蚁搬家山戴帽，水缸

tʃu²¹³ xã²¹ xa⁵⁵ ma˙ tɕiɔ²¹, pi⁵⁵ ʂ₁²¹ ta²¹ y⁵⁵ tɔ²¹。
出汗蛤蟆叫，必是大雨到。

2. yē⁴² uaŋ²¹ pei²¹³, i²¹³ tʃ ē²¹ xei²¹³; yē⁴²
云望北，一阵黑；云

uaŋ²¹ nā²¹, y⁵⁵ liã⁴² liã⁴²; yē⁴² uaŋ²¹ tuŋ²¹³ i²¹³₂₃
望南，雨涟涟；云望东，一

liou²¹ fəŋ²¹³; yē⁴² uaŋ²¹ si²¹³, faŋ²¹ niou⁴²₅₅ ti˙ siɔ⁵⁵
溜风；云望西，放牛的小

xɛr⁴² p‘i²¹³₂₃ θuə²¹³₂₃ i˙。
孩披蓑衣。

3. tʃ‘uē²¹³ u²¹ y⁵⁵, əɕia²¹ u²¹ iə²¹,
春雾雨，夏雾热，

ts‘iou²¹³ u²¹ ləŋ⁵⁵, tuŋ²¹³ u²¹ syə²¹³。
秋雾冷，冬雾雪。

4. t‘ou⁴² fu⁴² luə⁵⁵ pei⁴² lə²¹ fu⁴² tɕie²¹,
头伏萝贝二伏芥，

θā²¹³ fu⁴² tsuŋ³¹ ʃaŋ˙ tə³¹ pei⁴² t‘ɛ²¹。
三伏种上大白菜。

5. kua²¹³₂₃ p‘a²¹ kua²¹³, iā²¹³₂₃ p‘a²¹ lɔ²¹,
瓜怕刮，烟怕涝，

tɕ‘iə⁴²₅₅ tθ₁˙ p‘a²¹ ʂuei²¹³ li˙ p‘ɔ²¹。
茄子怕水里泡。

6. ta²¹ lyŋ⁵⁵ uā²¹³ tou⁴² siɔ⁴² lyŋ⁴² mei²¹³
大垄豌豆小垄麦

, tɕiaŋ²¹₂₃ tou⁴² ɕi²¹³ la˙ tɕiə²¹³ tʃəŋ⁴² tθuei²¹³。
，豇豆稀了结成堆。

7. kā²¹³ tʃ‘u⁴² niā⁴²₅₅ xua˙ ʃ₁²¹³ tʃ‘u⁴²
干锄棉花湿锄

kua²¹³, pu²¹³ k ā²¹³ pu²¹³ ʃ₁²¹³ tʃ‘u⁴² tʂ₁²¹³₁₂₁
瓜，不干不湿锄芝

ma˙。
麻。

8. mei²¹³₂₃ p‘a²¹ t‘ɛ²¹³₂₁ li˙ xā²¹, iē⁴²₅₅ p‘a˙
麦怕胎里旱，人怕

lɔ⁵⁵₂₁₃ lɛ˙ tɕə˙ yŋ⁴²。
老来穷。

9. niā⁴²₅₅ xua˙ tʃ‘u⁴² ʃ₁⁵⁵ piã⁴², tʃuā⁵⁵
棉花锄十遍，转

ʃē²¹³ i²¹³ t‘i⁴²₅₅ lā˙。
身一提篮。

10. tɕiou⁵⁵ tʂa²¹ ʃaŋ²¹³ ku²¹³, tɕiou⁵⁵
久站伤骨，久

tθuə²¹ ʃaŋ²¹³ iou⁴², tɕiou⁵⁵ ʂuei²¹ ʃaŋ²¹³ tɕ‘i²¹
坐伤肉，久睡伤气

。
。

11. tu^{42}_{55} pu· $ua\tilde{}^{42}_{55}$ ti· $\int \textphu^{213}$, $t\theta ou^{213}$ pu·
读　不　完　的　书，　走　不
$ua\tilde{}^{42}_{55}$ ti· lu^{21} 。
完　的　路。

12. y^{55} $s\textschwa\eta^{213}$ $i\textschwa^{21}$, iou^{21} $s\textschwa\eta^{213}$ $t'\tilde{a}^{42}$,
鱼　生　热，　肉　生　痰，
$ts'i\eta^{213}$ $t\theta'\varepsilon^{21}$ tou^{31} fu· po^{55} $p'i\eta^{42}$ $\tilde{\gamma}a^{213}$ 。
青　菜　豆　腐　保　平　安。

13. $t'i\textschwa^{213}$ $tsia\eta^{21}$ $k'o^{21}$ $i\tilde{a}^{55}$, mu^{31} tsiaŋ·
铁　匠　靠　眼，　木　匠
$k'o^{21}$ $si\tilde{a}^{21}$ 。
靠　线。

14. $k\tilde{a}^{213}$ y^{42} $\int\textphu^{213}$ $liou^{55}$, mu^{31} tsiaŋ·
干　榆　湿　柳，　木　匠
$t\textctc i \tilde{a}^{21}_{31}$ la· $tsiou^{21}$ $t\theta ou^{55}$ 。
见　了　就　走。

第三节　歇后语

1. $t\theta'u\eta^{213}_{123}$ ti^{21}_{31} li· lio^{21} $\int^{42}_{155}$ t'ou· ——
葱　地　里　撂　石　头　——
pu^{55} pi· ta^{55} $\theta u\tilde{a}^{21}$
不　必　打　算(蒜)

2. $l\varepsilon^{21}$ xa^{42}_{55} ma· $ti\tilde{a}^{21}$ $t\textrtails ua\eta^{42}$ $t'uei^{55}$
癞　蛤　蟆　垫　床　腿
—— $i\eta^{21}$ $t\int'\textschwa\eta^{213}$
——　硬　撑

$\textctc\textrtails\textphu^{55}_{1213}$ k'ə· $la\eta^{21}_{23}$ $\theta u\eta^{21}$ $pi\varepsilon^{21}$ —— i^{213}
屎　克　螂　送　殡　——
$liou^{21}$ xei^{213}
溜　黑

3. 屎 克 螂 送 殡 ——

4. $x\textschwa^{42}$ $si\tilde{a}^{213}_{21}$ ku· $t\theta ou^{55}_{42}$ $nia\eta^{42}_{55}$ tɕia·
何　仙　姑　走　娘　家
—— $y\bar{e}^{42}_{55}$ li· $l\varepsilon^{42}$ u^{31} li· $t\textctc'y^{21}$
——　云　里　来　雾　里　去

5. $\textctc ia^{21}$ y^{55} pu· ta^{55}_{42} $\theta\tilde{a}^{55}$ —— $l\varepsilon^{55}_{55}$
下　雨　不　打　伞　——　轮(淋)
$t\textrtails\textphu$· la·
着　了

6. $ts'ia\eta^{42}_{55}$ $\int a\eta$· $t'i\textschwa^{213}$ kou^{55} $p'i^{42}$ ——
墙　上　贴　狗　皮　——
pu^{213}_{23} $sia\eta^{21}$ xua^{21}
不　像　话(画)

7. $lia\eta^{42}$ $\textrtails uei^{55}$ $t'u^{55}$ $t\int\textphu^{213}$ —— i^{213}
凉　水　屠　猪　——　一
mo^{42} pu^{213} pa^{42}
毛　不　拔

8. i^{213}_{23} $k\textschwa^{21}$ sio^{55} $x\varepsilon r^{42}$ $lia\eta^{42}_{55}$ k\textschwa· $pa\eta^{21}$
一　个　小　孩　两　个　棒
$t\textrtails'uei$· —— kou^{21} $\textrtails ua^{55}_{213}$ ti·
槌　——　够　耍　的

9. $lia\eta^{42}$ $\textrtails\tilde{a}^{213}$ $\int a\eta^{21}$ ti· $t\textctc y\bar{e}^{213}_{21}$ $\textrtails\textphu$· ——
梁　山　上　的　军　师　——
u^{42}_{55} yŋ·
无(吴)　用

10. $\int\textphu^{42}_{155}$ mu· ti^{31} li· i^{213}_{21} k'ə· ku^{213}_{21} $t\theta\textphu$·
十　亩　地　里　一　棵　谷　子
—— tu^{42} mio^{42}
——　独　苗

11. $\textrtails a^{213}$ $ku\textschwa^{213}$ $t\theta\textphu$· to^{55} $\theta u\tilde{a}^{21}$ —— i^{213}
沙　锅　子　捣　蒜　——　一
$t\textrtails'uei^{42}_{55}$ $t\theta\textphu$· $m\varepsilon^{213}_{55}$ me·
锤　子　买　卖

12. $niou^{42}$ $\d{l}^{55}_{213}$ tou· $\int a\eta^{21}_{31}$ ti· $t\theta'a\eta^{213}_{21}$ iŋ·
牛　耳　朵　上　的　苍　蝇
—— li^{42} $t\textctc ia^{213}_{23}$ $t\textctc i\bar{e}^{21}$
——　离　家(角)　近

13. $x\textschwa^{42}$ $\textrtails uei^{55}$ $liou^{55}$ li· $p\varepsilon^{55}$ $tsi\textschwa^{21}_{31}$ $t\theta\textphu$·
河　水　流　里　摆　裤　子
—— $t\textrtails'u\eta^{213}$ $n\textschwa\eta^{42}$
——　充(冲)　能(脓)

14. lo^{55}_{213} niaŋ· θ^{21}_{1213} la· $l\textschwa^{42}$ —— mei^{42}
姥　娘　死　了　儿　——　没
iou· $t\textctc iou^{31}$ la·
有　救(舅)　了

15. tou^{21}_{31} fu· $t\textrtails a^{213}$ uei^{21} ly^{42} —— pei^{42}
豆　腐　渣　喂　驴　——　白
lio^{21}
撂(料)

16. lɔ⁵⁵ ʃou²¹₃₁ siŋ²¹ ti˙ iə²¹³ la˙ kɛ²¹ ——
老 寿 星 的 额 拉 盖 ——

pɔ⁵⁵₂₁₃ pei ka²¹³₂₁ ta˙
宝 贝 疙 瘩

第四节 故 事

1. tʃˈən⁴²₅₅ tθ₁˙ tiŋ⁵⁵₂₁₃ ti˙ xuə⁵⁵ tuẽ²¹³
城 子 顶 的 火 墩

uẽ⁴²₅₅ tˈu ā˙ tʃɛ²¹ tuŋ²¹₂₃ piā²¹³ iou⁵⁵ kə²¹
文 疃 镇 东 边 儿 有 个

ku⁵⁵₄₂ tiŋ⁵⁵, tɕio²¹ tʃˈən⁴²₅₅ tθ₁˙ tiŋ⁵⁵.siaŋ²¹³
孤 顶, 叫 城 子 顶。 相

tʃˈuā⁴² taŋ²¹³ niā⁴² ma⁵⁵₂₁₃ tɕˈi uaŋ⁴² ti˙ mei²¹
传 当 年 马 鬐 王 的 妹

mei˙ tɛ²¹ liŋ⁵⁵ i²¹³₂₁ tsʅ˙ iẽ⁴² ma⁵⁵, tθɛ²¹ tʃˈən⁴²
妹 带 领 一 支 人 马, 在 这

li˙ ɣā²¹³ iŋ⁴² tsa²¹³₂₃ tsɛ²¹.
里 安 营 扎 寨。

ma⁵⁵₂₁₃ tɕˈi uaŋ⁵⁵ ti˙ mei³¹ mei xɔ²¹
马 鬐 王 的 妹 妹 号

tʃˈən²¹³ xuaŋ⁴² ku²¹³, tsiŋ²¹³ tˈuŋ²¹³ u⁵⁵ i²¹,
称 皇 姑, 精 通 武 艺,

kə²¹₂₃ siŋ²¹ kaŋ²¹³ tɕˈiaŋ⁴², xə⁴² kə²¹³₂₃ kə˙
个 性 刚 强, 和 哥 哥

ʃaŋ²¹³₂₁ liaŋˑ: ma⁵⁵₂₁₃ tɕˈi ʂā²¹³ xə⁴² tʃˈən⁴²₅₅ tθ₁˙
商 量: 马 鬐 山 和 城 子

tiŋ⁵⁵, na²¹³₂₁₃ li˙ tɕye²¹³ tsʼiŋ⁴² tɕiɛ⁵⁵ tɕi²¹³,
顶, 哪 里 军 情 紧 急,

tiā⁵⁵ xuə⁵⁵ uei⁴² xɔ²¹, kˈā²¹ tʂʅ˙ tɕˈi⁴² xuə²¹³₂₃
点 火 为 号, 看 着 起 火

la˙, tsiou²¹ tei˙ tɕˈy²¹ tɕiou²¹.
了, 就 得 去 救。

tʃˈə²¹₃₁ i˙ tˈiā²¹³, xuaŋ⁴² ku²¹³ tθuə²¹₃₁ tθɛ²¹
这 一 天, 皇 姑 坐 在

ʂu²¹³₂₃ tʂuaŋ²¹³ tˈɛ⁴² tsʼiā⁴², tʃˈən²¹³₂₃ tθɛ²¹ ʂu²¹³
梳 妆 台 前, 正 在 梳

si⁵⁵ ta⁵⁵ pā²¹, məŋ⁵⁵ kə˙ tiŋ²¹³ ti˙ siɛ⁴² θ₁˙
洗 打 扮, 猛 个 丁 的 寻 思

tɕˈi˙ xuə⁵⁵ tuɛ²¹³ ti˙ ʂʅr²¹, siaŋ⁵⁵ ʂʅ²¹ ʂʅ˙
起 火 墩 的 事 儿, 想 试 试

kə²¹³₂₁ kə˙ taŋ²¹³₂₃ ʂʅ²¹ pā²¹ pu˙ taŋ²¹³₂₃ ʂʅ²¹ pā²¹,
哥 哥 当 事 办 不 当 事 办,

tsiou²¹ tɕio²¹ ia²¹³ xuā˙ tɔ²¹ tiŋ⁵⁵ ʃaŋ²¹ pa⁵⁵₄₂
就 叫 丫 环 到 顶 上 把

xuə⁵⁵ tiā⁵⁵₂₁₃ tɕˈi˙.
火 点 起。

ma⁵⁵ tɕˈi⁴² uaŋ⁴² kˈā²¹ tɔ²¹ ta²¹ xuə⁵⁵,
马 鬐 王 看 到 大 火,

maŋ⁴² liŋ⁵⁵ piŋ²¹³ lɛ⁴² tɕiou²¹. lɛ⁵⁵₂₁ tɔ˙ i²¹³₂₃
忙 领 兵 来 救。 来 到 一

kˈā²¹: na⁴² iou⁵⁵ ti˙ ʂʅr²¹, xɛ⁵⁵ ʂʅ˙ mei³¹
看: 哪 有 的 事 儿, 还 是 妹

mei˙ kɛ²¹³ tˈa˙ nɔ²¹ tʂʅ˙ uā⁴² ti˙, na²¹ kə˙
妹 跟 他 闹 着 玩 儿 的, 那 个

tɕˈi²¹₃₁ a˙ tsiou²¹ puŋ²¹³₂₃ ʃuə²¹³₂₁ la˙.
气 啊 就 甭 说 了。

iou²¹ kuə²¹₃₁ la˙ tuə²¹₃₁ ʃɔ˙ i²¹₃₁ θ₁˙, kuā²¹³₂₃
又 过 了 多 少 日 子, 官

piŋ²¹³ tʃɛ²¹³₂₃ ti˙ lɛ⁵⁵ la˙, tʃˈən⁴²₅₅ tθ₁˙ tiŋ⁵⁵
兵 真 的 来 了, 城 子 顶

uei⁴²₅₅ la˙ kə˙ ʃuei⁵⁵ sia²¹ pu²¹³ tˈuŋ²¹³. ma⁵⁵
围 了 个 水 泄 不 通。 马

tɕˈi⁴² uaŋ⁴² kˈā²¹ tɔ²¹ tɕˈi⁵⁵₄₂ xuə⁵⁵, pu²¹³₂₃
鬐 王 看 到 起 火, 不

tʃ₁²¹³ tʃɛ²¹³ tɕiɛ⁵⁵, tsiou²¹ mu⁵⁵ tɕˈy
知 真 假, 就 没 去

tɕiou²¹. kuā²¹³₂₃ piŋ²¹³ iẽ⁴² tuə²¹³, xuaŋ⁴²
救。 官 兵 人 多, 皇

ku²¹³ ti⁵⁵ taŋ²¹³ pu²¹³₂₃ tʃʅy²¹, tsiou²¹ liŋ⁵⁵₂₁ tʂʅ˙
姑 抵 挡 不 住, 就 领 着

iẽ⁴² ma⁵⁵ ɕiaŋ⁴² tuŋ²¹³ tˈɔ⁴² pˈɔ⁵⁵. pˈɔ⁵⁵₂₁₃ tɔ˙
人 马 向 东 逃 跑。 跑 到

siẽ²¹³₂₁ tɕia²¹ pˈu⁵⁵ uaŋ tɕia²¹³ tsʼiā⁴², tˈou⁵⁵
辛 家 蒲 汪 家 前, 头

ʃaŋ ti˙ xua²¹³ tɕio²¹ ta⁵⁵ tiɔ²¹₃₁ la˙, pˈi²¹³
上 的 花 叫 打 掉 了, 披

tˈou⁴² sā⁵⁵ ʃa²¹³ ti˙, ia²¹³ xuā⁴² xɛ⁴² tɕia⁴²₅₅
头 散 发 的, 丫 环 还 给

t'a· po$^{21}_{31}$ tʂɿ¹ ʂu$^{213}_{23}$ tʂuaŋ²¹³ xər⁴²。tɔ$^{21}_{31}$ la·
她　抱　着　梳　妆　盒儿。到　了
tuŋ$^{213}_{23}$ ʂã²¹³ k'ou⁵⁵ ia²¹³ xua⁴² θ1$^{213}_{121}$ la·
东　山　口，丫　环　死　了，
ʂu$^{213}_{23}$ tʂuaŋ²¹³ xə⁴² tiɔ$^{21}_{31}$ la·, xuaŋ⁴² ku²¹³ iə⁵⁵
梳　妆　盒　掉　了，皇　姑　也
tɕiɔ²¹ lã$^{21}_{23}$ tsia²¹ ʃɔ$^{21}_{31}$ ʂa· la·
叫　乱　箭　射　杀　了。

xuaŋ⁴² ku²¹³ tiɔ²¹ xua²¹³ ti· niãr⁵⁵, i⁵⁵
皇　姑　掉　花　的　崾儿，以
xou²¹ tɕ'i⁵⁵ miŋ⁴² tɕiɔ²¹ tiɔ²¹ xua$^{213}_{23}$ ʂã²¹³,
后　起　名　叫　掉　花　山，
tuŋ$^{213}_{23}$ piã$^{21}_{21}$ ti· ʂã²¹³ k'ou⁵⁵ tɕiɔ²¹ xə$^{42}_{55}$ θ1
东　边儿　的　山　口　叫　盒　子
k'ou⁵⁵。tʃ1⁵⁵ tɔ· ɕiã²¹³ θɛ²¹, xɔ⁴² tɕi⁵⁵ pei²¹³
口。直　到　现　在，好　几　百
niã⁴² ɕia$^{21}_{31}$ tɕ'y· la·, taŋ²¹³ ti²¹ ti· iɛ⁴² xɛ⁴²
年　下　去　了，当　地　的　人　还
tou²¹³ tʃə²¹ iaŋ²¹ tɕiɔ^{21} tʂɿ·。
都　这　样　叫　着。

2. ʃ1⁴² luŋ$^{42}_{55}$ ti· tʃ'ua⁴² ʃuə²¹³
石　龙　的　传　说
te²¹ tɕy²¹ nã⁴² ɕiã²¹ tʃ'əŋ²¹ tuŋ²¹³ pei²¹³
在　莒　南　县　城　东　北
lə²¹ ʃ1· u⁵⁵ li· tʃ'ɿ·, la$^{21}_{31}$ θ1²¹ ʂã$^{21}_{21}$ ti· si²¹³
二　十　五　里　处，腊　子　山　的　西
ʂã²¹³ paŋ²¹³ θ1 ʃaŋ, iou$^{213}_{55}$ i· t'aŋ²¹
山　膀　子　上，有　一　趟
ts'iŋ²¹³ ʃ1⁴² tʃ'aŋ⁴² ʃ1⁴² tuə²¹³ tʃaŋ²¹, yã$^{55}_{213}$
青　石　长　十　多　丈，远
tʃ'ɿ· uaŋ$^{21}_{31}$ tɕ'y· xə⁴² ʃiaŋ²¹ i²¹³ t'iɔ⁴² tʃaŋ²¹³
处　望　去　活　像　一　条　张
ia⁴² u⁵⁵ tʂɔ$^{213}_{55}$ ti· luŋ⁴², t'ou⁴² tʃ'ɔ⁴² si$^{213}_{23}$
牙　舞　爪　的　龙，头　朝　西
pei²¹³, i$^{213}_{21}$ pa· tʃ'ɔ⁴² tuŋ²¹³ nã⁴²。mei²¹³ fəŋ
北，尾　巴　朝　东　南。每　逢
iɛ²¹³ y⁵⁵ t'iã²¹³, θθ'uŋ⁴² yã$^{213}_{21}$ tʃ'ɿ· uaŋ²¹
阴　雨　天，从　远　处　望

tʂɿ· t'a· xɛ⁴² iɔ⁴² t'ou⁴² pɛ⁵⁵ uei$^{213}_{55}$ ti·。
着　它　还　摇　头　摆　尾　的。
taŋ²¹³ ti²¹ iɛ⁴² tou²¹³ tɕiɔ$^{21}_{31}$ t'a· ʃ1⁴² luŋ⁴²。
当　地　人　都　叫　它　石　龙。
tʃ'uã⁴² ʃuə²¹³ xɛ$^{42}_{55}$ tθɔ⁵⁵ i⁵⁵ ts'iã⁴²,
传　说　很　早　以　前，
tθã⁵⁵ tʃə²¹ niã$^{213}_{55}$ li· ta²¹ xã$^{21}_{31}$ la· θã²¹³ niã⁴²,
咱　这　崾儿　里　大　旱　了　三　年，
tʂuaŋ$^{21}_{21}$ tɕia· mu⁴² ʃou²¹³ i$^{213}_{23}$ li·, iɛ⁴² tou·
庄　稼　没　收　一　粒，人　都
k'uɛ²¹ iɔ²¹ uə$^{213}_{55}$ ʂa· la·。tuŋ²¹³ xɛ⁵⁵ luŋ$^{55}_{55}$
快　要　饿　杀　了。东　海　龙
uaŋ· ti· θã$^{213}_{23}$ t'ɛ²¹ tθ1⁵⁵, tʃ1²¹³ tɔ$^{21}_{31}$ la·
王　的　三　太　子，知　道　了
tsiou²¹ t'ou²¹³ t'ou²¹³ ti· lɛ⁴² tʃə$^{21}_{31}$ li· ɕia³¹
就　偷　偷　的　来　这　里　下
la· θã$^{213}_{21}$ t'iã²¹³ θã$^{213}_{21}$ iə²¹ tɕ'y ŋ$^{21}_{55}$ p'ɛ⁴² ta²¹
了　三　天　三　夜　倾　盆　大
y⁵⁵, ɕia$^{21}_{31}$ ti· kou²¹³ mã⁵⁵ xə⁴² p'iŋ$^{42}_{55}$ ti·,
雨，下　的　沟　满　河　平　的，
tɕiɔ²¹ luŋ$^{55}_{55}$ uaŋ· lɔ$^{213}_{55}$ iə· tʃ1$^{213}_{23}$ tɔ²¹ la·,
叫　龙　王　老　爷　知　道　了，
tsiou²¹ pa⁵⁵ t'a· faŋ⁵⁵ tɔ· la$^{21}_{31}$ θ1 ʂa$^{21}_{21}$ ʃaŋ
就　把　它　罚　到　腊　子　山　上
piã²¹ tʃ'ə$^{213}_{55}$ la· ʃ1⁴² luŋ⁴², iə· pu ɕiŋ$^{213}_{21}$ t'a·
变　成　了　石　龙，也　不　兴　它
xuei⁴² luŋ⁴² kuŋ²¹³ la·。taŋ$^{213}_{23}$ ti²¹ iɛ⁴² mei⁵⁵
回　龙　宫　了。当　地　人　每
niã⁴² lə²¹ yə· lə$^{21}_{31}$ i· ts'iŋ²¹³ tʃ'e⁴² tʃ'aŋ$^{42}_{55}$
年　二　月　二　日　清　晨　常
tɔ· ʃ1⁴² luŋ⁴² kẽ²¹³ ts'iã⁴² ʃɔ²¹³ ɕiaŋ²¹³ ʃɔ²¹³
到　石　龙　跟　前　烧　香　烧
tʂ1⁵⁵, ʃuə$^{213}_{23}$ ʂ1· lə$^{21}_{31}$ yə· lə²¹ luŋ⁴² t'ɛ⁴²
纸，说　是　二　月　二　龙　抬
t'ou$^{42}_{55}$ ni·。
头　呢。

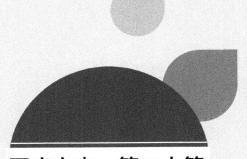

平度市志·第二十篇
第五章　方言

又盛米来又盛面，金银财宝在里面。

金斗开、银斗开，我把包袱掖起来，（揭开包袱时）

伸手掏出小红包，红包掖在我的腰，（斗里有两个红包，分别给木匠、瓦匠）

不打东，不打西，先打修主当家的，（扔梁上最大的两个饽饽）

掌柜的向前来，一对饽饽装满怀，（掌柜上前接饽饽时）

掌柜的接得好，好似空中掉元宝。

掌柜的你包好，拿着饽饽往家跑。

梁是好梁，木是好木，（上房脊时）

根部达到东大海，

梢部达到山西和洛阳。

先打东方甲乙木，金银财宝无其数，（扔梁上较大的饽饽）

再打南方丙丁火，金银财宝无处搁，

再打西方庚辛金，金银财宝往里进，

后打北方壬癸水，金银财宝往里随，

抢饽饽不用忙，下面还有烟和糖，（扔最小饽饽和糖时）

抢了烟和糖，谢谢乡邻来捧场。

三、温锅

房主乔迁新居时，亲戚朋友一般要来祝贺，俗称“温锅”。搬迁之日，喜在黎明时行动。搬迁物件，先锅灶后其他。中午，阖家在新居处吃一顿饺子饭，称“安家饭”。搬家后的第三天，亲戚朋友携带面食及其他礼品来祝贺，主人以好饭招待。

第五章 方 言

第一节 概 说

一、平度方言的特点

平度方言属于汉语官话方言的胶辽官话，具有胶辽官话中胶东半岛和潍坊地区两方言的过渡特点，情况比较复杂。

平度境内方言比较一致的特点在语音方面有：声母分类较细，例如，分尖团，“精经”“清轻”“星兴”等各对字不同音；北京 ʈʂ ʈʂʻ ʂ 声母的字在平度读为两套，即“争蒸”“巢潮”“生声”等各对字不同音；平度方言还有一套齿间音 tθ tθʻ θ，如“资刺思”等字的声母。韵母趋于简化，例如，单元音韵母较多，北京读复合元音韵母 ai（uai）和 au（iau）的字，像“爱（外）”“袄（要）”等，平度人读单元音韵母 ɛ（uɛ）和 ɔ（iɔ）；没有前鼻辅音韵尾 n，北京的 an（ian uan yan）、ən（in uən yn）等韵母，如“安（烟弯渊）”“恩（音温云）”等字的韵母，平度是鼻化元音韵母 ã（iã uã yã）和 ə̃（iə̃ uə̃ yə̃）。声调的显著特点是北京读去声的字（来自古代全浊上声、去声及次浊入声）在平度读为阴平和阳平，其分化没有严格的规律，其中许多字还存在两读现象。

词汇方面：平度方言拥有相当数量的特有词语，例如：“埝儿”（地方）、“疃儿”（村子）、“景

说明：此部分出自《即墨县志》，上半页为其他方面的内容。

平度市志 1986～2005
PINGDUSHIZHI

儿"（事情、门道）、"胡秫"（高粱）、"瓜齑"（咸菜）、"睏"（睡）、"稳"（安放）、"菢"（禽孵蛋、畜产仔）、"狗臊"（吝啬）、"冷大景的"（冷不防，突然）等。除去保存古汉语的一些词语外，还吸收了当前通行的普通话词语，前者如"将媳妇"（娶媳妇）、"夜来"（昨天）、"杌子"（一种方凳）等，后者如"帅"（英俊、潇洒、好）。平度方言还有相当数量的同义词，例如，表示普通话"从"的介词有"打、曼、捞、把"等；用于表程度深的副词除了有广用的可以修饰不同形容词的"挺、杠、老"以外，还有窄用的只限于修饰一两个形容词的"焦、甘、悲、死、駒、乔、酥、巴、稀、喷、烘、冰、乌、雪、通、铮、崩、精、胶、钢"等等。这些，都使平度方言词汇具有十分丰富的特色。

平度方言显著的语法特点如：形容词程度深浅的表示方法多种多样，可以分成五个不同的等级，甚至可以加重并延长程度副词的读音来表示程度的进一步加深，象"挺好"，加重并延长"挺"的读音后，"挺好"的程度比原先又有了加强。有正反义对立的形容词，表程度深浅时还存在一种相对固定的格式，象"没是深"和"没深浅儿"（或"没浅下儿"）等。此外，平度方言的比较句式"我不高起他"，是非问句式"是不去""是没吃"等，虽然在山东东部方言中较为通行，但从汉语方言的整体来看，却是十分有特色的。

二、平度语音的地域差异及方言地图

平度方言语音的地域差异主要是南北的不同，反映了青岛、潍坊一带方言与胶东方言的过渡性质，主要有五：（五项差异见 647～651 页）

三、音标符号

本志采用宽式国际音标标音。所用音标及其他有关符号说明如下：

1. 辅音表

发音方法	发音部位	双唇	唇齿	齿间	舌尖前	舌尖中	舌尖后	舌叶	舌面中	舌根
塞音	不送气	p				t				k
	送气	p				t'				k'
塞擦音	不送气（清）			tθ	ts		tʂ	tʃ	c	
	送气			tθ'	ts'		tʂ'	tʃ'	c'	
鼻音	浊	m				n				ŋ
边音	浊					l	ɭ			
擦音	清		f	θ	s		ʂ	ʃ	ç	x
	浊						ʐ			

下接 652 页

第二十篇　社会生活

　　(1)"对、酸、村"等字的韵母读音　　南面部分地区存在 uei 和 ei 、uã 和 ã 、uɔ̃ 和 ɔ̃ 有无 u 介音的两读现象。有 u 介音，是青岛、潍坊方言的特点；北部多数地区没有 u 介音，是胶东方言的特点。见《平度方言地图（一）》，地图下面的例字和标音说明标有"●"号的 13 点所存在的两读现象。

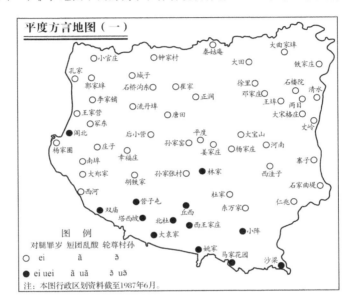

	对	腿	罪	岁	短	团	乱	酸	轮	尊	村	孙
阎北	tei	t'ei	θei	θuei	tã	ts'ã	lã	θã	lɔ̃	tθɔ̃	tθ'ɔ̃	θɔ̃
林家	tei	t'ei	θei	θei	tã	ts'ã	lã	θuã	lɔ̃	tθɔ̃	tθ'ɔ̃	θɔ̃
丘西	tei	t'ei	θei	θei	tã	ts'ã	lã	θuã	lɔ̃	tθɔ̃	tθ'ɔ̃	θɔ̃
北杜	tei	t'ei	θei	θei	tã	ts'ã	lã	θuã	lɔ̃	tθɔ̃	tθ'ɔ̃	θɔ̃
西王家庄	tei	t'ei	θei	θei	tã	ts'ã	lã	θuã	lɔ̃	tθɔ̃	tθ'ɔ̃	θɔ̃
小阵	tei	t'ei	θei	θei	tã	ts'ã	lã	θuã	lɔ̃	tθɔ̃	tθ'ɔ̃	θɔ̃
沙梁	tei	t'ei	θei	θei	tã	ts'ã	lã	θuã	luɔ̃	tθuɔ̃	tθ'uɔ̃	θuɔ̃
马家花园	tei	t'ei	θei	θei	tã	ts'ã	lã	θuã	ɔ̃	θuɔ̃	tθ'ɔ̃	θuɔ̃
姚家	tei	t'ei	θei	θei	tã	ts'ã	lã	θuã	θuɔ̃	tθ'ɔ̃	θɔ̃	
大袁家	tuei	t'ei	tθuei	θuei	tã	ts'ã	lã	θã	lɔ̃	tθuɔ̃	tθ'ɔ̃	θɔ̃
塔西坡	tei	t'ei	tθuei	θuei	tã	ts'ã	lã	θuã	lɔ̃	tθuɔ̃	tθ'uɔ̃	θuɔ̃
营子屯	tei	t'ei	tθei	θei	tã	ts'ã	lã	θuã	lɔ̃	tθuɔ̃	tθ'ɔ̃	θɔ̃
双庙	tuei	t'ei	tθuei	θei	tã	ts'ã	lã	θuã	luɔ̃	tθuɔ̃	tθ'uɔ̃	θɔ̃

平度市志 1986～2005
PINGDUSHIZHI

(2)"登东、争忠"等字的韵母读音　　"登"跟"东"同音，"争"跟"忠"同音，是青岛、潍坊一带方言的特点，平度境内的中部及东南地区具有这一特点。胶东不同音，平度东北和西北各点同胶东。见《平度方言地图（二）》，地图下面的例字和标音说明标有"◐"号的 13 个过渡点的读音情况。其中所对比的五组字，端系字同音的居多，见系字不同音的居多，知系字全部不同音。

平度方言地图（二）

图　例

注：本图行政区划资料截至1987年6月。

	灯—东	能—脓	增—宗	争—忠	坑—空
徐里	təŋ = təŋ	neuŋ = neuŋ	tθeŋ ≠ tθoŋ	tʂəŋ ≠ tʂoŋ	kʼəŋ ≠ kʼoŋ
邓家庄	təŋ = təŋ	neuŋ ≠ nu	tθeŋ ≠ tθoŋ	tʂəŋ ≠ tʂoŋ	kʼəŋ ≠ kʼoŋ
大宝山	təŋ = təŋ	neuŋ = neuŋ	tθeŋ = tθeŋ	tʂəŋ ≠ tʂoŋ	kʼəŋ ≠ kʼoŋ
平度	toŋ = toŋ	noŋ = noŋ	tθoŋ = tθoŋ	tʂoŋ ≠ tʂuŋ	kʼoŋ ≠ kʼuŋ
姜家庄	təŋ = təŋ	neuŋ = neuŋ	tθeŋ = tθeŋ	tʂəŋ ≠ tʂoŋ	kʼəŋ ≠ kʼoŋ
杨家庄	təŋ = təŋ	neuŋ = neuŋ	tθeŋ = tθeŋ	tʂəŋ ≠ tʂoŋ	kʼəŋ ≠ kʼoŋ
河南	təŋ = təŋ	neuŋ = neuŋ	tθeŋ = tθeŋ	tʂəŋ ≠ tʂoŋ	kʼəŋ ≠ kʼoŋ
西洼子	toŋ = toŋ	noŋ = noŋ	tθoŋ = tθoŋ	tʂəŋ ≠ tʂoŋ	kʼəŋ ≠ kʼoŋ
寨子	təŋ = təŋ	neuŋ = neuŋ	tθeŋ = tθeŋ	tʂəŋ ≠ tʂoŋ	kʼəŋ ≠ kʼoŋ
石家曲堤	təŋ = təŋ	neuŋ = neuŋ	tθeŋ = tθeŋ	tʂəŋ ≠ tʂoŋ	kʼəŋ ≠ kʼoŋ
仁兆	toŋ = toŋ	noŋ = noŋ	tθoŋ = tθoŋ	tʂəŋ ≠ tʂoŋ	kʼoŋ = kʼoŋ
北杜	təŋ = təŋ	neuŋ = neuŋ	tθeŋ = tθeŋ	tʂəŋ ≠ tʂoŋ	kʼəŋ ≠ kʼoŋ
胡铁家	təŋ = təŋ	neuŋ = neuŋ	tθeŋ ≠ tθoŋ	tʂəŋ ≠ tʂoŋ	kʼoŋ = kʼoŋ

第二十篇　社会生活

（3）"形雄、英拥"等字的韵母　　"形"跟"雄"，"英"跟"拥"的读音是否相同，情况接近于"登东、争忠"，但具体点的分布稍有不同。见《平度方言地图（三）》，地图下面的例字和标音说明标有"◐"号的 13 个过渡点的读音情况。

平度方言地图（三）

图　例

	形　雄		英　拥
○	ɕiŋ ≠ ɕioŋ		iŋ ≠ ioŋ
◐ₘ	ɕiŋ ≠ ɕiom		iŋ ≠ iom
●	ɕiŋ : ɕioŋ		iŋ : ioŋ
◐	有混有分		

注：本图行政区划资料截至1987年6月。

	形	雄	熊	英	拥	营	容	影	永	勇	硬	用
大田	ɕiŋ	ɕiŋ	ɕioŋ	iŋ	ioŋ	iŋ	ioŋ	iŋ	ioŋ	ioŋ	iŋ	ioŋ
徐里	ɕiŋ	ɕioŋ	ɕioŋ	iŋ	ioŋ	iŋ	iŋ	iŋ	ioŋ	ioŋ	iŋ	ioŋ
邓家庄	ɕiŋ	ɕiŋ	ɕiŋ	iŋ	ioŋ	iŋ	ioŋ	iŋ	ioŋ	iŋ	iŋ	ioŋ
寨子	ɕiŋ	ɕioŋ	ɕioŋ	iŋ		iŋ	iŋ	iŋ	iŋ	iŋ	iŋ	iŋ
石家曲堤	ɕiŋ	ɕioŋ	ɕioŋ	iŋ	ioŋ	iŋ	ioŋ	iŋ	ioŋ	ioŋ	iŋ	ioŋ
仁兆	ɕiŋ	ɕiŋ	ɕiŋ	iŋ	iŋ	iŋ	iŋ	iŋ	ioŋ	iŋ	iŋ	iŋ
西洼子	ɕiŋ	ɕiŋ	ɕiŋ	iŋ	iŋ	iŋ	iŋ	iŋ	iŋ	iŋ	iŋ	iŋ
杨家庄	ɕiŋ	ɕiŋ	ɕiŋ	iŋ	iŋ	iŋ	iŋ	iŋ	iŋ	iŋ	iŋ	iŋ
姜家庄	ɕiŋ	ɕioŋ	ɕiŋ	iŋ	iŋ	iŋ	iŋ	iŋ	iŋ	iŋ	iŋ	iŋ
胡铁家	ɕiŋ	ɕiŋ	ɕiŋ	iŋ	iŋ	iŋ	iŋ	iŋ	iŋ	iŋ	iŋ	iŋ
流丹埠	ɕiŋ	ɕioŋ	ɕiŋ	iŋ	iŋ	iŋ	ioŋ	iŋ	ioŋ	ioŋ	iŋ	ioŋ
王家营	ɕiŋ	ɕiŋ	ɕioŋ	iŋ	ioŋ	iŋ	ioŋ	iŋ	ioŋ	ioŋ	iŋ	ioŋ
南埠	ɕiŋ	ɕioŋ	ɕioŋ	iŋ	ioŋ	iŋ	ioŋ	iŋ	ioŋ	ioŋ	iŋ	iŋ

（4）声调　平度境内大多数地方的方言点只有三个声调，跟莱州、莱西等地一致，只有西南边上靠潍坊地区的一些地方有四个声调，与昌邑等地一致。见《平度方言地图（四）》，地图上面的例字和标音说明10个四调方言点的读音情况，"Ⓥ"表示去声为降升调，"Ⓢ"表示去声为降调。

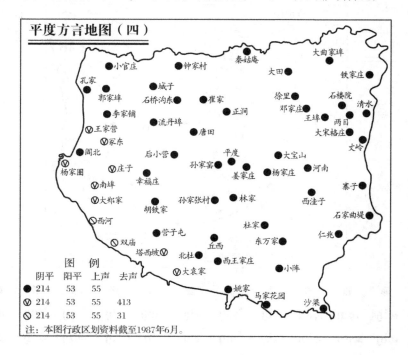

平度方言地图（四）

图　例

	阴平	阳平	上声	去声
●	214	53	55	
Ⓥ	214	53	55	413
Ⓢ	214	53	55	31

注：本图行政区划资料截至1987年6月。

	道	杜	盖	厌	大	害	共	汗	幅	岸	利	用
王家营	ꜜtɔ	ꜜʃə	kɛˀ	ꜜiã	taˀ	xɛˀ	ꜛkoŋ	ꜛxã	ꜛmɔ	ãˀ	liˀ	ioŋˀ
冢东	ꜜtɔ	ꜜʃə	kɛˀ	ꜜiã	taˀ	xɛˀ	koŋ	ꜛxã	ꜛmɔ	ãˀ	liˀ	iomˀ
杨家圈	ꜜtɔ	ꜜʃə	kɛˀ	iãˀ	taˀ	xɛˀ	ꜛkom	ꜛxã	mɔˀ	ãˀ	liˀ	iomˀ
庄子	ꜜtɔ	ꜜʃə	kɛˀ	ꜜiã	ꜛta	xɛˀ	ꜛkoŋ	ꜛxã	ꜛmɔ	ã	liˀ	ioŋˀ
南埠	ꜜtɔ	ꜜʃə	kɛˀ	ꜜiã	taˀ	xɛˀ	ꜛkoŋ	ꜛxã	ꜛmɔ	ãˀ	liˀ	ꜜiŋ
大郑家	tɔˀ	ʃəˀ	kɛˀ	ꜜiã	taˀ	xɛˀ	komˀ	xãˀ	mɔˀ	ãˀ	liˀ	iomˀ
西河	tɔˀ	ʃəˀ	kɛˀ	iãˀ	taˀ	xɛˀ	komˀ	xãˀ	mɔˀ	ŋãˀ	liˀ	iomˀ
双庙	tɔˀ	ʃəˀ	kɛˀ	iãˀ	taˀ	xɛˀ	kəŋˀ	xãˀ	mɔˀ	ŋãˀ	liˀ	iŋˀ
塔西坡	ꜜtɔ	ꜜʃə	kɛˀ	ꜜiã	taˀ	xɛˀ	ꜛkoŋ	ꜛxã	ꜛmɔ	ãˀ	liˀ	ꜜiŋ
大袁家	ꜜtɔ	ꜜʃə	kɛˀ	ꜜiã	taˀ	xɛˀ	koŋˀ	ꜛxã	ꜛmɔ	ãˀ	liˀ	iŋˀ

第二十篇 社会生活

(5) "儿耳二" 的读音　　东北多读 ər ，同胶东；西南多读 lə，同昌潍及山东中部地区。中间一些点两可。据发音人介绍：杜家、孙家窑、后小营三点，老人多读 lə，年轻人多读 ər；唐田一点，男人多读 lə，女人多读 ər；冡东一点，一般读 lə，但也有人读 ər 的；大宝山、流丹埠两点，一般读 ər，但也有人读 lə 的。见《平度方言地图（五）》。

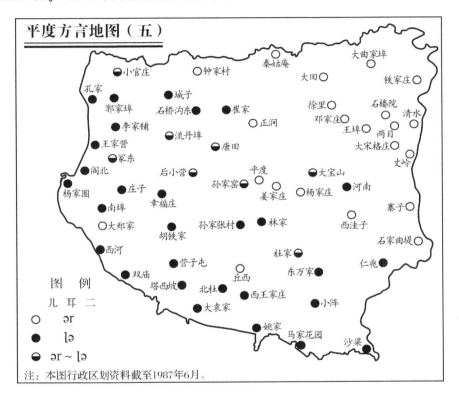

平度方言地图（五）

图　例

儿　耳　二

○ ər

● lə

◐ ər ~ lə

注：本图行政区划资料截至1987年6月。

此外，平度境内的部分地区还有一些特殊情况值得注意。例如：东北角丈岭、两目、清水、石楼院、铁家庄、大曲家埠等地，"紫刺四"一类字读 tʂ tʂʻ ʂ，和"纸翅是"一类字相同；"贱钱需"一类字读 tʃ tʃʻ ʃ，和"战缠书"一类字相同。这个特点跟其紧邻的莱西西部地区相同而与平度其他地方不同。西边靠昌邑的地方，郭家埠、冡东、杨家圈、大郑家、西河等5点，"东忠"等字读 m 韵尾（参见《平度方言地图》二、三）。

平度市志 1986～2005
PINGDUSHIZHI

2. 元音表

类别		舌面元音					舌尖元音	
音标　舌位		前		央	后		前	后
舌位　唇形		不圆	圆	不圆	不圆	圆		不圆
高		i	y			u	ʅ	ʅ
半高		e			ɤ	o		
中				ə				
半低		ɛ						
低		a			ɑ			

3. 声调符号

调类采用传统的画圈法"ₒ□、ₓ□、˝□"，例如：妈 ₌mɑ、骂 ₌mɑ、马 ˝mɑ；调值用阿拉伯数字表示，本调标在音标的右上角，变调标在后面，中间用"—"号隔开，轻声不标调值，只在音标右上角标出轻声符号"·"。

4. 其他符号

ø，零声母符号。

r，韵母儿化，如：花儿 xuar。

一、＝，标在音标或汉字下面，分别表示口语音和读书音。

~，在元音上表示元音鼻化；在两音之间表示读音两可。

＿＿，在音标下表示此音特殊。

第二节　语音分析

本志的语音分析及词汇、语法、语料等记音一概用城关音系，按照尚子秀（男，1983 年时 68 岁，平度城关镇尚家疃人，退休小学教师，未外出，父母都是当地人）和尚星五（男，1983 年时 61 岁，平度城关镇后巷子村，退休干部，曾在部队 5 年，父母都是当地人）两人的发音。2010 年修订时，曾向城关镇尚家上观村农民尚慎平（男，1936 年生，初中文化）和尚宝源（男，1942 年生，小学文化）了解过个别字音的发音和少量词义问题。

一、声母

二十七个声母表

第二十篇　社会生活

p	班布部别	pʻ	潘普爬平	f	风夫房罚	m	马忙米母		
t	刀端地独	tʻ	涛土逃同			n	南年奴女	l	兰李炉吕
tθ	资在杂族	tθʻ	仓粗存从	θ	思扫随宋				
ts	际焦截聚	tsʻ	七取齐前	s	细选邪徐				
tʃ	知准值赚	tʃʻ	耻除尘船	ʃ	失书十顺				
tʂ	支终骤撞	tʂʻ	齿初茶床	ʂ	色税事梳				
c	经君局倦	cʻ	轻去权群	ç	喜虚县玄				
k	高姑柜共	kʻ	枯哭葵狂	x	海欢胡黄				
ø	安烟弯冤耳肉人								

说明:

ts tsʻ s 带有舌面色彩,但比 tɕ tɕʻ ɕ 的舌位靠前。c cʻ ç 的发音部位略前,但比 tɕ tɕʻ ɕ 稍后,c cʻ 是塞擦音。

二、韵母

三十六个韵母表

ɚ	儿耳二	i	比弟集希衣日	u	布独祖住助姑屋	y	吕取居鱼如
ɿ	资刺四知尺十						
ʅ	志翅诗						
a	马大杂沙割啊	ia	俩家牙	ua	抓瓜瓦		
ə	波德遮车嗝额新	iə	别爹借结业热	uə	多坐说浊歌我鹅	yə	略嚼脚约弱
ɛ	拜态再柴该艾	iɛ	街蟹矮	uɛ	帅怪外		
ei	杯对罪摘革额日			uei	追归威		
ɔ	包刀早招找高袄	iɔ	标调消交腰饶				
ou	剖豆走周愁抠欧	iou	丢酒九又肉				
ã	班断酸战站甘安	iã	边电尖见言然	uã	专关完	yã	全捐远软
ə̃	奔轮村真衬根恩	iə̃	宾林进巾银人	uə̃	准棍温	yə̃	俊军云闰
aŋ	帮当仓张钢昂	iaŋ	娘将江央让	uaŋ	庄光汪		
oŋ	朋东灯宗增蒸更坑恒	iŋ	兵丁精京英用绒	uŋ	中虫公空红		

平度市志 1986～2005
PINGDUSHIZHI

说明：

(1) ɿ 在 tʃ tʃʻ ʃ 后面时，发音部位同 tʃ tʃʻ ʃ，实际上是舌叶元音。如：知 ₌tʃɿ、痴 ₌tʃʻɿ、石 ₌ʃɿ。

(2) u 在 tʃ tʃʻ ʃ 后面时，实际上是圆唇的舌叶元音。如：猪 ₌tʃu、出 ⁻tʃʻu、书 ₌ʃu。

(3) oŋ，按尚子秀的发音，遇 tʃ 组声母时 o 不甚圆；尚星五发为 ɤŋ。这个韵母的发音在城内并不十分一致。iŋ 有时读成 ioŋ，其中 o 的舌位较高。

三、声调

1. 单字调三个：

阴平 214　波标瓜靴　似尽父拒　拜架富趣　内利位晕　大谢惠具　麦灭落月

阳平 53　　梅娘罗鱼　婆皮湖群　市豸坐叙　刺气筷眷　妹厉露运　败避画倦
　　　　　　捺栗洛律　罚别滑局

上声 55　　彩喜土许　马尾母雨　发鸭福屈　拉掫目浴

平度方言三个调类与中古四声的关系见下表：

	平			上			去			入		
	清	次浊	全浊	清	次浊	全浊	清	次浊	全浊	清	次浊	全浊
阴平	波标瓜靴					似尽父拒	拜架富趣	内利位晕	大谢惠具	麦灭落月		
阳平		梅娘罗鱼	婆皮湖群			市豸坐叙	刺气筷眷	妹厉露运	败避画倦		捺栗洛律	罚别滑局
上声				彩喜土许	马尾母雨						发鸭福屈	拉掫目浴

说明：

(1) 横行为古声调，竖行为今声调。古声调下一行为古声母清浊，是古今声调演变的条件。

(2) 古全浊上声字和去声字分化为今平度的阴平和阳平，大致情况是清去多归阴平，全浊上、去声多归阳平，但无严格规律。一些字，如"盖、醉、烫、劲"等存在两读现象。有时还可因人而异，例如"块、筷"，尚子秀读阳平而尚星五读阴平；而"句、辈、料"，则尚子秀读阴平而尚星五读阳平。

2. 变调

平度方言两字组连调及后字读轻声表

		阴平 214		阳平 53		上声 55
阴平 214	(一)	214+214 → 55+214 阴天 交通 肩章	(二)	53+214 →（不变） 读书 地瓜 立春	(一)	55+214 →（不变） 结婚 发热 简章
阳平 53	(三)	214+53 →（不变） 三十 清明 花轿	(三) (四)	① 53+53 → 214+53 同学 平地 茶壶 ② 53+53 →（不变） 杂粮 毛桃 神明	(五)	55+53 →（不变） 打杂 吃饭 赶路
上声 55	(六)	214+55 →（不变） 生产 东北 大鳖	(六) (七)	① 53+55 → 214+55 年底 毛笔 下雪 ② 53+55 →（不变） 文武 红枣 涂改	(六) (七)	① 55+55 → 214+55 小米 洗脸 铁板 ② 55+55 → 53+55 主考 晚点 土改
轻声	(一) (四)	① 214+ 轻 → 214+31 东西 刀子 闺女 ② 214+ 轻 → 53+21 四个 放下 笑话	(二) (四)	① 53+ 轻 → 55+32 长虫 黄瓜 粮食 ② 53+ 轻 → 53+21 孝妇 骆驼 痛快	(三) (四)	① 55+ 轻 → 45+43 耳朵 点心 椅子 ② 55+ 轻 → 53+21 谷雨 歇歇 走走

说明：

(1) 横行为前字，竖行为后字。调式后为例词。

(2) 平度 3 个单字调类，两字组连调共 9 种组合。其中三种组合有两类读法，用"①、②"标出。变调后二合一的有(一)、(三)、(七) 3 种；三合一的有(六) 1 种。合计 7 种两字组连调型，用"(一)、(二)"等标出。

(3) 轻声为后字的两字组每类有两种读音，其中三合一的有(四) 1 种，共 4 种轻声连调型。调值下标有横线的，如"31"，表示这个音节读得轻短。

(4) 阴平在阳平和轻声前时，后面上升的部分略为减轻；阳平与阳平相连的调型"(四)"，前字变为低降而后字降度略为加强，以上皆按不变处理。

(5) "阳阳"和"阳上""上上"三种组合各有两种变调模式：一种前字变为 214 (三) (六)，另一种前字为 53 (四) (七)，其中以前一种模式居多。

四、音节结构

据最近几年的陆续调查，平度方言不计声调在内共有音节 430 个，其中开口呼 203 个、齐齿呼 112 个、合口呼 85 个、撮口呼 30 个。从整个音节结构的情况来看，主要有四个特点：第一，零声母比普通话稍多；第二，合口呼韵母 uei、uā、uɔ̃ 不拼 t、tʻ、n、l 和 tθ、tθʻ、θ 七个声母；第三，撮口呼没有 yŋ 韵母；第四，声母 tθ、tθʻ、θ，tʃ、tʃʻ、ʃ，tʂ、tʂʻ、ʂ 和 k、kʻ、x 四组声母只拼开口呼和合口呼，而 ts、tsʻ、s 和 c、cʻ、ç 两组则只拼齐齿呼和撮口呼，tθ 组和 ts 组、k 组和 c 组，分别是互补关系。

平度方言声韵配合表（附在下页）

说明：

(1)加括号者有新旧两读：加"〔〕"者为旧读音，加"（）"者为新读音。

(2)无字可写的标"○"，表下加释义，"○"内数字表示释义顺序。共 4 处：① ₋pia，象声词：~ 一枪。② ₋pʻia，象声词：~ 一巴掌。③ ₋pian，骂人话，疑是"屄养"合音。④ ₋pʻiaŋ 象声词：~ ~糊了他俩耳根子₃ₐₓ。

平度市志 1986～2005
PINGDUSHIZHI

	开口呼												齐齿呼								合口呼								撮口呼			
	a	ə	ar	ɿ	e	ɛi	ɔ	ou	ã	ɤ̃	aŋ	oŋ	ia	iɔ	i	ie	i	iou	iã	iŋ	ua	uɔ	u	uɛ	uei	uã	uɔ̃	uŋ	yɔ	y	yã	yɔ̃
p																																
pʰ																																
m																																
f																																
t																																
tʰ																																
n																																
l																																
ts																																
tsʰ																																
s																																
tʂ																																
tʂʰ																																
ʂ																																
ʐ																																
tɕ																																
tɕʰ																																
ɕ																																
k																																
kʰ																																
x																																
ŋ																																

第二十篇 社会生活

五、平度方言与普通话的语音对应关系

1.平度方言与普通话语音对照（声韵调的对应关系分别用三个表格表示，关系复杂的只表示主要规律例外情况不计。普通话栏下括号内的音标是汉语拼音字母）：

（1）声母对照表

平度	普通话	例字	平度	普通话	例字	平度	普通话	例字	平度	普通话	例字
p	p（b）	布	p'	p'（p）	怕	m	m（m）	门	f	f（f）	飞
t	t（d）	到	t'	t'（t）	太	n	n（n）	南	l	l（l）	来
										z̢（r）	扔
tθ	ts（z）	资	tθ'	ts'（c）	雌				θ	s（s）	丝
tʃ	tʂ（zh）	知	tʃ'	tʂ'（ch）	迟				ʃ	ʂ（sh）	石
tʂ		支	tʂ'		翅				ʂ		诗
ts	tɕ（j）	精	ts'	tɕ'（q）	清				s	ɕ（x）	西
c		经	c'		轻				ç		希
k	k（g）	高	k'	k'（k）	开				x	x（h）	海
ø	ø	安									
	z̢（r）	人									

（2）韵母对照表

平度	普通话	例字	平度	普通话	例字	平度	普通话	例字	平度	普通话	例字
a	a（a）	巴	ia	ia（ia）	加	ua	ua（ua）	瓜			
	ɤ（e）	割									
ə	ɤ（e）	车	iə	iɛ（ie）	业	uə	uo（uo）	过	yə	yɛ（üe）	月
	o（o）	波		ɤ（e）	热		ɤ（e）	歌		uo（uo）	若
										iau（iao）	药
ər	ər（er）	儿									
ɻ̩	ɻ̩（i）	资		i（i）	衣	u	u（u）	五	y	y（ü）	鱼
ʅ	ʅ（i）	知支	i	ʅ（i）	日					u（u）	乳

平度市志 1986～2005
PINGDUSHIZHI

平度韵	平度 (普通话)	例字	平度韵	平度 (普通话)	例字	平度韵	平度 (普通话)	例字	平度韵	平度 (普通话)	例字
ɛ	ai (ai)	艾	iɛ	iɛ (ie)	界	ue	uai (uai)	怪			
				ai (ai)	矮						
	ei (ei)	杯									
	uei (uei)	对					uei (uei)	桂			
ei	ɤ (e)	刻				uei					
	ai (ai)	白					uo (uo)	或			
	o (o)	伯									
ɔ	au (ao)	包	iɔ	iau (iao)	交						
				au (ao)	饶						
ou	ou (ou)	欧	iou	iou (iou)	油						
				ou (ou)	肉						
ã	an (an)	安	iã	ian (ian)	言	uã	uan (uan)	完	yã	yan (üan)	远
	uan (uan)	短		an (an)	然					uan (uan)	软
õ	ən (en)	恩	iõ	in (in)	银	uõ	uən (uen)	文	yõ	yn (ün)	云
	uən (uen)	村		ən (en)	人					uən (uen)	闰
aŋ	aŋ (ang)	当	iaŋ	iaŋ (iang)	央	uaŋ	uaŋ (uang)	王			
	əŋ (eng)	登		aŋ (ang)	让						
oŋ	oŋ (ong)	东	iŋ	iŋ (ing)	英						
	uəŋ (ueng)	翁	ioŋ	ioŋ (iong)	雄	uŋ	oŋ (ong)	中			
			oŋ	oŋ (ong)	荣						

（3）声调对照表

平度	普通话	例字	平度	普通话	例字
阴平 214	阴平 55	刚边婚军		上声 214	好品五女 尺铁骨雪
	去声 51	正笑万御代县 善幸 牧玉	上声 55	阴平 55	拍一出约
阳平 53	阳平 35	才平人文 石敌独局		阳平 35	革吉国橘
	去声 51	字地树院 纳觅禄律		去声 51	客毕霍确

第二十篇　社会生活

2. 平度人学习普通话语音要注意的问题

(1) 声母问题主要有五：

第一，"资次四"一类字的发音。这一类字普通话是舌尖前的 ts tsʻ s，而平度人发的是齿间音 tθ tθʻ θ。平度人发这一类字的声母时要注意把舌尖往后一收，放到齿背后，千万不要夹到上下齿的中间去。

第二，把"酒秋修"和"九丘休"两类字合起来，发成舌面前的 tɕ tɕʻ ɕ。这组音要发得比平度人原先发"酒秋修"的声母稍微往后一点，而比原先发"九丘休"的声母又略为往前一点。

第三，把"知潮声"一类字和"支巢生"一类字的声母合起来，统一发成"支巢生"一类的 tʂ tʂʻ ʂ。

第四，把平度方言零声母中的一部分字记准，读成 ʐ 声母；平度读 l 声母的少数字，普通话读 ʐ 声母，也要记住。普通话的 ʐ 声母是与 ʂ 声母同部位的浊擦音。平度方言零声母和 l 声母中普通话读 ʐ 声母的常用字见下表（括号内标出普通话读音）：

平度	普通话	常用字		
ø	ʐ	日（ʐʅ）　　如儒孺汝乳辱褥入（ʐu） 柔揉肉（ʐou）　　然燃染冉（ʐan） 闰润（ʐuən）　　瓤嚷攘壤让（ʐaŋ）	惹热（ʐɤ）　　若弱（ʐuo）　　饶扰绕（ʐau） 软（ʐuan）　人仁任壬忍纫认韧饪（ʐən） 戎绒容溶熔蓉荣融茸冗（ʐoŋ）	
l		辱（ʐu）锐蕊（ʐuei）扔仍（ʐəŋ）		

平度方言零声母而普通话读 ʐ 声母的字限于平度的齐齿呼和撮口呼，读成普通话的 ʐ 声母时，韵母要读成开口呼和合口呼，例如"染"和"软"，平度读 iã、yã，普通话读 ʐan、ʐuan。

第五，平度方言 tʂ tʂʻ ʂ 声母中的少量字，普通话读 ts tsʻ s，常用字有：淄辎责择泽仄戾邹（以上普通话读 ts）、策册侧恻测厕岑差参 差（以上普通话读 tsʻ）、色啬涩瑟洒搜嗖飕艘所缩森（以上普通话读 s）。

(2) 韵母问题主要有八：

第一，注意普通话 ai（uai）、au（iau）和 an（ian uan yan）、ən（in uən yn）四套韵母的发音。普通话的 ai 和 au（括号内的仅多一介音，下同）是舌头位置由下向上移动、口腔形状由大到小变动的复合音，例如"艾（怪）""袄（交）"等字，平度人在读这些字的韵母时，是舌位、口形始终不变的单元音 ε（uε）和 ɔ（iɔ），平度人在发这两组音时，要注意开始时把舌头放得低一些，然后慢慢往上移到接近 i 和 u 的位置；普通话的 an 和 ən 是带有舌尖鼻辅音韵尾 n 的鼻韵母，例如"安（烟弯冤）"和"恩（音温晕）"等字，平度人在读这些字时，则是不带鼻辅音韵尾的鼻化元音 ã（iã uã yã）和 ə̃（iə̃ uə̃ yə̃），平度人在发这两组音时，要特别注意收尾时把舌尖放到发舌尖中鼻辅音 n 的部位。

第二，平度方言"姐"（音 tsiə）和"解"（音 ciɛ）的韵母不同，普通话则是相同的。平度人除了要把本方言 iə 和 iɛ 两个韵母合为一类以外，还要把"姐"一类字的韵母主要元音发得稍微靠前一点。此外，平度方言 iɛ 韵母的零声母"矮挨"等字，普通话读 ai 韵母。

第三，平度方言 t tʻ n l 和 tθ tθʻ θ 七个声母不拼 uei uã uə̃ 三个合口呼韵母，"对""酸""村"等字平度方言是开口呼，常用字见下表（表内声母系普通话读音，下同）：

平度市志 1986～2005
PINGDUSHIZHI

平度	普通话	t	tʻ	n	l	ts	tsʻ	s
ei	uei	堆对队兑	推颓腿退蜕			嘴最罪醉	崔催摧翠脆粹	虽隋随遂髓岁 碎穗燧祟
ã	uan	端短段缎锻椴断	团抟𤭖	暖	卵乱李栾鸾銮滦	钻纂攥	蹿窜篡余	酸算蒜
ɔ̃	uən	敦墩撴踱蹲囤顿 吨盹钝炖盾遁	吞屯囤豚褪		仑轮论	尊遵撙	村存寸	孙

第四，平度方言的 ei 韵母，普通话多数也读 ei，例如"杯飞内黑"等，一部分"对岁"等读 uei 已如上述，除此之外，还有一部分字读 o、ai、ɤ 三个韵母，常用字如下：

平度	普通话	常用字
ei	o	伯迫魄墨默（限于唇音声母 p pʻ m）
	ai	百白柏掰拍迈麦脉 窄摘宅拆色
	ɤ	德得_{~到} 测侧 泽择责仄策册色 格革隔刻客克 扼

第五，平度方言的 ə 韵母，凡拼唇音声母时普通话读 o，例如"波坡摸"等；拼在其他声母后时普通话读 ɤ，例如"遮车社"等。o 和 ɤ 都是后半高元音，o 圆唇，ɤ 不圆唇。

第六，平度方言的 uə 韵母，普通话读 uo 和 ɤ 两个韵母。读 ɤ 的限于舌根声母和零声母，常用字有：哥歌戈个阁搁各硌（k 声母）、可苛科蝌棵颗课骒咳（kʻ 声母）、和何河荷禾贺合盒核_{~桃}阖鹤（x 声母）、俄蛾鹅饿腭恶（零声母）。

第七，平度方言"灯＝东""增＝宗"，读 oŋ 韵母。平度方言的 oŋ 韵母在拼 t、tʻ、n、l 和 tθ、tθʻ、θ 七个声母时，有一部分在普通话中读 ŋe 韵母，平度方言 oŋ 而普通话 oŋ、ŋe 的常用字比较如下：

平度	普通话	t	tʻ	n	l	ts	tsʻ	s
oŋ	ŋe	登灯蹬等戥 凳邓瞪澄磴	疼腾誊藤熥	能	楞冷愣	增曾赠憎	蹭层曾_{~经}	僧
	oŋ	东冬董懂冻 栋动洞侗峒	通同铜桐筒童潼 瞳彤佟桶捅统痛	浓脓弄	笼聋胧珑砻 陇_x龙垄_x拢隆	宗鬃踪综棕 猍总粽纵	聪匆葱 囱丛从	松_{sŋ}~嵩颂诵 送宋

第八，平度方言"景＝迥""应＝拥"，都读 iŋ 韵母。按照前面声母的不同有以下四种情况：

①前面是 p、pʻ、m、t、tʻ、n、ts、tsʻ 八个声母时，普通话也读 iŋ 韵母，如"冰瓶明丁亭宁精青"等。

②前面是 l 和 s 两个声母时，除"龙垄"和松_{~桐}嵩颂诵"等字普通话读 oŋ 韵母以外，其余的字普通话也读 iŋ 韵母，如"零灵""星醒"等。

③前面是 c、cʻ、ç 声母时，普通话分为 iŋ 和 ioŋ 两个韵母，如"京轻兴"和"迥琼兄"等。

④平度方言的零声母，普通话读 ʐ 声母或零声母。平度 iŋ 韵母的零声母字，普通话读 ʐ 声母的，普通话的韵母是 oŋ，如"绒荣"；平度 iŋ 韵母的零声母字，普通话也是零声母的，普通话分为 iŋ 和 ioŋ 两个韵母，如"应迎硬"和"拥永用"等。

以上③和④，平度方言 iŋ 韵母拼 c c' ç（普通话为 tɕ tɕ' ɕ）和零声母的常用字同普通话 iŋ ioŋ oŋ 三韵辨字表：

平度	普通话	tɕ（平度 c）	tɕ'（平度 c'）	ɕ（平度 ç）	ʐ（平度 ∅）	∅
iŋ	iŋ	京惊荆茎经兢景警境竟镜敬痉劲	卿轻倾氢擎苘庆磬馨	兴邢行形刑型荥擤杏幸性姓		应英鹰莺鹦樱婴缨蝇迎盈赢荸荧莹营萤影颖硬映
	ioŋ	迥炯窘	琼邛穹	兄凶匈胸汹熊雄		拥痈雍壅臃庸永咏泳勇蛹涌踊用佣
	oŋ			戎绒容溶熔蓉荣融茸冗		

此外，平度方言 a 韵母的少数字，普通话读 ɤ 韵母。常用字有："割疙鸽蛤胳葛磕瞌嗑渴喝"等。

(3) 声调问题主要有三：

第一，平度方言单字调只有阴平、阳平、上声三类，没有去声。平度方言的阴平、阳平两个调类中的一部分字在普通话中读去声。例如：平度"菜＝猜""正＝蒸""父＝夫""倍＝杯""咽＝烟""印＝音"，都读阴平；"贺＝活""饭＝凡""漏＝楼""路＝炉""望＝王""院＝元"，都读阳平。平度人学习普通话要把上述两类同音字分开，前字"菜正父倍咽印"和"贺饭漏路望院"读去声而后字"猜蒸夫杯烟音"读阴平、"活凡楼炉王元"读阳平。

第二，平度方言的上声字，普通话多数也是上声，但一部分来自古清声母入声的字普通话要读阴平、阳平或去声。常用字例举如下：

平度	普通话	常用字
上声	阴平	八扒_{皮}发搭褡答_{上}塌溻褟跶呷拉搽磋撒_{下}扎插杀刹煞割鸽胳磕瞌喝夹掐瞎押鸭压刷刮挖钵剥拨泼蜇憋鳖撇瞥贴帖_{实}接疖切揭结_{哲}楔歇蝎噎掇脱托撮拙桌捉戳_{主}说缩郭掴薛削缺约只织汁吃失湿虱劈霹滴踢剔积七漆夕昔惜锡析晰息熄悉蟋膝击激吸一揖扑秃出叔哭窟忽惚屋鞠屈曲_{折}拍塞摘拆黑
	阳平	达答扎闸蛤葛_{腾}夹_{夹}峡博搏驳折_{袄}哲阁骼节劫结捷协国决诀爵觉厥镢角植职执识的_{嫡}嫡袭媳即急吉棘福蝠幅辐足竹烛橘菊得德隔革格
	去声	发_{头}飒萨刹霎洽恰轧设帖_{字}怯粕拓_{开}朔作各括阔廓霍雀鹊却确阅越弱虐炙质式饰适释毕必碧壁璧湴僻辟_{开}鲫不目腹复覆促蹙蹴速宿肃夙旭畜蓄育郁迫魄仄策册侧测涩色啬瑟刻克客

第三，掌握好普通话四类声调调值的发音。平度方言三个声调中阴平和上声的调值正好跟普通话的上声和阴平形成交叉关系。平度人学习普通话要用本方言的上声值（55）去读普通话的阴平，而用本方言的阴平值（214）去读普通话的上声，即把普通话的"妈"发得跟本方言的"马"差不多，而普通话的"马"又要发得跟本方言的"妈"差不多。普通话的去声是全降调，跟平度方言中的阳平差不多，但是平度阳平是 53 而普通话的去声是 51，平度人可以用本方言的阳平值去读普通话的去声，只须注意声音再往下拖长一点、降得再低一点就可以了。普通话的阳平是高升调，平度方言

平度市志 1986～2005
PINGDUSHIZHI

中没有上升的调型，只有反复练习才行。

第三节　词汇

本词汇收入平度方言中较有特点的常用词五百八十多条，大体按意义分为十类。助词、介词、语气词及数量词因所收词数较少合为"其他"一类。各条的内容顺序为：汉字、注音、释义，必要时加例子。多义项的用①、②、③等分别列出；两个以上的例子中间用"｜"号隔开。写不出的字用同音字代替，没有合适同音字可写的用"□"号表示。"（）"号里的字或音表示可有可无，"〔〕"号里的字或音表示此字与前一字或音两可。意义相同的词条排在一起，说得多的在前，其余缩一格排在后面，意义可互作说明者不另作解释。音下打"＿"者表示此音特殊。

一、天时、地理、方位

日头儿 i^{53}t'our 太阳

月明 yə^{53}miŋ· 月亮

扫帚星 θə^{53}tʃuˑsiŋ^{214} 彗星

勺子星 ʃuə$^{53-55}$tθ'siŋ^{214} 北斗星

跑星 p'ɔ$^{55-45}$siŋ· 流星

云彩 yə̃$^{53-55}$tθ'ɤ· 云

火烧云 xuə$^{55-45}$ʃɔˑyə̃^{53} 彩霞

虹 tsiaŋ^{214}

雾露雨 u$^{53-55}$lu·y^{55}

□雨 tʂʅ^{214}y· 急雨

前日 ts'iã$^{53-55}$i· 前天

夜来 iə$^{53-55}$lɛ· 昨天

今日 ciã^{214}〔ci^{214}〕i· 今天

明日 miŋ$^{53-55}$i· 明天

后日 xou$^{53-55}$i· 后天

晚〔外〕后日 uã$^{55-45}$〔uɛ$^{53-55}$〕xou·i· 大后天

早上 tθ$^{55-45}$ʃaŋ· 早晨

头晌〔晌儿〕t'ou$^{53-214}$ʃaŋ^{55}〔ʃaŋr^{55}〕上午

晌午头儿 ʃaŋ$^{55-45}$uə̃t'our^{53} 中午

晌歪天儿 ʃaŋ$^{55-45}$uɛ·t'iãr^{214} 中午偏后

过晌 kuə^{214}ʃaŋ^{55} 下午

现晚儿 çiã$^{53-214}$uãr^{55} 晚上

　晚（上）价 uã$^{55-45}$（ʃaŋ·）ci·

黑价 xei$^{55-45}$ci· 夜里

早来 tθ$^{55-45}$lɛ· 从前

现如今 çiã$^{53-214}$y$^{53-55}$ciã· 现在

头年 t'ou^{53}niã· 去年

　上年 ʃaŋ^{214}niã·

正月十五 tʃoŋ^{214}yə·ʃʅ$^{53-55}$u· 元宵节

二月二 ər^{53}yə·ər^{53} 龙抬头节

大寒食 ta$^{214-53}$xã·ʃʅ 清明节的前一天

寒食 xã$^{53-55}$ʃʅ 清明节

末火日 mə$^{214-53}$xuə·i· 清明节的后一天

五月端午 u$^{55-45}$yə·tã^{214}u· 端午节

小年儿 siɔ^{55}niãr^{53} 农历六月初一，家家吃饺子

七月七 ts'ʅ$^{55-45}$yə·ts'ʅ^{55} 织女节

八月十五 pa$^{55-45}$yə·ʃʅ$^{53-55}$u· 中秋节

九月九 ciou$^{55-45}$yə·ciou^{55} 重阳节

十月一 ʃʅ$^{53-55}$yə·i^{55} 寒衣节：~，送寒衣

辞灶 t'θʅ^{53}tθɔ^{214} 旧俗，农历腊月二十三送灶王上天

年除日 niã^{53}tʃ'u$^{53-55}$i· 除夕

窝儿 uər^{214} 地方：这~｜那~

　埝儿 nãr^{55}

　场儿 tʂ'aŋr^{55}

疃儿 t'ãr^{55} 村子

疃 t'ã^{55} 村名用字：尚家~｜王家柳~

丘 c'iou^{214} 村名用字：单~｜双~｜瓦子~

埠 pu^{53} 村名用字：白~｜塔尔~｜姜家~

营儿 iŋr^{53} 村名用字：贾家~｜孙家~

寨 tʂɛ^{53} 村名用字：姜家~｜李家~

屯儿 t'ãr^{53} 村名用字：许家~｜营子~

庄儿 tʂuaŋr^{214} 村名用字：杨家~｜张戈~

蓝 lã^{53} 村名用字：洪~｜蓼~

集 tsi^{53} 村名用字：崔家~｜吕家~

站 tʂã^{214} 村名用字：王家~｜李家~

第二十篇　社会生活

店 tiã⁵³ 村名用字：香~｜何家~

山 ṣã²¹⁴ 村名用字：凤凰~｜蟠桃~

沟 kou²¹⁴ 村名用字：梨~｜马家~

堡 p'u²¹⁴ 村名用字：三十里~｜十里~

园儿 yãr⁵³ 村名用字：花~｜李~｜菜~

夼 k'uaŋ⁵⁵ 村名用字：谭家~

北山 pei⁵⁵ṣã²¹⁴

南大洼 nã⁵³⁻⁵⁵ta·ua²¹⁴

中间 tṣuŋ²¹⁴⁻⁵⁵ciã²¹⁴

当中央儿 taŋ²¹⁴tṣuŋ·iaŋr²¹⁴ 正中

天上 t'iã²¹⁴ʃaŋ·

地下 ti⁵³çia·

腔后儿 tiŋ⁵³⁻²¹⁴xour⁵³ ①身后②随后：~就去

上首 ʃaŋ⁵³⁻⁵⁵ʃou· 最尊的坐位：你是贵客，请坐~

下首 çia⁵³⁻⁵⁵ʃou· 末座：陪客儿的坐~

上水头儿 ʃaŋ⁵³⁻⁵⁵ṣuei·t'our ①上游②田地中位置较高的一头

下水头儿 çia⁵³⁻⁵⁵ṣuei·t'our ①下游②田地中位置较低的一头

前边儿 c'iã⁵³⁻⁵⁵piãr·

后边儿 xou⁵³⁻⁵⁵piãr·

上边儿〔面儿〕ʃaŋ⁵³⁻⁵⁵piãr·〔miãr·〕

下边儿〔面儿〕çia⁵³⁻⁵⁵piãr·〔miãr·〕

里边儿〔面儿〕li⁵⁵⁻⁴⁵piãr·〔miãr·〕

外边儿〔面儿〕ue⁵³⁻⁵⁵piãr·〔miãr·〕

东边儿 toŋ²¹⁴piãr·

西边儿 si²¹⁴piãr·

南边儿 nã⁵³⁻⁵⁵piãr·

北边儿 pei⁵⁵⁻⁴⁵piãr·

二、亲属称谓、代词

爷爷 iə⁵³⁻⁵⁵iə· 祖父

嬷嬷 ma⁵⁵⁻⁴⁵ma· 祖母

姥爷 lɔ⁵⁵⁻⁴⁵iə· 外祖父

姥娘 lɔ⁵⁵⁻⁴⁵niaŋ· 外祖母

爹 tiə²¹⁴ 父亲

大（大）ta²¹⁴（ta·）

爸爸 pa⁵³pa·

娘 niaŋ⁵³ 母亲

妈（妈）ma²¹⁴（ma·）

大爷 ta²¹⁴⁻⁵³iə· 伯父

大娘 ta²¹⁴niaŋ⁵³ 伯母

娘娘 niaŋ⁵³⁻²¹⁴niaŋ⁵³〔·〕

婶儿婶儿 ʃər⁵⁵⁻⁴⁵ʃər· 婶母

婶子 ʃə⁵⁵⁻⁴⁵tθ₁·

娘娘 niaŋ⁵³⁻²¹⁴niaŋ⁵³〔·〕

外头 ue⁵³⁻⁵⁵t'ou· 丈夫

汉子 xã²¹⁴⁻⁵³tθ₁·

家里 cia²¹⁴lɛ· 妻子

媳妇儿 si⁵⁵⁻⁴⁵fur·

老婆 lɔ⁵⁵⁻⁴⁵p'ə·

儿 ər⁵³

媳子 si⁵⁵⁻⁴⁵tθ₁· ①儿媳②晚辈的妻子

闺女 kuə²¹⁴ny· ①女儿②泛指女孩

女婿 ny⁵⁵⁻⁴⁵sy·

孙子 θə²¹⁴tθ₁·

孙子媳妇儿 θə²¹⁴tθ₁·si⁵⁵⁻⁴⁵fur·

孙女儿 θə²¹⁴nyr·

外甥 ue⁵³⁻⁵⁵ṣoŋ· ①姐妹的子女②外孙

老妈儿妈儿 lɔ⁵⁵mar²¹⁴mar· 通称老年妇女

小小儿 siɔ⁵⁵⁻²¹⁴〔⁵³〕sɔr⁵⁵ 小男孩儿

小厮 siɔ⁵⁵⁻⁴⁵θ₁· 小子：她生了个大胖~，真喜人｜这~不是个东西！

小嫚儿 siɔ⁵⁵mãr²¹⁴ 小女孩儿

嫚姑子 mã²¹⁴ku·tθ₁· 女孩子

连襟 liã⁵³⁻⁵⁵ciə·

割不断 ka⁵⁵⁻⁴⁵pu·tã⁵³（戏称）

光棍儿 kuaŋ²¹⁴kuər⁵³ 单身汉

孝妇 çiɔ²¹⁴⁻⁵³fu· ①新寡妇②改嫁的寡妇：~老婆

后老婆 xou⁵³⁻⁵⁵lɔ·p'ə· 填房

活人妻 xuə⁵³iə·ts'i²¹⁴ 旧指丈夫尚在就另嫁他人

平度市志 1986～2005
PINGDUSHIZHI

的妇女

轧伙儿 ka⁵⁵⁻⁴⁵xuər· 姘头

跟脚子 kã²¹⁴cyə⁵⁵⁻⁴⁵tθɿ· 拖油瓶

背生子 pɐi²¹⁴⁻⁵⁵soŋ²¹⁴tθɿ⁵⁵ 遗腹子

老生子儿 lɔ⁵⁵⁻⁴⁵şoŋ·tθɿ·ər⁵³ 老来子

我 uə⁵⁵

你 ni⁵⁵

他 tʻa⁵⁵

他们 tʻa⁵⁵⁻⁴⁵mə̃·

俺 ã⁵⁵ ①我②我们

恁 nə̃⁵⁵ ①你②你们

咱 tθə̃⁵³ ①我②我们（包括听话者在内）

大家伙儿 ta²¹⁴cia·xuər⁵⁵

　大伙儿 ta²¹⁴xuər⁵⁵

这 tʃə²¹⁴

那 nə²¹⁴

这来 tʃə²¹⁴⁽⁵³⁾lɛ· 这里

乜〔那〕来 niə⁵³〔nə⁵³〕lɛ· 那里

乜〔那〕（个、号）样儿 niə⁵³〔nə⁵³〕（kə·、xɔ·）iaŋr·

这边儿 tʃə²¹⁴piãr·

乜〔那〕边儿 niə⁵³〔nə⁵³〕piar·

谁 şei⁵³

哪 na⁵⁵

什么 ʃoŋ⁵³⁻⁵⁵〔ʃə⁵³⁻⁵⁵〕mə·

怎么 tθə̃⁵⁵⁻⁴⁵mə·

怎么的 tθə̃⁵⁵⁻⁴⁵mə·ti·⁽⁵³⁾怎么样，怎么着：这是他一时糊塗，也不好～他｜你想～？

咋 tθa²¹⁴ 怎么、为什么、干什么：～办？｜他～不来？｜你待～？

景儿 ciŋr⁵⁵ 事情，奥秘、门道等等：这个～咱得干｜这个事里还真有些～来｜肚子里有些～～

三、身体、疾病、医疗

脑袋（瓜子）nɔ⁵⁵⁻⁴⁵tɛ·（kua²¹⁴tθɿ·）头的又称

记事钟儿 ci²¹⁴şɿ⁵³tʂuŋr²¹⁴ 记忆力：他好～

页来盖 iə⁵³lɛ·kɛ²¹⁴ 前额

脖梗儿〔梗子〕pə⁵³⁻²¹⁴koŋr⁵⁵〔koŋ⁵⁵⁻⁴⁵tθɿ·〕脖子

吞子 tʻə̃²¹⁴⁻⁵³tθɿ· 嗓子

馋儿馋儿 tʂʻãr⁵³⁻⁵⁵tʂʻãr· 舌头（儿语）

膀子 paŋ⁵⁵⁻⁴⁵tθɿ· 肩膀

夹肢窝 cia⁵⁵⁻⁴⁵tʃə̃·uə²¹⁴ 腋窝

胳巴 ka⁵⁵⁻⁴⁵pa· 胳臂

槌 tʂʻuei⁵³ 拳头

指筋盖儿〔盖子〕tʂɿ⁵⁵⁻⁴⁵ciə̃·ker²¹⁴〔kɛ²¹⁴⁻⁵³tθɿ·〕指甲

肋齿骨 lei⁵³tʂʻɿ·ku⁵³ 肋骨

布脐眼儿 pu⁵³tsʻi·iãr⁵⁵ 肚脐

腚 tiŋ⁵³ 屁股

膊罗盖〔盖儿〕pə⁵⁵⁻⁴⁵luə·kɛ²¹⁴（ker²¹⁴）膝盖

干腿子 kã²¹⁴tʻei⁵⁵⁻⁴⁵tθɿ· ①小腿②胫骨

不愉作 puʻy⁵³tθuə· 身体不适

　不舒索 puʻʃu²¹⁴θuə·

细病 si²¹⁴piŋ⁵³ 肺结核、肝炎等慢性疾病

冻着了 toŋ⁵³tʂɿ·lə· 感冒

齁儿齁儿 xour²¹⁴xour· ①哮喘②哮喘病人

劳心 li⁵³siə̃· 胃部烧灼的感觉

　烧心 ʃɔ²¹⁴siə̃·

心口（窝儿）疼 siə̃²¹⁴kʻou·（uər²¹⁴）tʻoŋ⁵³ 胃疼

拉〔冒〕肚子 la²¹⁴〔mɔ²¹⁴〕tu⁵³⁻⁵⁵tθɿ·

蹲肚子 tθə²¹⁴tu⁵³⁻⁵⁵tθɿ· 拉痢疾等病里急后重的症状

脾寒 pʻi⁵⁵⁻⁴⁵xã· 疟疾：发～

抖擞 tou⁵³θou· ①发抖②抖擞

哆嗦 tuə²¹⁴θuə· 发抖

打勾斗儿 ta⁵⁵kou²¹⁴tour· 打嗝儿

疙瘩 ka⁵⁵⁻⁴⁵ta· ①绳结②皮肤上突出的肿块③腮腺炎

坷墩 lɔ⁵⁵⁻⁴⁵tə̃· 被蚊子等叮咬后所起的小肿块

刺挠 tθɿ⁵³nɔ· 痒痒

扎固 tʂa⁵⁵⁻⁴⁵ku· ①修理：把桌子～～②诊

第二十篇　社会生活

疗：～病
把脉儿 pa⁵⁵meir²¹⁴ 诊脉
下（干）针 çia⁵³（kã²¹⁴⁻⁵⁵）tʃɔ²¹⁴ 针灸
兑〔抓〕药 tei²¹⁴⁻⁵⁵〔tʂua²¹⁴⁻⁵⁵〕yə²¹⁴
煎〔熬〕药 tsiã²¹⁴⁻⁵⁵〔ɔ⁵³〕yə²¹⁴
长疙渣儿 tʃaŋ⁵⁵ka²¹⁴tʂar 结痂
好了 xɔ⁵⁵⁻⁴⁵lə· 病愈
不行了 puʻçiŋ⁵³⁻⁵⁵lə· 病危
聋汉 loŋ⁵³⁻⁵⁵xã· 聋子
瞎汉 çia⁵⁵⁻⁴⁵xã· 瞎子
秃厮 tʻu⁵⁵⁻⁴⁵θɿ· 秃子
切子〔唇儿〕tsʻiə⁵⁵⁻⁴⁵tθɿ·〔tʃuɚr〕裂唇的人
　　豁嘴子 xuə²¹⁴tθeiʻtθɿ·
结巴 ciə⁵⁵⁻⁴⁵pa· ①口吃②口吃的人
痴厮 tʃɿ²¹⁴θɿ· 傻瓜、痴呆人
　　彪子 piɔ²¹⁴tθɿ·
　　潮巴 tʃɔ⁵³⁻⁵⁵pa·
左来颠儿 tθuə²¹⁴leʻtiãr²¹⁴ 左撇子
　　左巴来子 tθuə²¹⁴paʻle⁵³⁻⁵⁵tθɿ·
马篷腰〔腰儿〕ma⁵⁵⁻⁴⁵pʻoŋiɔ²¹⁴〔iɔr²¹⁴〕驼背（较轻）
　　锅腰子 kuə²¹⁴iɔʻtθɿ·（较严重）
二尾子 ər⁵³⁻⁵⁵iʻtθɿ· 两性人

四、日常生活、交往、红白事

起来 cʻi⁵⁵⁻⁴⁵lɛ· 起床
打哈下 ta⁵⁵xa²¹⁴çia· 打哈欠
瞴 kʻuɔ²¹⁴〔kʻuɔ⁵³〕睡：～觉｜～着了
打鼾睡 ta⁵⁵xã⁵⁵⁻⁴⁵ʂuei· 打呼噜
赿〔倒〕下 cʻiə²¹⁴〔tɔ⁵⁵⁻⁴⁵〕çia· 躺下：～歇歇
歪快 uɛ²¹⁴⁻⁵⁵kʻuɛ· 半躺半坐
盘缠（着）腿儿 pʻã⁵³tʃʻa·(tʂʅ·)tʻeir⁵⁵ 盘腿而坐
锅腰儿 kuə²¹⁴⁻⁵⁵iɔr²¹⁴ 弯腰
蹲跍 tə²¹⁴ku· 蹲
□ aŋ⁵⁵ 烧：～炕
饥困 ci²¹⁴kʻuɔ· 饿
吃 tʃʅ⁵⁵

呛 tsʻiaŋ²¹⁴（贬义）
□ tʂʻua⁵³
舒 ʃu²¹⁴ 伸：～过头来｜你别～手
抻勾 tʃɔ⁵⁵⁻⁴⁵kou· 伸长（脖子）
背搭手儿 pei²¹⁴taʻʃour⁵⁵ 倒背手
扛 kʻue⁵³ 拃：～着篓子
扤（揣）kʻue⁵⁵⁻⁴⁵（tʂʻuɚ·）用指甲抓，挠：～痒
　　痒｜～脊梁
挠骚 nɔ⁵³⁻⁵⁵θɔ· ①挠：～痒痒儿②头发蓬乱：
　　～着头
挖叉 ua⁵⁵⁻⁴⁵tʂʻa· 挠，挖：～～脊梁｜～花生墩
掫 tʂou²¹⁴ 拉，掀：～被
窝 uə²¹⁴ 使弯曲：把树枝～断｜～倒他就打
团弄 tʻa⁵³⁻⁵⁵loŋ· 揉弄使成球形
摁 ɔ̃⁵³ 按：～着他的头
搓约 tθʻuə²¹⁴yə· ①搓揉②折磨
撕巴 θɿ²¹⁴pa· 撕
□ le⁵⁵（义重）
摧 cʻyə⁵⁵ 折断
提〔斤〕溜 ti²¹⁴〔ciə²¹⁴〕liou· 提
□ xã⁵⁵ 拿：你手里～的什么
撂 liɔ²¹⁴ 扔（距离近）
拽 tʂue²¹⁴
□ tʂɔ⁵⁵（距离较远）
楔 siə⁵⁵ ①将楔子等捶打进物体中：墙上～个
　　钉子②掷击：别～着人
抹 mə⁵⁵ 掷击：你楔我，我～你
摩索 mə⁵³θuə· 抚摸
抠挡 kʻou²¹⁴tʂʻou· 抠，挖：～花生
招 tʃɔ²¹⁴ 搀扶
稳 uə⁵⁵ 安放，搁置
拥 iŋ²¹⁴ 推：～小车
除 tʃʻu⁵³ 用锨铲：～粪｜把这些脏土～出去
划拉 xua⁵³⁻⁵⁵la· 聚拢：～～草
薅 xɔ²¹⁴ 拔：～草｜～麦子
　　捋 luə⁵⁵

平度市志 1986～2005
PINGDUSHIZHI

蹉 cyɑ⁵⁵ 踢

蹓跶 liou²¹⁴ta· 散步

骨拥 ku⁵⁵⁻⁵³iŋ· ①蠕动②小幅度地反复摇动：
　　你去~醒他

码拉 ma⁵⁵⁻⁴⁵la· 估算

　　估摸 ku⁵⁵⁻⁴⁵mə·

寻思 siɤ⁵³⁻⁵⁵θŋ· 想，思考

心惊 siɤ²¹⁴⁻⁵⁵ciŋ²¹⁴ 犯疑

挂挂 kua⁵³kua· 挂念

叨念 to²¹⁴niɤ⁵³ ①念叨②絮絮叨叨

巴眼儿望眼儿 pa²¹⁴iɑ̃r⁵⁵uaŋ⁵³⁻⁵⁵iɑ̃r· 盼望

　　望盼 uaŋ⁵³p'ɑ̃·

装点 tʂuaŋ²¹⁴tiɑ̃· 假装，不真实

闯门子 tʂ'uaŋ⁵⁵⁻²¹⁴mɤ̃⁵³⁻⁵⁵tθŋ· 串门儿

拉呱儿 la⁵⁵⁻²¹⁴〔⁵³〕kuar⁵⁵ 闲谈

请客 ts'iŋ⁵⁵⁻²¹⁴k'ei⁵⁵ 请人吃饭

坐席 tθuə⁵³⁻²¹⁴si⁵³ 赴宴

打仗 ta⁵⁵tʃaŋ²¹⁴〔⁵³〕①吵嘴②打架

噘 cyə⁵³ 骂人

　　□ tʃɔ²¹⁴ （比骂重）

繁繁 fɤ⁵³⁻⁵⁵fɤ· 数落

花备 xua²¹⁴pei· 指责，数落（多用于对下辈或
　　下属）

呲打 tθŋ²¹⁴ta· 讽刺，挖苦

胡弄 xu⁵³loŋ· ①骗人②敷衍

谝弄 p'iɑ⁵⁵⁻⁴⁵loŋ· 夸耀，显示

鲁逛 lu⁵⁵⁻⁴⁵kuaŋ· 骗：他光撒谎~人

胡诌八□ xu⁵³t'ɔpa⁵⁵⁻²¹⁴lɛ⁵⁵ 胡诌八扯

插巴 tʂ'a⁵⁵⁻⁴⁵pa· 给人亏吃

舔腚 t'iɑ⁵⁵tiŋ⁵³ 拍马屁

　　溜沟子 liou⁵³kou²¹⁴tθŋ·

气不愤儿 c'i²¹⁴pu·fɤr⁵³ 抱不平

看人儿 k'ɑ̃²¹⁴iɤr⁵³ 相亲

找茬儿〔主儿〕tʂɔ⁵⁵⁻⁵³tʂ'ar⁵⁵〔tʂur⁵⁵〕女子择偶

下（媒）柬儿 çia⁵³（mei·）ciɑr⁵⁵ 旧称定亲

将 tsiaŋ²¹⁴ 娶亲：~媳妇

做媳妇 tθou²¹⁴si⁵⁵⁻⁴⁵fu· 出嫁

看喜 k'ɑ̃²¹⁴çi⁵⁵ 给新郎送钱财

添箱 t'iɑ²¹⁴⁻⁵⁵siaŋ²¹⁴ 亲友送给新娘的礼物礼金

倒插门儿 to²¹⁴tʂ'a⁵⁵mɤ̃r⁵³ 入赘

另找茬儿 liŋ²¹⁴tʂɔtʂ'ar⁵⁵ 女子再嫁

寻死 siɤ⁵³θŋ⁵⁵ 自杀

　　寻短见 siɤ⁵³tɑ̃⁵⁵⁻⁴⁵ciɑ̃·

轧鬼亲 ka⁵⁵⁻²¹⁴kuei⁵⁵ts'iɤ²¹⁴ 年轻男女死后家长
　　为之确定婚姻关系并合葬

殡殡 piɤ²¹⁴⁻⁵⁵piɤ²¹⁴〔piɤ²¹⁴piɤ⁵³〕出殡

坟 fɤ⁵³ 坟墓

　　坟茔 fɤ⁵³⁻⁵⁵iŋ·

茔盘 iŋ⁵³⁻²¹⁴p'ɑ̃⁵³ 坟地

老茔盘 lɔ⁵⁵iŋ⁵³⁻²¹⁴p'ɑ̃⁵³ 祖坟

乱散岗 lɑ̃⁵³⁻⁵⁵θɑ̃·kaŋ²¹⁴ 乱葬岗子

五、房舍、用品

屋 u⁵⁵ 房子，房间：盖~｜正~｜厢~

天井 t'iɑ²¹⁴tsiŋ· 院子

甬路 iŋ⁵⁵⁻⁴⁵lu· 院子中用砖或石铺成的小路

街门 cie²¹⁴mɤ̃⁵³ 临街的大门

正间门 tʃoŋ⁵³ciɑ̃·mɤ̃· 正房的大门

门掩后儿 mɤ̃⁵³⁻⁵⁵iɑ̃·xour⁵³ 门开后与墙形成的
　　夹角处

门转心 mɤ̃⁵³⁻²¹⁴tʃuɑ̃⁵³siɤ· 门的转轴

门插关儿 mɤ̃⁵³⁻²¹⁴tʂ'a⁵⁵kuɑr²¹⁴ 门闩

门滑啦儿 mɤ̃⁵³⁻²¹⁴xua⁵⁵⁻⁵⁵lar⁵⁵ 门环

礓礤子 ciaŋ²¹⁴tθ'a⁵⁵⁻⁴⁵tθŋ· 台阶

照壁 tʂ²¹⁴⁻⁵³pei· 影壁

仰棚 iaŋ⁵⁵⁻⁴⁵p'oŋ· 天棚

墙旮儿旯儿 ts'iaŋ⁵³kar⁵⁵⁻⁴⁵xar· 墙角

圈〔栏〕cyɑ⁵³〔lɑ⁵³〕厕所

鸡窝 ci²¹⁴⁻⁵⁵uə²¹⁴

　　鸡窝子 ci²¹⁴uə·tθŋ·

窨窝子 ciɔ⁵³uə·tθŋ· 地窖

伏台 fu⁵³⁻⁵⁵t'ɤ· 直立房顶的烟筒

第二十篇 社会生活

烟筒 iã²¹⁴tʻoŋ⁵⁵

塈 tsi⁵⁵ 土坯

炕 kʻaŋ²¹⁴

炕旮晃 kʻaŋ²¹⁴ka⁵⁵⁻⁴⁵la· 炕下地面

锅台 kuə²¹⁴tʻɛ⁵³

风掀 foŋ²¹⁴ɕiã· 风箱

箸笼子 tʃu⁵⁵loŋ⁵³⁻⁵⁵tθɹ· 筷筒

担杖 tã²¹⁴⁻⁵³tʃoŋ· 两头带钩的扁担

（水）筲（ʂuei⁵⁵）ʂɔ²¹⁴ 水桶

燎壶 liɔ⁵⁵xu⁵³ 烧水用壶

囗子 niŋ⁵⁵⁻⁴⁵tθɹ· 一种陶制容器，口小颈长腹大，
　　多用以盛酒

　鬏子 poŋ⁵³⁻⁵⁵tθɹ·

八仙桌儿 pa⁵⁵⁻⁴⁵siã·tʂuəɹ⁵⁵

板凳 pã⁵⁵toŋ⁵³ 长条形的凳子

杌子 u⁵³tθɹ· 方凳

马扎子〔扎儿〕ma⁵⁵tʂa⁵⁵⁻⁴⁵tθɹ·〔tʂaɹ⁵³〕

腔枕 tou⁵³⁻⁵⁵tʃɜ· 枕头

手巾 ʃou⁵⁵⁻⁴⁵ɕiɜ· 毛巾

擦腚纸 tθʻa⁵⁵tiŋ⁵³tʂɹ⁵⁵ 手纸

弃缡 tsʻi²¹⁴li· 破碎布条

铜盆 tʻoŋ⁵³⁻⁵⁵pʻɜ· 脸盆

提兜儿 tʻi⁵³tour²¹⁴ 提包

胰子 i⁵³⁻⁵⁵tθɹ· 肥皂

糨 ɕiaŋ²¹⁴ 浆糊

拄捧 tʃu⁵⁵⁻⁴⁵paŋ· 拐杖

灯篓 toŋ²¹⁴lou· 灯笼

电棒儿 tiã⁵³⁻²¹⁴paŋɹ⁵³ 手电

手戳儿 ʃou⁵⁵⁻²¹⁴tʂʻuəɹ⁵⁵ 私人图章

戳子 tʃuə⁵⁵⁻⁴⁵tθɹ· 公章

轻铁 cʻiŋ²¹⁴tʻiə⁵⁵⁽˙⁾ 铝

鉎镂 ʂoŋ²¹⁴ʂu· 锈：这锅长～了

脚踏车 cyə⁵⁵⁻⁴⁵tʂa·tʃʻə²¹⁴ 自行车

戏匣子 ɕi²¹⁴ɕia⁵³⁻⁵⁵tθɹ· 旧称收音机

洋戏（匣子）iaŋ⁵³ɕi²¹⁴（ɕia⁵⁵⁻⁵⁵tθɹ·）旧称留声机

六、服饰、饮食

褂子 kua⁵³tθɹ· 中式单上衣

大氅 ta²¹⁴tʃʻaŋ⁵⁵ 大衣

坎肩儿 kʻa⁵⁵ciãɹ²¹⁴ 无袖无领的上衣

　背搭儿 pei²¹⁴taɹ·

　马甲儿 ma⁵⁵⁻²¹⁴ciaɹ⁵⁵

汗褐儿 xã⁵³tʻãɹ⁵⁵ 自制单层对襟背心

布袋儿 pu²¹⁴⁻⁵³teɹ· 衣兜

免裆裤子 miã⁵⁵taŋ²¹⁴kʻu⁵³tθɹ· 一种裤腰肥大的中
　　式裤子

围脖儿 uei⁵³⁻²¹⁴pəɹ⁵³ 围巾

手巴掌儿 ʃou⁵⁵pa²¹⁴tʃoŋɹ 手套

搭包 ta⁵⁵⁻⁴⁵pɔ· 用于扎腰或披肩的宽布

褯子 tsia⁵³⁻⁵⁵tθɹ· 尿布

苇笠 uei⁵⁵⁻⁴⁵li·〔ly·〕斗笠

呱哒板儿 kua²¹⁴ta·pãɹ⁵⁵ 木屐

蒲窝子 pʻu⁵³uə²¹⁴tθɹ· 蒲草编成的厚草鞋

鞋靸儿 ɕie⁵³θaɹ⁵⁵ 拖鞋

饽饽 pə²¹⁴pə· 圆形馒头

卷子 cyã⁵⁵⁻⁴⁵tθɹ· 方形馒头

火烧 xuə⁵⁵⁻⁴⁵ʃou·

气馏 cʻi⁵³⁻⁵⁵liou· 窝窝头

大果子 ta²¹⁴kuə⁵⁵⁻⁴⁵tθɹ· 油条

　麻糖 ma⁵³⁻⁵⁵tʻaŋ·〔tʻəŋ·〕

馉饳 ku²¹⁴tʂa· 饺子

面汤 miã⁵³tʻaŋ²¹⁴ 面条

黏粥 niã⁵³⁻⁵⁵tʃu· 粗粮面制成的粥

小豆腐儿 siɔ⁵⁵tou⁵³⁻⁵⁵fur 豆面加剁细的蔬菜合
　　煮而成的糊状食品

鸡子儿 ci²¹⁴tθɹ⁵⁵ 鸡蛋

瓜齑 kua²¹⁴tsi· 一种咸菜

细粉 si²¹⁴⁻⁵³fɜ· 粉丝

清酱 tsʻiŋ²¹⁴⁻⁵⁵tsiaŋ²¹⁴

　酱油 tsiaŋ²¹⁴iou⁵³

生油 ʂoŋ²¹⁴iou⁵³ 花生油

（猪）大油（tʃu²¹⁴⁻⁵⁵）ta²¹⁴iou⁵³ 猪油

平度市志 1986～2005
PINGDUSHIZHI

荤油 xuə²¹⁴iou⁵³
枇杷梗 p'i⁵³pa·koŋ⁵⁵ 一种细条形油炸甜食
反背果子 fə²¹⁴pei·kuə⁵⁵⁻⁴⁵tθɿ· 两块长形面片中间切开套叠后油炸而成的甜食

七、农、工、学、商
生产 ʂoŋ²¹⁴sã⁵⁵
营生儿 iŋ⁵³⁻⁵⁵ʂoŋr 活儿，事情
庄户人 tʂuaŋ²¹⁴xu·iə̃· 农民
　庄户头 tʂuaŋ²¹⁴xu·t'ou⁵³ （卑称或谦称）
　　你~｜俺~
上坡 ʃaŋ⁵³⁻²¹⁴p'ə̃⁵⁵ 到地里干农活
下坡 çia⁵³⁻²¹⁴p'ə̃⁵⁵ 收工
抓 tʂua⁵⁵ 用镢、镐等刨：~地｜~地瓜
筘子 tʃə⁵⁵tθɿ· 茇子，一种狭长的粗席，可以围起来囤粮食
遮〔捂〕眼儿 tʃə²¹⁴〔u⁵⁵⁻⁴⁵〕iãr 捂住牲口眼睛的罩子
坷垃 k'a⁵⁵⁻⁴⁵la· 土块
阿萨 a⁵⁵⁻⁴⁵θa· 喂牲口的碎草
固根 ku²¹⁴⁻⁵³kə̃· 白薯等块茎植物的根部
茇带 pə⁵³⁻⁵⁵te· 玉米、高粱、谷子等农作物收割后留下的根部
瓷 tsou²¹⁴ 砌：~井
驴帻 ly⁵³⁻⁵⁵cy· 旧式犁
做买儿卖儿 tθou²¹⁴mer⁵⁵⁻⁴⁵mer 经商
走字儿 tθou⁵⁵tθɿr⁵³ 走运
坊子 faŋ²¹⁴tθɿ· 旧称吃住兼营的旅馆
　店 tiã²¹⁴〔tiã⁵³〕
闯外 tʂuaŋ⁵⁵⁻²¹⁴uɛ⁵³ 外出谋生
裁坊 tθ'ə̃⁵³⁻⁵⁵faŋ· 裁缝
锢露子 ku⁵³lu·tθɿ· 铜匠
大师傅 ta⁵³⁻⁵⁵ʂɿ·fu· 炊事员
　厨子 tʃu⁵³⁻⁵⁵tθɿ·
代诏 tɛ⁵³⁻⁵⁵tʃ'ou· 旧称理发员
先生 siã²¹⁴ʂoŋ· 旧称教师、医生、算卦人等

学屋 çyə⁵³⁻⁵⁵u· 学校
　书房儿 ʃu²¹⁴faŋr⁵³
叔伯字儿 ʃu⁵⁵⁻⁴⁵pei·tθɿr⁵³ 别字
戏子 çi²¹⁴tθɿ· 旧称演员
扭 tʃou⁵⁵ 表演：又唱又~
耍藏艺儿的 ʂua⁵⁵tθ'aŋ⁵³irti· 旧称杂技演员
　耍玩艺儿的 ʂua⁵⁵uã⁵³⁻⁵⁵irti·
大戏 ta²¹⁴⁻⁵³çi²¹⁴ 旧称京剧
托〔撮〕头子戏 t'uə⁵⁵⁻⁴⁵〔tθ'uə⁵⁵⁻⁴⁵〕t'out'θɿ·çi⁵³ 旧指木偶戏
拉洋片 la⁵⁵iaŋ⁵³p'iã²¹⁴ 西洋镜
跑耍儿 p'ɔ⁵⁵⁻²¹⁴ʂuar⁵⁵ 旧称旱船、龙灯等跑动的民间文艺活动
打懒老婆儿 ta⁵⁵⁻²¹⁴lã⁵⁵⁻⁴⁵lɔ·p'ər 打陀螺

八、动物、植物
儿马 ər⁵³⁻⁵⁵ma· 公马
骒马 k'uə²¹⁴⁻⁵³ma· 母马
犍子 ciã²¹⁴tθɿ· 公牛
氏牛 ʂɿ⁵³niou· 母牛
叫驴 ciɔ²¹⁴⁻⁵³ly· 公驴
草驴 tθ'ɔ⁵⁵⁻⁴⁵ly· 母驴
角猪 cyə⁵⁵⁻⁴⁵tʃu· 配种用的公猪
芽狗子 ia⁵³⁻⁵⁵kou·tθɿ· 公狗
母狗子 mu⁵⁵⁻⁴⁵kou·tθɿ· 母狗
儿猫（蛋子）ər⁵³⁻⁵⁵mɔ·（tã⁵³⁻⁵⁵tθɿ·）公猫
女猫儿 ny⁵⁵⁻⁴⁵mɔr 母猫
耗子 xɔ⁵³⁻⁵⁵tθɿ·
　老鼠 lɔ⁵⁵⁻⁴⁵ʃu·
扁嘴 piã⁵⁵⁻⁴⁵tθei· 鸭子
　吧吧儿 pa²¹⁴⁻⁵⁵par²¹⁴
　鸭巴子 ia⁵⁵pa²¹⁴tθɿ·
马虎 ma⁵⁵⁻²¹⁴xu· 狼
黑瞎子〔厮〕xei⁵⁵⁻²¹⁴çia⁵⁵⁻⁴⁵tθɿ·〔θɿ·〕熊
　狗熊（驼子）kou⁵⁵çiŋ⁵³（t'uə⁵³⁻⁵⁵tθɿ·）
臊貔子 θɔ²¹⁴p'i⁵³⁻⁵⁵tθɿ· 黄鼠狼

第二十篇　社会生活

腺〔黄〕水狼子 θɔ²¹⁴〔xuaŋ⁵³⁻²¹⁴〕ʂuei·laŋ⁵³⁻⁵⁵tθɿ·

貔狐子 pʻi⁵³⁻⁵⁵xuˑtθɿ· 狐狸

鸦鹊 ia⁵⁵⁻⁴⁵tsʻʅ·〔tsʻyə·〕喜鹊

老哇 lɔ⁵⁵⁻⁴⁵ua· 乌鸦

鹁鸽 pu⁵³⁻⁵⁵kaˑ 鸽子

燕儿 iãr²¹⁴ 燕子

捣打木子 tɔ⁵⁵⁻⁴⁵taˑmu⁵³tθɿ· 啄木鸟

蝙蝠 piə⁵⁵⁻⁴⁵xuˑ〔fu·〕

猫儿头儿 mɔ⁵³⁻⁵⁵ərtʻour⁵³ 猫头鹰

青蛙 tsʻiŋ²¹⁴uɛ·

蛤蟆哥当子 xa⁵⁵⁻⁴⁵maˑkuə²¹⁴taŋ⁵³tθɿ· 蝌蚪

长虫 tʃʻaŋ⁵³⁻⁵⁵tʂʻuŋ· 蛇

蝎虎子〔虎儿〕çiə⁵⁵⁻⁴⁵xuˑtθɿ·〔xur〕壁虎

蝼蛄 lu⁵³⁻⁵⁵ku·

曲蟮 cʻy⁵⁵⁻⁴⁵ʃã· 蚯蚓

脚木胶 cyə⁵⁵⁻⁴⁵muˑciɔ²¹⁴ 蜗牛

蚂蚱 ma⁵³tʂa· 蝗虫

蝈儿蝈儿 kuɛr²¹⁴kuɛr·

刀螂 tɔ²¹⁴loŋ·〔laŋ·〕螳螂

蜻蜓 tʻiŋ²¹⁴tʻiŋ·

蚁蚰 i⁵⁵⁻⁴⁵iaŋ· 蚂蚁

促〔土〕织儿织儿 tθʻu⁵⁵⁻⁴⁵〔tʻu⁵⁵⁻⁴⁵〕tʂərtʂər· 蟋蟀

蠽留 tsiə⁵³⁻⁵⁵liou· 蝉

蠽留猴儿〔鬼儿〕tsiə⁵³⁻⁵⁵liouˑxour⁵³〔kueir⁵⁵〕蝉的幼虫

虼蚤 kuə⁵⁵⁻⁴⁵tθɔ· 跳蚤

苍蝇 tθʻaŋ²¹⁴iaŋ·〔iŋ·〕

白渣 pei⁵³⁻⁵⁵tʂa· 苍蝇卵

蜜虫子 mi⁵³⁻⁵⁵tʂʻuŋˑtθɿ· 蚜虫

屎气螂 ʂʅ⁵⁵⁻⁴⁵cʻiˑlaŋ⁵³ 蜣螂

臭大姐 tʃʻou²¹⁴⁻⁵³taˑtsiə· 臭椿象

水鬼儿 ʂuei⁵⁵⁻⁵³〔²¹⁴〕kueir⁵⁵ 孑孓

菢 pɔ⁵³ 禽孵雏，畜生子

胡秫 xu⁵³⁻⁵⁵ʃu· 高粱：~米｜~秸

玉胡秫 y²¹⁴xu⁵³⁻⁵⁵ʃu· 玉米的又称

长果儿 tʃʻaŋ⁵³⁻²¹⁴kuər⁵⁵ 花生

　长生果儿 tʃʻaŋ⁵³ʂoŋ²¹⁴kuər⁵⁵

芫荽 iã⁵³⁻⁵⁵si· 香菜

萝贝 luə⁵³⁻⁵⁵pei· 萝卜

扁豆 piã⁵⁵⁻⁴⁵tou· 芸豆

墙〔药〕扁豆 tsʻiã⁵³⁻⁵⁵〔yə⁵³〕piãˑtou· 扁豆

洋柿子 yaŋ⁵³⁻²¹⁴ʂʅ⁵³tθɿ· 番茄

酸楂 θã²¹⁴⁻⁵⁵tʂa²¹⁴ 山楂

拉荸柳 la²¹⁴taˑliou⁵⁵ 垂柳

偏松 pʻiã²¹⁴⁻⁵⁵siŋ²¹⁴ 扁柏

转莲葵 tʃuã⁵³⁻⁵⁵liãˑkʻuei⁵³ 向日葵

莲花 liã⁵³⁻⁵⁵xua· 荷花

苦菜子 kʻu⁵⁵⁻⁴⁵tθʻɛˑtθɿ· 苦菜

曲曲芽 cʻy⁵⁵⁻⁴⁵cʻyˑia⁵³〔²¹⁴〕一种野菜，味苦

齐齐菜 tsʻi⁵³⁻⁵⁵tsʻiˑtθʻɛ²¹⁴〔⁵³〕小蓟，叶上有刺

蚂蚱菜 ma⁵³tʂaˑtθʻɛ²¹⁴〔⁵³〕马齿苋

菠菠丁 pə⁵⁵⁻⁴⁵pəˑtiŋ²¹⁴ 蒲公英

灰菜 xuei²¹⁴tθʻɛ· 藜

车车子 tʃʻə²¹⁴tʃʻəˑtθɿ· 车前子

九、性质状态、副词

好 xɔ⁵⁵

（差）不离儿（tʂʻa²¹⁴）puˑlir⁵³ 差不多，可以：这东西~？

孬 nɔ²¹⁴ 不好，差

赖 lɛ²¹⁴〔⁵³〕

糙 tθʻɔ²¹⁴ 不好：不~｜~好

杂麻 tθa⁵³ma· 质差：这衣裳忒~了｜~粮食

板正儿 pã⁵⁵⁻⁴⁵tʂoŋr 整洁

邋撒 la⁵³θa· 脏乱不整洁

　派赖 pʻɛ⁵³lɛ·

　埋汰 mɛ⁵³⁻⁵⁵tʻɛ·

窝囊 uə²¹⁴noŋ· 很脏

宽拓 kʻuã²¹⁴tʻuə· 宽绰

窄巴 tʂɛi⁵⁵⁻⁴⁵pa· ①窄小：他家住的挺~　②生

平度市志 1986～2005
PINGDUSHIZHI

活不宽裕：我手头挺～

团团 tʻã⁵³⁻⁵⁵ tʻa· ①形容圆，多指球形②形容旋转或围绕的样子：～转｜～围住

翘棱 cʻiɔ²¹⁴⁻⁵³loŋ· 物体不平正

斜棱 siə⁵³⁻⁵⁵loŋ· ①斜，不正：稳（安放）～了，正过来　②品行不正：这人挺～

侧棱 tʂei⁵⁵⁻⁴⁵loŋ· 歪：～着身子睡

反背着 fã²¹⁴pei⁵³tʂʅ· 反着：不要～稳（安放）｜他尽和我～着干

挺托 tʻiŋ⁵⁵⁻⁴⁵tʻuə· 人强健，物品结实

棒实 paŋ⁵³⁻⁵⁵ʃʅ·（身体）结实

整壮 tʂoŋ⁵⁵⁻⁴⁵tʂuaŋ· 不零碎

零儿八碎 liŋ⁵³⁻⁵⁵ərpa⁵⁵⁻⁴⁵θei· 支离破碎

暄 çyã²¹⁴ 松软

艮 kəʔ⁵⁵ ①食物不脆②物品受潮③性格黏糊

冷清 loŋ⁵⁵⁻⁴⁵tsʻiŋ·（天气）冷：身上～

暖和 nɔ⁵⁵⁻⁴⁵xuə·

熨帖 y⁵⁵⁻⁴⁵tʻiə· 完美，妥当

旺醒 uaŋ⁵³⁻⁵⁵siŋ· 没病没灾（多指小孩）

鲁笨 lu⁵⁵pəʔ⁵³ 愚笨

愚 y²¹⁴（少用）

精神 tsiŋ²¹⁴ʃəʔ· ①外表活跃有生气②精明：这人办事挺～的

鬼唧唧的 kuei⁵⁵⁻⁴⁵tsi·tsi⁵⁵⁻⁴⁵ti· 心眼多

光棍 kuaŋ²¹⁴⁻⁵⁵kuã²¹⁴〔kuaŋ²¹⁴kuã⁵³〕精明，办事利索：这人真～

仔细 tθʅ⁵⁵⁻⁴⁵si· ①细致②节俭③吝啬

乇古 ka⁵⁵⁻⁵⁵ku· 吝啬

狗腺 kou⁵⁵⁻⁴⁵θɔ·

小气 siɔ⁵⁵⁻⁴⁵cʻi·

大手 ta²¹⁴⁻⁵⁵ʃou· 大方不吝啬

听说 tʻiŋ²¹⁴ʃuə⁵⁵（孩子）听话

嚼撩 tsiɔ⁵³⁻⁵⁵liɔ·（孩子）不听话

嚼牙 tsiɔ⁵³⁻²¹⁴ia⁵³· 办事违背常情，难缠

嚼浸 tsiɔ⁵³⁻⁵⁵tsiə·

害淡 xɛ⁵³⁻²¹⁴tã⁵³ 害羞：～的慌

脸偏 liã⁵⁵⁻⁴⁵pʻiã· 腼腆

俏撑 tsʻiɔ⁵³tʂʻoŋ· 潇洒利索（多用于形容中年以下妇女）

刮静 kua⁵⁵⁻⁴⁵tsiŋ· 整洁利索（多用于形容中年以上妇女）

浪 laŋ²¹⁴ 打扮妖艳，行为放荡（多指女性）

武浪 u⁵⁵⁻⁴⁵laŋ· 行为放纵不端（多指男青年）

悟良 u⁵³liaŋ· 懂事有礼貌（多指小孩）

热盆儿 iə²¹⁴pʻər⁵³ 对某事感兴趣：我对篮球挺～

硌影 kuə⁵³iŋ· 讨厌：我真～他

恣 tθʅ⁵³ 舒服：受到表扬，心里真～

使 ʂʅ⁵⁵ 累：干这活真～人

鼓趿 ku⁵⁵⁻⁴⁵tʂue· 象鸭子走路的样子：他走道～～的

屎蛋 ʂʅ⁵⁵tã⁵³ 无赖

尿泥 niɔ²¹⁴mi⁵³

流球鬼子 liou⁵³⁻⁵⁵cʻiou·kuei⁵⁵⁻⁴⁵tθʅ·（多指青年）

泼皮 pʻɔ⁵⁵pʻi⁵³ 泼辣能吃苦：这孩子真～

野巴 iə⁵⁵⁻⁴⁵pa· 粗野

才刚 tθʻɛ³ciaŋ²¹⁴ 刚才

这〔刚〕才 tʃə²¹⁴〔ciaŋ²¹⁴〕tθʻɛ⁵³

才价码儿 tθʻɛ⁵³⁻⁵⁵cia·mar⁵⁵

刚 ciaŋ²¹⁴ 表示勉强达到某种程度，刚好：他当兵～够高

刚刚（的）ciaŋ²¹⁴⁻⁵⁵ciaŋ²¹⁴（ti·）

冷大景的 loŋ⁵⁵⁻⁴⁵ta·ciŋ⁵⁵⁻⁴⁵ti· 冷不防，突然

招价 tʃɔ²¹⁴ci· 经常

管价 kuã⁵⁵⁻⁴⁵ci· 总是

一共拢总 i⁵⁵⁻⁴⁵kuŋ·loŋ·tθoŋ⁵⁵ 统统，总共

赶急 kã⁵⁵⁻⁴⁵ci· 马上：你别急，我～就去

赶忙儿 kã⁵⁵⁻⁴⁵maŋr·（少用）

爽 ʂuaŋ⁵⁵〔⁵³〕赶快：电影快开演了，～走

没点儿点儿 mu²¹⁴tiãr·tiãr· 很少一点儿

了了儿 liɔ⁵⁵⁻⁵⁵liɔr⁵³ 少：你小麦打多少？～啊

没〔不多〕藏赶儿 mu⁵³〔pu⁵⁵⁻⁴⁵tuə·〕

tθaŋ·kãr⁵⁵ 一小会儿

第二十篇 社会生活

没是藏赶 mu⁵³ʂʅ‘tθaŋ²¹⁴kã⁵⁵ 很长一会儿

差没点儿 tʂʻa⁵³muˑtiãr⁵⁵ 差一点儿

龙够 loŋ⁵³⁻⁵⁵kouˑ 有空闲：～就到我家耍

归其 kuei²¹⁴⁻⁵⁵cʻi²¹⁴ 原来：我当是谁，～是你

其必 cʻi²¹⁴pi⁵⁵ 想必：今天他没来，～是病了

单住工 tã²¹⁴tʃuˑkuŋ²¹⁴ 特意：～来看你

别 pɛ⁵³ 不要：恁俩～打了

看 kʻã²¹⁴ 提醒注意：～打着你｜～别打着我

没是 mu⁵³ʂʅ 很：～高

忒 tʻei²¹⁴ 太：～大了，弄小一点儿

乔 cʻio⁵³ ①很＜腥、臊、臭等＞：～臭｜～脏②一个劲地＜喊、叫等＞：～吆喝

老 lo⁵⁵ 很：～厉害

老鼻子 lo⁵⁵pi⁵³⁻⁵⁵tθŋˑ ①非常：～多了②很多：集上人～了

哧儿哧儿 tʂʻʅr²¹⁴⁻⁵⁵tʂʻʅr²¹⁴ 轻轻，悄悄：～放下｜～走

赶价 kã⁵⁵⁻⁴⁵ciˑ 愈来愈：这孩子～不听说了

十、介词、数量词、助词、语气词

1. 介词

打〔曼〕〔捞〕〔把〕taˑ⁵⁵〔mã⁵³〕〔lo²¹⁴〕〔pa⁵⁵〕从、顺着：～这条道走｜恁～哪来的？｜～河沿走

叫 cio²¹⁴ 被、让：他～狗咬了

使 ʂŋ⁵⁵ 用：你～什么笔写字？

上 ʃaŋ⁵³ ①到：你～哪去？②同，跟：我～你说句话

照 tʃo⁵³ ①按照②朝：一直～前走

2. 数量词

一个 i⁵⁵kuə²¹⁴

两个〔俩〕liaŋ⁵⁵⁻⁴⁵kuəˑ〔lia⁵⁵〕

三个〔仨〕θã²¹⁴kuəˑ〔θa²¹⁴〕

四个 θŋ⁵³kuəˑ

十个 ʃŋ⁵³⁻⁵⁵kuəˑ

十一 ʃŋ⁵³⁻²¹⁴i⁵⁵

拉〔来〕laˑ〔leˑ〕上下，左右，表概数：十～个｜百～十个

数 ʂuˑ 上下，左右，表概数：千～棵｜万～个

合儿 xuər⁵³ 表倍数：六是二的三～的

之 tʂŋ²¹⁴ 表分数：三～一（三分之一）

若干 yɔ²¹⁴⁻⁵⁵kã²¹⁴ 不少，挺多：集上有～人

行 çiŋ⁵³ 层：盖一栋屋就扒一～皮

块儿 kuər⁵³〔²¹⁴〕个，节，支，部，辆：一～故事｜一～电池｜一～歌儿｜一～电影儿｜一～自行车

盼子 pʻã⁵³tθŋˑ 一段时间，一阵子：坐了一～子｜锄一～地

集 tsi⁵³ 五天为一集：种完麦子得一～的工夫

遭儿 tθɔr²¹⁴ 次：去了两～

喷子 pʻɔ̃⁵³tθŋˑ 同一时期内的一批：头～花｜这一～病

3. 助词

的 tiˑ 的、地、得：他～｜吃～好｜很｜这东西吃～吃不～

着 tʂʅ 表示持续：坐～说｜走～走～天黑了

来 leˑ 啦：吃～｜听说～

4. 语气词

嘅 kʻeˑ 表示不耐烦的语气：你快吃～｜俺没有了～

咯 kəˑ 呢：要（是）他不来～？｜要（是）下雨～？

吭 xaŋ⁵³ 表示商量、嘱咐的语气：就这样吧，～｜别动，～｜快吃吧，～

第四节　语法特点

一、词

1. 名词重叠

平度方言的名词重叠多是小孩儿用语，这跟普通话并无不同。其特点主要在重叠的两个音节除个别词以外都要儿化。例如：

碗儿碗儿　饭儿饭儿　肉儿肉儿　饺儿饺儿　果儿果儿　帽儿帽儿　袜儿袜儿　鞋儿鞋儿　兜儿兜儿

刀儿刀儿　盒儿盒儿　本儿本儿　车儿车儿　兔儿兔儿　猫儿猫儿　蝈儿蝈儿　肚儿肚儿　觉儿觉儿

2. 人称代词

人称	单数			复 数			
第一人称	我 uə^{55}	俺 ã^{55}	咱 tθʒ^{53}	我们 uə$^{55\text{-}45}$mʒ·	俺 ã^{55}	俺们 ã$^{55\text{-}45}$mʒ·	咱 tθʒ^{53}	咱们 tθʒ$^{53\text{-}55}$mʒ·
第二人称	你 ni^{55}	恁 nʒ^{55}		恁 nʒ^{55}	你们 ni$^{55\text{-}45}$mʒ·			
第三人称	他 t'a^{55}			他们 t'a$^{55\text{-}45}$mʒ·				

俺、咱、恁，都可兼表单、复数的主格和领格，但"恁"用于表示单数主格时往往含有讥讽、挖苦的意味，"咱"用于单数领格时带有委婉的语气。见下表：

	俺	咱	恁
单数主格	你去吧，~自己在家	~可不敢跟人家比	~行！谁敢跟~比（讥讽）
复数主格	~俩都去	~仨都去吧	~仨都去
单数领格	~家来_{我的妻子}不在家	~家来_{我的妻子}可不行（委婉）	~家来_{你的妻子}在家吗
复数领格	~村儿	~村儿	~村儿

3. 量词重叠

部分单音节量词（包括具有量词性质的名词）的重叠，除"CC"（如"个个""天天"）以外，还有一种"C顶C儿"式，有进一步强调"每一"义。这种形式普通话也有，例如"个顶个儿"，但平度话用得比普通话多，而且第一个"C"也常可以儿化，成为"C儿顶C儿"式。例如：

天（儿）顶天儿　家（儿）顶家儿　个（儿）顶个儿　棵（儿）顶颗儿　车（儿）顶车儿

根（儿）顶根儿　块（儿）顶块儿　回（儿）顶回儿　趟（儿）顶趟儿　垡（儿）顶垡儿_{每次}

4. 几个动词后缀

(1) 巴　单音节动词多可带后缀"巴"，有和谐音节和舒缓语气的作用。例如：

挤~ 捏~ 弹~ 拧~ 推~ 拉~ 拥~ 扬~ 挑~ 翻~ 摔~ 摊~ 掷~

堆~ 垛~ 塞~ 压~ 砸~ 劈~ 剁~ 捣~ 剔~ 分~ 打~ 掐~ 洗~

搓~ 擦~ 锄~ 掘~ 泥~ 糊~ 扫~ 掰~ 撕~ 护~ 缠~ 踡~ 踢~

跺~ 踹~ 踩~ 啃~ 嚼~ 唬~ 呛~ 晒~ 晾~ 讲~ 学~ 长~ 听~

(2) 达 单音节动词多可带后缀“达”，使动作减轻力度，含有轻松、随意的意味。例如：

拿~ 拉~ 夹~ 叠~ 剁~ 戳~ 掘~ 撅~ 泥~ 垒~ 洗~ 糊~ 摆~

跺~ 蹦~ 蹬~ 吐~ 呲~ 数~ 卖~ 吹~ 看~ 听~ 求~ 讲~ 学~

(3) 拉 单音节动词多可带后缀“拉”，使动作含有轻松、粗拉等意味。例如：

扒~ 划~ 掰~ 拨~ 抹~ 抓~ 扯~ 拖~ 泥~ 拽~ 绞~ 涮~ 拌~

揉~ 缠~ 扑~ 劈~ 捻~ 穿~ 薅~ 浇~ 趿~ 跨~ 碾~ 踡~ 骑~

踟~ 摇~ 摆~ 围~ 滚~ 翻~ 舞~ 瞅~ 舔~ 嗽~ 数~ 睁~ 淋~

(4) 么 可作部分单音节动词（或动素）的后缀。除有舒缓语气的作用外，一般还使该动作含有一点“细腻”的意味，有的还赋予了特定的含义和感情色彩。例如：

瞅~ 咂~ 抠~ 估~ 猜~ 捞~ 凑~ 沾~ 舔~ 缠~

“沾~”：泛指沾小便宜的行为。“舔~”：一般指拍马屁。“溜~”：用于反面，义同“舔~”；用于正面，一般用来形容小孩儿善于讨人喜欢。

(5) 悠 作部分单音节动词的后缀，使该动作含有“舒缓”的意味，并使之呈现形象化色彩。例如：

逛~ 搓~ 晃~ 团~ 荡~ 转~ 飘~ 颤~

(6) 部分单音节动词和形容词还可用“送”“乎”作后缀，例如：

送：弄~ 拥~ 拱~ 掖~ 填~ 拄~塞给 告~ 囔~嘟囔

乎：管~ 摆~ 理~ 惹~ 在~ 近~ 热~ 黏~ 玄~ 温~ 忙~ 晕~

5. 语素的排列顺序 平度方言与普通话相比，构词中有同素异序现象。例如：

普通话	相貌	颠倒	摆布	承认	练习	积攒	散乱	盼望	诚实	乜斜	刚才
平度	貌相	倒颠	布摆	认承	习练	攒积	乱散	望盼	实诚	斜乜	才刚

平度市志 1986～2005
PINGDUSHIZHI

6. 相同汉字依靠语音区分不同词义或词性的几组词语

汉字	读音	词义（词性）	汉字	读音	词义（词性）
大姨	ta²¹⁴i⁵³	最大的姨母（名）	一楼	i⁵⁵⁻⁴⁵lou·	第一层楼（词组）
大姨子	ta²¹⁴i⁵³⁻⁵⁵tθ٦·	特指妻子的大姐		i⁵⁵lou⁵³	整座楼（词组）
	ta²¹⁴⁻⁵³i·tθ٦·	泛指妻子的姐姐	细粉	si²¹⁴⁻⁵³fə·	粉条（名）
光棍儿	kuaŋ²¹⁴kuə̃r⁵³	单身汉（名）		si²¹⁴⁻⁵³fə̃⁵⁵	粉状物（词组）
光棍	kuaŋ²¹⁴kuə̃⁵³	指办事精明（形）	锅腰	kuə²¹⁴⁻⁵⁵iɔ²¹⁴	弯腰（词组）
把头	pa⁵⁵⁻⁴⁵t'ou·	工头（名）	锅腰儿	kuə²¹⁴iɔr·	驼背（名）
把头儿	pa⁵⁵t'our⁵³	把持事物的一头	过年	kuə²¹⁴niã⁵³	过春节（词组）
打手	ta⁵⁵⁻⁵³∫ou⁵⁵	打人的手（词组）		kuə⁵³niã·	明年（名）
	ta⁵⁵⁻⁴⁵∫ou·	雇佣的打手（名）	耳根子	ər⁵⁵kə̃²¹⁴tθ٦·	耳朵根（名）
大手	ta²¹⁴∫ou⁵⁵	大的手（词组）		ər⁵⁵kə̃²¹⁴⁻⁵³tθ٦·	耳光（名）
	ta²¹⁴⁻⁵⁵∫ou·	不节俭（形）	不管事儿	pu⁵⁵⁻²¹⁴kuã⁵⁵ʂ٦²¹⁴	不要紧（词组）
山东	ʂã²¹⁴⁻⁵⁵toŋ·	山东省（名）		pu⁵⁵⁻²¹⁴kuã⁵⁵ʂ٦⁵³	不主管事（词组）
	ʂã²¹⁴⁻⁵⁵toŋ²¹⁴	山以东（词组）	中儿	tʂuŋr²¹⁴	中间（方位）
轧伙	ka⁵⁵⁻⁴⁵xuə·	结伴，结交（动）	中	tʂuŋ²¹⁴	行、好（形）
轧伙儿	ka⁵⁵⁻⁵³xuər⁵⁵	结伙儿（词组）		tʂuŋ⁵³	中的（动）
	ka⁵⁵⁻⁴⁵xuər·	姘头儿（名）			

7. 词类活用

(1) 名词活用作形容词

孙：你真也太～了。（懦弱或卑贱）

熊：那家伙才～唻（坏）｜你也真～到家了（义同上文"孙"）｜真使_累～了（比喻程度深）

草鸡：这伐儿_{回儿}他可真～了（懦弱畏缩）｜真使_累～了（比喻程度深）

妖儿：那妇女杠～（装束奇特作风不正派）｜这小家伙挺～（比喻歪心眼多）

(2) 名词活用作动词

碾<u>碾</u>　　垛<u>垛</u>　　畦<u>小葱　秧<u>地瓜　片</u>白菜（片）　用泥<u>泥</u>墙

把鱼<u>冰</u>起来　窖<u>起白菜来　用墼</u>（或砖）<u>墼</u>后窗　用粉子（或石灰）<u>粉</u>墙

(3) 形容词活用作动词

去<u>平</u>地　　松松<u>土</u>　　把这本书稳_{安放}起来，要稳好了

屋里太热，出去<u>凉快</u>一下　　你给我挑气儿_{一会儿}，我<u>轻快轻快</u>

二、词组

1. 形容词程度表示法　平度方言形容词的程度表示法丰富多彩，常用的方法有：

(1) 较普遍的方式是用程度副词"挺"$t'iŋ^{55}$、"杠（着）" $kaŋ^{214[53]}$（$tʂʅ'$）、"老（鼻子）" $lɔ^{55}$（$pi^{53-55}tθʅ'$）等表示不同的程度，例如：

原级	较高级	再高级	最高级
高	挺高	杠（着）高	老（鼻子）高
远	挺远	杠（着）远	老（鼻子）远
宽	挺宽	杠（着）宽	老（鼻子）宽
粗	挺粗	杠（着）粗	老（鼻子）粗
深	挺深	杠（着）深	老（鼻子）深
矮	挺矮	杠（着）矮	
窄	挺窄	杠（着）窄	
浅	挺浅	杠（着）浅	
香	挺香	杠（着）香	老（鼻子）香
甜	挺甜	杠（着）甜	老（鼻子）甜
咸	挺咸	杠（着）咸	老（鼻子）咸
冷	挺冷	杠（着）冷	老（鼻子）冷
热	挺热	杠（着）热	老（鼻子）热
硬	挺硬	杠（着）硬	老（鼻子）硬
软	挺软	杠（着）软	

"挺""杠""老"所分别表示的程度级别，并不绝对，如果分别加重并延长其读音，则都可表示程度的进一步加深，例如加重并延长"挺"的读音，便可表示再高一级。此外，表示消极义的形容词"矮、窄、浅、软"等，一般不用"老"修饰。

平度市志 1986～2005
PINGDUSHIZHI

（2）与度量衡单位有关的形容词，其程度表示法存在"没是 A"与"没 AB 儿"等相对的格式。例如：

积极方面（程度深）		消极方面（程度浅）	
没是 A	没是 AB	没 AB 儿	没 BX 儿
没是高	没是高矮	没高矮儿	没矮下儿
没是远	没是远下	没远下儿	没距远儿
没是宽	没是宽下	没宽下儿	没窄下儿
没是粗	没是粗细	没粗细儿	没细丝儿
没是深	没是深浅	没深浅儿	没浅下儿
没是长	没是长短	没长短儿	没短下儿
没是厚	没是厚薄	没厚薄儿	没铿薄儿
没是大	没是大小	没大点儿	没点儿点儿
没是多		没多点儿	没点儿点儿

上述格式均可重叠，例如："没是高没是高""没高矮儿没高矮儿""没矮下儿没矮下儿"等。重叠后表示程度的进一步加深。

（3）形容人的味觉、嗅觉等方面的形容词，除了可前加"挺"表示程度较高以外，还常可用"焦""驹""喷""乌""钢"等修饰，组成"AB 儿 B 儿的（含有喜爱的感情色彩）""ABB 的（程度相当于'挺 A'）""BA""BABA 的"等格式，分别表示不同的程度级别。例如：

原级（A）	比较级（AB 儿 B 儿的）	较高级（ABB 的）	高一级（BA）	最高级（BABA 的）
酸	酸溜儿溜儿的	酸溜溜的	焦酸	焦酸焦酸的
甜	甜甘儿甘儿的	甜甘甘的	甘甜	甘甜甘甜的
苦	苦森儿森儿的	苦森森的	悲苦	悲苦悲苦的
辣	辣蒿儿蒿儿的	辣蒿蒿的	死辣	死辣死辣的
咸	咸沾儿沾儿的	咸滋滋的	驹咸	驹咸驹咸的
腥	－	腥唧唧的	乔腥	乔腥乔腥的
脆	脆生儿生儿的	脆生生的	酥脆	酥脆酥脆的
涩	涩巴儿巴儿的	涩巴巴的	巴涩	巴涩巴涩的
嫩	嫩生儿生儿的		稀嫩	稀嫩稀嫩的
香	香喷儿喷儿的	香喷喷的	喷香	喷香喷香的

第二十篇　社会生活

续 1

臭	–	臭烘烘的	烘臭	烘臭烘臭的
凉	凉丝儿丝儿的	凉丝丝的	冰凉	冰凉冰凉的
热	热乎儿乎儿的	热乎乎的	放滚热	放滚热放滚热的
黑	黑乎儿乎儿的	黑乎乎的	乌黑	乌黑乌黑的
白	白沫儿沫儿的	白沫沫的	雪白	雪白雪白的
红	红扑儿扑儿的_{形容脸}　红郁儿郁儿的	红扑扑的　红郁郁的	通红	通红通红的
绿	绿铮儿铮儿的	绿铮铮的	铮绿	铮绿铮绿的
干	干松儿松儿的	干松松的	崩干	崩干崩干的
湿	湿润儿润儿的	湿润润的	精湿	精湿精湿的
黏	黏乎儿乎儿的	黏乎乎的	胶黏	胶黏胶黏的
硬	硬邦儿邦儿的	硬邦邦的	钢硬	钢硬钢硬的
沉	沉乎儿乎儿的	沉乎乎的	死沉	死沉死沉的

　　有的形容词 A 修饰成分"B"不限于一个，如"悲苦""巴苦""乌黑""烘黑"等；有的"B"不限于修饰一个形容词，如"死辣""死沉""齁咸""齁辣"，但能修饰的形容词都是很有限的，不像广用的"挺、杠、老"那样可以修饰多数形容词。

　　2. 介词省略的处所补语　普通话处所补语多用介词词组表示，例如"放在桌子上""跑到院子里"等。平度方言常省略了其中的介词，处所补语可以直接放在动词后面，这时的动词说得比较重，比较长。例如：

　　　　把饭端（到）桌子上　　　　书放（到、在）哪来？
　　　　把它扔（到、在）天井来　　（书）放（到、在）桌子上。

　　3. 助词"了"的省略　平度方言助词"了"的用法与普通话基本相同，但句中的时态助词"了"常可通过重读并延长前面动词的读音而加以省略。例如：

　　　　吃（了）饭了　　　照（了）一张像　　看（了）电影就回去　　生就（了）的骨头长就（了）的肉
　　　　炒（了）吃了　　　去（了）一趟　　　倒（了）油瓶也不扶　　半辈子才出（了）两趟门
　　　　领（了）走了　　　笑掉（了）大牙了　得（了）理儿就不让人　　跑（了）和尚跑不了庙

三、句

　　1. 比较句　平度方言除了也有普通话常用的几种比较句式外，还有两种较为特殊的句式：

　　(1) 在比较语后加"起"字的比较句，常用句式如下：

　　　　肯定比较：这个好起那个。 日子一天好起一天。

平度市志 1986～2005
PINGDUSHIZHI

　　否定比较：麦子不贵起苞米。这题（儿）不难起那题（儿）。

　　疑问比较：他长得（是）高起你（吗）？　他（是）长得高起你？　　他长得高不高起你？

　　　　　　　麦子（是）不贵起苞米？　麦子哪贵起苞米？（反问）

(2) 带"跟"或"赶"字的比较句式，常用句式如下：

　　肯定比较：他跟〔赶〕上我胖了。

　　否定比较：他跟〔赶〕不上我胖。　　他不跟我胖。

　　疑问比较：他跟〔赶〕上我胖了？　　他（是）不跟我胖？

　　　　　　　他跟〔赶〕不上我胖？　　他哪跟〔赶〕上我胖了？（反问）

　　2. 是非疑问句　平度方言除使用"中不中""去了没有"等是非疑问句式外，还另有"是不 A""是还没 A"等是非疑问句。前者问"是不是"，后者问"有没有"。例如：

　　"是不 A"式：（这苹果）是不酸？　　（你）是不去？　　（天）是不黑？

　　"是还没 A"式：（饭）是还没吃？　　（他）是还没走？　　（天）是还没黑？

第五节　语料记音

一、谚语（五条）

1. iou^{55} tʂʅ^{214} pu^{55} tθɛ^{53} niã^{53} kɔ^{214} ，u$^{53-55}$ tʂʅ^{214} kʻuŋ^{214} tʃaŋ^{55} pei^{55} θei^{53} 。
　　有　志　不　在　年　高，　无　志　空　长　百　岁。

2. iã^{55} ciŋ^{214} pu$^{55-45}$ y· ʃou^{55} ciŋ^{214} ，ʃou^{55} ciŋ^{214} pu$^{55-45}$ y· tʃʻaŋ^{53} tuɔ$^{53-55}$ loŋ· 。
　　眼　经　不　如　手　经，　手　经　不　如　常　掇　弄。

3. θã$^{214-55}$ i^{214} pu$^{55-45}$ niã· kʻou$^{55-45}$ ʂoŋ·，θã$^{214-55}$ tʻiã^{214} pu$^{55-45}$ toŋ· ʃou$^{55-45}$ ʂoŋ· 。
　　三　日　不　念　口　生，三　天　不　动　手　生。

4. tθɔ^{55} iar^{53} fa^{55} ，tʂuŋ^{214} miã$^{53-55}$ xua· 。
　　枣　芽儿　发，　种　棉　花。

5. toŋ$^{214-55}$ tsiaŋ^{214} u^{53} lu· si$^{214-55}$ tsiaŋ^{214}y^{55}，nã^{53} tsiaŋ^{214} tʃʻu$^{55-45}$ lɛ· mə^{214} niã$^{53-55}$ y·，pei^{55} tsiaŋ^{214}
　　东　虹　雾露　西　虹　雨，南　虹　出　来　摸　鲇　鱼，北　虹
tʃʻu$^{55-45}$ lɛ· xa^{55} niã$^{53-55}$ tʃu· 。
出　来　喝　黏　粥。

二、歇后语（五条）

1. si^{214} pei^{55} foŋ^{214} kua$^{55-214}$ ci$^{55-45}$ tθʅ·　　　liã^{53} foŋ^{214}　　tɛ^{214} tθʻʅr^{53} 。
　　西　北　风　刮　棘　子 —— 连　风（讽）带　刺儿。

2. θɔ̃^{214} nyr^{55} tʃʻuã^{214} tʂʅ· ma$^{55-45}$ma· ti· çie^{53}　　　mu^{53} kɛ^{55} lɔ^{55} iaŋ$^{53-55}$tθʅ· 。
　　孙　女儿　穿　着　嬷　嬷奶奶的　鞋 —— 没　改　老　样　子。

3. xei$^{55-214}$ çia$^{55-45}$ tθʅ· ciɔ^{214} mɔ̃^{53}　　çiŋ^{53} tɔ^{53} cia^{214} lə· 。
　　黑　瞎　子熊　叫　门 —— 熊　到　家　了。

第二十篇 社会生活

4. ʂ̩⁵⁵⁻⁴⁵ cʻi· laŋ· ta⁵⁵⁻⁴⁵ xa· çi·　　　kã²¹⁴⁻⁵⁵ tʂaŋ²¹⁴ tʃʻou²¹⁴ kʻou⁵⁵。
　　屎　气　郎　打　哈吸哈欠——干　张　臭　口。

5. ma⁵⁵⁻²¹⁴xu· kʻɔ̃⁵⁵ tʻiã²¹⁴　　mu· ti⁵³ faŋ· çia⁵³⁻²¹⁴kʻou⁵⁵。
　　马　虎狼 啃 天——没 地 方 下　口。

三、谜语（三条）

1. tθʻoŋ⁵³⁻²¹⁴nã⁵³ le⁵³⁻⁵⁵kə· tʂue⁵⁵⁻⁴⁵ ia· tʂue⁵⁵, pu⁵⁵⁻²¹⁴tʻuə⁵⁵ kʻu²¹⁴⁻⁵³ tθ̩· tsiou⁵³çia⁵³⁻²¹⁴ xe⁵⁵。　　piã⁵⁵⁻⁴⁵ tθei·
　　从　南来个 跐 呀 跐，不 脱 裤 子就 下 海。——扁 嘴鸭

2. li⁵⁵ miãr⁵³ kuaŋ²¹⁴, ue⁵³ miã⁵³ ʂei⁵⁵, cʻi⁵⁵⁻⁴⁵ ni· kʻue· siɔ⁵⁵ mãr²¹⁴ tθʻɛ²¹⁴ tɔ· xeir⁵⁵。
　　里 面儿 光，外 面 涩，给 你 块 小 闷儿谜儿 猜 到 黑儿。
　　tiŋ⁵⁵⁻⁴⁵ tʂ̩ʻr·
　　—— 顶 指儿顶针

3. u⁵⁵ iã⁵³ li⁵⁵⁻⁴⁵ tʻou· i⁵⁵ uə²¹⁴ xour⁵³, tʻiŋ²¹⁴ ciã· tʃʻ̩⁵⁵ fã⁵³ tiã⁵⁵⁻⁴⁵ ta· tʻour⁵³　　ia⁵³
　　屋 檐里 头 一 窝 猴儿，听 见 吃 饭 点 搭 头儿。—— 牙

四、儿歌（四首）

1. pa²¹⁴ pa· iãr⁵⁵, le⁵³⁻²¹⁴kã⁵⁵ tsi⁵³, me⁵⁵⁻⁴⁵ lə· kə· luə⁵³⁻⁵⁵ pei· taŋ⁵³ lə· kə· li⁵³, iɔ⁵⁵⁻⁴⁵ i· kʻou⁵⁵xou²¹⁴
　　疤 疤 眼儿，来 赶 集，买 了 个 萝 贝当 了 个 梨，咬 一 口 齁
　　la⁵³ ti·, xuei⁵³⁻⁵⁵ cʻy· xuã⁵³ kə· te²¹⁴ par⁵³ ti·。
　　辣 的，回 去 换 个 带 把儿 的。

2. siɔ⁵⁵ pei⁵³ cir²¹⁴, ʃaŋ⁵³ tθʻɔ̃⁵³ tuə⁵³, ʃɔ̃²¹⁴ ʃɔ̃· tʻeir⁵⁵, pu· nɔ⁵⁵⁻⁴⁵ xuə·, ã⁵⁵ niaŋ⁵³ pu· cʻi⁵⁵⁻²¹⁴ uə· 〔ã⁵⁵〕
　　小 白 鸡儿，上 草 垛，伸 伸 腿儿，不 暖 和，俺 娘 不 给　我 〔俺〕
　　ʃuə⁵⁵⁻²¹⁴ lɔ⁵⁵⁻⁴⁵ pʻə·。
　　说 老 婆。

3. tʃʂə⁵⁵⁻⁴⁵ ta· cy²¹⁴, ka⁵⁵ ta²¹⁴ xue⁵³, i⁵⁵⁻²¹⁴ tʃʂə⁵⁵tʃʂə⁵⁵⁻⁴⁵ tɔ· lɔ⁵⁵⁻⁴⁵ niaŋ· ci· ta⁵³ mã⁵³⁻²¹⁴ ue⁵³。lɔ⁵⁵⁻⁴⁵ niaŋ·
　　扯 大 锯，割 大 槐，一 扯扯 到 姥 娘 家大 门 外。 姥 娘
　　tθe⁵³ ciã· le· lɔ⁵³ kã²¹⁴ fã⁵³, ciou⁵³ mu· tθɛ⁵³ ciã²¹⁴ le· ɔ²¹⁴ pa⁵³ y·, tʃʻoŋ²¹⁴ ti· kə·siɔ⁵⁵ xer⁵³ kə·lɔ⁵³ ta⁵³ ly·。
　　在 家来 捞 干 饭，舅 母 在 家 来熬 鲅鱼，撑 的 个小 孩儿个老 大 驴。

4. siɔ⁵⁵ paŋr⁵³ paŋr·, kã⁵⁵ nã⁵³ tʂuaŋr²¹⁴, me⁵⁵ pə²¹⁴ tθʻe⁵³, tʂʻa⁵⁵ çiã⁵³ tʻaŋ²¹⁴, xa⁵⁵⁻⁴⁵ i· kʻou⁵⁵, pʻɔ̃·²¹⁴
　　小 棒儿 棒儿，赶 南 庄儿， 买 菠 菜，馇 咸 汤， 喝 一 口， 喷
　　pʻɔ̃· çiaŋ²¹⁴, pu· xa⁵⁵ pu· xa⁵⁵ iou⁵³ iɔ⁵⁵⁻⁴⁵ ʃaŋ·, tʂʻoŋ²¹⁴ti· ke· siɔ⁵⁵ tur⁵³ lã²¹⁴ kuaŋ⁵³ taŋ· kuaŋ⁵³ taŋ·
　　喷 香， 不 喝 不 喝 又 馇 上， 撑 的 个 小 肚儿乱 逛 荡 逛 荡
　　kuaŋ⁵³ taŋ· lã²¹⁴ kuaŋ⁵³ taŋ·。
　　逛 荡 乱 逛 荡。
　　逛 荡乱 逛 荡。

五、故事（一则）

　　　ta²¹⁴ tʂei⁵³ ʂã²¹⁴ ti· tʃʻuã⁵³ ʃuər⁵⁵
　　　大 泽山 的 传 说儿

　tʻaŋ⁵³ tʃʂɔ⁵³ i· kʻɛ²¹⁴ tʻour⁵³ nə²¹⁴ 〔niə²¹⁴〕ci· niã⁵³, li⁵⁵ ʃ̩²¹⁴ miã⁵⁵ tʃʻoŋ⁵³ tʻiã²¹⁴ ci· liŋ⁵⁵⁻⁴⁵ tʂ̩ʻ pin²¹⁴
　唐 朝 一开 头儿那 〔乜〕 几 年，李 世 民 成 天 价领 着 兵

平度市志 1986～2005
PINGDUSHIZHI

ma⁵⁵ toŋ²¹⁴⁻⁵⁵ tʃã²¹⁴ si²¹⁴ ʂa⁵⁵。i⁵⁵ tʰiã²¹⁴, tθou⁵⁵⁻⁴⁵ tɔˑ tθɔ̃⁵³ çiã· pei⁵⁵⁻⁴⁵ piãr· ti· ta²¹⁴⁻⁵⁵ tsʰiŋ²¹⁴⁻⁵⁵ ʂã²¹⁴
马　东　　战 西　杀。一天，　走　　到 咱 县 北　边儿的大　　青　　山

kãr²¹⁴ çiaˑ, kʰã⁵³tɔˑʃaŋ⁵³ toŋ²¹⁴ tθou⁵⁵⁻⁴⁵ ti· tɔr⁵³uã²¹⁴ uã· cʰy⁵⁵⁻⁴⁵ liour· ti·, xei⁵⁵⁻⁴⁵ ci· xɔ⁵⁵⁻⁴⁵ puˑ xɔ⁵⁵⁻²¹⁴
根儿 下，看 到 上 东　走　 的 道儿弯 弯 曲 溜儿的，黑　价很 不 好

tθou⁵⁵; tsiou⁵³çia⁵³⁻²¹⁴miŋ³ liŋˑ tʃu⁵³⁻⁵⁵ çia·。tʃã²¹⁴ ʂɿ⁵³⁻⁵⁵ xour tʃoŋ²¹⁴ pʰoŋ⁵³ ʃaŋˑ tʰiã²¹⁴ xã⁵³, tuə²¹⁴⁻⁽⁵⁵⁾ ʃuə· i⁵³
走，　就　下 命　令 住 下。这 时　候儿 正　碰 上 天 旱，多　　少　　日

tθɿˑ mei· çia⁵⁵⁻²¹⁴y⁵⁵, piŋ²¹⁴ ma⁵⁵ iŋ²¹⁴ʂuei⁵⁵ iou⁵³ tuə²¹⁴, mu⁵³ tθaŋ²¹⁴ kãr⁵⁵　　　pa⁵⁵ θɿ²¹⁴ çia· ti· tsiŋ⁵⁵
子 没 下　雨，兵　马 用　水 又　多，　没 藏　赶儿很快　　把 四 下的 井

tou²¹⁴ ʂɿ²¹⁴ kã²¹⁴ lə·, xe⁵³ʂɿ· puˑ kou²¹⁴ ʂɿ⁵⁵⁻⁴⁵ti·。li⁵⁵ ʃɿ²¹⁴ miã⁵³ tθɔ̃⁵³ məˑ siaŋ⁵⁵ iə⁵⁵⁻⁵³ siaŋ⁵⁵⁻⁴⁵ puˑ tʃu⁵⁵
都　使用 干 了，还 是 不 够　使 的。李 世 民　怎 么 想 也　想　　不 出

pã⁵³ faˑ lə·。xei⁵⁵⁻⁴⁵ ci·, tʰa²¹⁴ tʃʰou⁵⁵⁻⁴⁵ tʃɿˑ iou⁵³ yə⁵³ miŋ·　ti· ʂɿ⁵³⁻⁵⁵ xour, te⁵³ tʃɿˑ xu⁵³ piŋ²¹⁴
办 法 来。黑　价晚上，他　瞅　着有 月　明月亮的 时　候儿，带 着 护 兵

cʰi⁵³⁻⁵⁵ tʃɿˑ ma⁵⁵ tθou⁵⁵⁻⁴⁵ ʃaŋ· ʂã²¹⁴ cʰy⁵⁵
骑 着 马 走　　上 山 去。

　　tθou⁵⁵⁻⁴⁵ lə· i· cʰir²¹⁴, tʰa⁵⁵ tθɿ⁵³ ci· iə⁵⁵ cyə⁵⁵⁻⁴⁵ tʃɿˑ kʰa⁵⁵⁻⁴⁵ ti· tsʰiaŋ⁵³ puˑ liɔ⁵⁵, i⁵⁵⁻⁴⁵çia· tθɿˑ
　　走　 了一气儿一会儿，他 自 己 也 觉　着 渴　的 呛受 不 了，一 下子

tsiou· xuər⁵⁵⁻⁴⁵ lə·　lɔ²¹⁴ tʃuˑ kuŋ²¹⁴ xuã⁵⁵ tsiã²¹⁴, tθei⁵⁵⁻⁴⁵ li· niã⁵³ tɔˑ: "tsʰiə⁵⁵ məˑ u⁵³ uə⁵⁵!" θou²¹⁴
就　火儿 了，捞 出 弓 和 箭，　嘴 里 念 道：" 切　莫 误 我！" 嗖

ti· i⁵⁵ tsiã²¹⁴, tʃɔ⁵³ʂã²¹⁴ tou⁵⁵ pʰər²¹⁴ ʃə⁵³ cʰi·。nə²¹⁴〔niə²¹⁴〕siə· xu⁵³ piŋ²¹⁴ʃaŋ⁵³⁻²¹⁴tsʰiã⁵³ i⁵⁵ kã⁵³, tsiã²¹⁴
的 一箭，　朝 山 陡 坡儿 射 去。那〔乜〕些 护 兵 上　前 一 看，箭

ʃə⁵³ tsiã⁵·· ʃɿ⁵³⁻⁵⁵ tʰou· xɔ⁵⁵⁻⁴⁵ci· tθɔ̃⁵³。pa⁵³⁻⁵⁵ tʃʰuˑ tsiã²¹⁴ lə·, θei⁵⁵⁻⁵³ tʃɿˑ i⁵⁵⁻⁵³ kur⁵⁵ tsʰiŋ²¹⁴ ʂuei⁵⁵ xuã²¹⁴⁻⁵⁵
射 进石 头 好　几寸。拔 出 箭 来，随 着 一 股儿 清　水 哗

xuã²¹⁴ tʰaŋ⁵⁵⁻⁴⁵ tʃʰuˑ lə·, ʂuə⁵³ tʃɿˑ ʂã²¹⁴⁻⁵⁵ciã²¹⁴ tʰaŋ⁵⁵⁻⁴⁵ tʃʰoŋˑ i⁵⁵⁻⁴⁵ tʰiɔ· siɔ⁵⁵ xuə⁵³。ta²¹⁴ xuər⁵⁵ kʰã⁵³ tɔˑ
哗　淌 出 来，顺 着 山 涧 淌　成 一　条 小 河。大 伙儿 看 到

tou²¹⁴ kuei²¹⁴ çia· kʰa⁵⁵ tʰou⁵³, xuã²¹⁴cʰi· ti· tʃʰɿ⁵³ puˑ liɔ⁵⁵。tʃã²¹⁴ ʂɿˑ xour li⁵⁵ ʃɿ²¹⁴ miã⁵⁵ cʰi⁵³⁻⁵⁵ ti· nə²¹⁴⁻⁵³
都　跪　下 磕 头，　欢 喜的 治 不 了。这　时 候李 世 民 骑 的 那

〔niə²¹⁴⁻⁵³〕pʰi· ma⁵⁵ tʂoŋ²¹⁴ kʰɛ²¹⁴ lə· kaŋ²¹⁴ ʃoŋ⁵³, pʰɔ⁵⁵⁻⁴⁵ tɔˑ ciã²¹⁴ lə· ku²¹⁴ toŋˑ ku²¹⁴ toŋ⁵³ moŋ⁵⁵⁻⁵³ xa⁵⁵。
〔乜〕 匹马　挣 开 了 缰　绳，　跑 到 涧 来 咕 咚咕　咚 猛　喝。

li⁵⁵ ʃɿ²¹⁴ miã⁵⁵ xa²¹⁴ xa· ta²¹⁴ siɔ⁵³, cʰi⁵³⁻⁵⁵ ʃaŋ· ma⁵⁵ uei⁵⁵⁻⁵³ tʃɿˑ ʂã²¹⁴ moŋ⁵⁵⁻⁵³ pʰɔ⁵⁵, ʂɿ⁵⁵⁻⁵³lɔ⁵⁵ ciãr²¹⁴
李 世 民 哈 哈 大 笑，骑　上马 围　着 山 猛　　跑，使用 老 劲儿

liã²¹⁴ ʃə⁵³xɔ⁵⁵⁻⁴⁵ ci· ʃɿ²¹⁴ tsiã²¹⁴, mei⁵⁵ tsiã²¹⁴ tou· xuã²¹⁴⁻⁵⁵ xuã²¹⁴ liou⁵³⁻⁵⁵ tʃʰuˑ ʂuei⁵³⁻⁴⁵ lə· la·, liou⁵³⁻⁵⁵
连 射 好 几十 箭，　每 箭 都 哗　　哗 流　出 水 来啦，流

tɔˑ i⁵⁵⁻⁵³cʰir⁵⁵, tʃʰoŋ⁵³⁻⁵⁵ lə· ta²¹⁴ tsei⁵³。
到 一 起儿，成　了 大 泽。

tɔ⁵³ lə· xou⁵³⁻²¹⁴ le⁵³, iã⁵³⁻⁵⁵ mə· pa· ta²¹⁴ tsʰiŋ²¹⁴⁻⁵⁵ʂã²¹⁴ ke⁵⁵ miŋˑ ciɔ· ta²¹⁴ tsei⁵³ ʂã²¹⁴, li⁵⁵ ʃɿ²¹⁴
　　到 了 后　来，人 们 把大 青　　山 改 名儿 叫大 泽 山，李 世

miã⁵⁵ tʃã²¹⁴ ma⁵⁵ xa⁵⁵⁻²¹⁴ ʂuei⁵⁵⁻⁴⁵ ti· nəˑ〔niə·〕tʰiɔ⁵³ ʂã²¹⁴ ciã²¹⁴, ciɔ²¹⁴ iã⁵⁵⁻¹³ ma⁵⁵ ciã⁵³。xiã⁵³⁻²¹⁴ y⁵³⁻⁵⁵
民 战 马 喝　水　的 那〔乜〕条 山 涧，叫 饮　马 涧。现 如

ciã·, nə⁵³ tʰiɔ· ciã⁵³ li· ti· ʂuei⁵⁵ xɛ⁵³ tʂʰaŋ⁵³ niã⁵³ tʰaŋ⁵³, kaŋ⁵³ tʰiã⁵³⁻⁵⁵ le·。
今，那 条 涧 里 的 水 还 常　年 淌，杠 甜　来。